고1 — 독서

문제편

이 책의
구성과 특징

1 테마별 학습을 통한 배경지식 강화와 출제 경향 파악

5개년의 학력평가 기출문제들을 테마별로 분류하였습니다. 유사한 제재의 지문들을 묶어 학습함으로써, 출제 가능성이 높은 제재에 대한 배경지식을 익히고 최근 출제되고 있는 문항 유형에 대한 경향을 파악하도록 하였습니다.

2 일차별 2세트의 효율적인 학습 스케줄

우수한 기출문제들을 하루에 2세트씩 학습할 수 있도록 구성하여, 학습 분량에 대한 부담을 덜어 내는 동시에 효율적이고 집중적인 학습이 가능하도록 하였습니다.

3 노트를 활용하여 반복하는 완벽한 지문 분석 훈련

모든 지문에 대해 스스로 완벽하게 분석하고 정리할 수 있는 노트를 별권으로 제공하였습니다. 노트를 완성하는 과정에서 지문의 내용을 정리하고 독해 방법을 훈련하도록 하였습니다. 완성한 노트는 반복 학습하는 데 활용할 수 있습니다.

영역별·테마별 기출문제

최신 우수 학평 기출 수록

최근 5개년 간 발표된 기출문제 중에서 우수한 세트 문항들을 선별하여 구성하였습니다.

* 테마에 따라 일부 수능, 모평 문항 선별 수록

한눈에 보는 구성

지문과 문항을 한눈에 보면서 학습할 수 있도록 한 세트를 맞쪽으로 수록하였습니다.

점수를 올려 주는 어휘

지문을 독해하는 데 걸림돌이 될 수 있는 어휘들에 대한 사전적 의미를 제시하였습니다. 독해를 하며 낯선 어휘에 대한 정확한 의미를 파악할 수 있도록 하였습니다.

상세한 정답과 해설

지문과 선택지의 이해를 돕는 첨삭 해설
지문의 내용 중 부가적인 설명이 필요한 부분에 첨삭 해설을 제시하였습니다. 또한 선택지의 정오 여부를 직관적으로 판단할 수 있도록 첨삭을 달아 표기하였습니다.

지식을 쌓는 배경 지식
지문과 관련된 배경 지식을 쌓을 수 있도록 읽을거리를 추가로 제공하였습니다.

지문 분석하기 + 한컷 정리하기
지문 전체의 구조와 내용을 한눈에 볼 수 있도록 도표로 압축해 정리하였습니다.

선택지 속 함정
정답으로 오해할 만한 선택지에 추가적인 설명을 덧붙여 명확하게 그 적절성을 판단할 수 있도록 하였습니다.

지문 분석 노트

지문 분석
주어진 키워드를 활용하여 각 문단별 핵심어, 지문 구조, 주제 파악 코너의 빈칸을 채워 넣으며 지문의 내용을 완벽하게 정리할 수 있도록 설계하였습니다.

한컷 정리하기
지문의 내용을 압축하여 정리한 도표를 완성하며, 주요 내용을 점검해 볼 수 있도록 하였습니다.

이 책의 차례

독서 어떻게 학습해야 할까?

국어 독서 출제 방침

독서 능력은 다량의 정보를 신속하고 정확하게 처리해야 하는 정보화 시대의 국어생활 맥락과 비판적·창의적인 문헌 해석 및 활용 능력을 요구하는 학문 활동 환경을 고려할 때 매우 중요하게 요구되는 국어 능력 중 하나이다.

독서 영역에서는 인문학·사회학·자연과학·기술공학·예술·생활 분야의 다양한 글을 제재로 하여, 독서 원리와 방법에 대한 지식과 아울러 어휘력, 사실적·추론적·비판적·창의적 사고력 등을 측정한다. 이를 위해 설명문·논설문·서사문·보고서·생활문 등 다양한 유형의 글을 활용하여 출제하되, 지문에 포함된 내용을 이해하는 데 필요한 배경지식의 수준과 범위가 고교 교육과정을 벗어나지 않도록 한다.

<출처 : 한국교육과정평가원>

국어 독서 학습 방법

1 어휘력 쌓기

수능 국어 시험은 정보화 시대에 필요한 언어 능력과 올바른 사고력을 갖추고 있는지를 평가하는 데 목적이 있습니다. 따라서 수능 국어 시험, 특히 비문학 독서 지문에는 수준 높은 고등 어휘들이 다수 등장하게 됩니다. 이를 제대로 이해하기 위해서는 그에 맞는 수준의 어휘력을 기르는 것이 중요합니다. 평소 다양한 영역의 글들을 읽고, 모르는 어휘들은 직접 찾아보고 익혀 가며 어휘력을 쌓기 위해 노력해야 합니다. 적어도 기출문제에 자주 등장하는 어휘들의 의미와 쓰임 등은 이해하고 있어야 합니다.

2 배경지식 늘리기

수능 국어 시험의 비문학 독서 파트에서는 다양한 영역의 지문들이 등장하는데, 출제된 지문에 대한 배경지식을 갖고 있다면 지문의 내용을 한결 쉽게 이해할 수 있습니다. 인문·예술 분야에서는 저명한 학자들의 사상과 이론의 핵심 내용들을 충분히 학습해 두는 것이 좋습니다. 또한 사회, 과학, 기술 분야에서는 사회적으로 이슈가 된 화제들에 관해 관심을 가지고 보다 심도 있게 탐구하는 자세가 필요합니다.

3 독해 방법 익히기

수능 국어의 비문학 독서 파트에서는 지문의 내용을 얼마나 정확하고 빠르게 이해하는지가 매우 중요합니다. 따라서 지문을 분석하는 훈련을 게을리하지 말아야 합니다. 지문을 분석할 때는 각 문단의 핵심어를 찾아 표시하고, 문단 간의 관계를 중심으로 내용을 흐름을 파악해야 합니다. 이해한 내용을 도표의 형태로 일목요연하게 정리해 보는 것도 방법이 될 수 있습니다.

분석 노트를 활용하여

독해 방법 연습하기

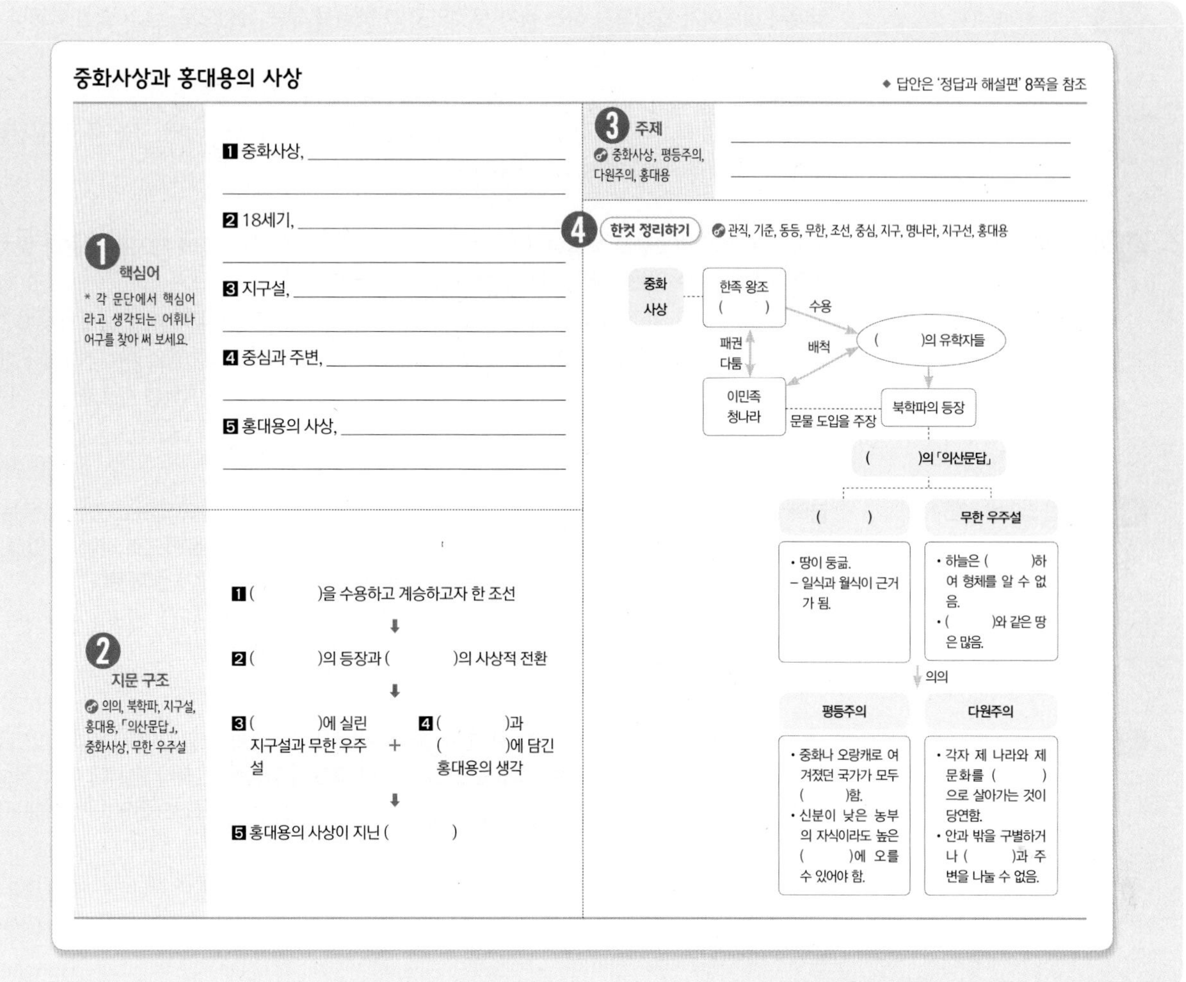

❶ 핵심어

각 문단에는 서술하고 있는 내용을 대표할 말한 핵심어가 있습니다. 각 문단에서 말하고 있는 화제가 무엇인지를 찾아 정리해 봅니다. 핵심어를 찾아 표시해 두면, 내용을 확인하는 문제가 나왔을 때, 해당 내용을 지문에서 찾아 정보의 진위 여부를 확인할 수 있습니다.

❷ 지문 구조

각 문단에서 말하고 있는 내용이 무엇인지 한 마디로 정리해 봅니다. 그러고 나서 문단 간의 관계를 파악하면서 글의 흐름을 이해해 봅니다. 글의 흐름을 이해해 두면, 내용을 파악하기가 한결 수월해집니다.

❸ 주제

글을 통해 글쓴이 설명하고자 하는 것이 무엇인지를 파악해야 합니다. 경우에 따라서 글의 주제나 화제를 파악하는 문제가 직접 출제될 수도 있습니다.

❹ 한컷 정리하기

글의 핵심 내용을 도표로 정리하며 되새겨 봅니다. 도표로 정리하는 과정에서 주요 내용 간의 관계를 파악하는 것은 물론, 중요한 정보와 그렇지 않은 정보를 분별하여 익힐 수 있게 됩니다.

영역 빈출 문제 유형 핵심 정리

다음은 독해의 사고 과정별 대표 문제 유형에 대한 소개와 해결법입니다. 각 문제 유형의 핵심 내용을 익히고, 문제 풀이에 적용해 보세요.

1 사실적 사고

유형 중심 화제의 파악

글에서 글쓴이가 말하고자 하는 바가 무엇인지 그 핵심을 묻는 유형으로, 글의 중심 화제나 주제, 제목을 묻는 문제가 주로 출제된다.

해결법 글의 중심 화제를 찾고, 각 문단별 핵심어를 파악하여 해당 문단의 중심 내용을 찾는다. 이를 바탕으로 모든 문단의 소주제를 포괄할 수 있는 글 전체의 주제를 이끌어 낸다. 글을 읽을 때, 각 문단들의 관계나 논리적 흐름에 초점을 맞추어 읽어야 한다.

유형 세부 정보의 파악

글의 구체적인 정보들을 적절하게 이해하고 있는지 묻는 유형이다. 글에 제시된 내용과 일치하지 않는 설명을 파악할 수 있는지 확인하는 문제가 주로 출제된다.

해결법 선택지의 정오를 판단할 수 있는 핵심 단어와 중심 문장에 집중해야 한다. 글의 내용을 그대로 제시하는 경우도 있지만 글의 내용을 다른 방식으로 표현하여 제시하는 경우도 있으므로 주의해야 한다. 매력적인 오답의 유형으로는 '주어-서술어'의 호응 관계를 바꾸는 경우, 유사한 표현을 사용해 같은 의미로 착각하게 하는 경우, 논리적 비약이 나타난 경우 등이 있다.

유형 핵심 정보의 파악

글의 여러 정보들 가운데 특정한 대상이나 개념에 대한 정보를 바르게 파악하고 있는지 묻는 유형이다. 한 가지 특정 정보에 대해 묻는 유형과 두 가지 특정 정보에 대해 묻는 유형으로 나눌 수 있다. 각각의 특성을 아는 것과 함께 두 가지 정보의 공통점과 차이점을 확인하는 문제가 출제된다.

해결법 글에서 제시한 특정 정보를 파악한 후, 특정 정보를 핵심적으로 다루는 문단을 살펴봐야 한다. 이를 바탕으로 글과 선택지의 일치 여부를 따져 정답을 찾는다.

유형 글의 전개 방식 파악

모든 글은 제재와 목적에 따라 구조와 전개 방식이 달라진다. 따라서 글의 형식적 측면인 글의 구조와 내용 전개방식을 함께 파악하는 것이 중요하다. 글의 구조는 일정한 원리나 순서에 따라 정보를 배열하는 방식을 의미하고, 내용 전개 방식은 글쓴이가 글의 정보를 효과적으로 전달하기 위해 사용하는 설명 방식이다.

해결법 정보 간의 의미 관계를 이해하고, 글을 구조화하여 글의 중심 내용을 정리하는 것이 필요하다. 정의, 비교·대조, 예시, 분류, 분석 등의 기본 개념을 바탕으로, 제시된 글의 구조와 내용 전개 방식을 파악하는 문제가 출제된다는 점을 기억한다.

2 추론적 사고

유형 세부 정보의 추론

글에 제시된 정보를 바탕으로 새로운 정보와 내용을 적절하게 추론할 수 있는지 묻는 유형이다. 추론이란 어떤 판단을 근거로 삼아 다른 판단을 이끌어 내는 것을 말하는데, 새로운 정보를 추론할 때에도 주어진 글에 근거를 두는 것이 가장 중요하다. 글에서 근거를 찾지 않고 자신만의 논리로 문제를 풀면 틀리기 쉬우므로 주의해야 한다.

해결법 먼저 글에서 추론해야 할 정보가 제시된 부분을 찾는다. 그리고 이를 바탕으로 정보와 내용을 추론한 후, 추론한 정보와 선택지가 일치하는지 확인한다.

유형 미루어 알기

글에서 생략된 정보를 찾을 수 있는지 묻는 유형이다. 구체적인 내용이나 이유, 조건, 결론 등 다양한 내용을 찾아야 하며, 빈칸이나 밑줄이 직접적으로 드러나는 경우가 많다.

해결법 찾아야 할 정보가 무엇인지 파악하는 것이 우선이다. 숨어 있는 정보를 찾는 문제의 경우, 글이나 〈보기〉로 제시된 정보를 뒷받침하거나 다른 상황에 적용하기 위해 필요한 내용이 무엇일지 예측하여 이를 바탕으로 추론 내용을 찾는 것이 중요하다.

유형 관점의 추론 적용

글에 제시된 관점이나 견해를 파악할 수 있는지 묻는 유형이다. 글쓴이가 가지고 있는 생각이나 처지, 즉 관점이 무엇인지에 대해 직접적으로 묻거나 관점에 대한 파악을 바탕으로 세부적인 정보를 적절하게 추론할 수 있는지 묻는다.

해결법 관점을 파악하기 위해선 글쓴이가 궁극적으로 말하고자 하는 바가 무엇인지를 아는 것이 중요하다. 글쓴이의 관점은 글의 핵심 정보와 밀접한 관련이 있기 때문에 주로 중심 문단에서 드러나게 된다. 그리고 관점을 바탕으로 구체적인 정보를 추론할 때에도 글에 제시된 내용을 정확히 파악하는 것이 기본이 된다.

유형 구체적 상황에 적용

글의 내용을 다른 정보에 적용해 문제를 풀어야 하는 심화 유형이다. 글에 제시된 일반적인 사실이나 추상적인 원리를 구체적인 사례에 적용시키거나, 글의 내용을 적용할 수 있는 다른 상황에 대해서 묻는 문제가 출제된다.

해결법 문제에서 〈보기〉로 제시된 정보에 출제자가 요구하는 문제 해결의 방향이 담겨 있기 때문에 〈보기〉에서 제시하고 있는 정보와 관련이 있는 내용을 글에서 찾는 것이 우선이다. 그리고 이를 바탕으로 선택지의 내용과 글의 내용을 대응시키면서 적절성을 판단해 나가면 된다. 즉 글과 선택지에 있는 근거 자료를 잘 활용하는 것이 사례나 상황에 적용하는 유형의 문제를 풀이하는 핵심이다.

유형 자료 해석의 적절성 평가

글과 관련 있는 자료가 제시되고 그 자료에 대한 해석을 묻는 유형이다. 제시되는 자료의 종류는 그림, 도표, 그래프 등으로 다양하며, 자료가 글 속에서 제시되는 경우와 〈보기〉로 제시되는 경우로 나눌 수 있다.

해결법 자료가 제시되는 경우에는 자료에 대한 부연 설명이 함께 서술되므로 자료의 특징을 대략적으로 살핀 후, 각 요소에 대한 설명을 글의 관련 정보에 대응시켜 파악한다. 〈보기〉의 자료 해석에 집중한 나머지 글의 내용을 간과하기 쉬운데, 글과 〈보기〉의 내용을 함께 고려하며 문제를 풀어야 한다.

3 비판적 사고

유형 비판적 반응의 적절성 평가

글에 제시된 정보에 대한 비판과 반응의 적절성을 평가하는 유형이다. 정보의 문제점을 제기하며 비판하는 것의 타당성을 판단하는 유형과 정보에 대한 이해를 바탕으로 반응하는 것의 적절성을 평가하는 유형으로 나눌 수 있다. 하나의 글 안에 여러 가지 이론과 주장을 제시하는 형태, 글과 〈보기〉의 정보를 함께 제시하는 형태 등으로 출제된다.

해결법 문제를 풀 때에는 제시된 부분의 이론이나 주장을 파악한 후, 비판·반응의 대상이 되는 정보를 찾아 정리해야 한다. 그리고 두 정보를 연관 지어 비판과 반응의 적절성을 판단하면 된다.

유형 관점의 적용 및 비교를 통한 평가

글의 중심 화제에 대한 여러 가지 관점이 제시되었을 때 그 관점들의 차이를 알고 비교할 수 있는지 묻는 유형이다. 글 안에서 서로 다른 관점을 비교하거나, 〈보기〉를 통해 새로운 관점을 제시하고 이를 글의 관점과 비교하여 해석할 수 있는지를 평가하는 문제가 출제된다.

해결법 글과 〈보기〉에 제시된 관점의 내용을 정확히 파악하는 것이 가장 중요하다. 우선 제시된 관점의 핵심적인 특징을 파악한 후 비교의 대상이 되는 관점의 특징을 파악한다. 그리고 앞서 정리한 내용을 바탕으로 두 관점을 연관 지어 비교하면서 선택지의 적절성을 평가해야 한다.

4 어휘

유형 어휘의 사전적 · 문맥적 의미 파악

어휘의 사전적·문맥적 의미를 묻는 유형이다. 어휘의 사전적 의미를 묻는 유형은 한자어나 고유어의 정확한 개념을 알고 있는지를 확인하는 문제가 출제되며, 문맥적 의미를 묻는 유형은 어휘의 문맥적 의미를 파악하여 그와 유사한 의미 요소를 찾는 문제가 출제된다.

해결법 어휘의 의미를 파악하기 위해서는 기본적으로 글에서 해당 어휘와 관련된 내용을 파악해야 한다. 우선 제시된 어휘 중 아는 어휘는 글의 내용과 대응시켜 적절성을 확인한다. 그리고 낯선 어휘는 자신이 알고 있는 지식을 활용해 어휘의 의미를 추론하며 문제를 푼다.

출제 경향

지문 구성

4~5 문단 내외로 구성된 하나의 단독 지문으로 출제된다. 내용상 하나의 완결된 형태를 이루고 있으며, 다른 영역과 비교해 표나 이미지 등의 자료가 활용되는 경우보다는 텍스트만으로 구성되는 경우가 많다. 과거와는 다르게 지문 분량을 줄이고 지문의 내용을 보다 압축적으로 제시하는 추세이다.

지문 성격

서양 철학, 동양 철학, 역사, 논리학, 심리학, 예술에 이르기까지 다양한 분야의 글이 출제되고 있다. 특히 동서양 철학자의 사상을 구체적으로 설명하는 내용의 글이 출제되는 비율이 높다. 예술 관련 지문의 출제 비율은 인문 영역보다 낮은데, 최근 출제되는 경향을 보면 예술 사조와 관련해 특정 학자의 입장을 다룬 글들이 소재로 활용되는 경우가 많다.

문항 유형

주로 4~5개 문항으로 구성된다. 사실적 사고(글의 전개 방식 파악, 세부 · 핵심 정보의 파악), 비판적 사고(비판의 적절성 평가), 추론적 사고(생략된 정보 파악, 구체적 상황에 적용) 등의 사고별로 지문의 내용에 맞게 다양한 문항이 출제된다. 특히 특정 학자의 사상이나 관점이 지문에 제시되는 경우에는 두 관점을 비교하는 유형의 문제가 출제될 수 있다.

동양의 사상

학습 일자 월 일
총 풀이 시간 21분 00초

풀이 시간 10분 30초

01~05 다음 글을 읽고 물음에 답하시오.

정약용은 조선 후기의 실학자•로, 인간의 본성에 대한 탐구를 통해 인간의 선한 행위를 설명하고자 하였다. 그는 이전까지 절대적 권위를 가지고 있던 주희(朱熹)의 주자학•을 비판하며 인간의 본성에 대한 자신의 이론을 정립•했다는 점에서 주희와는 다른 관점을 보여 주었다.

주희는 인간의 본성•을 '본연지성(本然之性)'과 '기질지성(氣質之性)'으로 설명하였다. '본연지성'은 인간이 하늘로부터 부여받은 순수하고 선한 본성이고, '기질지성'은 본연지성에 사람마다 다른 기질•이 더해진 것으로 사람에 따라 다양하게 나타난다. 그래서 주희는 인간의 기질이 맑으면 선한 행위를 하고 탁하면 악한 행위를 할 수 있다고 보았다. 그러나 정약용은 선한 행위와 악한 행위의 원인을 기질이라는 선천적 요인•으로 본다면 행위에 인간의 의지가 개입•되지 않으므로 악한 행위를 한 사람에게 윤리적• 책임을 물을 수 없다고 주희의 관점을 비판하였다.

정약용은 인간의 본성을 '기호(嗜好)'라고 보았다. 기호란 즐기고 좋아한다는 뜻으로, 생명이 있는 모든 존재는 각각의 기호를 본성으로 갖는다고 보았다. 꿩은 산을 좋아하는 경향성•을 갖고 벼는 물을 좋아하는 경향성을 갖는 것처럼, 인간도 어떤 경향성을 갖는다는 것이다. 정약용은 인간에게 ㉠<u>'감각적 욕구에서 비롯된 기호'</u>와 ㉡<u>'도덕적 욕구에서 비롯된 기호'</u>가 있다고 보았다. 먼저, 감각적 욕구에서 비롯된 기호는 생명이 있는 모든 존재가 지니는 육체의 경향성으로, 맛있는 것을 좋아하고 맛없는 것을 싫어하는 것을 예로 ⓐ들 수 있다. 다음으로, 도덕적 욕구에서 비롯된 기호는 인간만이 지니는 영혼의 경향성으로, 선을 좋아하거나 악을 싫어하는 것을 예로 들 수 있다. 정약용은 감각적 욕구가 생존에 필요하고 삶의 원동력이 된다는 점에서 일부 긍정했으나, 감각적 욕구에서 비롯된 기호를 제어하지 못할 경우 악한 행위가 나타날 수 있고, 도덕적 욕구에서 비롯된 기호를 따를 경우 선한 행위가 나타난다고 보았다. 정약용은 선한 행위를 하거나 악한 행위를 하는 것이 온전히 인간의 자유 의지에 달려 있으므로, 악한 행위를 한 사람에게 윤리적 책임을 물을 수 있다고 보았다.

그래서 정약용은 자유 의지로 선한 행위를 선택하고 이를 실천하는 것이 중요하다고 보았는데, 구체적인 실천 원리로 '서(恕)'를 강조하였다. 그는 '서'를 용서(容恕)와 추서(推恕)로 구분하고, 추서를 특히 강조하였다. 용서는 타인을 다스리는 것과 관련되어 '타인의 악을 너그럽게 보아줌'을 의미하고, 추서는 자신을 다스리는 것과 관련되어 '내가 대접받고 싶은 대로 타인을 대우함'을 의미한다. 친구가 거짓말을 했을 때 잘못을 덮어 주는 행위는 용서이고, 내가 아우의 존중을 받고 싶을 때 내가 먼저 형을 존중하는 모습을 보여 주는 행위는 추서인 것이다. 그런데 용서는 타인의 악한 행위를 용인해 주는 문제가 발생할 수 있지만, 추서는 자신의 마음을 미루어 타인의 마음을 이해할 수 있으므로, 정약용은 추서에 따라 선한 행위를 실천해야 한다고 보았다.

01

윗글의 내용 전개 방식으로 가장 적절한 것은?

① 인간의 본성에 대한 여러 관점이 사회에 미친 영향을 설명하고 있다.
② 인간의 본성에 대한 기존의 관점을 비판하는 다른 관점을 소개하고 있다.
③ 인간의 본성에 대한 관점의 타당성 여부를 다양한 입장에서 분석하고 있다.
④ 인간의 본성에 대한 상반된 관점을 절충한 새로운 관점의 특징을 밝히고 있다.
⑤ 인간의 본성에 대해 대비되는 관점이 등장하게 된 시대적 배경을 설명하고 있다.

02

윗글의 내용과 일치하지 <u>않는</u> 것은?

① 주희는 인간에게 하늘로부터 부여 받은 본연지성이 있다고 보았다.
② 주희는 기질의 맑고 탁함에 따라 선하거나 악한 행위가 나타날 수 있다고 보았다.
③ 정약용은 추서에 따라 선한 행위를 실천하는 것이 중요하다고 보았다.
④ 정약용은 감각적 욕구가 악한 행위를 유도하므로 제거해야 한다고 보았다.
⑤ 정약용은 주희의 관점으로는 악한 행위를 한 사람에게 윤리적 책임을 물을 수 없다고 보았다.

03

㉠과 ㉡에 대한 이해로 가장 적절한 것은?

① ㉠은 인간이 제어할 수 없는 기호이다.
② ㉡은 생존에 필요한 욕구에서 비롯된 것이다.
③ ㉠은 ㉡과 달리 생명이 있는 모든 존재가 지닌다.
④ ㉡은 ㉠과 달리 욕구를 즐기고 좋아하는 경향성이다.
⑤ ㉠과 ㉡은 모두 타인의 잘못을 덮어 주는 행위와 직결된다.

04

윗글을 바탕으로 〈보기〉를 이해한 내용으로 적절하지 않은 것은? [3점]

> 보기
>
> 학급에서 복도 청소를 맡은 학생 A와 B가 있었다. A는 평소 청소를 잘 하지 않았고, B는 항상 성실히 청소를 하였다. 복도가 깨끗한 것을 본 선생님이 복도 청소 담당인 두 학생을 모두 칭찬하였는데, 이때 A는 자신이 B보다 더 열심히 청소를 했다고 거짓말을 하였다. B는 A가 거짓말을 했다는 것을 알고 있었지만 이를 내색하지 않고 평소대로 열심히 청소하였고 A는 그러한 B를 보면서 부끄러움을 느꼈다. 이후, A는 B에게 자신의 행동을 사과하였으며, 책임감을 갖고 청소하였다.

① 주희는 거짓말을 한 것과 무관하게 A에게는 순수하고 선한 본성이 있다고 보겠군.
② 주희는 평소 청소를 잘 하지 않는 A와 항상 성실히 청소하는 B의 기질이 서로 다르다고 보겠군.
③ 정약용은 A가 책임감 있게 청소하게 된 것이 A의 자유 의지에 의한 것이라고 보겠군.
④ 정약용은 A가 도덕적 욕구에서 비롯된 기호를 따랐기 때문에 행동의 변화가 나타났다고 보겠군.
⑤ 정약용은 B가 추서로 A의 마음을 이해해 주었기 때문에 A의 거짓말을 용인하게 되었다고 보겠군.

05

ⓐ와 문맥적 의미가 가장 유사한 것은?

① 명확한 증거를 들었다.
② 감기가 들어 약을 먹었다.
③ 마음에 드는 사람이 있다.
④ 우리 집은 햇볕이 잘 든다.
⑤ 상자 안에 선물이 들어 있다.

점수를 올려 주는 어휘

- **실학자(열매 實, 배울 學, 사람 者)** 조선 시대에 실생활의 유익을 목포로 한 실학 사상을 주장한 사람.
- **주자학(붉을 朱, 아들 子, 배울 學)** '성리학'을 달리 이르는 말. 주자가 집대성한 데에서 이름.
- **정립(정할 定, 설 立)** 정하여 세움.
- **본성(근본 本, 성품 性)** 사람이 본디부터 가진 성질.
- **기질(기운 氣, 바탕 質)** 자극에 대한 민감성이나 특정한 유형의 정서적 반응을 보여 주는 개인의 성격적 소질.
- **요인(요긴할 要, 인할 因)** 사물이나 사건이 성립되는 까닭. 또는 조건이 되는 요소.
- **개입(낄 介, 들 入)** 자신과 직접적인 관계가 없는 일에 끼어듦.
- **윤리적(인륜 倫, 다스릴 理, 과녁 的)** 사람으로서 마땅히 행하거나 지켜야 할 도리와 관련되거나 따르는 것.
- **경향성(기울 傾, 향할 向, 성품 性)** 현상이나 사상, 행동 따위가 어떤 방향으로 기울어지거나 쏠리는 성향.

분석 노트 4쪽에서 지문을 정리해 보세요.

풀이 시간 10분 30초

06~10 다음 글을 읽고 물음에 답하시오.

㉠중화(中華)사상은 한족(漢族)이 자신들을 세계의 중심을 의미하는 중화로 생각하고, 주변국들이 자신들의 발달된 문화와 예법을 받아들여야 한다고 생각한 사상이다. 조선은 중화사상을 수용하여 한족 왕조인 명나라의 문화를 받아들이는 것을 당연시하였다. 17세기에 이민족이 ⓐ세운 청나라가 중국 땅을 차지하였지만, 조선은 청나라를 중화라고 생각하지 않고 명나라의 부활을 고대하였다. 당시 송시열은 '오랑캐는 중국을 차지할 수 없고 금수(禽獸)•는 인류와 한 부류가 될 수 없다.'라고 하였는데, 이는 청나라를 공격하자는 북벌론과 청나라를 배척하자는 척화론으로 이어졌다.

18세기에 청나라가 정치적 안정을 이루고 조선이 북벌을 통해 명나라를 회복하기 어렵게 되자, 조선의 유학자들 사이에서는 조선이 중화의 계승자라는 인식이 보편화•되었다. 이때 청나라가 가진 발달된 문물을 도입하자는 북학파가 등장하였다. 그중 홍대용은 청나라의 발달된 문물은 오랑캐인 청나라가 만든 것이 아니라, 청나라가 중국 땅을 차지하며 가지게 된 한족의 문물로 보았다. 이런 생각은 청나라와 청나라의 문물을 구별한 것으로, 그가 저술한 「을병연행록」에서도 발견된다. 이를 통해 이때까지도 그는 조선이 중화의 계승자라는 인식과 중화사상에서 벗어나지 못했음을 알 수 있다. 하지만 청나라 여행을 계기로 그곳에서 만난 학자들과 교류를 이어가며 선진 문물과 새로운 학문을 탐구한 결과, 사상적 전환을 이루었고 이를 바탕으로 「의산문답」을 저술하였다.

홍대용의 사상적 전환을 잘 보여 주는 것은 「의산문답」에 실려 있는 ㉡지구설과 무한 우주설이다. 그는 하늘이 둥글고 땅이 모나다는 전통적인 천지관을 비판하고, 땅이 둥글다는 지구설을 주장하면서 그 근거로 일식과 월식을 이야기하였다. 일식과 월식이 둥글게 나타나는 것은 달과 우리가 사는 땅이 둥글기 때문이라는 것이다. 우리가 사는 땅은 둥글기 때문에 상하나 동서남북은 정해져 있지 않고, 개개인이 서 있는 곳이 각각 기준이 될 수 있다고 주장하였다. 또한 그는 하늘은 무한하여 형체를 알 수 없고 지구와 같은 땅이 몇 개가 되는지 알 수 없다는 무한 우주설을 주장하였다.

지구설과 무한 우주설은 세상의 중심과 그 주변을 구별하는 중화사상과 다른 생각이다. 홍대용은 하늘에서 우리가 사는 세상을 본다면 이 땅이 무한한 우주에 비해 티끌만큼도 안 되며, 안과 밖을 구별하거나 중심과 주변을 나눌 수 없다고 보았다. 따라서 중국 안과 밖을 구별할 수 없고 중화와 오랑캐라는 구별도 상대적이라고 생각했다. 이에 따라 중화와 오랑캐로 여겨졌던 국가가 모두 동등하며, 사람들이 각자 제 나라와 제 문화를 기준으로 살아가는 것이 당연하다고 생각하였다. 이러한 그의 생각은 모든 사람들이 중심이 될 수 있고 존재 가치가 있다는 생각으로 이어졌고, 이를 바탕으로 그는 당시 유교적 명분을 내세우며 특권을 누리려 했던 양반들을 비판하였다. 또한 재주와 학식이 있는 자는 신분이 낮은 농부의 자식이라도 높은 관직에 오를 수 있어야 한다고 주장하였다.

어떤 국가와 문화, 사람도 각자 중심이 될 수 있고 존재 가치가 있다고 생각한 홍대용의 사상은 평등주의와 다원주의•를 우리 역사에서 선구적으로 보여 주었다는 점에서 의의가 있다.

06

다음은 학생이 윗글을 읽는 중 작성한 독서 활동지이다. 학생의 활동 내용 중 적절하지 않은 것은?

◈ 2문단까지 읽고 내용을 정리한 후, 이어질 내용을 예측하고 확인하며 읽어 보자.

읽은 내용 정리
◦ 청나라가 중국 땅을 차지한 후 조선에서는 북벌론과 척화론이 나타남. ······ ①
◦ 청나라가 정치적 안정을 이루고 북벌이 힘들어지자 조선의 유학자들은 조선이 중화의 계승자라고 생각함. ······ ②
◦ 청의 문물을 배우자는 북학파가 등장하였고, 그중 홍대용은 선진 문물과 새로운 학문을 탐구하여 사상을 전환하고 「의산문답」을 저술함.

⬇

이어질 내용 예측	확인 결과
◦ 홍대용이 선진 문물과 새로운 학문을 탐구하여 깨달은 점이 언급될 것이다.	하늘이 둥글다는 것을 깨달음. ······ ③
◦ 「의산문답」의 내용이 언급될 것이다.	지구설과 무한 우주설을 설명함. ······ ④
◦ 홍대용이 아닌 다른 북학파 학자들의 사상이 언급될 것이다.	언급되지 않음. ······ ⑤

07

㉠과 ㉡을 이해한 것으로 가장 적절한 것은?

① ㉠은 ㉡을 통해 조선의 중심 사상으로 자리 잡았다.
② ㉠과 ㉡은 청을 오랑캐라 여기는 생각의 근거가 되었다.
③ ㉠은 북벌론의 바탕이 되었고, ㉡은 척화론의 바탕이 되었다.
④ ㉡은 홍대용이 ㉠에서 벗어났음을 보여 주는 학설이다.
⑤ ㉡은 조선의 유학자들이 가지고 있던 ㉠을 홍대용이 발전시킨 것이다.

08

〈보기〉의 대화를 윗글과 관련지어 이해한 것으로 적절하지 않은 것은?

> 보기
>
> 갑: 천지 사이의 생물 가운데 오직 사람만이 귀합니다. 동물과 초목은 지혜가 없고 깨달음도 없으며, 오륜도 모릅니다. 그러므로 사람은 동물보다 귀하고, 초목은 동물보다 천합니다.
>
> 을: 오륜은 사람의 예의입니다. 무리 지어 다니고 소리를 내어 새끼들을 불러 먹이는 것은 동물의 예의입니다. 그리고 떨기로 나서 무성해지는 것은 초목의 예의입니다. 사람의 관점을 기준으로 하면 사람이 귀하고 사물이 천하지만, 사물의 관점을 기준으로 하면 사물이 귀하고 사람이 천한 것입니다. 하늘에서 보면 사람과 사물은 똑같습니다.

① 갑은 귀한 대상과 천한 대상을 나누어 생각한다는 점에서 송시열과 공통점이 있다.

② 갑이 동물보다 사람을 높게 평가한 것은 신분이 낮은 농부의 자식이라도 높은 관직에 오를 수 있어야 한다는 생각으로 이어질 수 있다.

③ 을이 동물과 초목이 각자의 예의가 있다고 한 것은 세상 사람들이 자기 나라와 자기 문화를 기준으로 살아가는 것이 당연하다는 생각과 연결될 수 있다.

④ 을이 사물의 관점을 기준으로 하면 사물이 귀하다고 한 것은 모든 사람이 존재 가치가 있다는 생각과 연결될 수 있다.

⑤ 을이 하늘에서 보면 사람과 사물이 똑같다고 한 것은 우리가 사는 이 땅에서 중심과 주변을 나눌 수 없다는 홍대용의 생각과 일맥상통한다.

09

〈보기〉는 심화 학습을 위해 조사한 자료이다. (가), (나)에 대해 보인 반응으로 적절하지 않은 것은? [3점]

> 보기
>
> (가)
>
> 중국 의관이 변한 지 이미 100년이 넘은지라 지금 천하에 오직 우리 조선만이 오히려 명나라의 제도를 지키거늘, 청나라에 들어오니 무식한 부류들이 우리를 보고 웃지 않는 사람이 없으니 어찌 가련치 않겠는가? (중략) 슬프다! 변화한 문물을 오랑캐에게 맡기고 백 년이 넘도록 회복할 방법이 없구나.
>
> – 홍대용, 「을병연행록」 –
>
> (나)
>
> 피와 살이 있으면 다 똑같은 사람이고, 강토를 지키고 있으면 다 동등한 국가이다. 공자는 주나라 사람이므로 그가 쓴 『춘추』에서 주나라 안과 밖을 구분한 것은 당연하다. 그가 바다를 건너 주나라 밖에 살았더라면 주나라 밖에서 도를 일으켰을 것이고, 그곳을 기준으로 생각하는 『춘추』가 나왔을 것이다.
>
> – 홍대용, 「의산문답」 –

① (가): 청나라를 오랑캐라고 말하고 있는 것에서, 홍대용이 중화사상을 가진 적이 있었다는 것을 확인할 수 있군.

② (가): 조선만이 명나라의 제도를 지킨다는 것에서, 홍대용이 조선을 중화의 계승자라고 생각했었음을 알 수 있군.

③ (가): 변화한 문물을 오랑캐에게 맡겼다고 한 것에서, 홍대용이 청나라와 청나라가 가지고 있는 문물을 구별하려 했음을 확인할 수 있군.

④ (나): 춘추에서 주나라 안과 밖을 구분한 것이 당연하다는 것에서, 중국 안과 밖을 구별하려는 홍대용의 생각이 드러나는군.

⑤ (나): 공자가 주나라 밖에 살았다면 그곳에서 도를 일으켰을 것이라는 부분에서, 중화와 오랑캐의 구별이 상대적이라는 홍대용의 생각이 드러나는군.

10

문맥상 ⓐ와 의미가 가장 유사한 것은?

① 그는 새로운 회사를 세웠다.

② 국가의 기강을 바로 세워야 한다.

③ 집을 지을 구체적인 방안을 세웠다.

④ 두 귀를 쫑긋 세우고 말소리를 들었다.

⑤ 도끼날을 잘 세워야 나무를 쉽게 벨 수 있다.

점수를 올려 주는 어휘

- **금수(새 禽, 짐승 獸)** 날짐승과 길짐승이라는 뜻으로, 모든 짐승을 이르는 말.
- **보편화(넓을 普, 두루 遍, 될 化)** 널리 일반인에게 퍼짐. 또는 그렇게 되게 함.
- **다원주의(많을 多, 으뜸 元, 주인 主, 옳을 義)** 개인이나 여러 집단이 기본으로 삼는 원칙이나 목적이 서로 다를 수 있음을 인정하는 태도.

분석 노트 5쪽에서 지문을 정리해 보세요.

예술과 철학

학습 일자 월 일
총 풀이 시간 19분 00초

풀이 시간 10분 30초

01~05 다음 글을 읽고 물음에 답하시오.

서양 철학은 ㉠존재에 대한 물음에서 시작되었다. 고대 그리스 철학자 파르메니데스는 있는 것은 있고 없는 것은 없다고 말했다. 그는 어떤 존재가 있다가 없어지고 없다가 있게 되는 일은 불가능하다며 존재의 생성과 변화, 소멸을 부정했다. 그에게 존재는 영원하며 절대적이고 불변성을 가지는 것이었다. 이에 반해 헤라클레이토스는 존재의 생성과 변화를 긍정했다. 그는 존재하는 모든 것이 변화의 과정 중에 있으며 끊임없이 생성과 소멸을 반복하는 것이라고 생각했다. 존재에 대한 두 철학자의 견해는 플라톤의 이데아론에 영향을 주었다. 플라톤은 존재를 끊임없이 변하는 존재와 영원히 변하지 않는 존재로 나누었다. 그는 우리가 경험하는 현실 세계의 존재는 변한다고 생각했다. 그리고 현실 세계에 존재하는 모든 것의 근원을 이데아로 ⓐ상정하고 이데아를 영원하고 불변하는 존재, 그 자체로 완전한 진리로 여겼다. 반면에 현실 세계의 존재는 이데아를 모방한 것일 뿐 이데아와 달리 불완전하다고 보았다. 또한 감각을 통해 인식할 수 있는 현실 세계의 존재와 달리 이데아는 오직 이성에 의해서만 인식할 수 있다는 이성 중심의 사유•를 전개했다. 플라톤의 이러한 철학적 견해는 이후 서양 철학의 주류•가 되었다.

그러나 플라톤의 견해를 바탕으로 한 서양 철학의 주류적 입장은 근대에 이르러 니체에 의해 강한 비판을 받았다. 헤라클레이토스의 견해를 받아들인 니체는 영원히 변하지 않는 존재, 절대적이고 영원한 진리는 없다고 주장했다. 또한 우리가 살고 있는 현실 세계가 유일한 세계라면서 '신은 죽었다'라고 선언하며 형이상학적 이원론*이 말하는 진리, 신 중심의 초월적 세계, 합리적 이성 체계 모두를 부정했다. 니체는 형이상학적 이원론이 진리를 영원불변한 것으로 고정하고, 현실 너머의 이상 세계와 초월적 대상을 생명의 근원으로 설정함으로써 인간이 현실의 삶을 부정하도록 만들었다고 보았다. 그래서 생명의 근원과 삶의 의미를 상실한 인간은 허무에 ⓑ직면하게 되었다는 것이다.

니체는 허무에서 벗어나기 위해서는 생명의 본질을 ⓒ회복해야 한다고 했다. 그는 인간이 자신의 삶을 지탱할 수 있게 하는 것을 '힘에의 의지'로 보았다. 니체가 말하는 '힘에의 의지'는 주변인이나 사물을 자기 마음대로 지배하고 억압하려는 의지가 아니라 자기 극복을 이끌어 내고 생명의 상승을 지향하는 의지로 이해할 수 있다. 니체는 이러한 '힘에의 의지'가 생성과 변화의 끊임없는 과정 중에서 창조적 생성 작용을 하는데, 그 최고의 형태가 예술이라고 했다. 그는 본능에 내재•한 감성을 바탕으로 하는 예술적 충동을 중시하였고, 예술가의 창작 활동을 인간의 삶의 가치 상승을 도와주는 '힘에의 의지'로 보았다. 그는 예술을 통해 생명력을 회복하고 허무를 극복할 수 있음을 강조한 것이다.

이러한 니체의 철학적 견해는 20세기 초의 예술가들에게 많은 영향을 주었는데, 특히 회화에서 독일의 표현주의가 니체의 철학을 ⓓ수용했다. 표현주의는 전통적인 사실주의 미학을 따르지 않았다. 사실주의 미학은 형이상학적 이원론에 근거하여 존재와 진리의 참모습을 모방하는 것을 예술의 목적으로 받아들이는 재현의 미학이었다. 그러나 니체의 철학적 관점에서 예술을 이해한 [표현주의 화가들]은 예술의 목적을 대상의 재현이 아니라 인간의 감정과 충동을 표현하는 것으로 생각했다. 그들은 사실주의 미학에서 이성보다 열등한 것이라고 여겼던 감정을 존재의 본질을 드러내는 것으로 보았다. 그들이 생각하는 인간의 감정은 시시각각 변화하며 생성과 소멸을 반복하는 것이었기에 그림을 그리는 동안에도 매 순간 변화하는 감정을 중시했다. 그래서 대상의 비례와 고유한 형태를 왜곡하고, 색채도 실제보다 더 강하게 과장해서 그리거나 대비되는 원색을 대담하게 사용하는 등의 방법을 통해 자신의 감정과 충동을 표현했다. 또한 원근법•에 얽매이지 않는 화면 구성을 보임으로써 작품에서 드러나는 공간이 현실 공간의 재현이 아니라 화가 자신의 감정을 표현하기 위한 상징과 의미를 생산하는 공간이라는 인식을 드러냈다.

표현주의 화가들은 이성과 합리성의 가치를 추구하던 당시 사회의 분위기에 ⓔ반발하며 예술가로서의 감정적, 주관적인 표현을 예술이 추구해야 하는 가치로 보았다. 그들은 자유로운 형태와 색채로 자신들이 가지고 있던 내면의 불안, 공포, 고뇌 등을 예술로써 극복하려고 노력하면서 강한 생명력을 보여 주었다. 결국 화가의 내면을 적극적으로 표현했던 표현주의는 니체의 철학을 근거로 예술에 대한 새로운 해석을 보여 주었다고 할 수 있다.

* **형이상학적 이원론**: 세계를 경험의 세계와 경험을 초월한 세계로 나누고, 사물의 본질과 존재의 근본 원리를 사유를 통해 연구하는 이론.

01

윗글에 대한 설명으로 가장 적절한 것은?

① 니체의 철학적 개념을 예술 양식의 발전 단계에 따라 정리하고 있다.
② 예술에 대한 니체의 견해가 시대에 따라 달리 평가받는 원인을 분석하고 있다.
③ 예술에 대한 니체의 시각과 서양 철학의 주류적 입장의 장단점을 비교하고 있다.
④ 예술에 대한 여러 철학자들의 견해가 니체에 의해 통합되는 과정을 살펴보고 있다.
⑤ 서양 철학의 주류적 입장을 부정하는 니체의 철학이 예술에 미친 영향을 설명하고 있다.

02

㉠에 대한 이해로 가장 적절한 것은?

① 헤라클레이토스와 니체는 ㉠이 변화한다고 생각했다.
② 파르메니데스와 플라톤은 ㉠이 불완전하다고 여겼다.
③ 플라톤과 헤라클레이토스는 영원히 변하지 않는 ㉠이 있다고 보았다.
④ 파르메니데스는 헤라클레이토스와 달리 ㉠의 생성을 긍정했다.
⑤ 플라톤은 니체와 달리 ㉠의 근원을 감각을 통해 인식할 수 있다고 보았다.

03

윗글에 나타난 [표현주의 화가들]의 생각으로 적절하지 <u>않은</u> 것은?

① 인간의 감정을 존재의 본질을 드러내는 것으로 인식했다.
② 존재와 진리의 참모습을 모방하는 것이 중요하다고 여겼다.
③ 시시각각 변화하며 생성과 소멸을 반복하는 감정을 중시했다.
④ 예술가로서의 주관적 표현을 예술이 추구해야 하는 가치라고 생각했다.
⑤ 작품에서 드러나는 공간을 화가의 감정을 표현하기 위한 공간으로 인식했다.

04

윗글에 나타난 니체의 사상과 연결 지어 〈보기〉의 작품을 감상한 내용으로 가장 적절한 것은? [3점]

보기

독일 표현주의 화가인 키르히너의 〈해바라기와 여인의 얼굴(1906)〉은 창가에 놓인 해바라기 꽃병과 여인의 모습을 그린 작품으로 화가의 내면이 잘 표현되었다는 평가를 받는다. 해바라기는 노란색, 꽃병은 녹색, 배경은 주황색의 화려한 원색으로 그려져 있고, 해바라기 앞의 여인은 슬프고 우울해 보인다. 활짝 핀 해바라기의 윤곽은 빨갛고 두터운 선으로 그려져 해바라기의 노란색과 대비를 이루고 있다. 또한 여인보다 뒤에 있는 해바라기 꽃병이 더 크게 그려진 화면 구성을 보이고 있다.

① 여인을 슬프고 우울해 보이게 그린 것을 보니 인간은 결코 허무를 극복할 수 없다는 니체의 철학과 관련된 것으로 볼 수 있겠군.
② 해바라기를 강조한 화면 구성을 보니 현실 너머의 이상 세계를 생명의 근원이라고 여긴 니체의 견해가 반영된 것으로 볼 수 있겠군.
③ 해바라기의 노란색과 윤곽의 빨간색을 대비한 것을 보니 초월적 세계를 재현한 것이 현실 세계라는 니체의 입장과 관련된 것으로 볼 수 있겠군.
④ 해바라기, 꽃병, 배경 등을 화려한 원색으로 그린 것을 보니 감성을 바탕으로 한 예술적 충동을 중요하게 여겼던 니체의 생각에 영향을 받은 것으로 볼 수 있겠군.
⑤ 해바라기 꽃병과 여인을 원근법에 어긋나게 그린 것을 보니 인간은 자기 주변의 사물을 지배해야 한다는 의지를 강조한 니체의 주장이 수용된 것으로 볼 수 있겠군.

05

ⓐ~ⓔ의 사전적 의미로 적절하지 <u>않은</u> 것은?

① ⓐ : 어떤 정황을 가정적으로 생각하여 단정함.
② ⓑ : 어떠한 일이나 사물을 직접 당하거나 접함.
③ ⓒ : 온전하게 보호하여 유지함.
④ ⓓ : 어떠한 것을 받아들임.
⑤ ⓔ : 어떤 상태나 행동 따위에 대하여 거스르고 반항함.

점수를 올려 주는 어휘

- **사유(생각 思, 생각할 惟)** 개념, 구성, 판단, 추리 따위를 행하는 인간의 이성 작용.
- **주류(주인 主, 흐를 流)** 사상이나 학술 등의 주된 경향이나 갈래.
- **내재(안 內, 있을 在)** 어떤 사물이나 범위의 안에 들어 있음.
- **원근법(멀 遠, 가까울 近, 법 法)** 일정한 시점에서 본 물체와 공간을 멀고 가까움을 느낄 수 있도록 평면 위에 표현하는 방법.

분석 노트 6쪽에서 지문을 정리해 보세요.

풀이 시간 8분 30초

06~09 다음 글을 읽고 물음에 답하시오.

근대 초기의 합리론은 이성에 의한 확실한 지식만을 중시하여 미적 감수성의 문제를 거의 논외로 하였다. 미적 감수성은 이성과는 달리 어떤 원리도 없는 자의적•인 것이어서 '세계의 신비'를 푸는 데 거의 기여하지 못한다고 ㉠여겼기 때문이다. 이러한 근대 초기의 합리론•에 맞서 칸트는 미적 감수성•을 '미감적 판단력'이라 부르면서, 이 또한 어떤 원리에 의거하며 결코 이성에 못지않은 위상과 가치를 지닌다는 주장을 ㉡펼친다. 이러한 작업에서 핵심 역할을 하는 것이 그의 취미 판단 이론이다.

[A] 취미 판단이란, 대상의 미·추를 판정하는, 미감적 판단력의 행위이다. 모든 판단은 'S는 P이다.'라는 명제 형식으로 환원되는데, 그 가운데 이성이 개념을 통해 지식이나 도덕 준칙•을 구성하는 '규정적 판단'에서는 술어 P가 보편적 개념에 따라 객관적 성질로서 주어 S에 부여된다. 이와 유사하게 취미 판단에서도 P, 즉 '미' 또는 '추'가 마치 객관적 성질인 것처럼 S에 부여된다. 하지만 실제로 취미 판단에서의 P는 오로지 판단 주체의 쾌 또는 불쾌라는 주관적 감정에 의거•한다. 또한 규정적 판단은 명제의 객관적이고 보편적인 타당성을 지향하므로 하나의 개별 대상뿐 아니라 여러 대상이나 모든 대상을 묶은 하나의 단위에 대해서도 이루어진다. 이와 달리, 취미 판단은 오로지 하나의 개별 대상에 대해서만 이루어진다. 즉 복수의 대상을 한 부류로 묶어 말하는 것은 이미 개념적 일반화가 되기 때문에 취미 판단이 될 수 없는 것이다. 한편 취미 판단은 오로지 대상의 형식적 국면•을 관조•하여 그것이 일으키는 감정에 따라 미·추를 판정하는 것 이외의 어떤 다른 목적도 배제하는 순수한 태도, 즉 미감적 태도를 전제로 한다. 취미 판단에는 대상에 대한 지식뿐 아니라, 실용적 유익성, 교훈적 내용 등 일체의 다른 맥락이 ㉢끼어들지 않아야 하는 것이다.

중요한 것은 취미 판단이 기본적으로 공동체적 차원의 것이라는 점이다. 순수한 미감적 태도를 취할 때, 취미 판단의 주체들은 미감적 공동체를 이루고 있다고 할 수 있다. 왜냐하면 그 구성원들 간에는 '공통감'이라 불리는 공통의 미적 감수성이 전제•로 작용하고 있기 때문이다. 이때 공통감은 취미 판단의 미적 규범 역할을 한다. 즉 공통감으로 인해 취미 판단은 규정적 판단의 객관적 보편성과 구별되는 '주관적 보편성'을 ㉣지니는 것으로 설명된다. 따라서 어떤 주체가 내리는 취미 판단은 그가 속한 공동체의 공통감을 예시•한다.

이러한 분석을 통해 칸트가 궁극적으로 지향한 것은 인간의 총체적인 자기 이해이다. 그에 따르면 '인간은 무엇인가?'라는 물음에 대한 충실한 답변을 얻고자 한다면, 이성뿐 아니라 미적 감수성에 대해서도 그 고유한 원리를 설명해야 한다. 게다가 객관적 타당성은 이성의 미덕인 동시에 한계가 되기도 한다. '세계'는 개념으로는 낱낱이 밝힐 수 없는 무한한 것이기 때문이다. 반면 미적 감수성은 대상을 개념적으로 규정할 수는 없지만 역으로 개념으로부터의 자유를 통해 세계라는 무한의 영역에 더 가까이 다가갈 수 있다. 오늘날에는 미적 감수성을 심오한 지혜의 하나로 보는 견해가 ㉤퍼져 있는데, 많은 학자들이 그 이론적 단초•를 칸트에게서 찾는 것은 그의 이러한 논변• 때문이다.

06

윗글에 대한 이해로 가장 적절한 것은?

① 칸트는 미감적 판단력과 규정적 판단력이 동일하다고 보았다.
② 칸트는 이성에 의한 지식이 개념의 한계로 인해 객관적 타당성을 결여한다고 보았다.
③ 칸트는 미적 감수성이 비개념적 방식으로 세계에 대한 객관적 지식을 창출한다고 보았다.
④ 칸트는 미감적 판단력을 본격적으로 규명하여 근대 초기의 합리론을 선구적으로 이끌었다.
⑤ 칸트는 미적 감수성의 원리에 대한 설명이 인간의 총체적 자기 이해에 기여한다고 보았다.

07

[A]에 제시된 '취미 판단'에 대한 이해로 적절하지 않은 것은?

① '이 장미는 아름답다.'는 취미 판단에 해당한다.
② '유용하다'는 취미 판단 명제의 술어가 될 수 없다.
③ '모든 예술'은 취미 판단 명제의 주어가 될 수 없다.
④ '이 영화의 주제는 권선징악이어서 아름답다.'는 취미 판단에 해당한다.
⑤ '이 소설은 액자식 구조로 이루어져 있다.'는 취미 판단에 해당하지 않는다.

08

윗글을 통해 추론한 내용으로 적절하지 않은 것은? [3점]

① 개념적 규정은 예술 작품에 대한 취미 판단을 가능하게 한다.
② 공통감은 미감적 공동체에서 예술 작품의 미를 판정할 보편적 규범이 될 수 있다.
③ 특정 예술 작품에 대한 사람들의 취미 판단이 일치하는 것은 우연으로 볼 수 없다.
④ 예술 작품에 대한 나의 취미 판단은 내가 속한 미감적 공동체의 미적 감수성을 보여 준다.
⑤ 예술 작품에 대해 순수한 미감적 태도를 취하지 못하면 그 작품에 대한 취미 판단이 가능하지 않다.

09

문맥상 ㉠~㉤과 바꿔 쓰기에 적절하지 않은 것은?

① ㉠ :간주했기
② ㉡ :피력한다
③ ㉢ :개입하지
④ ㉣ :소지하는
⑤ ㉤ :확산되어

점수를 올려 주는 **어휘**

- **자의적(마음대로 恣, 뜻 意, 과녁 的)** 일정한 질서를 무시하고 제멋대로 하는. 또는 그런 것.
- **합리론(합할 合, 다스릴 理, 논할 論)** 진정한 인식은 경험이 아닌 이성에 의하여 얻어진다고 하는 태도.
- **감수성(느낄 感, 받을 受, 성품 性)** 외부 세계의 자극을 받아들이고 느끼는 성질.
- **준칙(준할 準, 법칙 則)** 준거할 기준이 되는 규칙이나 법칙.
- **의거(의지할 依, 근거할 據)** 어떤 사실이나 원리 따위에 근거함.
- **국면(판 局, 낯 面)** 어떤 일이 벌어진 장면이나 형편.
- **관조(볼 觀, 비칠 照)** 고요한 마음으로 사물이나 현상을 관찰하거나 비추어 봄.
- **전제(앞 前, 끌 提)** 어떠한 사물이나 현상을 이루기 위하여 먼저 내세우는 것.
- **예시(법식 例, 보일 示)** 예를 들어 보임.
- **단초(끝 端, 처음 初)** 일이나 사건을 풀어 나갈 수 있는 첫머리.
- **논변(논할 論, 말씀 辯)** 사리의 옳고 그름을 밝히어 말함. 또는 그런 말이나 의견.

분석 노트 7쪽에서 지문을 정리해 보세요.

명제와 논리

학습 일자 월 일
총 풀이 시간 21분 00초

풀이 시간 10분 30초

01~05 다음 글을 읽고 물음에 답하시오.

아리스토텔레스의 고전 논리학에서는 기본 명제•를 네 가지로 분류하고 이를 각각 '전체 긍정 명제', '전체 부정 명제', '부분 긍정 명제', '부분 부정 명제'라고 이름을 붙였다. 삼단 논법•에 이용되는 명제는 어떤 것이든 이 네 가지 기본 명제 중 어느 하나의 형식을 가져야 하며, 이 명제들은 그 뜻이 애매하다거나 모호하지 않아야 하므로 **표준 형식**으로 고쳐 주어야 한다.

먼저, 전체 긍정을 뜻하는 명제의 표준 형식은 "모든 철학자는 이상주의자이다."와 같이 '모든 ~는 ~이다.'로 하면 된다. 전체 부정을 뜻하는 명제의 표준 형식의 경우, "모든 철학자는 이상주의자가 아니다."라는 말은 애매하다. 왜냐하면 "철학자는 한 사람도 이상주의자가 아니다."를 뜻하는 것인지, 아니면 "철학자 중에는 이상주의자가 아닌 사람도 있다."를 뜻하는 것인지 분명하지 않기 때문이다. 그러므로 '모든 ~는 ~가 아니다.'라는 형식은 전체 부정 명제의 표준 형식이 될 수 없다. 전체 부정의 뜻을 분명하게 나타내어 줄 수 있는 표준 형식은 "어느 철학자도 이상주의자가 아니다."와 같이 '어느 ~도 ~가 아니다.'로 하면 된다. 부분 긍정을 뜻하는 명제의 표준 형식은 "어떤 철학자는 염세주의•자이다."와 같이 '어떤 ~는 ~이다.'라는 형식이면 된다. '어떤'이란 말이 '어떤 낯선 사람'이라고 할 때처럼 불확정적인 대상이라는 뜻을 가질 수도 있으나 그것은 부분 긍정을 뜻하는 데는 별 문제가 되지 않는다. 마지막으로, 부분 부정을 뜻하는 명제의 표준 형식은 "어떤 철학자는 도덕주의자가 아니다."에서와 같이 '어떤 ~는 ~가 아니다.'라는 형식이면 된다.

"고래는 포유동물이다."라는 일상 언어의 문장은 모든 고래에 대한 긍정을 뜻하는 것이므로 이것을 표준 형식의 명제로 고치면 "모든 고래는 포유동물이다."가 된다. 그러나 "칼을 쓰는 자는 칼로 망한다."라는 말은 전체 긍정의 뜻으로 받아들일 수도 있고 부분 긍정의 뜻으로 받아들일 수도 있다. 이것을 "칼을 쓰는 모든 사람은 칼로 망하는 사람이다."라고 한다면 전체 긍정이 되지만, "칼을 쓰는 어떤 사람은 칼로 망하는 사람이다."라고 한다면 부분 긍정이 된다. ㉠어느 쪽 해석이 옳은가라는 문제는 논리학의 관심 문제가 아니다. 그것을 사실의 서술로 보는 사람은 칼을 쓰는 사람들 중 일부분의 사람만 칼로 망하게 된다는 사실을 긍정하는 것으로 이해하는 것이며, 그 반면 그것을 하나의 교훈적인 말로 받아들이는 사람은 그것이 하나의 ⓐ보편적인 법칙 같은 것을 뜻하는 것으로 이해하기 때문에 전체 긍정으로 읽게 되는 것이다.

"대부분의 젊은이들은 현실 부정적이다."에서 '대부분'은 전체가 아니라는 뜻이므로 이런 경우는 '어떤'으로, 즉 부분 긍정이나 부분 부정으로 이해할 수밖에 없다. 전체 중에서 단 한 사람에 대한 긍정을 한 것도 부분 긍정으로 ⓑ일반화시킬 수밖에 없으며, 한 사람만 제외한 다른 모든 사람들에 대한 긍정도 부분 긍정으로 ⓒ간주할 수밖에 없다. 명제의 양을 전체와 부분으로만 나누어 두었기 때문에 전체에 관한 것이 아닌 것은 모두 부분에 관한 것으로 표현되어야 한다는 뜻이다. 부분에 관한 명제들 중에서 그 양의 정도가 다른 것을 나타낼 수 있는 방법은 없다. 이것은 곧 모든 명제를 네 가지 기본 형식으로만 나누어야 하는 고전 논리의 한계점이 된다. 그러므로 위의 명제도 "어떤 젊은이들은 현실 부정적인 사람이다."라고 고칠 수밖에 없다.

"미국 흑인들 외에는 아무도 흑인 영가*의 참뜻을 느낄 수 없다." 이 문장에는 흑인 영가의 참뜻을 느낄 수 있는 미국 흑인에 대한 것과 그것을 느낄 수 없는 다른 사람들에 대한 것이 포함되어 있다. 따라서 "모든 미국 흑인들은 흑인 영가의 참뜻을 느낄 수 있는 사람이다."라는 명제와 "미국 흑인이 아닌 모든 사람은 흑인 영가의 참뜻을 느낄 수 없는 사람이다."라는 명제로 고쳐야 한다. 그리고 둘째 명제는 다음과 같이 전체 부정 명제로 고쳐 쓸 수 있다. "미국 흑인이 아닌 어느 사람도 흑인 영가의 참뜻을 느낄 수 있는 사람이 아니다."

일상 언어의 문장은 그것이 어떤 사실을 긍정하는 것일지라도 위에서 ⓓ검토해 본 예문들처럼 그것의 논리적 의미가 분명치 못한 것이 많다. 그것이 이용되는 경우에 따라서, 또 내용에 따라서 그 의미가 다르게 이해되어야 할 때가 많다. 이러한 문제는 논리학의 범위에 속하지 않는 것이므로 그것을 사용하는 사람이 자기대로 ⓔ타당한 이해를 할 수밖에 없는 것이다. 그러한 문장을 표준 형식의 명제로 고치고자 할 때는 먼저 적절한 해석을 한 후 그것이 이해되는 뜻에 따라서 그것에 맞는 형식으로 고쳐 주면 된다.

* 영가(靈歌): 미국의 흑인들이 부르는 일종의 종교적인 노래.

01

윗글의 내용과 일치하는 것은?

① "미국 흑인이 아닌 모든 사람은 흑인 영가의 참뜻을 느낄 수 없는 사람이다."는 다른 명제로 고칠 수 없다.
② "칼을 쓰는 모든 사람은 칼로 망하는 사람이다."를 교훈의 말로 받아들이는 사람은 부분 긍정으로 이해한다.
③ "모든 철학자는 이상주의자가 아니다."라는 말의 표준 형식은 "모든 ~는 ~가 아니다."라는 형식이 될 수 있다.
④ 부분 명제 중에서 그 양의 정도가 다른 것을 나타낼 수 있는 방법이 없다는 점은 고전 논리의 한계로 볼 수 있다.
⑤ 일상 언어의 문장은 어떤 사실을 긍정할 경우에만 그것의 논리적 의미가 분명해진다고 볼 수 있다.

02

㉠의 이유로 가장 적절한 것은?

① 일상 언어는 논리학의 표준 명제로 고칠 수 없기 때문이다.
② 논리학은 명제의 형식에 대해서는 문제로 삼지 않기 때문이다.
③ 일상 언어의 문장과 논리학의 문장은 본질적으로 다르기 때문이다.
④ 논리학은 일상 언어의 문장을 우선 네 가지 기본 명제의 형식으로 고친 후 해석해야 하기 때문이다.
⑤ 일상 언어의 문장들은 읽는 사람에 따라서 혹은 그것이 쓰이는 상황에 따라서 그것의 논리적 의미가 다르기 때문이다.

03

윗글을 참고하여 〈보기〉에 대해 판단한 내용으로 적절하지 않은 것은?

보기

"문제의식이 투철한 사람만 참석했다."

① '참석한 모든 사람은 문제의식이 투철한 사람이었다.'라는 뜻이군.
② '문제의식이 투철한 사람은 누구나 다 참석했다.'는 것을 뜻하지는 않는군.
③ '문제의식이 투철한 사람의 일부분이 참석했다.'라는 것을 긍정하지도 않는군.
④ 참석한 사람들만이 문제의식이 투철한 사람들인지 어떤지에 대한 긍정은 없군.
⑤ '문제의식이 투철한 사람만 참석했다.'는 하나의 표준 형식으로서 분명한 뜻을 지니는군.

04

윗글을 바탕으로, 〈보기〉의 문장들을 표준 형식의 명제로 고친 것으로 적절하지 않은 것은? [3점]

보기

㉮ 원숭이도 나무에서 떨어진다.
㉯ 소수의 사람들만이 특혜를 받았다.
㉰ 경마에 미친 사람은 경마만 좋아한다.
㉱ 비가 오는 날이면 언제나 그는 택시를 탄다.
㉲ 이번 여름은 피서지마다 초만원을 이루었다.

① ㉮: 어떤 원숭이는 나무에서 떨어지는 원숭이이다.
② ㉯: 어떤 사람은 특혜를 받은 사람이다.
③ ㉰: 경마에 미친 모든 사람은 경마를 좋아한다.
④ ㉱: 비가 오는 모든 날은 그가 택시를 타는 날이다.
⑤ ㉲: 이번 여름의 모든 피서지는 초만원을 이루는 곳이다.

05

ⓐ~ⓔ의 사전적 의미로 적절하지 않은 것은?

① ⓐ: 두루 널리 미치는
② ⓑ: 구체적인 것으로 됨
③ ⓒ: 상태, 모양, 성질 따위가 그와 같다고 봄
④ ⓓ: 사실이나 내용을 분석해 따짐
⑤ ⓔ: 일의 이치로 보아 옳은

점수를 올려 주는 어휘

- **명제(목숨 命, 제목 題)** 어떤 문제에 대한 하나의 논리적 판단 내용과 주장을 언어 또는 기호로 표시한 것.
- **삼단 논법(석 三, 층계 段, 논할 論, 법 法)** 대전제와 소전제의 두 전제와 하나의 결론으로 이루어진 연역적 추리법.
- **염세주의(싫어할 厭, 인간 世, 주인 主, 옳을 義)** 세계나 인생을 불행하고 비참한 것으로 보는 경향이나 태도.

분석 노트 8쪽에서 지문을 정리해 보세요.

풀이 시간 10분 30초

06~10 다음 글을 읽고 물음에 답하시오.

비트겐슈타인은 철학의 관심사가 사람이 '생각하는 바'가 아닌 사람이 '생각하는 바를 표현하는 것'이어야 한다고 주장했다. 그는 정신이나 이성에 관심을 가졌던 종래•의 철학이 명제와 사실의 관계를 간과했다고 지적하며, 새로운 철학은 '말할 수 있는 것'과 '말할 수 없는 것'의 한계를 명확하게 설정할 수 있어야 한다고 보았다.

이를 위해 비트겐슈타인은 먼저 명제와 사실의 관계를 분명히 했다. 그에 의하면 명제는 사실과 대응한다. 그래서 그는 명제와 사실을 비교해서 명제가 사실과 일치하면 참, 사실과 일치하지 않으면 거짓이라고 보았다. 이를테면 '지구는 태양 주위를 돈다.'라는 명제는 지구가 태양 주위를 돌고 있다는 실제 경험할 수 있는 사실과 비교할 때 사실과 일치하기 때문에 참이 된다. 반면 '태양은 지구 주위를 돈다.'라는 명제는 사실과 비교할 때 거짓이 된다. 이처럼 비트겐슈타인은 하나의 명제는 하나의 사실과 대응•하여 참 또는 거짓으로 판단할 수 있다고 보았다.

그렇다면 '지구는 태양 주위를 돌고, 달은 지구 주위를 돈다.'와 같은 명제도 하나의 사실에 대응하는 것일까? 비트겐슈타인은 진리함수이론을 통해 이 같은 고민을 해결하고자 했다. 그는 어떤 명제는 그 안에 좀 더 단순한 형태의 명제들을 포함할 수 있다고 생각했다. 그래서 명제와 사실의 관계에 있어 논리적 기초가 되는 ㉠'요소명제'라는 언어 단위를 도입하였다. 그에 따르면 요소명제는 더 이상 분석할 수 없는 최소의 언어 단위로, 최소의 사실 단위인 '원자사실'에 대응한다. 그래서 그는 요소명제가 원자사실과 일치하면 '참(T)'이라는 진리값을, 일치하지 않으면 '거짓(F)'이라는 진리값을 갖는다고 보았으며, 명제의 진리값이 나올 수 있는 경우의 수를 진리가능성이라고 불렀다. 그에 의하면 요소명제의 진리가능성은 언제나 참과 거짓, 2개가 된다. 또한 그는 두 개 혹은 그 이상의 요소명제들로 구성된 명제를 '복합명제'라고 불렀는데, 복합명제를 구성하는 각각의 요소명제는 각각 하나의 원자사실과 대응하기 때문에 여기서 나올 수 있는 진리값을 조합한 모든 경우의 수가 복합명제의 진리가능성이 된다고 보았다. 결국 복합명제가 몇 개의 요소명제들로 이루어지느냐에 따라 요소명제의 수를 n이라고 보면, 복합명제의 진리가능성은 2^n개가 된다.

그리고 비트겐슈타인은 복합명제의 진리값은 복합명제를 구성하는 각각의 요소명제들의 진리값에 대한 진리연산을 통해 얻을 수 있다고 보았다. 이때 진리연산은 요소명제들로부터 진리함수가 만들어져 나오는 방법이며, 진리연산의 결과는 복합명제가 참이 되거나 거짓이 되는 조건을 말해 주는 진리조건이 된다. 그래서 '지구는 태양 주위를 돌고, 달은 지구 주위를 돈다.'라는 복합명제의 경우에는 '지구는 태양 주위를 돈다.'라는 요소명제 p와 '달은 지구 주위를 돈다.'라는 요소명제 q가 '그리고'에 의해 결합되어 있으므로, 이 복합명제는 p와 q의 진리값에 대해 '그리고'라는 진리연산이 적용된 진리함수 $p \wedge q$로 표현할 수 있다. 진리함수 $p \wedge q$는 '지구는 태양 주위를 돈다.'가 참이고, '달은 지구 주위를 돈다.'도 참이 될 때에만 진리값이 참이 된다. 이를 비트겐슈타인이 고안한 진리표로 만들면, 〈표〉와 같이 p와 q의 진리가능성은 TT, FT, TF, FF가 되고, $p \wedge q$의 진리조건은 TFFF가 된다.

p	q	$p \wedge q$
T	T	T
F	T	F
T	F	F
F	F	F

〈표〉

비트겐슈타인은 이렇게 복합명제를 진리표로 만들었을 때, 진리조건에 T와 F가 함께 표기•되는 명제, 즉 사실과 비교함으로써 참 또는 거짓을 판단할 수 있는 명제를 '의미 있는 명제'라고 불렀다. 그리고 그는 의미 있는 명제가 바로 우리가 '말할 수 있는 것'의 영역에 포함된다고 보았다. 반면에 그는 우리가 '말할 수 없는 것'의 영역에 포함되는 명제로 '무의미한 명제'와 '의미를 결여한 명제'를 제시했다. 무의미한 명제는 그 명제에 대응하는 사실이 없어서 참과 거짓을 가려낼 수 없는 명제이다. 그리고 의미를 결여•한 명제는 그 명제에 대응하는 사실은 없지만, 언제나 참이거나 언제나 거짓인 명제이다. 만약 의미를 결여한 명제를 진리표로 만든다면 그 진리조건은 언제나 모두 참이거나 모두 거짓으로 표기되겠지만, 이는 진리연산의 결과와 상관없는 표기이다. 결국 비트겐슈타인은 진리함수이론을 통해 우리가 말할 수 있는 것의 영역에는 참 또는 거짓으로 판단할 수 있는 의미 있는 명제밖에 없다는 것을 보여 줄 수 있었다.

06

윗글에 대한 설명으로 가장 적절한 것은?

① 명제와 사실이 갖는 한계를 지적하고, 이를 극복할 수 있는 방법을 소개하고 있다.
② 명제와 사실의 공통점을 사례를 중심으로 보여 주고, 특정 이론을 통해 이를 점검하고 있다.
③ 명제에 대한 통념을 비판하고, 다양한 철학자의 견해를 비교하여 새로운 주장을 내세우고 있다.
④ 명제와 사실의 관계를 밝히고, 이와 관련된 특정 이론을 구체적인 예시를 사용하여 설명하고 있다.
⑤ 명제에 대한 특정 철학자의 관점을 시대순으로 정리하고, 이에 대한 비판적 견해를 제시하고 있다.

07

비트겐슈타인의 관점에서 ㉠을 이해한 내용으로 적절하지 않은 것은?

① 요소명제는 더 이상 쪼갤 수 없는 언어 단위이다.
② 두 개 이상의 요소명제가 결합하여 복합명제를 만들 수 있다.
③ 원자사실과의 일치 여부에 따라 요소명제의 진리값이 정해진다.
④ 요소명제의 진리값이 나올 수 있는 경우의 수는 언제나 2개이다.
⑤ 요소명제는 '무의미한 명제'를 '의미를 결여한 명제'와 구분하는 기준이다.

※ **〈보기〉는 윗글을 참고하여, 임의의 두 명제를 각각 진리표로 만든 것이다. 08번과 09번 물음에 답하시오.**

보기

p	q	p∨q
T	T	T
F	T	T
T	F	T
F	F	F

[진리표 1]

p	q	p→(q→p)
T	T	T
F	T	T
T	F	T
F	F	T

[진리표 2]

08

윗글을 바탕으로 〈보기〉의 [진리표 1]을 이해한 내용으로 적절하지 않은 것은?

① 진리연산의 결과인 진리조건은 TTTF이다.
② 복합명제의 진리값이 F일 때는 p와 q에 대응하는 원자사실이 없는 경우이다.
③ 진리조건에 T와 F가 함께 표기되어 있으므로 이 복합명제는 '의미 있는 명제'이다.
④ p와 q의 진리가능성이 TT, FT, TF일 때에 진리함수 p∨q의 진리값은 참이 된다.
⑤ 복합명제를 구성하는 요소명제가 하나 더 추가되면 이 복합명제의 진리가능성은 2^3개가 된다.

09

윗글을 읽은 학생이 〈보기〉의 [진리표 1]과 [진리표 2]에 대해 보인 반응으로 가장 적절한 것은? [3점]

① [진리표 1]과 [진리표 2]의 진리함수는 서로 같겠군.
② [진리표 1]과 달리 [진리표 2]는 '의미를 결여한 명제'를 진리표로 만든 것이겠군.
③ [진리표 1]과 달리 [진리표 2]의 복합명제는 '말할 수 있는 것'의 영역에 속하겠군.
④ [진리표 1]의 복합명제와 [진리표 2]의 복합명제에 적용된 진리연산은 서로 같겠군.
⑤ 원자사실과 대응하는 요소명제의 수는 [진리표 1]에는 1개, [진리표 2]에는 2개이겠군.

10

윗글을 이해한 학생이 비트겐슈타인의 입장에서 〈보기〉의 ⓐ에 대해 보인 반응으로 가장 적절한 것은?

보기

플라톤은 정신을 통해서만 이데아를 인식할 수 있다고 보았으며 ⓐ"이데아란 영원하고 불변하는 사물의 본질적인 원형이다."라고 했다. 즉 그에 의하면 이데아는 육안이 아니라 마음의 눈으로 통찰되는 사물의 순수하고 완전한 형태를 가리킨다.

① ⓐ는 철학의 관심사로 삼아야 할 내용을 담은 명제라고 할 수 있겠군.
② ⓐ는 '생각하는 바를 표현한 것'이므로 '의미 있는 명제'라고 할 수 있겠군.
③ ⓐ는 '말할 수 있는 것'과 '말할 수 없는 것'의 경계를 표현한 명제라고 할 수 있겠군.
④ ⓐ는 실제 경험할 수 있으므로 진리조건이 언제나 '거짓'으로 표기되는 명제라고 할 수 있겠군.
⑤ ⓐ는 대응하는 사실이 없어, '참'과 '거짓'을 판단할 수 없기에 '무의미한 명제'라고 할 수 있겠군.

점수를 올려 주는 어휘

- **종래(좇을 從, 올 來)** 일정한 시점을 기준으로 이전부터 지금까지에 이름. 또는 그런 동안.
- **대응(대할 對, 응할 應)** 어떤 두 대상이 주어진 어떤 관계에 의하여 서로 짝이 되는 일.
- **표기(겉 表, 기록할 記)** 문자 또는 음성 기호로 언어를 표시함.
- **결여(이지러질 缺, 같을 如)** 마땅히 있어야 할 것이 빠져서 없거나 모자람.

분석 노트 9쪽에서 지문을 정리해 보세요.

DAY 04 인문 · 예술 심리 탐구

학습 일자 월 일
총 풀이 시간 19분 00초

풀이 시간 10분 30초

01~05 다음 글을 읽고 물음에 답하시오.

상담 이론이자 상담 기법인 '현실요법'에서는 인간의 다섯 가지 기본 욕구를 제시하고 있다. 이 이론에서는 개인의 모든 행동은 기본 욕구를 충족시키기 위해서 그 자신이 선택하는 것이라 보았다. 만약 이러한 선택으로 문제가 발생한다면 다섯 가지 기본 욕구를 실현 가능한 수준으로 타협하고 조절해 새로운 선택을 할 필요가 있다고 ⓐ제안했다.

다섯 가지 기본 욕구 중 첫째는 '생존의 욕구'로, 자신의 삶을 유지하려는 생물학적인 속성이다. 사회적 규칙이나 상식을 지키려는 욕구이며, 생존에 필요한 것을 아끼고 모으려는 욕구이기도 하다. 이 욕구가 강한 사람은 건강과 안전을 중시하는 편이다. 둘째는 '사랑의 욕구'로, 사랑하고 나누며 함께하고자 하는 욕구이다. 이 욕구가 강한 사람은 타인을 잘 돕고, 사랑을 주는 만큼 받는 것도 중요하게 여기기에 인간관계에서 힘들어하기도 한다. 셋째는 '힘의 욕구'로, 경쟁하여 성취하고 인정받고 싶어 하는 욕구이다. 이 욕구가 강한 사람은 직장에서의 성공과 명예를 중시하고 높은 사회적 지위에 ⓑ도달하기 위해 노력한다. 또한 자기가 옳게 여기는 것에 대한 의지가 있어 자기주장이 강하며 타인에게 지시하는 일에 능하다. 넷째는 '자유의 욕구'로, 무언가에 얽매이지 않고 벗어나고 싶어 하는 욕구이다. 이 욕구가 강한 사람은 상대방을 구속하는 것, 자신을 구속시키는 것을 싫어한다. 그래서 상대방에게 대체로 관대하고, 혼자 하는 것을 좋아하며, 사람들과 적정한 거리를 유지하는 것을 편하게 여긴다. 다섯째는 '즐거움의 욕구'로, 새로운 것을 배우고 놀이를 통해 즐기고 싶어 하는 욕구이다. 이 욕구가 강한 사람은 취미 생활을 즐기며, 잘 웃고 긍정적 태도를 취한다. 또한 호기심이 많기에 배우는 것을 좋아한다.

현실요법에서는 이 다섯 가지 욕구들의 강도가 개인마다 달라 행동 양상이 다양하게 나타나고, 여러 가지 갈등을 겪을 수도 있다고 보았다. 현실요법은 우선 내담자*가 자신의 욕구를 들여다 볼 수 있도록 한 다음, 약한 욕구를 북돋아 주거나 강한 욕구들 사이에서 타협과 조절을 하여 새로운 선택을 하도록 이끄는 단계를 밟는다. 예를 들어 사랑의 욕구가 강하고 힘의 욕구가 약한 사람이 타인의 부탁에 불편함을 느끼면서도 거절하지 못해 괴로워한다고 가정해 보자. 이 경우 현실요법에서는 ㉠힘의 욕구를 북돋아 자기주장을 표현할 수 있도록 도울 수 있다. 또 자유의 욕구와 힘의 욕구 모두가 강한 사람은 자신이 ⓒ선호하는 것을 우선시하고 이것이 방해받으면 불편해하며 주변 사람들과 갈등을 일으킬 수 있다. 이 경우 힘의 욕구를 조절하도록 이끌 수 있는데, 타인과의 사소한 의견 충돌 상황에서 자기주장을 강조하기보다는 타인의 마음을 헤아리고 그 의견을 ⓓ겸허하게 수용하는 연습을 하게 할 수 있다.

현실요법은 타인의 욕구 충족을 방해하지 않으면서 효과적인 선택을 통해 자신의 욕구를 충족시키려 한다. 이는 내담자가 외부 요인에 의해 통제되는 존재가 아니라 스스로 자신의 욕구를 조절할 수 있는 주체라고 보는 관점을 기반으로 한다. 현재 현실요법은 상담 분야에서 호응을 얻어 심리 상담에 널리 ⓔ활용되고 있다.

* **내담자**: 상담실 따위에 자발적으로 찾아와서 이야기하는 사람.

01

윗글에 대한 설명으로 가장 적절한 것은?

① 이론의 주요 개념을 밝히고 그 이론의 구체적 적용 사례를 들고 있다.
② 이론을 소개하고 장점을 밝힌 후 그 이론이 지닌 한계를 덧붙이고 있다.
③ 이론이 등장하게 된 사회적 배경과 이론이 발전하는 과정을 드러내고 있다.
④ 하나의 이론과 다른 관점의 이론을 대조하여 둘의 차이점을 부각하고 있다.
⑤ 이론의 주요 개념을 여러 유형으로 나눈 다음 추가할 새로운 유형을 소개하고 있다.

02

윗글의 내용과 일치하지 않는 것은?

① 약한 욕구를 강한 욕구로 대체해야 갈등에서 벗어날 수 있다.
② 개인이 지닌 욕구들의 강도에 따라 다양한 행동 양상이 나타난다.
③ 현실요법에서는 내담자는 외부 요인에 의해 통제되는 존재가 아니라고 본다.
④ 현실요법에 따르면 인간은 기본 욕구를 충족시키기 위해 스스로 행동을 선택한다.
⑤ 현실요법은 기본 욕구들을 실현 가능한 수준으로 타협하는 것이 가능하다고 본다.

03

㉠의 구체적인 방법으로 가장 적절한 것은?

① 자신과 다른 의견을 경청하는 연습을 하도록 이끈다.
② 부탁을 거절하거나 자신의 불편함을 표출하도록 이끈다.
③ 혼자 어디론가 떠나거나 혼자만의 시간을 갖도록 권한다.
④ 타인과 약속을 잘 지킬 수 있는 원칙을 만들도록 권한다.
⑤ 사람들과 어울려 새로운 취미 생활을 즐길 수 있도록 권한다.

04

윗글을 바탕으로 〈보기〉를 이해한 내용으로 적절하지 않은 것은? [3점]

〈보기〉

A, B 학생의 욕구 강도 프로파일
(5점 : 매우 강하다, 4점 : 강하다, 3점 : 보통이다, 2점 : 약하다, 1점 : 매우 약하다)

다섯 가지 기본 욕구 측정 항목		욕구 강도	
		A	B
(가)	• 남의 지시와 잔소리를 싫어한다. • 자신의 방식대로 살고 싶다. ⋮	5	5
(나)	• 다른 사람의 잘못을 잘 짚어 준다. • 내 분야에서 최고가 되고 싶다. ⋮	4	1
(다)	• 친구를 위한 일에 기꺼이 시간을 낸다. • 친절을 베푸는 것을 좋아한다. ⋮	5	1
(라)	• 큰 소리로 웃는 것을 좋아한다. • 여가 활동으로 알찬 휴일을 보낸다. ⋮	1	3
(마)	• 균형 잡힌 식생활을 하려고 노력한다. • 저축을 중요하게 생각한다. ⋮	2	5

① A는 '즐거움의 욕구'보다 '힘의 욕구'가 더 강하다고 할 수 있겠군.
② B는 '힘의 욕구'가 '생존의 욕구'보다 더 약하다고 할 수 있겠군.
③ A는 B보다 '힘의 욕구'가 더 약하다고 할 수 있겠군.
④ A와 B는 모두 '자유의 욕구'가 매우 강하다고 할 수 있겠군.
⑤ A는 '사랑의 욕구'가 '즐거움의 욕구'보다 강하지만, B는 '즐거움의 욕구'가 '사랑의 욕구'보다 강하다고 할 수 있겠군.

05

ⓐ~ⓔ의 사전적 의미로 적절하지 않은 것은?

① ⓐ : 안이나 의견으로 내놓음.
② ⓑ : 사람이나 동식물 따위가 자라서 점점 커짐.
③ ⓒ : 여럿 가운데서 특별히 가려서 좋아함.
④ ⓓ : 스스로 자신을 낮추고 비우는 태도가 있음.
⑤ ⓔ : 충분히 잘 이용함.

점수를 올려 주는 어휘

- **속성(무리 屬, 성품 性)** 사물의 특징이나 성질.
- **관대하다(너그러울 寬, 큰 大)** 마음이 너그럽고 크다.
- **양상(모양 樣, 서로 相)** 사물이나 현상의 모양이나 상태.
- **충족(채울 充, 발 足)** 일정한 분량을 채워 모자람이 없게 함.
- **기반(터 基, 소반 盤)** 기초가 되는 바탕. 또는 사물의 토대.

분석 노트 10쪽에서 지문을 정리해 보세요.

풀이 시간 8분 30초

06~09 다음 글을 읽고 물음에 답하시오.

인간은 누구나 행복을 추구하며 살아간다. 그런데 과학기술의 발전을 통해 유례없는 풍요를 누리고 있는 현대인은 과연 행복한가? 현대 사회에서의 행복에 대해 고찰•한 철학자 에리히 프롬은 행복을 무엇이라고 했는지 알아보자.

프롬의 사상을 파악하기 위해서는 먼저 그의 인간관을 이해해야 한다. 프롬은 인간과 다른 동물을 구분 지을 수 있는 특성이자 인간의 본질을 이성이라고 파악했다. 그에 따르면 이성이 있는 인간은 세계와 분리되어 있음을 인지하고 불안과 고독을 느낀다. 이는 인간의 실존적 한계이다. 프롬은 인간은 세계와 합일을 이루고자 하며, 이러한 열망이 충족될 때 행복을 느낄 수 있다고 보았다. 그는 인간이 세계와 관계 맺는 방식을 소유적 실존양식과 존재적 실존양식으로 구분하고 어떤 실존양식을 따르는지에 의해 인간의 사고, 감정, 행동이 결정된다고 보았다.

먼저 ㉠소유적 실존양식은 자신을 소유물과 동일시함으로써 세계와 일체감을 느끼고자 하는 삶의 방식이다. 소유적 실존양식 아래에서 사람들은 소유를 통해 감각적 욕망을 충족시킬 수 있지만, 욕망이 충족된 후에도 소유에 대한 탐욕을 느낀다. 자신과 세계와의 합일이 자신이 소유한 것에 의해 결정된다고 보기 때문이다. 프롬에 따르면 이러한 탐욕은 소유물을 차지하기 위한 경쟁의 욕구와 타인의 소유물을 빼앗기 위한 폭력의 욕구, 자신의 소유물을 잃을 수도 있다는 불안감을 불러일으킬 수밖에 없다. 그렇기에 소유적 실존양식 아래에서 사람들은 더 많이 소유하는 것, 자신의 소유물을 지키며 타인의 소유물을 빼앗을 수 있는 권력을 차지하는 것에서 행복을 찾으려고 한다. 프롬은 생존을 위해 필요한 최소한의 소유를 부정하지는 않았지만 소유를 통해 행복의 원천을 발견하려는 집착적 욕망을 비판했다. 프롬이 보기에 이러한 욕망에는 포화점•이 없다. 이미 소유한 것은 더 이상 충족감을 줄 수 없으며, 소유를 통해서는 인간의 근원적• 불안과 외로움은 극복되지 않기 때문이다.

프롬은 이러한 소유적 실존양식이 아닌 ㉡존재적 실존양식으로 살아갈 것을 제안했다. 존재적 실존양식은 소유에서 벗어나 세계와 하나가 되는 삶의 방식이다. 프롬은 세계와 합일을 이루기 위해서는 이성적 능력을 생산적으로 사용해야 한다고 했는데, 이때 '생산적'이라는 것은 쓸모 있는 결과물을 만들어 내는 능력이 아니라 내면의 능동적인 상태를 의미한다. 예를 들어 프롬은 시를 읽고 의미를 깊이 있게 고민하는 사람의 내면에서는 능동적인 작용이 일어나고 있다고 보았다. 존재적 실존양식 아래에서 사람들은 자신이 세계와 긴밀하게 결합해 있다고 느끼므로 가진 것을 잃을 수 있다는 불안에 시달리지 않는다. 그래서 다른 존재에 대해 호의적이다. 이때 사람들은 타인을 사랑하고 자신이 가진 것을 나눔으로써 다른 존재의 성장을 도우려 하는데, 프롬은 이러한 삶의 모습을 궁극적 행복이라 보았다.

한편 프롬에 따르면 두 실존양식에서는 우리가 일상생활에서 사용하는 물건들과 지식·사상 등이 모두 그 대상으로 나타난다. 예를 들어 소유적 실존양식을 따르는 사람에게 학습은 권력 추구의 수단이 되지만 존재적 실존양식을 따르는 사람에게 학습은 내면의 새로운 사고를 촉발•하는 과정이 된다고 보았다.

그렇다면 프롬은 현대 사회에서의 행복 문제를 어떻게 진단했을까? 프롬이 보기에 현대인은 물질적 풍요를 통한 감각적 욕망의 충족을 누리고 있지만, 고독과 불안에 시달리고 있다. 그에 따르면 이 같은 현대 사회의 병리•적 현상이 일어나는 원인은 끝없는 소비를 조장•하여 무한한 이윤을 추구하는 소유지향적인 사회이다. 프롬은 현대 사회의 병리적 현상과 같은 위기는 개인이 존재지향적 삶을 사는 것만으로는 극복하기 어려우며, 근본적 해결을 위해 사회적 변혁•이 필요하다고 역설했다. 그는 사회의 구조와 규범에 따라 주된 실존 양식이 무엇인지 결정된다고 보았기 때문이다.

이처럼 프롬은 무한 소비를 조장하는 현대 사회의 병리적 현상을 고찰하고 인간에 대한 신뢰를 바탕으로 해결책을 제시한 휴머니스트로 평가받는다.

06

윗글을 통해 답을 찾을 수 없는 질문은?

① 프롬은 현대 사회의 병리적 현상의 원인을 무엇이라고 진단했는가?

② 프롬은 실존양식에 따라 학습의 의미가 어떻게 달라진다고 보았는가?

③ 프롬은 동물과 달리 인간이 이성을 가지는 이유를 무엇이라고 보았는가?

④ 프롬은 사회의 주된 실존양식을 결정짓는 요인을 무엇이라고 보았는가?

⑤ 프롬은 존재적 실존양식 아래에서 사람들이 타인에게 호의적인 이유를 무엇이라고 보았는가?

07

다음은 A와 B가 나눈 대화의 일부이다. 윗글을 바탕으로 할 때, ㉮에 들어갈 내용으로 가장 적절한 것은?

보기

A: 내가 어제 책을 읽었는데, 행복을 위해서 아무것도 소유하지 않아야 한다고 하더라고. 그런데 현실적으로 생각하면 인간이 생존에 필수적인 의식주 없이 어떻게 살겠어? 또 난 얼마 전에 최신 휴대폰을 구매했는데 행복했어. 이처럼 소유를 통해 행복을 느낄 수도 있는 것 아닐까?

B: 그 문제에 대해서 프롬은 [㉮]고 이야기를 했어.

① 소유물은 소유하고 있는 동안 충분한 만족감과 행복을 제공하므로 소유를 통한 행복이 필요하다.
② 삶을 영위하기 위한 기본적인 소유는 불가피한 것이지만 소유를 통해 행복을 찾으려는 욕망은 완전히 채워질 수 없다.
③ 소유를 통해 만족감을 얻거나 행복의 원천을 발견하려는 집착적 욕망을 극복할 수 없으므로 모든 소유의 방식을 부정해야 한다.
④ 생존을 위한 소유는 필요하지만 소유물과 자신을 동일시하는 태도는 세계와의 대립을 유발하므로 행복에 대한 욕망을 버려야 한다.
⑤ 소유를 통한 행복을 부정하지는 않지만 처음 소유했을 때의 만족감은 시간이 지나면 사라지기 때문에 최소한의 소유도 필요 없다.

08

㉠, ㉡에 대한 이해로 적절하지 않은 것은?

① ㉠에서 소유에 대한 탐욕은 경쟁심을 불러일으키는 요인이다.
② ㉠은 권력을 차지하는 것을 통해 소유의 충족감을 얻고자 하는 삶의 방식이다.
③ ㉡에서 유용한 결과물을 생산하는 것은 행복을 실현할 수 있는 조건이다.
④ ㉡은 상실에 대한 불안에서 벗어나 타인을 사랑하고 자신이 가진 것을 나눌 수 있는 삶의 방식이다.
⑤ ㉠과 ㉡은 모두 일상의 사물과 관념적 대상에 적용되는 삶의 방식이다.

09

윗글과 〈보기〉를 비교한 내용으로 적절하지 않은 것은? [3점]

보기

인간의 본질인 이성이 탁월하게 실현된 상태가 덕이며, 덕이 구현된 상태가 행복이다. 행복은 세 가지로 나눌 수 있다. 첫 번째는 감각적 욕망의 충족을 통해 누릴 수 있는 행복이다. 하지만 이것은 찰나이며 지나칠 경우 거부감을 줄 수 있다. 두 번째는 사회에 책임을 지는 시민으로서의 정치적 행복이다. 이때 인간의 덕은 공동체의 훈육을 통해 개발되므로 인간은 사회를 떠나서 행복할 수 없다. 마지막은 이성적 사고를 통해 세상의 질서를 깨닫는 철학자로서의 행복이며, 최고의 행복이다. 인간이 행복한 삶을 누리기 위해서는 이 세 가지 행복을 함께 구현해야 한다. 행복이란 한순간의 감정이 아니라 덕의 실현이 습관화됐을 때 도달할 수 있는 경지이므로 어떤 사람이 행복한 사람인지를 알기 위해서는 그 사람이 일생에 이룩한 인격적 성숙에 따라 평가해야 한다.

① 프롬과 〈보기〉는 모두 인간의 행복은 사회의 영향을 받는다고 보았군.
② 프롬과 〈보기〉는 모두 행복을 위해서 개인이 사회에 책임을 짐으로써 사회적 변혁을 이끌어야 한다고 보았군.
③ 프롬은 궁극적인 행복이 내면의 능동적인 작용을 통해, 〈보기〉는 최고의 행복이 이성적 사고를 통해 가능하다고 보았군.
④ 한 인간이 행복한지 알기 위해서 프롬은 세계와 합일을 이루었는지를, 〈보기〉는 인격적으로 성숙했는지를 살펴보아야 한다고 보았군.
⑤ 감각적 욕망의 충족을 프롬은 행복이 아니라고 보았으나, 〈보기〉는 지나치지만 않으면 행복한 삶을 누리기 위한 조건이 된다고 보았군.

점수를 올려 주는 어휘

- **고찰(생각할 考, 살필 察)** 어떤 것을 깊이 생각하고 연구함.
- **포화점(배부를 飽, 화할 和, 점 點)** 더 이상의 양을 수용할 수 없이 가득 찬 상태를 나타내는 점.
- **근원적(뿌리 根, 근원 源, 과녁 的)** 사물이 비롯되는 근본이나 원인이 되는 것.
- **촉발(닿을 觸, 필 發)** 어떤 일을 당하여 감정, 충동 따위가 일어남. 또는 그렇게 되게 함.
- **병리(병 病, 다스릴 理, 과녁 的)** 병의 원인, 발생, 경과 따위에 관한 이론이나 이치에 관련된. 또는 그런 것.
- **조장(도울 助, 길 長)** 바람직하지 않은 일을 더 심해지도록 부추김.
- **변혁(변할 變, 가죽 革)** 급격하게 바꾸어 아주 달라지게 함.

분석 노트 11쪽에서 지문을 정리해 보세요.

다양성

학습 일자 월 일
총 풀이 시간 19분 00초

풀이 시간 8분 30초

01~04 다음 글을 읽고 물음에 답하시오.

북아메리카 원주민들에게는 독특한 방식으로 선물을 ⓐ주는 '포틀래치(potlatch)'라는 관습이 있다. 행사를 연 마을의 수장은 자신이 쌓아온 재물을 초대받은 다른 마을의 수장들에게 무료로 나누어 주기도 하고, 심지어 그것을 파괴하기도 한다. 손님들은 선물을 받고 자기 마을로 돌아와 '복수'를 맹세하는데, '복수'의 방법이란 그동안 선물을 준 사람들에게 답례 포틀래치를 열어 자기가 받은 것보다 더 많은 선물을 제공하는 것이다.

초기 인류학자들은 이러한 포틀래치라는 관습을 자신의 재산을 대가 없이 자발적으로 주는 일반적인 증여로 파악하고, 위신을 얻기 위해 재산을 탕진하는 비합리적인 생활양식으로 이해하였다. 하지만 모스와 레비스트로스 같은 후대 인류학자들은 포틀래치를 호혜적 교환 행위로 바라보았다. 호혜적 교환이란 일반적인 경제적 교역, 즉 사물의 가격을 측정하여 같은 값으로 교환하는 행위와는 달리, 돌려받을 대가나 시기를 분명하게 정하지 않고 사물을 교환하는 방식을 말한다. 모스는 포틀래치가 자발성을 띤 증여로 보이지만 실제적으로는 교환의 성격을 지닌다고 보았다. 왜냐하면 선물을 받은 사람은 의무적으로 답례를 해야 할 뿐만 아니라 더 많은 선물을 돌려주어야 하기 때문이다. 모스는 이러한 포틀래치가 집단 간의 유대 관계를 형성하는 역할을 한다고 보았다.

레비스트로스는 여기에서 더 나아가 포틀래치에 나타나는 호혜적 교환을 사회가 성립되는 원리로 제시하였다. 폐쇄적인 집단은 환경의 변화나 주변의 침략에 쉽게 무너질 수 있으므로, 인간은 생존하기 위해서 교환을 하며 다른 집단과 사회적 유대를 맺어야 한다는 것이다. 이때 포틀래치와 같이 상대방에게 선물을 주는 행위가 상대방에게 부채감을 ⓑ주고, 이 부채감이 다시 선물을 주는 행위로 이어지게 만들어 결국 교환이 이루어지도록 한다는 것이다. 한편 다른 집단과 동맹을 맺는 가장 좋은 방법은 그 집단과 결혼을 하는 것이므로, 레비스트로스는 교환을 위해 ㉠'친족 간의 결혼 금지'가 만들어졌다고 말한다. 그는 친족 간의 결혼 금지로 인해 우리 부족의 사람이 다른 부족으로 넘어가고, 새로운 사람이 우리 부족에 들어오는 호혜적 관계가 형성되었으며, 이를 통해 부족 간의 호혜적 교환이 가능해져 사회적 공동체가 형성되었다고 주장한다. 또한 그는 친족 간의 결혼 금지라는 규칙을 바탕으로 공동체에 필요한 다른 규칙들이 형성됨으로써 인간이 자연 상태에서 문명 상태로 접어들게 되었다고 말한다.

이처럼 레비스트로스는 포틀래치를 교환의 구조나 사회 규칙이라는 체계의 틀에서 이해하고자 하였다. 그의 견해에 따르면 인류의 보편적인 현상인 친족 간의 결혼 금지와 같은 결혼 제도도 인간의 본성이 아닌 사회적 유대 관계를 형성하는 구조 속에서 만들어진 결과이다. 이렇게 인간을 비롯한 대상의 의미나 본질은 하나의 개체로서가 아니라 전체 안에서 다른 것들과 맺은 관계 때문에 결정된다는 관점을 '구조주의'라고 한다. 이 관점에 따르면 인간은 결단의 주체가 아니며 인간의 특성과 정체성은 인간 스스로 결정하는 것이 아닌 그가 속한 사회 구조에 의해 결정된다.

구조주의 인류학자 레비스트로스는 인간은 어떤 고립된 개인으로 이해되어서는 안 된다고 말한다. 사회 구조가 인간을 만들기 때문에, 인간을 이해하려면 인간의 구체적인 행동보다는 그 인간이 속한 사회 구조를 살펴야 한다는 것이다. 그의 관점에 따르면 소유를 중시하고 치열한 경쟁을 하며 살아가는 현대인의 모습 역시 현대 사회의 구조 아래에서 형성된 특성에 불과하다. 그런 점에서 그의 연구는 현대 사회의 구조 변화가 현대인들의 삶의 변화로 이어질 수 있다는 가능성을 보여 주었다는 평가를 받고 있다.

01

윗글을 통해 알 수 있는 내용으로 적절하지 않은 것은?

① 후대 인류학자들은 포틀래치가 유대 관계를 형성하는 역할을 한다고 보았다.
② 초기 인류학자들은 포틀래치를 위신을 얻기 위해 재산을 탕진하는 비합리적인 행위로 보았다.
③ 일반적인 증여는 자신의 재산을 상대방에게 대가 없이 자발적으로 제공하는 행위에 해당한다.
④ 일반적인 경제적 교역은 사물의 가치를 따져 같은 값으로 교환한다는 점에서 포틀래치와 차이가 있다.
⑤ 후대 인류학자들은 포틀래치를 선물을 받은 사람이 답례의 시행 여부를 선택할 수 있는 호혜적 행위라고 보았다.

02

㉠에 대한 '레비스트로스'의 견해로 가장 적절한 것은?

① 다른 부족과의 결혼을 유도하여 부족 간의 동맹을 약화시키는 규칙이다.
② 인류의 보편적인 현상이 아닌 인간의 본성에 의해 개별적으로 형성된 규칙이다.
③ 사람을 받아들인 부족은 부채감을 덜게 하고, 보낸 부족은 부채감을 갖게 하는 규칙이다.
④ 인간이 자연 상태를 벗어나 문명 상태로 발전한 상황에서 사회적 구조에 의해 성립된 규칙이다.
⑤ 다른 집단과 동맹을 맺기 위한 목적으로 활용되어 호혜적 교환이 일어날 수 있게 하는 규칙이다.

03

윗글의 '구조주의'와 〈보기〉의 사상을 비교한 내용으로 적절하지 않은 것은? [3점]

> 보기
>
> '전통철학'에서는 인간이 선천적인 원리에 의해 미리 규정된 '특성'과 '본질'을 갖는다고 보았다. 그리고 인간은 그 특성과 본질을 이 세계에서 충실하게 실현해야 한다는 것이다. 하지만 '실존주의'에서는 인간은 결단의 주체이며 자신의 특성과 정체성을 스스로 결정할 자유로운 의식과 권리가 있고, 스스로 자신의 결정에 책임을 질 필요가 있다고 보았다. 따라서 실존주의에서는 인간을 하나의 현상이자 개별적인 존재로 보고 인간의 구체적인 행동에 관심을 두었다.

① 구조주의와 실존주의에서는 모두 인간을 자신의 결정에 책임을 지는 결단의 주체로 보는군.
② 구조주의에서는 실존주의와 달리 인간은 자신의 정체성을 스스로 결정하지 않는다고 보는군.
③ 실존주의에서는 구조주의와 달리 인간을 이해하기 위해서는 인간의 구체적인 행동에 주목해야 한다고 보는군.
④ 전통철학에서는 구조주의와 달리 인간에게는 충실하게 실현해야 할 본질이 미리 규정되어 있다고 보는군.
⑤ 구조주의에서는 전통철학과 달리 인간의 특성은 집단 안에서 다른 것들과 맺는 관계에 따라 결정된다고 보는군.

04

ⓐ, ⓑ의 의미로 쓰인 예가 바르게 짝지어진 것은?

① ⓐ: 그는 아이에게 용돈을 주었다.
ⓑ: 지나친 기대는 학생에게 부담을 준다.
② ⓐ: 선생님께서 학생에게 책을 주셨다.
ⓑ: 그는 개에게 먹이를 주고 집을 나섰다.
③ ⓐ: 오늘부터 너에게 3일의 시간을 주겠다.
ⓑ: 나는 너에게 중요한 임무를 주겠다.
④ ⓐ: 여행은 우리에게 기쁨을 주는 일이다.
ⓑ: 손에 힘을 더 주고 손잡이를 돌려야 한다.
⑤ ⓐ: 그 사람은 모두에게 정을 주는 사람이다.
ⓑ: 어머니는 우리에게 조건 없이 사랑을 주는 분이다.

점수를 올려 주는 어휘

- **자발적(스스로 自, 필 發, 과녁 的)** 남이 시키거나 요청하지 아니하여도 자기 스스로 나아가 행하는 것.
- **증여(줄 贈, 줄 與)** 물품 따위를 선물로 줌.
- **탕진(방탕할 蕩, 다할 盡)** 재물 따위를 다 써서 없앰.
- **호혜적(서로 互, 은혜 惠, 과녁 的)** 서로 특별한 혜택을 주고받는. 또는 그런 것.
- **답례(대답 答, 예도 禮)** 말, 동작, 물건 따위로 남에게서 받은 예(禮)를 도로 갚음. 또는 그 예.
- **유대 관계(맺을 紐, 띠 帶, 관계할 關, 맬 係)** 둘 이상을 서로 연결하거나 결합하는 관계.
- **부채감(질 負, 빚 債, 느낄 感)** 어떤 대상에게 빚을 지고 있는 느낌.
- **결단(결단할 決, 끊을 斷)** 결정적인 판단을 하거나 단정을 내림. 또는 그런 판단이나 단정.

분석 노트 12쪽에서 지문을 정리해 보세요.

풀이 시간 10분 30초

05~09 다음 글을 읽고 물음에 답하시오.

인간은 지식 체계의 형성을 위해 개념을 필요로 하는데, 개념이란 여러 관념 속에서 공통 요소를 뽑아내어 종합해 얻어 낸 보편적인 관념을 말한다. 이러한 개념을 통해 체계와 기준을 머릿속에 먼저 정해 놓고 그것을 현실에 적용하는 개념주의적 태도를 지닌 근대• 사상가들이 있었다. 하지만 들뢰즈는 이 세상에 동일한 것은 없다는 전제하에 세상을 개념으로만 파악하려는 태도를 비판하고 개별• 대상의 다양성에 주목하는 '차이'의 철학을 제시했다.

일반적으로 차이란 서로 같지 않고 다르다는 의미로 쓰이지만 들뢰즈는 차이를 '개념적 차이'와 '차이 자체'로 구분하여 자신이 말하고자 하는 차이의 의미를 명확히 했다. 이때 개념적 차이란 개념적 종차*를 통해 파악될 수 있는, 어떤 대상과 다른 대상의 상대적 다름을 의미하며, 차이 자체란 개념으로 드러낼 수 없는 대상 자체의 절대적 다름을 의미한다. 예를 들어 소금의 보편적 특성은 짠맛이나 흰색 등으로 볼 수 있는데 이러한 특성은 소금과 설탕의 맛을 비교하거나, 소금과 숯의 색깔을 비교함으로써 파악될 수 있다. 즉 소금과 다른 대상들과의 상대적인 비교를 통해 소금의 개념적 차이가 형성되는 것이다. 그런데 ㉠소금이라는 개념으로 동일하게 분류되는 각각의 입자들은 그 입자마다의 염도와 빛깔 등이 다를 수밖에 없다. 어떤 소금 입자들은 다른 소금 입자보다 조금 더 짤 수도 있고, 흰색이 조금 더 밝을 수도 있다. 이때 각 ㉡소금 입자가 가지는 염도, 빛깔의 고유한 정도 차이에 해당하는 특성이 바로 개별 소금 입자의 차이 자체인 것이다.

들뢰즈는 개념적 차이로는 대상만의 고유한 가치나 절대적 다름이 파악될 수 없다고 하였다. 왜냐하면 개념적 차이는 다른 대상과의 비교를 통해 파악된 결과로 다른 대상에 의존하는 방식이어서, 그 과정에서 개별 대상의 고유한 특성이 무시되기 때문이다. 또한 들뢰즈는 개념이 개별 대상들을 규정•함으로써 개별 대상을 개념에 포섭•시키는 상황이나, 개념에 맞추어 세상을 파악함으로써 세상을 오로지 개념의 틀에 가두는 상황을 우려했다. 왜냐하면 이와 같은 상황에서는 미리 정해 둔 개념에 부합하는 개별 대상은 좋은 것으로, 그렇지 못한 개별 대상은 나쁜 것으로 규정되는 개념의 폭력이 발생할 수 있기 때문이다.

한편 들뢰즈는 개별 대상의 차이 자체를 드러낼 수 있는 작용 원리를 '반복'과 '강도'라는 용어로 설명했다. 일반적으로 반복은 같은 일을 되풀이한다는 의미로 쓰이지만 들뢰즈가 말하는 반복이란 되풀이하여 지각•된 강도의 차이를 통해 개별 대상의 차이 자체를 발견해 나가는 과정을 의미한다. 이때 강도란 정량화하기 힘든, 개별 대상의 고유한 크기이자, 다른 것과 비교될 수 없는 개별 대상에 대한 감각적 경험을 의미한다. 예를 들어 어떤 사람이 피아노로 같은 악보를 반복해서 연주한다고 할 때, 각각의 ㉢연주는 결코 동일할 수 없으므로 연주가 반복될수록 연주자와 관객 모두 연주마다의 서로 다른 강도를 느끼게 된다. 즉 각각의 연주는 차이 자체를 드러내게 되는 것이다. 이처럼 들뢰즈에게 차이 자체란 반복에 의해 경험하게 되는 강도의 차이를 의미한다.

일반적으로 인간은 의사소통을 위해 서로가 동일하게 인정할 수 있는 개념을 필요로 하며, 개념을 통해 형성되는 인간의 지식 체계가 세상을 변화시킨다는 점을 고려하면 개념은 인간에게 필수적•인 것이다. 들뢰즈도 이와 같은 개념의 기능을 전면적•으로 부정한 것은 아니다. 다만 들뢰즈의 철학은, 개념을 최고의 가치로 숭상하면서 이 세상을 개념으로 온전히 규정하려는 기존 철학자들의 사상을 극복하고자 한 것이며 철학의 시선을 개념에서 현실 세계의 대상 자체로 돌리게 했다는 점에서 의의를 지닌다.

* **종차**: 상위 개념에 속한 동일한 층위의 하위 개념들 중 어떤 하위 개념이 다른 하위 개념과 구별되는 요소.

05

윗글의 내용 전개 방식에 대한 설명으로 가장 적절한 것은?

① 기존의 관점을 비판한 특정 견해를 예를 들어 설명하고 그 의의를 밝히고 있다.
② 두 이론의 공통점과 차이점을 분석하고 이를 절충한 새로운 이론을 소개하고 있다.
③ 특정 이론의 변천 과정을 설명하고 해당 이론의 발전 방향에 대해 예측하여 전망하고 있다.
④ 특정 견해의 특징을 드러낼 수 있는 역사적 사건을 언급하고 그 견해의 장단점을 비교하고 있다.
⑤ 특정 견해를 뒷받침하는 다른 견해를 제시하고 사회적 현상을 분석하여 두 견해의 유사점을 부각하고 있다.

06

윗글을 바탕으로 ㉠~㉢을 이해한 내용으로 가장 적절한 것은?

① ㉠과 달리 ㉡은 개념에 해당한다.
② ㉠과 달리 ㉢은 개별 대상에 해당한다.
③ ㉢과 달리 ㉡은 개별 대상에 해당한다.
④ ㉠과 ㉢은 모두 개별 대상에 해당한다.
⑤ ㉡과 ㉢은 모두 개념에 해당한다.

07

개념의 폭력에 대한 이해로 적절하지 않은 것은?

① 개념에 개별 대상을 포섭시킴으로써 일어난다.
② 개념에 맞추어 세상을 보았을 때 생기는 문제이다.
③ 개별 대상이 지닌 고유한 특성만을 중요시할 때 나타난다.
④ 대상에 대한 보편적 관념만을 강조했을 때 발생할 수 있다.
⑤ 개별 대상이 개념과 일치하는지 여부에 따라 개별 대상의 가치가 결정되는 것이다.

08

〈보기〉는 온라인 수업 게시판의 일부이다. 윗글을 바탕으로 학생들이 과제를 수행했다고 할 때 ㉮와 ㉯에 들어갈 말로 가장 적절한 것은?

보기

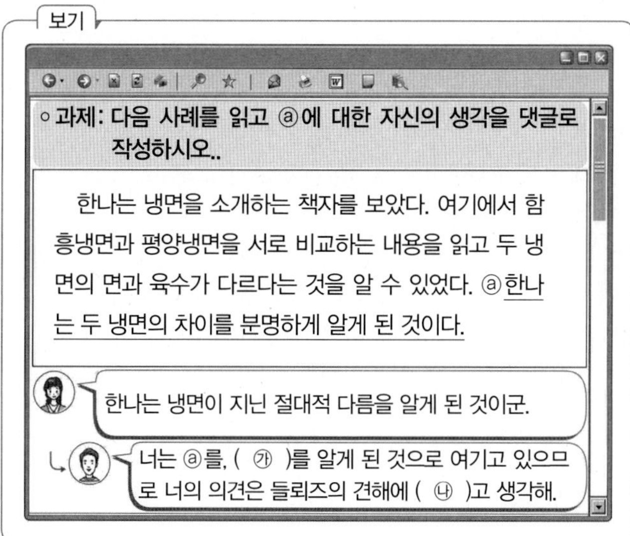

	㉮	㉯
①	차이 자체	부합한다
②	차이 자체	부합하지 않는다
③	개념적 차이	부합한다
④	개념적 차이	부합하지 않는다
⑤	개념적 종차	부합한다

09

〈보기〉에 대해 '들뢰즈'가 보일 수 있는 반응으로 적절하지 않은 것은? [3점]

보기

○ 헤겔은 세상을 개념적으로 파악하기 위한 방법론으로 변증법을 제시했다. 가령 '아인슈타인'이라는 개별 대상은 '남자', '과학자' 등과 같은 더 많은 개념들을 활용한다면 완벽하게 규정될 수 있다고 본 것이 헤겔 변증법의 핵심이다.
○ 앤디 워홀은 실크스크린을 통한 대량 인쇄 작업을 거쳐 공장에서 한 가지 상품의 동일한 이미지를 작품으로 제작하였다. 이 작품들은 언뜻 보면 동일해 보였지만 실제로는 윤곽선의 번짐이나 색상에서 조금씩 차이를 느낄 수 있었다. 이러한 앤디 워홀의 작업은 같음을 생산하는 과정을 되풀이함으로써 오히려 어떠한 결과물도 같을 수 없음을 보여 준다.

① 헤겔의 변증법을 활용하더라도 아인슈타인이라는 개별 대상을 온전히 규정할 수 없겠군.
② 헤겔이 세상을 보는 방법론은 미리 만들어진 개념이 현실 세계의 개별 대상들을 규정하는 것이겠군.
③ 앤디 워홀은 같음을 생산하는 과정을 되풀이하며 제작한 결과물을 통해 동일한 강도가 지각될 수 있음을 보여 주려 한 것이겠군.
④ 앤디 워홀이 대량 인쇄 작업으로 제작한 작품들은 다른 것과 비교될 수 없는 개별 대상에 대한 감각적 경험을 가능하게 하겠군.
⑤ 앤디 워홀의 실크스크린 작품들에서는 다른 대상에 의존하는 방식으로는 파악할 수 없는 특성이 색상과 윤곽선에 대한 지각을 통해 드러나게 되는 것이겠군.

점수를 올려 주는 어휘

- **근대(가까울 近, 대신할 代)** 역사의 시대 구분의 하나로, 중세와 현대 사이의 시대.
- **개별(낱 個, 나눌 別)** 여럿 중에서 하나씩 따로 나뉘어 있는 상태.
- **규정(법 規, 정할 定)** 내용이나 성격, 의미 따위를 밝혀 정함. 또는 그 정하여 놓은 것.
- **포섭(쌀 包, 다스릴 攝)** 어떤 개념이 보다 일반적인 개념에 포괄되는 종속 관계.
- **지각(알 知, 깨달을 覺)** 감각 기관을 통하여 대상을 인식함. 또는 그런 작용.
- **필수적(반드시 必, 모름지기 須, 과녁 的)** 꼭 있어야 하거나 하여야 하는. 또는 그런 것.
- **전면적(온전할 全, 낯 面, 과녁 的)** 일정한 범위 전체에 걸치는.

분석 노트 13쪽에서 지문을 정리해 보세요.

출제 경향

지문 구성

인문 · 예술 영역과 함께 출제 비율이 높은 편이다. 하나의 단독 지문으로 출제되며, 4~5 문단 내외의 분량으로 구성된다. 제재에 따라서 이해를 돕기 위한 자료로 지문에 도표나 그래프가 포함되기도 한다.

지문 성격

최근에는 경제, 법률, 제도 등의 전문적 지식을 담은 지문이 출제되는 경향이 강하다. 영역의 특성상 전문적 용어가 포함되어 지문의 난도가 높아질 수 있으나, 지문이 까다로울수록 문제는 비교적 쉽게 출제되는 편이다.

문항 유형

일반적으로 4문항 정도가 출제된다. 인문 · 예술 영역과 마찬가지로 사고별로 지문의 내용에 맞게 다양한 문항이 출제된다. 지문이 실생활과 관계가 있는 내용으로 구성되는 만큼 구체적 상황이나 다른 상황에 적용하는 문제가 포함된다.

통화 정책

학습 일자 월 일
총 풀이 시간 17분 00초

풀이 시간 8분 30초

01~04 다음 글을 읽고 물음에 답하시오.

경기•가 침체•되어 가계의 소비가 줄어들면 시중의 제품이 팔리지 않아 기업은 생산 규모를 축소하게 된다. 그 결과 실업률이 증가하고 가계의 수입이 감소하면서 소비는 더욱 위축된다. 이와 같은 악순환으로 경기 침체가 심화되면 국가는 이에서 벗어나기 위해 유동성을 늘리는 통화 정책을 시행한다.

유동성이란 자산 또는 채권•을 손실 없이 현금화할 수 있는 정도로, 현금과 같은 화폐는 유동성이 높은 자산인 반면 토지나 건물과 같은 부동산은 유동성이 낮은 자산이다. 이처럼 유동성은 자산의 성격을 나타내는 용어이지만, 흔히 시중•에 유통•되는 화폐의 양, 즉 통화량을 나타내는 말로도 사용된다. 가령 시중에 통화량이 지나치게 많을 때 '유동성이 넘쳐 난다'고 표현하고, 반대로 통화량이 줄어들 때 '유동성이 감소한다'고 표현한다. 유동성이 넘쳐 날 경우 시중에 화폐가 흔해지는 상황이므로 화폐의 가치는 떨어지게 된다.

유동성은 금리와 밀접한 관련이 있기 때문에 국가는 정책적으로 금리를 올리고 내림으로써 유동성을 조절할 수 있다. 이때 금리는 예금이나 빌려준 돈에 붙는 이자율로, 이는 기준 금리와 시중 금리 등으로 구분된다. 기준 금리는 국가가 정책적인 차원에서 결정하는 금리로, 한 나라의 금융 및 통화 정책의 주체인 중앙은행에 의해 결정된다. 반면 시중 금리는 기준 금리의 영향을 받아 중앙은행 이외의 시중 은행이 세우는 표준적인 금리로, 가계나 기업의 금융 거래에 영향을 미친다. 가령 시중 금리가 내려가면 예금을 통한 이자 수익과 대출에 따른 이자 부담이 줄어 가계나 기업에서는 예금을 인출하거나 대출을 받으려는 경향성이 늘어난다. 그 결과 시중의 유동성이 증가하게 된다. 반대로 시중 금리가 올라가면 이자 수익과 대출 이자 부담이 모두 늘어나기 때문에 유동성이 감소하게 된다.

이와 같은 금리와 유동성의 관계를 고려하여, 중앙은행은 기준 금리를 조절하는 통화 정책을 통해 경기를 안정시키려고 한다. 만일 경기가 침체되면 중앙은행은 기준 금리를 인하하는 정책을 도입하여 시중 금리를 낮추도록 유도한다. 그 결과 유동성이 증가하여 가계의 소비가 늘고 주식이나 부동산에 대한 투자가 확대된다. 또한 기업의 생산과 고용이 늘고 다양한 분야에 대한 투자가 확대되어 물가가 상승하고 경기가 전반적으로 활성화된다. 반대로 경기가 과열되어 자산 가격이나 물가가 지나치게 오르면 중앙은행은 기준 금리를 인상하는 정책을 통해 유동성을 감소시킨다. 그 결과 기준 금리를 인하할 때와 반대의 현상이 나타나 자산 가격이 하락하고 물가가 안정되어 과열된 경기가 진정된다.

그러나 중앙은행이 경기 활성화를 위해 통화 정책을 시행했음에도 불구하고 애초에 의도한 결과가 나타나지 않기도 한다. 즉, 기준 금리를 인하하여 시중에 유동성을 충분히 공급하더라도, 증가한 유동성이 기대만큼 소비나 투자로 이어지지 않으면 경기가 활성화되지 않는다. 특히 심각한 경기 침체로 인해 경기 회복에 대한 전망이 불투명할 경우, 경제 주체들은 쉽게 소비를 늘리지 못하거나 투자를 결정하지 못해 돈을 손에 쥐고만 있게 된다. 이 경우 충분한 유동성이 경기 회복으로 이어지지 못해 경기 침체가 지속되는데, 마치 유동성이 함정에 빠진 것 같다고 하여 케인스는 이를 유동성 함정이라 불렀다. 그는 이러한 유동성 함정을 통해 통화 정책의 한계를 설명하면서, 정부가 재정 지출을 확대하여 소비와 투자를 유도•하는 정책을 시행하는 것이 중요하다고 역설하였다.

01

윗글을 통해 알 수 있는 내용이 아닌 것은?

① 중앙은행이 하는 역할
② 유동성이 높은 자산의 예
③ 기준 금리와 시중 금리의 관계
④ 경기 침체로 인해 나타나는 현상
⑤ 유동성에 대한 케인스 주장의 한계

02

윗글을 바탕으로 할 때, 〈보기〉의 ㄱ~ㄷ에 들어갈 말로 적절한 것은?

보기
국가의 통화 정책이 정상적으로 작동될 때, 중앙은행이 기준 금리를 (ㄱ) 시중의 유동성이 (ㄴ)하며, 화폐의 가치가 (ㄷ)한다.

	ㄱ	ㄴ	ㄷ
①	내리면	증가	하락
②	내리면	증가	상승
③	내리면	감소	상승
④	올리면	증가	상승
⑤	올리면	감소	하락

03

유동성 함정에 대해 이해한 내용으로 가장 적절한 것은?

① 시중에 유동성이 충분히 공급되더라도 경기 침체가 지속되는 상황을 의미한다.
② 시중 금리의 상승으로 유동성이 감소하여 물가가 하락하는 상황을 의미한다.
③ 기업의 생산과 가계의 소비가 줄어들어 유동성이 넘쳐 나는 상황을 의미한다.
④ 경기 과열로 인해 유동성이 높은 자산에 대한 선호가 늘어나는 상황을 의미한다.
⑤ 유동성이 감소하여 경기 회복에 대한 전망이 긍정적으로 바뀌는 상황을 의미한다.

04

윗글을 바탕으로 경제 주체들이 〈보기〉의 신문 기사를 읽고 보일 수 있는 반응으로 적절하지 않은 것은? [3점]

> 보기
>
> **금융 당국 '빅스텝' 단행**
>
> 금융 당국은 오늘 '빅스텝'을 단행하였다. 빅스텝이란 기준 금리를 한 번에 0.5%p 인상하는 것을 의미한다. 이처럼 금리를 큰 폭으로 인상한 것은 과도하게 증가한 유동성으로 인해 물가가 지나치게 상승하고 부동산, 주식 등의 자산 가격이 폭등했기 때문이다.

① **투자자**: 부동산의 가격이 하락할 수 있으니, 당분간 부동산 투자를 미루고 시장 상황을 지켜봐야겠군.
② **소비자**: 위축된 소비 심리가 회복되어 지금보다 물가가 오를 수 있으니, 자동차 구매 시기를 앞당겨야겠군.
③ **기업인**: 대출을 통해 자금을 확보하는 것이 부담스러워질 수 있으니, 공장을 확장하려던 계획을 보류해야겠군.
④ **공장장**: 당분간 우리 공장에서 생산한 부품에 대한 수요가 줄 수 있으니, 재고가 늘어날 것에 대비해야겠군.
⑤ **은행원**: 시중 은행에 저축하려는 사람들이 늘어날 수 있으니, 다양한 상품을 개발하여 고객을 유치해야겠군.

점수를 올려 주는 어휘

- **경기(볕 景, 기운 氣)** 매매나 거래에 나타나는 호황 · 불황 따위의 경제 활동 상태.
- **침체(잠길 沈, 막힐 滯)** 어떤 현상이나 사물이 진전하지 못하고 제자리에 머무름.
- **채권(빚 債, 문서 券)** 국가, 지방 자치 단체, 은행, 회사 따위가 사업에 필요한 자금을 차입하기 위하여 발행하는 유가 증권.
- **시중(저자 市, 가운데 中)** 사람들이 생활하는 공개된 공간을 비유적으로 이르는 말.
- **유통(흐를 流, 통할 通)** 화폐나 물품 따위가 세상에서 널리 쓰임.
- **유도(꾈 誘, 인도할 導)** 사람이나 물건을 목적한 장소나 방향으로 이끎.

분석 노트 14쪽에서 지문을 정리해 보세요.

풀이 시간 8분 30초

05~08 다음 글을 읽고 물음에 답하시오.

통화 정책은 중앙은행이 물가 안정과 같은 경제적 목적의 달성을 위해 이자율이나 통화량•을 조절하는 것이다. 대표적인 통화 정책 수단인 '공개 시장 운영'은 중앙은행이 민간 금융 기관을 상대로 채권을 매매•해 금융 시장의 이자율을 정책적으로 결정한 기준 금리• 수준으로 접근시키는 것이다. 중앙은행이 채권을 매수하면 이자율은 하락하고, 채권을 매도하면 이자율은 상승한다. 이자율이 하락하면 소비와 투자가 확대되어 경기가 활성화되고 물가 상승률이 오르며, 이자율이 상승하면 경기가 위축되고 물가 상승률이 떨어진다. 이와 같이 공개 시장 운영의 영향은 경제 전반•에 ⓐ파급된다.

중앙은행의 통화 정책이 의도•한 효과를 얻기 위한 요건 중에는 '선제성'과 '정책 신뢰성'이 있다. 먼저 통화 정책이 선제적•이라는 것은 중앙은행이 경제 변동을 예측해 이에 미리 대처한다는 것이다. 기준 금리를 결정하고 공개 시장 운영을 실시하여 그 효과가 실제로 나타날 때까지는 시차•가 발생하는데 이를 '정책 외부 시차'라 하며, 이 때문에 선제성이 문제가 된다. 예를 들어 중앙은행이 경기 침체 국면에 들어서야 비로소 기준 금리를 인하한다면, 정책 외부 시차로 인해 경제가 스스로 침체 국면을 벗어난 다음에야 정책 효과가 ⓑ발현될 수도 있다. 이 경우 경기 과열과 같은 부작용이 ⓒ수반될 수 있다. 따라서 중앙은행은 통화 정책을 선제적으로 운용• 하는 것이 바람직하다.

또한 통화 정책은 민간의 신뢰가 없이는 성공을 거둘 수 없다. 따라서 중앙은행은 정책 신뢰성이 손상되지 않게 ⓓ유의해야 한다. 그런데 어떻게 통화 정책이 민간의 신뢰를 얻을 수 있는지에 대해서는 견해 차이가 있다. 경제학자 프리드먼은 중앙은행이 특정한 정책 목표나 운용 방식을 '준칙•'으로 삼아 민간에 약속하고 어떤 상황에서도 이를 지키는 ㉠'준칙주의'를 주장한다. 가령 중앙은행이 물가 상승률 목표치를 민간에 약속했다고 하자. 민간이 이 약속을 신뢰하면 물가 불안 심리가 진정된다. 그런데 물가가 일단 안정되고 나면 중앙은행으로서는 이제 경기를 ⓔ부양하는 것도 고려해 볼 수 있다. 문제는 민간이 이 비일관성을 인지하면 중앙은행에 대한 신뢰가 훼손된다는 점이다. 준칙주의자들은 이런 경우에 중앙은행이 애초의 약속을 일관•되게 지키는 편이 바람직하다고 주장한다.

그러나 민간이 사후적인 결과만으로는 중앙은행이 준칙을 지키려했는지 판단하기 어렵고, 중앙은행에 준칙을 지킬 것을 강제할 수 없는 것도 사실이다. 준칙주의와 대비되는 ㉡'재량주의'에서는 경제 여건 변화에 따른 신축적인 정책 대응을 지지하며 준칙주의의 엄격한 실천은 현실적으로 어렵다고 본다. 아울러 준칙주의가 최선인지에 대해서도 물음을 던진다. 예상보다 큰 경제 변동이 있으면 사전에 정해 둔 준칙이 장애물이 될 수 있기 때문이다. 정책 신뢰성은 중요하지만, 이를 위해 중앙은행이 반드시 준칙에 얽매일 필요는 없다는 것이다.

05

윗글에서 사용한 설명 방식에 해당하지 않는 것은?

① 통화 정책의 목적을 유형별로 나누어 제시하고 있다.
② 통화 정책에서 선제적 대응의 필요성을 예를 들어 설명하고 있다.
③ 공개 시장 운영이 경제 전반에 영향을 미치는 과정을 인과적으로 설명하고 있다.
④ 관련된 주요 용어의 정의를 바탕으로 통화 정책의 대표적인 수단을 설명하고 있다.
⑤ 통화 정책의 신뢰성 확보를 위해 준칙을 지켜야 하는지에 대한 두 견해의 차이를 드러내고 있다.

06

윗글을 바탕으로 〈보기〉를 이해할 때 '경제학자 병'이 제안한 내용으로 가장 적절한 것은? [3점]

보기

어떤 가상의 경제에서 20○○년 1월 1일부터 9월 30일까지 3개 분기 동안 중앙은행의 기준 금리가 4%로 유지되는 가운데 다양한 물가 변동 요인의 영향으로 물가 상승률은 아래 표와 같이 나타났다. 단, 각 분기의 물가 변동 요인은 서로 관련이 없다고 한다.

기간	1/1~3/31	4/1~6/30	7/1~9/30
	1분기	2분기	3분기
물가 상승률	2%	3%	3%

경제학자 병은 1월 1일에 위 표의 내용을 예측할 수 있었고 국민들의 생활 안정을 위해 물가 상승률을 매 분기 2%로 유지해야 한다고 주장하였다. 이를 위해 다음 사항을 고려한 선제적 통화 정책을 제안했으나 받아들여지지 않았다.

[경제학자 병의 고려 사항]

기준 금리가 4%로부터 1.5%p*만큼 변하면 물가 상승률은 위 표의 각 분기 값을 기준으로 1%p만큼 달라지며, 기준 금리 조정과 공개 시장 운영은 1월 1일과 4월 1일에 수행된다. 정책 외부 시차는 1개 분기이며 기준 금리 조정에 따른 물가 상승률 변동 효과는 1개 분기 동안 지속된다.

* %p는 퍼센트 간의 차이를 말한다. 예를 들어 1%에서 2%로 변화하면 이는 1%p 상승한 것이다.

① 중앙은행은 기준 금리를 1월 1일에 2.5%로 인하하고 4월 1일에도 이를 2.5%로 유지해야 한다.
② 중앙은행은 기준 금리를 1월 1일에 2.5%로 인하하고 4월 1일에는 이를 4%로 인상해야 한다.
③ 중앙은행은 기준 금리를 1월 1일에 4%로 유지하고 4월 1일에는 이를 5.5%로 인상해야 한다.
④ 중앙은행은 기준 금리를 1월 1일에 5.5%로 인상하고 4월 1일에는 이를 4%로 인하해야 한다.
⑤ 중앙은행은 기준 금리를 1월 1일에 5.5%로 인상하고 4월 1일에도 이를 5.5%로 유지해야 한다.

07

윗글의 ㉠과 ㉡에 대한 설명으로 가장 적절한 것은?

① ㉠에서는 중앙은행이 정책 운용에 관한 준칙을 지키느라 경제 변동에 신축적인 대응을 못해도 이를 바람직하다고 본다.
② ㉡에서는 중앙은행이 스스로 정한 준칙을 지키는 것은 얼마든지 가능하다고 본다.
③ ㉠에서는 ㉡과 달리, 정책 운용에 관한 준칙을 지키지 않아도 민간의 신뢰를 확보할 수 있다고 본다.
④ ㉡에서는 ㉠과 달리, 통화 정책에서 민간의 신뢰 확보를 중요하게 여기지 않는다.
⑤ ㉡에서는 ㉠과 달리, 경제 상황 변화에 대한 통화 정책의 탄력적 대응이 효과적이지 않다고 본다.

08

ⓐ~ⓔ의 문맥적 의미를 활용하여 만든 문장으로 적절하지 않은 것은?

① ⓐ: 그의 노력으로 소비자 운동이 전국적으로 파급되었다.
② ⓑ: 의병 활동은 민중의 애국 애족 의식이 발현한 것이다.
③ ⓒ: 이 질병은 구토와 두통 증상을 수반하는 경우가 많다.
④ ⓓ: 기온과 습도가 높은 요즘 건강관리에 유의해야 한다.
⑤ ⓔ: 장남인 그가 늙으신 부모와 어린 동생들을 부양하고 있다.

점수를 올려 주는 어휘

- **통화량(통할 通 ,재물 貨, 헤아릴 量)** 나라 안에서 실제로 쓰고 있는 돈의 양.
- **매매(팔 賣, 살 買)** 물건을 팔고 사는 일.
- **기준 금리(터 基, 준할 準, 쇠 金, 이로울 利)** 매달 중앙은행이 결정하는 것으로, 한 나라의 중심 금리.
- **전반(온전할 全, 일반 般)** 어떤 일이나 부문에 대하여 그것에 관계되는 전체. 또는 통틀어서 모두.
- **의도(뜻 意, 그림 圖)** 무엇을 하고자 하는 생각이나 계획. 또는 무엇을 하려고 꾀함.
- **선제적(먼저 先, 절제할 制, 과녁 的)** 선수를 쳐서 상대편을 제압하는. 또는 그런 것.
- **시차(때 時, 다를 差)** 어떤 일을 하는 시간이나 시각에 차이가 지거나 지게 하는 일.
- **운용(옮길 運, 쓸 用)** 무엇을 움직이게 하거나 부리어 씀.
- **준칙(준할 準, 법칙 則)** 기준이 되는 규칙이나 법칙.
- **일관(한 一, 꿸 貫)** 하나의 방법이나 태도로써 처음부터 끝까지 한결같음.

분석 노트 15쪽에서 지문을 정리해 보세요.

경영 전략

학습 일자 월 일
총 풀이 시간 21분 00초

풀이 시간 10분 30초

01~05 다음 글을 읽고 물음에 답하시오.

어떤 제약 회사에서 특정한 병에 효과가 있는 새로운 약을 만들고 있다고 가정•해 보자. 신약 개발은 엄청난 자본이 들어가는 일이기 때문에 경영자는 신중하게 판단을 해야 한다. 경영자는 신약이 효과가 있다는 것을 확인하기 위해 가설 검정의 방법을 사용할 수 있다. 가설 검정은 ⓐ모순된 관계에 있는 두 개의 가설을 세우고 실험을 통해 얻은 통계 자료로 가설의 참 또는 거짓을 판단하는 것이다. 가설 검정을 위해 경영자는 '신약이 효과가 있다.'와 '신약이 효과가 없다.'라는 가설을 설정•한다. 전자는 판단하는 이가 주장하려는 가설로 '대립(對立) 가설'이라 하고 후자는 주장하고 싶은 내용과는 반대되는 가설인 '귀무(歸無)가설'이라 한다.

'신약이 효과가 있다.'라는 대립가설을 입증•하기 위해서는 특정 질병을 겪고 있는 모든 환자에게 신약을 투약해 보면 된다. 하지만 전체를 대상으로 실험하는 것은 현실적으로 불가능하기 때문에 대립가설을 기준으로 가설 검정을 하지는 않는다. 대신 가설 검정에서는 귀무가설이 참이라고 가정한 상태에서, 일부 환자에게 투약해서 얻은 자료를 바탕으로 확률에 근거하여 귀무가설의 기각• 여부를 결정한다. '신약이 효과가 없다.'라는 귀무가설 아래에서 투약하였는데 관찰한 결과 ⓑ병이 호전•된 경우가 많았다고 하자. 이는 '신약이 효과가 없다.'가 타당하지 않은 것이므로, 경영자는 ⓒ귀무가설을 버리고 대립가설을 채택하면 된다. 한편 '신약이 효과가 없다.'라는 귀무가설 아래에서 투약하였고, 관찰 결과 병이 낫지 않은 경우가 더 많았다고 하자. 이때는 귀무가설을 버릴 수 없다. 이처럼 가설 검정은 '귀무가설을 기각한다.' 또는 '귀무가설을 기각하지 못한다.'라는 의사 결정을 중심으로 대립가설의 채택 여부가 결정된다.

경영자가 의사 결정을 하는 과정에서는 두 가지 오류가 발생할 수 있다. 귀무가설이 참인데도 불구하고 귀무가설을 기각하는 결정을 내린 것을 '1종 오류'라고 한다. 앞선 예에서 실제로는 약효가 없는데도 약효가 있다고 판단하는 것이다. 그리고 귀무가설이 참이 아닌데 귀무가설을 기각하지 못한 결정을 내린 것을 '2종 오류'라고 한다. 실제로는 약효가 있지만 약효가 없다고 판단하는 것이다. 이러한 오류는 판결에서도 나타날 수 있다. 증거에 의해 '피고인은 유죄이다.'라는 대립가설이 채택되기 전까지는 '피고인은 무죄이다.'라고 가정한다. 판사는 확보된 증거를 바탕으로 ⓓ귀무가설의 기각 여부를 판단해야 한다. 이때 판사가 무죄인 사람에게 유죄를 선고•하는 것은 1종 오류, 유죄인 사람에게 무죄를 선고하는 것은 2종 오류에 해당한다.

오류들 중 상대적으로 더 심각한 문제를 초래하는 것은 1종 오류이다. 효과가 있는 약을 출시하지 못해서 기업이 수익을 창출•할 기회를 잃어버리는 상황에 비해, 시장에 출시했는데 약의 효능이 없어서 회사가 신뢰를 잃는 위험이 더 크다. 또한 죄가 있는데 무죄 판결을 내리는 것보다 결백•한 사람에게 유죄 판결을 내리는 것이 더 심각한 문제이다. 그런데 ⓔ두 가지 오류를 동시에 줄일 수는 없다. 한쪽 오류를 줄이면 그만큼 반대쪽 오류는 늘어나기 때문이다. 만약 경영자가 약의 효능과는 무관하게 일단은 약을 출시하기로 결정했다면 2종 오류는 배제•할 수 있지만 그만큼 1종 오류는 늘어나게 된다.

따라서 가설 검정 과정에서는 1종 오류가 발생할 확률의 최대 허용 범위인 ㉠유의 수준을 가급적 낮게 정한다. 예를 들어 유의 수준이 5%라면 백 번의 시행 중 다섯 번 이내로 1종 오류가 발생하더라도 우연히 일어난 일로 보고 대립가설을 채택하지만, 이 값을 넘어서면 귀무가설을 기각하지 못한다는 것이다. 또한 유의 수준은 실험을 하기 전에 미리 정하며, 사람의 생명이나 인권•과 결부된 것이라면 유의 수준은 더 낮게 잡아야 한다.

01

가설 검정에 대하여 윗글을 통해 답을 찾을 수 없는 질문은?

① 귀무가설을 기각할 때 새롭게 설정하는 가설은 무엇인가?
② 대립가설을 기준으로 가설을 검정하지 않는 이유는 무엇인가?
③ 대립가설의 채택 여부를 판단하기 위해 사용하는 가설은 무엇인가?
④ 1종 오류와 2종 오류를 함께 줄일 수 없는 이유는 무엇인가?
⑤ 1종 오류와 2종 오류 중 더 심각한 문제를 초래하는 오류는 무엇인가?

02

윗글의 내용과 일치하는 것은?

① 귀무가설이 기각되면 대립가설은 채택될 수 없다.
② 판결에서 대립가설의 기각 여부는 피고인이 판단한다.
③ 귀무가설은 대립가설이 채택될 때 받아들여지는 가설이다.
④ 귀무가설은 참과 거짓을 알기 전까지는 거짓으로 간주한다.
⑤ 신약 개발을 하는 경영자가 채택하고 싶은 것은 대립가설이다.

03

윗글을 바탕으로 〈보기〉를 이해할 때, A~D에 대한 설명으로 적절하지 않은 것은? [3점]

보기

구분		실제 상황	
		귀무가설 참	귀무가설 거짓
의사 결정	귀무가설 기각 못함	A	B
	귀무가설 기각함	C	D

① 실제로 피고인이 죄를 저지르지 않은 것은 A와 C의 경우에 해당한다.
② 경영자가 신약의 효능이 없다고 판단하는 것은 A와 B의 경우에 해당한다.
③ A와 D는 피고인에 대해 판사가 내린 판결에 오류가 발생하지 않은 경우에 해당한다.
④ 법원이 B를 줄이면, 실제로 죄를 저지른 피고인을 무죄로 판결해서 사회로 돌려보내는 수가 늘어난다.
⑤ 제약 회사가 C를 줄이려는 이유는 약의 효능이 없어 시장에서 신뢰를 잃는 상황을 심각하게 생각하기 때문이다.

04

㉠에 대한 설명으로 적절한 것은?

① 인권과 관련된 판단일수록 값을 크게 설정한다.
② 귀무가설이 참일 확률과 거짓일 확률의 차이를 의미한다.
③ 값을 낮게 정할수록 대립가설을 채택할 확률이 낮아진다.
④ 실험이 이루어진 후에 자료를 분석할 때 결정하는 값이다.
⑤ 가설을 판단할 때 사용할 자료 개수의 최대 허용 범위이다.

05

문맥상 ⓐ~ⓔ와 바꿔 쓰기에 적절하지 않은 것은?

① ⓐ: 동시에 참이 되거나 동시에 거짓이 될 수 없는
② ⓑ: 귀무가설과 어긋난
③ ⓒ: '신약이 효과가 없다.'라는 가설을 기각하고
④ ⓓ: '피고인은 유죄이다.'라는 가설
⑤ ⓔ: 1종 오류와 2종 오류

점수를 올려 주는 어휘

- **가정(거짓 假, 정할 定)** 사실이 아니거나 또는 사실인지 아닌지 분명하지 않은 것을 임시로 인정함.
- **설정(베풀 設, 정할 定)** 새로 만들어 정해 둠.
- **입증(설 立, 증거 證)** 어떤 증거 따위를 내세워 증명함.
- **기각(버릴 棄, 물리칠 却)** 소송을 수리한 법원이, 소나 상소가 형식적인 요건은 갖추었으나, 그 내용이 실체적으로 이유가 없다고 판단하여 소송을 종료하는 일.
- **호전(좋을 好, 구를 轉)** 일의 형세가 좋은 쪽으로 바뀜.
- **선고(베풀 宣, 고할 告)** 공판정에서 재판장이 판결을 알리는 일.
- **창출(비롯할 創, 날 出)** 전에 없던 것을 처음으로 생각하여 지어내거나 만들어 냄.
- **결백(깨끗할 潔, 흴 白)** 행동이나 마음씨가 깨끗하고 조촐하여 아무런 허물이 없음.
- **배제(밀칠 排, 덜 除)** 받아들이지 아니하고 물리쳐 제외함.
- **인권(사람 人, 권세 權)** 인간으로서 당연히 가지는 기본적 권리.

분석 노트 16쪽에서 지문을 정리해 보세요.

풀이 시간 10분 30초

06~10 다음 글을 읽고 물음에 답하시오.

현대 사회의 기업들은 새로운 내부 조직을 만들거나 다른 기업과 합병하는 등의 방식을 통해 기업의 규모를 변화시키기도 한다. 신제도학파에서는 기업들의 이러한 규모 변화를 거래비용이라는 개념으로 설명하는데, 이를 거래비용이론이라고 한다.

거래비용이론에서 말하는 거래비용이란 재화를 생산하는 데 드는 생산비용을 제외한, 경제 주체들이 재화를 거래하는 과정에서 발생하는 모든 비용을 말한다. 즉 경제 주체가 거래 의사와 능력을 가진 상대방을 탐색하는 과정, 가격이나 교환 조건을 상대방과 협상하여 계약을 하는 과정, 또 계약 후 계약 ㉠이행 여부를 확인하고 강제하는 과정 등에서 발생하는 비용을 거래비용이라고 할 수 있다.

[A] 거래비용이론에서는 기업은 시장에서 재화를 거래할 때 발생하는 거래비용인 '시장거래비용'을 줄이기 위해, 재화를 자체적으로 생산하는 것에 대해 ㉡고려하게 된다고 보았다. 이런 상황에서 기업이 새로운 내부 조직을 만들거나 다른 기업을 합병하여 내부 조직으로 흡수하는 등의 방법을 통해 거래를 내부화하면 기업의 조직 내에서도 거래가 일어나게 된다. 그 결과 거래비용이 발생하게 되고, 이를 '조직내거래비용'이라고 한다. 이때 시장거래비용과 조직내거래비용을 합친 것을 '총거래비용'이라고 하며, 기업은 총거래비용을 고려하여 기업의 규모를 결정하게 된다.

예를 들어 어떤 제품을 생산하는 기업을 가정해 보자. 이 기업에서는 시장거래를 통해 다른 기업으로부터 모든 부품을 조달하여 제품을 생산할 수도 있고, 반대로 기업 내부적으로 모든 부품을 제조하여 제품을 생산할 수도 있다. 만약 이 기업이 다른 기업과의 시장거래를 통해 모든 부품을 조달한다면 조직내거래비용은 발생하지 않고, 시장거래비용만 발생하게 될 것이다. 이런 상황에서 기업은 시장거래비용을 줄이기 위해 시장거래에서 조달하던 부품의 일부를 기업 내에서 생산하려 할 것이다. 이렇게 기업이 부품을 자체 생산하여 내부 거래를 증가시키면 시장거래비용은 감소하지만, 조직내거래비용은 증가하게 된다. 이때 기업은 총거래비용이 최소가 되는 지점까지 내부 조직의 규모를 확대하여 부품을 자체 생산할 수 있고, 이 지점이 바로 기업의 최적규모라고 할 수 있다.

그렇다면 ㉮거래비용이 발생하는 요인은 무엇일까? 거래비용이론에서는 이를 인간적 요인과 환경적 요인으로 나누어 설명한다. 인간적 요인에는 인간의 제한된 합리성과 기회주의적 속성이 있다. 먼저, 인간은 거래 상황 속에서 정보를 수집하고 처리할 때 완벽하게 합리적인 선택을 할 수 있는 존재는 아니라는 것이다. 다음으로 인간은 효용의 극대화를 위해 자신의 이익만을 추구하는 기회주의적 ㉢면모를 보일 가능성이 높다는 것이다. 이와 같은 인간적 요인으로 인해 거래 상황 속에서 인간은 완벽한 선택을 할 수 없고, 거래 상대를 전적으로 신뢰할 수는 없으므로 거래의 과정 속에서 거래비용이 발생하게 된다는 것이다.

환경적 요인에는 자산특수성과 정보의 불확실성 등이 있다. 먼저 자산특수성이란 다양한 거래 주체를 통해 일반적으로 구할 수 있는 자산이 아닌, 특정 거래 주체와의 거래에서만 높은 가치를 갖는 자산의 속성을 말한다. 따라서 특정 주체와의 거래에서는 높은 가치를 갖던 것이 다른 주체와의 거래에서는 가치가 하락하는 경우, 자산특수성이 높다고 할 수 있다. 이때 자산특수성이 높으면 경제 주체들은 기회주의적으로 행동할 가능성이 커질 수 있기 때문에 이를 ㉣보완하고자 다양한 안전장치를 마련하려 할 것이다. 이로 인해 거래비용은 더 높아질 수 있는 것이다. 다음으로 거래 상대의 정보를 확인할 수 없는 상황에서 거래 주체는 자신의 이익을 위해 정보를 ㉤공유하지 않을 가능성이 높다. 그렇기 때문에 일반적으로 정보가 불확실한 거래 상황일수록 거래 주체들은 상대의 정보를 알아내기 위한 노력을 할 것이고, 이로 인해 거래비용은 높아지게 된다.

06

윗글을 통해 알 수 있는 내용으로 적절하지 않은 것은?

① 거래비용의 종류
② 총거래비용의 개념
③ 시장거래비용을 줄이는 방법
④ 기업의 규모가 변화하는 이유
⑤ 기업 규모와 생산비용의 관계

07

거래비용이 발생하는 상황으로 적절하지 않은 것은?

① 도자기 장인이 직접 흙을 채취하여 도자기를 빚을 때
② 집을 구매하려는 사람이 집을 판매하는 사람을 탐색할 때
③ 가구를 생산하는 사람이 원목 판매자와 재료 값을 흥정할 때
④ 소비자가 인터넷을 설치하기 위해 통신사와 약정서를 작성할 때
⑤ 제과 업체가 계약대로 밀가루가 제대로 공급되고 있는지 확인할 때

08

[A]를 바탕으로 〈보기〉를 이해한 내용으로 적절하지 않은 것은? [3점]

보기

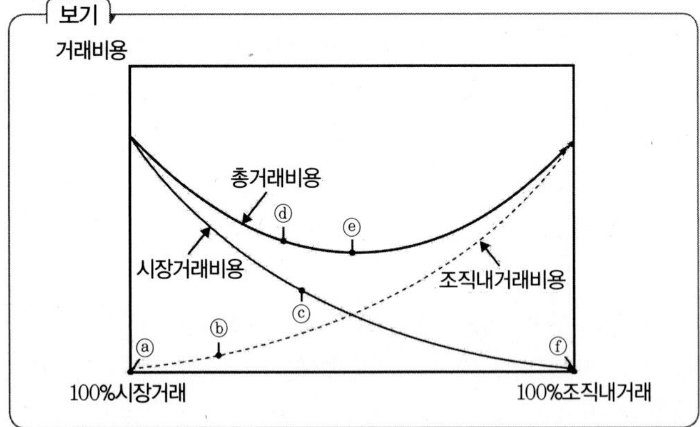

① 조직내거래비용이 ⓐ에서 ⓑ로 증가했다면 기업은 시장에서 조달했던 부품의 일부를 자체 생산하겠다는 결정을 했기 때문이겠군.
② 시장거래비용이 ⓒ에서 ⓕ로 감소했다면 기업이 내부 거래를 증가시켰기 때문이겠군.
③ ⓓ에서 ⓔ로 총거래비용이 줄었다면 내부 조직의 규모를 축소하겠다는 결정을 했기 때문이겠군.
④ 총거래비용이 ⓔ에서 최소가 된다면 이 지점이 기업의 최적 규모라고 할 수 있겠군.
⑤ ⓕ에서는 기업이 모든 부품을 기업 내부적으로 제조하기 때문에 시장거래비용은 발생하지 않겠군.

09

㉮를 바탕으로 〈보기〉를 이해한 내용으로 적절하지 않은 것은?

보기

사례 1: 자동차를 조립하여 판매하는 A 기업은 자동차에 들어가는 부품 중 볼트를 특정 기업을 선정하지 않고 다양한 기업을 통해 조달하고 있다.
사례 2: 의료기구 생산 업체인 B 기업은 핵심 부품을 C 기업을 통해서만 조달하고 있어, 안정적인 생산과 조달을 위해 두 기업은 계약을 할 때 장기간의 계약 기간을 계약 조건으로 명시하였다.
사례 3: D 기업은 새로 개발한 제품의 원재료를 외국의 E 기업에서 조달하고자 하였으나, E 기업이 원재료의 품질 정보를 세부적으로 제공하지 않아 신제품 생산에 차질이 발생하게 되었다.

① A 기업이 조달하는 볼트의 자산특수성은 높지 않다고 할 수 있겠군.
② B 기업과 C 기업이 계약 조건으로 장기간의 계약 기간을 명시한 것은 거래에 있어 안전장치를 마련한 것으로 볼 수 있겠군.
③ B 기업과 C 기업은 거래하는 핵심 부품이 지닌 특성으로 인해 상대가 기회주의적으로 행동할 가능성을 염려했다고 볼 수 있겠군.
④ D 기업과 E 기업 간의 거래에서는 정보의 불확실성으로 인해 거래비용이 높아질 가능성이 있겠군.
⑤ E 기업이 원재료의 품질 정보를 세부적으로 제공하지 않은 것은 D 기업을 탐색하는 과정에서 완벽하게 합리적인 선택을 하였기 때문이겠군.

10

㉠~㉤의 사전적 의미로 적절하지 않은 것은?

① ㉠ : 둘 이상의 일을 한꺼번에 행함.
② ㉡ : 생각하고 헤아려 봄.
③ ㉢ : 사람이나 사물의 겉모습이나 그 됨됨이.
④ ㉣ : 모자라거나 부족한 것을 보충하여 완전하게 함.
⑤ ㉤ : 두 사람 이상이 한 물건을 공동으로 소유함.

점수를 올려 주는 어휘

- **합병(합할 合, 아우를 倂)** 둘 이상의 기구나 단체, 나라 따위가 하나로 합쳐짐. 또는 그렇게 만듦.
- **재화(재물 財, 재물 貨)** 사람이 바라는 바를 충족시켜 주는 모든 물건.
- **조달(고를 調, 통달할 達)** 자금이나 물자 따위를 대어 줌.
- **합리성(합할 合, 다스릴 理, 성품 性)** 이론이나 이치에 합당한 성질.
- **기회주의(틀 機, 모일 會, 주인 主, 옳을 義)** 일관된 입장을 지니지 못하고 그때그때의 정세에 따라 이로운 쪽으로 행동하는 경향.

분석 노트 17쪽에서 지문을 정리해 보세요.

수요와 공급

학습 일자 월 일
총 풀이 시간 21분 00초

풀이 시간 10분 30초

01~05 다음 글을 읽고 물음에 답하시오.

수요•의 법칙에 따르면 어떤 상품의 가격 변화에 따라 그 상품의 수요량은 변화한다. 수요의 가격탄력성은 가격이 변할 때 수요량이 변하는 정도를 나타내는 지표다. 가격 변화에 따른 수요량의 변화가 ㉠민감하면 탄력적이라 하고, 가격 변화에 따른 수요량의 변화가 민감하지 않으면 비탄력적이라고 한다.

수요의 가격탄력성에 영향을 주는 대표적인 요인에는 세 가지가 있다. 첫째, 대체재•의 존재 여부이다. 어떤 상품에 ㉡밀접한 대체재가 있으면, 소비자들은 그 상품 대신에 대체재를 사용할 수 있으므로 그 상품 수요의 가격탄력성은 탄력적이다. 예를 들어 버터는 마가린이라는 밀접한 대체재가 있기 때문에 버터 가격이 오르면 버터의 수요량은 크게 감소하므로 버터 수요의 가격탄력성은 탄력적이다. 반면에 달걀은 마땅한 대체재가 없으므로, 달걀 수요의 가격탄력성은 비탄력적이다. 둘째, 필요성의 정도이다. 필수재• 수요의 가격탄력성은 대체로 비탄력적인 반면에, 사치재 수요의 가격탄력성은 대체로 탄력적이다. 예를 들어 필수재인 휴지의 가격이 오르면 아껴 쓰기는 하겠지만 그 수요량이 ㉢급격하게 줄어들지는 않는다. 그러나 사치재•인 보석의 가격이 상승하면 그 수요량이 감소한다. 셋째, 소득에서 지출이 차지하는 비중이다. 해당 상품을 구매하기 위한 지출이 소득에서 차지하는 비중이 높을수록 수요의 가격탄력성은 커진다. 소득에서 차지하는 비중이 큰 상품의 가격이 인상되면 개인의 소비 생활에 지장을 ㉣초래할 수 있으므로 그만큼 가격 변화에 민감하게 반응할 수밖에 없다.

[A] 그렇다면 수요의 가격탄력성은 어떻게 계산할 수 있을까? 수요의 가격탄력성은 수요량의 변화율을 가격의 변화율로 나눈 값이다.

$$\text{수요의 가격탄력성} = \left|\frac{\text{수요량의 변화율}}{\text{가격의 변화율}}\right| = \left|\frac{\text{수요량 변화분/기존 수요량}}{\text{가격 변화분/기존 가격}}\right|$$

예를 들어 아이스크림 가격이 10% 인상되었는데, 아이스크림 수요량이 20% 감소했다고 하자. 이 경우 수요량의 변화율이 가격 변화율의 2배에 해당하므로 수요의 가격탄력성은 2가 된다. 일반적으로 수요의 가격탄력성이 1보다 크면 탄력적, 1보다 작으면 비탄력적이라 하고, 수요의 가격탄력성이 1이면 단위탄력적이라 한다.

수요의 가격탄력성은 총수입에 큰 영향을 미친다. 총수입은 상품 판매자의 판매 수입이며 동시에 상품에 대한 소비자의 지출액인데, 이는 상품의 가격에 거래량을 곱한 수치로 ㉤산출할 수 있다. 일반적으로 수요의 가격탄력성이 비탄력적인 경우 가격이 상승하면 총수입도 증가하지만, 수요의 가격탄력성이 탄력적인 경우 가격이 상승하면 총수입은 감소한다. 예를 들어 어느 상품의 가격이 500원에서 600원으로 20% 상승할 때 수요량이 100개에서 90개로 10% 감소했다면, 이 상품 수요의 가격탄력성은 비탄력적이다. 이때 총수입은 상품의 가격에 거래량을 곱한 수치이므로 가격 인상 전 50,000원에서 인상 후 54,000원으로 4,000원 증가하게 되는 것이다. 그러므로 ⓐ수요의 가격탄력성을 파악하는 것은 판매자에게 매우 중요한 일이다.

01

윗글을 통해 알 수 있는 내용으로 적절하지 않은 것은?

① 수요의 가격탄력성 개념
② 수요의 가격탄력성 산출 방법
③ 상품 판매자의 판매 수입 산출 방법
④ 대체재의 유무가 수요의 가격탄력성에 미치는 영향
⑤ 수요의 가격탄력성에 영향을 주는 요인들 간의 관계

02

윗글을 참고할 때, 〈보기〉의 ㉮~㉰에 들어갈 말을 바르게 짝지은 것은?

보기

쌀을 주식으로 하는 갑국은 밀을 주식으로 하는 나라에 비해 쌀 수요의 가격탄력성은 (㉮)이고, 자동차보다 저렴한 오토바이가 주요 이동 수단인 을국은 자동차가 주요 이동 수단인 나라에 비해 자동차를 (㉯)로 인식하여 자동차 수요의 가격탄력성은 (㉰)이다.

	㉮	㉯	㉰
①	비탄력적	사치재	비탄력적
②	비탄력적	사치재	탄력적
③	비탄력적	필수재	탄력적
④	탄력적	사치재	비탄력적
⑤	탄력적	필수재	탄력적

03

ⓐ의 이유로 가장 적절한 것은?

① 수요의 가격탄력성으로 소비자의 소득 규모를 판단할 수 있기 때문에
② 수요의 가격탄력성으로 판매 상품의 문제점을 파악할 수 있기 때문에
③ 수요의 가격탄력성이 판매 상품의 생산 단가를 예측 가능하게 하기 때문에
④ 수요의 가격탄력성이 판매자의 총수입 증가 여부에 영향을 미칠 수 있기 때문에
⑤ 수요의 가격탄력성으로 판매자의 판매 수입과 소비자의 지출액 차이를 파악할 수 있기 때문에

04

〈보기〉는 김밥과 영화 관람권의 가격 인상 이후 하루 동안의 수요량 감소를 나타낸 표이다. [A]를 바탕으로 〈보기〉를 탐구한 내용으로 적절한 것은? [3점]

보기

구분	김밥	영화 관람권
기존 가격	2,000원	10,000원
가격 변화분	500원	2,000원
기존 수요량	100개	2,500장
수요량 변화분	20개	1,000장

* 단, 김밥과 영화 관람권의 가격과 수요량에 영향을 끼치는 다른 요인은 없는 것으로 한다.

① 김밥은 가격의 변화율이 수요량의 변화율보다 작다.
② 영화 관람권은 가격의 변화율이 수요량의 변화율보다 크다.
③ 김밥과 영화 관람권 수요의 가격탄력성은 모두 1보다 작다.
④ 김밥과 영화 관람권은 가격의 변화율에 대한 수요량의 변화율이 같다.
⑤ 김밥 수요의 가격탄력성은 비탄력적이고, 영화 관람권 수요의 가격탄력성은 탄력적이다.

05

㉠~㉤의 사전적 의미로 적절하지 않은 것은?

① ㉠: 자극에 빠르게 반응을 보이거나 쉽게 영향을 받음.
② ㉡: 아주 가깝게 맞닿아 있음.
③ ㉢: 변화의 움직임 따위가 급하고 격렬함.
④ ㉣: 일의 결과로서 어떤 현상을 생겨나게 함.
⑤ ㉤: 어떤 일에 필요한 돈이나 물자 따위를 내놓음.

점수를 올려 주는 어휘

- **수요(쓰일 需, 요긴할 要)** 어떤 재화나 용역을 일정한 가격으로 사려고 하는 욕구.
- **대체재(대신할 代, 바꿀 替, 재물 財)** 서로 대신 쓸 수 있는 관계에 있는 두 가지의 재화.
- **필수재(반드시 必, 모름지기 須, 재물 財)** 소득이 증가하는 폭보다 더 작은 폭으로 소비가 증가하는 재화.
- **사치재(사치할 奢, 사치할 侈, 재물 財)** 소득이 증가하는 폭보다 더 큰 폭으로 소비가 증가하는 재화.

분석 노트 18쪽에서 지문을 정리해 보세요.

⏰ 풀이 시간 10분 30초

06~10 다음 글을 읽고 물음에 답하시오.

최근 수입품에 높은 관세를 부과하여 국제 무역 분쟁이 발생하면서 관세에 대한 관심이 높아지고 있다. 관세란 수입되는 재화에 부과되는 조세로, 정부는 조세 수입을 늘리거나 국내 산업을 보호하기 위한 목적으로 관세를 부과한다. 그런데 관세를 부과하면 국내 경기 및 국제 교역•에 영향을 미치게 된다.

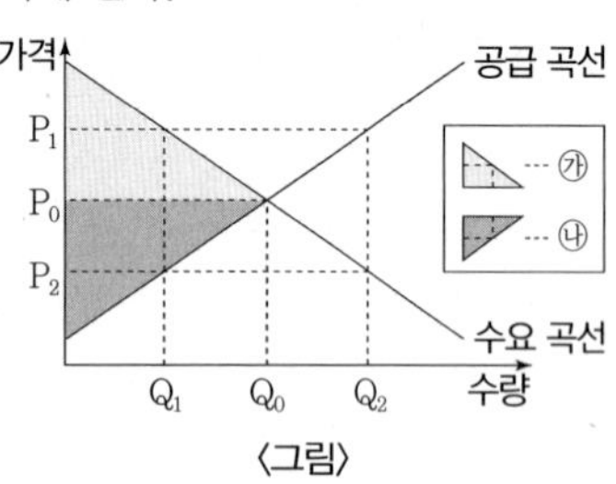

〈그림〉

관세가 국내 경기에 미치는 영향을 살펴보기 위해서는 시장에서의 수요와 공급의 원리를 알아야 한다. 〈그림〉은 가격에 따른 수요량과 공급량의 변화를 나타내는 그래프이다. 여기서 수요 곡선은 재화의 가격에 따른 수요량의 변화를 나타내는데, 그래프에서 가격은 재화 1단위 추가 소비를 위한 소비자의 지불 용의• 가격을 나타내기도 한다. 공급 곡선은 재화의 가격에 따른 공급량의 변화를 나타내는데, 그래프에서 가격은 재화 1단위 추가 생산을 위한 생산자의 판매 용의 가격을 나타내기도 한다. 수요와 공급의 원리에 따르면 재화의 균형 가격은 수요 곡선과 공급 곡선이 만나는 P_0에서 형성된다. 재화의 가격이 P_1로 올라가면 수요량은 Q_1로 줄어들고 공급량은 Q_2로 증가하지만, 재화의 가격이 P_2로 내려가면 수요량은 Q_2로 증가하고 공급량은 Q_1로 줄어든다.

이처럼 재화의 가격 변화로 수요량과 공급량이 달라지면 소비자 잉여와 생산자 잉여•에도 변화가 생기게 된다. 여기서 잉여란 제품을 소비하거나 판매함으로써 얻는 이득으로, 소비자 잉여는 소비자가 어떤 재화를 구입할 때 지불할 용의가 있는 가격과 실제 지불한 가격의 차이이고, 생산자 잉여는 생산자가 어떤 재화를 판매할 때 실제 판매한 가격과 판매할 용의가 있는 가격의 차이이다. 〈그림〉에서 수요 곡선과 실제 재화의 가격의 차이에 해당하는 ㉮는 소비자 잉여를, 실제 재화의 가격과 공급 곡선의 차이에 해당하는 ㉯는 생산자 잉여를 나타낸다. 만일 재화의 가격이 P_0에서 P_1로 올라가면 소비자 잉여는 줄어들고 생산자 잉여는 늘어나는 반면, 재화의 가격이 P_2로 내려가면 소비자 잉여는 늘어나고 생산자 잉여는 줄어들게 된다.

이를 바탕으로 관세가 국내 경기에 미치는 영향을 살펴보자. 밀가루 수입 전에 형성된 K국의 밀가루 가격이 500원/kg이고, 국제 시장에서 형성된 밀가루의 가격이 300원/kg이라고 가정해 보자. K국이 자유 무역을 통해 관세 없이 밀가루를 수입하면 국산 밀가루 가격은 수입 가격 수준인 300원/kg까지 내려가게 된다. 그 결과 국산 밀가루 공급량은 줄어들지만 오히려 수요량은 늘어나기 때문에, 국내 수요량에서 국내 공급량을 뺀 나머지 부분만큼 밀가루를 수입하게 된다. 밀가루 수입으로 국산 밀가루 가격이 하락하면 결과적으로 생산자 잉여가 감소하지만 소비자 잉여는 증가하게 된다. 증가한 소비자 잉여가 감소한 생산자 잉여보다 크기 때문에 소비자 잉여와 생산자 잉여의 총합인 사회적 잉여는 밀가루를 수입하기 전에 비해 커지게 된다.

그런데 K국이 수입 밀가루에 100원/kg의 관세를 부과할 경우, 수입 밀가루의 국내 판매 가격은 400원/kg으로 올라가게 된다. 그렇게 되면 국산 밀가루 생산자는 관세• 부과 전보다 100원/kg 오른 가격에 밀가루를 판매할 수 있으므로 국산 밀가루의 공급량이 늘어 관세를 부과하기 전보다 생산자 잉여가 증가하게 된다. 반대로 소비자 입장에서는 가격이 올라가면 그만큼 수요량이 줄어들게 되므로 소비자 잉여는 감소하게 된다. 하지만 증가한 생산자 잉여가 감소한 소비자 잉여보다 작기 때문에 소비자 잉여와 생산자 잉여의 총합인 사회적 잉여는 수입 밀가루에 관세를 부과하기 전에 비해 작아지게 된다.

그런데 관세 정책이 장기화될 경우, 국내 경기가 침체에 빠질 수 있다. 예컨대 K국 정부가 국내 밀가루 산업을 보호하기 위하여 수입 밀가루에 높은 관세를 부과할 경우, 단기적으로는 국내 밀가루 생산자의 이익을 늘려 자국의 밀가루 산업을 보호할 수 있다. 하지만 높은 관세로 국내 밀가루 가격이 상승하면 밀가루를 원료로 하는 제품들의 가격이 줄줄이 상승하게 되어, 국내 소비자들은 밀가루를 이용하여 만든 제품들의 소비를 줄이게 된다. 이러한 과정이 장기화된다면 K국의 경기는 결국 침체에 빠질 수도 있다. 실제로 1930년대 국내 산업을 보호할 목적으로 시행된 각국의 관세 정책으로 인해 오히려 경제 대공황•이 심화된 사례가 이를 잘 보여 주고 있다.

이렇게 볼 때 국내 산업을 보호할 목적으로 부과된 ㉠<u>관세는 사회적 잉여를 감소시키고</u>, 해당 제품에 대한 국내 소비를 줄어들게 한다. 그리고 그와 관련된 다른 산업에까지 악영향을 미칠 수 있다. 또한 과도한 관세는 국제 교역•을 감소시켜 국제 무역 시장을 침체시킬 뿐만 아니라, 국제 무역 분쟁을 야기할 소지도 있다. 이러한 이유로 대다수의 경제학자들은 과도한 관세에 대한 우려를 드러내고 있다.

06

윗글에 대한 설명으로 가장 적절한 것은?

① 상반된 두 입장을 제시한 후 이를 절충하고 있다.
② 문제 상황을 언급한 후 해결책을 구체화하고 있다.
③ 이론의 한계를 단계적인 순서에 따라 설명하고 있다.
④ 학설이 나타난 배경과 그 학문적 성과를 분석하고 있다.
⑤ 원리를 설명한 후 구체적 사례를 들어 이해를 돕고 있다.

07

윗글에 대한 이해로 적절하지 않은 것은?

① 소비자의 지불 용의 가격은 균형 가격보다 항상 높다.
② 균형 가격에서는 재화의 수요량과 공급량이 동일하다.
③ 원료의 가격은 이에 기반한 제품의 가격에 영향을 미친다.
④ 관세는 국가 간의 무역 분쟁의 원인으로 작용하기도 한다.
⑤ 대다수의 경제학자들은 과도한 관세에 대해 부정적 입장을 취한다.

08

㉠의 이유로 적절한 것은?

① 소비자 잉여 감소분이 생산자 잉여 증가분과 같기 때문에
② 소비자 잉여 감소분이 생산자 잉여 증가분보다 크기 때문에
③ 소비자 잉여 증가분이 생산자 잉여 증가분보다 크기 때문에
④ 소비자 잉여 감소분이 생산자 잉여 감소분보다 작기 때문에
⑤ 소비자 잉여 증가분이 생산자 잉여 감소분보다 작기 때문에

09

윗글을 바탕으로 〈보기〉를 설명한 내용으로 적절하지 않은 것은? [3점]

보기

P국에서는 국산 바나나만을 소비하다 값싼 수입산 바나나를 관세 없이 수입하면서 국산 바나나 가격이 국제 시장 가격 수준으로 하락했다. 이에 정부에서는 국내 바나나 산업 보호를 위하여 관세를 부과하였다.

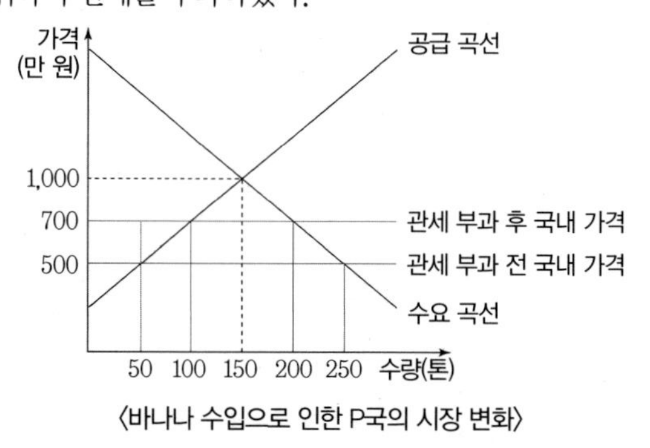

〈바나나 수입으로 인한 P국의 시장 변화〉

① 바나나를 수입하기 전 바나나의 국내 균형 가격은 톤당 1,000만 원이었다.
② 관세를 부과하기 이전에는 수입되는 바나나의 수량이 200톤이었다.
③ 관세를 부과하기 이전과 이후의 가격을 비교해 보니 톤당 200만 원만큼의 관세가 부과되었다.
④ 관세를 부과한 결과 국내 생산자는 바나나의 공급량을 50톤에서 100톤으로 늘리게 된다.
⑤ 관세를 부과한 결과 수입되는 바나나의 수량은 이전보다 50톤이 줄어드는 효과가 발생한다.

10

윗글의 '관세(A)'와 〈보기〉의 '수입 할당제(B)'에 대해 이해한 내용으로 적절하지 않은 것은?

보기

'수입 할당제'는 일정 기간 특정 재화를 수입할 수 있는 양을 제한하여 제한된 할당량까지는 자유 무역 상태에서 수입하고 그 할당량이 채워지면 수입을 전면적으로 금지하는 비관세 정책이다. 수입 할당제는 수입되는 재화의 양을 제한함으로써 그 재화의 국내 가격을 자연적으로 상승시켜 국내 생산자를 보호하는 기능을 한다.

① A는 수입품의 가격을 상승시키는 원인으로 작용하겠군.
② B는 수량을 기준으로 수입되는 재화의 양을 제한하겠군.
③ A는 B와 달리 정책 시행 시의 혜택을 국내 생산자가 보겠군.
④ B는 A와 달리 수입품에 대한 정부의 조세 수입이 없겠군.
⑤ A와 B 모두 국제 무역 규모의 감소를 유발할 수 있겠군.

점수를 올려 주는 어휘

- **교역(사귈 交, 바꿀 易)** 주로 나라와 나라 사이에서 물건을 사고팔고 하여 서로 바꿈.
- **용의(쓸 用, 뜻 意)** 어떤 일을 하려고 마음을 먹음. 또는 그 마음.
- **잉여(남을 剩, 남을 餘)** 쓰고 난 후 남은 것.
- **관세(관계關, 세금 稅)** 수출·수입되거나 통과되는 화물에 대하여 부과되는 세금.
- **대공황(클 大, 두려울 恐, 어리둥절할 慌)** 세계적으로 일어나는 큰 규모의 경제 혼란 현상.
- **교역(사귈 交, 바꿀 易)** 주로 나라와 나라 사이에서 물건을 사고팔고 하여 서로 바꿈.

분석 노트 19쪽에서 지문을 정리해 보세요.

DAY 09 사회 미래 산업

학습 일자 월 일
총 풀이 시간 17분 30초

풀이 시간 10분 30초

01~04 다음 글을 읽고 물음에 답하시오.

양면시장은 플랫폼• 사업자가 서로 구분되는 두 개의 이용자 집단에 플랫폼을 제공하고 이용자들은 플랫폼을 통해 상대 집단과 거래하면서 경제적 가치나 편익•을 창출하는 시장을 의미한다. 이때 플랫폼이란 양쪽 이용자 집단의 연결 고리 역할을 하는 물리적, 가상적, 제도적 환경을 일컫는다. 이용자 집단은 플랫폼을 통해 거래가 이루어지기까지의 시간이나 노력 등과 같은 거래비용을 절감하여 상대 집단과 거래하게 된다. 대표적인 플랫폼으로 신용 카드 회사가 제공하는 카드 결제 시스템을 들 수 있다. 플랫폼의 한쪽에는 카드로 결제하는 회원들이 있고, 플랫폼의 반대쪽에는 그것을 지불 수단으로 받는 가맹점•들이 있다. 플랫폼 사업자인 신용 카드 회사 입장에서는 양쪽 이용자 집단인 카드 회원들과 가맹점들 모두가 고객이 된다.

플랫폼을 통해 연결되는 양쪽 이용자 집단의 관계는 '네트워크 외부성'을 통해 설명할 수 있다. 네트워크 외부성은 어떤 제품이나 서비스를 사용하는 이용자의 규모가 이용자의 효용•에 영향을 미치는 것으로 직접 네트워크 외부성과 간접 네트워크 외부성으로 구분된다. 직접 네트워크 외부성이란 동일 집단 내에서 발생하는 것으로, 동일 집단에 속한 이용자의 규모가 커지면 집단 내 개별 이용자의 효용이 증가하는 특성이다. 이와 달리 간접 네트워크 외부성이란 서로 다른 집단 간에 발생하는 것으로, 한쪽 이용자 집단의 규모가 커지면 반대쪽 이용자 집단의 효용이 증가하고, 한쪽 이용자 집단의 규모가 작아지면 반대쪽 이용자 집단의 효용이 감소하게 된다. 양면시장에서는 간접 네트워크 외부성이 필수적으로 작용하므로 양쪽 이용자 집단이 서로 긴밀하게 영향을 주고받는다.

이를 바탕으로 플랫폼 사업자는 플랫폼 이용료를 통해 수익을 창출하기 때문에 양쪽 이용자 집단 모두를 플랫폼에 참여하도록 유도할 수 있는 [가격구조]를 결정하게 된다. 이때 가격구조란 플랫폼 이용료를 각각의 이용자 집단에 어떻게 부과하느냐를 의미한다. 플랫폼 사업자는 수익을 극대화할 수 있는 전략으로 양쪽 이용자 집단에 차별적인 가격을 부과하는 것이 일반적인데, 한쪽 이용자 집단의 플랫폼 이용료를 아주 낮게 책정하거나 한쪽 이용자 집단에 보조금을 지급하는 경우도 있다.

위에서 언급된 카드 결제 시스템을 바탕으로 간접 네트워크 외부성이 가격구조에 미치는 영향을 살펴보면 다음과 같다. 카드 회원들이 가맹점에 미치는 간접 네트워크 외부성이 클수록, 카드 회사는 카드 회원 수를 늘리기 위해 낮은 연회비를 부과할 수 있다. 이에 따라 카드 회원 수가 늘어나면 가맹점들의 효용이 증가하기 때문에 가맹점은 높은 결제 건당 수수료를 지불하더라도 카드 결제 시스템을 이용하게 된다. 이는 가맹점이 카드 회원들에게 미치는 간접 네트워크 외부성이 큰 경우에도 마찬가지로 적용된다.

한편 가격구조는 수요의 가격탄력성에도 영향을 받는다. 수요의 가격탄력성이란 가격이 오르거나 내릴 때 수요량이 얼마나 변동하느냐를 의미하는 것으로, 양면시장에서 양쪽 이용자 집단 각각은 플랫폼 이용료의 변동에 따라 이용자 수나 서비스 이용량과 같은 수요량에 영향을 받게 된다. 카드 회원의 수요의 가격탄력성이 높은 경우에는 연회비가 오를 때 카드 회원 수가 크게 감소하고, 수요의 가격탄력성이 낮은 경우에는 변동이 크지 않다. 따라서 플랫폼 사업자는 자신의 수익을 극대화하기 위해 양쪽 이용자 집단의 특성을 파악하여 각 집단에 최적의 이용료를 부과하게 된다. 일반적으로 플랫폼 사업자는 수요의 가격탄력성이 높은 집단에 낮은 이용료를 부과하여 해당 집단의 이용자 수를 늘리려고 한다.

플랫폼 사업자가 수익을 창출하기 위해 사용하는 대표적인 전략으로 공짜 미끼와 프리미엄(free-mium) 등이 있다. 공짜 미끼 전략은 무료 서비스를 통해 한쪽 집단의 이용자 수를 늘리면서 반대쪽 집단 이용자의 플랫폼 참여를 유인하는 것이다. 프리미엄 전략은 기본적 기능은 무료로 제공하지만 추가적인 기능은 유료로 제공하는 것으로, 무료에서 유료로 전환한 이용자의 긍정적 경험이 무료 이용자에게 전파되어 그중 일부가 유료 이용자로 전환되도록 하는 것이다.

01

윗글을 이해한 내용으로 적절하지 않은 것은?

① 카드 결제 시스템은 카드 회원들과 카드 가맹점을 연결하는 플랫폼이다.
② 양면시장에서는 신용 카드 회사와 카드 회원 모두가 가맹점의 고객이 된다.
③ 플랫폼 사업자는 이용자 집단이 플랫폼에 참여하도록 보조금을 지급할 수 있다.
④ 플랫폼 사업자는 플랫폼 이용자들에게 경제적 가치를 창출하는 환경을 제공한다.
⑤ 프리미엄 전략은 유료로 전환한 이용자들이 무료 이용자들의 유료화에 영향을 미치는 것이다.

02

가격구조에 대한 설명으로 가장 적절한 것은?

① 플랫폼 사업자가 수익을 극대화하기 위해 고려하는 것이다.
② 양쪽 이용자 집단의 이용료 지불 수단을 결정하는 방법이다.
③ 양쪽 이용자 집단에 동일한 이용료를 부과하기 위한 원칙이다.
④ 양쪽 이용자 집단의 규모가 항상 고정되어 있음을 전제로 하는 것이다.
⑤ 플랫폼 사업자가 규모가 큰 이용자 집단에는 이용료를 부과하지 못한다.

※ 윗글과 〈보기〉를 바탕으로 03번과 04번 두 물음에 답하시오.

보기

P사가 개발한 메신저 프로그램은 이용자끼리 무료로 메시지를 주고받을 수 있어서 ㉠메신저 이용자들이 빠르게 증가했고, 메신저 이용자들끼리 서로 편하게 연락을 주고받을 수 있게 되었다. 그러자 광고 효과를 기대하고 P사와 계약한 ㉡광고주들이 크게 늘어났고, P사는 모든 광고주들에게 원래보다 높은 광고 비용을 부과했다. 이후 P사는 더 많은 메신저 이용자들을 확보하기 위해 메신저에서 사용할 수 있는 무료 이모티콘을 배포하였고, 이를 통해 ㉢이모티콘 사용에 익숙해진 이용자를 많이 확보할 수 있었다. 이모티콘을 사용하는 이용자들이 점점 많아지자 P사는 메신저를 통해 ㉣이모티콘 공급 업체들이 유료 이모티콘을 판매할 수 있도록 하였다. P사가 높은 판매 수수료를 부과했음에도 불구하고 이용자들에게 이모티콘을 판매하고자 하는 업체들이 모여들게 되었다.

03

윗글을 바탕으로 〈보기〉를 이해한 내용으로 적절하지 않은 것은? [3점]

① P사가 메신저 이용자들에게 무료 이모티콘을 배포한 것은 무료 서비스를 통해 더 많은 메신저 이용자들을 플랫폼으로 유도하기 위한 공짜 미끼 전략이겠군.
② P사가 이모티콘 사용에 익숙해진 메신저 이용자들을 확보한 것은 메신저를 통해 적은 거래비용으로 이용자에게 이모티콘을 직접 판매하고자 하는 목적이겠군.
③ P사가 광고주들에게 부과한 광고 비용과 이모티콘 공급 업체에게 부과한 판매 수수료는 P사의 수익 창출을 위한 플랫폼 이용료에 해당하겠군.
④ P사가 모든 광고주들에게 원래보다 높은 광고 비용을 부과한 것은 메신저 이용자들의 수가 늘어남에 따라 광고주들이 얻는 편익이 증가했다고 판단했기 때문이겠군.
⑤ P사가 개발한 메신저의 이용자 수가 많아져 이용자들끼리 더 편하게 연락을 주고받을 수 있게 된 것은 메신저 이용자들 사이에 직접 네트워크 외부성이 존재하는 것이겠군.

04

다음은 윗글과 〈보기〉를 읽은 학생이 보인 반응이다. A~C에 들어갈 내용으로 적절한 것은?

보기

㉠의 수요의 가격탄력성이 높고, ㉠이 ㉡에 미치는 간접 네트워크 외부성이 클 때, P사가 무료이던 메신저 이용료를 유료로 전환한다고 가정하면, ㉠의 수는 (A)하고 ㉡의 효용은 크게 (B)할 것이다. 한편 ㉣이 ㉢에 미치는 간접 네트워크 외부성이 크다고 가정하면, P사가 ㉣에 부과하는 판매 수수료는 (C)할 것이다.

	A	B	C
①	감소	증가	하락
②	증가	증가	하락
③	감소	증가	상승
④	증가	감소	상승
⑤	감소	감소	하락

점수를 올려 주는 어휘

- **플랫폼(platform)** 소프트웨어가 작동하는 하드웨어 구조 또는 소프트웨어 프레임 워크. 구조, 운영 체제.
- **편익(편할 便, 더할 益)** 편리하고 유익함.
- **가맹점(더할 加, 맹세 盟, 가게 店)** 어떤 조직의 동맹이나 연맹에 든 가게나 상점.
- **효용(본받을 效, 쓸 用)** 인간의 욕망을 만족시킬 수 있는 재화의 효능.

분석 노트 20쪽에서 지문을 정리해 보세요.

풀이 시간 7분 00초

05~07 다음 글을 읽고 물음에 답하시오.

직장인 A 씨는 셔츠 정기 배송 서비스를 신청하여 일주일 간 입을 셔츠를 제공 받고, 입었던 셔츠는 반납한다. A 씨는 셔츠를 직접 사러 가거나 세탁할 필요가 없어져 시간을 절약할 수 있게 되었다. 이처럼 소비자가 회원 가입 및 신청을 하면 정기적으로 원하는 상품을 배송 받거나, 필요한 서비스를 언제든지 이용할 수 있는 경제 모델을 ㉠'구독경제'라고 한다.

신문이나 잡지 등 정기 간행물에만 적용되던 구독 모델은 최근 들어 그 적용 범위가 점차 넓어지고 있다. 이로 인해 사람들은 소유와 관리에 대한 부담은 줄이면서 필요할 때 사용할 수 있는 방식으로 소비를 할 수 있게 되었다. 이러한 구독경제에는 크게 세 가지 유형이 있다. 첫 번째 유형은 ⓐ정기 배송 모델인데, 월 사용료를 지불하면 칫솔, 식품 등의 생필품을 지정 주소로 정기 배송해 주는 것을 말한다. 두 번째 유형은 ⓑ무제한 이용 모델로, 정액 요금을 내고 영상이나 음원, 각종 서비스 등을 무제한 또는 정해진 횟수만큼 이용할수 있는 모델이다. 세 번째 유형인 ⓒ장기 렌털 모델은 구매에 목돈이 들어 경제적 부담이 될 수 있는 자동차 등의 상품을 월 사용료를 지불하고 이용하는 것을 말한다.

최근 들어 구독경제가 빠르게 확산되고 있는데, 그 이유는 무엇일까? 경제학자들은 구독경제의 확산 현상을 '합리적 선택 이론'으로 설명한다. 경제 활동을 하는 소비자가 주어진 제약 속에서 자신의 효용을 최대화하려는 것을 합리적 선택이라고 하는데, 이때 효용이란 소비자가 상품을 소비함으로써 얻는 만족감을 의미한다. 소비자들이 한정된 비용으로 최대한의 만족을 얻기 위해 노력한 결과가 구독경제의 확산으로 이어졌다는 것이다. 이것은 최근의 소비자들이 상품을 소유함으로써 얻는 만족감보다는 상품을 사용함으로써 얻는 만족감을 더 중요시한다는 것을 보여 준다고 할 수 있다.

구독경제는 소비자의 입장에서 소유하기 이전에는 사용해 보지 못하는 상품을 사용해 볼 수 있다는 장점이 있다. 구독경제를 이용하면 값비싼 상품을 사용하는 데 큰 비용을 들이지 않아도 되고, 상품 구매 행위에 들이는 시간과 구매 과정에 따르는 불편함 등의 문제를 해결할 수 있다. 생산자의 입장에서는 상품을 사용하는 고객들의 정보를 수집하고, 이를 통해 개별화된 서비스를 제공하여 고객과의 관계를 지속적으로 유지할 수 있다. 또한 매월 안정적으로 매출을 올릴 수 있다는 장점도 있다.

그러나 구독경제의 확산이 경제 활동의 주체들에게 긍정적인 면만 있는 것은 아니다. 소비자의 입장에서는 구독하는 서비스가 지나치게 많아질 경우 고정 지출이 늘어나 경제적으로 부담이 될 수 있다. 생산자의 입장에서는 상품이 소비자에게 만족감을 주지 못하거나 고객과의 관계를 지속적으로 유지하지 못할 경우 구독 모델 이전에 얻었던 수익에 비해 낮은 수익을 얻는 경우도 있다. 따라서 소비자는 합리적인 소비 계획을 수립하고 생산자는 건전한 수익 모델을 연구하여 자신의 경제 활동에 도움이 되는 방향으로 구독경제를 활용할 필요가 있다.

05

윗글의 내용과 일치하지 않는 것은?

① 생산자는 구독경제를 통해 이용 고객들에게 개별화된 서비스를 제공할 수 있다.
② 소비자는 구독경제를 이용함으로써 상품 구매 행위에 드는 시간을 줄일 수 있게 되었다.
③ 소비자는 구독경제를 통해 회원 가입 시 개인 정보를 제공해야 하는 부담을 없앨 수 있다.
④ 생산자는 구독경제를 통해 고객과의 관계를 지속적으로 유지할 경우 안정적으로 매출을 올릴 수 있다.
⑤ 한정된 비용으로 최대한의 만족을 얻으려는 소비자의 심리가 구독경제 확산에 영향을 미치게 되었다.

06

윗글의 ㉠과 〈보기〉의 ㉡을 비교한 내용으로 가장 적절한 것은?

> 보기
> ㉡'공유경제'는 한번 생산된 상품이나 서비스를 여럿이 공유해 사용하는 협력 소비를 통해 비용을 줄이고 소비자의 만족도를 높이는 경제 모델이다. 공유경제는 자원의 활용도를 높이고 자원의 불필요한 소비를 줄일 수 있어 친환경적이라는 평가를 받고 있다. 공유경제의 영역은 주택, 의류 등의 유형자원에서 시간, 재능 등의 무형자원으로 확장되고 있다.

① ㉠은 ㉡과 달리 여러 사람이 서비스를 공유하는군.
② ㉠은 ㉡과 달리 자원의 불필요한 소비를 줄일 수 있다는 점에서 친환경적이군.
③ ㉡은 ㉠과 달리 소비자에게 서비스를 주기적으로 제공하여 구매 비용을 줄이는군.
④ ㉠과 ㉡은 모두 유형자원보다 무형자원을 더 많이 활용하는군.
⑤ ㉠과 ㉡은 모두 소비자의 부담은 줄이면서 상품을 사용함으로써 얻는 효용에 관심을 가지는군.

07

ⓐ~ⓒ에 해당하는 사례로 적절하지 않은 것은?

① ⓐ: 매월 일정 금액을 지불하고 정수기를 사용하는 서비스
② ⓐ: 월정액을 지불하고 주 1회 집으로 식재료를 보내 주는 서비스
③ ⓑ: 월 구독료를 내고 읽고 싶은 도서를 마음껏 읽을 수 있는 스마트폰 앱
④ ⓑ: 정액 요금을 결제하고 강좌를 일정 기간 원하는 만큼 수강할 수 있는 웹사이트
⑤ ⓒ: 월 사용료를 지불하고 정해진 기간에 집에서 사용할 수 있는 의료 기기

점수를 올려 주는 어휘

- **정기 간행물(정할 定, 기약할 期, 새길 刊, 다닐 行, 물건 物)** 일정한 기간을 정해 책 따위를 인쇄하여 발행하는 출판물.
- **정액(정할 定, 이마 額)** 일정하게 정하여진 액수.
- **제약(절제할 制, 맺을 約)** 조건을 붙여 내용을 제한함. 또는 그 조건.
- **개별화(낱 個, 나눌 別, 될 化)** 어떤 대상이 하나하나 따로 나뉘어짐.
- **수익(收益)** 기업이 경제 활동의 대가로서 얻은 경제 가치.
- **건전(굳셀 健, 온전할 全)** 사상이나 사물 따위의 상태가 한쪽으로 치우치지 않고 정상적이며 위태롭지 않음.

분석 노트 21쪽에서 지문을 정리해 보세요.

선택과 행동

학습 일자 월 일
총 풀이 시간 21분 00초

⏰ 풀이 시간 10분 30초

01~05 다음 글을 읽고 물음에 답하시오.

어떤 안건을 대하는 집단 구성원들의 생각은 각기 다르므로, 상이한• 생각들을 집단적 합의에 이르게 하는 의사 결정 과정이 필요하다. 공공 선택 이론은 이처럼 집단을 구성하는 개인의 의사가 집단의 의사로 통합되는 과정을 다룬다. 직접 민주주의하에서의 의사 결정 방법으로 단순 과반수제, 최적 다수결제, 점수 투표제, 보르다(Borda) 투표제 등이 있다.

㉠단순 과반수제는 투표자의 과반수가 지지•하는 안건이 채택되는 다수결 제도이다. 효율적으로 의사 결정이 이루어져 많이 사용되고 있으나, 각 투표자는 찬반 여부를 표시할 뿐 투표 결과에는 선호• 강도가 드러나지 않아 안건• 채택 시 사회 전체의 후생*이 감소할 가능성이 있다. 이는 다수의 횡포에 의해 소수의 이익이 침해되는 상황이 발생할 수 있음을 의미한다. 또한 어떤 대안들을 먼저 비교하는가에 따라 그 결과가 달라지는 ⓐ'투표의 역설' 현상이 나타날 수 있다. 예를 들어, 갑, 을, 병 세 사람이 사는 마을에 정부에서 병원, 학교, 경찰서 중 하나를 지어 줄 테니 투표를 통해 선택하라고 제안하였고, 이때 세 사람의 선호 순위가 다음 〈표〉와 같다고 하자. 세 가지 대안을 동시에 투표에 부치면 하나의 대안으로 결정되지 않는다. 그래서 먼저 병원, 학교, 경찰서 중 두 대안을 선정하여 다수결로 결정한 후 남은 한 가지 대안과 다수결로 승자를 결정하면 최종적으로 하나의 대안이 결정된다. 즉, 비교하는 대안의 순서에 따라 〈표〉의 투표 결과는 달라지게 된다.

선호 순위 / 투표자	1순위	2순위	3순위
갑	병원	학교	경찰서
을	학교	경찰서	병원
병	경찰서	병원	학교

〈표〉

[A] 최적 다수결제는 투표에 따르는 총비용이 최소화되는 지점을 산정한 후, 안건의 찬성자 수가 그 이상이 될 때 안건이 통과되는 제도이다. 이때의 총비용은 의사 결정 비용과 외부 비용의 합으로 결정된다. 의사 결정 비용은 투표자들의 동의를 구하는 데 드는 시간과 노력에 따른 비용을 의미하며, 찬성표의 비율이 높을수록 증가한다. 외부 비용은 어떤 안건이 통과됨에 따라 그 안건에 반대하였던 사람들이 느끼는 부담을 의미하며, 찬성표의 비율이 높아질수록 낮아지며 모든 사람이 찬성할 경우에는 0이 된다. 안건 통과에 필요한 투표자 수가 증가할수록 의사 결정 비용이 증가하므로 의사 결정 비용 곡선은 우상향한다. 이와 달리 외부 비용은 감소하므로 외부 비용 곡선은 우하향하며, 두 곡선을 합한 총비용 곡선은 U자 형태로 나타난다. 이때 총 비용이 최소화되는 곳이 최적 다수결제에서의 안건 통과의 기준이 되는 최적 다수 지점이 된다. 이 제도는 의사 결정 과정을 이론적으로 명쾌하게 설명할 수 있지만, 최적 다수결의 기준을 정하는 데 시간을 지나치게 소비하게 된다는 단점이 있다.

㉡점수 투표제는 각 투표자에게 일정한 점수를 주고 각 투표자가 자신의 선호에 따라 각 대안에 대하여 주어진 점수를 배분하여 투표하는 제도로, 합산하여 가장 많은 점수를 얻은 대안이 선택된다. 투표자의 선호 강도에 따라 점수를 배분하므로 투표자의 선호 강도가 잘 반영된다. 소수의 의견도 투표 결과에 잘 반영되며, 투표의 역설이 나타나지 않는다는 장점이 있다. 하지만 전략적 행동에 취약하여 투표 결과가 불규칙하게 바뀔 수 있다는 단점이 있다. 전략적 행위란 어떤 투표자가 다른 투표자의 투표 성향을 예측하고 자신의 행동을 이에 맞춰 변화시킴으로써 자기가 원하는 것을 얻으려 하는 태도를 뜻한다. 이 행위는 어떤 투표 제도에서든 나타날 수 있으니, 점수 투표제에서 나타날 가능성이 높다.

㉢보르다 투표제는 n개의 대안이 있을 때 가장 선호하는 대안부터 순서대로 n, (n−1), …, 1점을 주고, 합산하여 가장 높은 점수를 받은 대안을 선택하는 투표 방식으로, 점수 투표제와 달리 오로지 순서에 의해서만 선호 강도를 표시한다. 이 제도하에서는 일부에게 선호도가 아주 높은 대안보다는 투표자 모두에게 어느 정도 차선•이 될 수 있는 ⓑ중도의 대안이 채택될 가능성이 높으며, 점수 투표제와 마찬가지로 투표의 역설이 발생하지 않는다.

* 후생: 사회 구성원들의 복지 수준.

01

윗글에 대한 이해로 적절하지 않은 것은?

① 어떤 투표제에서든 투표자의 전략적 행위가 나타날 수 있다.
② 보르다 투표제에서는 가장 선호하지 않는 대안에 0점을 부여한다.
③ 단순 과반수제에서는 채택된 대안으로 인해 사회의 후생이 감소되기도 한다.
④ 점수 투표제는 최적 다수결제와 달리 대안에 대한 선호 강도를 표시할 수 있다.
⑤ 최적 다수결제는 단순 과반수제와 달리 안건 통과의 기준이 안건에 따라 달라질 수 있다.

02

ⓐ와 관련하여 〈표〉를 이해한 것으로 적절하지 않은 것은?

① '병원'과 '학교'를 먼저 비교할 경우, '병원'과 '경찰서'의 다수결 승자가 최종의 대안으로 결정된다.
② '학교'와 '경찰서'를 먼저 비교할 경우, '갑'과 '을'이 '학교'에 투표하여 최종적으로 '학교'가 결정된다.
③ '병원'과 '학교'를 먼저 비교하는지, '학교'와 '경찰서'를 먼저 비교하는지에 따라 투표의 결과가 달라진다.
④ '병원', '학교', '경찰서'를 동시에 투표에 부치면, 모두 한 표씩 얻어 어떤 대안도 과반수가 되지 않는다.
⑤ 대안에 대한 '갑', '을', '병' 세 사람의 선호 순위는 바뀌지 않아도, 투표의 결과가 바뀌는 현상이 나타난다.

03

〈보기〉가 [A]의 각 비용들에 대한 그래프라고 할 때, 이에 대한 이해로 적절하지 않은 것은?

보기

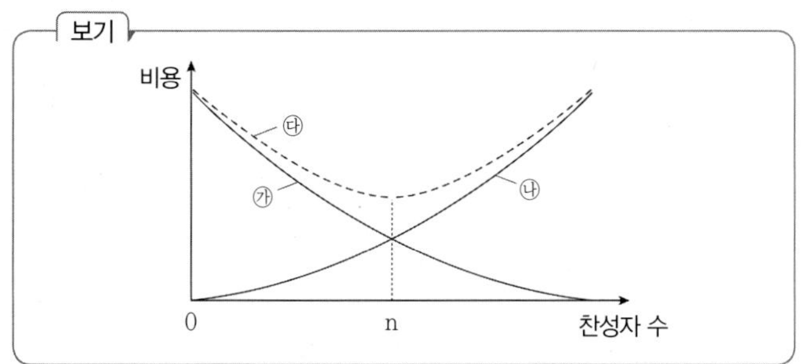

① ㉮는 외부 비용으로, 반대하는 투표자 수가 많아질수록 그 값이 커진다.
② ㉯는 의사 결정 비용으로, 투표 참가자들을 설득하는 데 드는 시간과 노력이 적을수록 그 값이 작아진다.
③ ㉰는 총비용으로, ㉮와 ㉯를 합한 값이 최소가 되는 지점 n이 최적 다수 지점이 된다.
④ 투표에 참가하는 모든 사람이 찬성하면 ㉮의 값은 0이 된다.
⑤ 안건 통과에 필요한 투표자가 많아지게 되면 ㉯는 이동하지만 ㉮는 이동하지 않는다.

04

ⓑ의 이유로 가장 적절한 것은?

① 주어진 점수를 투표자가 임의대로 배분할 수 있기 때문이다.
② 투표자는 중도의 대안에 관해서만 자신의 의사를 표현할 수 있기 때문이다.
③ 점수 투표제와 달리 투표자의 전략적 행동을 유발하여 투표 결과를 조작할 수 있기 때문이다.
④ 일부에게만 선호도가 높은 대안이 다수에게 선호도가 매우 낮으면 점수 합산 면에서 불리하기 때문이다.
⑤ 순서로만 선호 강도를 표시할 경우, 모든 투표자에게 선호도가 가장 높은 대안이라도 최종 승자가 아닐 수 있기 때문이다.

05

대안 Ⅰ~Ⅲ에 대한 투표자 A~E의 선호 강도가 〈보기〉와 같다고 할 때, ㉠~㉢을 통해 채택될 대안으로 적절한 것은? [3점]

보기

투표자 / 대안	A	B	C	D	E
Ⅰ	3	1	1	3	1
Ⅱ	1	7	6	2	5
Ⅲ	6	2	3	5	4

(단, 표 안의 수치가 높을수록 더 많이 선호함을 나타내며, 투표에 미치는 외부적인 요인과 투표자들의 전략적 행동은 없다고 가정한다.)

	㉠	㉡	㉢
①	Ⅰ	Ⅲ	Ⅱ
②	Ⅱ	Ⅱ	Ⅱ
③	Ⅱ	Ⅱ	Ⅲ
④	Ⅲ	Ⅰ	Ⅲ
⑤	Ⅲ	Ⅱ	Ⅱ

점수를 올려 주는 어휘

- **상이하다(相異)** 서로 다르다.
- **지지(지탱할 支, 가질 持)** 어떤 사람이나 단체 따위의 주의·정책·의견 따위에 찬동하여 이를 위하여 힘을 씀. 또는 그 원조.
- **선호(가릴 選, 좋을 好)** 여럿 가운데서 특별히 가려서 좋아함.
- **안건(책상 案, 물건 件)** 토의하거나 조사하여야 할 사실.
- **차선(버금 次, 착할 善)** 최선의 다음.

분석 노트 22쪽에서 지문을 정리해 보세요.

풀이 시간 10분 30초

06~10 다음 글을 읽고 물음에 답하시오.

㉠마르크스는 사물의 경제적 가치를 사용가치와 교환가치로 구분하면서 자본주의 사회에서는 경제적 가치가 교환가치에 의해 결정된다고 보았다. 사용가치는 사물의 기능적 가치를, 교환가치는 시장 거래를 통해 부여된 가치를 의미하는데 사물 자체의 유용성•은 고정적이므로 시장에서의 수요와 공급에 의해서만 경제적 가치가 결정된다고 보았기 때문이다. 또한 그는 사물의 거래 가격은 결국 사물의 생산 비용에 의해 결정된다는 점에서 소비를 생산에 종속•된 현상으로 보고 소비의 자율성을 인정하지 않았다.

마르크스의 이러한 주장과 달리 ㉡보드리야르는 교환가치가 아닌 사용가치가 경제적 가치를 결정하며, 자본주의 사회는 소비 우위•의 사회라고 주장했다. 이때 보드리야르가 제시한 사용가치는 사물 자체의 유용성에 대한 가치가 아니라 욕망의 대상으로서 기호(sign)가 ⓐ지니는 기능적 가치, 즉 기호가치를 의미한다.

기호는 어떤 대상을 지시하는 상징으로서 문자나 음성같이 감각으로 지각되는 기표와 의미 내용인 기의로 구성되는데, 기표와 기의의 관계는 자의적•이다. 가령 '남성'이란 문자는 필연적으로 어떤 대상을 지시하는 것이 아니며 '여성'이란 기호와의 관계 속에서 의미 내용이 결정된다. 다시 말해, 어떤 기호의 의미 내용을 결정하는 것은 기표와 기의의 관계가 아니라 기호들 간의 관계, 즉 기호 체계이다.

[A] 보드리야르는 자본주의 사회에서 대량 생산 기술이 급속하게 발전하면서 소비자가 기호가치 때문에 사물을 소비한다고 보았다. 대량 생산 기술의 발전으로 수요를 충족하고 남을 만큼의 공급이 이루어져 사물 자체의 유용성은 더 이상 소비를 결정하는 요인으로 작용할 수 없기 때문이다. 예를 들어 소비자는 특정 계층 또는 집단의 일원•이라는 상징을 얻기 위해 명품 가방을 소비한다. 이때 사물은 소비자가 속하고 싶은 집단과 다른 집단 간의 차이를 부각•하는 기호로서 기능한다. 따라서 보드리야르에 따르면 자본주의 사회에서 소비의 원인은 사물이 상징하는 특정 사회적 지위에 대한 욕구이다.

보드리야르는 현대인이 자연 발생적인 욕구에 따라 자유롭게 소비하는 것처럼 보이지만 사실은 강제된 욕구에 따르는 것에 불과하다고 보았다. 이는 기호가 다른 기호와의 관계 속에서 그 의미 내용이 결정되는 것과 관계된다. 특정 사물의 상징은 기호 체계, 즉 사회적 상징체계 속에서 유동적이며, 따라서 ㉢상징체계 변화에 따라 욕구도 유동적이다. 이때 대중매체는 사물의 기의에 영향을 미침으로써 욕구를 강제할 수 있다. 현실이 대중매체를 통해 전달될 때 현실은 현실 그 자체가 아니라 다른 기호와 조합될 수 있는 기호로서 추상화되기 때문이다. 가령 텔레비전 속 유명 연예인이 소비하는 사물은 유명 연예인이라는 기호에 의해 새로운 의미 내용이 부여된다. 요컨대 특정 사물에 대한 현대인의 욕망은 대중매체를 매개로 하여 자기도 모르는 사이에 강제된다.

보드리야르는 기술 문명이 초래•한 사물의 풍요 속에서 현대인의 일상생활이 사물의 기호가치와 이에 대한 소비에 의해 규정된다고 보고 자본주의 사회를 소비사회로 명명•하였다. 그의 이론은 소비가 인간에 미치는 영향을 비판적으로 성찰해야 한다는 점을 시사•한다.

06

'자본주의 사회'에 대한 ㉠, ㉡의 주장을 이해한 내용으로 가장 적절한 것은?

① ㉠ : 소비가 생산에 종속되므로 사용가치와 교환가치는 결국 동일하다.
② ㉠ : 사물 자체의 유용성은 변하지 않으므로 소비자의 욕구를 중심으로 분석해야 한다.
③ ㉡ : 소비자에게 소비의 자율성이 존재하므로 교환가치가 사용가치를 결정한다.
④ ㉡ : 개인에게 욕구가 강제되므로 소비를 통해 집단 간의 사회적 차이가 소멸한다.
⑤ ㉡ : 경제적 가치는 사회적 상징체계에 따라 결정되므로 기호 가치가 소비의 원인이다.

07

기호 체계를 바탕으로 [A]를 이해한 내용으로 적절하지 않은 것은?

① 사물은 기표로서의 추상성과 기의로서의 구체성을 갖는다.
② 사물과 그것이 상징하는 특정한 사회적 지위와의 관계는 자의적이다.
③ 사물은 사물 자체가 아닌 사물 간의 관계를 통해 의미 내용이 결정된다.
④ 소비는 사물이라는 기호를 통해 특정 계층 또는 집단의 일원이라는 상징을 얻는 행위이다.
⑤ 기호가치는 사물의 기의와 그에 대한 소비자의 욕구와 관련될 뿐 사물의 기표에 의해 결정되는 것은 아니다.

08

ⓒ의 전제로 가장 적절한 것은?

① 상징체계 변화에 의해 사물 자체의 유용성이 변화한다.
② 사물에 대한 욕구는 사람마다 제각기 다른 양상을 보인다.
③ 사물의 기호가치가 변화하면 사물에 대한 욕구도 변화한다.
④ 사물을 소비하는 행위는 개인의 자연 발생적 욕구에 따른 것이다.
⑤ 사물이 지시하는 의미 내용과 사물에 대한 욕구는 서로 독립적이다.

09

윗글의 '보드리야르'의 관점을 바탕으로 〈보기〉를 이해한 내용으로 적절하지 않은 것은? [3점]

보기

개성이란 타인과 구별되는 개인만의 고유한 특성으로, 현대 사회의 개인은 개성을 추구함으로써 자신의 고유함을 드러내려 한다. 이때 사물은 개성을 드러낼 수 있는 수단이다. 찢어진 청바지를 입는 것, 타투나 피어싱을 하는 것은 사물을 통한 개성 추구의 사례이다. 이런 점에서 '당신의 삶에 차이를 만듭니다'와 같은 광고 문구는 개성에 대한 현대인의 지향을 단적으로 드러낸 것이라 할 수 있다.

① 타인과 구별되는 개성이란 개인이 소속되길 바라는 집단의 차별화된 속성일 수 있겠군.
② 소비사회에서 사물을 통한 개성의 추구는 그 사물의 기호가치에 대한 욕구에서 비롯되겠군.
③ 찢어진 청바지는 개인만의 고유한 특성을 드러내는 수단이자 젊은 세대의 일원이라는 기호를 상징하는 것일 수 있겠군.
④ '당신의 삶에 차이를 만듭니다'라는 광고 문구는 그 광고의 상품을 소비함으로써 사회적 차이를 드러내고 싶다는 욕구를 강제하는 것일 수 있겠군.
⑤ 타투나 피어싱을 한 유명 연예인을 텔레비전에서 보고, 이를 따라하기 위해 돈을 지불하는 것은 대중매체를 매개로 하여 추상화된 기호를 소비하는 것일 수 있겠군.

10

문맥상 의미가 ⓐ와 가장 가까운 것은?

① 그는 항상 지갑에 현금을 <u>지니고</u> 있었다.
② 그녀는 어릴 때의 모습을 그대로 <u>지니고</u> 있다.
③ 우리는 자기가 맡은 일에 책임을 <u>지녀야</u> 한다.
④ 사람은 누구나 고정 관념을 <u>지니고</u> 살기 마련이다.
⑤ 그는 어린 시절의 추억을 항상 마음속에 <u>지니고</u> 있다.

점수를 올려 주는 어휘

- **유용성(있을 有, 쓸 用, 성품 性)** 소용에 닿고 이용할 만한 특성.
- **종속(좇을 從, 무리 屬)** 자주성이 없이 주가 되는 것에 딸려 붙음.
- **우위(넉넉할 優, 자리 位)** 남보다 나은 위치나 수준.
- **자의적(마음대로 恣, 뜻 意, 과녁 的)** 일정한 질서를 무시하고 제멋대로 하는. 또는 그런 것.
- **일원(한 一, 인원 員)** 단체에 소속된 한 구성원.
- **부각(뜰 浮, 새길 刻)** 어떤 사물을 특징지어 두드러지게 함.
- **초래(부를 招, 올 來)** 일의 결과로서 어떤 현상을 생겨나게 함.
- **명명(목숨 命, 이름 名)** 사람, 사물, 사건 등의 대상에 이름을 지어 붙임.
- **시사(보일 示, 부추길 唆)** 어떤 것을 미리 간접적으로 표현해 줌.

분석 노트 23쪽에서 지문을 정리해 보세요.

법률행위와 제도 1

학습 일자 월 일
총 풀이 시간 19분 00초

풀이 시간 8분 30초

01~04 다음 글을 읽고 물음에 답하시오.

매매 계약, 유언 등과 같은 법률행위가 법률효과를 발생시키려면 성립요건과 효력요건을 갖추어야 한다. 성립요건은 법률행위가 성립되기 위한 요건으로, 성립요건을 갖추지 못한 경우 법률행위가 불성립했다고 한다. 효력요건은 이미 성립한 법률행위가 효력을 발생하는 데 필요한 요건으로, 이를 갖추어 효력을 발생시켰을 때 법률행위가 유효하다고 한다.

그런데 법률행위는 성립하였지만, 효력요건이 불충분하여 그 법률행위가 성립한 당시부터 법률상 당연히 그 효력이 발생하지 않는 경우 그 법률행위는 무효가 된다. ㉠법률행위의 무효는 무효 사유가 존재한다면 특정인의 무효 주장이 없이도 그 법률행위가 처음부터 효력이 없는 것이 되며, 기간이 경과해도 무효라는 사실은 변하지 않는다.

한편 ㉡법률행위의 취소는 법률행위로서 일단 효력이 발생하였다가 어떤 사유가 있어 그 법률행위가 성립한 당시로 소급하여 효력을 잃게 되는 경우를 말한다. 법률행위의 취소가 확정되면 법률상의 효력이 무효와 같아지지만, 취소 사유가 존재하더라도 취소권을 가진 특정인이 취소를 주장할 때만 그 법률행위의 효력이 없어질 수 있다는 점에서 무효와 차이가 있다. 또한 취소권은 일정한 기간이 경과하면 소멸되고, 취소권이 소멸된 법률행위는 결국 유효한 것으로 확정된다.

무효인 법률행위에서는 아무런 효력도 생기지 않으며, 법적으로는 아무것도 없는 것이라 보기 때문에 소급하여 유효로 할 수 있는 대상이 없는 상태라 할 수 있다. 그래서 무효인 법률행위, 즉 무효행위는 다른 법률행위로 전환을 하기도 하고, 추인함으로써 그때부터 새로운 법률행위가 되게 만들기도 한다. 무효는 이미 성립된 법률행위를 전제로 하기 때문에 이러한 전환이나 추인이 가능한 것이며, 만약 법률행위가 불성립했다면 전환이나 추인은 할 수 없다. 무효행위를 전환한다는 것은 무효인 법률행위가 다른 법률행위로서의 효력요건은 갖추고 있을 때, 그 법률행위로서의 효력을 인정하는 것을 말한다. 이때 전환을 위해서는 당사자가 무효임을 알았더라면, 그 법률행위가 아니라 처음부터 다른 법률행위를 했을 것이라고 인정되어야 한다. 무효행위의 전환의 예로는, 징계해고로서 효력요건을 갖추지 못해 무효가 된 법률행위가 징계휴직으로서의 효력요건은 갖추고 있을 때 징계휴직으로 전환하여 법률행위가 유효가 되는 경우를 들 수 있다.

무효행위를 추인한다는 것은 무효가 된 법률행위가 갖추지 못했던 효력요건을 추후에 보충하여 새로운 법률행위로서의 효력을 인정하는 것을 말한다. ㉮무효행위를 추인하면 그 무효행위가 처음 성립한 때로 소급하여 유효한 것이 되는 것이 아니라 추인한 때부터 새로운 법률행위를 한 것으로 본다. 민법은 원칙적으로 무효행위의 추인을 인정하지 않지만, 무효 원인이 소멸한 상태이고 당사자가 기존 법률행위가 무효임을 알고 추인한 경우에 한해서는 추인을 인정하고 있다.

법률행위가 무효가 되면 그 법률행위에 따른 법률효과도 생기지 않으므로 무효행위를 근거로 하는 청구권도 부인된다. 따라서 해당 법률행위에 따라 채무가 있는 경우 상대방이 청구권을 행사할 수 없으므로 채무를 이행할 필요가 없다. 만약 이미 채무가 이행된 경우라면 수령자는 해당 이득을 반환해야 하는 부당이득 반환의무를 진다. 무효는 시간이 흘러도 그대로 유지되지만, 부당이득의 반환청구권은 소멸시효가 있으므로 영구적으로 주장할 수 있는 것은 아니다.

01

윗글의 내용과 일치하지 않는 것은?

① 법률행위가 불성립한 경우에도 법률행위의 전환이나 추인을 할 수 있다.
② 성립요건과 효력요건을 모두 갖추어야 법률행위는 법률효과를 발생시킬 수 있다.
③ 법률행위가 효력을 발생시켰더라도 어떤 사유가 있어 그 효력을 잃게 되기도 한다.
④ 법률행위가 무효가 되면 해당 법률행위에 따른 채무가 발생한 경우라도 그 채무를 이행할 필요가 없다.
⑤ 법률행위가 무효라는 사실이 그대로 유지되더라도 부당이득의 반환청구권을 영구적으로 주장할 수 있는 것은 아니다.

02

㉠, ㉡에 대한 이해로 적절하지 않은 것은?

① ㉠은 효력요건이 불충분하여 법률상 당연히 효력이 발생하지 않는 경우이다.
② ㉡은 취소 사유가 존재하더라도 법률행위의 효력이 발생하는 경우가 있다.
③ ㉠과 ㉡은 모두 법률행위가 성립한 것을 전제로 한다.
④ ㉡은 ㉠과 달리 법률행위의 효력 유무에 변화를 줄 수 있는 기한이 존재한다.
⑤ ㉡은 ㉠과 달리 특정인의 주장이 없어도 법률행위의 효력이 없어질 수 있다.

03

윗글을 바탕으로 〈보기〉의 ⓐ와 ⓑ에 대해 이해한 내용으로 가장 적절한 것은? [3점]

> 보기
>
> 갑은 자신의 유언을 법적으로 인정받고자 ⓐ'비밀증서에 의한 유언'의 형태로 유언증서를 남겼다. 하지만 갑의 사망 후 이 유언증서는 봉인상의 확정일자를 받아야 한다는 조건을 충족하지 않아 무효임이 밝혀졌다. 이에 대해 법원에서는 해당 유언증서가 다른 형태의 유언증서인 ⓑ'자필서명에 의한 유언'의 조건은 모두 충족하고 있으며 갑이 자신의 유언 증서가 무효임을 알았다면 이러한 형태의 유언증서를 남겼을 것이라 보아, '자필서명에 의한 유언'으로서는 유효하다고 판단했다.

① ⓐ가 무효가 되면서 ⓑ의 성립요건도 불충분하게 된 것이군.
② ⓐ는 효력요건을 갖추지 못했지만 ⓑ는 효력요건을 갖추고 있군.
③ ⓐ의 부족한 효력요건이 추후에 보충되어 ⓑ가 유효하게 된 것이군.
④ ⓐ는 ⓑ로 바뀌면서 무효 원인이 소멸되어 다시 효력을 가지게 되는군.
⑤ ⓐ의 효력이 발생하려면 ⓑ가 무효임을 당사자가 알았다는 조건이 충족되어야 하는군.

04

㉮의 이유를 추론한 내용으로 가장 적절한 것은?

① 법률행위를 추인할 때 추인의 조건을 갖춘 상태라면 이를 소급하여 유효한 것으로 만들 수도 있기 때문이다.
② 추인으로 인해 무효행위의 유효요건이 보충되면서 새로운 법률행위로서 효력을 발생시킬 필요가 없어졌기 때문이다.
③ 무효인 법률행위는 법적으로 아무것도 없는 것이어서 소급해서 추인할 수 있는 대상 자체가 없는 상태이기 때문이다.
④ 무효인 법률행위가 성립한 때를 정확하게 증명할 수 없다면 추인을 통해 유효하게 된 시점도 특정할 수 없기 때문이다.
⑤ 무효인 법률행위는 원칙적으로 추인할 수 없도록 법률상으로 정해 놓은 것이어서 추인을 통해 유효한 것이 될 수는 없기 때문이다.

점수를 올려 주는 어휘

- **유효(있을 有, 나타낼 效)** 법률적 행위가 당사자나 법률이 의도한 본래의 효과가 있음.
- **사유(일 事, 말미암을 由)** 일의 까닭.
- **경과(지날 經, 지날 過)** 시간이 지나감.
- **소급(거스를 遡, 미칠 及)** 과거에까지 거슬러 올라가서 미치게 함.
- **추인(쫓을 追, 알 認)** 일단 행하여진 불완전한 법률 행위를 뒤에 보충하여 완전하게 하는 일방적 의사 표시.
- **채무(빚 債, 힘쓸 務)** 재산권의 하나. 특정인이 다른 특정인에게 어떤 행위를 하여야 할 의무를 이른다.
- **이행(밟을 履, 다닐 行)** 채무자가 채무의 내용을 실행하는 일.
- **영구적(길 永, 오랠 久, 과녁 的)** 오래도록 변하지 아니하는. 또는 그런 것.

분석 노트 24쪽에서 지문을 정리해 보세요.

풀이 시간 10분 30초

05~09 다음 글을 읽고 물음에 답하시오.

손해보험은 계약에서 정한 보험 사고가 발생했을 때 보험가입자 측에게 생긴 재산상의 손해를 보상하는 보험이다. 교통사고, 화재, 도난 등으로 생기는 피해에 대비하기 위해 가입하는 손해보험은 오늘날 우리 생활과 가까운 곳에 있다.

보험 사고가 발생할 때에 보험금을 받을 자를 피보험자, 보험금을 지급할 의무를 지는 자를 보험자라 한다. 손해보험의 피보험자는 보험의 목적에 피보험이익을 가져야 한다. 이때 보험의 목적이란 보험 사고의 대상을 말한다. 손해보험 계약은 손해 보상을 목적으로 하는데, 손해의 전제로서 피보험자는 보험의 목적에 경제상의 이익을 가져야 하고, 이를 피보험이익이라 한다. 시가 100원의 주택을 소유한 사람은 화재로 주택이 전소•하면 100원을 잃는데, 이렇게 보험 사고 발생으로 잃어버릴 염려가 있는 이익이 피보험이익이다. 피보험이익이 없는 자에게 보험금 청구권을 인정하면, 보험계약이 도박처럼 될 수 있고 고의로 보험 사고를 유발하는 보험 범죄의 가능성도 생길 수 있다.

피보험이익으로 인정되려면 몇 가지 요건이 필요하다. 우선 객관적으로 금전으로 산정•할 수 있는 경제적 가치를 가져야 한다. 따라서 개인적, 정신적, 도덕적 이익은 피보험이익이 될 수 없다. 예컨대 소중히 간직한 자신의 일기장을 5억 원의 손해보험에 가입하는 것은 허용되지 않는다. 그리고 적법•한 이익이어야 하며, 계약 체결 당시 그 가치가 객관적으로 확정되어 있거나 적어도 보험 사고가 발생할 때까지는 확정되어야 한다.

손해보험은 실손보상원칙을 기본 원칙으로 삼는다. 실손보상 원칙이란 실제 발생한 손해만을 보상하고 그 이상은 보상하지 않는다는 것을 뜻한다. 따라서 손해보험을 통해 피보험자가 재산상 이익을 얻는 것은 허용되지 않는데, 이를 이득금지의 원칙이라고 한다. 실손보상원칙은 손해보험 계약의 도박화를 막고 보험 범죄를 방지하는 역할을 한다.

[A] 보험가액은 피보험이익의 객관적인 금전적 평가액으로, 보험자가 보험금의 형태로 부담하게 되는 보상책임의 법률상의 최고 한도액이다. 보험가액은 고정된 것이 아니며 경제상황 등에 따라 변동될 수 있는데, 이득금지의 원칙과 관련해 피보험자에게 이득이 생겼는가 여부를 판단하는 기준이 된다. 이와 달리 보험 사고 발생 시 보험자가 지급하기로 보험계약에서 실제 약정•한 최고 한도액은 보험금액이라 한다. 보험금액은 당사자 간 약정에 의하여 일정한 금액으로 정해지며, 보험 기간 중에는 이를 변경하지 않는 것이 원칙이다. 보험금은 보험 사고가 발생할 때 실제로 보험자가 지급하는 금액이다. 보험 사고가 발생하였다고 해서 항상 보험금액만큼 지급되는 것은 아니므로 보험금액은 보험금의 최고 한도•라는 의미만을 갖는다.

보험가액과 보험금액은 서로 일치하지 않을 수 있다. 보험금액이 보험가액을 현저하게 초과하는 경우를 초과보험이라 한다. 시가 100원 상당의 건물을 보험금액 200원으로 하여 가입한 화재보험이 그 예이다. 손해보험에서 보험가액을 초과하는 부분에는 피보험이익이 존재하지 않으므로 보험금액을 보험가액과의 비율에 따라 조정해야 한다. 위 사례에서 건물이 100% 손실을 입었다면 100원만을 지급한다는 의미이다. 보험계약 체결 당시엔 초과보험이 아니었으나 보험가액이 감소한 경우처럼, 당사자가 의도하지 않은 채 초과보험 계약을 한 경우는 단순한 초과보험이라 한다. 이런 경우 예외적으로 보험자는 보험금액의 감액을, 보험에 가입한 보험계약자는 보험자에 지급하는 금액인 보험료의 감액•을 각각 청구할 수 있다. 그러나 보험계약자가 재산상 이익을 얻을 목적으로 초과보험을 체결한 경우는 사기에 의한 초과보험이라 하여 그 계약 전부를 무효로 한다.

한 명의 피보험자가 동일한 피보험이익과 동일한 보험 사고에 관하여 여러 보험자와 계약을 체결한 경우에 그 보험금액의 합계가 보험가액을 초과하는 경우를 중복보험이라 한다. 이때 각각의 보험은 보험의 목적이 서로 같아야 하고, 보험 기간도 공통이어야 한다. 중복보험은 초과보험과 유사하게 보험계약자가 중복보험을 의도한 경우와 그렇지 않은 경우를 구분하고 있다. 사기에 의한 중복보험은 그 계약 전부를 무효로 한다. 단순한 중복보험의 경우, 각 보험자가 보험금액의 비율에 따라 연대 책임을 지지만 그 보상액은 각각의 보험금액으로 제한된다. 예를 들어 보험가액 100원인 건물에 대하여 각기 다른 세 보험자와 보험금액을 각각 100원, 60원, 40원으로 하여 화재보험 계약을 한 경우, 각 보험자는 보험 사고가 발생할 때 가입 당시 보험금액의 한도 내에서 연대 책임•을 진다. 만약 100% 손실을 입으면 피보험자가 100원의 보상을 받을 수 있도록 각 보험자는 보험금액의 비율에 따라 50원, 30원, 20원을 보험금으로 지급하게 된다.

05

다음은 윗글을 읽은 후 메모한 내용의 일부이다. ㉠에 들어갈 수 있는 내용으로 적절하지 않은 것은?

> ◦ 글을 선택한 이유 : 광고를 접하면서 손해보험에 관심이 생겨서.
> ◦ 글을 통해 알게 된 내용 : [㉠].
> ◦ 더 알고 싶은 것 : 손해보험이 아닌 보험에는 어떤 것이 있을까?

① 손해보험 계약이 초과보험인 경우는 어떤 때인지
② 손해보험 계약에서 실손보상원칙이 어떤 역할을 하는지
③ 손해보험 계약에서 보험자, 피보험자란 각각 무엇을 의미하는지
④ 손해보험 계약이 보험 사고에 따른 보상이 이루어진 뒤에도 계속 효력이 유지되는지
⑤ 손해보험 계약에서 정신적, 도덕적 이익이 피보험이익이 될 수 없는 이유는 무엇인지

06

피보험이익에 대한 설명으로 적절하지 않은 것은?

① 보험가액을 초과하는 피보험이익은 존재하지 않는다.
② 보험의 목적에 피보험이익이 없으면 피보험자가 될 수 없다.
③ 피보험이익이 서로 다른 손해보험 계약은 중복보험으로 볼 수 없다.
④ 피보험이익은 피보험자가 보험 사고의 대상에 갖는 경제상의 이익이다.
⑤ 보험계약 체결 당시 그 가치가 확정되어 있어야만 피보험이익으로 인정될 수 있다.

07

[A]에 대한 이해로 적절하지 않은 것은?

① 보험금은 보험가액을 초과할 수 없고 보험금액을 초과할 수도 없다.
② 보험금액은 변동될 수 있으나 보험 기간 중 보험가액은 바뀌지 않는 것이 원칙이다.
③ 보험가액은 보험금의 액수가 이득금지의 원칙에 위배되는지 여부를 판단하는 기준이 된다.
④ 보험가액은 객관적인 금전적 가치 평가에 의해, 보험금액은 계약 당사자 사이의 약정에 의해 정해진다.
⑤ 보험자가 일정한 보험금액을 약정했더라도 보험 사고 발생 시 항상 보험금액만큼 지급하는 것은 아니다.

※ 〈보기〉는 윗글과 관련된 상황이다. 08번과 09번 물음에 답하시오.

보기

갑은 2년 전 시가 1,000만 원의 건물 X를 소유하고 있었는데 당시 ㉮X에 대하여 보험사 A와 보험금액을 600만 원으로 하는 화재보험에 가입하고, ㉯같은 건물에 대하여 보험사 B와 보험금액 400만 원의 화재보험에 가입했다. 그런데 그 뒤 X의 시세가 하락해 현재 평가액은 800만 원이다. 갑이 가입한 손해보험의 보험금액과 보험료는 모두 가입 당시와 달라지지 않았다.
(단, 갑이 가입한 손해보험은 피보험자가 모두 갑 본인이다. 모두 계약일이 같으며 보험 기간은 5년이다.)

08

윗글을 읽은 학생이 〈보기〉의 ㉮와 ㉯에 대해 보인 반응으로 적절하지 않은 것은? [3점]

① ㉮와 ㉯는 보험의 목적과 보험 사고가 동일하고, 보험자는 서로 다른 손해보험이겠군.
② ㉮와 ㉯의 보험금액의 합계는 가입 당시와 달리 현재는 보험가액과 일치하지 않겠군.
③ 보험계약 후 건물 시세가 하락하였지만 ㉮와 ㉯ 중 어느 것도 계약 전부가 무효로 되지 않겠군.
④ 계약에서 정한 보험 사고가 발생하기 전이라면, ㉮와 ㉯의 피보험자인 갑은 A와 B로부터 보상을 받을 수 없겠군.
⑤ 갑이 ㉮에 가입하지 않았다고 가정하면, ㉯의 보험자는 보험가액의 변동을 근거로 보험금액의 감액을 청구할 수 있었겠군.

09

다음은 〈보기〉와 관련한 보험 사고 상황이다. 윗글을 참고할 때 ⓐ~ⓒ에 들어갈 금액을 바르게 짝지은 것은?

보기

건물 X에 화재가 일어나 50%의 손실이 발생하였다. 이에 갑은 보험사 A와 B에 보험금을 청구하였다. A는 보험계약에서 실제 약정한 (ⓐ)의 한도 내에서 책임을 질 의무가 있다. 그런데 다른 보험사와 연대 책임을 질 의무가 있는 A는 각 보험사의 보험금액의 비율에 따라 갑에게 (ⓑ)을 보험금으로 지급하였다. 역시 연대 책임을 질 의무가 있는 B는 (ⓒ)을 갑에게 보험금으로 지급하였다. 단, X의 평가액은 현재 기준으로 산정되었다.

	ⓐ	ⓑ	ⓒ
①	300만 원	240만 원	160만 원
②	300만 원	480만 원	320만 원
③	600만 원	240만 원	160만 원
④	600만 원	480만 원	320만 원
⑤	800만 원	480만 원	320만 원

점수를 올려 주는 어휘

- **전소(온전할 全, 불사를 燒)** 남김없이 다 타 버림.
- **산정(셈 算, 정할 定)** 셈하여 정함.
- **적법(맞을 適, 법 法)** 법규에 맞음. 또는 알맞은 법.
- **약정(맺을 約, 정할 定)** 어떤 일을 약속하여 정함.
- **한도(한할 限, 법도 度)** 일정한 정도. 또는 한정된 정도.
- **감액(덜 減, 이마 額)** 액수를 줄임. 또는 줄인 액수.
- **연대 책임(잇닿을 連, 띠 帶, 빚 責, 맡길 任)** 두 사람 이상이 함께 지는 책임.

분석 노트 25쪽에서 지문을 정리해 보세요.

법률행위와 제도 2

풀이 시간 8분 30초

01~04 다음 글을 읽고 물음에 답하시오.

의사능력이란 '자기의 행위의 의미나 결과를 합리적으로 예견•할 수 있는 정신적인 능력 내지 지능'을 의미한다. 사람이 자신의 법률행위에 의하여 권리를 취득하거나 의무를 부담할 수 있으려면 의사능력이 있어야 한다. 따라서 의사능력이 없는 의사무능력자의 법률행위는 무효, 즉 법률행위의 효력이 처음부터 발생하지 않은 것으로 본다.

하지만 의사무능력자가 자기에게 불리한 법률행위를 무효화하려면 법률행위 당시 자신에게 의사능력이 없었다는 점을 증명하여야 하는데, 이를 증명하는 것이 쉽지 않다. 이에 민법에서는 의사무능력자 여부, 즉 의사능력의 유무와 관계없이 나이나 법원의 결정이라는 일정하고 객관적인 기준에 따라 제한능력자를 규정하고 있다. 구체적으로 만 19세 미만의 미성년자, 그리고 가정법원으로부터 심판을 받은 피성년후견인*과 피한정후견인* 등이 제한능력자에 해당되는데, 이들은 독자적으로 완전하고 유효한 법률 행위를 할 수 있는 행위능력자와 구분되며, 자신의 의사무능력을 증명할 필요가 없다. 제한능력자는 단독으로 재산상의 법률행위를 한 경우 10년 내에 취소권을 행사할 수 있는데, 이를 제한능력자제도라고 한다. 이때 제한능력자의 법률행위의 취소 여부는 제한능력자 측, 즉 제한능력자 본인이나 그의 법정대리인의 의사에 따라서만 결정된다. 제한능력자 측에서 취소권을 행사할 경우 법률행위는 처음부터 무효인 것으로 보지만, 행위를 취소하지 않을 경우에는 그 법률행위에 대해서는 그대로 효력이 유지된다.

미성년자는 주민등록증과 가족관계등록부를 통해, 피성년후견인과 피한정후견인은 후견등기부를 통해 확인할 수 있다. 하지만 제한능력자의 계약 상대방이 이를 항상 확인하지는 않으므로 계약을 한 후 자신이 계약을 한 상대방이 제한능력자라는 사실을 뒤늦게 알게 되는 경우가 있다. 제한능력자 측은 자신의 법률행위에 대해 10년 내에 취소할 수 있는 취소권을 갖기 때문에 제한능력자의 계약 상대방은 불이익을 당할 수도 있다. 이에 민법•은 제한능력자를 보호함으로써 불이익을 당하게 되는 상대방을 위해 '상대방의 확답촉구권', '상대방의 철회권·거절권', '제한능력자의 속임수'와 같은 제도를 운영하고 있다.

먼저 ⓐ상대방의 확답촉구권은 제한능력자의 계약 상대방이 1개월 이상의 기간을 정해 계약 취소 여부에 대한 확답을 요구할 수 있는 권리이다. 이때 확답촉구는 제한능력자에게는 할 수 없으며, 제한능력자의 법정대리인이나 제한능력자가 행위능력자가 된 경우에만 요구할 수 있다. 특별한 절차가 필요한 행위를 제외하고 확답촉구를 받은 사람은 상대방이 설정한 유효기간 내에 취소 여부에 대한 확답을 해야 하며, 유효기간 내에 확답을 하지 않으면 제한능력자와 계약한 법률행위는 취소할 수 없는 것으로 확정된다.

상대방의 철회권·거절권은 제한능력자의 계약 상대방이 법률행위의 효력 발생을 원하지 않는 경우 제한능력자 측에게 행사할 수 있는 권리이다. ⓑ상대방의 철회권은 제한능력자의 계약 상대방이 계약 당시 제한능력자와 계약한 사실을 알지 못했을 때 계약을 철회•할 수 있는 권리이고, ⓒ상대방의 거절권은 제한능력자의 계약 상대방이 계약 당시 제한능력자와 계약한 사실을 인지했는지의 여부와 상관없이 제한능력자가 단독행위*를 한 경우에 상대방이 거절할 수 있는 권리이다. 다만 위의 철회권· 거절권은 제한능력자 측에서 해당 법률행위에 대해 취소권을 행사하지 않겠다는 의사를 표시하기 전까지만 권리가 인정된다.

제한능력자의 속임수는 제한능력자가 속임수를 써서 자신을 행위능력자로 믿게 한 경우나 미성년자나 피한정후견인이 속임수를 써서 법정대리인의 동의가 있는 것으로 믿게 한 경우에는 제한능력자의 취소권을 박탈•하는 것이다. 예를 들어 미성년자인 갑이 자신이 성년인 것처럼 신분증을 위조•하는 등의 적극적인 사기수단을 써서 을과 계약을 하는 법률행위를 했다면 갑의 취소권이 배제됨은 물론이고 갑의 법정대리인의 취소권까지 배제되는 것이다.

이처럼 민법에서는 제한능력자제도를 통해 제한능력자가 행한 재산상의 법률행위를 일정한 요건 하에 취소할 수 있게 하여 제한능력자를 보호하고 있다. 또한 제한능력자의 법률행위로 인해 불이익을 당할 수 있는 상대방을 보호하는 제도 역시 규정함으로써 제한능력자의 계약 상대방이 입을 수 있는 손해를 최소화하고 있다.

* **피성년후견인**: 정신적 제약으로 사무를 처리할 능력이 지속적으로 결여되어 가정법원의 심판에 의해 단독으로 유효하게 법률행위를 할 수 없는 자.

* **피한정후견인**: 정신적 제약으로 사무를 처리할 능력이 부족하여 가정법원의 심판에 의해 행위능력이 부분적으로 제한된 자.

* **단독행위**: 일방적인 의사표시에 의하여 법률효과를 발생하게 하는 법률행위.

◆ 정답과 해설 p. 77~79

01

윗글에 대한 설명으로 가장 적절한 것은?

① 특정 제도가 발전한 과정을 제시한 뒤 전망을 예측하고 있다.
② 특정 제도의 필요성을 제시하고 제도의 특징을 설명하고 있다.
③ 특정 제도가 변화된 원인을 분석하고 제도의 의의를 평가하고 있다.
④ 특정 제도를 바라보는 상반된 입장을 제시하고 절충안을 모색하고 있다.
⑤ 특정 제도의 영향력을 분석한 뒤 사회적 인식의 변화 양상을 서술하고 있다.

02

윗글을 통해 알 수 있는 내용으로 적절하지 않은 것은?

① 미성년자의 경우 따로 법원의 결정을 받지 않아도 제한능력자로 규정한다.
② 의사능력이 있는 제한능력자의 경우 재산상의 법률행위를 법에 의해 보호받을 수 없다.
③ 가족관계등록부나 후견등기부를 통해 계약을 한 상대방이 제한능력자임을 확인할 수 있다.
④ 제한능력자는 일정 기간 내에 취소권을 행사하여 자신의 재산상의 법률행위를 처음부터 무효로 만들 수 있다.
⑤ 법원에서 제한능력자로 규정한 자는 재산상의 법률행위를 취소할 때마다 자신의 의사무능력을 증명할 필요가 없다.

03

ⓐ~ⓒ에 대한 설명으로 적절하지 않은 것은?

① ⓑ는 제한능력자의 계약 상대방이 제한능력자와 제한능력자의 법정대리인 모두에게 행사할 수 있다.
② ⓒ는 제한능력자의 계약 상대방이 법률행위의 효력 발생을 원하지 않는 경우에 사용한다.
③ ⓐ와 ⓒ는 모두 제한능력자의 계약 상대방이 제한능력자에게 직접 행사하여 자신의 권리를 보장받을 수 있다.
④ ⓑ와 ⓒ는 모두 제한능력자 측이 취소권을 행사하지 않겠다는 의사를 표시하기 전까지만 행사할 수 있다.
⑤ ⓐ~ⓒ는 모두 제한능력자제도에 의해 받을 수 있는 불이익으로부터 제한능력자의 계약 상대방을 보호하기 위한 제도이다.

04

윗글을 바탕으로 〈보기〉를 이해한 내용으로 가장 적절한 것은? [3점]

> 보기
>
> 17세인 A는 악기를 1,000만 원에 구입하였다. 이 사실을 1년 뒤에 알게 된 A의 법정대리인은 판매자가 법정대리인의 동의 여부를 확인하지 않고 악기를 판매한 것이므로, 판매자에게 계약 취소를 요구하였다. 판매자는 판매 당시 직원의 강요가 없었고 악기의 특성상 판매 후에는 반품 및 환불이 불가함을 설명하였기 때문에 판매 과정에 잘못이 없다며 계약 취소를 인정하지 않았다.

① A가 악기를 구입한 후 성년이 된 다음 날은 계약 취소가 불가능하겠군.
② A는 법정대리인의 동의를 얻어야 악기 매매 계약을 취소할 수 있는 권리가 생기겠군.
③ A의 법정대리인이 A의 악기 구매 사실을 1년 뒤에 알았기 때문에 이 계약은 취소될 수 없겠군.
④ A가 법정대리인의 동의서를 위조하여 판매자를 믿게 하고 계약을 했다면 이 계약은 취소될 수 없겠군.
⑤ 판매자가 계약 취소를 인정하지 않았기 때문에 A의 법정대리인이 취소권을 행사한다고 하더라도 계약을 취소할 수 없겠군.

점수를 올려 주는 어휘

- **예견(미리 豫, 볼 見)** 앞으로 일어날 일을 미리 짐작함.
- **민법(백성 民, 법 法)** 개인의 권리와 관련된 법규를 통틀어 이르는 말.
- **철회(거둘 撤, 돌아올 回)** 이미 제출하였던 것이나 주장하였던 것을 다시 회수하거나 번복함.
- **박탈(벗길 剝, 빼앗을 奪)** 남의 재물이나 권리, 자격 따위를 빼앗음.
- **위조(거짓 僞, 지을 造)** 어떤 물건을 속일 목적으로 꾸며 진짜처럼 만듦.

분석 노트 26쪽에서 지문을 정리해 보세요.

풀이 시간 10분 30초

05~09 다음 글을 읽고 물음에 답하시오.

공익을 위한 적법한 행정 작용으로 개인의 재산권*에 특별한 희생이 발생한 경우, 개인은 자신이 입은 재산상 손실을 보상하도록 요구할 수 있는 권리인 '손실 보상 청구권'을 갖는다. 여기서 '특별한 희생'이란 보호할 필요가 있는 재산권에 대한 침해를 이르는 말로, 이로 인한 손실은 국가가 보상해야 한다. 가령 감염병예방법에 따르면, 행정 기관이 감염병 예방을 위해 의료기관의 병상이나 연수원, 숙박 시설 등을 동원한 경우 이로 인한 손실을 개인에게 보상하여야 하는데, 이때의 재산권 침해가 특별한 희생에 해당하는 것이다.

손실 보상 청구권은 ⓐ공적 부담의 평등을 위해 인정되는 헌법상 권리이다. 행정 작용으로 누군가에게 특별한 희생이 발생하면, 그로 인한 부담을 공공이 분담하는 것이 평등 원칙에 부합하기 때문이다. 또한 헌법 제23조 제3항은 "공공필요에 의한 재산권의 수용·사용 또는 제한 및 그에 대한 보상은 법률로써 하되, 정당한 보상을 지급하여야 한다."라고 하여, '공공필요에 의한 재산권의 수용·사용 또는 제한', 즉 공용 침해와 이에 대한 보상이 법률에 규정되어야 함을 명시하고 있다. 공용 침해 중 수용이란 개인의 재산권을 국가로 이전하는 것, 사용이란 행정 기관이 개인의 재산권을 일시적으로 사용하는 것, 제한이란 개인의 재산권 사용 또는 그로 인한 수익을 한정하는 것을 의미한다. 한편 제23조 제3항은 내용상 분리될 수 없는 사항은 함께 규정되어야 한다는 의미의 '불가분 조항'이다. 따라서 ⓑ공용 침해 규정과 보상 규정은 하나의 법률에서 규정되어야 한다.

그러나 헌법은 제23조 제1항에서 "모든 국민의 재산권은 보장된다. 그 내용과 한계는 법률로 정한다."라고 규정하여, 재산권은 법률에 의해 구체화된다고 밝히고 있다. 또한 제2항에서 "재산권의 행사는 공공복리에 적합하도록 하여야 한다."라고 하여, 개인의 재산권 행사가 공익에 적합하여야 한다는 재산권의 '사회적 제약'을 규정하고 있다. 특히 토지처럼 공공성이 강한 사유 재산은 재산권 행사에 더욱 강한 사회적 제약을 받을 수 있다. 만약 재산권 침해가 ⓒ사회적 제약의 범위 내에 있다면 이로 인한 손실은 보상의 대상이 되지 않는다. 즉 재산권 침해가 특별한 희생에 해당할 때만 보상이 가능한 것이다.

재산권의 사회적 제약과 특별한 희생의 구별에 대해 ㉠경계 이론과 ㉡분리 이론은 서로 다른 입장을 취한다. 경계 이론에 따르면 ⓓ양자는 별개가 아니라 단지 침해의 정도에 있어서만 차이가 있을 뿐이다. 재산권 침해는 그 정도가 사회적 제약의 범위를 넘어서면 특별한 희생으로 바뀐다는 것이다. 따라서 경계 이론은 사회적 제약을 벗어나는 재산권 침해는 보상 규정이 없어도 보상이 이루어져야 한다고 본다. 보상을 규정하지 않은 채 공용 침해를 규정하고 있는 법률은, 불가분 조항인 헌법 제23조 제3항에 위반되어 위헌이고, 위헌임이 밝혀진 법률에 근거한 공용 침해 행위는 위법한 행정 작용이 된다는 것이다. 경계 이론은 적법한 공용 침해 행위의 경우에 보상이 인정된다면, 위법한 공용 침해 행위의 경우에도 헌법 제23조 제3항을 근거로 보상을 인정해야 한다는 입장이다.

이에 반해 분리 이론은 재산권의 사회적 제약에 대한 헌법 제23조 제2항의 규정과 특별한 희생에 대한 제3항의 규정은 ⓔ입법자의 의사에 따라 완전히 분리된다고 주장한다. 따라서 재산권 침해를 규정한 법률에 보상 규정이 없는 경우 입법자가 이러한 재산권 침해를 특별한 희생이 아닌 사회적 제약으로 규정한 것으로 본다. 재산권 침해가 사회적 제약 또는 특별한 희생 중 무엇에 해당하는지 결정하는 것은 법률을 제정하는 입법자의 권한이라는 것이다. 만약 해당 법률에 규정된 재산권 침해가 헌법 제23조 제2항에서 규정한 재산권의 공익 적합성을 넘어서서 개인의 재산권을 과도하게 침해한다면, 이러한 법률은 헌법 제23조 제2항을 위반하여 위헌이고, 위헌임이 밝혀진 법률에 근거한 행정 작용은 위법하게 된다. 분리 이론은 이러한 경우 ㉢손실을 보상하는 것이 아니라, 위법한 행정 작용 자체를 제거해야 한다고 본다. 재산권을 존속시키는 것이 재산권을 침해하면서 그 손실을 보상하는 것보다 우선한다고 보기 때문이다.

* 재산권: 재산의 소유권, 사용·수익권, 처분권 등 일체의 재산적 가치가 있는 권리.

05

윗글에 대한 이해로 가장 적절한 것은?

① 헌법이 개인에게 보장하는 재산권의 내용은 법률로써 그 내용이 구체화된 것이다.
② 공용 침해 중 '사용'과 달리 '제한'의 경우, 행정 작용에도 불구하고 개인의 재산권은 국가로 이전되지 않는다.
③ 재산권을 침해하는 모든 행정 작용에 대해, 개인은 자신이 입은 손실을 보상하도록 요구할 수 있는 권리를 갖는다.
④ 재산권의 사회적 제약을 규정하는 모든 법률은 공용 침해와 손실 보상이 내용상 분리될 수 없다는 원칙에 어긋난다.
⑤ 감염병 예방을 위해 행정 기관이 사설 연수원을 일정 기간 동원하는 것은 공공필요에 의한 재산권의 '수용'에 해당한다.

◆ 정답과 해설 p.80~83

06

㉠과 ㉡에 대한 이해로 적절하지 않은 것은?

① ㉠은 법률에 보상 규정이 없는 경우에도 헌법 제23조 제3항을 근거로 하여, 행정 작용으로 인한 재산상 손실을 보상할 수 있다고 본다.
② ㉡은 헌법 제23조 제2항과 제3항의 규정은 전혀 다른 내용을 규정하고 있다고 본다.
③ ㉠은 행정 작용으로 인한 재산상 손실을 항상 보상해야 한다고 보는 반면, ㉡은 보상하지 않을 수 있다고 본다.
④ ㉠은 재산권 침해의 정도를, ㉡은 입법자의 의사를 기준으로 손실 보상 청구권의 성립 여부를 판단해야 한다고 본다.
⑤ ㉠과 ㉡은 모두 보상 규정 없이 사회적 제약의 범위를 벗어나는 재산권 침해를 규정한 법률은 위헌이라고 본다.

07

㉢의 전제로 가장 적절한 것은?

① 재산권은 입법자의 의사에 따라 보상 없이 제한해야 하는 권리이다.
② 공용 침해 규정과 손실 보상 규정이 동일한 법률에서 규정될 필요는 없다.
③ 재산권의 사회적 제약은 입법자의 의사에 따라 제한 없이 규정될 수 있다.
④ 행정 작용이 공익을 목적으로 한다면 이로 인한 손실은 보상할 필요가 없다.
⑤ 입법자가 별도로 규정하지 않는 한, 재산권은 그대로 보존되어야 하는 권리이다.

08

윗글을 참고하여 〈보기〉의 '헌법 재판소'의 판단에 대해 추론한 내용으로 적절하지 않은 것은? [3점]

보기

A 법률에 따르면, 국가는 도시 환경을 보전하기 위해 개발 제한 구역을 지정할 수 있고, 개발 제한 구역으로 지정된 토지에서는 건축 등 토지 사용이 제한된다. 하지만 A 법률은 개발 제한 구역 지정으로 인한 손실을 보상하는 규정은 포함하고 있지 않았다. 이러한 상황에서 A 법률에 대한 헌법 소원이 제기되었다.

헌법 재판소는 분리 이론의 입장을 취하면서, 토지 재산권의 공공성을 고려하면 A 법률은 원칙적으로 합헌이라고 판단하였다. 하지만 개발 제한 구역으로 지정되어 토지를 사용할 방법이 전혀 없는 등 개인에게 가혹한 부담이 발생하는 예외적인 경우에는 사회적 제약을 벗어나서 토지 소유자의 재산권을 과도하게 침해한다고 판단하였다. 따라서 이러한 예외적인 경우까지 고려하지 않은 A 법률은 헌법에 위반된다고 판단하였다.

① 헌법 재판소는 개발 제한 구역을 지정하는 행위가 헌법 제23조 제2항에 위반되는지를 판단하였겠군.
② 헌법 재판소는 개발 제한 구역을 지정하는 행위가 헌법 제23조 제3항과는 관련이 없다고 판단하였겠군.
③ 헌법 재판소는 개발 제한 구역을 지정하는 행위가 헌법에 위반되었는지 여부를 토지의 공공성을 근거로 판단하였겠군.
④ 헌법 재판소는 개발 제한 구역 지정으로 인한 재산권 침해는 개인에게 가혹한 부담이 발생하지 않는 범위 내에서만 가능하다고 판단하였겠군.
⑤ 헌법 재판소는 개발 제한 구역을 지정하는 행위가 개인에게 가혹한 부담을 초래한 경우, 이때의 재산권 침해는 특별한 희생에 해당한다고 판단하였겠군.

09

문맥상 ⓐ~ⓔ를 바꿔 쓴 것으로 적절하지 않은 것은?

① ⓐ: 행정 작용으로 인한 부담을 개인이 모두 떠안게 되는 불평등을 조정하기 위해
② ⓑ: 공공필요에 의해 개인의 재산권을 수용·사용·제한하는 규정과
③ ⓒ: 헌법 제23조 제2항에 규정된 재산권의 한계 안에
④ ⓓ: 경계 이론의 입장과 분리 이론의 입장은 전혀 다른 것이 아니라
⑤ ⓔ: 재산권 침해 정도에 따라 구분되는 것이 아니라 입법자의 서로 다른 의사가 반영된 것이라고

점수를 올려 주는 어휘

- **침해(침노할 侵, 해할 害)** 침범하여 해를 끼침.
- **동원(움직일 動, 인원 員)** 어떤 목적을 달성하고자 사람을 모으거나 물건, 수단, 방법 따위를 집중함.
- **공공(공평할 公, 한가지 共)** 국가나 사회의 구성원에게 두루 관계되는 것.
- **위헌(어긋날 違, 법 憲)** 법률 또는 명령, 규칙, 처분 따위가 헌법의 조항이나 정신에 위배되는 일.

분석 노트 27쪽에서 지문을 정리해 보세요.

출제 경향

지문 구성

하나의 단독 지문으로 출제된다. 이해를 돕기 위해 그림 또는 도표 등이 함께 제시되기도 한다. 별도의 전문 지식을 갖고 있지 않아도 내용을 이해할 수 있도록 내용을 상세하게 풀어 설명하는 방식으로 구성된다. 과학 지문과 기술 지문 중 하나의 영역만 출제되는 것이 특징이다.

지문 성격

생명 과학, 지구 과학, 물리, 화학 등의 다양한 영역에서 출제되는데, 최근에는 생명 과학 분야의 글이 출제되는 비율이 높다. 과학적 이론이나 과정 등의 내용을 담은 지문들이 출제되는 경향이 강하다.

문항 유형

일반적으로 4~5개 정도의 문항이 출제된다. 세부 정보를 파악하는 유형과 구체적 상황에 적용하는 유형의 출제 빈도가 높다. 과학적 이론 또는 원리를 구체적 상황에 적용한 문제에서는 고도의 추론적 사고를 요하는 경우가 많으므로 다양한 문제 풀이를 통해 유형에 익숙해질 필요가 있다.

DAY	테마	제재	문제편	해설편	학습일
DAY 13	인체의 기능	소리의 전달과 골전도 이어폰	64쪽	83쪽	월 일
		식욕의 작용 원리	66쪽	86쪽	
DAY 14	인체의 작용	인체의 자연 치유력 '오토파지'	68쪽	90쪽	월 일
		단백질의 합성과 분해	70쪽	92쪽	
DAY 15	에너지의 운동과 전달	소용돌이의 종류와 특성	72쪽	95쪽	월 일
		음식의 조리 과정에서 나타나는 열전달	74쪽	98쪽	
DAY 16	핵의 분열과 융합	핵분열과 핵융합의 원리	76쪽	101쪽	월 일
		방사성 동위원소를 이용한 암석의 연대 추정	78쪽	104쪽	
DAY 17	생물의 활동	식물이 물을 흡수하는 방법	80쪽	107쪽	월 일
		동물의 길찾기 방식	82쪽	111쪽	

인체의 기능

학습 일자 월 일
총 풀이 시간 21분 00초

풀이 시간 10분 30초

01~05 다음 글을 읽고 물음에 답하시오.

전자 녹음 장치에 녹음된 자신의 목소리를 스피커를 통해 들으면 어색하게 느껴진다. [그 이유]를 이해하기 위해서는 소리가 무엇이며 어떤 과정을 통해 들리게 되는지 살펴볼 필요가 있다.

소리는 물체의 진동에 의해 발생하고 매질•의 진동으로 전달되는 파동이다. 소리가 들린다는 것은 매질의 진동이 내이에 도달하여 달팽이관 속 림프액을 진동시켜 섬모•가 흔들리고, 이로 인해 발생한 전기 신호가 청각 신경을 따라 뇌에 전달됨을 의미한다. 이때 소리가 내이에 도달하는 방식으로는 외이와 중이를 거치는 공기 전도와 이를 거치지 않는 골전도가 있다.

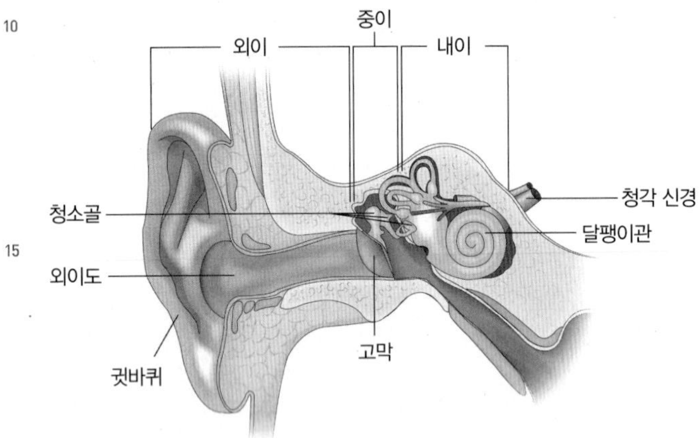

공기 전도는 공기를 매질로 소리가 내이에 전달되는 것을 의미한다. 물체의 진동이 주변 공기를 진동시키면 귓바퀴가 이 진동을 모아 귓속으로 보내고, 그 결과 진동은 외이도를 지나게 된다. 귓바퀴와 외이도 등 진동이 지나가는 각 지점에서는 소리의 공명이 발생한다. 공명이란 공명 주파수*에서 진폭이 커지는 현상을 말하는데 외이도의 경우 공명 주파수는 성인 기준으로 2,500~2,700Hz이다. 공명 주파수는 외이도의 길이에 반비례하기 때문에, 외이도의 길이가 성인보다 짧은 유아는 공명 주파수가 더 높다. 이러한 공명에 의해 증폭•된 진동은 고막을 진동시키고 고막의 진동은 청소골에서 더욱 증폭되어 내이에 전달된다.

이에 반해 골전도는 귀 주변 뼈를 매질로 소리가 내이에 바로 전달되는 것이다. 대화할 때 들리는 자신의 목소리에는 성대에서 발생한 진동이 공기 전도를 통해 전달된 소리와 골전도를 통해 전달된 소리가 함께 있다. 자신의 목소리 중에서 20~1,000Hz의 소리는 골전도로는 잘 전달이 되지만, 외이와 중이에서 공명이 잘 일어나지 않아 공기 전도로는 잘 전달되지 않는다. 녹음된 자신의 목소리를 스피커를 통해 들으면 골전도를 통해 듣던 소리는 잘 들리지 않으므로 어색함을 느끼게 되는 것이다.

한편 외이와 중이에 이상이 있는 사람도 골전도를 통해서는 소리를 들을 수 있는데, 이를 이용한 보청기도 사용되고 있다. 최근에는 이어폰에도 골전도의 원리가 이용되고 있다. 이어폰 내부에는 일반적으로 내부 자기장을 형성하는 자석과 보이스코일이 있다. 보이스코일에 교류 전류를 가하면 내부 자기장에 의해 보이스코일에 인력•과 척력•이 교대로 작용하여 보이스코일에 진동이 발생한다. 이때 전류의 방향이 바뀌는 주기를 짧게 할수록 주파수가 높아져 높은 음의 소리가 난다. 또 전류를 세게 할수록 진폭이 커져 음량이 높아진다. ㉠<u>일반적인 이어폰은</u> 이러한 진동을 공기를 통해 전달하는데, ㉡<u>골전도 이어폰은</u> 귀 주변 뼈에 진동판을 밀착하여 진동을 내이로 직접 전달한다.

골전도 이어폰은 일반적인 이어폰과 달리 귀를 막지 않고 사용하기 때문에 다양한 장점이 있다. 우선 귀 내부가 습해지는 것을 방지할 수 있고 고막을 직접 자극하지 않는다. 또 야외 활동 시 착용해도 주변 소리를 들을 수 있어 위험 상황에 잘 대처할 수 있다. 그러나 골전도 이어폰을 사용해도 내이는 자극이 되므로 장시간 사용하면 청각 신경이 손상될 수 있어 주의해야 한다.

* **공명 주파수** : 공명 현상이 일어나거나 공명에 의해 강해지는 주파수.

01

윗글에 대한 설명으로 가장 적절한 것은?

① 소리가 전달되는 두 가지 방식을 제시하고 이와 관련한 기술을 소개하고 있다.
② 이어폰 기술의 과학적 원리를 살펴보고 앞으로 전개될 발전 방향을 예측하고 있다.
③ 청각에 대한 두 가지 관점을 언급하고 이를 절충한 새로운 관점을 제시하고 있다.
④ 골전도 현상이 일어나는 과정을 제시하고 이에 대한 서로 다른 견해를 분석하고 있다.
⑤ 청각에 이상이 생기는 사례를 소개하고 이를 예방하기 위한 구체적인 방안을 제시하고 있다.

02

윗글을 읽고 알 수 있는 내용으로 적절하지 <u>않은</u> 것은?

① 주파수가 낮아지면 낮은 음의 소리가 난다.
② 고막의 진동은 청소골을 통과할 때 증폭된다.
③ 외이도의 길이가 짧을수록 공명 주파수는 높아진다.
④ 이어폰의 보이스코일에 흐르는 전류가 세지면 음량이 높아진다.
⑤ 20~1,000Hz의 소리는 물체의 진동에 의해서는 발생할 수 없다.

03

윗글의 내용을 고려할 때, 그 이유로 가장 적절한 것은?

① 평소에 골전도로 전달되는 소리를 들을 기회가 적었으므로
② 스피커에서 나온 녹음된 목소리는 내이를 거치지 않고 뇌에 전달되므로
③ 전자 장치의 전기적 에너지로 인해 청각 신경이 받는 자극의 크기가 커졌으므로
④ 녹음된 소리를 들을 때에는 골전도로 전달되는 주파수의 소리가 잘 들리지 않으므로
⑤ 자신이 말할 때 듣는 목소리에는 녹음된 목소리와 달리 외이에서 공명이 일어나는 소리가 빠져 있으므로

04

윗글을 바탕으로 〈보기〉에 대해 보인 반응으로 가장 적절한 것은? [3점]

보기

난청이란 소리가 잘 들리지 않거나 전혀 들리지 않는 증상으로 외이도에서 뇌에 이르기까지 소리가 전달되는 과정 중 특정 부분에 문제가 생기면 발생한다. 그 중 전음성 난청은 외이와 중이에 문제가 있어 발생하는 증상으로, 이 경우 소리가 커지면 알아듣는 정도가 좋아질 수 있다.

이와 달리 감각 신경성 난청은 달팽이관까지 소리가 잘 전달되었음에도 소리가 잘 들리지 않는 것으로 달팽이관의 청각 세포나, 청각 자극을 뇌로 전달하는 청각 신경 또는 중추신경계 이상 등으로 발생한다. 이 경우 소리가 커져도 그것을 알아듣는 정도가 좋아지지 않는다.

① 골전도 이어폰은 장시간 사용해도 감각 신경성 난청을 유발하지는 않겠군.
② 청각 신경의 이상으로 인한 난청이 있는 사람의 경우 이어폰의 음량을 높이면 잘 들을 수 있겠군.
③ 자신이 말하는 목소리가 전혀 들리지 않는 사람은 감각 신경성 난청 증상이 있다고 볼 수 있겠군.
④ 고막의 이상으로 난청이 있는 경우 골전도의 원리를 이용한 보청기는 사용해도 효과가 없겠군.
⑤ 전음성 난청이 있는 사람은 골전도 이어폰의 소리는 들을 수 없지만 일반적인 이어폰의 소리는 들을 수 있겠군.

05

㉠, ㉡에 대한 설명으로 적절하지 않은 것은?

① ㉠은 교류 전류를 진동으로 바꾸고 공기를 통해 그 진동을 내이에 전달한다.
② ㉡은 진동판을 통해 뼈에 진동을 발생시켜 소리를 내이로 전달한다.
③ ㉠은 ㉡과 달리 섬모의 흔들림을 유발하여 전기 신호를 발생시킨다.
④ ㉡은 ㉠과 달리 야외 활동 시 사용해도 주변 소리를 들을 수 있어 위험 상황에 잘 대처할 수 있다.
⑤ ㉠과 ㉡은 모두 내부 자기장과 교류 전류로 인해 인력과 척력이 발생한다.

점수를 올려 주는 어휘

- **매질(중매 媒, 바탕 質)** 어떤 파동 또는 물리적 작용을 한 곳에서 다른 곳으로 옮겨 주는 매개물.
- **섬모(가늘 纖, 터럭 毛)** 가는 털.
- **증폭(더할 增, 폭 幅)** 라디오 따위에서 전압, 전류의 진폭이 늘어 감도가 좋아지거나 진폭을 늘여 감도를 좋게 함. 또는 그 일.
- **인력(끌 引, 힘 力)** 공간적으로 떨어져 있는 물체끼리 서로 끌어당기는 힘.
- **척력(물리칠 斥, 힘 力)** 같은 종류의 전기나 자기를 가진 두 물체가 서로 밀어 내는 힘.

분석 노트 28쪽에서 지문을 정리해 보세요.

풀이 시간 10분 30초

06~10 다음 글을 읽고 물음에 답하시오.

'식욕'은 음식을 먹고 싶어 하는 욕망으로, 인간이 살아가는 데 필요한 영양분을 얻기 위해서 반드시 필요하다. 식욕은 기본적으로 뇌의 시상 하부*에 있는 식욕 중추*의 영향을 받는데, 이 중추에는 배가 고픈 느낌이 들게 하는 '섭식• 중추'와 배가 부른 느낌이 들게 하는 '포만 중추'가 함께 있다. 우리 몸이 영양분을 필요로 하는 상태가 되면 섭식 중추는 뇌 안의 다양한 곳에 신호를 보낸다. 그러면 식욕이 느껴져 침의 분비와 같이 먹는 일과 관련된 무의식적인 행동이 촉진된다. 그러다 영양분의 섭취가 늘어나면, 포만 중추가 작용해서 식욕이 억제된다.

[A] 그렇다면 뇌에 있는 섭식 중추나 포만 중추는 어떻게 몸속 영양분의 상태에 따라 식욕을 조절하는 것일까? 여기에서 중요한 역할을 하는 것이 혈액 속을 흐르는 영양소인데, 특히 탄수화물에서 분해된 '포도당'과 지방에서 분해된 '지방산'이 중요하다. 먼저 탄수화물은 식사를 통해 섭취된 후 소장에서 분해되면, 포도당으로 변해 혈액 속으로 흡수된다. 그러면 혈중 포도당의 농도가 높아지고, 이를 줄이기 위해 췌장에서 '인슐린'이라는 호르몬이 분비된다. 이 포도당과 인슐린이 혈액을 타고 시상 하부로 이동하여 포만 중추의 작용은 촉진하고 섭식 중추의 작용은 억제한다. 반면에 지방은 피부 아래의 조직에 중성지방의 형태로 저장되어 있다가 공복• 상태가 길어지면 혈액 속으로 흘러가 간(肝)으로 운반된다. 그러면 부족한 에너지를 보충하기 위해 간에서 중성지방이 분해되고, 이 과정에서 생긴 지방산이 혈액을 타고 시상 하부로 이동하여 섭식 중추의 작용은 촉진하고 포만 중추의 작용은 억제한다. 이와 같은 작용 원리에 따라 우리의 식욕은 자연스럽게 조절된다.

그런데 우리는 온전히 영양분 섭취만을 목적으로 식욕을 느끼는 것은 아니다. 예를 들어, '스트레스를 받으니까 매운 음식이 먹고 싶어.'처럼 영양분의 섭취와 상관없이 취향이나 기분에 좌우되는 식욕도 있다. 이와 같은 식욕은 대뇌의 앞부분에 있는 '전두 연합 영역'에서 조절되는데, 본래 이 영역은 정신적이고 지적인 활동을 담당하는 곳이지만 식욕에도 큰 영향을 미친다. 이곳에서는 음식의 맛, 냄새 등 음식에 관한 다양한 감각 정보를 정리해 종합적으로 기억한다. 또한 맛이 없어도 건강을 위해 음식을 섭취하는 것과 같이, 먹는 행동을 이성적으로 조절하는 일도 이곳에서 담당하는데, 전두 연합 영역의 지령•은 신경 세포의 신호를 통해 섭식 중추와 포만 중추로 전해진다.

한편 전두 연합 영역의 기능을 알면, ⓐ음식을 먹은 후 '이젠 더 이상 못 먹겠다.'라고 생각하면서도 디저트를 먹는 현상을 쉽게 이해할 수 있다. 흔히 사람들이 '이젠 더 이상 못 먹겠다.'고 생각하는 이유는 ⓑ실제로 배가 찼기 때문일 수도 있고, 배가 차지는 않았지만 특정한 맛에 질렸기 때문일 수도 있다. 그런데 이런 상황에도 불구하고 디저트를 먹는 현상은 모두 전두 연합 영역의 영향을 받는다. 먼저, 배가 찬 상태에서는 전두 연합 영역의 영향으로 위(胃) 속에 디저트가 들어갈 공간을 마련할 수 있다. 전두 연합 영역의 신경 세포가 '맛있다'와 같은 신호를 섭식 중추로 보내면, 거기에서 '오렉신'이라는 물질이 나온다. 오렉신은 위(胃)의 운동에 관련되는 신경 세포에 작용해서, 위(胃)의 내용물을 밀어내고 다시 새로운 음식이 들어갈 공간을 마련하는 것이다. 다음으로, 배가 차지 않은 상태이지만 전두 연합 영역의 영향으로 특정한 맛에 질릴 수 있다. 그래서 식사가 끝난 후에는 대개 단맛의 음식을 먹고 싶어 하게 되는데, 이는 주식이나 반찬에는 그 정도의 단맛을 내는 음식이 없기 때문이다. 따라서 우리가 "디저트 먹을 배는 따로 있다."라고 하는 것은 생물학적으로 충분히 설득력 있는 표현이 되는 것이다.

* **시상 하부**: 사람이 의식적으로 통제하지 못하는 다양한 신체 시스템을 감시하고 조절하는 뇌의 영역.
* **중추**: 신경 기관 가운데, 신경 세포가 모여 있는 부분.

06

윗글의 표제와 부제로 가장 적절한 것은?

① 식욕의 작용 원리
  – 식욕 중추와 전두 연합 영역을 중심으로
② 식욕의 개념과 특성
  – 영양소의 종류와 역할을 중심으로
③ 식욕이 생기는 이유
  – 탄수화물과 지방의 영향 관계를 중심으로
④ 전두 연합 영역의 특성
  – 디저트의 섭취와 소화 과정을 중심으로
⑤ 전두 연합 영역의 여러 기능
  – 포도당과 지방산의 작용 관계를 중심으로

07

윗글을 이해한 내용으로 적절하지 않은 것은?

① 식욕은 인간이 살아가는 데 반드시 필요한 욕망이다.
② 인간의 뇌에 있는 시상 하부는 인간의 식욕에 영향을 끼친다.
③ 위(胃)의 운동에 관여하는 오렉신은 전두 연합 영역에서 분비된다.
④ 음식의 특정한 맛에 질렸을 때 더 이상 먹을 수 없다고 생각할 수 있다.
⑤ 전두 연합 영역은 정신적이고 지적인 활동뿐만 아니라 식욕에도 관여한다.

08

ⓑ와 '식욕 중추의 작용'을 고려하여 ⓐ를 이해한 내용으로 적절한 것은?

① 섭식 중추의 작용이 억제되므로 ⓐ는 타당하다.
② 섭식 중추의 작용이 활발하므로 ⓐ는 모순적이다.
③ 포만 중추의 작용이 억제되므로 ⓐ는 모순적이다.
④ 포만 중추의 작용이 활발하므로 ⓐ는 모순적이다.
⑤ 섭식 중추와 포만 중추의 작용이 반복되므로 ⓐ는 타당하다.

09

[A]를 바탕으로 〈보기〉에 대해 설명한 내용으로 가장 적절한 것은?

보기

다음은 탄수화물이 포함된 식사 전후에 혈액 속을 흐르는 물질이 식욕 중추에 끼치는 영향 관계를 표현한 모식도이다.

① 혈관 속에 ㉠의 양이 줄어들면 ㉡이 분비된다.
② 혈관 속에 ㉠과 ㉡의 양이 많아지면 배가 고픈 느낌이 든다.
③ 공복 상태가 길어지면 ㉠과 ㉢은 시상 하부의 명령을 식욕 중추에 전달한다.
④ 공복 상태가 길어지면 혈관 속에 ㉠의 양은 줄어들고 ㉢의 양은 늘어난다.
⑤ 식사를 하는 동안에 ㉡은 ㉢의 도움으로 피부 아래의 조직에 중성지방으로 저장된다.

10

윗글을 바탕으로 〈보기〉를 이해한 내용으로 적절하지 않은 것은? [3점]

보기

(뷔페에서 음식을 먹은 후)
A: 너무 많이 먹어서 배가 터질 것 같아.
B: 나도 배가 부르기는 한데, 그래도 내가 좋아하는 떡볶이를 좀 더 먹어야겠어.
(잠시 후 디저트를 둘러보며)
A: 예전에 여기서 이 과자 먹어 봤는데 정말 달고 맛있었어. 오늘도 먹어 볼까?
B: 너 조금 전에 배가 터질 것 같다고 하지 않았니?
A: 후식 먹을 배는 따로 있다는 말도 못 들어 봤어?
B: 와! 그게 또 들어가? 진짜 대단하다. 나는 입맛에는 안 맞지만 건강을 위해 녹차나 마셔야겠어.

① A는 오렉신의 영향으로 위(胃)에 후식이 들어갈 공간이 더 마련되었겠군.
② A는 섭식 중추의 작용으로 뷔페의 과자가 맛있었다고 떠올릴 수 있었겠군.
③ B는 영양분의 섭취와는 무관하게 떡볶이가 먹고 싶다고 생각했겠군.
④ B는 전두 연합 영역의 작용으로 건강을 위해 입맛에 맞지 않는 녹차를 마셨겠군.
⑤ A와 B는 디저트를 둘러보기 전까지 섭식 중추의 작용이 점점 억제되었겠군.

점수를 올려 주는 어휘

- **섭식(다스릴 攝, 밥 食)** 음식물을 섭취함.
- **공복(빌 空, 배 腹)** 배 속이 비어 있는 상태. 또는 그 배 속.
- **지령(가리킬 指, 하여금 令)** 단체 따위에서 상부로부터 하부 또는 소속원에게 그 활동 방침에 대하여 명령을 내림. 또는 그 명령.

분석 노트 29쪽에서 지문을 정리해 보세요.

인체의 작용

학습 일자 월 일
총 풀이 시간 17분 00초

풀이 시간 8분 30초

01~04 다음 글을 읽고 물음에 답하시오.

우리 몸에는 외부의 환경이나 미생물로부터 스스로를 지키기 위한 자기 방어 시스템이 있는데, 이를 자연치유력이라고 한다. 우리 몸은 이상이 생겼을 때 자기 진단과 자기 수정을 통해 이를 정상적으로 회복하기 위해 노력한다. 인체의 자연 치유력 중 하나인 ㉠'오토파지'는 세포 안에 쌓인 불필요한 단백질과 망가진 세포 소기관*을 분해해 세포의 에너지원으로 사용하는 현상이다.

평소에는 우리 몸이 항상성*을 유지할 정도로 오토파지가 최소한으로 일어나는데, 인체가 오랫동안 영양소를 섭취하지 못하거나 해로운 균에 감염되는 등 스트레스를 받으면 활성화•된다. 예를 들어 밥을 제때에 먹지 않아 영양분이 충분히 공급되지 않으면 우리 몸은 오토파지를 통해 생존에 필요한 아미노산과 에너지를 얻는다. 이외에도 몸속에 침투한 세균이나 바이러스를 오토파지를 통해 제거하기도 한다.

그렇다면 오토파지는 어떤 과정을 거쳐 일어날까? 세포 안에 불필요한 단백질과 망가진 세포 소기관이 쌓이면 세포는 세포막을 이루는 구성 성분을 이용해 이를 이중막으로 둘러싸 작은 주머니를 만든다. 이 주머니를 '오토파고솜'이라고 ⓐ부른다. 오토파고솜은 세포 안을 둥둥 떠다니다가 리소좀을 만나서 합쳐진다. '리소좀'은 단일막으로 둘러싸인 구형의 구조물로 그 속에 가수분해효소•를 가지고 있어 오토파지 현상을 주도하는 역할을 한다. 오토파고솜과 리소좀이 합쳐지면 '오토파고리소좀'이 되는데 리소좀 안에 있는 가수분해효소가 오토파고솜 안에 있던 쓰레기들을 잘게 부수기 시작한다. 분해가 끝나면 막이 터지면서 막 안에 들어 있던 잘린 조각들이 쏟아져 나온다. 그리고 이 조각들은 에너지원으로 쓰이거나 다른 세포 소기관을 만드는 재료로 재활용된다.

이러한 오토파지가 정상적으로 작동하지 않으면 불필요한 단백질과 망가진 세포 소기관이 세포 안에 쌓이면서 세포 내 항상성이 무너져 노화나 질병을 초래한다. 그래서 과학자들은 여러 가지 실험을 통해 오토파지를 활성화시키는 방법을 연구하거나 오토파지를 이용해 병을 치료하는 방법을 찾고 있다. 자연치유력에는 오토파지 이외에도 '면역력', '아포토시스' 등이 있다. '면역력'은 질병으로부터 우리 몸을 지키는 방어 시스템이다. ㉡'아포토시스'는 개체•를 보호하기 위해 비정상 세포, 손상된 세포, 노화된 세포가 스스로 사멸•하는 과정으로 우리 몸을 건강한 상태로 유지하게 한다. 이러한 현상들을 통해 우리는 우리 몸을 지킬 수 있는 것이다.

* **세포 소기관**: 세포핵, 골지체, 소포체, 리보솜, 리소좀 등의 세포 안에 들어 있는 작은 기관들.
* **항상성**: 생체가 여러 가지 환경 변화에 대응하여 생명 현상이 제대로 일어날 수 있도록 일정한 상태를 유지하는 성질. 또는 그런 현상.

01

윗글의 표제와 부제로 가장 적절한 것은?

① 세포의 재생 능력
– 리소좀의 구조와 기능을 중심으로
② 인체의 자연치유력
– 오토파지의 원리를 중심으로
③ 질병을 예방하는 방법
– 세포의 면역력을 중심으로
④ 노화를 막기 위한 방법
– 아포토시스의 원리를 중심으로
⑤ 우리 몸의 자기 면역 방어
– 오토파지를 활성화시키는 방법을 중심으로

02

윗글을 바탕으로 〈보기〉를 이해한 내용으로 적절하지 않은 것은? [3점]

보기

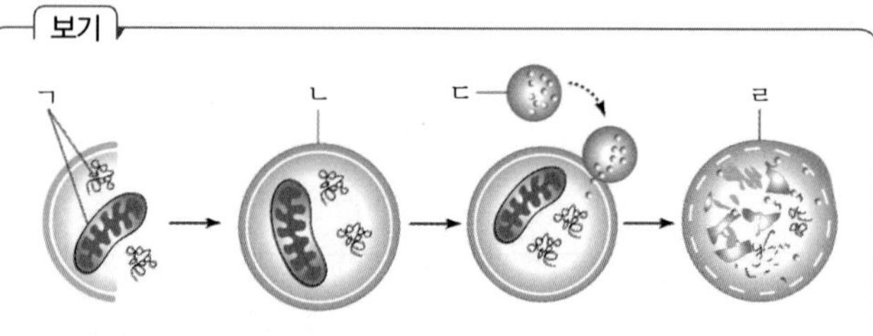

ㄱ: 불필요한 단백질과 망가진 세포 소기관
ㄴ: 오토파고솜
ㄷ: 리소좀
ㄹ: 오토파고리소좀

① 세포 안에 ㄱ이 쌓이면 오토파지가 일어나겠군.
② ㄴ은 ㄱ을 이중막으로 둘러싸 작은 주머니로 만든 것이겠군.
③ ㄴ이 ㄷ과 결합하면 ㄴ 안의 가수분해효소가 ㄱ을 잘게 분해하겠군.
④ 분해가 끝나면 막이 터지면서 ㄹ 안의 잘린 조각들이 쏟아져 나오겠군.
⑤ ㄹ에서 나온 조각들은 에너지원으로 쓰이거나 재활용되겠군.

◆ 정답과 해설 p. 90~92

03

㉠과 ㉡에 대한 설명으로 가장 적절한 것은?

① ㉠은 ㉡과 달리 세포 소기관보다는 개체를 보호하기 위해 일어난다.
② ㉡은 ㉠과 달리 손상된 세포가 스스로 사멸함으로써 우리 몸의 항상성을 유지한다.
③ ㉡은 ㉠과 달리 우리 몸에 영양 공급이 부족하거나 바이러스가 침투했을 때 발생한다.
④ ㉠과 ㉡은 모두 생존에 필요한 아미노산과 에너지를 다량으로 얻기 위해 작동한다.
⑤ ㉠과 ㉡은 모두 작동 과정에서 세포가 분해되어 다른 세포 소기관을 만드는 데 활용된다.

04

문맥상 의미가 ⓐ와 가장 가까운 것은?

① 그는 속으로 쾌재를 불렀다.
② 푸른 바다가 우리를 부른다.
③ 그 가게에서는 값을 비싸게 불렀다.
④ 도덕 기준이 없는 혼돈 상태를 아노미라고 부른다.
⑤ 그녀는 학교 앞을 지나가는 친구를 큰 소리로 불렀다.

점수를 올려 주는 어휘

- **활성화(살 活, 성품 性, 될 化)** 생체나 생체 물질이 그 기능을 발휘함. 또는 그런 일.
- **가수분해효소(더할 加, 물 水, 나눌 分, 풀 解, 삭힐 酵, 본디 素)** 생명체를 이루는 거대 분자가 물 분자와 반응하여 분해될 때 그 반응 촉매로 작용하는 효소를 통틀어 이르는 말.
- **개체(낱 個, 몸 體)** 하나의 독립된 생물체. 살아가는 데에 필요한 독립적인 기능을 갖고 있다.
- **사멸(죽을 死, 꺼질 滅)** 죽어 없어짐.

분석 노트 30쪽에서 지문을 정리해 보세요.

풀이 시간 8분 30초

05~08 다음 글을 읽고 물음에 답하시오.

우리 몸은 단백질의 합성•과 분해•를 끊임없이 반복한다. 단백질 합성은 아미노산을 연결하여 긴 사슬을 만드는 과정인데, 20여 가지의 아미노산이 체내• 단백질 합성에 이용된다. 단백질 합성에서 아미노산들은 DNA 염기 서열에 담긴 정보에 따라 정해진 순서대로 결합된다. 단백질 분해는 아미노산 간의 결합을 끊어 개별 아미노산으로 분리하는 과정이다. 체내 단백질 분해를 통해 오래되거나 손상된 단백질이 축적되는 것을 막고, 우리 몸에 부족한 에너지 및 포도당•을 보충할 수 있다.

단백질 분해 과정의 하나인, 프로테아솜이라는 효소 복합체에 의한 단백질 분해는 세포 내에서 이루어진다. 프로테아솜은 유비퀴틴이라는 물질이 일정량 이상 결합되어 있는 단백질을 아미노산으로 분해한다. 단백질 분해를 통해 생성된 아미노산의 약 75%는 다른 단백질을 합성하는 데 이용되며, 나머지 아미노산은 분해된다. 아미노산이 분해될 때는 아미노기가 아미노산으로부터 분리되어 암모니아로 바뀐 다음, 요소(尿素)로 합성되어 체외•로 배출된다. 그리고 아미노기가 떨어지고 남은 부분은 에너지나 포도당이 부족할 때는 이들을 생성하는 데 이용되고, 그렇지 않으면 지방산으로 합성되거나 체외로 배출된다.

단백질이 지속적으로 분해됨에도 불구하고 체내 단백질의 총량이 유지되거나 증가할 수 있는 것은 세포 내에서 단백질 합성이 끊임없이 일어나기 때문이다. 단백질 합성에 필요한 아미노산은 세포 내에서 합성되거나, 음식으로 섭취한 단백질로부터 얻거나, 체내 단백질을 분해하는 과정에서 생성된다. 단백질 합성에 필요한 아미노산 중 체내에서 합성할 수 없어 필요량을 스스로 충족할 수 없는 것을 필수아미노산이라고 한다. 어떤 단백질 합성에 필요한 각 필수아미노산의 비율은 정해져 있다. 체내 단백질 분해를 통해 생성되는 필수아미노산도 다시 단백질 합성에 이용되기도 하지만, 부족한 양이 외부로부터 공급되지 않으면 전체의 체내 단백질 합성량이 줄어들게 된다. 그러므로 필수아미노산은 반드시 음식물을 통해 섭취되어야 한다. 다만 성인과 달리 성장기 어린이의 경우, 체내에서 합성할 수는 있으나 그 양이 너무 적어서 음식물로 보충해야 하는 아미노산도 필수아미노산에 포함된다.

각 식품마다 포함된 필수아미노산의 양은 다르며, 필수아미노산이 균형을 이룰수록 공급된 필수아미노산의 총량 중 단백질 합성에 이용되는 양의 비율, 즉 필수아미노산의 이용 효율•이 ㉠<u>높다</u>. 일반적으로 육류, 계란 등 동물성 단백질은 필수아미노산을 균형 있게 함유하고 있어 필수아미노산의 이용 효율이 높은 반면, 쌀이나 콩류 등에 포함된 식물성 단백질은 제한아미노산을 가지며 필수아미노산의 이용 효율이 상대적으로 낮다.

제한아미노산은 단백질 합성에 필요한 각각의 필수아미노산의 양에 비해 공급된 어떤 식품에 포함된 해당 필수아미노산의 양의 비율이 가장 낮은 필수아미노산을 말한다. 가령, 가상의 P 단백질 1몰*을 합성하기 위해서는 필수아미노산 A와 B가 각각 2몰과 1몰이 필요하다고 하자. P를 2몰 합성하려고 할 때, A와 B가 각각 2몰씩 공급되었다면 A는 필요량에 비해 2몰이 부족하게 되어 P는 결국 1몰만 합성된다. 이때 A가 부족하여 합성할 수 있는 단백질의 양이 제한되기 때문에 A가 제한아미노산이 된다.

* 몰: 물질의 양을 나타내는 단위.

05

윗글의 내용과 일치하지 <u>않는</u> 것은?

① 체내 단백질의 분해를 통해 오래되거나 손상된 단백질의 축적을 막는다.
② 유비퀴틴이 결합된 단백질을 아미노산으로 분해하는 것은 프로테아솜이다.
③ 아미노산에서 분리되어 요소로 합성되는 것은 아미노산에서 아미노기를 제외한 부분이다.
④ 세포 내에서 합성되는 단백질의 아미노산 결합 순서는 DNA 염기 서열에 담긴 정보에 따른다.
⑤ 성장기의 어린이에게 필요한 필수아미노산 중에는 체내에서 합성할 수 있는 것도 포함되어 있다.

◆ 정답과 해설 p. 92~94

06

윗글을 읽고 이해한 내용으로 적절하지 않은 것은?

① 필수아미노산을 제외한 다른 아미노산도 제한아미노산이 될 수 있겠군.
② 체내 단백질을 분해하여 얻어진 필수아미노산의 일부는 단백질 합성에 다시 이용되겠군.
③ 체내 단백질 합성에 필요한 필수아미노산은 음식물의 섭취나 체내 단백질 분해로부터 공급되겠군.
④ 제한아미노산이 없는 식품은 단백질 합성에 필요한 필수아미노산이 균형 있게 골고루 함유되어 있겠군.
⑤ 체내 단백질 합성과 분해의 반복 과정에서, 외부로부터 필수 아미노산의 공급이 줄어들면 체내 단백질 총량은 감소하겠군.

07

윗글을 바탕으로 할 때, 〈보기〉의 실험에 대한 이해로 적절하지 않은 것은? [3점]

> 보기
>
> 가상의 단백질 Q를 1몰 합성하는 데 필수아미노산 A, B, C가 각각 2몰, 3몰, 1몰이 필요하다고 가정하자. 단백질 Q를 2몰 합성하려고 할 때 (가), (나), (다)에서와 같이 A, B, C의 공급량을 달리하고, 다른 조건은 모두 동일한 상황에서 최대한 단백질을 합성하는 실험을 하였다.
>
> (가) : A 4몰, B 6몰, C 2몰
> (나) : A 6몰, B 3몰, C 3몰
> (다) : A 4몰, B 3몰, C 3몰
>
> (단, 단백질과 아미노산의 분해는 없다고 가정한다.)

① (가)에서는 단백질 합성을 제한하는 필수아미노산이 없겠군.
② (가)에서는 (다)에 비해 단백질 합성에 이용된 필수아미노산의 총량이 많겠군.
③ (나)에서는 (다)에 비해 합성된 단백질의 양이 많겠군.
④ (나)와 (다) 모두에서는 단백질 합성을 제한하는 필수아미노산이 B가 되겠군.
⑤ (나)에서는 (다)에 비해 단백질 합성에 이용되지 않고 남은 필수아미노산의 총량이 많겠군.

08

㉠의 문맥적 의미와 가장 가까운 것은?

① 가을이 되면 그 어느 때보다 하늘이 높다.
② 우리나라는 원자재의 수입 의존도가 높다.
③ 이번에 새로 지은 건물은 높이가 매우 높다.
④ 잘못을 시정하라는 주민들의 목소리가 높다.
⑤ 친구는 이 분야의 전문가로서 이름이 높다.

점수를 올려 주는 어휘

- **합성(합할 合, 이룰 成)** 생물이 빛이나 유기물, 무기물의 산화에 의하여 얻은 에너지를 이용하여 유기 화합물을 만듦. 또는 그런 작용.
- **분해(나눌 分, 풀 解)** 한 종류의 화합물이 두 가지 이상의 간단한 화합물로 변화함. 또는 그런 반응.
- **체내(몸 體, 안 內)** 몸의 내부.
- **포도당(포도 葡, 포도 萄, 엿 糖)** 단당류의 하나. 생물계에 널리 분포하며, 생물 조직 속에서 에너지원으로 소비된다.
- **체외(몸 體, 바깥 外)** 몸의 밖.
- **효율(본받을 效, 비율 率)** 들인 노력과 얻은 결과의 비율.

분석 노트 31쪽에서 지문을 정리해 보세요.

에너지의 운동과 전달

학습 일자 월 일
총 풀이 시간 21분 00초

풀이 시간 10분 30초

01~05 다음 글을 읽고 물음에 답하시오.

물이 담긴 욕조의 마개를 빼면 물이 배수구 주변에서 회전하며 소용돌이를 일으킨다. 배수구에서 멀리 떨어져 있으면 빨려 들어가는 속도의 크기가 0에 가깝고, 배수구 중앙에 가까울수록 속도가 빨라진다. 원운동을 하는 물체의 이동 거리, 즉 호•의 길이가 시간에 따라 변하는 비율을 원주속도라고 한다. 욕조의 소용돌이 중심과 가장 가까운 부분에서 최대 원주속도가 나오고, 소용돌이 중심에서 멀어져 반지름이 커짐에 따라 원주속도가 감소한다. 이 소용돌이를 '자유 소용돌이'라 하는데, 배수구로 들어간 물은 물체의 자유낙하처럼 중력의 영향 아래 물 자체의 에너지로 운동을 유지한다.

이와 달리 컵 속의 물을 숟가락으로 강하게 휘젓거나 컵의 중심선을 회전축으로 하여 컵과 물을 함께 회전시키는 상황을 생각해 보자. 이때 원심력 등이 작용해 중심의 물 입자들이 컵 가장자리로 쏠려 컵 중앙에 있는 물의 압력이 낮아지면서 ㉠<u>가운데가 오목한 소용돌이가 만들어진다</u>. 회전이 충분히 안정되면 물 전체의 회전 속도, 즉 회전하는 물체의 단위 시간당 각도 변화 비율인 ㉡<u>각속도가 똑같아져 마치 팽이가 돌듯이 물 전체가 고체처럼 회전한다</u>. 이때 물은 팽이의 회전과 같이 회전 중심은 원주속도가 0이 되고 중심에서 멀어질수록 반지름에 비례하여 원주속도가 증가하는 분포•를 보인다. 이 소용돌이를 '강제 소용돌이'라 하는데, 용기 안의 물이 회전 운동을 유지하려면 에너지를 외부에서 인위적•으로 제공해야 한다.

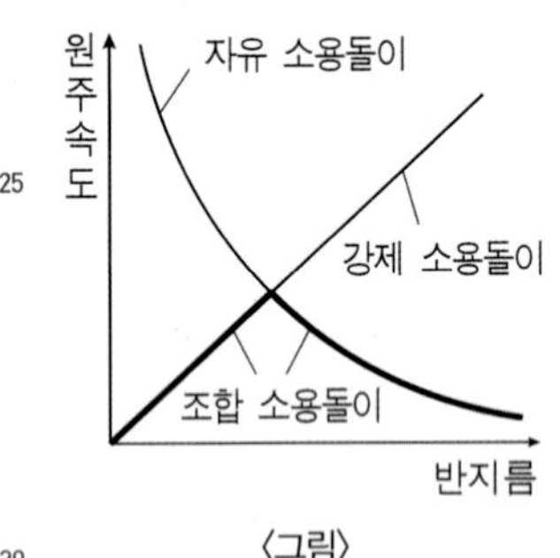

〈그림〉

숟가락으로 컵 안에 강제 소용돌이를 만든 후 숟가락을 빼고 일정한 시간 동안 관찰하면 가운데에는 강제 소용돌이, 주변에는 자유 소용돌이가 발생한다. 〈그림〉에서 보는 것처럼 이를 '랭킨의 조합 소용돌이'라고 한다. 이는 전체를 강제로 회전시킨 힘을 제거했을 때 바깥쪽에서는 원주속도가 서서히 떨어지고, 중심에서는 원주속도가 유지되는 상태의 소용돌이다. 조합 소용돌이에서는 소용돌이 중심에서 원주속도가 최소가 되고, 강제 소용돌이에서 자유 소용돌이로 전환되는 점에서 원주속도가 최대가 된다. 조합 소용돌이의 예로 ㉢<u>태풍의 소용돌이</u>를 들 수 있다.

이러한 원리를 적용한 분체 분리기는 기체나 액체의 흐름으로 분진 등 혼합물을 분리하는 장치이다. 혼합물에 작용하는 원심력•도 이용하기 때문에 원심 분리기, 공기의 흐름이 기상 현상의 사이클론•과 비슷해서 사이클론 분리기라고도 한다. 그 예로 쓰레기용 필터가 없는 가정용, 산업용 ㉣<u>사이클론식 청소기</u>를 들 수 있다. 원통 아래에 원추 모양의 통을 붙이고 원추 아래에 혼합물 상자를 두는데, 내부 중앙에는 별도의 작은 원통인 내통이 있다. 혼합물을 함유한 공기를 원통부 가장자리를 따라 소용돌이를 만들어 시계 방향으로 흘려보내면, 혼합물은 원통부와 원추부 벽면에 충돌하여 떨어져 바닥에 쌓인다. 유입•된 공기는 아래쪽 원추부로 향할수록 원주속도를 증가시키는 자유 소용돌이를 만들고, 원추부 아래쪽에서는 강해진 자유 소용돌이가 돌면서 강제 소용돌이를 만들어 낸다. 강제 소용돌이는 용기 중앙의 내통에서 혼합물이 없는 공기로 흐르게 되어 반시계 방향으로 돌며 배기•된다.

01

윗글의 내용과 일치하지 <u>않는</u> 것은?

① 자연에서 발생하는 소용돌이는 모두 자유 소용돌이이다.
② 배수구에서 멀어지면 원운동을 하는 물의 속도는 느려진다.
③ 강제 소용돌이는 고체처럼 회전하고 회전 중심의 속도는 0이다.
④ 분체 분리기는 자유 소용돌이로 강제 소용돌이를 만들어 낼 수 있는 기계 장치이다.
⑤ 용기 안의 강제 소용돌이는 외부에서 가해지는 힘이 있어야 운동을 유지할 수 있다.

02

㉠에 대한 설명으로 적절한 것은?

① 물이 회전할 때 원심력과 압력은 서로 관련이 없다.
② 컵 중앙 부분으로 갈수록 물 입자의 양이 많아진다.
③ 컵 반지름이 클수록 물을 회전시키는 에너지 크기는 작아진다.
④ 컵 속에서 회전하는 물의 압력이 커진 부분은 수면이 높아진다.
⑤ 외부 에너지를 더 가하더라도 회전 중심의 수면 높이는 변화가 없다.

03

ⓛ을 통해 알 수 있는 것은?

① 각속도가 시간이 지남에 따라 점점 빨라지겠군.
② 단위 시간당 각도가 변하는 비율이 수시로 달라지겠군.
③ 각속도는 회전 중심에서 가깝든 멀든 상관없이 일정하겠군.
④ 강제 소용돌이의 수면 어느 지점에서나 원주속도는 항상 같겠군.
⑤ 강제 소용돌이는 자유 소용돌이와 같은 원주속도 분포를 보이겠군.

04

윗글을 바탕으로 ⓒ을 이해할 때, 〈보기〉의 ⓐ~ⓒ에 들어갈 말로 적절한 것은?

보기

태풍 중심 부분은 '태풍의 눈'이라 하고 (ⓐ)의 중심에 해당한다. 강제 소용돌이와 자유 소용돌이의 경계층에 해당하는 부분은 '태풍의 벽'이라고 하여 바람이 (ⓑ). 이는 윗글 〈그림〉의 (ⓒ)에 해당한다.

	ⓐ	ⓑ	ⓒ
①	자유 소용돌이	강하다	자유 소용돌이와 강제 소용돌이의 교차점
②	자유 소용돌이	약하다	반지름이 가장 큰 자유 소용돌이의 지점
③	강제 소용돌이	강하다	반지름이 가장 작은 자유 소용돌이의 지점
④	강제 소용돌이	약하다	반지름이 가장 큰 강제 소용돌이의 지점
⑤	강제 소용돌이	강하다	자유 소용돌이와 강제 소용돌이의 교차점

05

〈보기〉는 ⓔ의 구조를 그림으로 나타낸 것이다. 윗글을 읽은 학생의 반응으로 적절하지 <u>않은</u> 것은? [3점]

보기

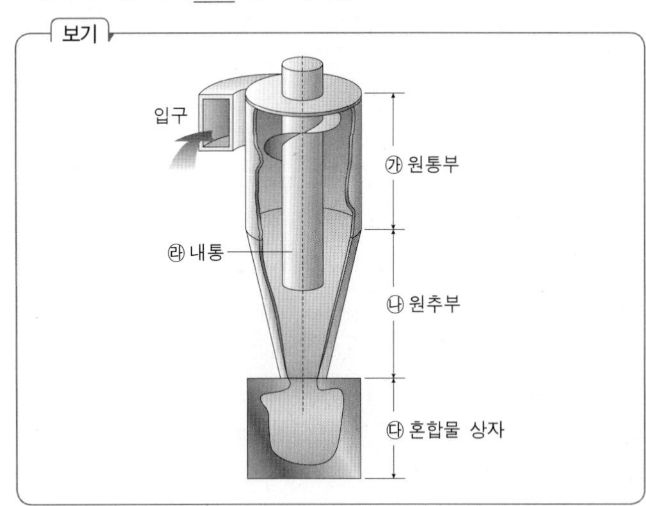

① ㉮에서는 소용돌이가 시계 방향으로 돌아 혼합물에 원심력이 작용하겠군.
② ㉮보다 ㉯에서 소용돌이의 원주속도가 상대적으로 빠르겠군.
③ ㉰에 모인 쓰레기나 혼합물이 ㉱ 내부에서 도는 소용돌이를 통해 외부로 배출되겠군.
④ ㉱의 반지름이 커지면 ㉱에서 반시계 방향으로 도는 소용돌이의 원주속도는 빨라지겠군.
⑤ 산업용으로 돌조각을 분리한다면 ㉮와 ㉯에 충격이나 마모에 강한 소재를 써야겠군.

점수를 올려 주는 어휘

- **호(이름 號)** 원둘레 또는 기타 곡선 위의 두 점에 의하여 한정된 부분.
- **분포(나눌 分, 베 布)** 일정한 범위에 흩어져 퍼져 있음.
- **인위적(사람 人, 할 爲, 과녁 的)** 자연의 힘이 아닌 사람의 힘으로 이루어지는. 또는 그런 것.
- **원심력(멀 遠, 마음 心, 힘 力)** 원운동을 하는 물체나 입자에 작용하는, 원의 바깥으로 나아가려는 힘.
- **사이클론(cyclone)** 벵골만과 아라비아해에서 발생하는 열대성 저기압. 성질은 태풍과 같다.
- **유입(흐를 流, 들 入)** 액체나 기체, 열 따위가 어떤 곳으로 흘러듦.
- **배기(밀칠 排, 기운 氣)** 속에 든 공기, 가스, 증기 따위를 밖으로 뽑아 버림.

분석 노트 32쪽에서 지문을 정리해 보세요.

풀이 시간 10분 30초

06~10 다음 글을 읽고 물음에 답하시오.

일상에서의 음식 조리• 과정은 열전달에 관한 과학적 원리로 설명할 수 있다. 열전달은 열이 온도가 높은 곳에서 낮은 곳으로 이동하는 현상인데 조리 과정에서는 전도에 의한 열전달이 많이 일어난다. 전도란 물질을 이루는 입자•들의 상호 작용을 통해 보다 활동적인 입자로부터 이웃의 덜 활동적인 입자로 열이 전달되는 현상이다. 이러한 전도는 온도 차이가 있는 경우에 일어나는데, 한 물질 내에서 발생하기도 하며 서로 다른 물질들이 접촉하는 경우에도 발생한다.

열전달 과정에서 단위 시간 동안 열이 전달되는 비율을 열전달률이라고 하는데 열전달률은 결국 열이 짧은 시간 동안 얼마나 많이 전달되는가를 나타내므로 음식의 조리에서 고려할 중요한 요소가 된다. 전도에 의한 열전달률은 온도 차이와 면적•에 비례하고, 거리에 반비례한다. 즉, 전도가 일어나는 두 지점 사이의 온도 차이가 커질수록, 열이 전달되는 면적이 커질수록 열전달률은 높아지고, 전도가 일어나는 두 지점 사이의 거리가 멀어질수록 열전달률은 낮아진다. 이러한 현상을 수식으로 처음 정리한 사람이 푸리에이기 때문에 이를 ㉠푸리에의 열전도 법칙이라고 부른다. 그런데 실제로 실험을 해 보면 한 물질 내에서 일어나는 전도의 경우에 다른 조건이 동일하더라도 물질의 종류가 다르면 열전달률이 다르게 나타난다. 이는 물질이 전도에 의해 열을 전달할 수 있는 능력의 척도•, 즉 열전도도가 물질마다 다르기 때문이다. 따라서 푸리에의 열전도 법칙에 ⓐ따르면 다른 조건이 같더라도 열전도도가 높은 경우 열전달률도 높게 나타난다.

[A] 튀김의 조리 과정을 푸리에의 열전도 법칙으로 설명하면 다음과 같다. 식용유의 움직임을 고려하지 않는다면, 튀김의 조리 과정은 주로 식용유와 튀김 재료 간의 전도로 파악될 수 있다. 맛있는 튀김을 만들기 위해서는 냄비를 가열하여 식용유의 온도를 충분히 높여 식용유로부터 튀김 재료로의 열전달률을 높여야 한다. 그리고 튀김 재료를 식용유에 넣으면 재료 표면에 수많은 기포•들이 형성된다. 이 기포들은 식용유에서 튀김 재료로의 높은 열전달률로 인해 순간적으로 많은 열이 전달되어 생겨난 것인데 재료 표면의 수분이 수증기로 변해 식용유 속에서 기포의 형태가 된 것이다. 이 기포들은 식용유 표면으로 올라가 공기 중으로 빠져나가고 이때 지글지글 소리가 난다.

이 수증기 기포들은 튀김을 맛있게 만드는 데 중요한 역할을 한다. 수분이 수증기의 형태로 튀김 재료에서 빠져나감에 따라 재료 안쪽의 수분들은 빈자리를 채우기 위해 표면 쪽으로 이동한다. 그 결과 지속적으로 재료의 수분은 기포로 변하고 이로 인해 재료는 수분량이 줄어들면서 바삭한 식감•을 지니게 된다. 또한 튀김 재료 표면의 기포들은 재료와 식용유 사이에서 일종의 공기층과 같은 역할을 해 식용유가 재료로 흡수되는 것을 막아서 튀김을 덜 기름지게 한다. 그리고 재료 표면에 생성된 기포들을 거쳐 열전달이 일어나기 때문에 기포들은 재료 표면이 빨리 타 버리지 않게 하고 튀김 재료의 안쪽까지 열이 전달되어 재료가 골고루 잘 익게 한다.

06

윗글을 이해한 것으로 적절하지 않은 것은?

① 물질을 이루는 입자들의 상호 작용을 통해 전도가 일어난다.
② 음식의 조리 과정에서는 전도에 의한 열전달이 많이 일어난다.
③ 물질이 전도에 의해 열을 전달할 수 있는 능력은 물질마다 다르다.
④ 음식의 조리에서 단위 시간 동안 열이 전달되는 비율을 고려하는 것은 중요하다.
⑤ 열의 전도는 서로 다른 물질들이 접촉하는 경우에만 발생하며 한 물질 안에서는 발생하지 않는다.

07

<보기>는 윗글을 읽은 건축 동아리 학생들이 나눈 대화의 일부이다. ㉠을 활용한 의견으로 적절하지 않은 것은?

보기

동아리 회장: 오늘은 에너지 효율이 높은 건물 설계에 대해 열의 전도를 중심으로 아이디어를 나눠 보자.

부원 1: 겨울철 열손실을 줄여야 하니까 지붕을 통한 열전달률을 낮추기 위해 건물의 지붕을 일반적인 지붕의 재료보다 열전도도가 낮은 재료를 사용하는 설계가 필요하다고 생각해.

부원 2: 일반적으로 벽보다 창문의 열전도도가 높으니 여름철 실내 냉방 효율을 높이고 싶다면 창문을 통한 열전달률을 낮추기 위해 건물 외벽에 설치된 창문의 면적을 줄이는 설계가 필요하다고 생각해.

부원 3: 여름철 외부 온도의 영향을 최소화하고 건물 외벽을 통한 열전달률을 낮추기 위해 외벽은 일반적인 것보다 두껍게 설계하는 것이 필요해.

부원 4: 차가운 방바닥에 빠른 난방을 하려면 난방용 온수 배관에서 방바닥으로의 열전달률을 높여야 하니 난방용 온수 배관과 방바닥이 닿는 접촉 면적을 넓히도록 설계해야겠어.

부원 5: 여름철 현관문을 통한 실외 온도의 영향을 최소화하려면 현관문을 통한 열전달률을 낮춰야 하니 같은 두께라도 열전도도가 더 높은 재질의 현관문을 사용하는 것으로 설계해야겠어.

① 부원 1의 의견
② 부원 2의 의견
③ 부원 3의 의견
④ 부원 4의 의견
⑤ 부원 5의 의견

08

〈보기〉는 [A]의 과정을 도식화한 것이다. 윗글을 바탕으로 ㉮~㉱를 이해한 것으로 적절하지 않은 것은? [3점]

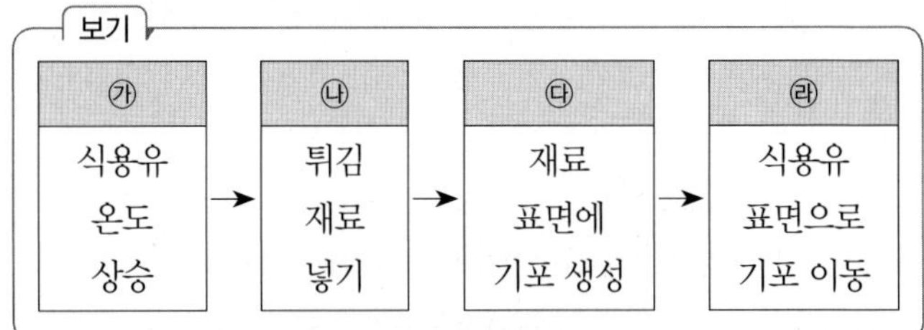

① ㉮에서는 서로 다른 물질인 냄비와 식용유 사이에서 열전달이 일어나겠군.
② ㉯의 결과로 ㉰가 진행되는 것은 튀김 재료에 순간적으로 많은 열이 전달되었기 때문이겠군.
③ ㉰에서는 열이 전달됨에 따라 튀김 재료 표면의 수분이 튀김 재료 안쪽으로 이동하겠군.
④ ㉰에서 ㉱로의 과정이 반복되면 튀김 재료의 수분량이 점차 줄어들겠군.
⑤ ㉱에서는 수증기가 공기 중으로 빠져나가면서 지글지글 소리가 나겠군.

09

〈보기〉는 윗글을 읽은 학생의 반응이다. ㄱ~ㄷ에 들어갈 말로 적절한 것은?

> 보기
>
> 맛있는 튀김을 만들기 위해서는 기포들의 역할이 중요해. 기포들이 (ㄱ)에서 공기층과 같은 역할을 해서 식용유가 재료로 흡수되는 것을 (ㄴ)하여 튀김을 덜 기름지게 해 줘. 또 식용유에서 튀김 재료로 열이 직접 (ㄷ)하여 재료 표면이 타지 않고 골고루 익게 해.

	ㄱ	ㄴ	ㄷ
①	튀김 재료 내부	방해	전도되게
②	튀김 재료 내부	촉진	전도되지 못하게
③	튀김 재료와 식용유 사이	방해	전도되지 못하게
④	튀김 재료와 식용유 사이	촉진	전도되게
⑤	튀김 재료와 식용유 사이	촉진	전도되지 못하게

10

ⓐ와 문맥적 의미가 가장 유사한 것은?

① 우리는 해안선을 따라 올라갔다.
② 동생은 어머니를 따라 전통 시장에 갔다.
③ 학생들이 모두 선생님의 동작에 따라 춤을 췄다.
④ 수출이 증가함에 따라 경제도 서서히 회복되어 갔다.
⑤ 그들은 자율적으로 정한 규칙에 따라 일을 진행했다.

점수를 올려 주는 어휘

- **조리(고를 調, 다스릴 理)** 요리를 만듦. 또는 그 방법이나 과정.
- **입자(낟알 粒, 아들 子)** 물질을 구성하는 미세한 크기의 물체. 소립자, 원자, 분자, 콜로이드 따위를 이른다.
- **면적(낯 面, 쌓을 積)** 면이 이차원의 공간을 차지하는 넓이의 크기.
- **척도(자 尺, 법도 度)** 평가하거나 측정할 때 의거할 기준.
- **기포(기운 氣, 거품 泡)** 액체나 고체 속에 기체가 들어가 거품처럼 둥그렇게 부풀어 있는 것.
- **식감(먹을 食, 느낄 感)** 음식을 먹을 때 입안에서 느끼는 감각.

분석 노트 33쪽에서 지문을 정리해 보세요.

핵의 분열과 융합

학습 일자 월 일
총 풀이 시간 19분 00초

⏰ 풀이 시간 10분 30초

01~05 다음 글을 읽고 물음에 답하시오.

원자핵은 양성자나 중성자와 같은 핵자•들의 결합으로 이루어져 있다. 원자핵을 구성하는 양성자와 중성자의 개수를 모두 더한 것을 질량수라고 하는데, 질량수가 큰 하나의 원자핵이 질량수가 작은 두 개의 원자핵으로 쪼개지는 것을 핵분열이라고 하고 질량수가 작은 두 개의 원자핵이 결합하여 질량수가 큰 하나의 원자핵이 되는 것을 핵융합이라고 한다.

핵분열이나 핵융합은 핵자당 결합 에너지로 설명할 수 있다. 원자핵의 질량은 그 원자핵을 구성하는 개별 핵자들의 질량을 모두 더한 것보다 작다. 이처럼 핵자들이 결합하여 원자핵이 되면서 질량이 줄어든 것을 질량 결손•이라고 한다. '질량 – 에너지 등가 원리'에 따르면 질량과 에너지는 상호 간의 전환이 가능하고, 이때 에너지는 질량에 광속의 제곱을 곱한 값과 같다. 한편 핵자들의 결합에서 줄어든 질량은 에너지로 전환되는데, 이 에너지는 원자핵의 결합 에너지와 그 크기가 같다. 원자핵의 결합 에너지란 원자핵을 개별 핵자들로 분리할 때 가해야 하는 에너지이다. 원자핵의 결합 에너지를 질량수로 나눈 것을 핵자당 결합 에너지라고 하고 그 값은 원자핵의 종류에 따라 다르다.

원자핵을 구성하는 핵자들은 핵자당 결합 에너지가 클수록 더 강력하게 결합되어 있고 이는 원자핵이 더 안정된 상태라는 것을 의미한다. 모든 원자핵은 안정된 상태가 되려는 성질이 있으므로, 핵자당 결합 에너지가 작은 원자핵들은 핵분열이나 핵융합을 거쳐 핵자당 결합 에너지가 큰 상태가 된다. 핵분열이나 핵융합도 반응 전후로 질량 결손이 일어나고, 줄어든 질량은 에너지로 전환된다.

핵분열과 핵융합에서 발생하는 에너지를 발전에 이용할 수 있다. ㉠우라늄 – 235(^{235}U) 원자핵을 사용하는 핵분열 발전의 경우, 우라늄 원자핵에 중성자를 흡수시키면 질량수가 작고 핵자당 결합 에너지가 큰 원자핵들로 분열된다. 이때 2~3개의 중성자가 방출되는데 이 중성자는 다른 우라늄 원자핵에 흡수되어 연쇄 반응•을 일으킨다. 이 과정에서 질량 결손으로 인해 전환되는 에너지를 발전에 이용하는 것이다.

핵분열 발전에서는 중성자의 속도를 느리게 해야 한다. 중성자가 너무 빠르게 움직이면 원자핵에 흡수될 확률이 낮기 때문이다. 특히 핵분열 과정에서 방출된 중성자는 속도가 매우 빠르기 때문에 이를 느리게 해야 연쇄 반응을 일으킬 수 있다. 그래서 물이나 흑연•을 감속재로 사용하여 중성자의 속도를 느리게 만든다. 한편 연쇄 반응이 급격하게 일어나면 과도한 에너지가 발생하여 폭발이 일어날 수 있기 때문에 제어봉을 사용한다. 제어봉은 중성자를 흡수하는 장치로, 핵분열에 관여하는 중성자 수를 조절하여 급격한 연쇄 반응을 방지한다.

핵융합 발전을 위한 시도도 계속되고 있다. 태양이 에너지를 생성하는 방법이 바로 핵융합이다. ⓐ수소(^{1}H) 원자핵을 원료로 하는 태양의 핵융합은 주로 태양의 중심부에서 일어난다. 먼저 수소 원자핵 2개가 융합하여 중수소(^{2}H) 원자핵이 되고, 중수소 원자핵은 수소 원자핵과 융합하여 헬륨 – 3(^{3}He) 원자핵이 된다. 그리고 2개의 헬륨 – 3 원자핵이 융합하여 헬륨 – 4(^{4}He) 원자핵이 된다. 이러한 과정에서 줄어든 질량이 에너지로 전환되는 것이다.

지구는 태양과 물리적 조건이 달라서 태양의 핵융합을 똑같이 재현할 수 없다. 가장 많이 시도하는 방식은 ⓑD – T 핵융합이다. 이 방식에서는 중수소 원자핵과 삼중 수소(^{3}H) 원자핵이 융합하여 헬륨 – 4 원자핵이 된다. 중수소 원자핵과 삼중 수소 원자핵을 핵융합 발전의 원료로 사용하는 이유는 다른 원자핵들의 핵융합보다 반응 확률이 높고 질량 결손으로 전환되는 에너지도 크기 때문이다.

하지만 지구에서 핵융합을 일으키는 것은 간단하지 않다. 양(+)의 전하를 띤 원자핵은 음(−)의 전하를 띤 전자와 전기적 인력에 의해 단단히 결합되어 있어서 일반적인 상태에서 원자핵이 융합하는 것은 불가능하다. 따라서 핵융합 반응을 일으키기 위해서는 물질을 원자핵과 전자가 분리된 상태인 플라스마 상태로 만들어야 한다. 또한 원자핵은 양의 전하를 띠고 있어서 서로 가까이 다가갈수록 척력이 강하게 작용한다. 척력을 이겨내고 원자핵이 융합하게 하기 위해서는 플라스마의 온도를 높여 원자핵이 고속으로 움직일 수 있도록 해야 한다. 따라서 핵융합 발전을 위한 핵융합로에서는 ㉡플라스마를 1억℃ 이상으로 가열해서 핵융합의 확률을 높인다. 융합로에서 플라스마의 온도를 높인 이후에는 고온 상태를 일정 시간 이상 유지하는 것도 중요하다. 플라스마는 융합로의 벽에 접촉하면 온도가 내려가기 때문에 자기장을 활용해서 플라스마가 벽에 닿지 않게 하여 고온 상태를 유지할 수 있도록 한다. 안정적인 핵융합 발전을 위해서는 고온의 플라스마를 높은 밀도로 최소 300초 이상 유지해야 한다.

01

윗글의 내용과 일치하는 것은?

① 양성자의 질량과 중성자의 질량을 더한 것을 질량수라고 한다.
② 원자핵과 전자 사이에는 척력이 작용하여 서로 단단하게 결합되어 있다.
③ 원자핵의 결합 에너지는 핵자당 결합 에너지를 질량수로 나눈 것이다.
④ 질량 – 에너지 등가 원리에 따르면 질량은 에너지에 광속의 제곱을 곱한 값과 같다.
⑤ 핵자들이 결합하여 원자핵이 될 때 줄어든 질량이 전환된 에너지의 크기는 그 원자핵을 다시 개별 핵자들로 분리할 때 필요한 에너지의 크기와 같다.

02

㉠에 대한 이해로 적절하지 않은 것은?

① 우라늄 - 235 원자핵에 전자를 흡수시켜 핵분열을 일으킨다.
② 물이나 흑연을 감속재로 사용하여 중성자의 속도를 조절한다.
③ 제어봉으로 중성자를 흡수하여 과도한 에너지가 발생하지 않도록 한다.
④ 우라늄 - 235 원자핵이 분열되면 우라늄 - 235 원자핵보다 질량수가 작은 원자핵들로 나뉜다.
⑤ 우라늄 - 235 원자핵이 분열되면서 방출되는 중성자의 속도를 느리게 해서 연쇄 반응을 일으킨다.

03

윗글을 읽은 학생이 〈보기〉의 설명을 이해한 내용으로 가장 적절한 것은? [3점]

보기

선생님: 이 그림은 여러 원자핵의 핵자당 결합 에너지를 나타내고 있어요. 철($^{56}_{26}$FE) 원자핵은 다른 원자핵들에 비해 핵자당 결합 에너지가 크죠? 철 원자핵은 모든 원자핵 중에서 핵자당 결합 에너지가 가장 크고 가장 안정된 상태예요. 철 원자핵보다 질량수가 작은 원자핵은 핵융합을, 질량수가 큰 원자핵은 핵분열을 통해 핵자당 결합 에너지가 높은 원자핵이 된답니다.

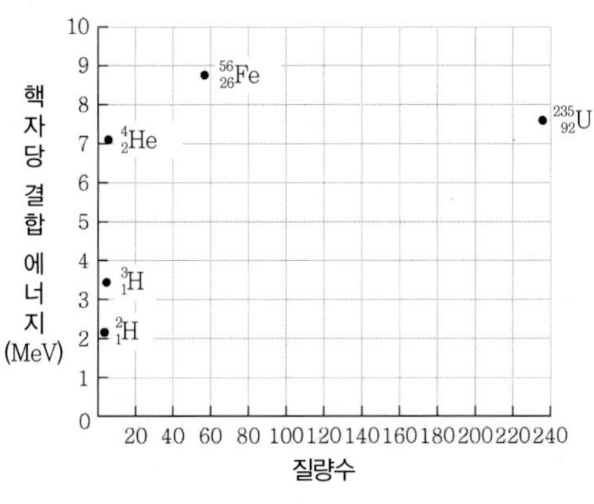

※원자핵의 질량수(A)와 양성자 수(Z)는 원소 기호(X)에 다음과 같이 표기한다.

$^{A}_{Z}$X

① 헬륨 - 4 원자핵은 핵융합을 거치면 더 안정된 상태의 원자핵으로 변하겠군.
② 중수소 원자핵은 삼중 수소 원자핵과 양성자의 수는 같지만 더 안정된 상태이겠군.
③ 철 원자핵의 결합 에너지는 철 원자핵의 핵자당 결합 에너지에 26을 곱한 값과 같겠군.
④ 우라늄 - 235 원자핵이 핵분열하여 생성된 원자핵들은 핵자당 결합 에너지가 9MeV 이상이겠군.
⑤ 우라늄 - 235 원자핵은 철 원자핵에 비해 원자핵을 구성하고 있는 핵자들이 더 강력하게 결합되어 있겠군.

04

ⓐ와 ⓑ에 대한 설명으로 적절하지 않은 것은?

① ⓐ의 과정에서 헬륨 - 4 원자핵의 개수는 늘어난다.
② ⓑ는 중수소 원자핵과 삼중 수소 원자핵을 원료로 사용한다.
③ 헬륨 - 4 원자핵은 ⓑ에서와 달리 ⓐ에서는 헬륨-3 원자핵이 융합하여 생성된다.
④ ⓐ와 ⓑ에서는 모두 반응 전후로 질량 결손이 일어나고 줄어든 질량은 에너지로 전환된다.
⑤ ⓑ를 일으키기 위해서는 ⓐ가 일어나기 위한 물리적 조건과 동일한 조건을 만들어 주어야 한다.

05

㉡의 이유로 가장 적절한 것은?

① 원자핵이 융합로의 벽에 접촉하지 않게 하기 위해
② 자기장을 발생시켜 플라스마의 온도를 유지하기 위해
③ 원자핵이 척력을 이겨내고 서로 융합할 수 있도록 하기 위해
④ 전자를 고속으로 움직이게 하여 핵융합의 효율을 높이기 위해
⑤ 원자핵들 사이에 전기적 인력을 발생시켜 핵융합의 확률을 높이기 위해

점수를 올려 주는 어휘

- **핵자(씨 核, 아들 子)** 원자핵을 구성하는 양성자와 중성자.
- **결손(이지러질 缺, 덜 損)** 어느 부분이 없거나 잘못되어서 불완전함.
- **연쇄 반응(잇닿을 連, 쇠사슬 鎖, 돌이킬 反, 응할 應)** 생성 물질의 하나가 다시 반응물로 작용하여 생성, 소멸을 계속하는 반응.
- **흑연(검을 黑, 납 鉛)** 순수한 탄소로 이루어진 광물의 하나. 탄소 동소체의 하나로, 육방 정계에 속하는 판(板) 모양의 결정을 이루며, 검은색을 띠고 금속광택이 있다.

분석 노트 34쪽에서 지문을 정리해 보세요.

풀이 시간 8분 30초

06~09 다음 글을 읽고 물음에 답하시오.

19세기 초 지질학자들은 스테노와 스미스의 층서• 원리를 적용하여 전 세계의 지질학적 연구 성과를 종합했다. 우리가 흔히 쓰는 '중생대 쥐라기'와 같은 '대', '기' 등으로 나타내는 지질학적 시간 척도는 이때 확립•되었다. 그러나 이러한 지질학적 시간 척도는 상대적인 척도로 한 지층이 다른 지층보다 오래되었는지 아닌지를 말해 줄 수는 있어도 실질적으로 얼마나 오래되었느냐는 말해 줄 수 없었다.

이후 많은 사람들이 지층의 정확한 연대 측정을 시도한 끝에 1905년 러더포드가 방사성 동위원소를 이용하여 지층 연대의 측정에 성공했다. 그는 암석 내 우라늄의 양을 측정하여 한 암석의 연대•를 계산해 냈다. 이것이 동위원소• 연대측정법의 시작이었다. 자연적으로 발생하는 방사성 동위원소를 사용해 암석의 연대를 결정하는 연대 측정 방법들은 그 후 수년간 더욱 개선되어 갔으며, 더 많은 방사성 동위원소들이 발견되고 방사성 붕괴 과정의 심층적인 이해가 이루어졌다.

지질학자들은 방사성 동위원소의 어떤 특성을 활용하여 암석의 연령을 측정하였을까? 이 질문의 답을 얻기 위해서는 먼저 방사성 동위원소가 무엇인지를 살펴볼 필요가 있다. 물질의 기본 단위인 원자 중심에는 양성자와 중성자로 이루어진 원자핵이 있다. 이 원자핵에 들어 있는 양성자 수에 따라 물질을 이루는 기본 성분인 원소의 종류가 결정된다. 탄소 원자핵에 있는 양성자 수는 6개이고, 산소 원자핵에 있는 양성자 수는 8개이다. 같은 원소라고 하더라도 원자핵에 있는 중성자 수가 다른 것들이 있는데 이를 '동위원소'라 한다. 예를 들면 탄소의 경우, '탄소-12'는 원자핵에 양성자 6개와 중성자 6개가 있는 원자이며, '탄소-14'는 양성자 6개와 중성자 8개가 있는 동위원소이다.

한편, 자연계의 모든 물질은 불안정한 상태에서 안정한 상태로 가려는 성질이 있다. 동위원소 중에는 양성자의 수가 중성자의 수에 비해 너무 많거나 또는 그 반대의 이유로 본래 원자핵의 상태가 불안정한 원소들이 있다. 그래서 불안정한 원자핵이 스스로 방사선을 방출하고 이를 통해 에너지를 잃고 안정된 상태로 가는 과정을 거치는데 이를 방사성 붕괴 또는 핵붕괴라 한다. 동위원소 중 방사성 붕괴를 ㉠<u>일으키는</u> 동위원소를 방사성 동위원소라 한다. 이들은 방사성 붕괴를 통해 불안정한 원자핵이 안정된 상태의 다른 종류의 원자핵으로 변한다. 예를 들면 방사성 동위원소인 '탄소-14'는 방사성 붕괴로 인해 중성자 1개가 붕괴되어 양성자로 바뀌고, 양성자 7개와 중성자 7개로 이루어진 원자핵을 가진 안정된 원소인 '질소-14'가 된다. 붕괴 전의 방사성 동위원소를 '모원소', 모원소의 방사성 붕괴에 의해 생성된 안정된 원소를 '자원소'라 일컫는다. 붕괴 전 방사성 동위원소인 '탄소-14'는 모원소이고 방사성 붕괴에 의해 생성된 안정된 원소인 '질소-14'는 자원소이다.

방사성 동위원소는 일정한 시간이 지나면 모원소의 개수가 원래 개수에서 절반으로 줄어드는 특성이 있다. 모원소의 개수가 원래 개수의 절반으로 줄어드는 데에 걸리는 시간을 반감기라 한다. 이때 줄어든 모원소의 개수만큼 자원소의 개수가 늘어난다. 첫 반감기 때 모원소의 개수는 처음의 반으로 줄고 두 번째 반감기에는 남은 모원수의 개수가 반으로 줄어 처음의 1/4로, 세 번째 반감기에는 또 남은 모원수의 개수가 반으로 줄어 처음의 1/8과 같은 식으로 줄어든다. 그래서 모원소와 자원소의 개수의 비율이 첫 반감기에는 1 : 1로 같아진다. 두 번째 반감기에는 1 : 3으로 되고, 세 번째 반감기에는 1 : 7로 된다. 다만, 원소에 따라 반감기가 다른데 '탄소-14'는 5730년, '포타슘-40'은 13억년, '우라늄-238'은 44억년의 반감기를 갖는다. 방사성 동위원소의 반감기는 온도나 압력에 영향을 받지 않는다. 따라서 어떤 암석에 포함된 모원소와 자원소의 비율을 알고, 그 결과와 방사성 동위원소의 반감기를 이용하면 암석이 만들어진 연대를 추정•할 수 있다. 가령 어떤 암석이 생성될 때 '포타슘-40'을 함유하고 있고 이 원소가 외부 유입이나 유출, 암석의 변성작용• 등 다른 외부 요인에 의한 변화가 없다고 할 때 이 암석의 방사성 동위원소 측정 결과 모원소와 자원소의 비율이 1 : 3이라면 반감기를 두 번 거쳤기 때문에 이 암석은 26억 년 전에 생성되었다고 볼 수 있다.

06

윗글의 진술 방식으로 가장 적절한 것은?

① 방사성 동위원소의 개념을 예시를 통해 설명하고 있다.
② 원자핵의 구성 물질을 세부적 묘사를 통해 설명하고 있다.
③ 방사성 동위원소의 붕괴 과정을 유추를 통해 설명하고 있다.
④ 지층 연대 측정 방법의 발전 과정을 유형별로 분류하여 설명하고 있다.
⑤ 지질학적 시간 척도의 특징을 전문가의 의견을 인용하여 설명하고 있다.

07

윗글에서 알 수 있는 내용으로 적절하지 <u>않은</u> 것은?

① 방사성 동위원소의 핵은 불안정하여 붕괴된다.
② 질소-14의 원자핵은 양성자와 중성자의 개수가 같다.
③ 방사성 동위원소의 반감기는 온도나 압력에 영향을 받는다.
④ 19세기 초 지질학자들은 지층이 형성된 연도를 정확히 알 수 없었다.
⑤ 자연계의 모든 물질은 불안정한 상태에서 안정한 상태로 가려는 성질이 있다.

08

윗글을 바탕으로 〈보기〉를 이해한 내용으로 적절하지 않은 것은? [3점]

〈보기〉

그림은 어떤 방사성 동위원소 ㉮가 붕괴할 때, 시간에 따른 모원소와 자원소의 함량을 나타낸 것이다.

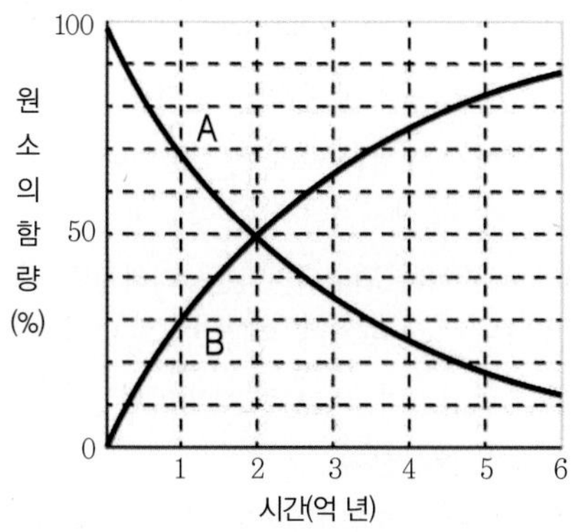

암석 S가 생성될 때 방사성 동위원소 ㉮를 함유하고 있고 ㉮는 외부 유입이나 유출, 암석의 변성작용 등 다른 요인에 의한 변화는 없었다. 이 암석의 방사성 동위원소 ㉮를 측정한 결과 모원소와 자원소의 비율이 1:3이었다.

① B는 자원소와 관련이 있다.
② 암석 S의 생성 시기는 4억 년 전이다.
③ 4번의 반감기를 거치면 처음 A의 양은 1/16로 줄어든다.
④ 모원소와 자원소의 비율이 1:1로 같아지는데 걸리는 시간은 2억 년이다.
⑤ 시간이 지날수록 자원소와 모원소의 개수를 더한 값은 감소한다.

09

문맥상 ㉠의 단어와 가장 가까운 의미로 쓰인 것은?

① 세찬 바람이 거친 파도를 일으켰다.
② 그의 행동은 모두에게 오해를 일으켰다.
③ 그는 혼자 힘으로 쓰러진 가세를 일으켰다.
④ 아침에 몸이 피곤했지만 억지로 몸을 일으켰다.
⑤ 그녀는 자전거를 타다 넘어진 아이를 일으켰다.

10

윗글을 바탕으로 〈보기〉를 이해한 내용으로 적절하지 않은 것은?

〈보기〉

탄소-14는 일정한 비율로 계속 붕괴하고 있지만 대기와 우주선(cosmic ray)의 충돌에 의하여 계속 공급된다. 연구에 의하면 지구 대기에서 탄소-14의 생성 비율이 탄소-14의 방사성 붕괴 비율과 같으며, 대기 중에 존재하는 탄소-12와 탄소-14의 구성 비율은 대체로 일정하다고 한다. 식물들은 대기 중의 이산화탄소와 물을 흡수하여 광합성을 하므로 모든 식물들은 약간의 방사성 탄소를 갖으며, 식물 내 탄소-12와 탄소-14의 비율은 대기 중의 탄소-12와 탄소-14의 구성 비율과 일치한다. 아울러 그 식물의 몸을 흡수하여 탄소를 공급받는 동물과 그 동물을 먹는 동물도 결국 같은 비율이 유지된다. 그런데 생물이 죽으면 더 이상 대기 중의 탄소를 흡수하지도 배출하지도 않는다. 그래서 죽은 생물 내 탄소-12와 탄소-14의 비율에 변화가 생긴다. 방사성 동위원소인 탄소-14가 질소-14로 변하기 때문인데, 이때 생성된 질소-14는 기체이므로 죽은 생물 내부에서 외부로 빠져나간다. 그렇지만 생물 유해나 화석의 탄소-12와 탄소-14의 비율을 측정하여 대기 중의 그 비율과 비교하면 탄소-14가 어느 정도 감소했는지 알 수 있고, 그 결과와 탄소-14의 반감기를 이용하면 그 생물이 죽은 연대를 계산할 수 있다. 다만 탄소-14는 6만 년이 지나면 측정하기 힘들 정도의 양만 남는다.

① 탄소-14를 이용한 연대측정법의 연대 측정 범위는 제한적이겠군.
② 시간이 지날수록 죽은 생물 내부에 있는 탄소-14의 개수가 줄어들겠군.
③ 방사성 붕괴는 죽은 생물 내 탄소-12와 탄소-14의 비율에 변화를 일으키겠군.
④ 탄소-14를 이용한 연대측정법으로는 살아 있는 생물의 나이를 측정할 수 없겠군.
⑤ 죽은 생물 안에 남아 있는 질소-14의 양만 알아도 생물이 죽은 연대를 정확히 추정할 수 있겠군.

점수를 올려 주는 어휘

- **층서(층 層, 차례 序)** 지층이 쌓인 순서. 아랫부분에서부터 오래된 순서대로 층을 이루어 겹쳐져 있다.
- **확립(굳을 確, 설 立)** 체계나 견해, 조직 따위가 굳게 섬. 또는 그렇게 함.
- **연대(해 年, 대신할 代)** 지나간 시간을 일정한 햇수로 나눈 것.
- **동위원소(한가지 同, 자리 位, 으뜸 元, 본디 素)** 원자 번호는 같으나 질량수가 서로 다른 원소. 양성자의 수는 같으나 중성자의 수가 다르다.
- **추정(밀 推, 정할 定)** 미루어 생각하여 판정함.
- **변성작용(변할 變, 이룰 成, 지을 作, 쓸 用)** 지각 내부에서 암석 조직과 광물 조성이 그 장소에서의 물리적·화학적 조건에 적합하도록 재구성되는 작용.

분석 노트 35쪽에서 지문을 정리해 보세요.

생물의 활동

학습 일자 월 일
총 풀이 시간 19분 30초

풀이 시간 12분 30초

01~06 다음 글을 읽고 물음에 답하시오.

식물의 생장•에는 물이 필수적이다. 동물과 달리 식물은 잎에서 광합성을 통해 생장에 필요한 양분을 만들어 내는데, 물은 바로 그 원료가 된다. 물은 지구 중심으로부터 중력을 받기 때문에 높은 곳에서 낮은 곳으로 흐르지만, 식물은 지구 중심과는 반대 방향으로 자란다. 따라서 식물이 줄기 끝에 달려 있는 잎에 물을 공급하려면 중력의 반대 방향으로 물을 끌어 올려야 한다. 미국의 캘리포니아 레드우드 국립공원에는 세계에서 키가 가장 큰 세쿼이아가 있다. 이 나무는 키가 무려 112 m에 이르며, 뿌리는 땅속으로 약 15 m까지 뻗어 있다고 한다. 따라서 물이 뿌리에서 나무의 꼭대기에 있는 잎까지 도달하려면 127 m나 끌어 올려져야 한다. 펌프 같은 장치도 보이지 않는데 대체 물이 어떻게 그 높은 곳까지 올라갈 수 있는 것일까? 식물은 어떤 힘을 이용하여 뿌리에서부터 잎까지 물을 끌어 올릴까? 식물이 물을 뿌리에서 흡수하여 잎까지 보내는 데는 뿌리압, 모세관 현상, 증산 작용으로 생긴 힘이 복합적으로 작용한다.

[A] 호박이나 수세미의 잎을 모두 ⓐ떼어 내고 뿌리와 줄기만 남기고 자른 후 뿌리 끝을 물에 넣어 보면, 잘린 줄기 끝에서는 물이 힘차게 솟아오르지는 않지만 계속해서 올라온다. 뿌리털을 둘러싼 세포막을 경계로 안쪽은 땅에 비해 여러 가지 유기물•과 무기물•들이 더 많이 섞여 있어서 뿌리 바깥보다 용액의 농도가 높다. 다시 말해 뿌리털 안은 농도가 높은 반면, 흙 속에 포함되어 있는 물은 농도가 낮다. 이때 농도의 균형을 맞추기 위해 흙 속에 있는 물 분자는 뿌리털의 세포막을 거쳐 물 분자가 상대적으로 적은 뿌리 내부로 ⓑ들어온다. 이처럼 농도가 낮은 흙 속의 물을 농도가 높은 뿌리 쪽으로 이동시키는 힘이 생기는데, 이를 뿌리압이라고 한다. 즉 뿌리압이란 뿌리에서 물이 흡수될 때 밀고 들어오는 압력으로, 물을 위로 밀어 올리는 힘이다.

물이 담긴 그릇에 가는 유리관을 ⓒ꽂아 보면 유리관을 따라 물이 올라가는 것을 관찰할 수 있다. 이처럼 가는 관과 같은 통로를 따라 액체가 올라가거나 내려가는 것을 모세관 현상이라고 한다. 모세관 현상은 물 분자와 모세관 벽이 결합하려는 힘이 물 분자끼리 결합하려는 힘보다 더 크기 때문에 일어난다. 따라서 관이 가늘어질수록 물이 올라가는 높이가 높아진다. 식물체 안에는 뿌리에서 줄기를 거쳐 잎까지 연결된 물관이 있다. 물관은 말 그대로 물이 지나가는 통로인데, 지름이 75㎛(마이크로미터, 1㎛=0.001 mm)로 너무 가늘어 눈으로는 볼 수 없다. 이처럼 식물은 물관의 지름이 매우 작기 때문에 ㉠모세관 현상으로 물을 밀어 올리는 힘이 생긴다.

뜨거운 햇볕이 내리쬐는 더운 여름철에는 큰 나무가 만들어 주는 그늘이 그렇게 고마울 수가 없다. 나무가 만들어 주는 그늘이 건물이 만들어 주는 그늘보다 더 시원한 이유는 무엇일까? ㉮나무의 잎은 물을 수증기 상태로 공기 중으로 내보내는데, 이때 물이 주위의 열을 흡수하기 때문에 나무의 그늘 아래가 건물이 만드는 그늘보다 훨씬 시원한 것이다. 식물의 잎에는 기공•이라는 작은 구멍이 있다. 기공을 통해 공기가 들락날락하거나 잎의 물이 공기 중으로 증발하기도 한다. 이처럼 식물체 내의 수분이 잎의 기공을 통하여 수증기 상태로 증발하는 현상을 ㉡증산 작용이라고 한다. 가로 세로가 10×10 cm인 잔디밭에서 1년 동안 증산하는 물의 양을 조사한 결과, 놀랍게도 55톤이나 되었다. 이는 1리터짜리 페트병 5만 5천 개 분량에 해당하는 물의 양이다. 상수리나무는 6~11월 사이에 약 9,000 kg의 물을 증산하며, 키가 큰 해바라기는 맑은 여름날 하루 동안 약 1 kg의 물을 증산한다.

기공의 크기는 식물의 종류에 따라 ⓓ다른데 보통 폭이 8㎛, 길이가 16㎛ 정도밖에 되지 않는다. 크기가 1 cm^2인 잎에는 약 5만 개나 되는 기공이 있으며, 그 대부분은 잎의 뒤쪽에 있다. 이 기공을 통해 그렇게 엄청난 양의 물이 공기 중으로 증발해 버린다. 증산 작용은 물을 식물체 밖으로 내보내는 작용으로, 뿌리에서 흡수된 물이 줄기를 거쳐 잎까지 올라가는 원동력이다. 잎의 세포에서는 물이 공기 중으로 증발하면서 아래쪽의 물 분자를 끌어 올리는 현상이 일어난다. 즉, 물 분자들은 서로 잡아당기는 힘으로써 연결되는데, 이는 물 기둥을 형성하는 것과 같다. 사슬처럼 연결된 물 기둥의 한쪽 끝을 ⓔ이루는 물 분자가 잎의 기공을 통해 빠져 나가면 아래쪽 물 분자가 끌어 올려지는 것이다. 증산 작용에 의한 힘은 잡아당기는 힘으로 식물이 물을 끌어 올리는 요인 중 가장 큰 힘이다.

01

윗글의 내용과 일치하지 않는 것은?

① 식물의 종류에 따라 기공의 크기가 다르다.
② 식물의 뿌리압은 중력과 동일한 방향으로 작용한다.
③ 식물이 광합성 작용을 하기 위해서는 반드시 물이 필요하다.
④ 뿌리에서 잎까지 물 분자들은 사슬처럼 서로 연결되어 있다.
⑤ 물관 내에서 물 분자와 모세관 벽이 결합하려는 힘으로 물이 위로 이동한다.

02

[A]와 〈보기〉를 이해한 것으로 적절하지 않은 것은? [3점]

> 보기
>
> 삼투 현상이란 용액의 농도가 낮은 곳에서 높은 곳으로 선택적 투과성 막을 통해 물이 이동하는 현상이다. 이때 물이 이동하는 힘을 삼투압이라 하며, 이 힘은 용액의 농도에 따라 비례한다. 삼투 현상의 예로 배추를 소금물에 담그면 소금 입자는 이동하지 못하고 배추에 있는 물이 소금물 쪽으로 이동하여 배추가 절여지는 것을 들 수 있다.

① 뿌리털을 둘러싼 세포막은 선택적 투과성 막 역할을 한다.
② 소금물에 소금을 추가하면 배추에서 빠져 나오는 물이 이동하는 힘이 커진다.
③ 선택적 투과성 막을 흙 속의 물 분자는 통과할 수 있지만 소금 입자는 통과할 수 없다.
④ 흙 속의 물과 배추의 물이 이동하면 뿌리털 안의 용액과 소금물의 농도가 높아진다.
⑤ 뿌리가 흙 속의 물을 흡수하는 것과 배추에서 물이 빠져 나오는 것은 용액의 농도 차이 때문에 발생한다.

03

㉠과 ㉡에 대한 설명으로 적절하지 않은 것은?

① ㉠은 관의 지름에 따라 물이 올라가는 높이가 달라진다.
② ㉡이 일어나면 물이 식물체 내에서 빠져 나와 주변의 온도를 낮춘다.
③ ㉠에 의해서는 물의 상태가 바뀌지 않고, ㉡에 의해서는 물의 상태가 바뀐다.
④ ㉠으로 물을 위로 밀어 올리는 힘이, ㉡으로 물을 위에서 잡아당기는 힘이 생긴다.
⑤ ㉠에 의해 식물이 물을 밀어 올리는 힘보다 ㉡에 의해 식물이 물을 끌어 올리는 힘이 더 작다.

04

㉮와 같은 현상이 일어나는 예로 적절한 것은?

① 피부에 알코올 솜을 문지를 때
② 주머니 난로의 액체가 하얗게 굳어갈 때
③ 음식물을 공기 중에 오래 두어 부패될 때
④ 이누이트 족이 얼음집 안에 물을 뿌릴 때
⑤ 폭죽에 들어 있는 화약이 터져 불꽃이 발생할 때

05

학생이 〈보기〉와 같은 실험을 하였다. 윗글을 바탕으로 〈보기〉에 대한 반응으로 적절한 것은?

> 보기
>
> 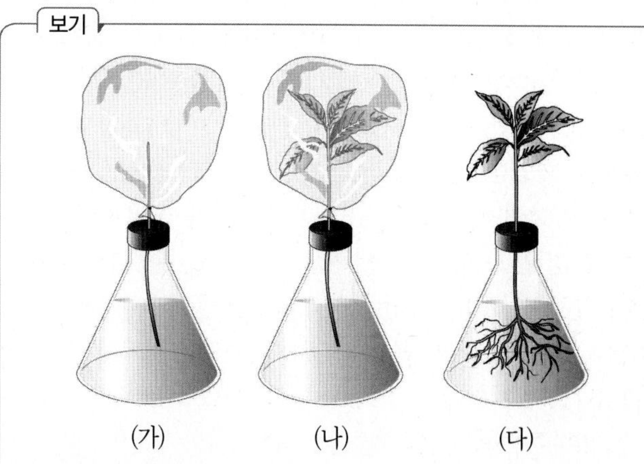
> (가) (나) (다)
>
> 크기와 종류가 같은 식물 셋을 (가)는 줄기만, (나)는 줄기와 잎만을 남겨 비닐을 씌운다. (다)는 뿌리, 줄기, 잎을 그대로 둔다. 셋을 물에 담아 햇빛 등이 동일한 조건에서 변화를 관찰하였다.

① (가)보다 (나)의 비닐 안쪽 면에 물방울이 덜 맺힐 것이다.
② (가)의 용기에 담긴 물이 (나), (다)의 용기에 담긴 물보다 더 많이 줄어들 것이다.
③ (나)에서는 한 가지 힘이, (다)에서는 두 가지 힘이 작용하여 물이 이동한다.
④ (가), (나), (다) 모두 물 분자들이 연결된 물 기둥이 형성될 것이다.
⑤ (가), (나), (다) 모두 공기가 식물 내부로 출입하는 현상이 일어나지 않는다.

06

문맥상 ⓐ~ⓔ와 바꿔 쓰기에 가장 적절한 것은?

① ⓐ: 삭제(削除)하고
② ⓑ: 투입(投入)된다
③ ⓒ: 부착(附着)하면
④ ⓓ: 상이(相異)한데
⑤ ⓔ: 조성(造成)하는

점수를 올려 주는 어휘

- **생장(날 生, 길 長)** 나서 자람. 또는 그런 과정.
- **유기물(있을 有, 틀 機, 물건 物)** 생체를 이루며, 생체 안에서 생명력에 의하여 만들어지는 물질.
- **무기물(없을 無, 틀 機, 물건 物)** 생명을 지니지 않은 물질을 통틀어 이르는 말. 물, 흙, 공기, 돌, 광물 따위가 있다.
- **기공(기운 氣, 구멍 孔)** 식물의 잎이나 줄기의 겉껍질에 있는, 숨쉬기와 증산 작용을 하는 구멍.

분석 노트 36쪽에서 지문을 정리해 보세요.

풀이 시간 7분 00초

07~09 다음 글을 읽고 물음에 답하시오.

동물은 다양한 방식으로 중요한 장소의 위치를 기억하고 이를 활용하여 자신의 은신처•까지 길을 찾아올 수 있다. 동물의 길찾기 방법에는 '장소기억', '재정위', '경로적분' 등이 있다. '장소기억'은 장소의 몇몇 표지만을 영상 정보로 기억해 두었다가 그 영상과의 일치 여부를 확인하며 길을 찾는 방법이다. 기억된 영상은 어떤 각도에서 바라보는지에 따라 달라지기에, 이 방법을 활용하는 꿀벌은 특정 장소를 특정 각도에서 본 영상으로 기억해 두었다가 다시 그곳으로 갈 때는 자신이 보는 영상과 기억된 영상이 일치하도록 비행한다. 장소기억은 곤충과 포유류를 비롯한 많은 동물이 길찾기에 활용한다.

'재정위'는 방향 기억이 헝클어진 상황에서도 장소의 기하학•적 특징을 활용하여 방향을 다시 찾는 방법이다. 예를 들어, 직사각형 방에 갇힌 배고픈 흰쥐에게 특정 장소에만 먹이를 두고 찾게 하면, 긴 벽이 오른쪽에 있었는지와 같은 공간적 정보만을 활용하여 먹이를 찾는다. 이런 정보는 흰쥐의 방향 감각을 혼란시킨 상황에서도 보존되는데, 흰쥐는 재정위 과정에서 장소기억 관련 정보를 무시한다. 하지만 최근 연구에 따르면, 원숭이는 재정위 과정에서 벽 색깔과 같은 장소기억 정보도 함께 활용한다는 점이 밝혀졌다.

'경로적분'은 곤충과 새의 가장 기본적인 길찾기 방법으로 이를 활용하는 능력은 타고나는 것으로 알려졌다. 예를 들어 먹이를 찾아 길을 나선 ㉠사하라 사막의 사막개미는 집 근처를 이리저리 탐색하다가 일단 먹이를 찾으면 집을 향해 거의 일직선으로 돌아온다. 사막개미는 장소기억 능력이 있지만 눈에 띄는 지형지물•이 거의 없는 사막에서는 장소기억을 사용할 수 없기 때문에 경로적분을 활용한다. 사막개미의 이러한 놀라운 집찾기는 집을 출발하여 먹이를 찾아 이동하면서 자신의 위치에서 집 방향을 계속하여 다시 계산함으로써 가능하다. 가령, 그림에서 이동 경로를 따라 A에 도달한 사막개미가 먹이를 찾았다면 그때 파악한 집 방향 $\overrightarrow{AN}$으로 집을 향해 갈 것이다. 만약 A에서 먹이를 찾지 못해 B로 한 걸음 이동했다고 가정하자. 이때 사막개미는 A에서 B로의 이동 방향과 거리에 근거하여 새로운 집 방향 $\overrightarrow{BN}$을 계산한다. 사막개미는 먹이를 찾을 때까지 이러한 과정을 반복하여 매 위치에서의 집 방향을 파악한다.

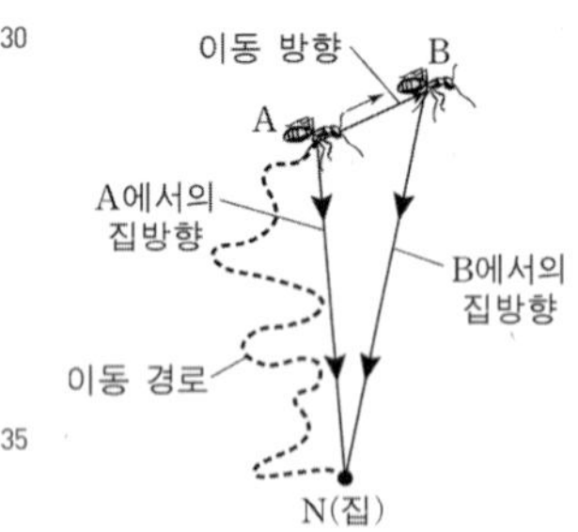

한편, 이동 경로상의 매 지점에서 사막개미가 방향을 결정하기 위해서는 기준이 있어야 한다. 이 기준을 정하기 위해 사막개미는 태양의 위치와 산란•된 햇빛을 함께 이용한다. 태양의 위치는 태양이 높이 떠 있거나 구름에 가려 보이지 않을 때는 유용•하지 않다. 이때 결정적 도움을 주는 것이 산란된 햇빛 정보이다. 사막개미는 마치 하늘을 망원경으로 관찰하는 천문학자처럼 하늘을 끊임없이 관찰하고 있는 셈이다.

07

윗글에 대한 이해로 가장 적절한 것은?

① 곤충은 길찾기 과정에서 경로적분을 사용하지 않는다.
② 새는 길찾기 과정에서 장소기억을 기본적으로 사용한다.
③ 흰쥐는 재정위 과정에서 산란된 햇빛 정보를 활용한다.
④ 원숭이는 재정위 과정에서 기하학적 정보도 활용한다.
⑤ 꿀벌은 특정 장소를 여러 각도에서 바라본 영상을 기억하여 길을 찾는다.

08

윗글을 바탕으로 할 때, ㉠의 길찾기에 대한 추론으로 가장 적절한 것은?

① 사막개미는 암흑 속에서도 집 방향을 계산할 수 있겠군.
② 사막개미의 경로적분 능력은 학습을 통해 얻어진 것이겠군.
③ 지형지물이 많은 곳에서 사막개미는 장소기억을 활용하겠군.
④ 사막개미가 먹이를 찾은 후 집으로 되돌아갈 때는 왔던 경로를 따라 가겠군.
⑤ 사막개미는 한 걸음씩 이동하면서 그때마다 집까지의 직선 거리를 다시 계산하겠군.

◆ 정답과 해설 p. 111~112

09

윗글을 바탕으로 할 때, 〈보기〉의 상황에서 병아리가 보일 행동에 대한 추론으로 가장 적절한 것은? [3점]

보기

병아리가 재정위 과정에서 기하학적 특징만을 활용한다고 가정하자. 아래 그림의 직사각형 모양의 상자에서 먹이는 A에만 있다. 병아리가 A, B, C, D를 모두 탐색하여 먹이가 어디에 있는지 학습하게 한 후, 상자에서 꺼내 방향을 혼란시킨 다음 병아리를 상자 중앙에 놓고 먹이를 찾도록 한다. 이와 같은 실험을 여러 번 수행하여 병아리가 A, B, C, D를 탐색하는 빈도를 측정한다.

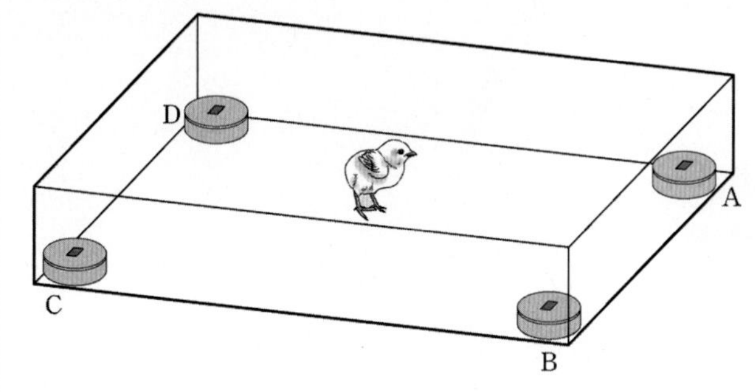

① A를 높은 빈도로 탐색하고 B, C, D를 비슷한 정도의 낮은 빈도로 탐색한다.
② A, B를 비슷한 정도의 높은 빈도로 탐색하고 C, D를 비슷한 정도의 낮은 빈도로 탐색한다.
③ A, C를 비슷한 정도의 높은 빈도로 탐색하고 B, D를 비슷한 정도의 낮은 빈도로 탐색한다.
④ A, D를 비슷한 정도의 높은 빈도로 탐색하고 B, C를 비슷한 정도의 낮은 빈도로 탐색한다.
⑤ A, B, C, D를 비슷한 정도의 빈도로 탐색한다.

점수를 올려 주는 어휘

- **은신처(숨을 隱, 몸 身, 곳 處)** 몸을 숨기는 곳.
- **기하학(몇 幾, 어찌 何, 배울 學)** 도형 및 공간의 성질에 대하여 연구하는 학문.
- **지형지물(땅 地, 모양 形, 땅 地, 물건 物)** 땅의 생김새와 땅 위에 있는 모든 물체를 이르는 말.
- **산란(흩을 散, 어지러울 亂)** 파동이나 입자선이 물체와 충돌하여 여러 방향으로 흩어지는 현상.
- **유용(있을 有, 쓸 用)** 쓸모가 있음.

분석 노트 37쪽에서 지문을 정리해 보세요.

기술

출제 경향

지문 구성

하나의 단독 지문으로 출제된다. 이해를 돕기 위해 시각 자료가 제시되는 경우가 많으며, 인문, 사회, 과학과 같은 다른 영역의 지문에 비해서는 분량이 짧은 편이다. 학생들의 배경 지식을 뛰어넘는 수준의 지문이 출제되지만, 지문만으로 내용을 이해할 수 있도록 풀어 설명하는 방식으로 구성된다. 과학 지문과 기술 지문 중 하나의 영역만이 출제된다는 특징이 있다.

지문 성격

산업 기술, 통신 기술, 컴퓨터 기술, 장비 기술 등의 영역에서 출제되며, 우리 생활 전반에 영향을 미치는 기술의 원리와 발달 과정, 활용 분야와 전망 등에 대한 내용을 주로 담고 있다.

문항 유형

4~5개 정도의 문항이 출제된다. 기본적으로 세부 정보를 파악하는 유형의 문제가 출제되며, 지문에서 설명한 기술적 원리를 제시된 구체적 상황에 적용해 보는 유형의 문제가 자주 출제된다. 제재의 생소함으로 인해 체감 난도가 높을 수 있지만, 이때 문항의 난도는 의외로 평이한 수준으로 출제되는 경우가 많다.

DAY	테마	제재	문제편	해설편	학습일
DAY 18	**산업 기술**	OLED 스마트폰의 야외 시인성을 높이는 기술	86쪽	113쪽	월 일
		친환경차	88쪽	116쪽	
DAY 19	**통신 기술**	데이터 오류 검출 방식	90쪽	119쪽	월 일
		GPS의 위치 파악	92쪽	122쪽	
DAY 20	**장비 기술**	양전자 단층 촬영	94쪽	126쪽	월 일
		전기레인지	96쪽	129쪽	
DAY 21	**컴퓨터 기술**	CPU 스케줄링	98쪽	131쪽	월 일
		캐싱의 과정	100쪽	133쪽	
DAY 22	**에너지 활용 기술**	석빙고의 원리	102쪽	137쪽	월 일
		지역난방의 열 수송 방식	104쪽	140쪽	

산업 기술

학습 일자 월 일
총 풀이 시간 21분 00초

풀이 시간 10분 30초

01~05 다음 글을 읽고 물음에 답하시오.

맑고 화창한 날 밖에서 스마트폰 화면이 잘 보이지 않았던 경험이 한 번쯤은 있을 것이다. 이는 화면에 반사된 햇빛이 화면에서 나오는 빛과 많이 ⓐ혼재될수록 야외 시인성이 저하•되기 때문이다. 야외 시인성이란, 빛이 밝은 야외에서 대상을 명확하게 인식할 수 있는 성질을 의미한다. 그렇다면 스마트폰에는 야외 시인성 개선을 위해 어떠한 기술이 적용되어 있을까?

㉠스마트폰 화면의 명암비가 높으면 우리는 화면에 표현된 이미지를 선명하다고 인식한다. 명암비는 가장 밝은 색과 가장 어두운 색을 화면이 얼마나 잘 표현하는지를 나타내는 수치로, 흰색을 표현할 때의 휘도를 검은색을 표현할 때의 휘도로 나눈 값이다. 여기서 휘도는 화면에서 나오는 빛이 사람의 눈에 얼마나 들어오는지를 나타내는 양이다. 가령, 흰색을 표현할 때의 휘도가 2,000cd/m^2이고 검은색을 표현할 때의 휘도가 2cd/m^2인 스마트폰의 명암비는 1,000이다.

명암비는 휘도를 측정하는 환경에 따라 암실 명암비와 명실 명암비로 구분된다. 암실 명암비는 햇빛과 같은 외부광 없이 오로지 화면에서 나오는 빛만을 인식할 수 있는 조건에서의 명암비를, 명실 명암비는 외부광이 ⓑ존재하는 조건에서의 명암비를 의미한다. 스마트폰의 야외 시인성을 높이기 위해서는 명실 명암비를 높여야 한다. 이를 위해 화면에서 흰색을 표현할 때의 휘도를 높이는 방법과 검은색을 표현할 때의 휘도를 낮추는 방법을 사용할 수 있다.

그런데 스마트폰에 흔히 사용되는 OLED는 흰색을 표현할 때의 휘도를 높이는 데 한계가 있다. OLED는 화면의 내부에 있는 기판에서 빛을 내는 소자•로, 빨간색, 초록색, 파란색 빛을 조합하여 다양한 색을 ⓒ구현한다. 이렇게 OLED가 색을 표현할 때, 출력•되는 빛의 세기를 높이면 해당 색의 휘도가 높아진다. 그러나 강한 세기의 빛을 출력할수록 OLED의 수명이 ⓓ단축되는 문제가 있다. 이러한 이유로 OLED 스마트폰에는 편광판과 위상지연필름을 활용하여, 외부광의 반사로 높아진 검은색을 표현할 때의 휘도를 낮추는 기술이 적용되고 있다.

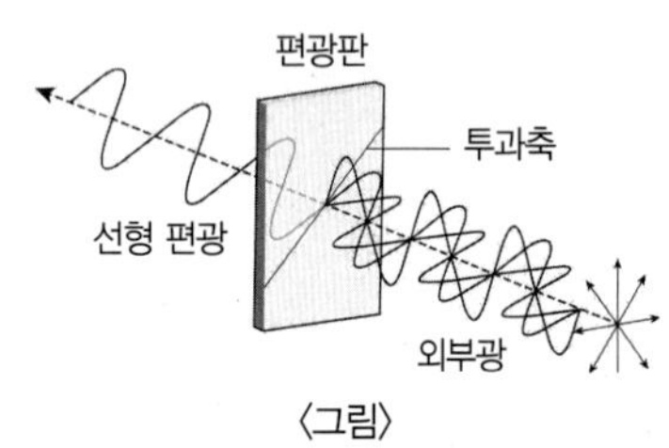

〈그림〉

〈그림〉은 OLED 스마트폰에 적용된 편광판의 원리를 나타낸 것이다. 일반적으로 빛은 진행하는 방향에 수직인 모든 방향으로 진동하며 나아간다. 빛이 편광판을 통과하면 그중 편광판의 투과축과 평행한 방향으로 진동하며 나아가는 선형 편광만 남고, 투과축의 수직 방향으로 진동하는 빛은 차단된다. 이러한 과정에서 편광판을 통과한 빛의 세기는 감소하게 된다.

[A] 이러한 원리를 이용해 OLED 스마트폰에서 야외 시인성을 높이는 기술을 설명하면 다음과 같다. 먼저 스마트폰 화면 안으로 들어오는 외부광은 편광판을 거치면서 일부가 차단되고 투과축과 평행한 방향으로 진동하는 선형 편광만 남게 된다. 그런 다음 이 선형 편광은 위상지연필름을 지나면서 회전하며 나아가는 빛인 원형 편광으로 편광의 형태가 바뀐다. 이 원형 편광은 스마트폰 화면의 내부 기판•에 반사된 뒤, 다시 위상지연필름을 통과하며 선형 편광으로 바뀐다. 그런데 이 선형 편광의 진동 방향은 외부광이 처음 편광판을 통과했을 때 남은 선형 편광의 진동 방향과 수직을 이루게 되어 편광판에 가로막히게 된다. 그 결과 기판에 반사된 외부광은 화면 밖으로 빠져나가지 못하게 된다.

이와 같은 기술은 OLED 스마트폰의 야외 시인성을 높이는 데에는 매우 효과적이지만, 편광판을 사용할 수밖에 없기 때문에 스마트폰 화면이 일정 수준의 명암비를 유지하기 위해서는 ㉡OLED가 내는 빛의 세기를 높게 유지해야 한다는 단점이 존재한다. 그리고 외부광이 화면의 외부 표면에 반사되어 나타나는 야외 시인성의 저하도 ⓔ방지하지 못한다. 최근에는 이러한 문제점들을 개선하기 위한 연구가 다양한 분야에서 이루어지고 있다.

01

윗글에서 알 수 있는 내용으로 가장 적절한 것은?

① 햇빛은 진행하는 방향에 수직인 모든 방향으로 진동한다.
② OLED는 네 가지의 색을 조합하여 다양한 색을 구현한다.
③ 사람의 눈에 들어오는 빛의 양이 많으면 휘도는 낮아진다.
④ 야외 시인성은 사물 간의 크기 차이를 비교하는 기준이다.
⑤ OLED는 화면의 외부 표면에 반사되는 외부광을 차단한다.

02

㉠에 대한 설명으로 적절하지 않은 것은?

① 명실 명암비를 높이면 야외 시인성이 높아지게 된다.
② 흰색을 표현할 때의 휘도가 낮아질수록 암실 명암비가 높아진다.
③ 휘도를 측정하는 환경에 따라 명실 명암비와 암실 명암비로 나뉜다.
④ 흰색을 표현할 때의 휘도를 검은색을 표현할 때의 휘도로 나눈 값이다.
⑤ 화면에 반사된 외부광이 눈에 많이 들어올수록 명실 명암비가 낮아진다.

03

㉡의 이유를 추론한 것으로 가장 적절한 것은?

① OLED가 내는 빛의 휘도를 조절할 수 없기 때문이다.
② OLED가 내는 빛이 강할수록 수명이 길어지기 때문이다.
③ OLED가 내는 빛 중 일부가 편광판에서 차단되기 때문이다.
④ OLED가 내는 빛이 약하면 명암비 계산이 어렵기 때문이다.
⑤ OLED가 내는 빛의 세기를 높이는 데 한계가 있기 때문이다.

04

〈보기〉는 [A]의 과정을 나타낸 그림이다. 윗글을 바탕으로 〈보기〉를 이해한 내용으로 적절하지 않은 것은? [3점]

보기

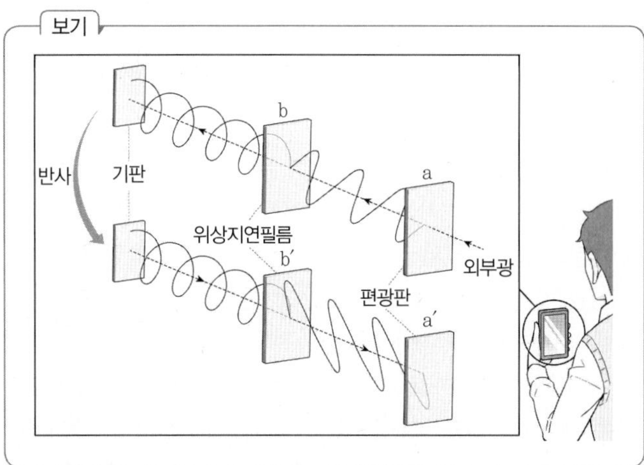

① 외부광은 a를 거치면서 투과축과 평행한 방향으로 진동하는 빛만 남게 된다.
② a를 거쳐 b로 나아가는 빛은 진행 방향에 수직인 방향으로 진동한다.
③ b를 거친 빛은 기판에 의해 a를 거쳐 b로 나아가는 빛과 같은 형태의 편광으로 바뀌게 된다.
④ b′를 거친 빛의 진동 방향은 a를 거쳐 b로 나아가는 빛의 진동 방향과 수직을 이룬다.
⑤ b′를 거친 빛은 진동 방향이 a′의 투과축과 수직을 이루므로 화면 밖으로 빠져나가지 못하게 된다.

05

문맥상 ⓐ~ⓔ와 바꾸어 쓰기에 적절하지 않은 것은?

① ⓐ: 뒤섞일수록
② ⓑ: 있는
③ ⓒ: 고른다
④ ⓓ: 줄어드는
⑤ ⓔ: 막지

점수를 올려 주는 어휘

- **저하(낮을 低, 아래 下)** 정도, 수준, 능률 따위가 떨어져 낮아짐.
- **소자(본디 素, 아들 子)** 장치, 전자 회로 따위의 구성 요소가 되는 낱낱의 부품으로, 독립된 고유의 기능을 가지고 있는 것.
- **출력(날 出, 힘 力)** 엔진, 전동기, 발전기 따위가 외부에 공급하는 기계적·전기적 힘.
- **기판(터 基, 널빤지 板)** 배선(配線)을 변경할 수 있는 전기 회로가 편성되어 있는 판.

분석 노트 38쪽에서 지문을 정리해 보세요.

풀이 시간 10분 30초

06~10 다음 글을 읽고 물음에 답하시오.

자동차에서 배출되는 오염 물질로 인한 대기 오염 및 기후 변화 문제가 심각해지면서 세계 각국은 온실가스의 배출 억제를 위해 자동차 분야 규제를 강화하고 있어 오염 물질의 배출이 적은 친환경차가 주목을 ㉮받고 있다.

친환경차에는 전기차, 수소전기차, 하이브리드차가 있는데 이중 ㉠전기차와 수소전기차는 전기에너지를 운동에너지로 변환하여 주는 모터만으로 구동되고, ㉡하이브리드차는 모터와 함께 ㉢내연기관차처럼 연료를 연소시킬 때 발생하는 열에너지를 운동에너지로 바꿔 주는 엔진을 사용하여 구동된다. 내연기관차는 마찰 제동장치를 사용하므로 차가 감속할 때 운동에너지가 열에너지로 변환된 후 사라지는 반면, 친환경차는 감속 시 운동 에너지를 전기에너지로 변환하여 배터리에 충전해 다시 사용할 수 있게 하는 회생 제동장치도 사용해 에너지 효율을 높이고 있다.

하이브리드차는 출발할 때에는 전기에너지를 이용하여 모터를 구동하고 주행 시에는 주행 상황에 따라 모터와 엔진을 적절히 이용하므로 일반 내연기관차보다 연비가 좋고 배기가스가 저감되는 효과가 있다. 전기차와 수소전기차는 엔진 없이 모터를 사용해 전기에너지만으로 달리는 차라 할 수 있다. 전기차는 고전압 배터리에 충전을 해 전기에너지를 모터로 공급하여 움직이고, 수소전기차는 연료 탱크에 저장된 수소를 연료전지를 통해 전기에너지로 변환하여 동력원으로 사용한다. 연료전지는 차량 구동에 필요한 수준의 전기에너지를 발전시키기 위해 다수의 연료전지를 직렬로 연결하여 가로로 쌓아 만드는데 이를 스택(stack)이라 한다. 연료전지는 저장된 수소와 외부로부터 공급되는 공기 속 산소가 만나 일어나는 산화·환원 반응 과정을 통해 전기에너지를 생성하는데, 산화란 어떤 물질이 전자를 내어 주는 것을, 환원이란 전자를 받아들이는 것을 의미한다. 이렇게 물질이 전자를 얻거나 잃는 것을 이온화라고도 하는데 물질이 전자를 얻으면 음이온이, 전자를 잃으면 양이온이 된다.

수소전기차에는 백금을 넣은 촉매와 고분자전해질막을 지닌 연료전지를 많이 사용하는데 다른 연료전지에 비해 출력이 크고 저온에서도 작동이 되며 구조도 간단하다. 연료전지의 −극과 +극에 사용되는 촉매 속에 들어있는 백금은 −극에서는 수소의 산화 반응을, +극에서는 산소의 환원 반응을 활성화한다. 그리고 두 극 사이에 있는 고분자전해질막은 양이온의 이동은 돕고 음이온과 전자의 이동은 억제하는 역할을 한다.

연료전지에서 전기에너지가 생성되는 과정은 수소를 저장한 연료 탱크로부터 수소가 −극으로, 공기공급기로 유입되는 외부의 공기 속 산소가 +극으로 공급되며 시작된다. −극에 공급된 수소는 촉매 속 백금에 의해 수소 양이온(H^+)과 전자(e^-)로 분리되고, 수소 양이온은 고분자전해질막을 통과해 +극으로, 전자는 외부 회로를 통해 +극으로 이동한다. 이렇게 전자가 외부 회로로 흐르며 전기에너지가 발생하는데, 생성된 전기에너지는 모터로 전해져 동력원이 되고 일부는 배터리에 축전된다. +극에서는 공급된 산소가 외부 회로를 통해 이동해 온 전자(e^-)와 결합해 산소 음이온(O^-)이 된 후, 수소 양이온(H^+)과 만나 물(H_2O)이 되어 외부로 배출된다.

수소전기차에 사용되는 수소는 가솔린의 세 배나 되는 단위 질량당 에너지 밀도를 지니고 있어 에너지 효율이 높다. 그리고 수소와 산소의 반응을 이용하므로 오염 물질이나 온실가스의 배출이 적고 외부로부터 공급되는 공기를 필터로 정화하여 사용한 후 배출하므로 공기를 정화하는 기능도 한다. 그러나 고가인 백금과 고분자전해질막을 사용해 연료전지를 제작해 가격이 비싸다는 점, 수소는 고압으로 압축해야 하므로 폭발할 위험성이 커 보관과 이동에 어려움이 있다는 점 등 해결해야 할 문제들이 남아 있다.

06

윗글에 대해 이해한 내용으로 적절하지 <u>않은</u> 것은?

① 고압으로 압축한 수소는 폭발할 위험이 크니 보관이나 이동에 어려움이 많겠군.
② 수소전기차는 공급되는 외부 공기를 필터로 걸러 사용하므로 정화된 공기가 배출되겠군.
③ 수소가 연료로 쓰이는 이유는 가솔린보다 에너지 효율은 낮지만 친환경적이기 때문이겠군.
④ 백금과 고분자전해질막을 대신할 저가의 원료를 개발한다면 연료전지의 가격을 낮출 수 있겠군.
⑤ 수소전기차를 구동할 수준의 전기에너지를 만들어 내려면 다수의 연료전지를 직렬로 연결해 만들어야겠군.

07

〈보기〉는 수소전기차의 연료전지에서 전기에너지가 생성되는 과정을 도식화한 것이다. 윗글을 바탕으로 〈보기〉를 이해한 내용으로 적절하지 않은 것은? [3점]

보기

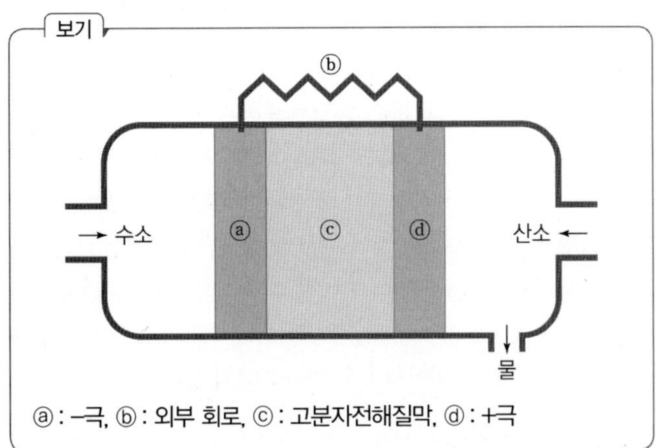

ⓐ : –극, ⓑ : 외부 회로, ⓒ : 고분자전해질막, ⓓ : +극

① ⓐ와 ⓓ에 들어 있는 금속은 각각 수소와 산소의 이온화를 촉진하겠군.
② ⓑ를 통해 전자가 흘러가는 이유는 ⓒ가 전자의 이동을 억제하기 때문이겠군.
③ ⓒ를 통과하여 ⓓ로 이동하는 수소 양이온은 ⓐ에서 전자를 잃은 수소이겠군.
④ ⓐ와 ⓓ에서 분리된 전자는 ⓑ에서 만나 전기에너지를 생성하겠군.
⑤ ⓓ에서는 수소 양이온과 산소 음이온이 결합하여 물이 생성되겠군.

08

㉠~㉢에 대한 이해로 적절하지 않은 것은?

① ㉠은 ㉡, ㉢과 달리 연료 탱크를 제작할 필요가 없다.
② ㉡은 ㉠에 쓰이는 모터와 ㉢에 쓰이는 엔진을 주행 상황에 따라 이용한다.
③ ㉢은 ㉠, ㉡과 달리 감속할 때 발생하는 에너지를 자동차의 주행에 활용하지 못한다.
④ ㉠, ㉡은 ㉢에 비해 배출되는 오염 물질과 온실가스의 양이 적다.
⑤ ㉠, ㉡은 ㉢과 달리 전기에너지를 운동에너지로 변환하여 출발한다.

09

문맥상 ㉮와 가장 가까운 의미로 쓰인 것은?

① 회사의 미래를 위해 신입 사원을 받아야 하겠군.
② 네가 원하는 요구 조건은 무엇이든지 받아 주겠다.
③ 그 아이는 막내로 태어나 집에서 귀염을 받고 자랐다.
④ 그는 좌회전 신호를 받고 천천히 차의 속도를 높였다.
⑤ 예전에는 빗물을 큰 물통에 받아 빨래하는 데 쓰기도 했다.

점수를 올려 주는 어휘

- **배출(밀칠 排, 날 出)** 안에서 밖으로 밀어 내보냄.
- **규제(법 規, 절제할 制)** 규칙이나 규정에 의하여 일정한 한도를 정하거나 정한 한도를 넘지 못하게 막음.
- **구동(몰 驅, 움직일 動)** 동력을 가하여 움직임.
- **주행(달릴 走, 다닐 行)** 주로 동력으로 움직이는 자동차나 열차 따위가 달림.
- **연비(탈 燃, 쓸 費)** 자동차가 단위 주행 거리 또는 단위 시간당 소비하는 연료의 양.
- **저감(낮을 低, 덜 減)** 낮추어 줄임.
- **동력원(움직일 動, 힘 力, 근원 源)** 수력, 전력, 화력, 원자력, 풍력 따위와 같이 동력의 근원이 되는 에너지.
- **촉매(닿을 觸, 중매 媒)** 자신은 변화하지 아니하면서 다른 물질의 화학 반응을 매개하여 반응 속도를 빠르게 하거나 늦추는 일. 또는 그런 물질.
- **축전(빌 祝, 번개 電)** 축하하는 뜻을 나타내기 위하여 보내는 전보.

분석 노트 39쪽에서 지문을 정리해 보세요.

DAY 19 기술

통신 기술

학습 일자 월 일
총 풀이 시간 21분 00초

풀이 시간 10분 30초

01~05 다음 글을 읽고 물음에 답하시오.

컴퓨터 네트워크에서 데이터가 전송될 때 수신된 데이터에 오류가 있는 경우가 있다. 오류를 검출하기 위해 송신기는 오류 검출 부호를 포함한 데이터를 전송하고 수신기는 수신한 데이터를 검사하여 오류가 있으면 재전송을 요청한다.

수신한 데이터에 오류가 있는지 검출하는 가장 간단한 방식은 ㉠패리티 검사이다. 이 방식은 전송할 데이터에 패리티 비트라는 오류 검출 부호를 추가하는 방법으로, 패리티 비트를 추가하여 데이터의 1의 개수를 짝수나 홀수로 만든다. 1의 개수를 짝수로 만드는 방식을 짝수 패리티, 홀수로 만드는 방식을 홀수 패리티라고 하고 송·수신기는 모두 같은 방식을 사용해야 한다. 예를 들어 짝수 패리티를 사용한다면 송신기는 항상 데이터의 1의 개수를 짝수로 만들어서 전송하지만 만일 수신한 데이터의 1의 개수가 홀수가 되면 수신기는 오류가 발생했다고 판단하는 것이다. 하지만 패리티 검사는 ㉮수신한 데이터에서 짝수 개의 비트에 오류가 동시에 있으면 이를 검출하기 어렵다. 또한 오류의 발생 여부를 검출할 수 있을 뿐 데이터 내 오류의 위치는 알아낼 수 없다.

전송할 데이터를 2차원 배열로 구성해서 패리티 비트를 생성하면 오류의 발생 여부뿐만 아니라 오류의 위치도 알아낼 수 있다. 예를 들어 송신기가 1100011 1111111을 전송한다고 하자. 송신기는 이를 $\begin{matrix}1100011\\1111111\end{matrix}$과 같이 2차원 배열로 구성하고 가로 방향인 모든 행과 세로 방향인 모든 열에 패리티 비트를 생성한 후 이를 포함한 데이터를 전송한다. 수신기는 수신한 데이터의 각각의 행과 열의 1의 개수를 세어 오류를 검사한다. 만약 어떤 비트에 오류가 발생하면 그 비트가 포함된 행과 열에서 모두 오류가 검출된다. 따라서 오류가 발생한 위치를 알 수 있다. 다만 동일한 행 또는 열에서 짝수 개의 오류가 발생하면 오류가 발생한 정확한 위치를 알 수 없다.

㉡CRC 방식은 미리 선택된 생성 부호를 사용해서 오류 검출 부호를 생성하는 방식이다. 전송할 데이터를 생성 부호로 나누어서 오류 검출 부호를 생성하는 데 모듈로-2 연산을 활용한다. 모듈로-2 연산은 자릿수가 제한된 상태에서 나머지를 구하는 연산으로 해당 자릿수의 비트 값이 같으면 0, 다르면 1이 된다. 〈그림〉과 같이 생성 부호가 1011이고 전송할 데이터가 110101인 경우를 보자. 전송할 데이터는 오류 검출 부호를 추가해야 하기 때문에 그만큼의 비트가 더 필요하다. 송신기는 전송할 데이터의 오른쪽 끝에 생성 부호의 비트 수보다 하나 작은 비트 수만큼 0을 추가한 후 이를 생성 부호로 나누고 그 나머지가 오류 검출 부호가 된다. 송신기는 오류 검출 부호를 포함한 데이터 ㉢110101111만을 전송하고 수신기는 수신한 데이터를 송신기와 동일한 생성 부호로 나눈다. 수신한 데이터는 전송할 데이터에 나머지를 추가했으므로 오류가 없다면 생성 부호로 나누었을 때 나머지가 0이 된다. 이때 나머지가 0이 아니면 수신한 데이터에 오류가 있다고 판단한다. CRC 방식은 복잡하지만 여러 개의 오류가 동시에 생겨도 이를 검출할 수 있어서 오류 검출 확률이 높다.

```
                    111101
           1011)110101000
생성 부호 ─┘    1011 └──── 전송할 데이터
                 1100
                 1011
                  1111
                  1011
                   1000
                   1011
                    0110
                    0000
                     1100
                     1011
                      111
                      └──── 오류 검출 부호
```

〈그림〉

01

윗글에서 알 수 있는 내용으로 적절하지 않은 것은?

① CRC 방식은 모듈로-2 연산을 사용해서 생성 부호를 만들어 낸다.
② 패리티 검사에서 송신기와 수신기는 동일한 패리티 방식을 사용해야 한다.
③ CRC 방식에서 생성 부호의 비트 수는 오류 검출 부호의 비트 수보다 하나가 더 많다.
④ 짝수 패리티는 패리티 비트를 포함한 데이터의 1의 개수가 짝수인지 여부를 검사한다.
⑤ CRC 방식은 여러 개의 오류가 동시에 생겨도 검출할 수 있어서 오류 검출 확률이 높다.

02

㉠과 ㉡에 대해 이해한 내용으로 적절하지 않은 것은?

① ㉠은 ㉡과 달리 데이터에 포함된 1의 개수가 짝수나 홀수가 되도록 오류 검출 부호를 생성한다.
② ㉡은 ㉠과 달리 데이터의 오류를 검출하기 위해 송신기와 수신기 모두에서 오류 검사를 해야 한다.
③ ㉠과 ㉡은 모두, 수신한 데이터의 오류 발생 여부를 수신기가 판단한다.
④ ㉠과 ㉡은 모두, 데이터를 전송하기 전에 오류 검출 부호를 생성해야 한다.
⑤ ㉠과 ㉡은 모두, 전송할 데이터가 같더라도 오류 검출 부호는 다를 수 있다.

03

㉮의 이유로 가장 적절한 것은?

① 송신기가 패리티 비트를 생성하는 것이 불가능하기 때문에
② 전송되는 데이터에 포함된 1의 개수가 항상 홀수로 나타나기 때문에
③ 전송되는 데이터에 포함된 1의 개수가 항상 짝수로 나타나기 때문에
④ 오류가 발생했을 때 전송되는 패리티 비트의 크기가 늘어나기 때문에
⑤ 수신한 데이터가 정상일 때와 수신한 데이터에 오류가 있을 때의 패리티 비트가 동일하기 때문에

04

윗글을 바탕으로 〈보기〉를 설명한 내용으로 적절하지 않은 것은? [3점]

보기

송신기는 오류 검출 방식으로 홀수 패리티를 활용하기로 하였다. 수신기는 수신한 데이터에 오류가 있다고 다음과 같이 판단하였다.

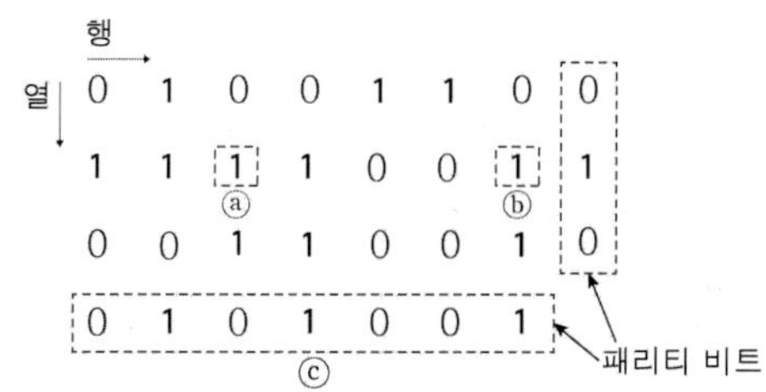

(단, 패리티 비트의 오류는 없다고 가정한다.)

① 첫 번째 행은 패리티 비트를 포함한 데이터의 1의 개수가 홀수이므로 오류가 없다고 판단했을 것이다.
② 여섯 번째 열은 패리티 비트를 포함한 데이터의 1의 개수가 홀수이므로 오류가 없다고 판단했을 것이다.
③ ⓐ가 포함된 행과 열의 패리티 비트를 포함한 데이터의 1의 개수가 각각 짝수이므로 수신기는 ⓐ를 오류라고 판단했을 것이다.
④ 수신한 데이터에서 ⓑ도 0으로 바뀌어서 수신되었다면 데이터의 오류 발생 여부를 검출할 수 없었을 것이다.
⑤ 짝수 패리티를 활용했다면 송신기는 ⓒ를 1010110으로 생성했을 것이다.

05

〈보기〉는 수신기가 ⓒ의 오류를 검사한 연산이다. 윗글을 바탕으로 〈보기〉를 이해한 내용으로 적절하지 않은 것은?

보기

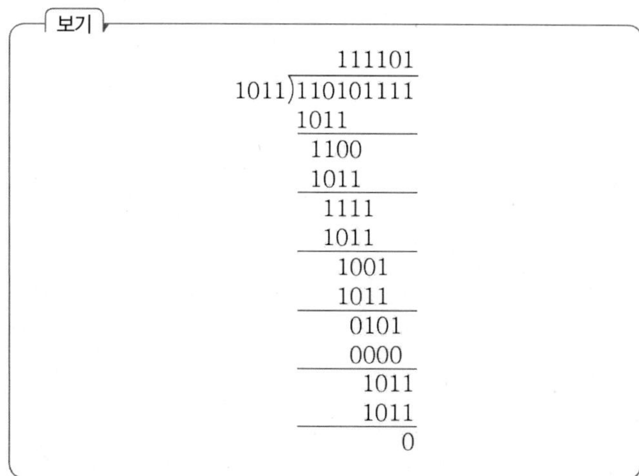

```
          111101
1011)110101111
     1011
      1100
      1011
       1111
       1011
        1001
        1011
         0101
         0000
          1011
          1011
             0
```

① 수신기는 송신기와 동일한 생성 부호인 '1011'을 사용하여 모듈로-2 연산을 하였군.
② 수신기가 수신한 데이터의 오른쪽 끝에 있는 '111'은 송신기에서 생성한 오류 검출 부호이군.
③ 수신기가 모듈로-2 연산을 할 때는 수신한 데이터에 생성 부호보다 하나 작은 비트 수만큼의 0을 추가하지 않았군.
④ 수신기가 연산한 몫인 '111101'이 송신기가 전송한 데이터와 동일하기 때문에 수신기는 오류가 없다고 판단했겠군.
⑤ 수신기가 연산한 결과의 나머지가 0이 아니었다면 수신기는 송신기에 재전송을 요청했겠군.

점수를 올려 주는 어휘

- **검출(검사할 檢, 날 出)** 화학 분석에서, 물질 속에 어떤 화학 성분이나 미생물이 있는지를 검사하여 확인하는 일.
- **생성(날 生, 이룰 成)** 사물이 생겨남. 또는 사물이 생겨 이루어지게 함.
- **송신기(보낼 送, 믿을 信, 틀 機)** 무선 방송에서, 신호를 고주파의 전류로 바꾸어 송신 안테나에서 보내는 장치.
- **수신기(받을 受, 믿을 信, 틀 機)** 외부로부터 신호를 받아 필요한 정보를 얻는 장치.
- **연산(펼 演, 셈 算)** 식이 나타낸 일정한 규칙에 따라 계산함.

분석 노트 40쪽에서 지문을 정리해 보세요.

⏰ 풀이 시간 10분 30초

06~10 다음 글을 읽고 물음에 답하시오.

우리는 내비게이션을 통해 목적지까지의 경로•를 ⓐ탐색하거나 스마트폰을 이용해 자신이 현재 있는 위치를 확인할 수 있다. 이는 GPS(Global Positioning System)로 인해 가능한 것이다. 그렇다면 GPS는 어떻게 현재 위치를 파악하는 것일까?

GPS는 크게 GPS 위성과 GPS 수신기 등으로 구성된다. 현재 지구를 도는 약 30개의 GPS 위성은 일정한 속력으로 정해진 궤도•를 돌면서, 자신의 위치 정보 및 시각 정보를 담은 신호를 지구로 송신한다. 이 신호를 받은 수신기는 위성에서 신호를 보낸 시각과 자신이 신호를 받은 시각의 차이를 근거로, 위성 신호가 수신기까지 이동하는 데 걸린 시간을 계산하여 위성과 수신기 사이의 거리를 구한다. 위성이 보낸 신호는 빛의 속력으로 이동하므로, 신호가 이동하는 데 걸린 시간(t)에 빛의 속력(c)을 곱하면 위성과 수신기 사이의 거리(r)를 구할 수 있다. 이를 식으로 ⓑ표시하면 'r=t×c'이다.

그런데 GPS가 현재 위치를 정확하게 파악하기 위해서는 상대성 이론을 고려해야 한다. 상대성 이론에 따르면 대상이 빠르게 움직일수록 시간은 느리게 흐르고, 대상에 미치는 중력이 약해질수록 시간은 빠르게 흐른다. 실제로 위성은 지구의 자전 속력보다 빠르게 지구 주변을 돌고 있기 때문에 지표면에 비해 시간이 느리게 흘러, 위성의 시간은 하루에 약 7.2㎲*씩 느려지게 된다. 또한 위성은 약 20,000 km 이상의 상공•에 있기 때문에 중력이 지표면보다 약하게 작용해 지표면에 비해 시간이 하루에 약 45.8㎲씩 빨라지게 된다. 그 결과 ㉠GPS 위성에 있는 원자시계의 시간은 지표면의 시간에 비해 매일 약 38.6㎲씩 빨라진다. 이러한 차이는 하루에 약 11 km의 오차•를 발생시킨다. 이를 방지하기 위해 GPS는 위성에 ⓒ탑재된 원자시계의 시간을 지표면의 시간과 일치하도록 조정하여 위성과 수신기 사이의 거리를 정확하게 구하게 된다.

이렇게 계산된 거리는 수신기가 자신의 위치를 파악하는 데 사용되는데, 이를 이해하기 위해서는 삼변 측량법을 알아야 한다. 삼변 측량법은 세 기준점 A, B, C의 위치와, 각 기준점에서 대상 P까지의 거리를 이용하여 P의 위치를 측정하는 방법이다.

가령, 〈그림〉과 같이 평면상의 A(0, 0)에서 거리가 5만큼 떨어진 지점에, B(4, 0)에서 거리가 3만큼 떨어진 지점에, C(0, 3)에서 거리가 4만큼 떨어진 지점에 P(x, y)가 있다고 하자. 평면상의 한 점에서 같은 거리에 있는 점을 모두 ⓓ연결하면 원이 된다. 그러므로 A를 중심으로 반지름이 5인 원, B를 중심으로 반지름이 3인 원, C를 중심으로 반지름이 4인 원을 그리면 세 원이 교차하는 지점이 하나 생기는데, 이 지점이 바로 P(4, 3)의 위치가 된다. 이때 세 개의 점 A, B, C를 GPS 위성으로 본다면 이들의 좌표• 값은 위성의 위치 정보이고, P의 좌표 값은 GPS 수신기의 위치 정보에 해당한다고 할 수 있다.

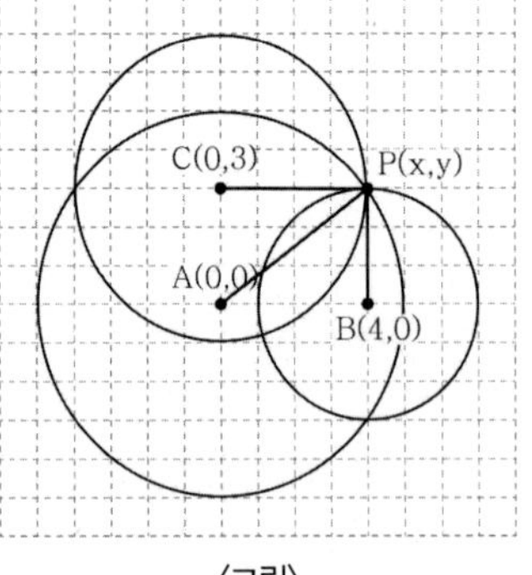

〈그림〉

그러나 실제 공간은 2차원 평면이 아닌 3차원 입체이기 때문에 GPS 위성으로부터 ⓔ동일한 거리에 있는 점들은 원이 아니라 구(球)의 형태로 나타난다. 그 결과 세 개의 GPS 위성을 중심으로 하는 세 개의 구가 겹치는 지점은 일반적으로 두 군데가 된다. 하지만 이 중 한 지점은 지구 표면 가까이에 위치하게 되고, 나머지 한 지점은 우주 공간에 위치하게 된다. GPS 수신기는 이 두 교점 중 지구 표면 가까이에 있는 지점을 자신의 현재 위치로 파악하게 된다.

* ㎲(마이크로초): 1초의 100만분의 1.

06

윗글의 내용 전개 방식으로 가장 적절한 것은?

① GPS에 적용된 원리를 구체적으로 설명하고 있다.
② GPS의 발전 과정을 시간의 순서로 제시하고 있다.
③ GPS를 다른 대상과 비교하며 장단점을 설명하고 있다.
④ GPS의 다양한 종류를 일정 기준에 따라 분류하고 있다.
⑤ GPS의 유용성을 설명하며 앞으로의 전망을 제시하고 있다.

07

윗글에서 알 수 있는 내용으로 적절하지 않은 것은?

① GPS 위성은 약 20,000 km 이상의 상공에서 일정한 속력으로 정해진 궤도를 돈다.
② GPS를 이용하면 스마트폰이나 내비게이션으로 현재의 위치 정보를 확인할 수 있다.
③ GPS 수신기는 GPS 위성에 보낸 신호를 바탕으로 자신의 위치 정보를 계산한다.
④ GPS 위성과 GPS 수신기 간의 거리를 빛의 속력으로 나누면 위성의 신호가 수신기에 도달하는 데 걸린 시간이 된다.
⑤ 삼변 측량법이란 기준점의 위치 및 대상과 기준점 사이의 거리를 이용하여 대상의 위치를 파악하는 방법이다.

08

문맥을 고려할 때, ㉠의 이유로 가장 적절한 것은?

① GPS 위성에는 지구의 중력이 지표면에 비해 강하게 작용하기 때문이다.
② GPS 위성이 지구를 도는 속력이 지구가 자전하는 속력보다 느리기 때문이다.
③ GPS 위성이 지구를 도는 방향과 지구가 자전을 하는 방향이 동일하기 때문이다.
④ GPS 수신기가 GPS 위성의 신호를 받는 과정에서 시간의 차이가 생기기 때문이다.
⑤ GPS 위성의 이동 속력으로 인한 시간의 변화보다 중력으로 인한 시간의 변화가 더 크기 때문이다.

09

윗글을 바탕으로 〈보기〉에 대해 이해한 내용으로 적절하지 않은 것은? [3점]

보기

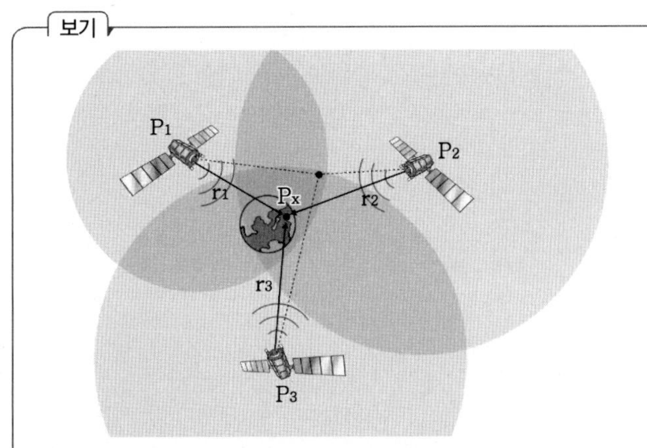

* P_1, P_2, P_3: GPS 위성.
* r_1, r_2, r_3: GPS 위성과 GPS 수신기 P_X와의 거리.(단, 현재 $r_1 < r_2$, $r_2 = r_3$임. 시간과 속력에 영향을 미치는 다른 요소는 고려하지 않음.)

① P_1~P_3가 송신하는 신호에는 위성의 위치 정보와 위성이 신호를 보낸 시각 정보가 담겨 있다.
② P_1~P_3의 위치 정보가 달라져도 r_1~r_3의 값이 변하지 않으면, 각각의 위성이 보낸 신호가 P_X에 도달하는 데 걸리는 시간은 달라지지 않는다.
③ P_1에서 보낸 신호가 P_X에 도달하는 데 걸린 시간이 실제보다 짧게 계산되면, r_1의 값은 실제보다 작게 계산된다.
④ P_1이 송신한 신호가 P_X에 도달할 때까지 걸린 시간은 P_2가 송신한 신호가 P_X에 도달할 때까지 걸린 시간보다 길다.
⑤ r_1~r_3를 반지름으로 하는 구의 교점 중 지표면에 가까운 교점이 P_X의 현재 위치이다.

10

문맥상 ⓐ~ⓔ와 바꾸어 쓸 수 있는 말로 적절하지 않은 것은?

① ⓐ: 찾거나
② ⓑ: 나타내면
③ ⓒ: 태운
④ ⓓ: 이으면
⑤ ⓔ: 같은

점수를 올려 주는 어휘

- **경로(지날 經, 길 路)** 지나는 길.
- **궤도(바퀴 軌, 길 道)** 행성, 혜성, 인공위성 따위가 중력의 영향을 받아 다른 천체의 둘레를 돌면서 그리는 곡선의 길.
- **상공(위 上, 빌 空)** 높은 하늘.
- **오차(그르칠 誤, 다를 差)** 실지로 셈하거나 측정한 값과 이론적으로 정확한 값과의 차이.
- **좌표(자리 座, 표할 標)** 평면이나 공간 안의 임의의 점의 위치를 나타내는 수나 수의 짝.

분석 노트 41쪽에서 지문을 정리해 보세요.

장비 기술

학습 일자 월 일
총 풀이 시간 17분 30초

풀이 시간 10분 30초

01~05 다음 글을 읽고 물음에 답하시오.

양전자 단층 촬영(PET)은 세포의 대사량 등 인체에 대한 정보를 확인하기 위해 몸속에 특정 물질을 ⓐ주입하여 그 물질의 분포• 를 영상화하는 기술이다. 이때 대사량이란 사람의 몸속 세포가 생명 유지를 위해 필요로 하는 에너지의 총량으로 정상 세포와 비정상 세포는 대사량에서 차이가 난다. PET는 특정 물질과 비정상 세포의 반응을 이용하여 이들의 분포를 확인할 수 있다.

PET를 통해 이를 확인하기 위해서는 우선 몸속에 방사성추적자를 주입해야 한다. 일반적으로 PET에 사용되는 [방사성추적자]는 방사성 동위원소를 결합한 포도당 성분의 특정 물질로 이는 특정한 원소 또는 물질의 이동 양상•을 알아내기 위해 쓰인다. 이렇게 주입된 방사성추적자는 에너지원으로 쓰이는 포도당과 유사하기 때문에, 대사량이 높아서 많은 에너지원을 필요로 하는 비정상 세포에 다량 흡수된다. 그런데 세포 안으로 흡수된 방사성추적자는 일반 포도당과 달리 세포의 에너지원으로 사용되지 않고, 일정 시간 동안 세포 안에 머무른다.

세포 내에 축적된 방사성추적자의 방사성 동위원소는 붕괴되면서 양전자•를 ⓑ방출한다. 방출된 양전자는 몸속의 전자와 결합하여 소멸하는데, 이때 두 입자의 질량이 에너지로 바뀐다. 이 에너지는 180도 각도를 이루는 한 쌍의 감마선•으로 방출되어 몸 밖으로 나온다.

몸 밖으로 나온 감마선은 PET 스캐너를 통해 검출되는데, PET 스캐너는 수많은 검출기가 검사 대상을 원형으로 둘러싸고 있는 구조이다. 180도로 방출된 한 쌍의 감마선은 각각의 진행 방향에 있는 검출기에 ⓒ도달하게 된다. 이때 한 쌍의 감마선이 도달한 검출기의 두 지점을 잇는 직선을 동시검출응답선이라고 하며 감마선의 방출 지점은 이 선의 어느 한 점에 있다고 할 수 있다. 그런데 한 쌍의 감마선이 각각의 검출기에 도달하는 시간에는 미세한• 차이가 발생하는데, 이는 몸의 어느 지점에서 감마선이 방출되었는지에 따라 검출기까지의 거리가 달라지기 때문이다.

감마선이 PET 영상의 유효한 성분이 되기 위해서는 한 지점에서 방출된 한 쌍의 감마선이 PET 스캐너의 검출기로 동시에 도달해야 하는데 이 경우를 동시계수라고 한다. 하지만 ㉠한 쌍의 감마선이 완전히 동시에 도달하는 경우는 현실적으로 불가능하므로 PET 스캐너는 동시계수로 인정할 수 있는 최대 시간폭인 동시계수시간폭을 설정하고 동시계수시간폭 안에 들어온 경우를 유효한 성분으로 ⓓ간주한다.

그런데 동시계수시간폭 내에 도달한 한 쌍의 감마선 즉 동시계수 중에서도 PET 영상에 유효한 성분이 되지 않는 경우가 있다. 우선 감마선이 주변의 물질과 상호 작용을 일으켜 진행 방향이 바뀌면서 검출기에 도달하는 시간의 변화가 생겼으나 동시계수시간폭 내에 검출되는 경우가 있는데 이를 산란계수라고 한다. 다음으로 한 지점에서 방출된 두 개의 감마선 중 한 개의 감마선만이 검출기로 도달할 때, 다른 지점에서 방출된 한 개의 감마선과 동시계수시간폭 내에 도달하는 경우가 있는데 이를 랜덤계수라고 한다. 이 두 경우는 모두 실제 감마선이 방출된 지점이 동시검출응답선 위에 존재하지 않기 때문에 PET 영상의 정확도를 떨어뜨리는 요인이 된다. 즉, 한 지점에서 방출된 한 쌍의 감마선이 아무런 방해를 받지 않고 동시계수시간폭 내에 도달하는 참계수만이 유효한 영상 성분이 되는 것이다. 따라서 PET 영상의 정확도를 높이기 위해서는 산란계수와 랜덤계수의 검출을 최소화하기 위해 동시계수시간폭을 적절하게 ⓔ설정하는 것이 중요하다.

01

윗글의 내용과 일치하지 않는 것은?

① PET는 특정 물질과 비정상 세포의 반응을 이용한다.
② PET에서 동시검출응답선은 직선의 형태로 표현된다.
③ PET 스캐너는 감마선을 방출하여 PET 영상을 만든다.
④ PET는 인체의 정보를 확인하기 위한 영상화 기술이다.
⑤ PET 스캐너는 수많은 검출기로 이루어진 원형 구조이다.

02

[방사성추적자]에 대한 설명으로 적절하지 않은 것은?

① 비정상 세포 내에 다량으로 흡수되어 축적된다.
② 세포의 대사량을 평소보다 높이기 위해 사용된다.
③ 일반 포도당과 유사하지만 에너지원으로 사용되지 않는다.
④ 특정 물질의 이동 양상을 밝히기 위해 사용되는 화합물이다.
⑤ 양전자를 방출하며 붕괴되는 방사성 동위원소가 결합된 물질이다.

03

㉠의 이유를 추론한 내용으로 가장 적절한 것은?

① 방출된 감마선이 180도 방향으로 진행하기 때문이다.
② 양전자와 전자의 질량이 에너지로 바뀌었기 때문이다.
③ 한 쌍의 감마선이 동시에 검출기에 도달하면 동시계수로 인정되기 때문이다.
④ 한 쌍의 감마선 중 하나의 감마선만이 PET 영상의 유효한 성분이 되기 때문이다.
⑤ 감마선 방출 지점에 따라 두 감마선이 검출기까지 이동하는 거리가 서로 다르기 때문이다.

04

윗글을 바탕으로 〈보기〉를 이해한 내용으로 적절하지 않은 것은? [3점]

보기

A	B	C
인체	인체	인체

구분	A	B	C
검출기에 도달한 두 감마선의 시간 차	5ns	7ns	10ns

◦ A~C는 모두 동시계수시간폭을 12ns로 설정한, 동일한 PET 스캐너로 감마선을 검출한 경우이고 ■는 감마선의 방출 지점을 나타낸다.
◦ ns는 시간 단위로 10억분의 1초를 나타낸다.

① A의 경우 한 쌍의 감마선이 주변 물질과 상관없이 도달했다면, 참계수라고 할 수 있겠군.
② B의 경우 한 감마선의 진행 방향이 바뀌었지만 동시계수시간폭 내에 도달하였다고 할 수 있겠군.
③ C의 경우 PET 영상에 유효한 성분이 될 수 없는 랜덤계수라고 할 수 있겠군.
④ A와 B의 경우 동시계수시간폭이 8ns이었다면, 산란계수는 검출되지 않았겠군.
⑤ B와 C의 경우 실제 감마선의 방출 지점이 동시검출응답선 위에 존재하지 않겠군.

05

ⓐ~ⓔ의 사전적 의미로 적절하지 않은 것은?

① ⓐ: 흘러 들어가도록 부어 넣다.
② ⓑ: 입자나 전자기파의 형태로 에너지를 내보내다.
③ ⓒ: 목적한 곳이나 수준에 다다르다.
④ ⓓ: 유사한 점에 기초하여 다른 사물을 미루어 추측하다.
⑤ ⓔ: 새로 만들어 정해 두다.

점수를 올려 주는 어휘

- **분포(나눌 分, 베 布)** 일정한 범위에 흩어져 퍼져 있음.
- **양상(모양 樣, 서로 相)** 사물이나 현상의 모양이나 상태.
- **양전자(볕 陽, 번개 電, 아들 子)** 전자의 반대 입자로 전자와 같은 질량을 가지며 양전기를 지니는 소립자.
- **감마선(gamma, 줄 線)** 방사성 물질에서 나오는 방사선의 하나. 파장이 극히 짧고 물질 투과성이 강한 전자기파로 금속의 내부 결함을 탐지하거나 암을 치료하는 데에 널리 쓴다.
- **미세하다(작을 微, 가늘 細)** 분간하기 어려울 정도로 아주 작다.

분석 노트 42쪽에서 지문을 정리해 보세요.

풀이 시간 7분 00초

06~08 다음 글을 읽고 물음에 답하시오.

전기레인지는 용기•를 가열하는 방식에 따라 하이라이트 레인지와 인덕션 레인지로 나눌 수 있다. 하이라이트 레인지는 상판 자체를 가열해서 열을 발생시키는 ㉠직접 가열 방식이고, 인덕션 레인지는 상판•을 가열하지 않고 전자기유도 현상을 통해 용기에 자체적으로 열을 발생시키는 ㉡유도 가열 방식이다.

하이라이트 레인지는 주로 니크롬•으로 만들어진 열선을 원형으로 배치하고 열선의 열을 통해 그 위의 세라믹글라스 판을 직접 가열한다. 이렇게 발생한 열이 용기에 전달되어 음식을 조리할 수 있게 된다. 하이라이트 레인지는 비교적 다양한 소재의 용기를 쓸 수 있지만 에너지 효율이 낮아 조리 속도가 느리고 상판의 잔열•로 인한 화상의 우려가 있다.

인덕션 레인지는 표면이 세라믹글라스 판으로 되어 있고 그 밑에 나선형 코일이 설치되어 있다. 전원이 켜지면 코일에 2만Hz 이상의 고주파 교류 전류가 흐르면서 그 주변으로 1초에 2만 번 이상 방향이 바뀌는 교류 자기장이 발생하게 되고, 그 위에 도체•인 냄비를 놓으면 교류 자기장에 의해 냄비 바닥에는 수많은 폐회로*가 생겨나며 그 회로 속에 소용돌이 형태의 유도 전류인 맴돌이전류가 발생한다. 이때 흐르는 맴돌이전류가 냄비 소재의 저항에 부딪혀 줄열 효과*가 나타나게 되고 이에 의해 냄비에 열이 발생하게 되는데, 이때 맴돌이전류의 세기는 나선형 코일에 흐르는 전류의 세기에 비례한다.

인덕션 레인지의 가열 원리는 강자성체의 자기 이력 현상과도 관련이 있다. 일반적으로 물체는 자기장의 영향을 받으면 자석의 성질을 갖게 되는데 이것을 자화라고 하며, 자화된 물체를 자성체라고 한다. 자성체의 자화 세기는 물체에 가해 준 자기장의 세기에 비례하여 커지다가 일정값 이상으로는 더 이상 커지지 않는데, 이를 자기 포화• 상태라고 한다. 이때 물체에 가해 준 자기장의 세기를 줄이면 자화의 세기도 줄어들기 시작하며, 외부의 자기장이 사라지면 자석의 성질도 사라진다. 그런데 강자성체의 경우에는 외부 자기장의 세기가 줄어들어도 자화의 세기가 상대적으로 천천히 줄어들게 되고 외부 자기장이 사라져도 어느 정도 자화된 상태를 유지하게 되는데, 이를 자기 이력 현상이라고 하며 자성체에 남아 있는 자화의 세기를 잔류 자기라고 한다. 그리고 처음에 가해 준 외부 자기장의 역방향으로 일정 세기의 자기장을 가해 주면 자화의 세기가 0이 되고, 자기장을 더 세게 가해 주면 반대쪽으로 커져 자기 포화 상태가 된다. 이러한 과정을 반복하면 자기장의 세기에 따른 자화의 세기는 일정한 곡선을 그리게 되는데 이를 자기 이력 곡선이라고 한다. 이 과정에서 자기에너지는 열에너지로 전환되어 자성체의 온도를 높이는데, 이때 발생하는 열에너지는 자기 이력 곡선의 내부 면적과 비례한다. 만약 인덕션에 사용하는 냄비의 소재가 강자성체인 경우, 자기 이력 현상으로 인해 냄비에 추가로 열이 발생하게 된다.

이러한 가열 방식 때문에 인덕션 레인지는 음식 조리에 필요한 열을 낼 수 있도록 소재의 저항이 크면서 강자성체인 용기를 사용해야 한다는 제약이 있다. 또한 고주파 전류를 사용하기 때문에 조리 시 전자파에 대한 우려도 있다. 하지만 직접 가열 방식보다 에너지 효율이 높아 순식간에 용기가 가열되기 때문에 상대적으로 빠르게 음식을 조리할 수 있다. 그리고 무엇보다 상판이 직접 가열되지 않기 때문에 발화•에 의한 화재의 가능성이 매우 낮고, 뜨거운 상판에 의한 화상 등의 피해로부터 비교적 안전하다는 장점이 있다.

* 폐회로: 전류가 흐를 수 있도록 구성된 회로.
* 줄열 효과: 도체에 전류를 흐르게 했을 때 도체의 저항 때문에 열에너지가 증가하는 현상.

06

㉠과 ㉡에 대한 설명으로 적절한 것은?

① ㉠은 유도 전류를 이용하여 용기를 가열한다.
② ㉡은 상판을 가열하여 그 열로 음식을 조리한다.
③ ㉠은 ㉡에 비해 상대적으로 화상의 위험이 적다.
④ ㉠은 ㉡과 달리 빠른 시간 안에 용기를 가열할 수 있다.
⑤ ㉡은 ㉠보다 사용할 수 있는 용기 소재에 제약이 많다.

07

윗글을 바탕으로 〈보기〉의 '전기레인지'를 이해한 내용으로 적절하지 않은 것은?

보기

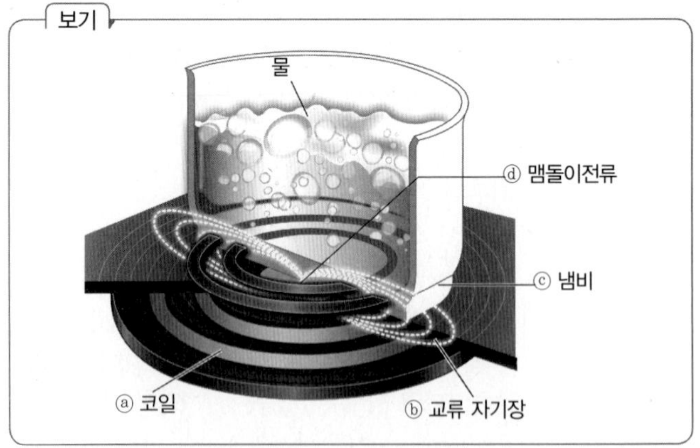

① ⓐ에 고주파 교류 전류가 흐르면 ⓑ가 만들어지는군.
② ⓑ의 영향을 받으면 ⓒ의 바닥에 ⓓ가 발생하는군.
③ ⓒ 소재의 저항이 커지면 ⓑ의 세기도 커지겠군.
④ ⓓ의 세기는 ⓐ에 흐르는 전류의 세기에 비례하겠군.
⑤ ⓓ가 흐르면 ⓒ 소재의 저항에 의해 열이 발생하는군.

08

윗글을 바탕으로 〈보기〉를 이해한 내용으로 적절하지 않은 것은? [3점]

보기

아래 그림은 두 물체 A, B의 자기장의 세기에 따른 자화 세기의 변화를 나타낸 자기 이력 곡선이다.

① 외부 자기장이 사라져도 자석의 성질을 지닌다는 점에서 A와 B는 모두 인덕션 레인지 용기의 소재로 적합하겠군.

② A 소재의 용기 외부에 가해지는 자기장의 세기가 커질수록 발생하는 열에너지의 크기는 계속 증가하겠군.

③ 인덕션 레인지의 전원을 차단했을 때 A 소재의 용기가 B 소재의 용기보다 잔류 자기의 세기가 더 크겠군.

④ 용기의 잔류 자기를 제거하기 위해서는 B 소재의 용기보다 A 소재의 용기에 더 큰 세기의 자기장을 가해 주어야겠군.

⑤ B 소재의 용기는 A 소재의 용기보다 자기장의 변화에 따라 발생하는 열에너지가 적겠군.

점수를 올려 주는 어휘

- **용기(얼굴 容, 그릇 器)** 물건을 담는 그릇.
- **상판(평상 床, 널빤지 板)** 판형상의 평평한 구조체.
- **니크롬(nichrom)** 니켈과 크로뮴을 주성분으로 하는 전기 저항이 높은 합금. 전기다리미나 전기풍로 따위의 발열 재료, 높은 온도에서 작업하는 기구나 전기 저항선에 쓴다.
- **잔열(남을 殘, 더울 熱)** 남은 신열(身熱).
- **도체(인도할 導, 몸 體)** 열 또는 전기의 전도율이 비교적 큰 물체를 통틀어 이르는 말.
- **포화(배부를 飽, 화할 和)** 더 이상의 양을 수용할 수 없이 가득 참.
- **발화(필 發, 불 火)** 불이 일어나거나 타기 시작함. 또는 그렇게 되게 함.

분석 노트 43쪽에서 지문을 정리해 보세요.

컴퓨터 기술

학습 일자 월 일
총 풀이 시간 17분 30초

풀이 시간 7분 00초

01~03 다음 글을 읽고 물음에 답하시오.

우리는 컴퓨터에서 음악을 들으면서 문서를 작성할 때 두 가지 프로그램이 동시에 실행•되고 있다고 생각한다. 그러나 실제로는 아주 짧은 시간 간격으로 그 프로그램들이 번갈아 실행되고 있다. 이는 컴퓨터 운영 체제•의 일부인 CPU(중앙 처리 장치)• 스케줄링 때문이다. 어떤 프로그램이 실행될 때 컴퓨터 운영 체제는 실행할 프로그램을 주기억 장치에 저장하고 실행 대기 프로그램의 목록인 '작업큐'에 등록한다. 운영 체제는 실행할 하나의 프로그램을 작업큐에서 선택하여 CPU에서 실행하고 실행이 종료되면 작업큐에서 지운다.

한 개의 CPU는 한 번에 하나의 프로그램만을 실행할 수 있다. 그러면 A와 B 두 개의 프로그램이 동시에 실행되는 것처럼 보이게 하려면 어떻게 해야 할까? 프로그램은 실행을 요청한 순서대로 작업큐에 등록되고 이 순서에 따라 A와 B는 차례로 실행된다. 이때 A의 실행 시간이 길어지면 B가 기다려야 하는 '대기 시간'이 길어지므로 동시에 두 프로그램이 실행되고 있는 것처럼 보이지 않는다. 그러나 A와 B를 일정한 시간 간격을 두고 번갈아 실행하면 두 프로그램이 동시에 실행되는 것처럼 보인다.

이를 위해서 CPU의 실행 시간을 여러 개의 짧은 구간으로 나누어 놓고 각각의 구간마다 하나의 프로그램이 실행되도록 한다. 여기서 한 구간에서 프로그램이 실행되는 것을 '구간 실행'이라 하며, 각각의 구간에서 프로그램이 실행되는 시간을 '구간 시간'이라고 하는데 구간 시간의 길이는 일정하게 정한다. A와 B의 구간 실행은 원칙적으로 두 프로그램이 종료될 때까지 번갈아 반복되지만 하나의 프로그램이 먼저 종료되면 나머지 프로그램이 계속 실행된다.

한편, 어떤 프로그램의 구간 실행이 진행되는 동안, 다른 프로그램은 작업큐에서 대기한다. A의 구간 실행이 끝나면 A의 실행이 정지되고 다음번 구간 시간 동안 실행할 프로그램을 선택한다. 이때 A가 정지한 후 B의 실행을 준비하는 데 필요한 시간을 '교체 시간'이라고 하는데 교체 시간은 구간 시간에 비해 매우 짧다. 교체 시간에는 그때까지 실행된 A의 상태를 저장하고 B를 실행하기 위해 B의 이전 상태를 가져온다. 그뿐만 아니라 같은 프로그램이 이어서 실행되더라도 운영 체제가 다음에 실행되어야 할 프로그램을 판단해야 하므로 구간 실행 사이에는 반드시 교체 시간이 필요하다.

하나의 프로그램이 작업큐에 등록될 때부터 종료될 때까지 걸리는 시간을 '총처리 시간'이라고 하는데 이 시간은 순수하게 프로그램의 실행에만 소요된 시간인 '총실행 시간'에 '교체 시간'과 작업큐에서 실행을 기다리는 '대기 시간'을 모두 합한 것이다. ㉠<u>총실행 시간이 구간 시간보다 긴 프로그램</u>이 실행될 때는 구간 실행 횟수가 많아져서 교체 시간의 총합은 늘어난다. 그러나 총실행 시간이 구간 시간보다 짧거나 같은 프로그램은 한 번의 구간 시간 내에 종료되고 곧바로 다음 프로그램이 실행된다.

이제 프로그램 A, B, C가 실행되는 경우를 생각해 보자. A가 실행되고 있고 B가 작업큐에서 대기 중인 상태에서 새로운 프로그램 C를 실행할 경우, C는 B 다음에 등록되므로 A와 B의 구간 실행이 끝난 후 C가 실행된다. A와 B가 종료되지 않아 추가적인 구간 실행이 필요하면 작업큐에서 C의 뒤로 다시 등록되므로 C, A, B의 상태가 되고 결과적으로 세 프로그램은 등록되는 순서대로 반복해서 실행된다.

이처럼 작업큐에 등록된 프로그램의 수가 많아지면 각 프로그램의 대기 시간은 그에 비례하여 늘어난다. 따라서 작업큐에 등록할 수 있는 프로그램의 수를 제한해 대기 시간이 일정 수준 이상으로 길어지는 것을 막을 필요가 있다.

01

윗글의 내용과 일치하지 <u>않는</u> 것은?

① PU 스케줄링은 컴퓨터 운영 체제의 일부이다.
② 프로그램 실행이 종료되면 실행 결과는 작업큐에 등록된다.
③ 구간 실행의 교체에 소요되는 시간은 구간 시간보다 짧다.
④ CPU 한 개는 한 번에 하나의 프로그램만 실행이 가능하다.
⑤ 컴퓨터 운영 체제는 실행할 프로그램을 주기억 장치에 저장한다.

02

㉠의 실행 과정에 대한 이해로 적절하지 않은 것은?

① 교체 시간이 줄어들면 총처리 시간이 줄어든다.
② 대기 시간이 늘어나면 총처리 시간이 늘어난다.
③ 총실행 시간이 줄어들면 총처리 시간이 줄어든다.
④ 구간 시간이 늘어나면 구간 실행 횟수는 늘어난다.
⑤ 작업큐의 프로그램 개수가 늘어나면 총처리 시간은 늘어난다.

03

윗글을 바탕으로 할 때, 〈보기〉의 [가]에 들어갈 내용으로 적절한 것은? [3점]

> 보기
>
> 운영 체제가 작업큐에 등록된 프로그램에 대해 우선순위를 부여하고 순위가 가장 높은 것을 다음에 실행할 프로그램으로 선택하면 작업큐의 크기를 제한하지 않고도 각 프로그램의 '대기 시간'을 조절할 수 있다.
>
> 프로그램 P, Q, R이 실행되고 있는 예를 생각해 보자. P가 '구간 실행' 상태이고 Q와 R이 작업큐에 대기 중이며 Q의 순위가 R보다 높다. P가 구간 실행을 마치고 작업큐에 재등록될 때, P의 순위를 Q보다는 낮지만 R보다는 높게 한다. P가 작업큐에 재등록된 후 다시 P가 구간 실행을 하기 직전까지 ______[가]______을/를 거쳐야 한다.

① P에서 R로의 교체
② Q의 구간 실행
③ Q의 구간 실행과 R의 구간 실행
④ Q의 구간 실행과 Q에서 P로의 교체
⑤ R의 구간 실행과 R에서 P로의 교체

점수를 올려 주는 어휘

- **실행(열매 實, 다닐 行)** 컴퓨터를 명령어에 따라서 작동시키는 일.
- **체제(몸 體, 절제할 制)** 각 부분이 목적에 맞도록 유기적으로 통일된 전체.
- **CPU(central processing unit)** 컴퓨터 시스템 전체의 작동을 통제하고 프로그램의 모든 연산을 수행하는 가장 핵심적인 장치.

분석 노트 44쪽에서 지문을 정리해 보세요.

풀이 시간 10분 30초

04~08 다음 글을 읽고 물음에 답하시오.

컴퓨터의 중앙 처리 장치인 CPU는 데이터를 처리하기 위해 주기억 장치와 끊임없이 데이터를 주고받는다. 그런데 CPU는 처리 속도가 매우 빠른 반면, 주기억 장치의 처리 속도는 상대적으로 느리다. 그렇기 때문에 CPU가 명령을 실행할 때마다 주기억 장치로부터 데이터를 읽어 오면 두 장치의 처리 속도의 차이로 인해 명령을 빠르게 실행할 수가 없다. 그래서 캐시 기억 장치를 활용하여 데이터 처리 속도를 향상시킨다. 캐시 기억 장치는 CPU 내에 또는 CPU와 주기억 장치 사이에 위치한 기억 장치로 주기억 장치보다 용량은 작지만 처리 속도가 매우 빠르다. 이러한 캐시 기억 장치에 주기억 장치의 데이터 중 자주 사용되는 데이터의 일부를 복사해 두고 CPU가 이 데이터를 사용하도록 하는 과정을 '캐싱(caching)'이라고 한다.

캐싱이 효율적으로 이루어지려면 CPU가 캐시 기억 장치에 저장된 데이터를 반복적으로 사용하는 것이 중요한데 이를 위해 고려되는 것이 참조의 지역성이다. 참조의 지역성은 시간적 지역성과 공간적 지역성으로 나눌 수 있다. 시간적 지역성은 CPU가 한 번 사용한 특정 데이터가 가까운 미래에 다시 사용될 가능성이 높은 것을 말하고, 공간적 지역성은 한 번 사용한 데이터 근처에 있는 데이터가 곧 사용될 가능성이 높은 것을 말한다.

한편 주기억 장치는 '워드(word)' 단위로 데이터가 저장되고 캐시 기억 장치는 '블록(block)' 단위로 데이터가 저장된다. 이때 워드는 비트(bit)*의 집합이고 블록은 연속된 워드 여러 개의 묶음을 말한다. 주기억 장치의 데이터가 캐시 기억 장치에 저장되는 장소를 '라인(line)'이라고 한다. 캐시 기억 장치는 일반적으로 하나의 라인에 하나의 블록이 들어갈 수 있도록 설계되어 있기 때문에 주기억 장치에서 캐시 기억 장치로 데이터를 전송할 때에는 블록 단위로 데이터를 전송한다. 캐시 기억 장치의 용량은 주기억 장치보다 훨씬 작기 때문에 주기억 장치의 블록 중에서 일부만 캐시 기억 장치에 저장될 수 있다. 그러므로 캐싱을 위해서는 주기억 장치의 여러 블록이 캐시 기억 장치의 하나의 라인을 공유•하여 사용해야 한다.

[A] 예를 들어 어떤 컴퓨터의 주기억 장치의 데이터 용량을 워드 2^n개, 캐시 기억 장치의 데이터 용량을 워드 M개라고 가정해 보자. 이때 주기억 장치의 블록 한 개가 K개의 워드로 이루어져 있다고 하면 이 주기억 장치의 총 블록 개수는 2^n/K개가 되며 각 워드는 n비트의 주소로 지정된다. 그리고 캐시 기억 장치의 각 라인은 K개의 워드로 채워지므로 캐시 기억 장치에는 총 M/K개의 라인이 만들어진다.

캐싱이 이루어질 때 CPU가 요청한 데이터가 캐시 기억 장치에 있는지 여부를 확인하고 해당 데이터를 불러오기 위해 주기억 장치의 데이터 주소가 사용된다. 이 주소는 '태그 필드, 라인 필드, 워드 필드'의 형식으로 구성되어 있는데 '태그 필드'는 캐시 기억 장치의 특정 라인에 주기억 장치의 어떤 블록이 저장되어 있는지를 구분해 주는 역할을 한다. 그리고 '라인 필드'는 주기억 장치의 블록이 들어갈 캐시 기억 장치의 라인을 지정•해 주며, '워드 필드'는 주기억 장치의 각 블록에 저장되어 있는 워드를 지정해 준다.

[B] 주기억 장치의 데이터를 캐시 기억 장치에 저장하는 방식에는 여러 가지가 있는데 그중 하나가 ㉠'직접 매핑'이다. 직접매핑은 주기억 장치의 데이터를 블록 단위로 캐시 기억 장치의 지정된 라인에 저장하는 방식이다. 직접 매핑 방식에서 캐싱이 이루어지는 과정은 다음과 같다. CPU가 '태그 필드, 라인 필드, 워드 필드'로 이루어진 주소를 통해 데이터를 요청하면, 우선 요청 주소의 라인 필드를 이용하여 캐시 기억 장치의 해당 라인을 확인한다. 그리고 해당 라인에 데이터가 저장되어 있으면 그 라인의 태그와 요청 주소의 태그를 비교한다. 이때 두 태그의 값이 일치하는 경우를 '캐시 히트(cache hit)'라고 하며, 캐시 히트가 일어나면 주소의 워드 필드를 이용하여 라인 내 워드들 중에서 해당 데이터를 찾아 CPU에 보내 준다. 그런데 CPU가 요청한 주소의 태그와 캐시 기억 장치 라인의 태그가 일치하지 않거나 해당 라인이 비어 있어서 요청한 데이터를 찾지 못하는 경우가 있다. 이는 CPU가 요청한 데이터가 캐시 기억 장치에 저장되어 있지 않다는 의미로, 이 경우를 '캐시 미스(cache miss)'라고 한다. 캐시 미스가 일어나면 요청 주소에 해당하는 블록을 주기억 장치에서 복사하여 캐시 기억 장치의 지정된 라인에 저장한다. 그리고 주소의 태그를 그 라인의 태그 필드에 기록하고 요청된 데이터를 CPU에 보내 준다. 만약 그 라인에 다른 블록이 저장되어 있다면 그 블록은 지워지고 새롭게 가져온 블록이 저장된다.

직접 매핑은 CPU가 요청한 데이터가 캐시 기억 장치에 있는지 확인할 때 해당 라인만 검색하면 되기 때문에 검색 속도가 빠르다. 그리고 회로의 구조가 단순하여 시스템을 구성하는 비용이 저렴한 장점이 있다. 하지만 같은 라인에 저장되어야 하는 서로 다른 블록을 CPU가 번갈아 요청하는 경우, 계속 캐시 미스가 발생해서 반복적으로 블록이 교체되므로 시스템의 효율이 ⓐ떨어질 수 있다. 그래서 캐시 기억 장치의 라인 어디에나 자유롭게 블록을 저장하는 '완전 연관 매핑', 직접 매핑과 완전 연관 매핑을 혼합한 '세트 연관 매핑' 등을 활용하기도 한다.

* 비트: 컴퓨터에서 정보를 나타내는 가장 기본적인 단위. 2진수의 0 또는 1이 하나의 비트.

04

윗글의 내용과 일치하는 것은?

① 캐시 기억 장치의 하나의 라인에는 하나의 워드만 저장될 수 있다.
② 캐시 기억 장치는 주기억장치보다 용량이 크고 처리 속도가 느리다.
③ 캐시 기억 장치에 저장된 데이터가 반복적으로 사용되어야 캐싱의 효율이 높아진다.
④ 시간적 지역성은 한 번 사용된 데이터 근처에 있는 데이터가 곧 사용될 가능성이 높은 것을 말한다.
⑤ 캐싱은 캐시 기억 장치의 데이터 중 자주 사용되는 데이터의 일부를 주기억 장치에 복사하여 사용하는 것을 말한다.

05

[A]를 참고할 때 〈보기〉의 ㉮~㉰에 들어갈 말을 바르게 짝지은 것은?

> 보기
>
> 주기억장치의 데이터 용량이 64개의 워드이고, 하나의 블록이 4개의 워드로 이루어져 있다면, 주기억 장치는 총 16개의 (㉮)(으)로 구성되며, 각 워드는 (㉯)의 주소로 지정된다. 또한 캐시 기억 장치의 데이터 용량이 16개의 워드라면 캐시 기억 장치의 라인은 (㉰)가 만들어진다.

	㉮	㉯	㉰
①	블록	6비트	4개
②	블록	8비트	6개
③	워드	8비트	4개
④	라인	6비트	4개
⑤	라인	8비트	6개

06

〈보기〉는 '직접 매핑' 과정을 도식화한 것이다. [B]를 바탕으로 〈보기〉를 이해한 내용으로 적절하지 않은 것은? [3점]

보기

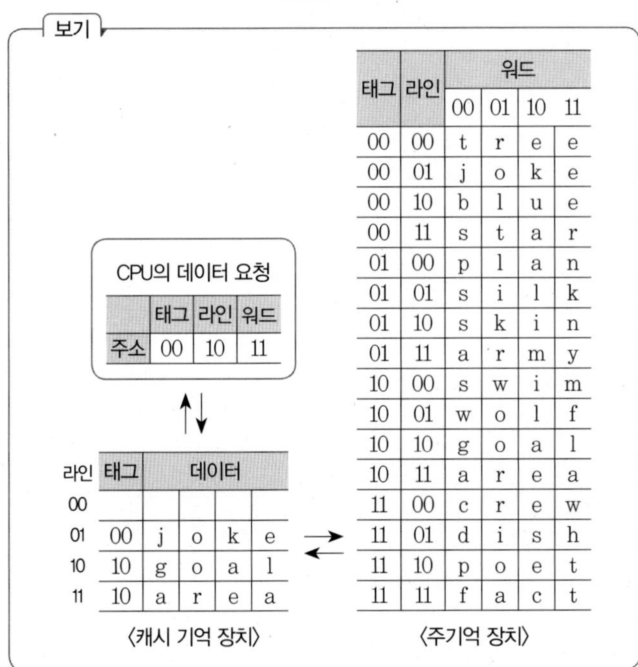

CPU의 데이터 요청

	태그	라인	워드
주소	00	10	11

라인	태그	데이터			
00					
01	00	j	o	k	e
10	10	g	o	a	l
11	10	a	r	e	a

〈캐시 기억 장치〉

태그	라인	워드 00	01	10	11
00	00	t	r	e	e
00	01	j	o	k	e
00	10	b	l	u	e
00	11	s	t	a	r
01	00	p	l	a	n
01	01	s	i	l	k
01	10	s	k	i	n
01	11	a	r	m	y
10	00	s	w	i	m
10	01	w	o	l	f
10	10	g	o	a	l
10	11	a	r	e	a
11	00	c	r	e	w
11	01	d	i	s	h
11	10	p	o	e	t
11	11	f	a	c	t

〈주기억 장치〉

① 요청된 주소의 '10'을 이용하여 캐시 기억 장치의 라인을 확인한 후 태그 '00'이 그 라인의 태그와 일치하는지 확인하겠군.
② CPU가 요청한 데이터가 캐시 기억 장치에 저장되어 있지 않으므로 캐시 미스가 일어나겠군.
③ 주기억 장치의 데이터 블록 중에서 'b, l, u, e'가 복사되어 캐시 기억 장치에 저장되겠군.
④ 캐시 기억 장치의 라인 '01'에 저장되어 있는 데이터 블록이 삭제되겠군.
⑤ CPU의 데이터 요청에 의해 최종적으로 CPU로 보내지는 데이터는 'e'가 되겠군.

07

㉠과 〈보기〉의 ㉡을 비교한 내용으로 가장 적절한 것은?

> 보기
>
> ㉡완전 연관 매핑은 캐시 기억 장치에 블록을 저장할 때 라인을 지정하지 않고 임의로 저장하는 방식이다. 이 방식은 필요한 데이터 위주로 저장할 수 있기 때문에 매핑 방식 중에 캐시 히트의 확률이 가장 높다. 그러나 히트 여부 확인이 모든 라인에 걸쳐 이루어져야 하므로 검색 시간이 가장 오래 걸린다. 그리고 회로의 구조가 복잡해서 시스템을 구성하는 비용이 높다. 주기억 장치의 블록이 캐시 기억 장치의 정해진 라인에 저장되는 것이 아니기 때문에 주기억 장치의 주소는 태그 필드, 워드 필드로 이루어진다. 대신 블록이 교체될 때 어떤 블록을 삭제할지를 결정하는 블록 교체 알고리즘이 별도로 필요하다.

① ㉠과 달리 ㉡은 주기억장치의 주소에 태그 필드가 있다.
② ㉠과 달리 ㉡은 캐시 히트 여부를 확인하는 시간이 빠르다.
③ ㉡과 달리 ㉠은 블록 교체 알고리즘이 필요하다.
④ ㉡과 달리 ㉠은 라인을 지정하여 블록을 저장한다.
⑤ ㉠과 ㉡은 모두 회로의 구조가 복잡하다.

08

문맥상 의미가 ⓐ와 가장 가까운 것은?

① 엔진의 성능이 떨어져서 큰일이다.
② 소매에서 단추가 떨어져서 당황했다.
③ 감기가 떨어지지 않아 큰 고생을 했다.
④ 해가 떨어지기 전에 이 일을 마치기로 했다.
⑤ 굵은 빗방울이 머리에 한두 방울씩 떨어지기 시작했다.

점수를 올려 주는 어휘

- **공유(한가지 共, 있을 有)** 두 사람 이상이 한 물건을 공동으로 소유함.
- **지정(가리킬 指, 정할 定)** 가리키어 확실하게 정함.

분석 노트 45쪽에서 지문을 정리해 보세요.

DAY 22 기술

에너지 활용 기술

학습 일자 월 일
총 풀이 시간 21분 00초

풀이 시간 10분 30초

01~05 다음 글을 읽고 물음에 답하시오.

조상들은 더운 여름에 얼음을 이용하기 위해 석빙고를 활용하였다. 석빙고는 겨울철에 입구를 개방하여 내부를 냉각시킨 후 얼음을 저장한 냉동 창고로, 내부의 낮아진 온도가 장기간 지속되는 구조를 통해 다음 해 가을까지 얼음을 보관하였다. 석빙고에서 얼음을 어떻게 보관할 수 있었는지 알아 보자.

우선 석빙고를 낮은 온도로 유지하는 데에는 얼음이 중요한 역할을 한다. 에너지는 항상 높은 쪽에서 낮은 쪽으로 이동하여 평형을 이루려고 하고 에너지의 이동은 물질의 온도를 변화시킨다. 하지만 물질이 고체, 액체, 기체로 변화하는 상태변화가 일어나는 동안 온도는 변하지 않고 물질이 주변에서 에너지를 흡수하거나 주변으로 방출하는데 이 때의 에너지를 숨은열이라고 한다. 예를 들면 얼음이 녹아 물이 될 때는 주변에서 융해열을 흡수하고, 거꾸로 같은 양의 물이 얼어 얼음이 될 때는 같은 양의 응고열을 방출한다. 그러므로 같은 양의 0℃ 얼음보다 0℃ 물이 더 큰 에너지를 갖게 되는 것이다. 석빙고 안에서 얼음이 상태변화가 일어날 때, 더 큰 에너지를 가진 물질로부터 에너지를 전달받을 수밖에 없다. 따라서 주변 공기로부터 에너지를 흡수하여 일부의 얼음이 물이 되면서 주변 공기는 차가워지고, 이는 다른 얼음이 녹지 않을 수 있게 한다. ㉠이 과정에서 생긴 물은 빨리 제거되어야 하므로 조상들은 석빙고 바닥을 경사면으로 만들어 물이 원활하게 배수되도록 하였다.

내부를 차갑게 만들고 최대한 밀폐된 구조를 만들더라도 석빙고는 외부와 에너지 및 공기를 주고받아 내부의 온도는 올라갈 수밖에 없다. 이를 해결하기 위해 조상들은 석빙고 천장의 상단에 통풍구를 설치하였다. 공기와 같은 유체는 온도가 올라가면 분자 사이의 거리가 멀어지면서 밀도가 낮아져 에너지를 동반하여 위로 이동한다. 밀도가 낮은 공기가 상승하면 밀도가 높은 공기, 즉 온도가 낮은 공기가 아래로 이동하게 된다. 석빙고 내부에서는 이와 같은 공기의 흐름에 따라 에너지의 이동이 나타나며, 상승한 공기는 아치형 천장의 움푹 들어간 공간을 통해 그 위의 통풍구로 빠져나가 내부의 차가움을 유지하게 된다. 더불어 통풍구에는 얼음에 영향을 줄 수 있는 직사광선이나 빗물을 차단하기 위해 덮개돌을 설치하였다.

또한 얼음이 최대한 녹지 않을 수 있도록 얼음과 얼음 사이에 일종의 단열재 역할을 하는 짚을 채워 넣어 보관하였다. 접촉하고 있는 두 물질의 분자들 사이에서는 에너지 교환이 일어나는데, 물질의 한쪽 끝에 에너지가 가해지면 해당 부분의 분자들이 에너지를 얻어 진동하게 되고 그 진동은 옆분자를 다시 진동시키며 순차적으로 에너지가 이동한다. 이러한 에너지 전달의 정도는 물질마다 서로 다르다. 짚은 얼음에 비해 에너지가 잘 전달되지 않는데, 이 때문에 얼음끼리 쌓아 놓는 것보다 짚을 활용하여 쌓는 것이 얼음 보관에 훨씬 효율적인 방법이라고 할 수 있다. 또 짚은 스티로폼처럼 미세한 공기구멍을 많이 포함하고 있어 단열 효과를 높일 수 있었다.

이 밖에도 석빙고 외부에 흙을 덮어 내부로 유입되는 에너지가 잘 차단되도록 하였고 풀을 심어 태양의 복사 에너지로 인해 내부의 온도가 상승하는 것을 최대한 막고자 하였다. 또한 얼음을 저장하는 빙실은 온도 유지를 위해 주변 지반에 비해 낮게 만들었다.

석빙고는 조상들의 지혜가 집약된 천연 냉장고로, 당시 다른 나라의 장치에 비해서도 기술이 ⓐ떨어지지 않는 건축물이다.

01

윗글의 내용과 일치하지 않는 것은?

① 석빙고 외부의 풀은 내부의 온도 상승을 막는 데 도움을 준다.
② 석빙고에 얼음을 저장하기 전에 우선 내부를 차갑게 하는 과정이 필요하다.
③ 석빙고의 아치형 천장은 외부 공기를 이용하여 내부의 차가움을 유지하게 한다.
④ 빙실을 지반보다 낮게 만든 것은 석빙고 내부의 낮아진 온도를 지속하기 위해서이다.
⑤ 빙고의 통풍구에 덮개돌이 없으면 햇빛이 석빙고 내부로 들어와 온도를 높일 수 있다.

02

㉠의 이유로 가장 적절한 것은?

① 물이 얼음으로부터 에너지를 전달받아 얼음을 녹이기 때문이다.
② 에너지가 높은 쪽에서 낮은 쪽으로 이동하는 것을 물이 방해하기 때문이다.
③ 물이 상태변화가 시작되어 석빙고 내부의 온도를 상승시킬 수 있기 때문이다.
④ 상태변화가 일어나 생긴 물이 얼음보다 더 큰 에너지를 가지고 있기 때문이다.
⑤ 물이 내부 공기와 에너지 평형을 이루어 석빙고 내부의 온도를 변화시킬 수 없기 때문이다.

03

윗글의 숨은열에 대해 〈보기〉와 같이 정리했다고 할 때, ㉮~㉰에 들어갈 말로 가장 적절한 것은?

보기

물질의 상태변화가 일어날 때는 숨은열이 개입한다. 여름에 석빙고 안에서 물질이 (㉮)될 때 숨은열로 인해 에너지 교환이 일어난 주변 물질은 에너지가 (㉯)한다. 상태가 바뀌는 동안 물질의 온도는 (㉰).

	㉮	㉯	㉰
①	융해	감소	유지된다
②	융해	감소	하강한다
③	융해	증가	유지된다
④	응고	감소	하강한다
⑤	응고	증가	유지된다

04

윗글의 '석빙고(A)'와 〈보기〉의 '이글루(B)'를 이해한 내용으로 적절하지 않은 것은? [3점]

보기

추운 지방에서 이누이트족이 전통적으로 거주했던 얼음집인 이글루는 우선 눈 벽돌을 쌓아 올린 후에, 이글루 안에서 불을 피워 내부 공기의 온도를 높인다. 시간이 지나 공기가 순환하여 눈 벽돌이 녹으면서 물이 생기면 출입구를 열어 물이 얼도록 한다. 이 과정에서 눈 사이에 들어 있던 공기는 빠져나가지 못하고 얼음 속에 갇히게 된다. 이렇게 만들어진 얼음은 에너지의 전달을 방해한다. 또한 물이 눈 벽돌 사이를 메우면서 얼어 만들어진 얼음 벽은 내부의 에너지 유출을 막는다.

① B의 얼음 벽은 A의 외부 흙과 달리 외부로의 에너지 유출을 막기 위한 것이겠군.
② A의 짚에 포함된 공기구멍과 B의 얼음 속 공기층은 모두 단열 효과를 높일 수 있겠군.
③ A의 얼음 사이의 짚과 B의 눈 벽돌 사이를 메운 물은 모두 외부와의 공기 출입을 막는 역할을 하겠군.
④ A와 B는 모두 공기의 밀도 변화에 따른 에너지의 이동이 나타나겠군.
⑤ A와 B는 모두 내부의 온도를 낮추기 위한 방법으로 출입구를 활용했겠군.

05

문맥상 ⓐ의 의미와 가장 가까운 것은?

① 그의 실력은 평균보다 떨어지는 편이다.
② 곧 너에게 중요한 임무가 떨어질 것이다.
③ 이미 그 일에 정이 떨어진 지 꽤 되었다.
④ 아이는 잠시도 엄마에게서 떨어지지 않으려고 한다.
⑤ 배가 고프다는 말이 떨어지기가 무섭게 밥상이 나왔다.

점수를 올려 주는 어휘

- **평형(평평할 平, 저울대 衡)** 사물이 한쪽으로 기울지 않고 안정해 있음.
- **융해열(녹을 融, 풀 解, 더울 熱)** 녹는점에서 고체를 액체로 녹이는 데 필요한 열량.
- **응고열(엉길 凝, 굳을 固, 더울 熱)** 액체나 기체 따위가 고체로 될 때 내는 열량.
- **배수(밀칠 排, 물 水)** 안에 있거나 고여 있는 물을 밖으로 퍼내거나 다른 곳으로 내보냄.
- **유체(흐를 流, 몸 體)** 기체와 액체를 아울러 이르는 말.
- **아치형(arch, 모양 形)** 활과 같은 곡선으로 된 형태나 형식.
- **단열(끊을 斷, 더울 熱)** 물체와 물체 사이에 열이 서로 통하지 않도록 막음. 또는 그렇게 하는 일.
- **복사 에너지(바퀴살 輻, 쏠 射, energy)** 물체에서 방출되는 전자기파의 에너지.

분석 노트 46쪽에서 지문을 정리해 보세요.

풀이 시간 10분 30초

06~10 다음 글을 읽고 물음에 답하시오.

지역난방은 열병합 발전소에서 전기 생산을 위해 사용된 열을 회수하여 인근 지역의 난방에 활용하는 것이다. 지역난방에서는 회수된 열로 데워진 물을 배관을 통해 인근 지역으로 공급함으로써 열을 수송하는 방식을 주로 사용하는데, 근래에는 열 수송의 효율성을 높이기 위해 상변화 물질을 활용하는 방식을 개발하고 있다.

열 수송에 사용되는 상변화 물질이란, 상변화를 할 때 수반되는 ㉠잠열을 효율적으로 사용하기 위해 활용되는 물질을 말한다. 상변화란, 물질의 상태를 고체, 액체, 기체로 분류할 때, 주변의 온도나 압력 변화에 의해 어떤 물질이 이전과 다른 상태로 변하는 것을 의미하는데, 얼음이 물이 되거나 물이 수증기가 되는 것 등이 이에 해당한다. 이러한 변화에는 열이 수반되는데, 이를 '잠열'이라고 한다. 예를 들어 비커에 일정량의 얼음을 넣고 가열하면 얼음의 온도가 올라가게 되고, 0℃에 도달하면 얼음이 물로 변하기 시작하여 비커 속에는 얼음과 물이 공존하게 된다. 그런데 비커 속 얼음이 모두 물로 변할 때까지는 온도가 올라가지 않고 계속 0℃를 유지하는데, 이는 비커에 가해진 열이 물질의 온도 변화가 아닌 상변화에 사용되었기 때문이다. 이렇게 상변화에 사용된 열이 잠열인데, 이는 물질의 온도 변화로 나타나지 않는 숨어 있는 열이라는 뜻이다. 잠열은 물질마다 그 크기가 다르며, 일반적으로 물질이 고체에서 액체가 되거나 액체에서 기체가 될 때, 또는 고체에서 바로 기체가 될 때에는 잠열을 흡수하고 그 반대의 경우에는 잠열을 방출한다. 한편 비커를 계속 가열하여 얼음이 모두 녹아 물이 된 후에는 다시 온도가 올라가기 시작한다. 이렇게 얼음의 온도가 올라가거나 물의 온도가 올라가는 것처럼 온도 변화로 나타나는 열을 '현열'이라고 한다.

그렇다면 상변화 물질의 특성을 이용하여 열 수송을 하면 어떤 장점이 있는 것일까? 상변화 물질을 활용하여 열병합 발전소에서 인근 지역 공동주택으로 열을 수송하는 과정을 통해 이를 살펴보자. 열병합 발전소에서는 발전에 사용된 수증기를 열교환기로 ⓐ보낸다. 열교환기로 이동한 수증기는 열 수송에 사용되는 물에 열을 전달하여 물을 데운다. 이 물속에는 고체 상태의 상변화 물질이 담겨 있는 마이크로 단위의 캡슐이 섞여 있다. 이 상변화 물질의 녹는점은 물의 어는점과 끓는점 사이에 있기 때문에, 물이 데워져 물의 온도가 상변화 물질의 녹는점 이상이 되면 상변화 물질은 액체로 상변화하게 된다. 액체가 된 상변화 물질이 섞인 물은 열교환기에서 나와 온수 공급관을 통해 인근 지역 공동주택 기계실의 열교환기로 이동한다. 이 과정에서 상변화 물질이 고체로 상변화되지 않아야 하므로 이동하는 물의 온도는 상변화 물질의 녹는점 이상으로 유지되어야 한다.

공동주택 기계실의 열교환기로 이동한 물과 캡슐 속 상변화 물질은 공동주택의 찬물에 열을 전달하면서 온도가 내려간다. 이렇게 공동주택의 찬물을 데우는 과정에서 상변화 물질의 온도가 상변화 물질의 녹는점 이하로 내려가면 캡슐 속 상변화 물질은 액체에서 고체로 상변화하면서 잠열을 방출하게 되는데, 이 역시 찬물을 데우는 데 사용된다. 즉 온수 공급관을 통해 이동해 온 물의 현열과 캡슐 속 상변화 물질의 현열, 그리고 상변화 물질의 잠열이 공동주택의 찬물을 데우는 데 모두 사용되는 것이다. 이렇게 데워진 공동주택의 물은 각 세대의 난방기로 공급되어 세대 난방을 하게 되고, 상변화 물질 캡슐이 든 물은 온수 회수관을 통해 다시 발전소로 회수되어 재사용된다.

이와 같이 상변화 물질을 활용한 열 수송 방식을 사용하면 현열만 사용하던 기존의 열 수송 방식과 달리 현열과 잠열을 모두 사용할 수 있으므로 온수 공급관을 통해 보내는 물의 온도를 현저히 낮출 수 있어 열 수송의 효율성이 개선된다. 이때 상변화 물질 캡슐의 양을 늘릴수록 열 수송에 활용할 수 있는 잠열의 양은 증가하겠지만 캡슐의 양이 일정 수준 이상으로 늘어나면 물이 원활하게 이동할 수 없으므로 캡슐의 양을 증가시키는 데에는 한계가 있다.

06

윗글의 내용과 일치하지 않는 것은?

① 상변화는 주변의 온도나 압력 변화에 의해 물질의 상태가 변하는 것을 의미한다.
② 열병합 발전소에서는 전기 생산에 사용된 수증기의 열을 회수하여 인근 지역으로 공급한다.
③ 상변화 물질이 들어 있는 캡슐의 양은 물의 이동을 고려해야 하므로 일정 수준 이상 늘릴 수 없다.
④ 상변화 물질을 활용하여 열을 수송하는 방식을 사용하는 것은 열 수송의 효율성을 높이기 위해서이다.
⑤ 상변화 물질을 활용한 열 수송 방식에서는 온수 공급관으로 보내는 물의 온도를 기존 방식보다 높여야 한다.

07

㉠에 대한 설명으로 적절하지 않은 것은?

① 물질마다 크기가 각기 다르다.
② 물질의 온도 변화로 나타나지 않는다.
③ 숨어 있는 열이라는 뜻을 지니고 있다.
④ 물질의 상변화가 일어날 때 흡수되거나 방출된다.
⑤ 상변화하고 있는 물질의 현열을 증가시키는 역할을 한다.

08

〈보기〉는 상변화 물질을 활용한 열 수송 과정을 도식화한 것이다. 윗글을 바탕으로 〈보기〉에 대해 이해한 내용으로 적절하지 않은 것은? [3점]

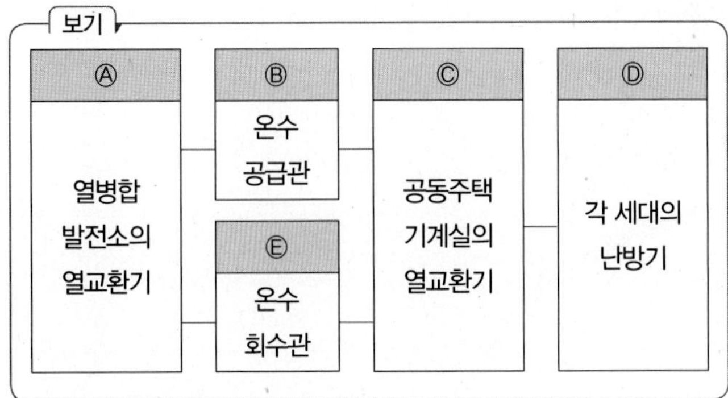

① Ⓐ에서 캡슐 속 상변화 물질의 온도는 상변화 물질의 녹는점 이상으로 올라가겠군.
② Ⓑ에서는 물에 있는 캡슐 속 상변화 물질의 상변화가 일어나지 않겠군.
③ Ⓑ와 Ⓔ를 통해 이동하는 물에 있는 상변화 물질의 상태는 서로 같겠군.
④ Ⓒ에서 공동주택의 찬물은 현열과 잠열에 의해 데워져 Ⓓ에 공급되겠군.
⑤ Ⓔ를 통해 회수된 물에 있는 상변화 물질은 Ⓐ에서 다시 상변화 과정을 거쳐 재사용되겠군.

09

윗글을 읽은 학생이 〈보기 1〉을 보고 〈보기 2〉와 같이 메모했을 때, ㉮~㉰에 들어갈 말로 적절한 것은?

보기 1

A 기업에서는 녹는점이 15℃인 상변화 물질을 벽에 넣어 밤과 낮의 온도 차가 크더라도 벽의 온도를 일정하게 만들 수 있는 기술을 연구하고 있다.

보기 2

벽의 온도가 15℃보다 높아지면 이 상변화 물질은 (㉮)로 상변화할 것이고, 이때 잠열을 (㉯)할 것이다. 이렇게 상변화가 일어나는 중에는 상변화 물질의 온도가 (㉰) 것이다.

	㉮	㉯	㉰
①	액체	흡수	유지될
②	액체	흡수	상승할
③	액체	방출	유지될
④	고체	흡수	유지될
⑤	고체	방출	상승할

10

ⓐ와 문맥적 의미가 가장 유사한 것은?

① 그는 선물을 동생 집으로 보냈다.
② 그는 그저 멍하니 세월만 보냈다.
③ 그는 아들을 작년에 장가를 보냈다.
④ 관객들은 연주자에게 박수를 보냈다.
⑤ 그녀는 슬피 울며 정든 친구를 보냈다.

점수를 올려 주는 어휘

- **회수(돌아올 回, 거둘 收)** 도로 거두어들임.
- **수송(보낼 輸, 보낼 送)** 기차나 자동차, 배, 항공기 따위로 사람이나 물건을 실어 옮김.
- **수반(따를 隨, 짝 伴)** 어떤 일과 더불어 생김.
- **공존(한가지 共, 있을 存)** 두 가지 이상의 사물이나 현상이 함께 존재함.
- **녹는점(--點)** 고체가 액체 상태로 바뀌는 온도. 순수한 물질의 녹는점은 어는점과 같다.
- **세대(인간 世, 띠 帶)** 현실적으로 주거 및 생계를 같이하는 사람의 집단.

분석 노트 47쪽에서 지문을 정리해 보세요.

주제 통합

출제 경향

지문 구성

제재가 연관된 (가)와 (나) 두 지문으로 출제된다. 하나의 사안에 대해 입장을 달리하는 두 지문을 대립하여 보여 주거나 특정한 개념이나 특징을 설명한 지문에 심층적 이해를 돕는 지문이 짝을 이루어 출제되기도 한다. 두 지문이 함께 제시되므로 다른 영역에 비해서는 분량이 긴 편이다.

지문 성격

제재로 연계된 두 지문이 제시되므로, 영역을 넘나드는 통합적 성격을 띠기보다는 하나의 한정된 영역에서 출제되는 경향이 있다. 주로 인문과 예술 영역에서 출제되는 비율이 높으며, 때에 따라 사회 영역에서 출제가 이루어지기도 한다. 아직까지 과학이나 기술 영역에서 출제된 이력은 없다.

문항 유형

지문의 길이가 다른 영역에 비해 긴 만큼 출제되는 문항 수도 많은 편이다. 일반적으로 수능에서는 6개의 문항이 출제되는 데 반해, 고 1, 2 학력평가에서는 지문의 성격에 따라 5~6개의 문항이 출제된다. (가)와 (나) 두 지문의 내용을 엮어 물어보는 복합형 문항을 포함하여 구체적 상황에 적용하는 문제 유형 등이 꾸준히 출제되고 있다.

DAY	테마	제재	문제편	해설편	학습일
DAY 23	주제 통합 1	(가) 프로이트의 정신분석이론	108쪽	143쪽	월 일
		(나) 융의 분석심리학			
		(가) 관중의 통치 철학	111쪽	147쪽	
		(나) 율곡의 통치 철학			
DAY 24	주제 통합 2	(가) 플라톤의 예술 철학	114쪽	151쪽	월 일
		(나) 아리스토텔레스의 예술 철학			
		(가) 토마스 아퀴나스의 사랑관	116쪽	155쪽	
		(나) 칸트의 사랑관			
DAY 25	주제 통합 3	(가) 2차적저작물의 개념	118쪽	158쪽	월 일
		(나) 2차적저작물의 법적 보호			
		(가) 독점적 경쟁 시장에서의 광고	121쪽	162쪽	
		(나) 광고의 효과			

주제 통합 1

학습 일자 월 일
총 풀이 시간 25분 00초

풀이 시간 12분 30초

01~06 다음 글을 읽고 물음에 답하시오.

(가)

19세기에 분트는 인간의 정신세계가 의식으로 이루어져 있다고 보고, 실험을 통해 인간의 정신 현상과 행동을 설명하는 실험심리학을 주창•하였다. 이때 의식이란 깨어 있는 상태에서 자신이나 세계를 인식하는 모든 정신 작용을 의미한다. 그러나 프로이트는 정신 질환을 겪는 환자들을 치료하면서 인간에게 의식과는 다른 무의식 세계가 있다는 것을 발견하였다. 이에 그는 인간을 무의식의 지배를 받는 비합리적 존재로 간주하고, 정신분석이론을 통해 인간의 정신세계를 ⓐ규명•하려 하였다.

프로이트에 의하면 인간의 정신세계 중 의식이 차지하는 영역은 빙산의 일각•일 뿐, 무의식이 정신세계의 대부분을 차지한다. 그는 무의식의 심연에는 '원초아'가, 무의식에서 의식에 걸쳐 '자아'와 '초자아'가 존재한다고 보았다. 원초아는 성적 에너지를 바탕으로 본능적인 욕구를 충족하려는 선천적 정신 요소이다. 반면 자아는 외적 상황으로 인해 충족되지 못하고 지연되거나 좌절된 원초아의 욕구를 사회적으로 용인•될 수 있는 방법으로 충족하려는 정신 요소이다. 마지막으로 초자아는 도덕률에 따라 원초아의 욕구를 억제하고 양심에 따라 행동하도록 하는 정신 요소로, 어린 시절 부모의 종교나 가치관 등을 내재화•하는 과정에서 후천적으로 발달한다.

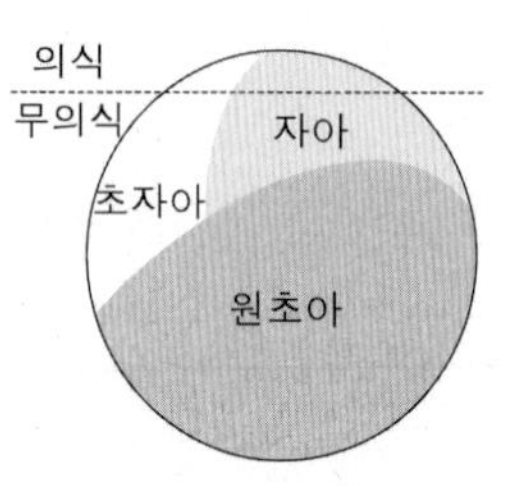

이러한 원초아, 자아, 초자아는 역동적으로 상호작용하면서 개인의 성격을 형성한다. 가령, 원초아가 강할 때는 본능적인 욕구에 집착하는 충동적인 성격이, 초자아가 강할 때는 엄격하게 도덕을 지키려는 원칙주의적 성격이 나타난다. 자아는 원초아와 초자아의 요구 사이에서 이를 조정하는 역할을 하기 때문에, 정신적 균형을 이루기 위해서는 자아의 발달이 중요하다. 만일 자아가 제 역할을 하지 못하면 정신 요소의 균형이 깨져 불안감이 생기는데, 자아는 이를 해소하기 위해 무의식적으로 방어기제를 사용하게 된다. 대표적인 방어기제로는 억압이나 승화 등이 있다. 억압은 자아가 수용하기 힘든 욕구를 무의식 속으로 억누르는 것을, 승화는 그러한 욕구를 예술과 같이 가치 있는 활동으로 ⓑ전환하는 것을 의미한다. 개인마다 습관적으로 사용하는 방어기제가 다르기 때문에 어떤 방어기제를 사용하느냐 또한 개인의 성격 형성에 영향을 미친다.

프로이트는 어린 시절에 해소되지 않은 원초아의 욕구나 정신 요소 간의 갈등은 성인이 된 후에도 지속적으로 영향을 주기 때문에, 이 시기에 부모와의 상호작용 경험이 성격 형성에 큰 영향을 준다고 설명하였다. 특히 그는 성인의 정신 질환을 어린 시절의 심리적 갈등이 재현•된 것으로 보고, 이를 치유하기 위해서는 무의식에 내재되어 있는 과거의 상처를 의식의 세계로 끌어내는 과정이 필요하다고 주장하였다. 이러한 프로이트의 이론은 기존의 이론에서 ⓒ간과한 무의식에 대한 탐구를 통해 인간 이해에 대한 지평•을 넓혔다는 평을 받고 있다.

(나)

융은 프로이트의 정신분석이론에 반기•를 들고, 분석심리학을 주창하였다. 무의식을 단지 의식에서 수용할 수 없는 원초적 욕구나 해결되지 못한 갈등의 창고로만 본 프로이트와 달리, 융은 무의식을 인간이 잠재적 가능성을 실현할 때 필요한 창조적인 에너지의 샘으로 보았다는 점에서, 그의 분석심리학은 프로이트의 이론과 구별된다.

융은 정신세계의 가장 바깥쪽에는 의식이, 그 안쪽에는 개인 무의식이, 그리고 맨 안쪽에는 집단 무의식이 순서대로 자리잡고 있다고 보았다. 의식은 생각이나 감정, 기억과 같이 인간이 직접 인식할 수 있는 영역으로, 여기에는 '자아'가 존재한다. 자아는 의식을 지배하는 동시에 무의식과 교류하며 이를 조정하는 역할을 한다. 개인 무의식은 의식에 의해 ⓓ배제된 생각이나 감정, 기억 등이 존재하는 영역이다. 이곳에 존재하는 '그림자'는 자아에 의해 억압된 '또 하나의 나'라고 할 수 있다. 마지막으로 집단 무의식은 태어날 때부터 누구나 가지고 있는 원초적이며 보편적인 무의식이다. 거기에는 진화•를 통해 축적•되어 온 인류의 경험이 '원형'의 형태로 존재한다. 가령 어두운 상황에서 누구나 공포심을 느끼는 것이 원형에 해당한다.

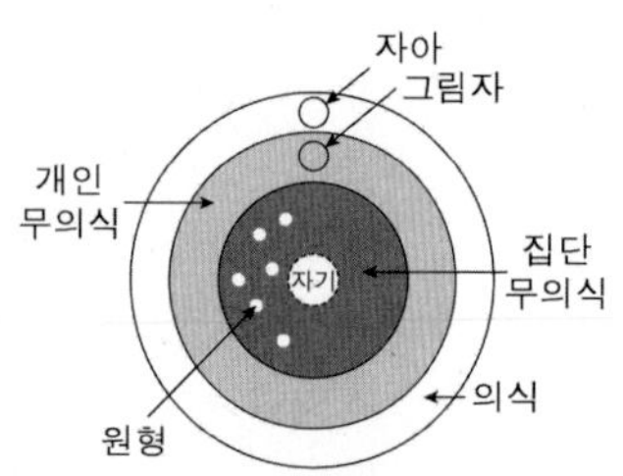

융에 따르면 집단 무의식의 가장 안쪽에는 '자기'가 존재한다. 이는 정신세계에 내재하는 개인의 근원적인 모습이라고 할 수 있다. 융은 자아가 성찰을 통해 무의식의 심연•에 존재하는 자기를 발견하면, 인간은 비로소 타인과 구별되는 고유한 존재가 된다고 보고 이를 개별화라고 불렀다. 이는 의식에 존재하는 자아가 무의식과 끊임없이 상호작용하며 무의식의 영역을 의식으로 통합하는 과정, 즉 ㉠무의식을 의식화하는 과정을 통해 이루어진다. 이 과정에서 자아는 자신의 또 다른 모습인 그림자와 ⓔ대면•하게 되고, 집단 무의식에 존재하는 여러 원형들을 발견하게 된다. 결국 자아가 무의식의 심연에 존재하는 자기를 찾아가는 과정은 정신세계를 구성하는 자아와 그림자, 그리고 여러 원형들이 대립에서 벗어나 하나의 정신으로 통합되면서 정신적 균형을 이루는 과정이라 할 수 있다. 이러한 과정에서 개인은 내면의 성숙을 이루며 자신의 정체성을 찾게 된다.

01

(가), (나)의 공통점으로 가장 적절한 것은?

① 인간의 무의식을 주장한 이론에 대한 상반된 평가를 제시하고 있다.
② 기존과 다른 관점에서 인간의 정신세계를 설명한 이론을 소개하고 있다.
③ 인간의 무의식을 설명한 이론이 등장하게 된 역사적 사건을 소개하고 있다.
④ 인간의 정신 질환을 분류하고 각각의 특징을 설명한 이론을 제시하고 있다.
⑤ 인간의 정신세계를 설명한 이론이 다른 학문 영역에 미친 영향을 분석하고 있다.

02

(가)의 내용과 일치하지 않는 것은?

① 분트는 인간의 정신세계가 의식으로만 구성되어 있다고 보았다.
② 프로이트는 인간을 무의식의 지배를 받는 비합리적 존재로 여겼다.
③ 프로이트는 원초아가 강할 때 본능적인 욕구에 집착하는 성격이 나타난다고 생각했다.
④ 프로이트는 세 가지 정신 요소들이 상호작용하면서 개인의 성격이 형성된다고 보았다.
⑤ 프로이트는 의식적으로 사용하는 방어기제와 무의식적으로 사용하는 방어기제를 구분하였다.

03

(가)의 '프로이트'와 (나)의 '융'의 관점에서 〈보기〉를 이해한 내용으로 적절하지 않은 것은? [3점]

보기

[헤르만 헤세의 연보]

- 1877 : 기독교인다운 엄격한 생활을 중시하는 경건주의 집안에서 태어남. …… ㉮
- 1881~1886 : 자유분방한 기질로 인해 엄한 아버지의 교육 방식에 반항하며 불안감을 느낌. …… ㉯
- 1904~1913 : 잠재된 문학적 재능을 발휘하여 왕성하게 작품 창작을 하며 불안에서 벗어남. …… ㉰
- 1916~1919 : 아버지의 죽음을 접하고 심한 우울증을 경험함. …… ㉱
- 1945~1962 : 성찰적 글쓰기 활동 속에서 심리적 안정감을 느끼며 여생을 보냄. …… ㉲
- 1962 : 몬타뇰라에서 죽음.

① ㉮ : 프로이트는 엄격한 집안 분위기가 헤세의 초자아가 발달하는 데 영향을 주었다고 보겠군.
② ㉯ : 프로이트는 헤세의 불안감을 원초아와 초자아의 요구를 자아가 제대로 조정하지 못한 결과라고 보겠군.
③ ㉰ : 프로이트는 헤세의 왕성한 창작 활동을 승화로, 융은 이를 무의식의 창조적 에너지가 발현된 것으로 보겠군.
④ ㉱ : 프로이트는 헤세의 우울증을 유년기의 불안이 재현된 것으로, 융은 이를 자아와 그림자가 통합된 것으로 보겠군.
⑤ ㉲ : 융은 헤세가 성찰하는 글쓰기 활동을 통해 자기를 발견하는 과정에서 심리적 안정감을 느낀 것으로 보겠군.

04

(가)의 정신분석이론과 (나)의 분석심리학에서 모두 동의하는 진술로 가장 적절한 것은?

① 자아는 의식과 무의식의 세계에 걸쳐서 존재한다.
② 무의식은 성적 에너지로만 이루어진 정신 요소이다.
③ 무의식은 개인의 경험을 초월해 원형의 형태로 유전된다.
④ 무의식에는 자아에 의해 억압된 열등한 자아가 존재한다.
⑤ 정신적 균형을 이루기 위해서는 자아의 역할이 중요하다.

05

㉠을 이해한 내용으로 가장 적절한 것은?

① 의식의 확장을 통해 타인과의 경계를 허무는 과정이다.
② 자신의 근원적인 모습을 찾아 나가는 개별화의 과정이다.
③ 의식에 의해 발견된 무의식의 욕구가 억눌리는 과정이다.
④ 무의식이 의식에서 분화되어 정체성이 실현되는 과정이다.
⑤ 과거의 경험들을 반복함으로써 성격이 형성되는 과정이다.

06

ⓐ~ⓔ의 사전적 의미로 적절하지 않은 것은?

① ⓐ: 어떤 사실을 자세히 따져서 바로 밝힘.
② ⓑ: 주기적으로 자꾸 되풀이하여 돎.
③ ⓒ: 큰 관심 없이 대강 보아 넘김.
④ ⓓ: 받아들이지 아니하고 물리쳐 제외함.
⑤ ⓔ: 서로 얼굴을 마주 보고 대함.

점수를 올려 주는 어휘

(가)
- **주창(임금 主, 부를 唱)** 주의나 사상을 앞장서서 주장함.
- **규명(얽힐 糾, 밝을 明)** 어떤 사실을 자세히 따져서 바로 밝힘.
- **일각(한 一, 뿔 角)** 한 귀퉁이. 또는 한 방향.
- **용인(얼굴 容, 알 認)** 용납하여 인정함.
- **내재화(안 內, 있을 在, 될 化)** 어떤 현상이나 성질 따위가 내부나 일정한 범위 안에 있게 됨.
- **재현(다시 再, 나타날 現)** 다시 나타남. 또는 다시 나타냄.
- **지평(땅 地, 평평할 平)** 사물의 전망이나 가능성 따위를 비유적으로 이르는 말.

(나)
- **반기(돌이킬 反, 기 旗)** 반대의 뜻을 나타내는 행동이나 표시.
- **진화(나아갈 進, 될 化)** 일이나 사물 따위가 점점 발달하여 감.
- **축적(모을 蓄, 쌓을 積)** 지식, 경험, 자금 따위를 모아서 쌓음. 또는 모아서 쌓은 것.
- **심연(깊을 深, 못 淵)** 좀처럼 빠져나오기 힘든 구렁을 비유적으로 이르는 말.
- **대면(마주할 對, 얼굴 面)** 서로 얼굴을 마주 보고 대함.

분석 노트 48~49쪽에서 지문을 정리해 보세요.

⏰ 풀이 시간 12분 30초

07~12 다음 글을 읽고 물음에 답하시오.

(가)

관중은 춘추 시대 제(齊)나라의 재상•으로 군주인 환공을 도와 약소국이던 제나라를 부강한 국가로 성장시켰다. 관중이 생각한 이상적인 국가의 모습과 국가를 통치하는 방법은 『관자』를 통해 살펴볼 수 있다. 그는 자신이 살던 현실의 문제에 실리적•으로 ⓐ대처하고 정치적인 분열을 적극적으로 막아 나라의 부강과 백성의 평안을 이루고자 하였다.

관중은 백성이 국가 경제의 근본이라는 경제적 관점을 바탕으로 법의 필요성을 강조하였다. 그에 따르면, 군주는 법을 만들 수 있는 자격을 천부적으로 지닌 사람이다. 하지만 군주가 마음대로 법을 만들면 백성의 삶이 ⓑ피폐해질 수 있으므로 군주는 이익을 추구하는 백성의 본성을 고려해 백성의 삶이 윤택해질 수 있는 법을 만들어야 한다고 보았다. 이때 관중이 강조한 백성의 윤택한 삶은 도덕적 교화•와 같은 목적을 위한 것이 아닌, 부강한 나라의 실현을 위한 것이라는 실리적 관점에서 이해할 수 있다.

또한 관중은 군주가 자신에 대해서는 존귀하게 여기지 않는 것을 '패(覇)'라고 ⓒ규정하였는데, 이를 바탕으로 군주도 법의 적용에서 예외가 되지 않아야 한다고 주장하였다. 그에 따르면 군주는 '권세'를 지녀야 국가를 다스릴 수 있는데, 이때 군주가 패를 실천해야 백성이 권세를 인정하게 된다. ㉠결국 군주가 법을 존중하는 것은 백성이 군주를 존중하는 것으로 이어지게 되는 것이다.

관중은 권세를 가진 군주는 부강한 나라를 이루는 통치, 즉 '패업(覇業)'을 위한 통치를 펼쳐야 한다고 주장하고, 법을 통한 통치의 중요성을 강조하였다. 이때 군주는 능력 있는 신하를 공정하게 등용하되 신하들이 군주의 권세를 넘보거나 법질서를 혼란스럽게 하지 못하도록 자신의 권세를 신하에게 위임•하지 말아야 하며 백성의 경제적 안정을 위한 정책들을 시행해야 한다고 보았다. 이러한 관중의 사상은 백성들의 경제적 안정을 기반으로 부강한 나라를 이루기 위해 법을 통한 통치를 도모•한 것으로 평가할 수 있다.

(나)

율곡은 유학적 사상을 기반으로, 자신이 생각하는 군주상을 제시하였다. 그는 『성학집요』에서 개인의 수양을 통해 앎을 늘리고 인격을 완성하는 것을 군주의 자격으로 보았다. 율곡은 군주가 인격을 완성하고 아는 것을 실천하면 백성의 선한 본성을 회복하는 도덕적 교화가 가능해진다고 본 것이다. 율곡은 자신이 이상적으로 생각하는 왕도정치가 실현되기 위해서는 군주가 신하를 통해 백성을 다스려야 한다고 생각했는데, 만약 군주가 포악한 정치를 펼쳐 신하들의 지지를 얻지 못하거나 민심을 잃으면 교체될 수 있다고 여겼다.

[A] 율곡은 군주의 통치에 따라 태평한 시대인 치세와 혼란스러운 시대인 난세가 구분된다고 보고, 이를 중심으로 군주의 유형과 통치 방법을 나누어 설명했다. 치세를 만드는 군주는 재능과 지식이 출중해• 신하를 능력에 맞게 발탁하여 일을 분배할 줄 알거나, 재능과 지식은 ⓓ부족하지만 현명한 신하를 분별하여 그에게 나라의 일을 맡길 줄 안다. 이들의 통치 방법은 '왕도(王道)'와 '패도(覇道)'로 나뉜다. 왕도는 군주의 인격 완성을 통해 백성의 도덕적 교화까지 이루어 내는 것이고, 패도는 군주의 인격이 완성되지 않아 백성의 도덕적 교화까지는 이루어지지 않았지만 백성의 경제적 안정은 이루어 내는 것이다.

난세를 만드는 군주는 자신의 총명만을 믿고 신하를 불신하거나, 간신의 말을 믿고 의지하여 눈과 귀가 가려진 군주이다. 이들은 백성을 괴롭히고 충언을 받아들이지 않아 스스로 멸망에 이르는 폭군, 간사한 자를 분별하지 못하고 총명함이 없으며 무능력한 혼군, 나약하여 자신의 뜻을 세우지 못하고 우유부단한 용군으로 분류된다. 이들의 통치 방법은 포악한 정치를 의미하는 '무도(無道)'이므로 율곡의 관점에서 무도를 행하는 군주는 교체되어야 할 존재이다.

율곡은 백성의 도덕적 교화를 이루는 왕도정치를 위해서는 백성들의 삶이 경제적으로 편안한 것이 전제되어야 한다고 보았다. 이는 군주의 존재 근거가 백성이라고 보는 민본관에 의한 것으로, 조세• 부담을 줄이는 등 백성의 경제적 기반•을 유지할 수 있는 정책을 펼쳐야 함을 ⓔ역설한 것이다. 이처럼 율곡의 사상은 왕도정치를 실현하는 과정에서 백성의 현실적 삶에 주목하려는 시도로 볼 수 있다.

07

(가), (나)에 대한 설명으로 가장 적절한 것은?

① (가)와 (나)는 모두 특정한 사상가가 주장하는 군주의 통치술의 변화 과정을 소개하고 있다.
② (가)와 (나)는 모두 특정한 사상가가 주장하는 군주의 통치술에 담긴 내용을 중심으로 그 의의를 밝히고 있다.
③ (가)와 달리 (나)는 특정한 사상가가 주장하는 군주의 통치술이 갖는 한계를 드러내고 새로운 통치술을 제안하고 있다.
④ (나)와 달리 (가)는 특정한 사상가가 주장하는 군주의 통치술을 군주의 유형에 따라 범주화하여 제시하고 있다.
⑤ (나)와 달리 (가)는 특정한 사상가가 주장하는 군주의 통치술에 대한 상반된 입장을 제시하고 장단점을 비교하고 있다.

08

㉠의 이유로 가장 적절한 것은?

① 군주가 마음대로 법을 만들 수 있는 패를 실천할 수 있기 때문이다.
② 군주가 법을 존중하면 법을 제정할 수 있는 기회를 얻을 수 있기 때문이다.
③ 군주가 법의 필요성을 인식해야 백성을 국가의 근본으로 여기게 되기 때문이다.
④ 군주가 자신에게도 법 적용에 예외를 두지 않음으로써 권세를 인정받게 되기 때문이다.
⑤ 군주가 백성의 본성을 고려하지 않고 나라의 부강을 우선시하는 법을 만들어야 하기 때문이다.

09

(나)에서 알 수 있는 '율곡'의 견해로 적절하지 않은 것은?

① 군주는 앎을 늘리는 것뿐 아니라 앎을 실천하는 것도 중요하다.
② 군주는 포악한 정치를 펼쳐 신하들에게 지지를 얻지 못하면 교체될 수 있다.
③ 군주는 왕도정치를 실현하기 위해 자신의 존재 근거를 백성으로 보아야 한다.
④ 백성의 도덕적 교화가 이루어져야 백성의 삶이 경제적으로 편안해질 수 있다.
⑤ 백성의 조세 부담을 줄이는 것은 백성의 경제적 기반을 유지할 수 있는 방법 중 하나이다.

10

(가)의 관점에서 [A]를 판단한 것으로 가장 적절한 것은?

① [A]에서 눈과 귀가 가려진 군주는, 정치적 분열을 막아 백성을 평안하게 하므로 패업을 이룰 수 있는 존재로 볼 수 있다.
② [A]에서 군주가 충언을 받아들이지 않는 것은, 법을 만들 수 있는 자격을 천부적으로 지닌 것이므로 패업으로 볼 수 있다.
③ [A]에서 군주가 자신의 총명을 믿고 신하를 불신하는 것은, 백성의 삶을 윤택하게 하려는 것이므로 패업으로 볼 수 있다.
④ [A]에서 군주가 자신의 뜻을 세우지 못하는 것은, 자신을 존귀하게 여기지 않은 것이므로 패업을 위한 통치의 방법으로 볼 수 있다.
⑤ [A]에서 군주가 신하를 능력에 맞게 발탁하여 일을 분배한 것은, 능력에 따라 신하를 공정하게 등용한 것이므로 패업을 위한 통치의 방법으로 볼 수 있다.

11

〈보기〉는 동서양 사상가들의 견해이다. 〈보기〉와 (가), (나)를 읽은 학생이 보인 반응으로 적절하지 않은 것은? [3점]

보기

㉮ 군주는 권력을 얻기 전까지는 수단과 방법을 가리지 않는 것이 오히려 백성을 위한 것입니다. 하지만 권력을 얻은 후에는 법을 통해 통치함으로써 자신의 권력을 유지할 수 있습니다.

㉯ 군주에 따라 치세와 난세가 되는 것을 지양하기 위해 법을 제정하고 기준을 세우는 것이 필요합니다. 그리고 법을 통해 통치할 수 있는 권한은 군주만이 갖고 있어야 권력을 유지할 수 있습니다.

㉰ 군주는 타락한 현실에 의해 잃어버린 인간의 선한 본성인 도덕성을 회복시켜야 합니다. 이때 군주는 도덕성의 회복을 목적으로 백성의 기본적인 경제적 욕구를 충족시키고 인간다운 교육을 실시해야 합니다.

① 관중과 ㉮는 모두 법을 통한 통치의 중요성을 인식했다고 볼 수 있겠군.
② 관중과 ㉯는 모두 국가를 다스릴 수 있는 권한이 오로지 군주에게 있어야 함을 강조했다고 볼 수 있겠군.
③ 관중은 ㉰와 달리 백성의 경제적 안정의 목적이 도덕성 회복이 아니라고 보았군.
④ 율곡은 ㉯와 달리 군주의 인격 완성 여부에 따라 치세와 난세가 구분된다고 보았군.
⑤ 율곡과 ㉰는 모두 백성의 본성을 선한 것으로 인식했다고 볼 수 있군.

12

ⓐ~ⓔ의 사전적 의미로 적절하지 않은 것은?

① ⓐ: 어떤 정세나 사건에 대하여 알맞은 조치를 취함.
② ⓑ: 지치고 쇠약해짐.
③ ⓒ: 바로잡아 고침.
④ ⓓ: 필요한 양이나 기준에 미치지 못해 충분하지 아니함.
⑤ ⓔ: 자신의 뜻을 힘주어 말함.

점수를 올려 주는 어휘

(가)

- **재상(재상 宰, 서로 相)** 임금을 돕고 모든 관원을 지휘하고 감독하는 일을 맡아보던 이품 이상의 벼슬.
- **실리적(열매 實, 이로울 利, 과녁 的)** 실제로 이익이 되는. 또는 그런 것.
- **교화(가르칠 敎, 될 化)** 가르치고 이끌어서 좋은 방향으로 나아가게 함.
- **위임(맡길 委, 맡길 任)** 어떤 일을 책임 지워 맡김. 또는 그 책임.
- **도모(그림 圖, 꾀 謀)** 어떤 일을 이루기 위하여 대책과 방법을 세움.

(나)

- **출중하다(날 出, 무리 衆)** 여러 사람 가운데서 특별히 두드러지다.
- **조세(조세 租, 세금 稅)** 국가 또는 지방 공공 단체가 필요한 경비로 사용하기 위하여 국민이나 주민으로부터 강제로 거두어들이는 금전.
- **기반(터 基, 소반 盤)** 기초가 되는 바탕. 또는 사물의 토대.

분석 노트 50~51쪽에서 지문을 정리해 보세요.

주제 통합 2

학습 일자 월 일
총 풀이 시간 21분 00초

풀이 시간 10분 30초

01~05 다음 글을 읽고 물음에 답하시오.

(가)

플라톤은 초월 세계인 이데아계와 감각 세계인 현상계를 구분했다. 영원불변의 이데아계는 현상계에 나타난 모든 사물의 근본이 되는 보편자, 즉 형상(form)이 존재하는 곳으로 이성으로만 인식될 수 있는 관념의 세계이다. 반면 현상계는 이데아계의 형상을 바탕으로 만들어진 세계로 끊임없이 변화하는 사물이 감각에 의해 지각된다. 플라톤에 따르면 ㉠<u>현상계의 모든 사물은 형상을 본뜬 그림자에 불과하다</u>.

이러한 관점에서 플라톤은 예술을 감각 가능한 현상의 모방이라고 보았다. 예를 들어 목수는 이성을 통해 침대의 형상을 인식하고 그것을 모방하여 침대를 만든다. 그리고 화가는 감각을 통해 이 침대를 보고 그림을 그린다. 결국 침대 그림은 보편자에서 두 단계 떨어져 있는 열등한 것이며, 형상에 대한 참된 인식을 방해하는 허구의 허구에 불과하다. 이데아계의 형상을 모방하여 생겨난 것이 현상인데, 예술은 현상을 다시 모방한 것이기 때문이다.

플라톤은 시가 회화와 다르다고 보았다. 고대 그리스에서 음유시인은 허구의 허구인 서사시나 비극을 창작하고, 이를 작품 속 등장인물의 성격에 어울리는 말투, 몸짓 같은 감각 가능한 현상으로 연기함으로써 다시 허구를 만들어 냈다. 이 과정에서 음유시인의 연기는 인물의 성격을 드러내는데, 이는 감각 가능한 외적 특성을 모방해 감각으로 파악될 수 없는 내적 특성을 드러내는 것이다.

플라톤은 음유시인이 용기나 절제 같은 덕성을 갖춘 인간이 아닌 저급한 인간의 면모를 모방할 수밖에 없다고 주장했다. 가령 화를 잘 내는 인물은 목소리가 거칠어지고 안색이 붉어지는 등 다양한 감각 가능한 현상들을 모방함으로써 쉽게 표현할 수 있지만, 용기나 절제력이 있는 인물에 수반되는 감각 가능한 현상은 표현하기 어렵기 때문이다. 따라서 플라톤은 음유시인의 연기를 보는 관객들이 이성이 아닌 감정이나 욕구와 같은 비이성적인 것들에 지배되어 타락하게 된다고 보았다.

(나)

아리스토텔레스는 이데아계가 존재한다고 보지 않았다. 예컨대 사람은 나이가 들며 늙는데, 만약 이데아계의 변하지 않는 어린아이의 형상과 성인의 형상을 바탕으로 각각 현상계의 어린아이와 성인이 생겨났다면, 현상계에서 어린아이가 성인으로 성장하는 것을 설명할 수 없기 때문이다.

아리스토텔레스는 형상이 항상 사물의 생성과 변화의 바탕이 되는 질료에 내재한다고 보고, 이를 가능태와 현실태라는 개념을 통해 설명하였다. 가능태란 형상을 실현시킬 수 있는 가능적 힘이자 질료를 의미하며, 현실태란 가능태에 형상이 실현된 어떤 상태이다. 가령 도토리는 떡갈나무가 되기 위한 가능태라면, 도토리가 떡갈나무가 된 상태가 현실태이다. 이처럼 생성·변화하는 모든 것은 목적을 향해 움직이므로 가능태에 있는 것은 형상이 완전히 실현된 상태인 '완전 현실태'를 향해 나아가는데, 이 이행 과정이 운동이다. 즉 운동의 원인은 외부가 아닌 가능태 자체에 내재한다.

아리스토텔레스에게 있어 예술의 목적은 개개의 사물에 내재하고 있는 보편자, 즉 형상을 표현해 내는 것이다. 이런 점에서 그는 시가 역사보다 우월하다고 주장했다. 역사는 개별적 사건들의 기록일 뿐이지만 시는 개별적 사건에 깃들어 있는 보편자를 표현한 것이기 때문이다.

아리스토텔레스는 인간이 예술을 통해 쾌감을 느낄 수 있다고 보았다. 특히 비극시는 파멸하는 주인공을 통해 인간의 근본적 한계를 다루기 때문에, 시를 창작하면 인간 존재의 본질을 인식하는 앎의 쾌감을 느낄 수 있다고 하였다. 비극시 속 이야기는 음유시인이 경험 세계의 개별자들 속에서 보편자를 인식해 내어, 그것을 다시 허구의 개별자로 표현한 결과물인 것이다. 또한 관객은 음유시인의 연기를 통해 앎의 쾌감을 느낄 수 있을 뿐 아니라 그와 다른 종류의 쾌감도 경험할 수 있다. 관객은 고통을 받는 인물의 이야기를 통해 그에 대한 연민과 함께, 자신도 유사한 고통을 겪을 수 있다는 공포를 느낀다. 이러한 과정에서 감정이 고조됐다가 해소되면서 얻게 되는 쾌감, 즉 카타르시스를 경험한다.

01

(가)와 (나)에 대한 설명으로 가장 적절한 것은?

① (가)와 (나)는 모두 특정 사상가의 예술을 바라보는 관점이 변화하게 된 이유를 설명하고 있다.
② (가)와 (나)는 모두 특정 사상가가 예술을 평가하는 데 바탕이 된 철학적 관점을 설명하고 있다.
③ (가)와 달리 (나)는 특정 사상가가 생각하는 예술의 불완전성을 설명하고 있다.
④ (나)와 달리 (가)는 특정 사상가의 예술관에 내재한 장점과 단점을 제시하고 있다.
⑤ (가)는 특정 사상가의 예술관이 보이는 한계를, (나)는 특정 사상가의 예술관이 주는 의의를 제시하고 있다.

02

(가)의 '플라톤'의 사상을 이해한 내용으로 적절하지 않은 것은?

① 예술은 형상에 대한 참된 인식을 방해한다.
② 형상은 감각이 아닌 이성을 통해서만 인식할 수 있다.
③ 현상계의 사물을 모방한 예술은 형상보다 열등한 것이다.
④ 예술의 표현 대상은 사물이 아니라 사물 안에 존재하는 형상이다.
⑤ 이데아계는 현상계에 나타난 모든 사물의 형상이 존재하는 곳이다.

03

(나)의 '아리스토텔레스'의 관점에서 형상과 질료에 대해 이해한 내용으로 적절하지 않은 것은?

① 형상은 질료와 분리되어 존재할 수 없다.
② 질료는 형상을 실현시킬 수 있는 가능적 힘이다.
③ 형상이 질료에 실현되는 원인은 가능태 자체에 내재한다.
④ 형상과 질료 사이의 관계는 현실태와 가능태 사이의 관계와 같다.
⑤ 생성·변화하는 것은 형상이 질료에 완전히 실현된 상태인 완전 현실태를 향한다.

04

(가)와 (나)를 참고할 때, '아리스토텔레스'의 입장에서 ㉠을 비판한 것으로 가장 적절한 것은?

① 현상계의 사물이 형상을 본뜬 것이라면 현상계의 사물이 생성·변화하는 이유를 설명할 수 없다.
② 형상이 변하지 않는 것이라면 현상계에 존재하는 사물들이 모두 제각기 다른 이유를 설명할 수 없다.
③ 형상과 현상계의 사물이 서로 독립적이라면 현상계에서 사물이 시시각각 변화하는 현상을 설명할 수 없다.
④ 형상이 현상계를 초월하여 존재하는 것이라면 형상을 포함하지 않는 사물을 감각으로 느끼는 것은 불가능하다.
⑤ 현상계의 모든 사물이 형상의 그림자에 불과하다면 그림자만 볼 수 있는 인간이 형상을 인식하는 것은 불가능하다.

05

(가)의 '플라톤'과 (나)의 '아리스토텔레스'가 〈보기〉에 대해 보일 반응으로 적절하지 않은 것은? [3점]

> 보기
>
> 고대 그리스의 비극시 『오이디푸스 왕』의 주인공 오이디푸스는 자신에게 주어진 숙명에 의해 파멸당하는 인물이다. 비극시를 공연하는 음유시인은 목소리, 몸짓으로 작품 속 오이디푸스를 관객 앞에서 연기한다. 음유시인의 연기에 몰입한 관객은 덕성을 갖춘 주인공이 특별한 잘못이 없는데도 불행해지는 모습을 보고 연민과 공포를 느낀다.

① 플라톤: 오이디푸스는 덕성을 갖춘 현상 속 인물을 본떠 만든 허구의 허구이며, 그에 대한 음유시인의 연기는 이를 다시 본뜬 허구이다.
② 플라톤: 음유시인은 오이디푸스의 덕성을 연기하는 데 주력하겠지만, 관객은 이를 감각으로 파악할 수 없기 때문에 감정과 욕구에 지배되어 타락하게 된다.
③ 플라톤: 음유시인의 목소리와 몸짓을 통해 오이디푸스의 성격이 드러난다면, 감각 가능한 외적 특성을 모방하는 과정에서 감각되지 않는 내적 특성이 표현된 것이다.
④ 아리스토텔레스: 음유시인이 현상 속 인간의 개별적 모습들에서 보편자를 인식해 내어, 이를 다시 오이디푸스라는 허구의 개별자로 표현한 것이다.
⑤ 아리스토텔레스: 오이디푸스가 숙명에 의해 파멸당하는 것을 본 관객들은 인간 존재의 본질을 이해하는 쾌감을 느낄 뿐 아니라 카타르시스를 경험할 수 있다.

점수를 올려 주는 어휘

(가)

- **현상계(나타날 現, 코끼리 象, 지경 界)** 지각이나 감각으로 경험할 수 있는 경험의 세계.
- **관념(볼 觀, 생각 念)** 어떤 대상에 관한 인식이나 의식 내용.
- **인식(알 認, 알 識)** 사물을 분별하고 판단하여 앎.
- **허구(빌 虛, 얽을 構)** 사실에 없는 일을 사실처럼 꾸며 만듦.
- **음유시인(읊을 吟, 놀 遊, 시 詩, 사람 人)** 중세 유럽에서 여러 지방을 떠돌아다니면서 시를 읊었던 시인.
- **저급(낮을 低, 등급 級)** 내용, 성질, 품질 따위의 정도가 낮음.

(나)

- **생성(날 生, 이룰 成)** 사물이 생겨남. 또는 사물이 생겨 이루어지게 함.
- **내재(안 內, 있을 在)** 어떤 사물이나 범위의 안에 들어 있음. 또는 그런 존재.
- **보편자(넓을 普, 두루 遍, 사람 者)** 개별 사물들이 공통적으로 지니고 있는 본질적 특성을 이르는 말.
- **고조(높을 高, 고를 調)** 사상이나 감정, 세력 따위가 한창 무르익거나 높아짐. 또는 그런 상태.
- **카타르시스(catharsis)** 비극을 봄으로써 마음에 쌓여 있던 우울함, 불안감, 긴장감 따위가 해소되고 마음이 정화되는 일.

분석 노트 52~53쪽에서 지문을 정리해 보세요.

풀이 시간 10분 30초

06~10 다음 글을 읽고 물음에 답하시오.

(가)

사랑의 본질에 대한 토마스 아퀴나스의 설명은 인간의 사랑인 아모르에 대한 분석에 기초한다. 그는 인간이 선을 추구하려는 욕구를 지닌 존재인데, ㉠욕구를 추구하는 인간 행위의 원천•이 바로 사랑이라 말한다. 이때 선이란 자신에게 좋은 것으로 자신의 본성에 적합하거나 자신에게 기쁨을 주는 것을 뜻한다.

아퀴나스에 ⓐ따르면 인간의 욕구는 감각적 욕구와 지적 욕구로 구별되는데, 이는 선을 추구한다는 점에서는 동일하지만 크게 두 가지 차이점이 있다. 첫째, 감각적 욕구에 의한 추구 행위는 대상에 의해 촉발되어 이에 수동적으로 반응하는 것이다. 반면 지적 욕구에 의한 추구 행위는 지성•의 능동적인 활동과 주체의 선택에 의해 일어나는 보다 적극적인 것이다. 둘째, 감각적 욕구는 감각적 인식능력에 의해 선으로 인식된 것을 추구하는 반면, 지적 욕구는 지성에 의해 선으로 이해된 것을 추구한다. 왜냐하면 감각적 인식능력은 대상의 선악 판단에 개입할 수 없지만, 지성은 대상이 무엇이든 이해한 바에 따라 선악 판단을 다르게 할 수 있기 때문이다. 예를 들어 단맛이 나에게 기쁨을 준다면 감각적 욕구는 사탕을 추구하겠지만, 지적 욕구는 사탕이 충치를 유발할 수도 있으므로 선이 아니라고 판단한다면 추구하지 않을 수도 있다.

아퀴나스는 감각적 욕구와 지적 욕구가 있는 곳에는 항상 사랑이 있다고 말하며, 사랑이 선을 향한 감각적 욕구와 지적 욕구에 의한 추구 행위를 일으키는 힘이라고 설명한다. 특히, 아퀴나스는 감각적 욕구에 의한 추구 행위를 '정념•'이라고 칭하며, 사랑을 전제하지 않는 정념은 없으며 선을 향한 사랑에서부터 여러 정념이 비롯된다고 하였다. 만약 여러 대상에 대한 감각적 욕구들이 동시에 일어난다면 어떻게 될까? 인간은 가장 먼저 추구할 감각적 욕구를 지성에 의해 판단하고 선택한다. 다른 것보다 더 선이라고 이해된 것을 우선 추구하기 때문이다. 결국 아퀴나스가 말하는 인간의 사랑은 선에 대한 자신의 이해에 입각•하기 때문에 자신에게 선인 것에 대한 사랑을 근본으로 한다.

(나)

칸트는 감성적• 차원의 사랑과 실천적 차원의 사랑이 다르다고 설명한다. 감성적 차원의 사랑은 남녀 간의 사랑같이 인간의 경향성•에 근거한 사랑이며, 실천적 차원의 사랑은 의무로서의 사랑이라 할 수 있다. 칸트는 감성적 차원의 사랑보다는 실천적 차원의 사랑에 더 주목하고 가치를 부여한다.

칸트에 따르면 인간은 도덕법칙을 실천하려고 하는 선의지를 지닌 존재이다. 여기서 선의지란 선을 지향하는 의지로 그 자체만으로 조건 없이 선한 것이다. 그는 인간이 도덕적 존재가 될 수 있는 것은 이성이 인간에게 도덕법칙을 의무로 부여하기 때문이라고 말한다. 칸트에게 의무란 도덕법칙에 대한 존경심 때문에 어떤 행위를 필연적•으로 해야만 하는 것이다. 이때 보편적으로 적용할 수 있는 도덕법칙은 '너는 무엇을 해야 한다'라는 명령의 형식으로 나타나며, 칸트는 선의지에 따라 의무로부터 비롯된 행위를 실천하는 것만이 도덕적 가치가 있다고 보았다.

칸트의 관점에서 감성적 차원의 사랑은 욕구나 자연적 경향성에 이끌리는 감정이기 때문에, 의무로 강제하거나 명령을 통해 일으킬 수 있는 것이 아니다. 그는 어떤 경향성과도 무관하거나 심지어 경향성을 거스르지만, 도덕법칙을 ⓑ따르려는 의무로서의 사랑을 실천하는 것만이 참된 도덕적 가치를 지닌다고 보았다. 그리고 실천적 차원의 사랑만이 보편적인 도덕법칙으로 명령될 수 있으며, 인간에 대한 실천적 차원의 사랑은 모든 인간이 갖는 서로에 대한 의무라고 말한다.

06

(가)와 (나)의 공통점으로 가장 적절한 것은?

① (가)와 (나)는 모두 문제점에 대한 해결 방안을 모색하고 있다.
② (가)와 (나)는 모두 용어의 개념을 정의하며 내용을 전개하고 있다.
③ (가)와 (나)는 모두 두 가지 이론의 장단점을 비교하며 설명하고 있다.
④ (가)와 (나)는 모두 두 가지 관점을 절충하며 하나의 결론을 도출하고 있다.
⑤ (가)와 (나)는 모두 특정 학자의 견해가 지닌 논리적 오류를 지적하고 있다.

07

㉠에 대한 설명으로 적절하지 않은 것은?

① 선을 추구한다.
② 인간이 지니고 있는 것이다.
③ 감각적 욕구와 지적 욕구로 구별된다.
④ 감각적 욕구들은 동시에 일어날 수 없다.
⑤ 감각적 욕구에 의한 추구 행위는 정념이라 부른다.

08

(가)와 (나)를 읽은 학생이 〈보기〉에 대해 보인 반응으로 적절하지 않은 것은? [3점]

보기

갑은 잠에서 깨어나 방안 가득한 카레 냄새를 맡고 카레가 먹고 싶어져 식탁으로 갔다. 그런데 오늘 예정된 봉사활동에 늦지 않기 위해 카레를 먹지 않기로 하고 봉사활동을 하러 갔다. 봉사 활동을 마치고 집에 가는 길에 카페에 들렀더니 진열장에 시원한 생수와 맛있는 케이크가 있었다. 그것들을 보니 목도 마르고 배도 고팠지만 생수를 먼저 주문해 마신 후, 케이크를 주문해 먹었다. 그러다 갑은 카페에 들어오는 이성인 을의 미소를 보고 첫눈에 반했다. 평소 갑은 부끄러움이 많았지만 용기를 내어 을에게 다가갔다.

① 아퀴나스에 따르면, 갑이 카레가 먹고 싶어진 것은 카레 냄새에 의해 촉발된 감각적 욕구에 의한 추구 행위이겠군.
② 아퀴나스에 따르면, 갑이 카레를 먹지 않은 것은 지성이 카레를 먹는 것을 선이 아니라고 판단했기 때문이겠군.
③ 아퀴나스에 따르면, 갑이 생수와 케이크 중 생수를 먼저 주문해 마신 것은 갈증을 해결하는 것이 더 선이라고 이해했기 때문이겠군.
④ 칸트에 따르면, 갑이 을의 미소에 첫눈에 반한 것은 자연적 경향성에 이끌린 것이겠군.
⑤ 칸트에 따르면, 갑이 을에게 다가간 것은 감성적 차원의 사랑에서 실천적 차원의 사랑으로 나아간 것이겠군.

09

(가)와 (나)에 대해 이해한 내용으로 적절하지 않은 것은?

① (가)의 아퀴나스는 인간이 선악을 판단할 수 있다고 보았고, (나)의 칸트는 인간에게 그 자체로 선한 선의지가 내재되어 있다고 보았다.
② (가)의 아퀴나스는 모든 정념이 사랑을 전제한다고 보았고, (나)의 칸트는 감성적 차원의 사랑은 명령을 통해 일으킬 수 없다고 보았다.
③ (가)의 아퀴나스는 사랑을 통해 기쁨을 얻을 수 있다고 보았고, (나)의 칸트는 사랑이 인간에게 도덕법칙을 의무로 부여한다고 보았다.
④ (가)의 아퀴나스는 사랑을 욕구와의 관계에 따라 설명하였고, (나)의 칸트는 사랑을 감성적 차원과 실천적 차원으로 구분하여 설명하였다.
⑤ (가)의 아퀴나스는 인간의 사랑이 자신에게 선인 것에 대한 사랑을 근본으로 한다고 보았고, (나)의 칸트는 보편적으로 적용할 수 있는 도덕법칙이 있다고 보았다.

10

다음 중 ⓐ와 ⓑ의 의미로 쓰인 예가 바르게 짝지어진 것은?

① ⓐ: 경찰이 범인의 뒤를 따랐다.
 ⓑ: 춤으로는 그를 따를 자가 없다.
② ⓐ: 그는 법에 따라 일을 처리했다.
 ⓑ: 우리는 의회의 결정을 따르겠다.
③ ⓐ: 개발에 따른 공해 문제가 심각하다.
 ⓑ우리 집 개는 아버지를 유난히 따른다.
④ ⓐ: 아무도 그의 솜씨를 따를 수 없었다.
 ⓑ: 그는 유행을 따라서 옷을 입었다.
⑤ ⓐ: 사용 목적에 따라서 물건을 분류했다.
 ⓑ: 나는 강을 따라 천천히 내려갔다.

점수를 올려 주는 어휘

(가)
- **원천(근원 源, 샘 泉)** 사물의 근원.
- **지성(알 知, 성품 性)** 지각된 것을 정리하고 통일하여, 이것을 바탕으로 새로운 인식을 낳게 하는 정신 작용.
- **정념(뜻 情, 생각 念)** 감정에 따라 일어나는, 억누르기 어려운 생각.
- **입각(설 立, 다리 脚)** 어떤 사실이나 주장 따위에 근거를 두어 그 입장에 섬.

(나)
- **감성적(느낄 感, 성품 性, 과녁 的)** 자극이나 자극의 변화를 느끼는 성질에 관한. 또는 그런 것.
- **경향성(기울 傾, 향할 向, 성품 性)** 칸트 철학에서, 습관적인 감성적 욕망을 이르는 말. 이것을 바탕으로 하는 행위는 도덕 법칙에 합치되는 것이라 할지라도 도덕성은 없는 것이라고 하였다.
- **필연적(반드시 必, 그럴 然, 과녁 的)** 사물의 관련이나 일의 결과가 반드시 그렇게 될 수밖에 없는. 또는 그런 것.

분석 노트 54~55쪽에서 지문을 정리해 보세요.

주제 통합 3

학습 일자 월 일
총 풀이 시간 25분 00초

풀이 시간 12분 30초

01~06 다음 글을 읽고 물음에 답하시오.

(가)

저작권법 제2조 제1호에서 정의하고 있는 저작물이란 인간의 사상 또는 감정을 표현한 창작물을 말한다. 저작권법으로 보호받는 저작물이 되려면 창작성이 있어야 한다. 여기에서의 창작성이란 완전히 새로워야 한다거나 예술적 수준이 높아야 한다는 것이 아니라, 남의 것을 단순히 베끼지 않고 최소한의 개성을 담아야 함을 의미한다. 우연히 기존의 저작물과 유사하더라도 베끼지 않고 독자적으로 창작한 것이라면 저작권을 보호받을 수 있다.

저작권법상 원저작물을 번역·편곡·변형·각색* 등의 방법으로 작성한 창작물을 2차적저작물이라 한다. 이러한 2차적저작물이 되려면 원저작물을 기초로 하여야 한다. 또한 원저작물과 실질적 유사성을 유지하여야 한다. 소설을 기초로 하는 영화가 2차적저작물이 되려면 영화의 사건 구성과 전개, 등장인물의 교차 등이 소설과 실질적 유사성을 유지하여야 한다. 그리고 원저작물에 사회 통념상 새로운 저작물이 될 수 있을 정도의 수정·증감*을 가하여 새로운 창작성을 부가*하여야 한다. 근대 소설을 현대 표기법에 맞도록 수정한 것은 원저작물의 복제물에 가까운 것으로 2차적저작물로 보기 어렵다. 반면 소설을 원저작물로 하여 이를 각색한 후 영화로 제작한다면 이 영화는 2차적저작물이 된다.

만약 원저작물을 떠올릴 수 없을 정도로 완전히 바뀌어 실질적 유사성이 인정되지 않는다면 이것은 2차적저작물이 아니라 원저작물과는 다른 독립저작물로 인정받을 수 있다. 2차적저작물과 독립저작물을 구별하는 기준으로 원저작물과 시장적 경쟁 관계에 있는지 여부가 있다. 시장적 경쟁 관계에 있다는 것은 어떤 저작물을 구매할 때 원저작물의 수요가 줄어드는 것이다. 이는 구매한 저작물이 원저작물을 대체*한다는 것이다. 일반적으로 2차적저작물은 원저작물과 시장적 경쟁 관계에 있다고 보지만, 독립저작물은 원저작물과 시장적 경쟁 관계에 있다고 보지 않는다.

(나)

저작권이란 저작자가 자신이 창작한 저작물에 대해 갖는 권리이다. 저작권은 여러 가지 권리의 총집합으로 저작인격권과 저작재산권으로 ⓐ나눌 수 있다. 저작인격권은 저작자가 자신의 저작물에 대하여 가지는 인격적 권리로, 저작자만이 가질 수 있으며 양도*할 수 없고 저작자가 사망하면 소멸한다. 저작자가 사망한 뒤에라도 유족* 등은 명예 회복을 위한 조치를 취할 수 있는데, 저작물을 이용하는 사람이 저작자가 살아 있었다면 저작인격권의 침해가 될 행위를 하여 저작자의 명예를 훼손한 경우가 이에 해당한다. 이와 달리 저작재산권은 저작물을 일정한 방식으로 이용함으로써 발생하는 재산적 이익을 보호하는 권리로, 양도가 가능하다. 이때 저작재산권 전체를 양도할 수도 있지만 저작재산권을 구성하는 각각의 권리를 나누어 일부를 양도할 수도 있다.

저작권 침해 사안은 저작재산권을 구성하는 권리 중 하나인 2차적저작물 작성권과 관련되어 있는 경우가 많다. 저작권법 제22조에 의하면 저작자는 자신의 저작물을 원저작물로 하는 2차적저작물을 작성하여 이용할 권리, 즉 2차적저작물 작성권을 갖는다. 만약 누군가 원저작물의 저작자, 즉 원저작자 허락 없이 원저작물에 의거*하여 그 저작물과 실질적으로 유사한 저작물을 작성하여 이용한다면 그 사람은 원저작자의 2차적저작물 작성권을 침해한 것이 된다.

㉮ 저작권법 제5조 제1항에 의하면 2차적저작물은 독자적인 저작물로서 보호를 받는다. 그런데 원저작자의 허락 없이 작성된 2차적저작물도 저작권법의 보호를 받을 수 있을까? 받을 수 있다. 즉 원저작자에게 허락을 받지 않아도 일단 2차적저작물이 만들어지면 2차적저작물의 저작권은 원저작물의 저작권과는 별개의 권리로서 보호를 받으며, 원저작자의 허락이 있었는지 여부는 2차적저작물의 저작권 발생에 영향을 주지 않는다.

다만 허락 없이 2차적저작물을 작성하여 이용하는 것은 원저작자의 권리를 침해하는 것이므로, 원저작자는 자기 허락 없이 만들어진 2차적저작물을 이용하지 못하도록 금지하거나 손해배상을 청구하는 등 권리를 침해한 사람에게 자신의 권리를 주장할 수 있다. 그러므로 2차적저작물을 작성하여 이용하려는 사람은 원저작자의 저작권을 침해하지 않기 위해 원저작자에게 원저작물 이용에 대한 허락을 받을 필요가 있다. 만약 원저작자가 2차적저작물 작성권을 다른 사람에게 양도하였다면 양도받은 사람에게 허락을 받아야 한다.

㉠ 원저작물을 기초로 만들어진 ㉡ 2차적저작물을 기반으로 하여 ㉢ 또 다른 2차적저작물을 제작하는 경우라면, 원저작물의 2차적저작물 작성권을 가진 사람의 허락까지 받을 필요가 있다. 소설을 각색한 2차적저작물인 영화를 기반으로 또 다른 2차적저작물인 연극을 제작한다고 할 때, 연극이 소설을 기반*으로 창작된 것임을 부인*할 수는 없을 것이다. 그러므로 연극을 제작하려는 사람은 소설과 영화의 2차적저작물 작성권을 가진 사람 모두에게 허락을 받을 필요가 있다.

01

(가), (나)에 대한 설명으로 적절하지 않은 것은?

① (가)는 일정한 기준에 따라 2차적저작물과 독립저작물을 구분하고 있다.
② (가)는 예시를 활용하여 2차적저작물이 갖추어야 할 요건을 설명하고 있다.
③ (나)는 차이점을 밝히며 저작인격권과 저작재산권을 구별하고 있다.
④ (나)는 묻고 답하는 방식을 통하여 저작권 침해가 발생하는 경우를 나열하고 있다.
⑤ (가)와 (나)는 모두 법에 제시된 내용에 근거하여 2차적저작물과 관련된 용어를 설명하고 있다.

02

(가), (나)의 내용과 일치하는 것은?

① 저작인격권은 저작자 사망 시 유족에게 양도되어 보호받는다.
② 2차적저작물의 저작권은 2차적저작물 작성권을 가진 사람이 갖게 된다.
③ 원저작물을 수정한 것이라면 복제물에 가깝더라도 2차적저작물로 간주할 수 있다.
④ 다른 사람의 저작물을 베낀 것이 아니더라도 그 저작물과 유사하면 저작권 보호를 받을 수 없다.
⑤ 2차적저작물 작성권은 2차적저작물을 작성하여 이용함으로써 발생하는 재산적 이익을 보호하기 위한 권리이다.

03

㉠~㉢을 이해한 내용으로 적절하지 않은 것은?

① ㉠의 저작자와 ㉡을 작성하여 이용할 수 있는 권리를 가진 사람은 다를 수 있다.
② ㉡은 ㉠을 기반으로 창작된 것으로 본다.
③ ㉡과 ㉢은 시장적 경쟁 관계에 있다고 보는 것이 일반적이다.
④ ㉢은 ㉠과 실질적 유사성이 있다고 간주한다.
⑤ ㉡을 작성할 때는 ㉢과 달리 ㉠의 2차적저작물 작성권을 가진 사람의 허락을 받을 필요가 있다.

04

(가)를 참고하여 ㉮의 이유를 추론한 것으로 가장 적절한 것은?

① 원저작물을 떠올릴 수 없을 정도로 바뀌었으므로
② 원저작물의 저작자가 아닌 사람이 창작하였으므로
③ 원저작물에 없는 새로운 창작성이 부가되어 있으므로
④ 원저작물에 비해 예술적 수준이 높다고 볼 수 있으므로
⑤ 원저작물의 저작자가 지닌 권리를 침해하지 않았으므로

05

(가), (나)를 읽은 학생이 〈보기〉에 대해 보인 반응으로 적절하지 않은 것은? [3점]

보기

∘ A는 오디션 프로그램에 나가기 위해 기존 가요를 편곡하였고 편곡한 곡을 자신의 블로그에 올렸다. A의 친구는 기존 가요의 저작자인 B의 허락을 받지 않고 편곡한 것이 문제가 될 수 있음을 말해 주었다. A는 편곡은 B의 허락을 받을 필요가 없다고 생각하고 있다.

∘ C는 인터넷 검색을 하다가 평소 관심 있던 외국 영화의 한글 자막을 보게 되었고 이것을 자신이 운영하는 영화 관련 웹 사이트에 올렸다. 그런데 영어 자막을 번역하여 이 한글 자막을 작성한 D가 자신의 저작물을 무단으로 이용했다는 이유로 C에게 권리를 주장했다. 하지만 D가 영어 자막의 저작자에게 허락받지 않고 한글 자막으로 번역하였다는 것을 알게 된 C는 자신에게 잘못이 없다고 생각하고 있다.

※ 단, 저작자가 아닌 다른 사람에게 양도된 저작권은 없다고 가정하고, 주어진 상황 이외에는 고려하지 않음.

① B는 A가 편곡하여 블로그에 올린 곡에 대한 저작권을 가지고 있지 않겠군.
② 영어 자막의 저작자는 D에게 손해배상을 청구할 수 있겠군.
③ 기존 가요와 영어 자막은 원저작물로 볼 수 있겠군.
④ A는 C와 달리 2차적저작물 작성권을 침해한 것이겠군.
⑤ B와 D는 모두 2차적저작물 작성권을 침해받은 것이겠군.

06

문맥상 ⓐ와 바꾸어 쓰기에 가장 적절한 것은?

① 분류(分類)할
② 변별(辨別)할
③ 배분(配分)할
④ 판별(判別)할
⑤ 해석(解釋)할

점수를 올려 주는 어휘

(가)
- **각색(다리 脚, 빛 色)** 서사시나 소설 따위의 문학 작품을 희곡이나 시나리오로 고쳐 쓰는 일.
- **증감(더할 增, 덜 減)** 많아지거나 적어짐. 또는 늘리거나 줄임.
- **부가(붙을 附, 더할 加)** 주된 것에 덧붙임.
- **대체(대신할 代, 바꿀 替)** 다른 것으로 대신함.

(나)
- **양도(사양할 讓, 건널 渡)** 권리나 재산, 법률에서의 지위 따위를 남에게 넘겨줌. 또는 그런 일.
- **유족(남길 遺, 겨레 族)** 죽은 사람의 남은 가족.
- **의거(의지할 依, 근거 據)** 어떤 사실이나 원리 따위에 근거함.
- **기반(터 基, 소반 盤)** 기초가 되는 바탕. 또는 사물의 토대.
- **부인(아닐 否, 알 認)** 어떤 내용이나 사실을 옳거나 그러하다고 인정하지 아니함.

분석 노트 56~57쪽에서 지문을 정리해 보세요.

풀이 시간 12분 30초

07~12 다음 글을 읽고 물음에 답하시오.

(가)

광고는 시장의 형태 중 독점적 경쟁 시장에서 그 효과가 크다. 독점적 경쟁 시장은, 유사하지만 차별적인 상품을 다수의 판매자가 경쟁하며 판매하는 시장이다. 각 판매자는 자신이 공급하는 상품을 구매자가 차별적으로 인지하고 선호할 수 있도록 하기 위해 광고를 이용한다. 판매자에게 그러한 차별적 인지와 선호가 중요한 이유는, 이를 통해 판매자가 자신의 상품을 원하는 구매자에 대해 누리는 독점적 지위를 강화할 수 있기 때문이다.

일반적으로 독점적 지위를 누린다는 것은 상품의 가격을 결정할 수 있는 힘이 있다는 의미이다. 그럼에도 불구하고 판매자는 구매자의 수요를 고려해야 한다. 대체로 구매자는 상품의 물량이 많을 때보다 적을 때 높은 가격을 지불하고자 하기 때문에, 판매자는 공급량을 감소시킴으로써 더 높은 가격을 책정할 수 있다. 독점적 경쟁 시장의 판매자도 이러한 지위 덕분에 상품에 차별성이 없는 경우를 가정할 때보다 다소 비싼 가격에 상품을 판매하는 경향이 있다. 그러나 그 결과 독점적 경쟁 시장의 판매자가 단기적으로 이윤을 보더라도, 그 이윤이 지속되리라 기대할 수는 없다. 이윤을 보는 판매자가 있으면 그러한 이윤에 이끌려 약간 다른 상품을 공급하는 신규 판매자의 수가 장기적으로 증가하고, 그 결과 기존 판매자가 공급하던 상품에 대한 수요는 감소하여 이윤이 줄어들 것이기 때문이다.

판매자가 광고를 통해 상품의 차별성을 알리는 대표적인 방법은 상품에 대한 정보를 전달하는 것이다. 하지만 많은 비용을 들인 것으로 보이는 광고만으로도 상품의 차별성을 부각할 수 있다. 판매자가 경쟁력에 자신 없는 상품에 많은 광고 비용을 지출하지 않을 것이라는 구매자의 추측을 유도하는 것이 이 광고 방법의 목적이다. 가격이 변화할 때 구매자의 상품 수요량이 변하는 정도를 수요의 가격 탄력성이라 하는데, 구매자가 자신이 선호하는 상품이 차별화되었다고 느낄수록 수요의 가격 탄력성은 감소한다. 이처럼 구매자가 특정 상품에 갖는 충성도가 높아지면, 판매자의 독점적 지위는 강화된다. 판매자는 이렇게 광고가 ㉠경쟁을 제한하는 효과를 노린다. 독점적 경쟁 시장에 진입하는 신규 판매자도 상품의 차별성을 강조함으로써 독점적 지위를 확보하고자 광고를 빈번하게 이용한다.

(나)

광고는 광고주인 판매자의 이윤 추구 수단으로 기획되지만, 그러한 광고가 광고주의 의도와 상관없이 시장에 영향을 끼치기도 한다. 우선 광고가 독점적 경쟁 시장의 판매자 간 ㉡경쟁을 촉진할 수 있다. 이러한 효과는 광고를 통해 상품 정보에 노출된 구매자가 상품의 품질이나 가격에 예민해질 때 발생한다. 특히 구매자가 가격에 민감하게 수요량을 바꾼다면, 판매자는 경쟁 상품의 가격을 더욱 고려하게 되어 가격 경쟁에 돌입하게 된다. 또한 경쟁은 신규 판매자가 광고를 통해 신상품을 쉽게 홍보하고 시장에 진입할 수 있게 됨으로써 촉진된다. 더 많은 판매자가 시장에서 경쟁하게 되면 각 판매자의 독점적 지위는 약화되고, 구매자는 더 다양한 상품을 높지 않은 가격에 구매할 수 있게 된다.

광고가 특정한 상품에 대한 독점적 경쟁 시장을 넘어서 경제와 사회 전반에 영향을 주기도 한다. 개별 광고가 구매자의 내면에 잠재된 필요나 욕구를 환기하여 대상 상품에 대한 소비를 촉진하는 효과가 합쳐지면 경제 전반에 선순환을 기대할 수 있다. 경제에 광고가 없는 상황을 가정할 때와 비교하면 광고는 쓰던 상품을 새 상품으로 대체하고 싶은 소비자의 욕구를 강화하고, 신상품이 인기를 누리는 유행 주기를 단축하여 소비를 증가시킬 수 있다. 촉진된 소비는 생산 활동을 자극한다. 상품의 생산에는 근로자의 노동, 기계나 설비 같은 생산 요소가 ⓐ들어가므로, 생산 활동이 증가하면 결과적으로 고용이나 투자가 증가한다. 고용 및 투자의 증가는 근로자이거나 투자자인 구매자의 소득을 증가시킬 수 있다. 경제 전반의 소득이 증가할 때 소비가 증가하는 정도를 한계 소비 성향이라고 하는데, 한계 소비 성향은 양(+)의 값이어서, 경제 전반의 소득 수준이 향상되면 소비가 증가하게 된다.

하지만 광고의 소비 촉진 효과는 환경 오염을 우려하는 사람들에게 비판의 대상이 되기도 한다. 소비뿐만 아니라 소비로 촉진된 생산 활동에서도 환경 오염이 발생하기 때문이다. 환경 오염을 적절한 수준으로 줄이기에 충분한 비용을 판매자나 구매자가 지불할 가능성은 낮으므로, 대부분의 경우에 환경 오염은 심할 수밖에 없다.

07

(가), (나)에 대한 설명으로 가장 적절한 것은?

① (가)는 광고의 개념을 정의하고 광고가 시장에서 차지하는 위상을 소개하고 있다.
② (가)는 광고가 판매자에게 중요한 이유를 제시하고 판매자가 광고를 통해 얻으려는 효과를 설명하고 있다.
③ (나)는 광고의 영향에 대한 다양한 견해를 소개하고 각각의 견해가 안고 있는 한계점을 지적하고 있다.
④ (나)는 광고가 구매자에게 수용되는 과정을 제시하고 구매자가 광고를 수용할 때의 유의점을 나열하고 있다.
⑤ (가)와 (나)는 모두 구매자가 상품을 선택하는 기준을 제시하고 광고와 관련된 제도 마련의 필요성을 강조하고 있다.

08

독점적 지위에 대한 설명으로 적절하지 않은 것은?

① 독점적 경쟁 시장에 신규 판매자가 진입하는 것을 차단하지는 않는다.
② 판매자가 공급량을 조절하여 가격을 책정할 수 있는 힘을 가지고 있음을 의미한다.
③ 구매자가 지불하고자 하는 가격이 상품 공급량에 따라 어느 정도인지를 판매자가 감안하지 않아도 되게 한다.
④ 독점적 경쟁 시장의 판매자가 다소 비싼 가격을 책정할 수 있게 하지만 이윤을 지속적으로 보장하지는 않는다.
⑤ 독점적 경쟁 시장의 판매자가 구매자로 하여금 판매자 자신의 상품을 차별적으로 인지하고 선호하게 하면 강화된다.

09

(나)에서 알 수 있는 내용으로 적절하지 않은 것은?

① 광고에 의해 유행 주기가 단축되어 소비가 촉진될 수 있다.
② 광고가 경제 전반에 선순환을 일으키는 정도는 한계 소비성향이 커질 때 작아진다.
③ 광고가 생산 활동을 자극하면, 근로자이거나 투자자인 구매자의 소득 수준을 향상할 수 있다.
④ 광고가 생산 활동을 증가시키면, 근로자의 노동, 기계나 설비 같은 생산 요소 이용이 증가한다.
⑤ 광고의 소비 촉진 효과는 경제 전반에 광고가 없는 상황에 비해 환경 오염을 심화할 수 있다.

10

㉠, ㉡을 이해한 내용으로 적절한 것은?

① ㉠은 상품에 대한 구매자의 충성도가 높아질 때 일어나고, ㉡은 수요의 가격 탄력성이 높아질 때 일어난다.
② ㉠의 결과로 판매자는 상품의 가격을 올리기 어렵게 되고, ㉡의 결과로 구매자는 다소 비싼 가격을 감수하게 된다.
③ ㉠은 시장 전체의 판매자 수가 증가하지 않는다는 의미이고, ㉡은 신규 판매자가 시장에 진입하기 어려워진다는 의미이다.
④ ㉠은 기존 판매자의 광고가 차별성을 알리는 데 성공하지 못한 결과로 나타나고, ㉡은 신규 판매자의 광고가 의도대로 성공한 결과로 나타난다.
⑤ ㉠은 광고로 인해 가격에 대한 구매자의 민감도가 약화될 때 발생하고, ㉡은 광고로 인해 판매자가 경쟁 상품의 가격을 고려할 필요가 감소될 때 발생한다.

11

다음은 어느 기업의 광고 기획 초안이다. 윗글을 참고하여 초안을 분석한 학생의 반응으로 적절하지 않은 것은? [3점]

> **'갑' 기업의 광고 기획 초안**
>
> ○ **대상**: 새로 출시하는 여드름 억제 비누
>
> ○ **기획 근거**: 다수의 비누 판매 기업이 다양한 여드름 억제 비누를 판매 중이며, 우리 기업은 여드름 억제 비누 시장에 처음으로 진입하려는 상황이다. 우리 기업의 신제품은 새로운 성분이 함유되어 기존의 어떤 비누보다 여드름 억제 효과가 탁월하며, 국내에서 전량 생산할 계획이다.
>
> 현재 여드름 억제 비누 시장을 선도하는 경쟁사인 '을' 기업은 여드름 억제 비누로 이윤을 보고 있으며, 큰 비용을 들여 인기 드라마에 상품을 여러 차례 노출하는 전략으로 광고 중이다. 반면 우리 기업은 이번 광고로 상품에 대한 정보 검색을 많이 하는 소비 집단을 공략하고자 제품 정보를 강조하되, 광고 비용은 최소화하려 한다.
>
> ○ **광고 개요**: 새로운 성분의 여드름 억제 효과를 강조하고, 일반인 광고 모델들이 우리 제품의 여드름 억제 효과를 체험한 것을 진술하는 모습을 담은 TV 광고

① 이 광고가 '갑' 기업의 의도대로 성공한다면 '을' 기업의 독점적 지위는 약화될 수 있겠어.

② 이 광고로 '갑' 기업의 여드름 억제 비누 생산이 확대된다면 이 비누를 생산하는 공장의 고용이나 투자가 증가할 수 있겠어.

③ 이 광고로 '갑' 기업이 단기적으로 이윤을 보게 된다면 여드름 억제 비누 시장 내의 판매자 간 경쟁은 장기적으로 약화될 수 있겠어.

④ 이 광고로 '갑' 기업은 많은 비용을 들이는 방법보다는 정보를 전달하는 방법을 중심으로 차별성을 알리려는 것으로 볼 수 있겠어.

⑤ 이 광고가 '갑' 기업의 신제품을 포함하여 여드름 억제 비누 수요의 가격 탄력성을 높인다면 '갑' 기업은 자사 제품의 가격을 높게 책정할 수 없겠어.

12

문맥상 ⓐ와 바꿔 쓰기에 가장 적절한 것은?

① 반입(搬入)되므로

② 삽입(插入)되므로

③ 영입(迎入)되므로

④ 주입(注入)되므로

⑤ 투입(投入)되므로

점수를 올려 주는 어휘

(가)

- **인지(알 認, 알 知)** 어떤 사실을 인정하여 앎.
- **책정(꾀 策, 정할 定)** 계획이나 방책을 세워 결정함.
- **차별화(다를 差, 나눌 別, 될 化)** 둘 이상의 대상을 각각 등급이나 수준 따위의 차이를 두어 구별된 상태가 되게 함.
- **진입(나아갈 進, 들 入)** 향하여 내처 들어감.

(나)

- **촉진(재촉할 促, 나아갈 進)** 다그쳐 빨리 나아가게 함.
- **환기(부를 喚, 일어날 起)** 주의나 여론, 생각 따위를 불러일으킴.
- **선순환(착할 善, 돌 循, 고리 環)** 순환이 잘됨. 또는 좋은 현상이 끊임없이 되풀이됨.
- **주기(돌 週, 기약할 期)** 같은 현상이나 특징이 한 번 나타나고부터 다음번 되풀이되기까지의 기간.

분석 노트 58~59쪽에서 지문을 정리해 보세요.

MEMO

MEMO

MEMO

MEMO

MEMO

이 책을 검토해 주신 분들

강원
- **박경원** 성균관국어논술학원
- **서장원** 으뜸장원학원
- **신명선** 전인기독학교
- **이강호** 반전팩토리학원
- **이기연** 더와이(The Y)국어논술학원
- **이창선** 으뜸장원학원
- **이현준** 최용훈국어학원
- **전광표** 대성고등학교

경기
- **강영애** 강영애국어
- **강전석** 일산네모국어학원
- **강 찬** 새강학원
- **고슬기** 고선생국어논술학원
- **고유미** 이투스247일산서구점
- **고재영** 오산교일1230
- **고창우** 이룸입시학원
- **곽기범** 곽기범국어학원
- **곽현주** 평택고등학교
- **구찬미** 맨투맨학원
- **김경태** 최용훈국어전문학원 수원정자원
- **김광진** 이매고등학교
- **김남준** 연세나로국어학원
- **김다솔** 다솔국어
- **김다영** 다채움국어학원
- **김명선** 명샘국어교습소
- **김명훈** 배지희국어학원고3관
- **김명희** 분당연세나로국어학원
- **김병찬** 아라국어전문학원
- **김봉관** 오늘의국어학원
- **김빛나** 성남여자고등학교
- **김연진** 국어의샘학원
- **김영대** 수성고등학교
- **김영민** 오늘부터
- **김유정** 김태영국어
- **김정욱** 김정욱국어논술학원
- **김정일** 비전국어
- **김주선** 국어의샘
- **김주예** 단지, 국어
- **김준옥** 김준옥국어학원
- **김지선** 성주중학교
- **김지윤** 롯데공부방
- **김채연** 국어김채연
- **김혜인** 국풀국어전문학원 용인동백원
- **김 흙** 김흙국어전문학원
- **김희진** 시소국어논술학원
- **문민호** 승공학원
- **민석준** 감자국어
- **박두선** 공부의정석학원
- **박영숙** 패러다임국어교습소
- **박유진** 찔레샘국어
- **박윤조** 양서고등학교
- **박진록** 박진록국어전문학원
- **박진선** 평촌에듀플렉스
- **박현종** 초당필탑학원
- **방수정** 독서논술라임국어학원
- **배다안** 배다안국어
- **백수미** 쨈국어교습소, 인천팁탑학원
- **백승미** 백프로국어
- **봉정훈** 시그니처학원
- **설 란** 화성고등학교
- **송예림** 남양중학교
- **신범선** 와이티학원
- **신병선** 국신신병선학원
- **신영은** 돼감신쌤국어
- **신혜원** 필즈학원
- **안유신** 토평고등학교
- **유 준** 진성고등학교
- **윤여권** 양서고등학교
- **윤은규** 전문과외
- **윤채림** 서로국어논술학원
- **이경재** 아름다운11월학원
- **이미연** 서로국어 남동탄원
- **이병준** 이강학원
- **이보라** 이룸공감
- **이상진** 이상진국어
- **이성우** 오디세이국어교실
- **이송훈** 이상국어학원
- **이숙연** 김포여자중학교
- **이순형** 늘찬국어학원
- **이승우** 더하다학원
- **이영완** 로고스멘토학원
- **이영지** 영지퍼펙트국어논술학원
- **이용수** 이용수국어전문학원
- **이재경** 연세나로학원
- **이정우** 이정우국어학원
- **이지영** 에스포국영수전문학원 소사벌점
- **이진영** 올킬영어국어학원
- **이채림** 전문과외
- **이하늘** 전문과외
- **이혜정** 한우리통합논리학원
- **이효전** 전문과외
- **인창교** 클래스가다른학원
- **장인숙** 언어비전국어전문학원
- **전선영** 전쌤국어
- **전이수** 메가스터디러셀
- **전희재** 더나은국어전문학원2관
- **정경은** 김정욱국어논술학원
- **정재홍** 엔터스카이2관학원
- **정지성** 고선생국어논술학원
- **정지윤** 봉쌤국어학원
- **조성오** 과천사막여우국어논술
- **조양숙** 조양숙국어교실
- **주예림** 후니홀릭수능작전소
- **지강현** 필에듀입시학원
- **차성만** 차오름국어교습소
- **최 후** 로고스멘토
- **최고운** 베리타스나의빛, 지혜의숲 국어논술
- **최보선** 제이엠학원
- **최영재** 야탑고등학교
- **최유경** 날개달기학원
- **최재하** 해오름국어학원
- **편준호** 안성탑클래스본원
- **한성오** G1230 금촌
- **허성완** S4 고덕국제점
- **홍승억** 전문과외

경남
- **강인식** 가림토강인식국어논술전문학원
- **계동진** 창신고등학교
- **김미란** 학이당학원(김미란국어논술)
- **김상언** 창원사파고등학교
- **김연우** 비상한국어논술전문학원
- **김현수** 영광의아침국어학원
- **남상호** 정음국어학원
- **박상준** 필(必)통(通)국어
- **박용범** 앎삶YB국어
- **백승재** 우리모두의학원
- **송유진** 삼천포고등학교
- **송진호** 삼현여자고등학교
- **송화진** 송화진국어논술학원
- **여경미** 창원성민여자고등학교
- **유승기** 양산제일고등학교
- **유찬근** YK국어수학전문학원
- **이경화** 공감국어수학학원
- **이다운** 전문과외
- **이상덕** 프린스턴입시학원
- **이애리** 삼성장학학원
- **전현주** 경상국립대학교사범대학부설고등학교
- **차민기** 비상한국어논술전문학원
- **최윤기** 혜윰국어논술학원
- **하영아** 전문과외
- **한지담** 지담국어학원

경북
- **문정선** 아우름국어학원
- **박진홍** 경주중학교
- **배금조** 대성초이스학원
- **성민경** 포항중앙여자고등학교
- **염도경** 3030영어학원
- **이나련** 울진고등학교
- **이대일** 멘사수학과연세국어학원
- **이승우** 포항제철고등학교
- **이현수** 이현수날개달기국어
- **정수진** 석적고등학교
- **조동윤** GOS학원
- **조인규** 아우름국어학원
- **황병식** 하양여자고등학교

광주
- **김서령** 서령국어교습소
- **박보서** 보서샘국어교실
- **박윤선** 규장각국어학원
- **윤경희** 대광여자고등학교
- **윤기한** 박선생국어논술
- **이신화** 중고등국어
- **이영조** 와와학습코칭센터 치평점
- **이태희** 올스터디학원
- **장미경** 리리국어
- **장미진** 박선생교육문화원
- **정찬흠** 일취월장국어학원
- **차은보** 금호고등학교
- **최성진** 생각의빛국어논술학원

대구
- **강정복** 강선생 국어교실
- **금정원** 소나무입시학원
- **김나혜** 한결국어교습소
- **김철홍** 계성고등학교
- **김현우** 명륜국어논술학원
- **김혜정** 국어의훈 테크노학원
- **박노덕** 건민재
- **박성민** 박쌤국어학원
- **박창면** 전문과외
- **서동민** 계피맛국어학원
- **유숙희** 훈민정음국어
- **유진아** 채움국어교습소
- **이정현** 봉국어학원
- **이정희** 이정희국어학원
- **이지영** 샘이깊은국어교습소
- **정수연** 클라쎄입시학원
- **조승희** 전문과외
- **주월돈** 송원학원 독학재수전문관
- **지상훈** 도원고등학교
- **최은미** 잉글과한글 영어국어전문학원
- **최인정** 나무와숲국어교실
- **한주연** 전문과외
- **황윤철** 정인국어

대전
- **강영기** 강영기바른교육학원
- **김원석** 달곰국어
- **김지연** 일품인재학원
- **김태호** 중일고등학교
- **박소연** 국어의정원학원
- **박인수** 박인수수능연구소
- **유은재** 일취월장입시학원
- **이은영** 리샘국어논술
- **장현철** 연세나로국어
- **정몽주** 서일고등학교
- **정지은** 청명대입학원
- **정평숙** 옹골쌤국어옹골찬영어학원
- **조승연** 호연지기학원
- **최경옥** 청담프라임학원
- **한기연** 제일학원
- **한용현** 보문고등학교

부산
- **강원용** 수어재학원
- **강재윤** 해운대고등학교
- **강현우** 금정여자고등학교
- **김명호** 김샘국어전문학원
- **김혜정** 전문과외
- **박가연** 박가연국어교습소
- **박경아** 시너지학원
- **박두일** 배정고등학교
- **박여진** 리만국어학원
- **박은지** 이투스247해운대점
- **박정임** 올바른국어
- **신정근** 바른국어
- **신혜영** 수오재
- **안정화** 전문과외
- **유정희** 유정희언어논술교습소
- **유현주** 유선생부산대국어
- **이혜원** 청어람학원
- **정서은** 정서은국어논술
- **조용범** 부산장안고등학교
- **최동수** 정음국어학원
- **최은희** 최선생국어학원
- **홍성훈** 큰뜻국어

서울
- **강경희** 뿌리학원
- **강상훈** 지성과감성
- **강인진** 광문고등학교
- **강인혜** 연세나로국어
- **권로사** 입시전문코벤트
- **권민서** 연하늘국어
- **권지혜** 창동고등학교
- **김도연** 조지형국어논술학원
- **김미정** 김미정국어
- **김민경** 레인메이커학원
- **김선아** 밝음학원
- **김영준** 김영준국어논술학원
- **김 욱** 압구정센티움학원

김윤정 국어온
김은옥 김은옥국어논술교습소
김정관 경신고등학교
김주혁 장훈고등학교
김주희 전문과외
김태균 글마루학원
김태범 강북 메가스터디, 대치명인학원(중계)
김현유 강북청솔학원
김형준 숭의여자고등학교
김홍석 성북명인학원
노병곤 미래국어논술학원
노희성 천호하나학원
류성일 경복여자고등학교
박동춘 국풍학원
박소미 두다국어학원
박수인 탑국어학원
박태순 참좋은2관학원
백선영 명지고등학교
사승훈 너나교육열매국어학원
성옥주 봄국어전문학원
신거산 바로글논술
신준배 국풍2000 석촌관
안광규 말과글국어전문
안민정 잠실오름국어학원
안보람 보람국어교습소
안상미 안상미국어
양선희 종로학원 신촌점
양은비 전문과외
오도현 송파메가스터디
오승현 오늘국어
오현경 도전학원
우보영 원묵고등학교
유명관 시대인재 목동
유혜민 민국어
윤경민 윤경민국어전문학원
윤미정 천개의고원
윤준호 성북메가스터디
윤지영 성북메가스터디
윤현지 산김영준국어논술학원
이동근 동국대학교사범대학부속여자고등학교
이민주 목동아이비학원
이범구 중랑구세계학원
이서현 수능국어
이성훈 한얼국어논술전문학원
이영준 너나교육열매국어학원
이윤주 연세윤(允)국어
이정복 석률학원
이정선 대성고등학교
이진영 강남리더스학원
이창열 서울제일학원
이충환 송파메가스터디
이한준 강동뉴스터디
이형섭 가리온학원
이홍진 대일외국어고등학교
장애선 H2국어학원
장정미 네오스터디학원
전예은 맑은숲국어논술전문학원
정기후 배남학원
정민지 세라국어
정성아 캐슬국어
정승훈 피큐브아카데미
정한아 랑그에듀학원
정현유 국풍2000
정혜채 지혜의숲국어논술
정희숙 정샘국어
조우현 조지형국어학원
조정윤 조지형국어논술학원
조혜정 조혜정국어
지선영 겨루국어교습소
최병두 아비투스대치
최보린 은평탑학원
최용수 강동구주이배초중등 카이관
최인호 우신고등학교
최진아 일신학원
최현일 대원여자고등학교
하 랑 서강학원
현덕구 원투원플러스학원
홍석영 숙명여자고등학교
홍승민 손글국어교습소
홍혜란 전문과외
황은영 GOS에듀
황창식 상승국어

세종

김봉수 더올림입시학원
김성희 맥국어
박태준 더플러스입시학원
박혜문 글봄국어전문학원
안솔이 혜음국어학원
이경주 로운국어전문학원

울산

김병수 독보적국어
김진렬 국자감국어전문학원
성부경 국어여행학원
송수연 해냄국어전문학원
이유림 이유림국어연구소
조민철 생각의창국어논술전문학원

인천

김석현 전문과외
김 솔 전문과외
이상명 전문과외
조대련 이재식국어전문학원청라
배성현 논술국어자신감
김진홍 책임에듀학원
강민근 강민근국어논술
박가람 국어스토리
박신아 해냄학원
황재준 고대국어논술학원
김윤정 뿌리깊은국어학원
김지은 김쌤국어전문학원
최승수 명신여자고등학교
홍선희 거인의발자국
이유진 인천하늘중학교
박정신 일등급국어
문미진 엠투엠수학국어학원
김현지 김현지국어

전남

강수진 강쌤국어클리닉
김경주 김경주국어논술전문학원
박종섭 백제고등학교
안정광 안비국어
이도실 일등급국어신대학원
이동규 완도고등학교
정해연 책봄논술
진달래 에토스학원

전북

강라연 반전국어학원
강서진 전문과외
고민석 전주해성중학교
김영규 군산제일고등학교
김예곤 이승수국어논술학원
김정아 김정아국어교습소
김희원 마루수학국어학원
송미영 전문과외
양성정 세종국어논술학원
이동익 전문과외
이지훈 전일고등학교
주현숙 양현국어
최창국 전문과외

제주

강현광 대기고등학교
고영란 신성여자고등학교
김예사 사인학원
김윤슬 봄날의곰국어학원
김창우 예인학원
송창현 대기고등학교
오지희 1등급知국어논술
이예은 이예은단비국어학원
이지은 제주낭만고등어학원
현정대 대기고등학교

충남

강현우 압구정국어논술학원
김영웅 생각올림국영수단과연합
류가진 기민중학교
방제숙 모비국어논술
유한종 서야중학교
이선영 천안중앙고등학교
이언지 충남삼성고등학교
전윤찬 천안압구정국어논술
정미경 국어에빠지다
정지영 안면고등학교
조용아 서천중학교
조효준 조효준국어학원, ebsi, 강남인강
천정은 천안압구정국어논술학원
황병식 미래엔탑학원

충북

김동훈 케네디학원
박규경 솔밭중학교
박대권 피디케이교습소
이빛나 일신여자고등학교
이주현 지음국어전문학원
이효정 더블제이국어
장수진 이레국어교습소
정미향 이루다국어논술
정인탁 형석중학교
한상철 파란한맥단과전문학원

빠른 정답 찾기

기출의 바이블 고1 독서

영역	DAY	문항 번호와 정답	본문 쪽수
인문·예술	DAY 01	01 ② 02 ④ 03 ③ 04 ⑤ 05 ①	12쪽
		06 ③ 07 ④ 08 ② 09 ④ 10 ①	14쪽
	DAY 02	01 ⑤ 02 ① 03 ② 04 ④ 05 ③	16쪽
		06 ⑤ 07 ④ 08 ① 09 ④	18쪽
	DAY 03	01 ④ 02 ⑤ 03 ⑤ 04 ③ 05 ②	20쪽
		06 ④ 07 ⑤ 08 ② 09 ② 10 ⑤	22쪽
	DAY 04	01 ① 02 ① 03 ② 04 ③ 05 ②	24쪽
		06 ③ 07 ② 08 ③ 09 ②	26쪽
	DAY 05	01 ⑤ 02 ⑤ 03 ① 04 ①	28쪽
		05 ① 06 ② 07 ③ 08 ② 09 ③	30쪽
사회	DAY 06	01 ⑤ 02 ① 03 ① 04 ②	34쪽
		05 ① 06 ⑤ 07 ① 08 ⑤	36쪽
	DAY 07	01 ① 02 ⑤ 03 ④ 04 ③ 05 ④	38쪽
		06 ⑤ 07 ① 08 ③ 09 ⑤ 10 ①	40쪽
	DAY 08	01 ⑤ 02 ② 03 ④ 04 ⑤ 05 ⑤	42쪽
		06 ⑤ 07 ① 08 ② 09 ⑤ 10 ③	44쪽
	DAY 09	01 ② 02 ① 03 ② 04 ⑤	46쪽
		05 ③ 06 ⑤ 07 ①	48쪽
	DAY 10	01 ② 02 ② 03 ⑤ 04 ④ 05 ③	50쪽
		06 ⑤ 07 ① 08 ③ 09 ③ 10 ④	52쪽
	DAY 11	01 ① 02 ⑤ 03 ② 04 ③	54쪽
		05 ④ 06 ⑤ 07 ② 08 ⑤ 09 ③	56쪽
	DAY 12	01 ② 02 ② 03 ③ 04 ④	58쪽
		05 ① 06 ③ 07 ⑤ 08 ⑤ 09 ④	60쪽
과학	DAY 13	01 ① 02 ⑤ 03 ④ 04 ③ 05 ③	64쪽
		06 ① 07 ③ 08 ④ 09 ④ 10 ②	66쪽

영역	DAY	문항 번호와 정답	본문 쪽수
과학	DAY 14	01 ② 02 ③ 03 ② 04 ④	68쪽
		05 ③ 06 ① 07 ③ 08 ②	70쪽
	DAY 15	01 ① 02 ④ 03 ③ 04 ⑤ 05 ③	72쪽
		06 ⑤ 07 ⑤ 08 ③ 09 ③ 10 ⑤	74쪽
	DAY 16	01 ⑤ 02 ① 03 ① 04 ⑤ 05 ③	76쪽
		06 ① 07 ③ 08 ⑤ 09 ① 10 ⑤	78쪽
	DAY 17	01 ② 02 ④ 03 ⑤ 04 ① 05 ④ 06 ④	80쪽
		07 ④ 08 ③ 09 ③	82쪽
기술	DAY 18	01 ① 02 ② 03 ③ 04 ③ 05 ③	86쪽
		06 ③ 07 ④ 08 ① 09 ③	88쪽
	DAY 19	01 ① 02 ② 03 ⑤ 04 ④ 05 ④	90쪽
		06 ① 07 ③ 08 ⑤ 09 ④ 10 ③	92쪽
	DAY 20	01 ③ 02 ② 03 ⑤ 04 ④ 05 ④	94쪽
		06 ⑤ 07 ③ 08 ②	96쪽
	DAY 21	01 ② 02 ④ 03 ④	98쪽
		04 ③ 05 ① 06 ④ 07 ④ 08 ①	100쪽
	DAY 22	01 ③ 02 ④ 03 ① 04 ③ 05 ①	102쪽
		06 ⑤ 07 ⑤ 08 ③ 09 ① 10 ①	104쪽
주제 통합	DAY 23	01 ② 02 ⑤ 03 ④ 04 ⑤ 05 ② 06 ②	108쪽
		07 ② 08 ④ 09 ④ 10 ⑤ 11 ④ 12 ③	111쪽
	DAY 24	01 ② 02 ④ 03 ④ 04 ① 05 ②	114쪽
		06 ② 07 ④ 08 ⑤ 09 ③ 10 ②	116쪽
	DAY 25	01 ④ 02 ⑤ 03 ⑤ 04 ③ 05 ⑤ 06 ①	118쪽
		07 ② 08 ③ 09 ② 10 ① 11 ③ 12 ⑤	121쪽

기출의 바이블

고1 독서

1권 | 문제편

문제편

- 반드시 학습해야 할 5개년 학력평가 기출문제 수록
- 출제될 가능성이 높은 테마 중심의 기출문제 2세트 연계 구성

정답과 해설편

- 지문과 문제의 이해를 돕는 꼼꼼한 첨삭 표기
- 핵심을 꿰뚫는 지문 분석과 문제를 이해하는 데 필요한 상세한 해설

분석 노트

- 지문의 핵심 내용을 간추려 만들어 보는 '나만의 분석 노트'
- 문제 해결에 실질적인 도움이 되는 지문 독해 방법 훈련

가르치기 쉽고 빠르게 배울 수 있는 이투스북

www.etoosbook.com

○ **도서 내용 문의**
홈페이지 > 이투스북 고객센터 > 1:1 문의

○ **도서 정답 및 해설**
홈페이지 > 도서자료실 > 정답/해설

○ **도서 정오표**
홈페이지 > 도서자료실 > 정오표

○ **선생님을 위한 강의 지원 서비스 T폴더**
홈페이지 > 교강사 T폴더

고1

독서

기출의 바이블

Bible of Korean

정답과 해설편

이투스북

고1

독서

기출의 바이블

Bible of Korean

2권 정답과 해설편

이 책의

구성과 특징

1 테마별 학습을 통한 배경지식 강화와 출제 경향 파악

5개년의 학력평가 기출문제들을 테마별로 분류하였습니다. 유사한 제재의 지문들을 묶어 학습함으로써, 출제 가능성이 높은 제재에 대한 배경지식을 익히고 최근 출제되고 있는 문항 유형에 대한 경향을 파악하도록 하였습니다.

2 일차별 2세트의 효율적인 학습 스케줄

우수한 기출문제들을 하루에 2세트씩 학습할 수 있도록 구성하여, 학습 분량에 대한 부담을 덜어 내는 동시에 효율적이고 집중적인 학습이 가능하도록 하였습니다.

3 노트를 활용하여 반복하는 완벽한 지문 분석 훈련

모든 지문에 대해 스스로 완벽하게 분석하고 정리할 수 있는 노트를 별권으로 제공하였습니다. 노트를 완성하는 과정에서 지문의 내용을 정리하고 독해 방법을 훈련하도록 하였습니다. 완성한 노트는 반복 학습하는 데 활용할 수 있습니다.

영역별·테마별 기출문제

최신 우수 학평 기출 수록

최근 5개년 간 발표된 기출문제 중에서 우수한 세트 문항들을 선별하여 구성하였습니다.

* 테마에 따라 일부 수능, 모평 문항 선별 수록

한눈에 보는 구성

지문과 문항을 한눈에 보면서 학습할 수 있도록 한 세트를 맞쪽으로 수록하였습니다.

점수를 올려 주는 어휘

지문을 독해하는 데 걸림돌이 될 수 있는 어휘들에 대한 사전적 의미를 제시하였습니다. 독해를 하며 낯선 어휘에 대한 정확한 의미를 파악할 수 있도록 하였습니다.

상세한 정답과 해설

지문과 선택지의 이해를 돕는 첨삭 해설
지문의 내용 중 부가적인 설명이 필요한 부분에 첨삭 해설을 제시하였습니다. 또한 선택지의 정오 여부를 직관적으로 판단할 수 있도록 첨삭을 달아 표기하였습니다.

지식을 쌓는 배경 지식
지문과 관련된 배경 지식을 쌓을 수 있도록 읽을거리를 추가로 제공하였습니다.

지문 분석하기 + 한컷 정리하기
지문 전체의 구조와 내용을 한눈에 볼 수 있도록 도표로 압축해 정리하였습니다.

선택지 속 함정
정답으로 오해할 만한 선택지에 추가적인 설명을 덧붙여 명확하게 그 적절성을 판단할 수 있도록 하였습니다.

지문 분석 노트

지문 분석
주어진 키워드를 활용하여 각 문단별 핵심어, 지문 구조, 주제 파악 코너의 빈칸을 채워 넣으며 지문의 내용을 완벽하게 정리할 수 있도록 설계하였습니다.

한컷 정리하기
지문의 내용을 압축하여 정리한 도표를 완성하며, 주요 내용을 점검해 볼 수 있도록 하였습니다.

이 책의 차례

DAY 01 인문 · 예술 동양의 사상

01~05 2021년 6월 고1 전국연합학력평가 본문 12~13쪽

01 ② **02** ④ **03** ③ **04** ⑤ **05** ①

문단별 핵심 어휘 ★ 중심 문장

• 인간 본성에 관한 정약용의 사상

1 정약용은 조선 후기의 실학자로, 인간의 본성(인간이 본래 가지는 성질)에 대한 탐구를 통해 인간의 선한 행위를 설명하고자 하였다. 그는 이전까지 절대적 권위를 가지고 있던 주희(朱熹)(송나라의 유학자)의 주자학을 비판(인간 본성에 대해 주희와는 다른 관점을 가짐.)하며 인간의 본성에 대한 자신의 이론을 정립했다는 점에서 주희와는 다른 관점을 보여 주었다.

2 주희는 인간의 본성을 '본연지성(本然之性)'과 '기질지성(氣質之性)'으로 설명하였다. '본연지성'은 인간이 하늘로부터 부여받은 순수하고 선한 본성(본연지성의 개념)이고, '기질지성'은 본연지성에 사람마다 다른 기질이 더해진 것(기질지성의 개념)으로 사람에 따라 다양하게 나타난다. 그래서 주희는 인간의 기질이 맑으면 선한 행위를 하고 탁하면 악한 행위를 할 수 있다고 보았다(인간 본성에 대한 주희의 관점). 그러나 정약용은 선한 행위와 악한 행위의 원인을 기질이라는 선천적 요인으로 본다면 행위에 인간의 의지가 개입되지 않으므로 악한 행위를 한 사람에게 윤리적 책임을 물을 수 없다고(주희의 관점에 대한 정약용의 비판) 주희의 관점을 비판하였다.

3 정약용은 인간의 본성을 '기호(嗜好)'라고 보았다. 기호란 즐기고 좋아한다는 뜻으로, 생명이 있는 모든 존재는 각각의 기호를 본성으로 갖는다고 보았다. 「꿩은 산을 좋아하는 경향성을 갖고 벼는 물을 좋아하는 경향성을 갖는 것처럼, 인간도 어떤 경향성을 갖는다는 것이다.」(「」: 기호에 대한 예시) 정약용은 인간에게 「㉠'감각적 욕구에서 비롯된 기호'와 ㉡'도덕적 욕구에서 비롯된 기호'」(「」: 기호의 두 가지 구분)가 있다고 보았다. 먼저, 감각적 욕구에서 비롯된 기호는 생명이 있는 모든 존재가 지니는 육체의 경향성(감각적 욕구에서 비롯된 기호의 개념)으로, 맛있는 것을 좋아하고 맛없는 것을 싫어하는 것을 예로 ⓐ들 수 있다(두 기호의 특징 대비). 다음으로, 도덕적 욕구에서 비롯된 기호는 인간만이 지니는 영혼의 경향성(도덕적 욕구에서 비롯된 기호의 개념)으로, 선을 좋아하거나 악을 싫어하는 것을 예로 들 수 있다. 정약용은 감각적 욕구가 생존에 필요하고 삶의 원동력이 된다(감각적 욕구의 긍정적 기능)는 점에서 일부 긍정했으나, 감각적 욕구에서 비롯된 기호를 제어하지 못할 경우 악한 행위가 나타날 수 있고(감각적 욕구를 제어하지 못했을 때의 결과), 도덕적 욕구에서 비롯된 기호를 따를 경우 선한 행위가 나타난다(도덕적 욕구를 따랐을 때의 결과)고 보았다. 정약용은 선한 행위를 하거나 악한 행위를 하는 것이 온전히 인간의 자유 의지에 달려 있으므로, 악한 행위를 한 사람에게 윤리적 책임을 물을 수 있다고(악한 행위에 대한 정약용의 입장) 보았다.

4 그래서 정약용은 자유 의지로 선한 행위를 선택하고 이를 실천하는 것이 중요하다고 보았는데, 구체적인 실천 원리로 '서(恕)'를 강조하였다. 그는 '서'를 용서(容恕)와 추서(推恕)로 구분하고, 추서를 특히 강조하였다. 용서는 타인을 다스리는 것과 관련되어 '타인의 악을 너그럽게 보아줌'(용서의 개념)을 의미하고, 추서는 자신을 다스리는 것과 관련되어 '내가 대접받고 싶은 대로 타인을 대우함'(추서의 개념)을 의미한다. 「친구가 거짓말을 했을 때 잘못을 덮어 주는 행위는 용서이고, 내가 아우의 존중을 받고 싶을 때 내가 먼저 형을 존중하는 모습을 보여 주는 행위는 추서인 것이다.」(「」: 용서와 추서의 차이점과 관련된 예) 그런데 용서는 타인의 악한 행위를 용인해 주는 문제가 발생할 수 있지만(용서의 문제점), 추서는 자신의 마음을 미루어 타인의 마음을 이해할 수 있으므로(추서에 따른 행위 실천이 필요한 이유), 정약용은 추서에 따라 선한 행위를 실천해야 한다고 보았다.

지식을 쌓는 배경지식

정약용은 인간의 본성에는 몸의 기호 외에도 마음의 기호라는 측면이 존재한다고 보았다. 인간에게는 식욕이나 성욕과 같은 몸의 기호 외에도 마음의 기호가 존재한다는 것이 기호설의 핵심이다. 몸이 어떤 자극을 좋아하거나 싫어하고, 추구하거나 꺼리는 것처럼 마음도 어떤 가치를 좋아하거나 싫어하고, 추구하거나 꺼리게 된다는 것이다. 인간이 일반적으로 갖고 있는 욕구는 몸의 기호를 뜻하는 것이며, 맹자의 측은지심과 같은 마음은 마음의 기호로 인해 나타난다고 보았다.

지문 분석하기

|지문 구조|

1 인간 본성에 대한 탐구로 선한 행위를 설명하려 한 정약용

↓

2 인간 본성에 대한 주희의 관점과 정약용의 비판 ↔ **3** 인간 본성에 대한 정약용의 관점

↓

4 정약용이 강조한 구체적인 실천 원리인 '서' 중 '추서'

|주제| 인간 본성에 대한 주희와 정약용의 관점

한컷 정리하기

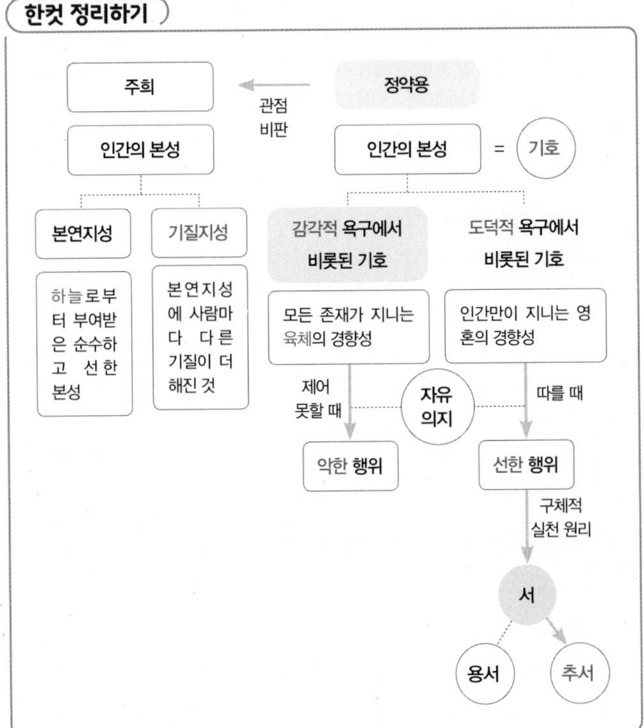

01 글의 전개 방식 파악 정답 ②

선택률	① 2%	② 82%	③ 6%	④ 7%	⑤ 3%

윗글의 내용 전개 방식으로 가장 적절한 것은?

정답 풀이

② 인간의 본성에 대한 기존의 관점을 비판하는 다른 관점을 소개하고 있다.

해설 2문단에서 인간의 본성에 관한 주희의 관점을 제시한 뒤, 3문단에서부터 주희의 관점을 비판하는 정약용의 관점을 소개하고 있다.

오답 풀이

① 인간의 본성에 대한 여러 관점이 사회에 미친 영향을 설명하고 있다.

해설 인간의 본성에 대해 주희의 관점과 정약용의 관점을 설명하고 있으나, 두 관점이 사회에 미친 영향에 대해서는 설명하지 않았다.

③ 인간의 본성에 대한 관점의 타당성 여부를 다양한 입장에서 분석하고 있다.

해설 2~3문단에서 인간의 본성에 대한 주희의 관점과 이를 비판하는 정약용의 관점을 소개하고 있을 뿐, 관점의 타당성 여부를 다양한 입장에서 분석하고 있지는 않다.

④ 인간의 본성에 대한 상반된 관점을 절충한 새로운 관점의 특징을 밝히고 있다.

해설 인간의 본성에 대한 주희와 정약용의 상반된 관점을 제시하고 있기는 하지만, 두 관점을 절충한 새로운 관점을 제시하거나 그 특징을 밝히고 있지는 않다.

⑤ 인간의 본성에 대해 대비되는 관점이 등장하게 된 시대적 배경을 설명하고 있다.

해설 인간의 본성에 대한 주희의 사상과 대비되는 관점이 등장하게 된 시대적 배경은 드러나 있지 않다. 1문단에 인간의 본성에 대해 논의한 학자인 정약용이 활동한 시기(조선 후기)만이 드러나 있을 뿐이다.

02 세부 정보의 파악 정답 ④

선택률	① 2%	② 2%	③ 2%	④ 88%	⑤ 6%

윗글의 내용과 일치하지 않는 것은?

정답 풀이

④ 정약용은 감각적 욕구가 악한 행위를 유도하므로 제거해야 한다고 보았다.
↳ 제어해야 한다고

해설 3문단에 따르면, 정약용은 감각적 욕구에서 비롯된 기호를 제어하지 못할 경우 악한 행위가 나타날 수 있다고 하였을 뿐, 감각적 욕구에서 비롯된 기호를 제거해야 한다고 보지는 않았다.

오답 풀이

① 주희는 인간에게 하늘로부터 부여받은 본연지성이 있다고 보았다.
인간이 하늘로부터 부여받은 순수하고 선한 본성

해설 2문단에 따르면, 주희는 인간의 본성을 '본연지성'과 '기질지성'으로 설명하였는데, 이때 '본연지성'은 인간이 하늘로부터 부여받은 순수하고 선한 본성을 의미한다.

② 주희는 기질의 맑고 탁함에 따라 선하거나 악한 행위가 나타날 수 있다고 보았다.

해설 2문단에 따르면, 주희는 인간의 기질이 맑으면 선한 행위를 하고 탁하면 악한 행위를 할 수 있다고 보았다.

③ 정약용은 추서에 따라 선한 행위를 실천하는 것이 중요하다고 보았다.

해설 4문단에 따르면, 정약용은 추서에 따라 선한 행위를 실천해야 한다고 강조하였다.

⑤ 정약용은 주희의 관점으로는 악한 행위를 한 사람에게 윤리적 책임을 물을 수 없다고 보았다.

해설 2문단을 통해 정약용은 선한 행위와 악한 행위의 원인을 기질이라는 선천적인 요인으로 본다면, 행위에 인간의 의지가 개입되지 않으므로 악한 행위를 한 사람에게 윤리적 책임을 물을 수 없다고 주희의 관점을 비판하였음을 알 수 있다.

03 핵심 정보의 파악 정답 ③

선택률	① 6%	② 3%	③ 85%	④ 3%	⑤ 3%

= 도덕적 욕구에서 비롯된 기호
㉠과 ㉡에 대한 이해로 가장 적절한 것은?
= 감각적 욕구에서 비롯된 기호

정답 풀이

③ ㉠은 ㉡과 달리 생명이 있는 모든 존재가 지닌다.

해설 3문단에 따르면, ㉠'감각적 욕구에서 비롯된 기호'는 생명이 있는 모든 존재가 지니는 육체의 경향성이며, ㉡'도덕적 욕구에서 비롯된 기호'는 인간만이 지니는 영혼의 경향성이다. 따라서 인간만이 지니는 ㉡과 달리 ㉠은 생명이 있는 존재는 모두 지닌다고 할 수 있다.

오답 풀이

① ㉠은 인간이 제어할 수 없는 기호이다.
↳ 제어할 수 있는

해설 3문단에 따르면, 정약용은 ㉠을 제어하지 못할 경우 악한 행위가 나타날 수 있다고 했으며, 선한 행위를 하거나 악한 행위를 하는 것이 온전히 인간의 자유 의지에 달려 있다고 보았다. 따라서 ㉠은 인간이 자유 의지에 따라서 제어할 수 있는 기호라고 판단할 수 있다.

② ㉡은 생존에 필요한 욕구에서 비롯된 것이다.
↳ ㉠은

해설 3문단에 따르면, 정약용은 감각적 욕구가 생존에 필요하고 삶의 원동력이 된다고 여겼으므로, 생존에 필요한 욕구에서 비롯된 것은 ㉠이라고 볼 수 있다.

④ ㉡은 ㉠과 달리 욕구를 즐기고 좋아하는 경향성이다.
↳ ㉠과 ㉡ 모두 기호

해설 3문단에 따르면, ㉠과 ㉡ 모두 욕구를 즐기고 좋아하는 경향성이다. 다만

㉠의 경우 육체의 욕구와 관련된 경향성이라면, ㉡의 경우 선악과 관련된 영혼의 경향성이라는 차이점만 있을 뿐이다.

⑤ ㉠과 ㉡은 모두 타인의 잘못을 덮어 주는 행위와 직결된다.
↳ 직결된다고 보기 어렵다

[해설] 타인의 잘못을 덮어 주는 행위는 4문단의 '용서'와 관련된 행위로서, 이는 ㉠이나 ㉡이 아니라 인간의 자유 의지로 선택한 실천 원리 '서(恕)'와 직결된다고 보는 것이 더 적절하다.

04 구체적 상황에 적용

정답 ⑤

선택률	① 17%	② 4%	③ 10%	④ 7%	⑤ 62%

윗글을 바탕으로 〈보기〉를 이해한 내용으로 적절하지 않은 것은? [3점]

〈보기〉

학급에서 복도 청소를 맡은 학생 A와 B가 있었다. A는 평소 청소를 잘 하지 않았고, B는 항상 성실히 청소를 하였다. 복도가 깨끗한 것을 본 선생님이 복도 청소 담당인 두 학생을 모두 칭찬하였는데, 이때 A는 자신이 B보다 더 열심히 청소를 했다고 거짓말을 하였다. B는 A가 거짓말을 했다는 것을 알고 있었지만 이를 내색하지 않고 평소대로 열심히 청소하였고 A는 그러한 B를 보면서 부끄러움을 느꼈다. 이후, A는 B에게 자신의 행동을 사과하였으며, 책임감을 갖고 청소하였다.

(정약용의 입장에 따르면, B의 행동은 친구가 거짓말을 했을 때 잘못을 덮어 주는 행위인 '용서'임.)
(정약용의 입장에 따르면, A의 '자유 의지'에 따른 행동이라고 볼 수 있음.)

정답 풀이

⑤ 정약용은 B가 추서로 A의 마음을 이해해 주었기 때문에 A의 거짓말을 용인하게 되었다고 보겠군.
(→ 용서로)

[해설] 4문단에 따르면, 친구가 거짓말을 했을 때 잘못을 덮어 주는 행위는 용서이고, 내가 아우의 존중을 받고 싶을 때 내가 먼저 형을 존중하는 모습을 보여 주는 행위는 추서이다. 따라서 A의 거짓말을 덮어 주고 용인하는 B의 행위는 추서가 아니라 용서로 봐야 한다.

오답 풀이

① 주희는 거짓말을 한 것과 무관하게 A에게는 순수하고 선한 본성이 있다고 보겠군.
(본연지성)

[해설] 2문단에 따르면, 주희는 인간이 하늘로부터 부여받은 순수하고 선한 본성을 '본연지성'이라고 하였다. 즉 '본연지성'은 모든 사람에게 부여된 순수하고 선한 본성이므로, 주희는 A에게도 '본연지성'이 있다고 볼 것이다.

선택지 속 함정

'A가 거짓말이라는 나쁜 행동을 했으니 주희도 A에게 선한 본성이 있다고 판단하지는 않겠지?'라고 개인의 관점으로 성급한 추론을 해서 선택지 ①번을 선택한 친구들이 있었으리라 생각해. 주희는 착하거나 나쁜 행동을 하는 것과 별개로 모든 사람에게 순수하고 선한 본성이 있다고 여겼음을 이해했다면 선택지의 함정에 빠지지 않았겠지?

② 주희는 평소 청소를 잘 하지 않는 A와 항상 성실히 청소하는 B의 기질이 서로 다르다고 보겠군.

[해설] 2문단에 따르면, 주희는 인간의 기질이 맑으면 선한 행위를 하고 탁하면 악한 행위를 할 수 있다고 보았다. 따라서 성실히 청소를 하는 B와 청소를 잘 하지 않는 A는 기질이 서로 다르다고 판단할 것이다.

③ 정약용은 A가 책임감 있게 청소하게 된 것이 A의 자유 의지에 의한 것이라고 보겠군.

[해설] 3문단에 따르면, 정약용은 선한 행위를 하거나 악한 행위를 하는 것이 온전히 인간의 자유 의지에 달려 있다고 보았다. 따라서 정약용은 A가 책임감 있게 청소하게 된 것은 B를 통해 스스로 부끄러움을 느끼고, 선한 행위를 하고자 하는 A의 자유 의지에 따른 것이라고 볼 것이다.

④ 정약용은 A가 도덕적 욕구에서 비롯된 기호를 따랐기 때문에 행동의 변화가 나타났다고 보겠군.
(평소에 청소를 잘 하지 않다가 나중에는 책임감을 갖고 청소하게 됨.)

[해설] 3문단에 따르면, 정약용은 도덕적 욕구에서 비롯된 기호를 따를 경우 선한 행위가 나타난다고 보았다. 그러므로 정약용은 A가 도덕적인 욕구에서 비롯된 기호를 따랐기 때문에 부끄러움을 느낀 후 책임감을 가지고 청소를 하는 것과 같은 선한 행위를 하는 행동의 변화가 나타났다고 볼 것이다.

05 어휘의 문맥적 의미 파악

정답 ①

선택률	① 94%	② 1%	③ 3%	④ 1%	⑤ 1%

ⓐ와 문맥적 의미가 가장 유사한 것은?
(=(예로) 들)

정답 풀이

① 명확한 증거를 들었다.

[해설] ⓐ의 '들다'와 '증거를 들었다.'에서의 '들다'는 모두 '설명하거나 증명하기 위하여 사실을 가져다 대다.'라는 의미로 사용되었다.

오답 풀이

② 감기가 들어 약을 먹었다.

[해설] '감기가 들어'에서 '들다'의 의미는 '몸에 병이나 증상이 생기다.'이다.

③ 마음에 드는 사람이 있다.

[해설] '마음에 드는'에서 '들다'의 의미는 '어떤 물건이나 사람이 좋게 받아들여지다.'이다.

④ 우리 집은 햇볕이 잘 든다.

[해설] '햇볕이 잘 든다'에서 '들다'의 의미는 '빛, 볕, 물 따위가 안으로 들어오다.'이다.

⑤ 상자 안에 선물이 들어 있다.

[해설] '선물이 들어 있다'에서 '들다'의 의미는 '안에 담기거나 그 일부를 이루다.'이다.

06~10 2022년 6월 고1 전국연합학력평가

본문 14~15쪽

06 ③ 07 ④ 08 ② 09 ④ 10 ①

(문단별 핵심어) ★ 중심 문장

• **중화사상과 홍대용의 사상**

1 ㉠중화(中華)사상은 「한족(漢族)이 자신들을 세계의 중심을 의미하는 중화로 생각하고, 주변국들이 자신들의 발달된 문화와 예법을 받아들여야 한다고 생각한 사상」이다. 조선은 중화사상을 수용하여 한족 왕조인 명나라의 문화를 받아들이는 것을 당연시하였다. 17세기에 이민족이 ⓐ세운 청나라가 중국 땅을 차지하였지만, 조선은 청나라를 중화라고 생각하지 않고 명나라의 부활을 고대하였다. 당시 송시열은 '오랑캐는 중국을 차지할 수 없고 금수(禽獸)는 인류와

(「 」: 중화사상의 개념)
(중화사상에 대한 조선의 태도)
(이민족이 세운 나라이기 때문에)
(북벌론과 척화론의 근거)

한 부류가 될 수 없다.'라고 하였는데, 이는 청나라를 공격하자는 북벌론과 청나라를 배척하자는 척화론으로 이어졌다.

2 18세기에 청나라가 정치적 안정을 이루고 조선이 북벌을 통해 명나라를 회복하기 어렵게 되자, 조선의 유학자들 사이에서는 조선이 중화의 계승자라는 인식이 보편화되었다. 이때 청나라가 가진 발달된 문물을 도입하자는 북학파가 등장하였다. 그중 홍대용은 청나라의 발달된 문물은 오랑캐인 청나라가 만든 것이 아니라, 청나라가 중국 땅을 차지하며 가지게 된 한족의 문물로 보았다. 이런 생각은 청나라와 청나라의 문물을 구별한 것으로, 그가 저술한「을병연행록」에서도 발견된다. 이를 통해 이때까지도 그는 조선이 중화의 계승자라는 인식과 중화사상에서 벗어나지 못했음을 알 수 있다. 하지만「청나라 여행을 계기로 그곳에서 만난 학자들과 교류를 이어 가며 선진 문물과 새로운 학문을 탐구한 결과, 사상적 전환을 이루었고 이를 바탕으로「의산문답」을 저술」하였다.

(18세기 조선의 소중화주의 / 북학파의 실용주의 / 청의 문물을 받아들이자고 주장할 수 있는 근거 / 「을병연행록」에 드러난 한계 / 「 」: 사상적 전환 이후에 나타난 홍대용의 행보)

3 홍대용의 사상적 전환을 잘 보여 주는 것은「의산문답」에 실려 있는 ㉡지구설과 무한 우주설이다. 그는 하늘이 둥글고 땅이 모나다는 전통적인 천지관을 비판하고, 땅이 둥글다는 지구설을 주장하면서 그 근거로 일식과 월식을 이야기하였다. 일식과 월식이 둥글게 나타나는 것은 달과 우리가 사는 땅이 둥글기 때문이라는 것이다. 우리가 사는 땅은 둥글기 때문에 상하나 동서남북은 정해져 있지 않고, 개개인이 서 있는 곳이 각각 기준이 될 수 있다고 주장하였다. 또한 그는 하늘은 무한하여 형체를 알 수 없고 지구와 같은 땅이 몇 개가 되는지 알 수 없다는 무한 우주설을 주장하였다.

(홍대용의 사상 1 / 홍대용의 사상 2 / 지구설의 개념 / 지구설의 근거 / 지구설이 상대주의의 근거가 됨. / 무한 우주설의 개념)

4 지구설과 무한 우주설은 세상의 중심과 그 주변을 구별하는 중화사상과 다른 생각이다. 홍대용은 하늘에서 우리가 사는 세상을 본다면 이 땅이 무한한 우주에 비해 티끌만큼도 안 되며, 안과 밖을 구별하거나 중심과 주변을 나눌 수 없다고 보았다. 따라서 중국 안과 밖을 구별할 수 없고 중화와 오랑캐라는 구별도 상대적이라고 생각했다. 이에 따라 중화와 오랑캐로 여겨졌던 국가가 모두 동등하며, 사람들이 각자 제 나라와 제 문화를 기준으로 살아가는 것이 당연하다고 생각하였다. 이러한 그의 생각은 모든 사람들이 중심이 될 수 있고 존재 가치가 있다는 생각으로 이어졌고, 이를 바탕으로 그는 당시 유교적 명분을 내세우며 특권을 누리려 했던 양반들을 비판하였다. 또한 재주와 학식이 있는 자는 신분이 낮은 농부의 자식이라도 높은 관직에 오를 수 있어야 한다고 주장하였다.

(무한 우주설의 관점 / 지구설의 관점 / 평등주의 / 다원주의 / 상대주의 / 평등주의에 기반한 인재의 고른 등용)

5 어떤 국가와 문화, 사람도 각자 중심이 될 수 있고 존재 가치가 있다고 생각한 홍대용의 사상은 평등주의와 다원주의를 우리 역사에서 선구적으로 보여 주었다는 점에서 의의가 있다.

(양반 중심의 유교적 명분에서 탈피 / 홍대용의 사상이 갖는 의의)

지식을 쌓는 **배경지식**

홍대용의 대표적인 저서,「의산문답」

- 홍대용의 사상이 집대성된 문답 형식의 철학 소설임.
- 전통적인 조선의 유학자를 대표하는 인물인 허자와 서양 과학을 받아들인 학자를 대변하는 실옹의 문답을 통해 허자의 학문이 현실과 동떨어진 허학이자 거짓임을 폭로하고 비판함.
- 작품의 주제인 인물균사상(사람과 동물, 초목은 모두 평등함.), 우주무한론, 역외춘추론(중국이 아니라 '나'가 있는 곳이 중심임.) 등을 통해 홍대용이 중화에서 탈피한 사상적 전환을 이루었음이 드러남.

지문 분석하기

|지문 구조|

1 중화사상을 수용하고 계승하고자 한 조선
⬇
2 북학파의 등장과 홍대용의 사상적 전환
⬇
3「의산문답」에 실린 지구설과 무한 우주설 + **4** 지구설과 무한 우주설에 담긴 홍대용의 생각
⬇
5 홍대용의 사상이 지닌 의의

|주제| 중화사상에서 벗어나 평등주의와 다원주의를 보여 준 홍대용의 사상

한컷 정리하기

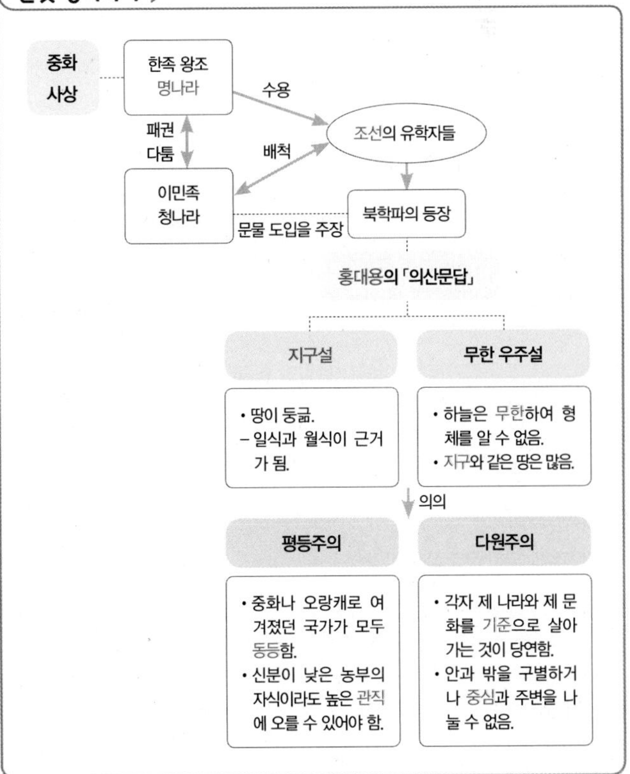

06 세부 정보의 파악

정답 ③

선택률	① 3%	② 6%	③ 81%	④ 3%	⑤ 7%

다음은 학생이 윗글을 읽는 중 작성한 독서 활동지이다. 학생의 활동 내용 중 적절하지 않은 것은?

◈ 2문단까지 읽고 내용을 정리한 후, 이어질 내용을 예측하고 확인하며 읽어 보자.

읽은 내용 정리
ㅇ 청나라가 중국 땅을 차지한 후 조선에서는 북벌론과 척화론이 나타남. ············ ①
ㅇ 청나라가 정치적 안정을 이루고 북벌이 힘들어지자 조선의 유학자들은 조선이 중화의 계승자라고 생각함. ············ ②
ㅇ 청의 문물을 배우자는 북학파가 등장하였고, 그중 홍대용은 선진 문물과 새로운 학문을 탐구하여 사상을 전환하고 「의산문답」을 저술함.

⬇

이어질 내용 예측	확인 결과
ㅇ 홍대용이 선진 문물과 새로운 학문을 탐구하여 깨달은 점이 언급될 것이다.	하늘이 둥글다는 것을 깨달음. ············ ③
ㅇ 「의산문답」의 내용이 언급될 것이다.	지구설과 무한 우주설을 설명함. ············ ④
ㅇ 홍대용이 아닌 다른 북학파 학자들의 사상이 언급될 것이다.	언급되지 않음. ······ ⑤

정답 풀이

③ 하늘이 둥글다는 것을 깨달음.
↳ 비판함.

해설 3문단을 보면, 하늘이 둥글고 땅이 모나다는 것은 전통적인 천지관에 해당한다. 따라서 홍대용이 선진 문물과 새로운 학문을 연구하여 깨달은 점으로는 적절하지 않다.

오답 풀이

① 청나라가 중국 땅을 차지한 후 조선에서는 북벌론과 척화론이 나타남.

해설 1문단에서 청나라를 중화라고 생각하지 않고 명나라의 부활을 고대했던 조선에서는 청나라를 공격하자는 북벌론과 배척하자는 척화론이 등장하였다는 사실을 확인할 수 있다.

② 청나라가 정치적 안정을 이루고 북벌이 힘들어지자 조선의 유학자들은 조선이 중화의 계승자라고 생각함.

해설 2문단에서 18세기에 청나라가 정치적 안정을 이루고 조선이 북벌을 통해 명나라를 회복하기 어렵게 되자, 조선의 유학자들 사이에서는 조선이 중화의 계승자라는 인식이 보편화되었다는 내용을 확인할 수 있다.

④ 지구설과 무한 우주설을 설명함.

해설 3문단에서 「의산문답」의 내용이 소개되고 있다. 지구설은 일식과 월식을 근거로 땅이 둥글다고 주장하는 것이고, 무한 우주설은 하늘이 무한하여 형체를 알 수 없고 지구와 같은 땅이 몇 개가 되는지 알 수 없다는 것이다.

⑤ 언급되지 않음.

해설 이 글에서는 중화사상을 탈피한 홍대용의 사상을 소개하고 그 의의에 대해 평가하고 있을 뿐, 다른 북학파 학자들의 사상에 대해서는 언급하지 않았다.

07 정보 간의 의미 파악

정답 ④

선택률	① 3%	② 2%	③ 4%	④ 87%	⑤ 4%

㉠과 ㉡을 이해한 것으로 가장 적절한 것은?
(㉠ = 중화사상, ㉡ = 지구설)

정답 풀이

④ ㉡은 홍대용이 ㉠에서 벗어났음을 보여 주는 학설이다.

해설 ㉡'지구설'은 우리가 사는 땅이 모나지 않고 둥글다는 학설이다. 이에 반해 ㉠'중화사상'은 한족이 자신들을 세계의 중심으로 여기고, 주변국들이 자신들의 발달된 문화와 예법을 받아들여야 한다고 생각한 사상이다. 중화사상에서 벗어나지 못했던 홍대용이 지구설을 근거로 개개인이 서 있는 곳이 각각 기준이 될 수 있다고 주장했으므로, 이는 홍대용이 중화사상에서 벗어났음을 보여 주는 학설이라 할 수 있다.

오답 풀이

① ㉠은 ㉡을 통해 조선의 중심 사상으로 자리 잡았다.

해설 ㉠'중화사상'은 명나라가 청나라로 바뀌는 과도기까지 조선의 중심 사상으로 자리 잡고 있었다. ㉡'지구설'은 그 이후에 나온 학설로 이러한 중화사상을 비판하는 근거가 되었다.

② ㉠과 ㉡은 청을 오랑캐라 여기는 생각의 근거가 되었다.

해설 1문단을 참고하면, 한족 중심의 사상인 ㉠'중화사상'은 이민족이 세운 나라인 청을 오랑캐라 여기는 생각의 근거가 된 것으로 볼 수 있지만, ㉡'지구설'은 모든 사람이 존재 가치가 있고 평등하다고 여기는 사상이므로 청을 오랑캐로 여기는 생각의 근거가 되었다고 볼 수 없다.

③ ㉠은 북벌론의 바탕이 되었고, ㉡은 ~~척화론의 바탕이 되었다.~~
↳ 관계가 없음.

해설 1문단을 보면, 청나라를 공격하자는 주장이 북벌론이고, 청나라를 배척하자는 주장이 척화론임을 알 수 있다. 이 둘은 모두 ㉠'중화사상'에서 파생된 것이므로 ㉡'지구설'과는 연관이 없다.

⑤ ㉡은 조선의 유학자들이 가지고 있던 ㉠을 홍대용이 발전시킨 것이다.
↳ 탈피한

해설 조선 유학자들은 전통적인 유학 사상을 기반으로 양반층의 특권을 옹호하였다. 그 사상적 근거는 특정한 집단이나 대상을 세상의 중심으로 보는 ㉠'중화사상'에 있다고 볼 수 있다. ㉡'지구설'은 모든 사람이 평등하다는 평등주의 사상과 맞닿아 있으므로 기존의 유학 사상과는 대립된 것이라 할 수 있다.

08 구체적 상황에 적용

정답 ②

선택률	① 5%	② 80%	③ 6%	④ 5%	⑤ 4%

〈보기〉의 대화를 윗글과 관련지어 이해한 것으로 적절하지 않은 것은?

보기

갑: 천지 사이의 생물 가운데 오직 사람만이 귀합니다. 동물과 초목은 지혜가 없고 깨달음도 없으며, 오륜도 모릅니다. 그러므로 사람은 동물보다 귀하고, 초목은 동물보다 천합니다.
(성리학의 입장 – 인간우위론(1문단))

을: 오륜은 사람의 예의입니다. 무리 지어 다니고 소리를 내어 새끼들을 불러 먹이는 것은 동물의 예의입니다. 그리고 떨기로 나서 무성해지는 것은 초목의 예의입니다. 사람의 관점을 기준으로 하면 사람이 귀하고 사물이 천하지만, 사물의 관점을 기준으로 하면 사물이 귀하고 사람이 천한 것입니다. 하늘에서 보면 사람과 사물은 똑같습니다.
(오륜은 사람의 예의: 사람에 국한된 실천 덕목임. / 하늘에서 보면 사람과 사물은 똑같습니다: 홍대용의 입장 – 인물균사상)

정답 풀이

중화와 오랑캐를 구분하는 송시열의 사상과 유사함.

② 갑이 동물보다 사람을 높게 평가한 것은 신분이 낮은 농부의 자식이라도 높은 관직에 오를 수 있어야 한다는 생각으로 이어질 수 있다.

모든 사람들이 중심이 될 수 있고 존재 가치가 있다는 홍대용의 사상과 유사함.

해설 갑이 동물보다 사람을 높게 평가한 것은 동물과 초목, 사람에 차등을 두고 계급화하는 사고방식이다. 반면에 신분이 낮은 농부의 아들이 높은 관직에 오를 수 있어야 한다는 것은 능력만 있다면 타고난 신분에 상관없이 누구나 높은 관직에 등용될 수 있다는 평등주의에 기반한 것이므로 두 입장은 서로 반대된다고 할 수 있다. 〈보기〉에서 동물보다 사람을 높게 평가하는 갑의 입장과 유사한 것은 1문단에 제시된, '오랑캐는 중국을 차지할 수 없고 금수(禽獸)는 인류와 한 부류가 될 수 없다.'라고 한 송시열의 주장이다. 반면, 홍대용은 지구설과 무한 우주설을 통해 모든 사람이 중심이 될 수 있고 존재 가치가 있으며 유교적 명분을 내세워 특권을 누리고자 했던 양반을 비판하였다. 이러한 평등주의적 관점이 농부의 아들도 높은 관직에 오를 수 있어야 한다는 생각으로 이어졌다고 볼 수 있다.

오답 풀이

① 갑은 귀한 대상과 천한 대상을 나누어 생각한다는 점에서 송시열과 공통점이 있다.

해설 1문단을 보면 송시열은 '오랑캐는 중국을 차지할 수 없고 금수(禽獸)는 인류와 한 부류가 될 수 없다.'라고 주장하였는데, 이는 사람을 귀히 여기고 동물과 초목을 천하게 생각하는 갑의 생각과 유사하다.

③ 을이 동물과 초목이 각자의 예의가 있다고 한 것은 세상 사람들이 자기 나라와 자기 문화를 기준으로 살아가는 것이 당연하다는 생각과 연결될 수 있다.

해설 4문단을 보면 홍대용은 지구설과 무한 우주설을 통해 안과 밖을 구별하거나 주변과 중심을 나눌 수 없다고 보았다. 이를 통해 홍대용은 중화와 오랑캐로 여겨졌던 국가가 모두 동등하며, 사람들이 각자 제 나라와 제 문화를 기준으로 살아가는 것이 당연하다고 생각하였음을 알 수 있다. 이것은 동물과 초목을 계급화하거나 차등을 두지 않고 각자의 예의가 있다는 생각과 상통한다.

④ 을이 사물의 관점을 기준으로 하면 사물이 귀하다고 한 것은 모든 사람이 존재 가치가 있다는 생각과 연결될 수 있다.

해설 을의 관점은 어느 하나를 중심에 두는 것이 아니라 모든 것이 중심이 될 수 있고 귀한 존재라는 것이다. 4문단을 보면, 이것은 모든 사람이 존재 가치가 있다는 평등주의와 다원주의 사상과 연결될 수 있다.

⑤ 을이 하늘에서 보면 사람과 사물이 똑같다고 한 것은 우리가 사는 이 땅에서 중심과 주변을 나눌 수 없다는 홍대용의 생각과 일맥상통한다.

해설 4문단을 보면, 홍대용은 하늘에서 우리가 사는 세상을 본다면 이 땅이 무한한 우주에 비해 티끌만큼도 안 되며, 안과 밖을 구별하거나 중심과 주변을 나눌 수 없다고 보았다. 이것은 하늘에서 보면 사람과 사물이 똑같다고 한 을의 생각과 매우 유사하다.

09 비판적 반응의 적절성 평가

정답 ④

선택률	① 4%	② 6%	③ 11%	④ 69%	⑤ 10%

〈보기〉는 심화 학습을 위해 조사한 자료이다. (가), (나)에 대해 보인 반응으로 적절하지 않은 것은? [3점]

보기

(가) 중국 의관이 변한 지 이미 100년이 넘은지라 지금 천하에 오직 우리 조선만이 오히려 명나라의 제도를 지키거늘, 청나라에 들어오니 무식한 부류들이 우리를 보고 웃지 않는 사람이 없으니 어찌 가련치 않겠는가? (중략) 슬프다! 번화한 문물을 오랑캐에 게 맡기고 백 년이 넘도록 회복할 방법이 없구나.

조선을 중화의 계승자로 여김. / 청나라의 문물을 한족의 문물로 봄.

– 홍대용, 「을병연행록」 –

(나) 피와 살이 있으면 다 똑같은 사람이고, 강토를 지키고 있으면 다 동등한 국가이다. 공자는 주나라 사람이므로 그가 쓴 『춘추』에서 주나라 안과 밖을 구분한 것은 당연하다. 그가 바다를 건너 주나라 밖에 살았더라면 주나라 밖에서 도를 일으켰을 것이고, 그곳을 기준으로 생각하는 『춘추』가 나왔을 것이다.

평등주의와 다원주의

– 홍대용, 「의산문답」 –

정답 풀이

④ (나): 『춘추』에서 주나라 안과 밖을 구분한 것이 당연하다는 것에서, 중국 안과 밖을 구별하려는 홍대용의 생각이 드러나는군.

↳ 다원주의적인

해설 『춘추』에서 주나라 안과 밖을 구분한 것이 당연하다는 것은, 공자가 주나라 사람이므로 주나라를 기준으로 생각하는 것이 당연하다는 것이다. 이는 주나라만이 세계의 기준이라는 것이 아니라, 어디든 자기가 사는 곳이 기준이고 중심이 될 수 있다는 의미로, 다원주의를 지향한 홍대용의 생각이 드러나는 부분이다. 따라서 홍대용은 중국 안과 밖을 구별하려는 중화사상과는 거리가 먼 입장을 취하고 있다고 보는 것이 적절하다.

오답 풀이

① (가): 청나라를 오랑캐라고 말하고 있는 것에서, 홍대용이 중화사상을 가진 적이 있었다는 것을 확인할 수 있군.

해설 2문단을 보면, 홍대용이 「을병연행록」을 저술할 당시에는 중화사상에서 벗어나지 못했다고 하였다. (가)에서 홍대용이 청나라를 오랑캐라고 말하는 것에서 안과 밖을 구별하고 중심과 주변을 나누는 중화사상을 가진 적이 있었음을 확인할 수 있다.

② (가): 조선만이 명나라의 제도를 지킨다는 것에서, 홍대용이 조선을 중화의 계승자라고 생각했었음을 알 수 있군.

해설 조선만이 명나라의 제도를 지킨다고 한 것은 조선이 명나라를 중화로 여기고 그 명맥을 이어받았다는 것이다. 이는 중화사상에 벗어나지 못했던 홍대용이 조선을 중화의 계승자라고 생각했었음을 보여 준다.

③ (가): 번화한 문물을 오랑캐에게 맡겼다고 한 것에서, 홍대용이 청나라와 청나라가 가지고 있는 문물을 구별하려 했음을 확인할 수 있군.

해설 홍대용은 청나라의 발달된 문물을 청나라가 만든 것이 아니라, 청나라가 중국 땅을 차지하며 가지게 된 한족의 문물로 보았다. (가)에서 번화한 문물을 청나라 오랑캐에게 맡겼다고 한 것에서 홍대용은 청나라와 청나라가 가지고 있는 문물을 구별하여 이해했음을 확인할 수 있다.

⑤ (나): 공자가 주나라 밖에 살았다면 그곳에서 도를 일으켰을 것이라는 부분에서, 중화와 오랑캐의 구별이 상대적이라는 홍대용의 생각이 드러나는군.

해설 공자가 주나라 밖에 살았다면 그곳에서 도를 일으켰을 것이라는 부분은, 주나라가 아닌 다른 곳에서도 그곳을 안으로 여기는 『춘추』가 나올 수 있었다는 것이다. 이를 통해 중화와 오랑캐의 구별이 상대적인 것이라는 홍대용의 생각을 알 수 있다.

선택지 속 함정

주어진 자료를 읽고 구체적인 사례를 찾는 유형의 문제는 추론적 사고가 개입되기 때문에 어렵게 느껴질 수 있어. 또한 추상적인 어휘가 많이 쓰이므로, 자주 사용되는 개념어는 미리 숙지하여 두는 것이 좋아. '상대적'이라는 어휘의 정확한 뜻은 '서로 맞서거나 비교되는 관계에 있는'이야. '절대적'이라는 어휘와 반대되는 의미이지. 즉, 이 선택지에서 '중화와 오랑캐의 구별이 상대적'이라는 말의 뜻은 중화와 오랑캐가 절대적인 개념으로 지정되어 있는 것이 아니라, 기준에 따라 혹은 시대나 사상에 따라 얼마든지 바뀔 수 있다는 뜻이야. 이는 기존의 고정적인 가치관에서 탈피한 홍대용의 유연한 사고방식과 일맥상통하고 있어. 지구설과 우주 무한설에 해당하는 생각이기도 해.

10 어휘의 문맥적 의미 파악

정답 ①

선택률	① 93%	② 2%	③ 1%	④ 2%	⑤ 2%

문맥상 ⓐ와 의미가 가장 유사한 것은?

≡(이민족이) 세운

정답 풀이

① 그는 새로운 회사를 세웠다.

해설 ⓐ'세우다'는 '나라나 기관 따위를 처음으로 생기게 하다.'의 의미이다. 따라서 '회사를 세우다.', '교회를 세우다.' 등으로 쓰일 수 있다.

오답 풀이

② 국가의 기강을 바로 세워야 한다.

해설 '기강을 세우다.'의 '세우다'는 '질서나 체계, 규율 따위를 올바르게 하거나 짜다.'의 의미로 '규율을 세우다.', '질서를 세우다.' 등으로 쓰일 수 있다.

③ 집을 지을 구체적인 방안을 세웠다.

해설 '방안을 세우다.'의 '세우다'는 '계획, 방안 따위를 정하거나 짜다.'의 의미로, '대비책을 세우다.', '뜻을 세우다.' 등으로 쓰일 수 있다.

④ 두 귀를 쫑긋 세우고 말소리를 들었다.

해설 '귀를 세우다.'의 '세우다'는 '처져 있던 것을 똑바로 위를 향하여 곧게 하다.'의 의미로, '깃을 세우다.', '볏을 세우다.' 등으로 쓰일 수 있다.

⑤ 도끼날을 잘 세워야 나무를 쉽게 벨 수 있다.

해설 '도끼날을 세우다.'의 '세우다'는 '무딘 것을 날카롭게 하다.'의 의미로 '칼날을 세우다.' 등으로 쓰일 수 있다.

DAY 02 인문 · 예술 예술과 철학

본문 16~17쪽

01~05 2019년 9월 고1 전국연합학력평가

01 ⑤	02 ①	03 ②	04 ④	05 ③

( ) 문단별 핵심어 ★ 중심 문장

• 니체의 예술 철학과 표현주의 회화

1 서양 철학은 ㉠존재에 대한 물음에서 시작되었다. 고대 그리스 철학자 파르메니데스는 있는 것은 있고 없는 것은 없다고 말했다. 그는 어떤 존재가 있다가 없어지고 없다가 있게 되는 일은 불가능하다며 존재의 생성과 변화, 소멸을 부정했다. 그에게 존재는 영원하며 절대적이고 불변성을 가지는 것이었다. 이에 반해 헤라클레이토스는 존재의 생성과 변화를 긍정했다. 그는 존재하는 모든 것이 변화의 과정 중에 있으며 끊임없이 생성과 소멸을 반복하는 것이라고 생각했다. 존재에 대한 두 철학자의 견해는 플라톤의 이데아론에 영향을 주었다. 플라톤은 존재를 끊임없이 변하는 존재와 영원히 변하지 않는 존재로 나누었다. 그는 우리가 경험하는 현실 세계의 존재는 변한다고 생각했다. 그리고 현실 세계에 존재하는 모든 것의 근원을 이데아로 ⓐ상정하고 이데아를 영원하고 불변하는 존재, 그 자체로 완전한 진리로 여겼다. 반면에 현실 세계의 존재는 이데아를 모방한 것일 뿐 이데아와 달리 불완전하다고 보았다. 또한 감각을 통해 인식할 수 있는 현실 세계의 존재와 달리 이데아는 오직 이성에 의해서만 인식할 수 있다는 이성 중심의 사유를 전개했다. 플라톤의 이러한 철학적 견해는 이후 서양 철학의 주류가 되었다.

(존재에 대한 상반된 견해 / 존재의 불변성 / 존재의 가변성 / 존재의 불변성과 가변성을 절충한 플라톤의 주장 / 이데아의 특징 1 / 이데아의 특징 2 / 현실 세계의 존재의 특징 1 / 현실 세계의 존재의 특징 2 / 현실 세계의 존재의 특징 3 / 이데아의 특징 3)

2 그러나 플라톤의 견해를 바탕으로 한 서양 철학의 주류적 입장은 근대에 이르러 니체에 의해 강한 비판을 받았다. 헤라클레이토스의 견해를 받아들인 니체는 영원히 변하지 않는 존재, 절대적이고 영원한 진리는 없다고 주장했다. 또한 우리가 살고 있는 현실 세계가 유일한 세계라면서 '신은 죽었다'라고 선언하며 형이상학적 이원론*이 말하는 진리, 신 중심의 초월적 세계, 합리적 이성 체계 모두를 부정했다. 니체는 형이상학적 이원론이 진리를 영원불변한 것으로 고정하고, 현실 너머의 이상 세계와 초월적 대상을 생명의 근원으로 설정함으로써 인간이 현실의 삶을 부정하도록 만들었다고 보았다. 그래서 생명의 근원과 삶의 의미를 상실한 인간은 허무에 ⓑ직면하게 되었다는 것이다.

(존재의 가변성을 인정하는 견해 / 주류를 이루던 플라톤의 이데아론을 부정함. / 니체의 입장 / 현실 세계보다 이상 세계와 초월적 대상을 우월하다 여겼으므로 / 자신이 속한 현실 세계의 한계를 깨닫고 현실 세계를 부정하게 됨.)

3 니체는 허무에서 벗어나기 위해서는 생명의 본질을 ⓒ회복해야 한다고 했다. 그는 인간이 자신의 삶을 지탱할 수 있게 하는 것을

(니체가 제시한 허무에서 벗어나는 해법)

'힘에의 의지'로 보았다. 니체가 말하는 '힘에의 의지'는 주변인이나 사물을 자기 마음대로 지배하고 억압하려는 의지가 아니라 자기 극복을 이끌어 내고 생명의 상승을 지향하는 의지로 이해할 수 있다. 니체는 이러한 '힘에의 의지'가 생성과 변화의 끊임없는 과정 중에서 창조적 생성 작용을 하는데, 그 최고의 형태가 예술이라고 했다. 그는 본능에 내재한 감성을 바탕으로 하는 예술적 충동을 중시하였고, 예술가의 창작 활동을 인간의 삶의 가치 상승을 도와주는 '힘에의 의지'로 보았다. 그는 예술을 통해 생명력을 회복하고 허무를 극복할 수 있음을 강조한 것이다.

'힘에의 의지'의 개념 / 예술에 대한 니체의 관점 / 예술의 가치와 중요성을 강조

4 이러한 니체의 철학적 견해는 20세기 초의 예술가들에게 많은 영향을 주었는데, 특히 회화에서 독일의 표현주의가 니체의 철학을 ⓓ수용했다. 표현주의는 전통적인 사실주의 미학을 따르지 않았다. 사실주의 미학은 형이상학적 이원론에 근거하여 존재와 진리의 참모습을 모방하는 것을 예술의 목적으로 받아들이는 재현의 미학이었다. 그러나 니체의 철학적 관점에서 예술을 이해한 표현주의 화가들은 예술의 목적을 대상의 재현이 아니라 인간의 감정과 충동을 표현하는 것으로 생각했다. 그들은 사실주의 미학에서 이성보다 열등한 것이라고 여겼던 감정을 존재의 본질을 드러내는 것으로 보았다. 그들이 생각하는 인간의 감정은 시시각각 변화하며 생성과 소멸을 반복하는 것이었기에 그림을 그리는 동안에도 매 순간 변화하는 감정을 중시했다. 그래서 「대상의 비례와 고유한 형태를 왜곡하고, 색채도 실제보다 더 강하게 과장해서 그리거나 대비되는 원색을 대담하게 사용」하는 등의 방법을 통해 자신의 감정과 충동을 표현했다. 또한 원근법에 얽매이지 않는 화면 구성을 보임으로써 작품에서 드러나는 공간이 현실 공간의 재현이 아니라 화가 자신의 감정을 표현하기 위한 상징과 의미를 생산하는 공간이라는 인식을 드러냈다.

표현주의의 특징 / 전통적인 사실주의 미학의 목적 / 표현주의 화가들이 생각하는 예술의 목적 / 표현주의 화가들이 생각하는 인간의 감정 / 「 」: 표현주의 회화의 표현 방식 1 / 표현주의 회화의 표현 방식 2 / 사실주의 미학과는 다른 공간에 대한 인식

5 표현주의 화가들은 이성과 합리성의 가치를 추구하던 당시 사회의 분위기에 ⓔ반발하며 예술가로서의 감정적, 주관적인 표현을 예술이 추구해야 하는 가치로 보았다. 그들은 자유로운 형태와 색채로 자신들이 가지고 있던 내면의 불안, 공포, 고뇌 등을 예술로써 극복하려고 노력하면서 강한 생명력을 보여 주었다. 결국 화가의 내면을 적극적으로 표현했던 표현주의는 니체의 철학을 근거로 예술에 대한 새로운 해석을 보여 주었다고 할 수 있다.

표현주의 화가들이 지향하는 예술의 가치 / 감정적 사유를 중시하는 니체의 철학을 통해 새로운 예술 사조가 등장하게 됨.

* **형이상학적 이원론**: 세계를 경험의 세계와 경험을 초월한 세계로 나누고, 사물의 본질과 존재의 근본 원리를 사유를 통해 연구하는 이론.

지문 분석하기

|지문 구조|

1 존재에 대한 물음에서 시작된 고대 서양 철학의 입장

↓

2 서양 철학의 주류적 입장을 강하게 비판한 니체 + **3** 예술의 가치를 중시하는 니체

↓

4 니체의 철학을 수용한 20세기 초 독일의 표현주의 회화

↓

5 예술가의 감정과 주관적인 표현을 중시하는 표현주의 화가들

|주제| 니체의 철학과 이에 영향을 받은 표현주의 회화의 특징

한컷 정리하기

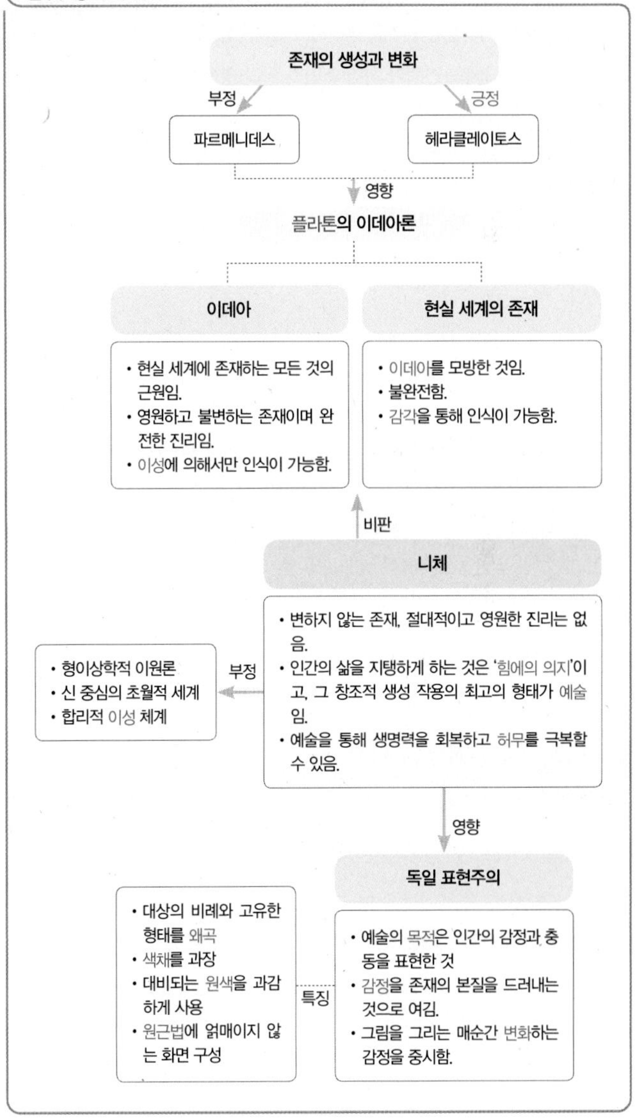

존재의 생성과 변화

부정 → 파르메니데스 / 긍정 → 헤라클레이토스

↓ 영향

플라톤의 이데아론

이데아	현실 세계의 존재
• 현실 세계에 존재하는 모든 것의 근원임. • 영원하고 불변하는 존재이며 완전한 진리임. • 이성에 의해서만 인식이 가능함.	• 이데아를 모방한 것임. • 불완전함. • 감각을 통해 인식이 가능함.

↑ 비판

니체

• 변하지 않는 존재, 절대적이고 영원한 진리는 없음.
• 인간의 삶을 지탱하게 하는 것은 '힘에의 의지'이고, 그 창조적 생성 작용의 최고의 형태가 예술임.
• 예술을 통해 생명력을 회복하고 허무를 극복할 수 있음.

부정 → • 형이상학적 이원론 • 신 중심의 초월적 세계 • 합리적 이성 체계

↓ 영향

독일 표현주의

• 예술의 목적은 인간의 감정과 충동을 표현한 것
• 감정을 존재의 본질을 드러내는 것으로 여김.
• 그림을 그리는 매순간 변화하는 감정을 중시함.

특징: • 대상의 비례와 고유한 형태를 왜곡 • 색채를 과장 • 대비되는 원색을 과감하게 사용 • 원근법에 얽매이지 않는 화면 구성

01 글의 전개 방식 파악

정답 ⑤

선택률	① 5%	② 2%	③ 3%	④ 6%	⑤ 84%

윗글에 대한 설명으로 가장 적절한 것은?

정답 풀이

⑤ 서양 철학의 주류적 입장을 부정하는 니체의 철학이 예술에 미친 영향을 설명하고 있다. 플라톤의 형이상학적 이원론 / 20세기 초 독일의 표현주의 회화

해설 2문단에서 니체는 기존 서양 철학의 주류적 입장을 비판했다고 하였다. 4문단에서는 이러한 니체의 철학이 20세기 초 많은 예술가들에게 영향을 주었고, 특히 독일의 표현주의 회화에서 니체의 철학을 수용하였다고 하면서, 전통적인 사실주의 회화와 다른 표현주의 회화 방식의 특징에 대해 설명하고 있다.

오답 풀이

① 니체의 철학적 개념을 예술 양식의 발전 단계에 따라 정리하고 있다.

해설 1문단에서 고대 서양 철학을 설명하고 있지만 이것은 니체 철학의 특징을 효과적으로 보여 주기 위한 것이다. 이 글에서는 니체의 철학이 독일의 표현주의에 영향을 주었다는 것과 표현주의 회화 방식의 특징에 대해서만 설명하고 있을 뿐, 예술 양식의 발전 단계를 정리하고 있지는 않다.

② 예술에 대한 니체의 견해가 시대에 따라 달리 평가받는 원인을 분석하고 있다.

해설 이 글에서는 기존의 전통적인 서양 철학을 부정하는 니체의 철학이 독일의 표현주의 회화 방식에 영향을 끼친 것에 대해 설명하고 있을 뿐, 예술에 대한 니체의 견해가 시대에 따라 달리 평가받는 원인에 대해 분석하고 있지 않다.

③ 예술에 대한 니체의 시각과 서양 철학의 주류적 입장의 장단점을 비교하고 있다.

해설 기존의 서양 철학의 주류적 입장을 비판하는 니체의 철학을 설명하고 있을 뿐, 예술에 대한 니체의 시각과 서양 철학의 주류적 입장의 장단점을 비교하고 있지는 않다.

④ 예술에 대한 여러 철학자들의 견해가 니체에 의해 통합되는 과정을 살펴보고 있다.

해설 예술에 대한 고대 철학자들의 견해가 소개되기는 했지만, 이는 니체 철학이 비판하는 입장을 설명하기 위한 것일 뿐, 그들의 견해 자체를 설명하는 데 초점을 두고 있지는 않다. 또한 니체가 기존 서양 철학의 주류적 입장을 비판했다고 하였을 뿐 통합했다고 하지 않았다.

02 핵심 정보의 파악

정답 ①

선택률	① 73%	② 8%	③ 7%	④ 4%	⑤ 8%

㉠에 대한 이해로 가장 적절한 것은?

= 존재

정답 풀이

① 헤라클레이토스와 니체는 ㉠이 변화한다고 생각했다.

해설 1문단에서 헤라클레이토스는 존재의 생성과 변화를 긍정했다고 하였다. 2문단에 따르면 니체 역시 헤라클레이토스의 견해를 받아들여, 영원히 변하지 않는 절대적인 존재는 없다고 보았다. 즉, 헤라클레이토스와 니체는 존재가 변화한다고 생각했다는 설명은 적절하다.

오답 풀이

② 파르메니데스와 플라톤은 ㉠이 불완전하다고 여겼다.

해설 1문단에 따르면, 파르메니데스는 존재는 영원하며 절대적이고 불변성을 가지는 것이라고 하였고, 플라톤은 존재를 변하는 것과 변하지 않는 것으로 이원화하였다. 따라서 파르메니데스와 플라톤이 존재를 불완전하다고 여겼다는 진술은 적절하지 않다.

③ 플라톤과 헤라클레이토스는 영원히 변하지 않는 ㉠이 있다고 보았다.
↳ 파르메니데스는

해설 1문단에 따르면, 헤라클레이토스는 영원히 변하지 않는 존재는 없다고 보았다. 플라톤과 같이 영원히 변하지 않는 존재가 있다고 본 철학자는 파르메니데스이다.

④ 파르메니데스는 헤라클레이토스와 달리 ㉠의 생성을 긍정했다.
↳ 부정했다

해설 1문단에서 파르메니데스는 어떤 존재가 있다가 없어지고 없다가 있게 되는 일은 불가능하다며 존재의 생성과 변화, 소멸을 부정했다고 하였다.

⑤ 플라톤은 니체와 달리 ㉠의 근원을 감각을 통해 인식할 수 있다고 보았다.
↳ 이성에 의해서만 인식할

해설 1문단에 따르면, 플라톤은 존재의 근원을 이데아로 상정하고 이는 영원 불변의 완전한 존재이며, 이는 감각을 통해서가 아니라 이성에 의해서만 인식할 수 있다고 보았다.

03 구체적 상황에 적용

정답 ②

선택률	① 4%	② 85%	③ 3%	④ 6%	⑤ 2%

윗글에 나타난 표현주의 화가들의 생각으로 적절하지 않은 것은?

정답 풀이

② 존재와 진리의 참모습을 모방하는 것이 중요하다고 여겼다.
↳ 대상의 재현보다는 존재의 본질을 드러내는 감정이

해설 4문단에서 표현주의 화가들은 존재의 진리와 참모습을 모방하는 것을 목적으로 하는 기존의 사실주의와 달리 인간의 존재의 본질을 드러내는 감정과 충동을 표현하는 것을 중요하게 여겼다고 하였다. 따라서 존재와 진리의 참모습을 모방하는 것이 중요하다고 여기는 것은 표현주의 화가들의 생각으로 볼 수 없다.

오답 풀이

① 인간의 감정을 존재의 본질을 드러내는 것으로 인식했다.

해설 4문단을 보면, 사실주의 미학에서는 이성보다 감정을 열등한 것으로 여겼지만 표현주의 화가들은 예술의 목적을 감정의 표현으로 보고, 감정을 존재의 본질을 드러내는 것으로 인식했음을 알 수 있다.

③ 시시각각 변화하며 생성과 소멸을 반복하는 감정을 중시했다.

해설 4문단을 보면, 표현주의 화가들은 인간의 감정을 시시각각 변화하며 생성과 소멸을 반복하는 것으로 여기고 그림을 그리는 동안에도 매 순간 변화하는 감정을 중시했음을 알 수 있다.

④ 예술가로서의 주관적 표현을 예술이 추구해야 하는 가치라고 생각했다.

해설 5문단에서 표현주의 화가들은 이성과 합리성의 가치를 추구하던 당시 사회의 분위기에 반발하며 예술가로서의 감정적, 주관적인 표현을 예술이 추구해야 하는 가치로 보았다고 하였다.

⑤ 작품에서 드러나는 공간을 화가의 감정을 표현하기 위한 공간으로 인식했다.

해설 4문단을 보면, 표현주의 화가들은 작품에서 드러나는 공간이 현실 공간의 재현이 아니라 화가 자신의 감정을 표현하기 위한 상징과 의미를 생산하는 공간으로 인식했음을 알 수 있다.

04 구체적 상황에 적용

정답 ④

선택률	① 4%	② 9%	③ 5%	④ 78%	⑤ 4%

윗글에 나타난 니체의 사상과 연결 지어 〈보기〉의 작품을 감상한 내용으로 가장 적절한 것은?

보기

독일 표현주의 화가인 키르히너의 〈해바라기와 여인의 얼굴(1906)〉은 창가에 놓인 해바라기 꽃병과 여인의 모습을 그린 작품으로 화가의 내면이 잘 표현되었다는 평가를 받는다. 해바라기는 노란색, 꽃병은 녹색, 배경은 주황색의 화려한 원색으로 그려져 있고, 해바라기 앞의 여인은 슬프고 우울해 보인다. 활짝 핀 해바라기의 윤곽은 빨갛고 두터운 선으로 그려져 해바라기의 노란색과 대비를 이루고 있다. 또한 여인보다 뒤에 있는 해바라기 꽃병이 더 크게 그려진 화면 구성을 보이고 있다.

(표현주의 예술이 추구하는 가치 / 색채를 실제보다 더 강하게 그리고 원색을 대담하게 사용함. / 원근법에 얽매이지 않는 화면 구성)

정답 풀이

④ 해바라기, 꽃병, 배경 등을 화려한 원색으로 그린 것을 보니 감성을 바탕으로 한 예술적 충동을 중요하게 여겼던 니체의 생각에 영향을 받은 것으로 볼 수 있겠군.

해설 3문단에서 니체는 본능에 내재한 감성을 바탕으로 하는 예술적 충동을 중시했다고 하였다. 4문단에서는 니체의 철학을 수용한 표현주의 화가들이 인간의 감정과 충동을 표현하는 것을 예술의 목적으로 여겼으며, 이를 위해 대상의 비례와 형태를 왜곡하고 색채를 과장해서 그리거나 대비되는 원색을 대담하게 사용했음을 확인할 수 있다. 이로 볼 때 〈보기〉의 키르히너가 해바라기, 꽃병, 배경 등을 화려한 원색으로 그린 것은 예술적 충동을 중시한 니체의 생각에 영향을 받은 것으로 볼 수 있다.

오답 풀이

① 여인을 슬프고 우울해 보이게 그린 것을 보니 ~~인간은 결코 허무를 극복할 수 없다는 니체의 철학과~~ 관련된 것으로 볼 수 있겠군.

↳ 니체는 예술을 통해 허무를 극복할 수 있다고 봄.

해설 3문단에 따르면 니체는 예술을 통해 생명력을 회복하고 허무를 극복할 수 있다고 하였으므로, 인간이 허무를 극복할 수 없다고 보는 것은 니체의 철학이라 할 수 없다.

선택지 속 함정

지문을 〈보기〉에 나타난 구체적인 상황에 적용하는 유형의 문제를 어려워하는 경우가 많이 있어. 특히 지문에서 설명하는 내용을 도표나 그림에 적용해야 하는 경우 체감하는 문제의 난도가 높아지는 경향도 있지. 하지만, 이러한 유형은 지문에 주어진 사실적인 정보를 토대로 적용하고 판단하는 문제이므로 사실적 이해를 기반으로 한다고 볼 수 있어. 더욱이 이 문제의 경우는 〈보기〉의 해설과 그림을 보지 않고 선택지의 진술과 지문의 내용을 비교하기만 해도 풀 수 있는 세부 정보의 파악 유형에 가까워. 니체는 인간이 허무를 극복할 수 없다고 본 것이 아니라 자신의 감정 표현에 충실한 예술 활동을 통해 허무를 극복할 수 있다고 보았어. 〈보기〉의 글과 그림을 보기 전에 선택지를 먼저 읽어보았다면 의외로 쉽게 풀리고 시간도 절약할 수 있었을 거야.

② 해바라기를 강조한 화면 구성을 보니 ~~현실 너머의 이상 세계를 생명의 근원이라고 여긴 니체의 견해가~~ 반영된 것으로 볼 수 있겠군.

↳ 현실 너머의 이상 세계를 생명의 근원이라고 여긴 것은 플라톤임.

해설 현실 너머의 이상 세계를 생명의 근원이라고 여기고 이성을 중시하는 것은 형이상학적 이원론, 즉 기존 서양 철학의 주류를 이루고 있던 플라톤의 이데아 사상과 관련된 것으로, 니체는 이를 비판하였다.

③ 해바라기의 노란색과 윤곽의 빨간색을 대비한 것을 보니 ~~초월적 세계를 재현한 것이 현실 세계라는 니체의 입장과~~ 관련된 것으로 볼 수 있겠군.

↳ 니체는 초월적 세계 자체를 부정함.

해설 니체는 초월적 세계 자체를 부정하였다. 대비되는 원색을 대담하게 사용한 것은 표현주의 화가들의 방식으로, 본능에 내재한 감성을 바탕으로 하는 예술적 충동을 중시한 니체의 입장과 관련된 것으로 볼 수 있다.

⑤ 해바라기 꽃병과 여인을 원근법에 어긋나게 그린 것을 보니 ~~인간은 자기 주변의 사물을 지배해야 한다는 의지를 강조한 니체의 주장이~~ 수용된 것으로 볼 수 있겠군.

해설 3문단에 따르면, 니체는 인간이 자신의 삶을 지탱할 수 있게 하는 것을 '힘에의 의지'로 보았는데, 이는 주변인이나 사물을 자기 마음대로 지배하고 억압하려는 의지가 아니라 자기 극복을 이끌어 내고 생명의 상승을 지향하는 의지로 이해할 수 있다. 따라서 인간이 자기 주변의 사물을 지배해야 한다는 의지를 강조했다는 것은 니체의 주장과는 어울리지 않는다. 4문단에 따르면, 원근법에 얽매이지 않는 화면 구성은 화가 자신의 감정을 표현하기 위한 상징과 의미를 생산하는 공간이라는 표현주의 화가들의 인식이 수용된 것이라고 볼 수 있다.

05 어휘의 사전적 의미 파악

정답 ③

선택률	① 6%	② 3%	③ 88%	④ 1%	⑤ 2%

ⓐ~ⓔ의 사전적 의미로 적절하지 않은 것은?

= ⓐ: 상정, ⓑ: 직면, ⓒ: 회복, ⓓ: 수용, ⓔ: 반발

정답 풀이

③ ⓒ: ~~온전하게 보호하여 유지함.~~

↳ 원래의 상태로 돌이키거나 원래의 상태를 되찾음.

해설 ⓒ'회복'은 '원래의 상태로 돌이키거나 원래의 상태를 되찾음.'이라는 뜻을 가진 말이다. '명예를 회복하다'와 같은 형태로 쓰일 수 있다.

오답 풀이

① ⓐ: 어떤 정황을 가정적으로 생각하여 단정함.

해설 '이데아로 상정하고'는 '이데아를 가정적으로 생각하여 단정하고'의 의미이므로 적절하다.

② ⓑ: 어떠한 일이나 사물을 직접 당하거나 접함.

해설 '허무에 직면하게 되었다'는 '허무를 직접 당하거나 접하게 되었다'의 의미이므로 적절하다.

④ ⓓ: 어떠한 것을 받아들임.

해설 '철학을 수용했다'는 '철학을 받아들였다'의 의미이므로 적절하다.

⑤ ⓔ: 어떤 상태나 행동 따위에 대하여 거스르고 반항함.

해설 '사회의 분위기에 반발하며'는 '사회의 분위기에 대하여 거스르고 반항하며'의 의미이므로 적절하다.

06~09 2015학년도 11월 고3 대학수학능력평가 본문 18~19쪽

06 ⑤ 07 ④ 08 ① 09 ④

문단별 핵심어 ★ 중심 문장

• 칸트의 취미 판단 이론

1 근대 초기의 합리론은 이성에 의한 확실한 지식만을 중시하여 미적 감수성의 문제를 거의 논외로 하였다. 미적 감수성은 이성과는 달리 어떤 원리도 없는 자의적인 것이어서 '세계의 신비'를 푸는 데 거의 기여하지 못한다고 ㉠여겼기 때문이다. 이러한 근대 초기의 합리론에 맞서 칸트는 미적 감수성을 '미감적 판단력'이라 부르면서, 이 또한 어떤 원리에 의거하며 결코 이성에 못지않은 위상과 가치를 지닌다는 주장을 ㉡펼친다. 이러한 작업에서 핵심 역할을 하는 것이 그의 취미 판단 이론이다.

근대 초기의 합리론의 특징 / 미적 감수성에 대한 근대 초기의 합리론의 관점 / 미적 감수성에 대한 칸트의 관점

[A] **2** 취미 판단이란, 대상의 미·추를 판정하는, 미감적 판단력의 행위이다. 모든 판단은 'S는 P이다.'라는 명제 형식으로 환원되는데, 그 가운데 이성이 개념을 통해 지식이나 도덕 준칙을 구성하는 규정적 판단에서는 술어 P가 보편적 개념에 따라 객관적 성질로서 주어 S에 부여된다. 이와 유사하게 취미 판단에서도 P, 즉 '미' 또는 '추'가 마치 객관적 성질인 것처럼 S에 부여된다. 하지만 실제로 취미 판단에서의 P는 오로지 판단 주체의 쾌 또는 불쾌라는 주관적 감정에 의거한다. 또한 규정적 판단은 명제의 객관적이고 보편적인 타당성을 지향하므로 하나의 개별 대상뿐 아니라 여러 대상이나 모든 대상을 묶은 하나의 단위에 대해서도 이루어진다. 이와 달리, 취미 판단은 오로지 하나의 개별 대상에 대해서만 이루어진다. 즉 복수의 대상을 한 부류로 묶어 말하는 것은 이미 개념적 일반화가 되기 때문에 취미 판단이 될 수 없는 것이다. 한편 취미 판단은 오로지 대상의 형식적 국면을 관조하여 그것이 일으키는 감정에 따라 미·추를 판정하는 것 이외의 어떤 다른 목적도 배제하는 순수한 태도, 즉 미감적 태도를 전제로 한다. 취미 판단에는 대상에 대한 지식뿐 아니라, 실용적 유익성, 교훈적 내용 등 일체의 다른 맥락이 ㉢끼어들지 않아야 하는 것이다.

취미 판단의 개념 / 판단의 특성 / 규정적 판단의 특징 1 / 규정적 판단의 특징 2 / 취미 판단의 특징 1 / 취미 판단의 특징 2 / 규정적 판단의 특징 3 / 규정적 판단의 특징 4 / 취미 판단의 특징 3 / 취미 판단의 특징 4

3 중요한 것은 취미 판단이 기본적으로 공동체적 차원의 것이라는 점이다. 순수한 미감적 태도를 취할 때, 취미 판단의 주체들은 미감적 공동체를 이루고 있다고 할 수 있다. 왜냐하면 그 구성원들 간에는 '공통감'이라 불리는 공통의 미적 감수성이 전제로 작용하고 있기 때문이다. 이때 공통감은 취미 판단의 미적 규범 역할을 한다. 즉 공통감으로 인해 취미 판단은 규정적 판단의 객관적 보편성과 구별되는 '주관적 보편성'을 ㉣지니는 것으로 설명된다. 따라서 어떤 주체가 내리는 취미 판단은 그가 속한 공동체의 공통감을 예시한다.

취미 판단에 공통감이 작용하므로 / 규정적 판단의 특징 5 / 취미 판단의 특징 5

4 이러한 분석을 통해 칸트가 궁극적으로 지향한 것은 인간의 총체적인 자기 이해이다. 그에 따르면 '인간은 무엇인가?'라는 물음에 대한 충실한 답변을 얻고자 한다면, 이성뿐 아니라 미적 감수성에 대해서도 그 고유한 원리를 설명해야 한다. 게다가 객관적 타당성은 이성의 미덕인 동시에 한계가 되기도 한다. '세계'는 개념으로는 낱낱이 밝힐 수 없는 무한한 것이기 때문이다. 반면 미적 감수성은 대상을 개념적으로 규정할 수는 없지만 역으로 개념으로부터의 자유를 통해 세계라는 무한의 영역에 더 가까이 다가갈 수 있다. 오늘날에는 미적 감수성을 심오한 지혜의 하나로 보는 견해가 ㉤퍼져 있는데, 많은 학자들이 그 이론적 단초를 칸트에게서 찾는 것은 그의 이러한 논변 때문이다.

인간을 이성적으로만 이해하기에는 부족하므로 / 미적 감수성에 대한 이해가 중요한 이유

지식을 쌓는 배경지식

칸트는 미적 판단이 근본적으로 논리적 판단과 다른 성질을 갖고 있다고 보았다. 어떤 대상을 지각하면서 아름다움을 느끼는 것은 우리 마음의 주관적 움직임에 따른 것이라고 생각하였다. 이 움직임은 그 대상에 대한 논리적(객관적) 규정에 의해 비롯되는 것이 아니라 마음 내부에서 일어나는 것이라 주장했다. 칸트는 자신의 저서 『판단력 비판』에서 마음의 이러한 변화 과정을 통해서 나타나는 판단을 '취미 판단'이라고 표현하였다.

지문 분석하기

|지문 구조|

1 미적 감수성의 가치를 재조명한 칸트

↓

2 취미 판단의 개념과 특징 + **3** 취미 판단의 성격

↓

4 칸트의 개념을 통해 본 취미 판단의 의의

|주제| 칸트의 취미 판단 이론의 개념과 특성

한컷 정리하기

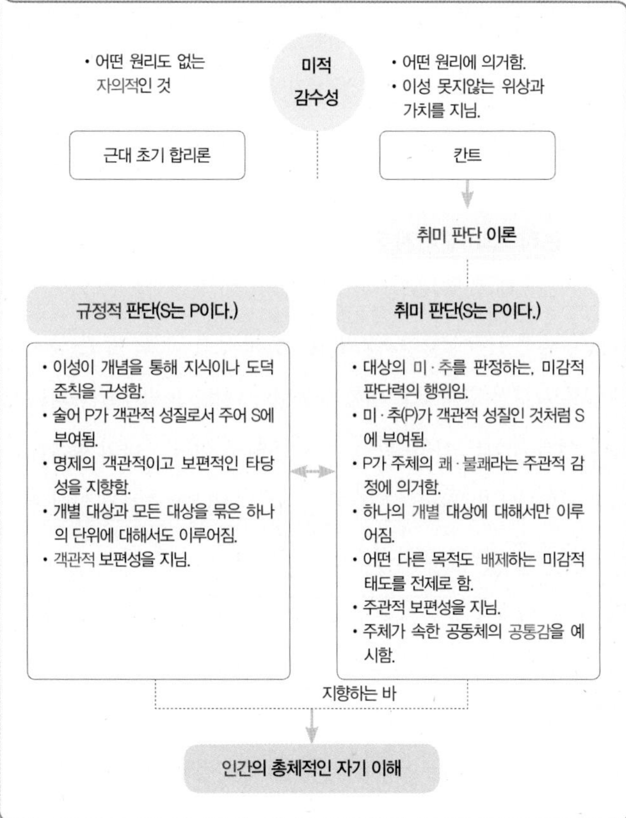

06 세부 정보의 파악

정답 ⑤

선택률	① 2%	② 5%	③ 8%	④ 6%	⑤ 79%

윗글에 대한 이해로 가장 적절한 것은?

정답 풀이

⑤ 칸트는 미적 감수성의 원리에 대한 설명이 인간의 총체적 자기 이해에 기여한다고 보았다.

해설 4문단에 따르면, 칸트가 궁극적으로 지향한 것은 인간의 총체적인 자기 이해이며, 칸트는 '인간은 무엇인가?'라는 물음에 대한 충실한 답변, 즉 총체적인 자기 이해를 위해서는 미적 감수성에 대해서도 그 고유한 원리를 설명해야 한다고 주장하였다. 따라서 칸트는 미적 감수성의 원리에 대한 설명이 인간의 총체적 자기 이해에 기여한다고 보았다고 할 수 있다.

오답 풀이

① 칸트는 미감적 판단력과 규정적 판단력이 ~~동일하다고~~ 보았다.
주관적 감정에 의거함. 객관적 성질을 지님. ↳ 동일하지 않다고

해설 2문단에서 규정적 판단은 보편적 개념에 따른 객관적 성질을 지니지만, 칸트의 취미 판단, 즉 미감적 판단력은 판단 주체의 쾌 또는 불쾌라는 주관적 감정에 의거하는 것이라고 하였다.

② 칸트는 이성에 의한 지식이 개념의 한계로 인해 ~~객관적 타당성을 결여한다고 보았다.~~
↳ 칸트는 객관적 타당성을 이성의 미덕으로 봄.

해설 4문단에서 칸트는 객관적 타당성을 이성의 미덕이라고 보았음을 알 수 있다. 따라서 칸트가 이성에 의한 지식을 객관적 타당성이 결여된 것으로 보았다는 진술은 적절하지 않다.

③ 칸트는 미적 감수성이 비개념적 방식으로 ~~세계에 대한 객관적 지식을 창출한다고 보았다.~~
↳ 세계에 대한 객관적 지식의 한계에서 벗어나게 한다고 봄.

해설 4문단에 따르면, 칸트는 미적 감수성으로는 대상을 개념적으로 규정할 수 없다고 보았다. 대상을 개념적으로 규정하는 것은 '객관적 지식'을 창출하는 행위로 해석할 수 있으므로, 미적 감수성이 세계에 대한 객관적 지식을 창출할 수 있다고 이해하는 것은 적절하지 않다.

④ 칸트는 미감적 판단력을 본격적으로 규명하여 ~~근대 초기의 합리론을 선구적으로 이끌었다.~~
↳ 칸트는 근대 초기의 합리론에 맞섰음.

해설 1문단에 따르면, 칸트는 근대 초기의 합리론에 맞서 미감적 판단력이 이성 못지않은 위상과 가치를 지닌다고 주장했다. 따라서 칸트가 근대 초기의 합리론을 선구적으로 이끌었다는 진술은 적절하지 않다.

07 핵심 정보의 파악

정답 ④

선택률	① 2%	② 8%	③ 6%	④ 79%	⑤ 5%

[A]에 제시된 '취미 판단'에 대한 이해로 적절하지 않은 것은?

정답 풀이

④ '이 영화의 주제는 권선징악이어서 아름답다.'는 취미 판단에 ~~해당한다.~~
교훈이라는 '다른 맥락'에 해당함. ↳ 해당하지 않음.

해설 취미 판단에는 교훈적 내용이 끼어들지 않아야 한다고 하였다. '이 영화의 주제는 권선징악이어서 아름답다.'는 '이 영화의 주제는 권선징악이다.'라는 대상에 대한 교훈적 내용이 개입된 명제이므로 취미 판단이 될 수 없다.

오답 풀이

① '이 장미는 아름답다.'는 취미 판단에 해당한다.

해설 '이 장미는 아름답다.'는 하나의 개별 대상인 장미에 대해 미·추를 판정하고 있으므로 취미 판단에 해당한다.

② '유용하다'는 취미 판단 명제의 술어가 될 수 없다.

해설 취미 판단에는 실용적 유익성 등과 같은 다른 맥락이 끼어들지 않아야 한다고 하였다. '유용하다'는 실용적 유익성이 개입된 술어이므로 취미 판단 명제의 술어가 될 수 없다.

③ '모든 예술'은 취미 판단 명제의 주어가 될 수 없다.

해설 복수의 대상을 한 부류로 묶어 말하는 것은 개념적 일반화가 되기 때문에 취미 판단이 될 수 없다고 하였다. 따라서 '모든 예술'은 취미 판단 명제의 주어가 될 수 없다.

⑤ '이 소설은 액자식 구조로 이루어져 있다.'는 취미 판단에 해당하지 않는다.

해설 취미 판단에는 대상에 대한 지식이 끼어들지 않아야 한다고 하였다. '이 소설은 액자식 구조로 이루어져 있다.'는 대상에 대한 지식이 개입된 명제이므로 취미 판단에 해당하지 않는다.

08 세부 정보의 추론

정답 ①

선택률	① 69%	② 10%	③ 10%	④ 4%	⑤ 7%

윗글을 통해 추론한 내용으로 적절하지 않은 것은? [3점]

정답 풀이

① 개념적 규정은 예술 작품에 대한 취미 판단을 ~~가능하게 한다.~~
미감적 판단력의 행위 ↳ 가능하게 하지 않음.

해설 2문단에서 취미 판단은 대상의 미와 추를 판정하는 미감적 판단력(=미적 감수성)의 행위라고 하였고, 4문단에서 미적 감수성은 대상을 개념적으로 규정할 수 없다고 하였다. 따라서 대상의 개념적 규정이 예술 작품에 대한 취미 판단을 가능하게 한다는 추론은 적절하지 않다.

오답 풀이

② 공통감은 미감적 공동체에서 예술 작품의 미를 판정할 보편적 규범이 될 수 있다.

해설 3문단에서 미감적 공동체는 공통의 미적 감수성인 '공통감'을 공유한다고 하였다. 공통감은 취미 판단의 미적 규범 역할을 하므로, 공통감은 미감적 공동체가 취미 판단을 하는 데 있어 주관적 보편성을 지니는 보편적 규범이 될 수 있다.

③ **특정 예술 작품에 대한 사람들의 취미 판단이 일치하는 것은 우연으로 볼 수 없다.**

[해설] 3문단에서 공통감으로 인해 취미 판단은 '주관적 보편성'을 지니는 것으로 설명된다고 하였다. 이에 따르면, 특정 예술 작품에 대한 사람들의 취미 판단이 일치하는 것은 우연이 아니라 주관적 보편성에 의한 것으로 볼 수 있다.

④ **예술 작품에 대한 나의 취미 판단은 내가 속한 미감적 공동체의 미적 감수성을 보여 준다.**

[해설] 3문단에서 어떤 주체가 내리는 취미 판단은 그가 속한 공동체가 전제하고 있는 공동의 미적 감수성인 공통감을 보여 준다고 하였다.

⑤ **예술 작품에 대해 순수한 미감적 태도를 취하지 못하면 그 작품에 대한 취미 판단이 가능하지 않다.**

[해설] 2문단에서 취미 판단은 대상의 형식적 국면이 일으키는 감정에 따라 미·추를 판정하는 것 이외에 어떤 다른 목적도 배제하는 순수한 태도, 즉 미감적 태도를 전제로 한다고 하였다. 따라서 순수한 미감적 태도를 취하지 못하면 취미 판단이 불가능하다고 볼 수 있다.

09 어휘의 문맥적 의미 파악 정답 ④

선택률	① 1%	② 16%	③ 1%	④ 81%	⑤ 1%

문맥상 ㉠~㉤과 바꿔 쓰기에 적절하지 않은 것은?
= ㉠: 여겼기, ㉡: 펼친다, ㉢: 끼어들지, ㉣: 지니는, ㉤: 퍼져

정답 풀이

④ **㉣: 소지하는**

[해설] ㉣'지니다'는 문맥상 '바탕으로 갖추고 있다.'의 의미를 지닌다. ④의 '소지하다'는 '가지고 있다'의 의미를 지니므로 물리적 대상에만 적용되어 ㉣과 바꿔 쓰기에 적절하지 않다.

오답 풀이

① **㉠: 간주했기**

[해설] ①의 '간주하다'는 '상태, 모양, 성질 따위가 그와 같다고 보거나 그렇다고 여기다.'라는 의미이므로 ㉠'여기다'와 바꿔 쓸 수 있다.

② **㉡: 피력한다**

[해설] ②의 '피력하다'는 '생각하는 것을 털어놓고 말하다.'라는 의미이므로, ㉡'펼치다'와 바꿔 쓸 수 있다.

③ **㉢: 개입하지**

[해설] ③의 '개입하다'는 '자신과 직접적인 관계가 없는 일에 끼어들다.'라는 의미이므로 ㉢'끼어들다'와 바꿔 쓸 수 있다.

⑤ **㉤: 확산되어**

[해설] ⑤의 '확산되다'는 '흩어져 널리 퍼지게 되다.'라는 의미이므로 ㉤'퍼지다'와 바꿔 쓸 수 있다.

DAY 03 인문 · 예술 명제와 논리

01~05 2020년 6월 고1 전국연합학력평가 본문 20~21쪽

01 ④ 02 ⑤ 03 ⑤ 04 ③ 05 ②

(문단별 핵심어) ★ 중심 문장

• 고전 논리학의 네 가지 기본 명제

1 아리스토텔레스의 고전 논리학(인간 사고의 추론 과정에 관한 학문)에서는 기본 명제를 네 가지로 분류하고 이를 각각 '전체 긍정 명제', '전체 부정 명제', '부분 긍정 명제', '부분 부정 명제'라고 이름을 붙였다. 삼단 논법에 이용되는 명제는 어떤 것이든 이 네 가지 기본 명제 중 어느 하나의 형식을 가져야 하며, 이 명제들은 그 뜻이 애매하다거나 모호하지 않아야 하므로(표준 형식으로 고쳐 주어야 하는 이유 - 의미의 명확성) 표준 형식으로 고쳐 주어야 한다.

2 먼저, 전체 긍정을 뜻하는 명제의 표준 형식은 "모든 철학자는 이상주의자이다."와 같이 '모든 ~는 ~이다.'(전체 긍정 명제의 형식)로 하면 된다. 전체 부정을 뜻하는 명제의 표준 형식의 경우, "모든 철학자는 이상주의자가 아니다."라는 말은 애매하다. 왜냐하면 "철학자는 한 사람도 이상주의자가 아니다."를 뜻하는 것인지, 아니면 "철학자 중에는 이상주의자가 아닌 사람도 있다."를 뜻하는 것인지 분명하지 않기 때문이다. 그러므로 '모든 ~는 ~가 아니다.'라는 형식은 전체 부정 명제의 표준 형식이 될 수 없다(문장의 중의성 때문에 의미가 분명하지 않기 때문임). 전체 부정의 뜻을 분명하게 나타내어 줄 수 있는 표준 형식은 "어느 철학자도 이상주의자가 아니다."와 같이 '어느 ~도 ~가 아니다.'(전체 부정 명제의 형식)로 하면 된다. 부분 긍정을 뜻하는 명제의 표준 형식은 "어떤 철학자는 염세주의자이다."와 같이 '어떤 ~는 ~이다.'(부분 긍정 명제의 형식)라는 형식이면 된다. '어떤'이란 말이 '어떤 낯선 사람'이라고 할 때처럼 불확정적인 대상이라는 뜻을 가질 수도 있으나 그것은 부분 긍정을 뜻하는 데는 별 문제가 되지 않는다. 마지막으로, 부분 부정을 뜻하는 명제의 표준 형식은 "어떤 철학자는 도덕주의자가 아니다."에서와 같이 '어떤 ~는 ~가 아니다.'(부분 부정 명제의 형식)라는 형식이면 된다.

3 "고래는 포유동물이다."라는 일상 언어의 문장은 모든 고래에 대한 긍정을 뜻하는 것이므로 이것을 표준 형식의 명제로 고치면 "모든 고래는 포유동물이다."(전체(= 모든) 긍정(~이다) 명제)가 된다. 그러나 "칼을 쓰는 자는 칼로 망한다."라는 말은 전체 긍정의 뜻으로 받아들일 수도 있고 부분 긍정의 뜻으로 받아들일 수도 있다. 이것을 "칼을 쓰는 모든 사람은 칼로 망하는 사람이다."라고 한다면 전체 긍정이 되지만, "칼을 쓰는 어떤 사람은 칼로 망하는 사람이다."라고 한다면 부분 긍정이 된다. ㉠어느 쪽 해석이 옳은가라는 문제는 논리학의 관심 문제가 아(일상 언어의 문장들은 그것을 사용하는 사람과 상황에 따라 그 논리적 의미가 달라질 수 있으므로)

니다. 「그것을 사실의 서술로 보는 사람은 칼을 쓰는 사람들 중 일부 분의 사람만 칼로 망하게 된다는 사실을 긍정하는 것으로 이해하는 것이며, 그 반면 그것을 하나의 교훈적인 말로 받아들이는 사람은 그것이 하나의 ⓐ보편적인 법칙 같은 것을 뜻하는 것으로 이해하기 때문에 전체 긍정으로 읽게 되는 것이다.」

「: 어떤 논리적 의미로 구성되느냐에 따라 다른 명제 표현의 형식을 취할 수 있음.

4 "대부분의 젊은이들은 현실 부정적이다."에서 '대부분'은 전체가 아니라는 뜻이므로 이런 경우는 '어떤'으로, 즉 부분 긍정이나 부분 부정으로 이해할 수밖에 없다. 전체 중에서 단 한 사람에 대한 긍정을 한 것도 부분 긍정으로 ⓑ일반화시킬 수밖에 없으며, 한 사람만 제외한 다른 모든 사람들에 대한 긍정도 부분 긍정으로 ⓒ간주할 수밖에 없다. 명제의 양을 전체와 부분으로만 나누어 두었기 때문에 전체에 관한 것이 아닌 것은 모두 부분에 관한 것으로 표현되어야 한다는 뜻이다. 부분에 관한 명제들 중에서 그 양의 정도가 다른 것을 나타낼 수 있는 방법은 없다. 이것은 곧 모든 명제를 네 가지 기본 형식으로만 나누어야 하는 고전 논리의 한계점이 된다. 그러므로 위의 명제도 "어떤 젊은이들은 현실 부정적인 사람이다."라고 고칠 수밖에 없다.

전체가 아닌 것은 모두 부분에 관한 것으로 표현하는 것

양의 정도가 다른 것을 표현할 수가 없음.

5 「"미국 흑인들 외에는 아무도 흑인 영가*의 참뜻을 느낄 수 없다." 이 문장에는 흑인 영가의 참뜻을 느낄 수 있는 미국 흑인에 대한 것과 그것을 느낄 수 없는 다른 사람들에 대한 것이 포함되어 있다. 따라서 "모든 미국 흑인들은 흑인 영가의 참뜻을 느낄 수 있는 사람이다."라는 명제와 "미국 흑인이 아닌 모든 사람은 흑인 영가의 참뜻을 느낄 수 없는 사람이다."라는 명제로 고쳐야 한다. 그리고 둘째 명제는 다음과 같이 전체 부정 명제로 고쳐 쓸 수 있다. "미국 흑인이 아닌 어느 사람도 흑인 영가의 참뜻을 느낄 수 있는 사람이 아니다."」

「: 논리적 의미에 따라 여러 명제 표현 형식을 취하게 되는 문장의 예

하나의 일상적 문장 안에 여러 명제 표현이 들어 있음.

6 일상 언어의 문장은 그것이 어떤 사실을 긍정하는 것일지라도 위에서 ⓓ검토해 본 예문들처럼 그것의 논리적 의미가 분명치 못한 것이 많다. 그것이 이용되는 경우에 따라서, 또 내용에 따라서 그 의미가 다르게 이해되어야 할 때가 많다. 이러한 문제는 논리학의 범위에 속하지 않는 것이므로 그것을 사용하는 사람이 자기대로 ⓔ타당한 이해를 할 수밖에 없는 것이다. 그러한 문장을 표준 형식의 명제로 고치고자 할 때는 먼저 적절한 해석을 한 후 그것이 이해되는 뜻에 따라서 그것에 맞는 형식으로 고쳐 주면 된다.

일상 언어 문장의 특징

일상 언어의 문장

일상 언어의 문장

일상 언어의 문장을 사용하는 사람들이 자신의 상황과 논리에 맞게 해석하고 그에 맞는 형식으로 고쳐야 함.

* 영가(靈歌): 미국의 흑인들이 부르는 일종의 종교적인 노래.

DAY 03 인문 · 예술

지문 분석하기

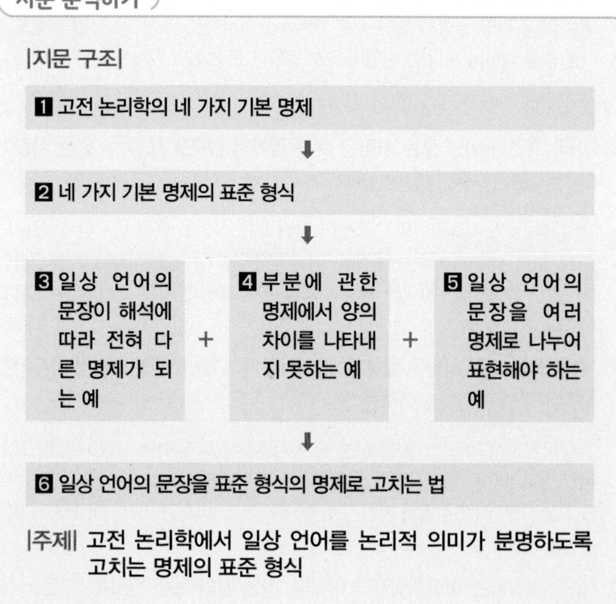

|지문 구조|

1 고전 논리학의 네 가지 기본 명제

↓

2 네 가지 기본 명제의 표준 형식

↓

3 일상 언어의 문장이 해석에 따라 전혀 다른 명제가 되는 예 + **4** 부분에 관한 명제에서 양의 차이를 나타내지 못하는 예 + **5** 일상 언어의 문장을 여러 명제로 나누어 표현해야 하는 예

↓

6 일상 언어의 문장을 표준 형식의 명제로 고치는 법

|주제| 고전 논리학에서 일상 언어를 논리적 의미가 분명하도록 고치는 명제의 표준 형식

한컷 정리하기

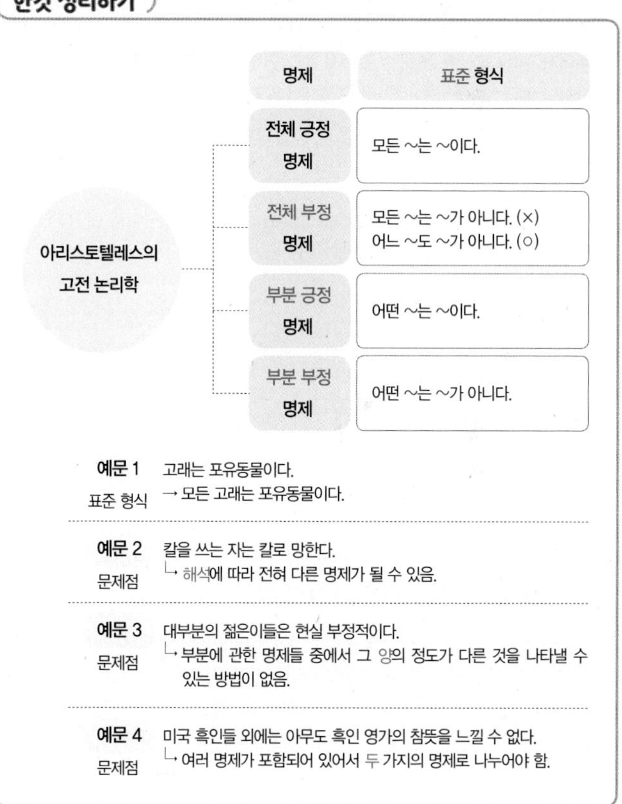

아리스토텔레스의 고전 논리학

명제	표준 형식
전체 긍정 명제	모든 ~는 ~이다.
전체 부정 명제	모든 ~는 ~가 아니다. (×) 어느 ~도 ~가 아니다. (○)
부분 긍정 명제	어떤 ~는 ~이다.
부분 부정 명제	어떤 ~는 ~가 아니다.

예문 1 고래는 포유동물이다.
표준 형식 → 모든 고래는 포유동물이다.

예문 2 칼을 쓰는 자는 칼로 망한다.
문제점 └→ 해석에 따라 전혀 다른 명제가 될 수 있음.

예문 3 대부분의 젊은이들은 현실 부정적이다.
문제점 └→ 부분에 관한 명제들 중에서 그 양의 정도가 다른 것을 나타낼 수 있는 방법이 없음.

예문 4 미국 흑인들 외에는 아무도 흑인 영가의 참뜻을 느낄 수 없다.
문제점 └→ 여러 명제가 포함되어 있어서 두 가지의 명제로 나누어야 함.

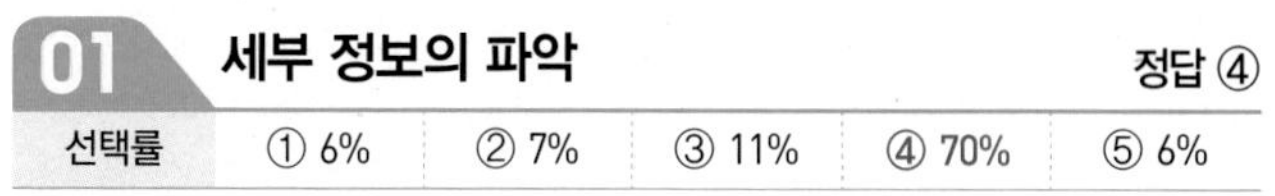

01 세부 정보의 파악 정답 ④

선택률	① 6%	② 7%	③ 11%	④ 70%	⑤ 6%

윗글의 내용과 일치하는 것은?

정답 풀이

④ 부분 명제 중에서 그 양의 정도가 다른 것을 나타낼 수 있는 방법이 없다는 점은 고전 논리의 한계로 볼 수 있다.

해설 4문단에서 고전 논리학에서는 명제의 양을 전체와 부분으로만 나누어 두었기 때문에 전체에 관한 것이 아닌 것은 모두 부분에 관한 것으로 표현한다고 하였다. 또한, 부분에 관한 명제들 중에서 그 양의 정도가 다른 것을 나타낼 수

있는 방법은 없으며, 이는 고전 논리의 한계점이 된다고 하였다. 이를 통해 '부분 부정'이나 '부분 긍정'과 같은 부분 명제로는 '대부분', '조금' 등의 양의 정도가 다른 것을 나타낼 수 있는 방법이 없는 것을 고전 논리의 한계로 볼 수 있다.

오답 풀이

① **"미국 흑인이 아닌 모든 사람은 흑인 영가의 참뜻을 느낄 수 없는 사람이다."는 다른 명제로 ~~고칠 수 없다~~.**
↳ 고칠 수 있다

해설 5문단에 따르면, "미국 흑인이 아닌 모든 사람은 흑인 영가의 참뜻을 느낄 수 없는 사람이다."라는 문장은 "미국 흑인이 아닌 어느 사람도 흑인 영가의 참뜻을 느낄 수 있는 사람이 아니다."처럼 '전체 부정 명제'로 고쳐 쓸 수 있다고 하였다.

② **"칼을 쓰는 모든 사람은 칼로 망하는 사람이다."를 교훈의 말로 받아들이는 사람은 ~~부분 긍정으로~~ 이해한다.**
↳ 전체 긍정으로

해설 3문단에 따르면, "칼을 쓰는 모든 사람은 칼로 망하는 사람이다."를 교훈적인 말로 받아들이는 사람은 전체 긍정으로 이해할 것이라고 하였다. 반면 "칼을 쓰는 어떤 사람은 칼로 망하는 사람이다."라고 부분 긍정으로 이해하는 것은 사실의 서술로 보는 사람이다.

③ **"모든 철학자는 이상주의자가 아니다."라는 말의 표준 형식은 "모든 ~는 ~가 아니다."라는 형식이 ~~될 수 있다~~.**
↳ 될 수 없다

해설 2문단에 따르면, "모든 철학자는 이상주의자가 아니다."의 표준 형식은 '모든 ~는 ~가 아니다.'가 될 수 없다고 하였다. 왜냐하면 "철학자 한 사람도 이상주의자가 아니다."를 뜻하는 것인지, 아니면 "철학자 중에는 이상주의자가 아닌 사람도 있다."를 뜻하는 것인지 분명하지 않기 때문이다.

⑤ **일상 언어의 문장은 ~~어떤 사실을 긍정할 경우에만 그것의 논리적 의미가 분명해진다고~~ 볼 수 있다.**
↳ 어떤 사실을 긍정하는 것일지라도 논리적 의미가 분명치 못한 것이 많음.

해설 6문단에 따르면, 일상 언어의 문장은 그것이 어떤 사실을 긍정하는 것일지라도 논리적 의미가 분명치 못한 경우가 많다고 하였다.

02 미루어 알기

정답 ⑤

선택률	① 2%	② 3%	③ 5%	④ 5%	⑤ 85%

㉠의 이유로 가장 적절한 것은?
= 어느 쪽 해석이 옳은가라는 문제는 논리학의 관심 문제가 아니다.

정답 풀이

⑤ **일상 언어의 문장들은 읽는 사람에 따라서 혹은 그것이 쓰이는 상황에 따라서 그것의 논리적 의미가 다르기 때문이다.**

해설 6문단에서 '일상 언어의 문장'은 논리적 의미가 분명하지 못한 것이 많으며, 그것이 이용되는 경우나 내용에 따라서 그 의미가 다르게 이해되어야 할 때가 많다고 하였다. 그것을 사용하는 사람이 자기대로 타당한 이해를 할 수밖에 없으므로 어느 쪽 해석이 옳은가의 문제는 논리학에서 중시하지 않는다고 하였다.

오답 풀이

① **일상 언어는 논리학의 표준 명제로 ~~고칠 수 없기~~ 때문이다.**
↳ 고칠 수 있음.

해설 6문단을 통해 일상 언어를 논리학의 표준 명제로 고치기 위해서는 일상 언어의 문장을 적절하게 해석한 후 그것이 이해되는 뜻에 따라서 그것에 맞는 표준 형식으로 고쳐 주면 됨을 알 수 있다. 따라서 논리학에서 일상 언어를 표준 명제로 고칠 수 없다고 보는 것은 적절하지 않다.

② **논리학은 명제의 형식에 대해서는 ~~문제로 삼지 않기~~ 때문이다.**
↳ 문제로 삼는다고 볼 수 있음.

해설 논리학은 해석의 올바름을 따지는 것보다 명제 형식의 타당성에 더욱 관심이 많다. 1문단에 따르면, 아리스토텔레스의 고전 논리학에서는 기본 명제를 네 가지로 분류한다고 밝히고 있고, 이 명제들은 그 뜻이 애매하다거나 모호하지 않아야 하므로 표준 형식으로 고쳐 주어야 한다. 따라서 논리학은 명제의 형식에 관심을 가지고 문제 삼는 학문으로 볼 수 있다.

③ **일상 언어의 문장과 논리학의 문장은 ~~본질적으로 다르기 때문이다~~.**
↳ 본질적으로 다르다고 보기 어려움.

해설 6문단에서 일상 언어의 문장은 그것이 어떤 사실을 긍정하는 것일지라도 논리적 의미가 분명치 못한 것이 많다고 하였다. 또한 일상 언어의 문장이 이용되는 경우나 내용에 따라서 의미가 다르게 이해되어야 한다고 하였다. 그러나 이것이 일상 언어의 문장과 논리학의 문장이 본질적으로 다르다는 것을 의미하는 것은 아니다. 만약에 그렇다면 6문단에서 일상 언어의 문장을 표준 형식의 명제로 고치는 방법론을 제시하지 못했을 것이다.

④ **논리학은 일상 언어의 문장을 우선 ~~네 가지 기본 명제의 형식으로 고친 후 해석해야~~ 하기 때문이다.**
↳ 적절한 해석을 한 후 명제의 표준 형식으로 고쳐야 함.

해설 1문단에서 고전 논리학은 기본 명제를 네 가지로 분류하고 있고, 삼단 논법과 같은 논증을 이용하기 위해서는 어떤 것이든 네 가지 기본 명제 중에 하나의 형식을 가져야 한다고 하였다. 그런데 6문단에서 일상 언어의 문장을 표준 형식의 문제로 고칠 때는 먼저 적절한 해석을 해야 한다고 하였다.

03 자료 해석의 적절성 평가

정답 ⑤

선택률	① 5%	② 8%	③ 16%	④ 17%	⑤ 54%

윗글을 참고하여 〈보기〉에 대해 판단한 내용으로 적절하지 않은 것은?

보기

"문제의식이 투철한 사람만 참석했다."

→ "모든 참석한 사람들은 문제 의식이 투철한 사람이다."와 같이 명제의 표준 형식으로 고칠 수 있음.

정답 풀이

⑤ **'문제의식이 투철한 사람만 참석했다.'는 ~~하나의 표준 형식으로서~~ 분명한 뜻을 지니는군.**
↳ 논리학의 명제 표준 형식이 아님.

해설 "문제의식이 투철한 사람만 참석했다."라는 문장이 하나의 표준 형식이 되려면, 2문단에 표현된 네 가지의 명제 표준 형식에 맞게 수정해야 한다. 수정한다면 "모든 참석한 사람들은 문제의식이 투철한 사람이다."로 고칠 수 있다.

오답 풀이

① **'참석한 모든 사람은 문제의식이 투철한 사람이었다.'라는 뜻이군.**

해설 "문제의식이 투철한 사람만 참석했다."라는 문장은 참석한 사람들은 모두 문제의식이 투철한 사람들이었다는 사실만 긍정하므로, '참석한 모든 사람은 문제의식이 투철한 사람이었다.'라는 뜻으로 판단할 수 있다.

② **'문제의식이 투철한 사람은 누구나 다 참석했다.'는 것을 뜻하지는 않는군.**

해설 "문제의식이 투철한 사람만 참석했다."라는 문장은 참석한 사람들은 모두 문제의식이 투철한 사람들이었다는 사실만 의미할 뿐이다. 참석자에 한정해서 문제의식이 투철하다는 것이지, '문제의식이 투철한 사람'이 모두 다 참석했음을 의미하지는 않는다. 따라서 '문제의식이 투철한 사람은 누구나 다 참석했다.'는 것을 뜻하지 않는다고 판단할 수 있다.

③ **'문제의식이 투철한 사람의 일부분이 참석했다.'라는 것을 긍정하지도 않는군.**

해설 "문제의식이 투철한 사람만 참석했다."라는 문장은 참석한 사람들은 모두 문제의식이 투철한 사람들이었다는 사실만 의미할 뿐이다. 참석한 사람들은 모두 문제의식이 투철한 사람들이었다는 사실만 파악할 수 있으므로, '문제의식이 투철한 사람의 일부분이 참석했다.'라는 것을 긍정하지도 않는다고 판단할 수 있다.

④ **참석한 사람들만이 문제의식이 투철한 사람들인지 어떤지에 대한 긍정은 없군.**

해설 "문제의식이 투철한 사람만 참석했다."라는 문장은 참석한 사람들은 모두 문제의식이 투철한 사람들이었다는 사실만 의미할 뿐이다. 참석한 사람들은 모두 문제의식이 투철한 사람들이었다는 사실만 긍정하므로, 참석하지 않은 다른 사람들의 문제의식의 투철함에 대해서는 알 수 없다. 따라서 참석한 사람들만이 문제의식이 투철한 사람들인지 아닌지에 대한 긍정은 없다고 볼 수 있다.

04 구체적 상황에 적용

정답 ③

선택률	① 23%	② 7%	③ 52%	④ 6%	⑤ 12%

윗글을 바탕으로, 〈보기〉의 문장들을 표준 형식의 명제로 고친 것으로 적절하지 않은 것은? [3점]

보기

㉮ 원숭이도 나무에서 떨어진다.

㉯ 소수의 사람들만이 특혜를 받았다.

㉰ 경마에 미친 사람은 경마만 좋아한다.

㉱ 비가 오는 날이면 언제나 그는 택시를 탄다.

㉲ 이번 여름은 피서지마다 초만원을 이루었다.

정답 풀이

③ ㉰: ~~경마에 미친 모든 사람은 경마를 좋아한다.~~
↳ '경마에 미친 사람이 좋아하는 모든 것은 경마이다.'

해설 '경마에 미친 모든 사람은 경마를 좋아한다.'라고 하면 '경마' 외에 다른 것을 좋아할 수 있다는 경우의 수가 생기게 되므로 원래의 의도에 맞게 오직 '경마'만 좋아한다는 의미의 해석이 필요하다. 따라서 '경마에 미친 사람이 좋아하는 모든 것은 경마이다.'로 고쳐야 한다.

오답 풀이

① ㉮: 어떤 원숭이는 나무에서 떨어지는 원숭이이다.

해설 '원숭이도 나무에서 떨어진다.'에서 '원숭이'는 모든 원숭이가 아니고 '어떤' 원숭이라고 할 수 있다. ㉮는 '어떤 ~는 ~이다.'의 형식으로 부분 긍정의 문장인 '어떤 원숭이는 나무에서 떨어지는 원숭이이다.'로 고쳐야 한다.

선택지 속 함정

일상적으로 사용하던 문장을 표준 형식으로 고치라는 문제가 쉽지 않았을 거야. 이런 문제는 임의로 추측해서 푸는 것이 아니라, 지문에 제시된 방법을 그대로 따라가야 해. 6문단을 보면 일상 언어의 문장을 표준 형식의 명제로 고치고자 할 때는 먼저 적절한 해석을 한 후, 그것에 따라서 네 가지의 형식으로 고쳐 줘야 한다고 했어. 그러니까 첫 번째로 '모든'인지 '어떤'인지 확인을 하고 두 번째로 '긍정'인지 '부정'인지 확인을 한 후, 마지막으로 네 가지 형식에 맞게 문장을 고치면 되는 거야. 어때? 한 번에 잘 풀리지 않을 땐 생각의 단계를 밟으면 조금씩 쉽게 풀 수 있겠지?

② ㉯: 어떤 사람은 특혜를 받은 사람이다.

해설 '소수의 사람들만이 특혜를 받았다.'라는 문장은 모든 사람이 아니므로, '어떤' 사람이라고 할 수 있다. 또한 그중 어떤 사람은 특혜를 받은 사람이지만 어떤 사람은 특혜를 받지 못한 사람이 있으므로, 부분 긍정의 표준 형식을 사용하여 ㉯는 '어떤 사람은 특혜를 받은 사람이다.'로 고쳐야 한다.

④ ㉱: 비가 오는 모든 날은 그가 택시를 타는 날이다.

해설 '비가 오는 날이면 언제나 그는 택시를 탄다.'에서 그는 '비 오는 날', '언제나' 택시를 타므로 '비 오는 날'은 '모든 비오는 날'이라고 할 수 있다. 그렇다면 전체 긍정 문장인 '모든 ~는 ~이다.'라는 형식에 맞게 ㉱는 '비가 오는 모든 날은 그가 택시를 타는 날이다.'로 고쳐야 한다.

⑤ ㉲: 이번 여름의 모든 피서지는 초만원을 이루는 곳이다.

해설 '피서지마다'는 '모든 피서지'를 뜻하므로, 전체 긍정 문장인 '모든 ~는 ~이다.'라는 형식에 맞게 ㉲는 '이번 여름의 모든 피서지는 초만원을 이루는 곳이다.'로 고쳐야 한다.

05 어휘의 사전적 의미 파악

정답 ②

선택률	① 6%	② 83%	③ 4%	④ 5%	⑤ 2%

ⓐ~ⓔ의 사전적 의미로 적절하지 않은 것은?
= ⓐ: 보편적, ⓑ: 일반화, ⓒ: 간주, ⓓ: 검토, ⓔ: 타당한

정답 풀이

② ⓑ: ~~구체적인 것으로 됨~~
↳ 개별적인 것이나 특수한 것이 일반적인 것으로 됨.

해설 '구체적인 것으로 됨.'의 사전적 의미를 가진 어휘는 '구체화'이다. ⓑ'일반화'의 사전적 의미는 '개별적인 것이나 특수한 것이 일반적인 것으로 됨.'이다.

오답 풀이

① ⓐ: 두루 널리 미치는

해설 ⓐ'보편적'의 사전적 의미는 '모든 것에 두루 미치거나 통하는 것'이므로 적절하다.

③ ⓒ: 상태, 모양, 성질 따위가 그와 같다고 봄

해설 ⓒ'간주'의 사전적 의미는 '상태, 모양, 성질 따위가 그와 같다고 봄.'이므로 적절하다.

④ ⓓ: 사실이나 내용을 분석해 따짐

해설 ⓓ'검토'의 사전적 의미는 '어떤 사실이나 내용을 분석하여 따짐.'이므로 적절하다.

⑤ ⓔ: 일의 이치로 보아 옳은

해설 ⓔ'타당하다'의 사전적 의미는 '일의 이치로 보아 옳다.'이므로 적절하다.

06~10 2019년 11월 고1 전국연합학력평가

본문 22~23쪽

06 ④ 07 ⑤ 08 ② 09 ② 10 ⑤

(○) 문단별 핵심어 ★ 중심 문장

• **비트겐슈타인의 진리함수이론**

1 비트겐슈타인은 철학의 관심사가 사람이 '생각하는 바'가 아닌 사람이 '생각하는 바를 표현하는 것'이어야 한다고 주장했다. 그는 정신이나 이성에 관심을 가졌던 종래의 철학이 명제와 사실의 관계를 간과했다고 지적하며, 새로운 철학은 '말할 수 있는 것'과 '말할 수 없는 것'의 한계를 명확하게 설정할 수 있어야 한다고 보았다.
(비트겐슈타인이 생각하는 철학의 관심사)

2 이를 위해 비트겐슈타인은 먼저 명제와 사실의 관계를 분명히 했다. 그에 의하면 명제는 사실과 대응한다. 그래서 그는 명제와 사실을 비교해서 명제가 사실과 일치하면 참, 사실과 일치하지 않으면 거짓이라고 보았다. 이를테면 '지구는 태양 주위를 돈다.'라는 명제는 지구가 태양 주위를 돌고 있다는 실제 경험할 수 있는 사실과 비교할 때 사실과 일치하기 때문에 참이 된다. 반면 '태양은 지구 주위를 돈다.'라는 명제는 사실과 비교할 때 거짓이 된다. 이처럼 비트겐슈타인은 하나의 명제는 하나의 사실과 대응하여 참 또는 거짓으로 판단할 수 있다고 보았다.

3 그렇다면 '지구는 태양 주위를 돌고, 달은 지구 주위를 돈다.'와 같은 명제도 하나의 사실에 대응하는 것일까? 비트겐슈타인은 진리함수이론을 통해 이 같은 고민을 해결하고자 했다. 그는 어떤 명제는 그 안에 좀 더 단순한 형태의 명제들을 포함할 수 있다고 생각했다. 그래서 명제와 사실의 관계에 있어 논리적 기초가 되는 ㉠요소명제라는 언어 단위를 도입하였다. 그에 따르면 요소명제는 더 이상 분석할 수 없는 최소의 언어 단위로, 최소의 사실 단위인 '원자사실'에 대응한다. 그래서 그는 요소명제가 원자사실과 일치하면 '참(T)'이라는 진리값을, 일치하지 않으면 '거짓(F)'이라는 진리값을 갖는다고 보았으며, 명제의 진리값이 나올 수 있는 경우의 수를 진리가능성이라고 불렀다. 그에 의하면 요소명제의 진리가능성은 언제나 참과 거짓, 2개가 된다. 또한 그는 두 개 혹은 그 이상의 요소명제들로 구성된 명제를 복합명제라고 불렀는데, 복합명제를 구성하는 각각의 요소명제는 각각 하나의 원자사실과 대응하기 때문에 여기서 나올 수 있는 진리값을 조합한 모든 경우의 수가 복합명제의 진리가능성이 된다고 보았다. 결국 복합명제가 몇 개의 요소명제들로 이루어지느냐에 따라 요소명제의 수를 n이라고 보면, 복합명제의 진리가능성은 2^n개가 된다.

4 그리고 비트겐슈타인은 복합명제의 진리값은 복합명제를 구성하는 각각의 요소명제들의 진리값에 대한 진리연산을 통해 얻을 수 있다고 보았다. 이때 진리연산은 요소명제들로부터 진리함수가 만들어져 나오는 방법이며, 진리연산의 결과는 복합명제가 참이 되거나 거짓이 되는 조건을 말해 주는 진리조건이 된다. 그래서 '지구는 태양 주위를 돌고, 달은 지구 주위를 돈다.'라는 복합명제의 경우에는 '지구는 태양 주위를 돈다.'라는 요소명제 p와 '달은 지구 주위를 돈다.'라는 요소명제 q가 '그리고'에 의해 결합되어 있으므로, 이 복합명제는 p와 q의 진리값에 대해 '그리고'라는 진리연산이 적용된 진리함수 p∧q로 표현할 수 있다. 진리함수 p∧q는 '지구는 태양 주위를 돈다.'가 참이고, '달은 지구 주위를 돈다.'도 참이 될 때에만 진리값이 참이 된다. 이를 비트겐슈타인이 고안한 진리표로 만들면, 〈표〉와 같이 p와 q의 진리가능성은 TT, FT, TF, FF가 되고, p∧q의 진리조건은 TFFF가 된다.

p	q	p∧q
T	T	T
F	T	F
T	F	F
F	F	F

〈표〉

5 비트겐슈타인은 이렇게 복합명제를 진리표로 만들었을 때, 진리조건에 T와 F가 함께 표기되는 명제, 즉 사실과 비교함으로써 참 또는 거짓을 판단할 수 있는 명제를 '의미 있는 명제'라고 불렀다. 그리고 그는 의미 있는 명제가 바로 우리가 '말할 수 있는 것'의 영역에 포함된다고 보았다. 반면에 그는 우리가 '말할 수 없는 것'의 영역에 포함되는 명제로 '무의미한 명제'와 '의미를 결여한 명제'를 제시했다. 무의미한 명제는 그 명제에 대응하는 사실이 없어서 참과 거짓을 가려낼 수 없는 명제이다. 그리고 의미를 결여한 명제는 그 명제에 대응하는 사실은 없지만, 언제나 참이거나 언제나 거짓인 명제이다. 만약 의미를 결여한 명제를 진리표로 만든다면 그 진리조건은 언제나 모두 참이거나 모두 거짓으로 표기되겠지만, 이는 진리연산의 결과와 상관없는 표기이다. 결국 비트겐슈타인은 진리함수이론을 통해 우리가 말할 수 있는 것의 영역에는 참 또는 거짓으로 판단할 수 있는 의미 있는 명제밖에 없다는 것을 보여 줄 수 있었다.

지식을 쌓는 **배경지식**

비트겐슈타인의 철학

비트겐슈타인이 1918년에 쓴 『논리 철학 논고』는 '빈학파'의 논리실증주의를 비롯하여 20세 현대 철학에 큰 영향을 주었다. 그는 많은 철학적 논란들이 언어를 애매하게 사용하여 발생한다고 보았기 때문에 언어를 분석하고 비판하여 명료화하는 것을 철학의 과제로 삼았다.

비트겐슈타인은 기존의 철학자들이 다루었던 신, 영혼, 형이상학적 주체, 윤리적 가치 등과 관련된 논의가 의미 없는 말들에 불과하다고 보았다. 왜냐하면 그 말들이 가리키는 대상이 세계 속에 존재하지 않는, 즉 경험이 불가능한 대상이기 때문이다. 이와 같은 형이상학적 문제와 관련된 명제나 질문들은 의미가 없는 말들이다. 그러한 문제는 우리 삶을 통해 끊임없이 드러나는 신비한 것들이지만 이에 대해 말로 답변하거나 설명할 수 없다. 그래서 비트켄슈타인은 "말할 수 없는 것에 대해서는 침묵해야 한다."라고 말했다.

지문 분석하기

|지문 구조|

1 비트겐슈타인이 제안한 새로운 철학

⬇

2 비트겐슈타인이 주목한 명제와 사실의 관계

⬇

3 복합명제와 사실의 관계를 설명하는 진리함수이론 + **4** 복합명제의 진리값을 보여 주는 진리표

⬇

5 비트겐슈타인이 제시한 명제의 분류

|주제| 비트겐슈타인의 진리함수이론에 따른 의미 있는 명제 판단

한컷 정리하기

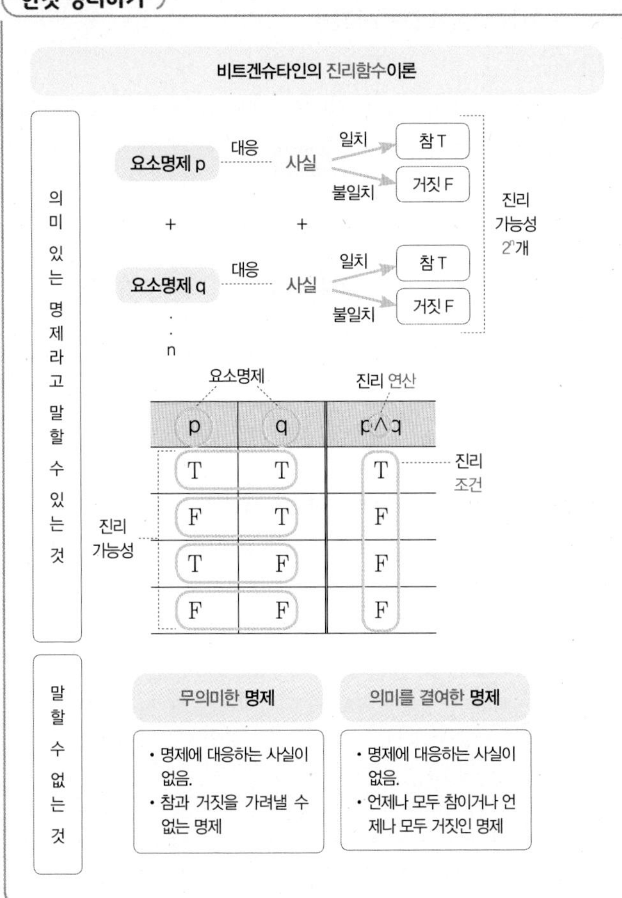

06 글의 전개 방식 파악

정답 ④

선택률	① 7%	② 4%	③ 4%	④ 81%	⑤ 4%

윗글에 대한 설명으로 가장 적절한 것은?

정답 풀이

④ 명제와 사실의 관계를 밝히고, 이와 관련된 특정 이론을 구체적인 예시를 사용하여 설명하고 있다.

해설 2문단에서는 비트겐슈타인이 말한 명제와 사실의 관계를 분명하게 밝히고 있으며, 3문단부터 이와 관련된 '진리함수이론'이라는 특정 이론을 구체적인 예시를 통해 설명하고 있다.

오답 풀이

① 명제와 사실이 갖는 한계를 지적하고, 이를 극복할 수 있는 방법을 소개하고 있다.

해설 2문단에 명제와 사실의 관계를 밝히는 서술만 드러나 있을 뿐, 한계를 지적하는 내용이나 그 극복 방법을 소개하지는 않았다.

② 명제와 사실의 공통점을 사례를 중심으로 보여 주고, 특정 이론을 통해 이를 점검하고 있다.

해설 2문단에서 예시를 통해 명제와 사실의 관계에 대해 서술하기는 했지만 그 공통점을 언급하지는 않았다.

③ 명제에 대한 통념을 비판하고, 다양한 철학자의 견해를 비교하여 새로운 주장을 내세우고 있다.

해설 1문단에서 비트겐슈타인이 지적한 것은 종래의 철학이 간과한 부분에 대한 것이지 명제에 대한 통념을 비판한 것은 아니다. 또한 비트겐슈타인의 견해만 제시했을 뿐 다양한 철학자의 견해를 비교하지 않았다.

⑤ 명제에 대한 특정 철학자의 관점을 시대순으로 정리하고, 이에 대한 비판적 견해를 제시하고 있다.

해설 비트겐슈타인의 명제에 대한 관점은 글 전체에 드러나 있으나, 시대순으로 정리되어 있지 않으며 이에 대한 비판적 견해를 제시하고 있는 부분도 찾을 수 없다.

07 세부 정보의 추론

정답 ⑤

선택률	① 5%	② 3%	③ 7%	④ 13%	⑤ 72%

비트겐슈타인의 관점에서 ㉠을 이해한 내용으로 적절하지 않은 것은?
(= 요소명제)

정답 풀이

⑤ 요소명제는 '무의미한 명제'를 '의미를 결여한 명제'와 구분하는 기준이다.

해설 5문단에 따르면, '무의미한 명제'는 그 명제에 대응하는 사실이 없어서 참과 거짓을 가려낼 수 없는 명제이고, '의미를 결여한 명제'는 그 명제에 대응하는 사실은 없지만 언제나 참이거나 거짓인 명제이다. 이를 통해 무의미한 명제와 의미를 결여한 명제는 모두 요소명제는 존재하지만, 요소명제에 대응하는 사실이 없는 명제라는 것을 알 수 있다. 그러나 요소명제를 통해서 두 명제를 구분할 수 있는 것은 아니기 때문에 적절하지 않다.

오답 풀이

① 요소명제는 더 이상 쪼갤 수 없는 언어 단위이다.

해설 3문단에서 요소명제는 더 이상 분석할 수 없는 최소의 언어 단위라는 점을 알 수 있다.

② 두 개 이상의 요소명제가 결합하여 복합명제를 만들 수 있다.

해설 3문단에서 두 개 혹은 그 이상의 요소명제들로 구성된 명제를 '복합명제'라고 제시하였으며, 이를 구성하는 각각의 요소명제는 각각 하나의 원자사실에 대응한다고 하였다. 이로 볼 때 복합명제는 두 개 이상의 요소명제가 결합하여 만들어짐을 알 수 있다.

③ 원자사실과의 일치 여부에 따라 요소명제의 진리값이 정해진다.

해설 3문단에서 '요소명제가 원자사실과 일치하면 '참(T)'이라는 진리값을, 일치하지 않으면 '거짓(F)'이라는 진리값을 갖는다고 보았다. 이로 볼 때 원자사실과의 일치 여부에 따라서 요소명제의 진리값이 '참' 또는 '거짓'으로 정해진다고 할 수 있다.

④ 요소명제의 진리값이 나올 수 있는 경우의 수는 언제나 2개이다.

해설 3문단에서 요소명제가 원자사실과 일치하면 '참(T)'이라는 진리값을, 일치하지 않으면 '거짓(F)'이라는 진리값을 가지며, 요소명제의 진리가능성은 언제나 참과 거짓, 2개가 된다고 하였다. 따라서 요소명제의 진리값이 나올 수 있는 경우의 수는 참과 거짓 2개임을 알 수 있다.

※ 〈보기〉는 윗글을 참고하여, 임의의 두 명제를 각각 진리표로 만든 것이다. 08번과 09번 물음에 답하시오.

보기

p	q	진리함수 p∨q	p	q	진리함수 p→(q→p)
T	T	T - 진리값	T	T	T - 진리값
F	T	T	F	T	T
T	F	T	T	F	T
F	F	F	F	F	T

[진리표 1] [진리표 2]

• p∨q의 진리가능성: TT, FT, TF, FF
• p∨q의 진리조건: TTTF

08 자료 해석의 적절성 평가

정답 ②

선택률	① 6%	② 48%	③ 12%	④ 16%	⑤ 18%

윗글을 바탕으로 〈보기〉의 [진리표 1]을 이해한 내용으로 적절하지 않은 것은?

정답 풀이

② 복합명제의 진리값이 F일 때는 p와 q에 대응하는 ~~원자사실이 없는~~ 경우이다.
↳ 원자사실이 있음.

해설 〈보기〉의 [진리표 1]은 복합명제 p∨q에 진리연산을 적용해 진리가능성을 파악할 수 있다. [진리표 1]의 진리가능성은 TT, FT, TF, FF가 되고, p∨q의 진리조건이 TTTF가 된다. 이렇게 참, 거짓을 판단하기 위해서는 p와 q에 대응하는 원자사실이 필요하다. 이는 3문단 '요소명제가 원자사실과 일치하면 '참(T)'이라는 진리값을, 일치하지 않으면 '거짓(F)'이라는 진리값을 갖는다고 보았으며, 명제의 진리값이 나올 수 있는 경우의 수를 진리가능성이라고 불렀다.'에서 확인할 수 있다. 따라서 원자사실과의 일치 여부에 따라서 요소명제의 진리값이 '참' 또는 '거짓'으로 정해진다고 할 수 있으므로 진리값이 F라고 하더라도 원자사실이 있다고 볼 수 있다.

오답 풀이

① 진리연산의 결과인 진리조건은 TTTF이다.

해설 4문단에서 진리연산의 결과는 복합명제가 참이 되거나 거짓이 되는 조건을 말해 주는 진리조건이 된다는 점을 파악할 수 있다. 즉, 진리연산의 결과는 진리조건이므로, [진리표 1]의 진리조건이 TTTF이라는 점을 통해 진리연산의 결과인 진리조건이 TTTF라고 이해할 수 있다.

③ 진리조건에 T와 F가 함께 표기되어 있으므로 이 복합명제는 '의미 있는 명제'이다.

해설 5문단에서 복합명제를 진리표로 만들었을 때 진리조건에 T와 F가 함께 표기되는 명제, 즉 사실과 비교함으로써 참 또는 거짓을 판단할 수 있는 명제를 '의미 있는 명제'라고 하였다. 〈보기〉의 [진리표 1]의 진리조건은 이 글의 설명처럼 T와 F가 함께 표기되어 있으므로, [진리표 1]의 복합명제는 '의미 있는 명제'임을 알 수 있다.

④ p와 q의 진리가능성이 TT, FT, TF일 때에 진리함수 p∨q의 진리값은 참이 된다.

해설 [진리표 1]을 통해 p∨q의 진리조건이 TTTF임을 알 수 있다. 또한 〈보기〉에서 p∨q의 진리값도 확인해 보면 p와 q의 진리가능성이 각각 TT, FT, TF일 때에 참이므로 진리함수 p∨q의 진리값 또한 참이 된다는 판단은 적절하다.

⑤ 복합명제를 구성하는 요소명제가 하나 더 추가되면 이 복합명제의 진리가능성은 2^3개가 된다.

해설 3문단에서 '요소명제의 수를 n이라고 보면, 복합명제의 진리가능성은 2^n개가 된다.'고 하였다. [진리표 1]을 살펴보면, 요소명제가 p, q 두 개로 이루어진 복합명제의 진리가능성은 2^2이 되어 4개가 되었으므로, 요소명제가 3개이면 복합명제의 진리가능성은 2^3개가 된다는 사실을 알 수 있다.

선택지 속 함정

〈보기〉에 진리표가 2개 나왔을 때, 문제를 꼼꼼히 읽지 않고 2개의 진리표를 모두 해석해서 틀린 친구들도 있을 거야. 이 문제는 〈보기〉에 제시된 두 가지 진리표 중 [진리표 1]에 한정해서 풀었어야 해. 또 복합명제의 진리값이 F(거짓)라고 해서 p와 q에 대응하는 사실이 없다고 판단을 해서 틀린 친구들도 있을 거야. 이 경우 대응하는 원자사실이 없는 것이 아니라, 요소명제가 원자사실과 일치하지 않아 거짓이라는 진리값을 가진다는 것을 알았어야 해. 참과 거짓이라는 말에 자칫 착각하면서 함정에 빠진 친구들이 많아서 생각보다 오답률이 높은 문제였어!

09 비판적 반응의 적절성 평가

정답 ②

선택률	① 9%	② 58%	③ 14%	④ 12%	⑤ 7%

윗글을 읽은 학생이 〈보기〉의 [진리표 1]과 [진리표 2]에 대해 보인 반응으로 가장 적절한 것은? [3점]

정답 풀이

② [진리표 1]과 달리 [진리표 2]는 '의미를 결여한 명제'를 진리표로 만든 것이겠군.

해설 [진리표 1]의 경우 5문단에 따르면 복합명제를 진리표로 만들었을 때, 진리 조건에 T와 F가 함께 표기되는 명제, 즉 사실과 비교함으로써 참 또는 거짓을 판단할 수 있는 명제인 '의미 있는 명제'라고 볼 수 있다. 그러나 [진리표 2]의 경우는 [진리표 1]과 달리 진리연산의 결과와 상관없이 진리조건이 TTTT로 표기되어 언제나 참인 명제임을 알 수 있다. 이는 5문단에 제시된 명제에 대응하는 사실은 없지만 언제나 참이거나 언제나 거짓인 명제인 '의미를 결여한 명제'로 볼 수 있다. 따라서 [진리표 1]과 달리 [진리표 2]는 '의미를 결여한 명제'를 진리표로 만들었음을 알 수 있다.

오답 풀이

① [진리표 1]과 [진리표 2]의 진리함수는 ~~서로 같겠군~~.
↳ 서로 같지 않겠군.

해설 [진리표 1]의 진리연산이 적용된 진리함수는 'p∨q'이고 [진리표 2]의 진리연산이 적용된 진리함수는 'p → (q → p)'이므로 서로 같지 않다.

③ ~~[진리표 1]~~과 달리 ~~[진리표 2]~~의 복합명제는 '말할 수 있는 것'의 영역에 속하겠군.
↳ [진리표 2]와 ↳ [진리표 1]의

해설 5문단에 따르면, 복합명제를 진리표로 만들었을 때, 진리조건에 T와 F가 함께 표기되는 명제인 의미 있는 명제가 '말할 수 있는 것'의 영역에 포함된다. [진리표 1]의 복합명제를 진리표로 만들었을 때, 진리조건에 T와 F가 함께 표기되는 명제라는 것을 파악할 수 있으므로 '의미 있는 명제'이며 '말할 수 있는 것'의 영역에 들어간다고 볼 수 있다. 하지만 [진리표 2]의 경우는 진리조건이 T밖에 존재하지 않으므로 '말할 수 있는 것'의 영역에 속한다고 볼 수 없다.

④ [진리표 1]의 복합명제와 [진리표 2]의 복합명제에 적용된 진리연산은 ~~서로 같겠군~~.
↳ 서로 같지 않겠군

해설 두 복합명제의 진리연산이 같으려면 적용되는 진리함수가 같아야 한다. 그러나 [진리표 1]의 진리연산이 적용된 진리함수는 'p∨q'이고 [진리표 2]의 진리연산이 적용된 진리함수는 'p → (q → p)'으로 서로 같지 않으므로 적절하지 않다.

⑤ 원자사실과 대응하는 요소명제의 수는 [진리표 1]에는 ~~1개~~, [진리표 2]에는 2개이겠군.
↳ 2개

해설 3문단에서 두 개 혹은 그 이상의 요소명제들로 구성된 명제를 '복합명제'라고 불렀는데, 복합명제를 구성하는 각각의 요소명제는 각각 하나의 원자사실에 대응한다고 하였다. 따라서 하나의 요소명제는 하나의 원자사실과 각각 대응해야 하므로 p와 q로 이루어진 [진리표 1]과 [진리표 2] 모두 요소명제는 2개라고 할 수 있다.

10 관점의 추론 적용 정답 ⑤

선택률	① 7%	② 9%	③ 9%	④ 5%	⑤ 70%

윗글을 이해한 학생이 비트겐슈타인의 입장에서 〈보기〉의 ⓐ에 대해 보인 반응으로 가장 적절한 것은?
= "이데아란 영원하고 불변하는 사물의 본질적인 원형이다."

보기

플라톤은 정신을 통해서만 이데아를 인식할 수 있다고 보았으며 ⓐ"이데아란 영원하고 불변하는 사물의 본질적인 원형이다." 라고 했다. 즉 그에 의하면 이데아는 육안이 아니라 마음의 눈으로 통찰되는 사물의 순수하고 완전한 형태를 가리킨다.

참과 거짓의 진리가능성을 가려낼 수 없는 명제로 대응하는 사실이 존재하지 않음.
실제 경험할 수 있는 사실이 아님.

정답 풀이

⑤ ⓐ는 대응하는 사실이 없어, '참'과 '거짓'을 판단할 수 없기에 '무의미한 명제'라고 할 수 있겠군.

해설 플라톤이 제시한 〈보기〉의 ⓐ는 비트겐슈타인의 입장에서는 실제 경험할 수 있는 사실과 대응할 수 없으므로 참, 거짓을 확인하기 어렵다고 할 수 있다. 이는 5문단의 '사실과 비교함으로써 참 또는 거짓을 판단할 수 있는 명제를 '의미 있는 명제'라고 불렀다.'에서 확인할 수 있다. 또한 5문단에서 '무의미한 명제는 그 명제에 대응하는 사실이 없어서 참과 거짓을 가려낼 수 없는 명제이다.'라고 했으므로 비트겐슈타인은 사실과 대응할 수 없다면 참과 거짓을 판단할 수 없다고 보고, 이를 '무의미한 명제'로 파악했음을 알 수 있다. 따라서 플라톤이 제시한 '이데아'는 실제 경험할 수 있는 사실인 육안이 아니라 '마음의 눈'으로 봐야 하므로 참, 거짓을 판단할 수 없기에 '무의미한 명제'라고 봤을 것이다.

오답 풀이

① ⓐ는 ~~철학의 관심사로 삼아야 할 내용을~~ 담은 명제라고 할 수 있겠군.
↳ 새로운 철학과 관련된 것이 아니며 정신이나 이성에 관심을 둔 종래의 철학의 내용임.

해설 1문단에 따르면, 비트겐슈타인은 철학의 관심사는 사람이 '생각하는 바'가 아니라 사람이 '생각하는 바를 표현하는 것'이어야 한다고 주장하며 종래의 철학이 정신이나 이성에 관심을 가져서 명제와 사실의 관계를 간과했다고 지적했음을 알 수 있다. 따라서 ⓐ의 '이데아'는 정신을 통해서만 인식할 수 있으므로 비트겐슈타인의 입장에서는 철학의 관심사로 삼아야 할 내용이 아니라 명제와 사실의 관계를 간과한 종래의 철학으로 볼 수 있다.

② ⓐ는 '생각하는 바를 표현한 것'이므로 '~~의미 있는 명제~~'라고 할 수 있겠군.
↳ '무의미한 명제'라고

해설 5문단을 통해 '의미 있는 명제'는 사실과 비교함으로써 참 또는 거짓을 판단할 수 있는 명제임을 알 수 있다. 〈보기〉의 ⓐ에 제시된 '이데아'는 대응하는 사실이 없어 참과 거짓을 파악할 수 없는 명제이다. 즉, 실제 경험할 수 있는 사실과 비교할 수 있는 것이 아니기 때문에 참, 거짓을 가려낼 수 없어 '의미 있는 명제'라고 할 수 없다.

③ ⓐ는 '~~말할 수 있는 것~~'과 '말할 수 없는 것'의 ~~경계를 표현한~~ 명제라고 할 수 있겠군.
↳ 에 포함되는

해설 5문단에서 '말할 수 있는 것'은 참, 거짓으로 판단할 수 있는 '의미 있는 명제'이고 '말할 수 없는 것'은 명제에 대응하는 사실이 없어서 참, 거짓으로 판단할 수 없는 명제임을 알 수 있다. 〈보기〉에 제시된 ⓐ의 '이데아'는 정신을 통해서만 인식할 수 있다고 했으니, '명제에 대응하는 사실'이 존재한다고 보기 어렵다. 따라서 '말할 수 없는 것'에 속하는 명제라고 할 수 있으며, '말할 수 있는 것'과 '말할 수 없는 것'의 경계를 표현한 명제라는 점은 적절하지 않다.

④ ⓐ는 ~~실제 경험할 수 있으므로~~ 진리조건이 ~~언제나 '거짓'으로 표기되는~~ 명제라고 할 수 있겠군.
↳ 실제 경험할 수 없고, 정신을 통해서만 인식할 수 있음.

해설 〈보기〉에서 플라톤은 '정신'을 통해서만 이데아를 인식할 수 있다고 보았으므로 ⓐ는 실제 경험할 수 있는 대상이 아니다. 또한 참과 거짓을 판단할 수 없기에 진리조건이 언제나 거짓으로 표기된다고도 할 수 없다.

DAY 04 인문 · 예술 심리 탐구

01~05 2023년 6월 고1 전국연합학력평가 본문 24~25쪽

01 ① 02 ① 03 ② 04 ③ 05 ②

문단별 핵심어 ★ 중심 문장

• **현실요법의 다섯 가지 기본 욕구**

1 상담 이론이자 상담 기법인 '현실요법'에서는 인간의 다섯 가지 기본 욕구를 제시하고 있다. 이 이론에서는 개인의 모든 행동은 기본 욕구를 충족시키기 위해서 그 자신이 선택하는 것이라 보았다. 만약 이러한 선택으로 문제가 발생한다면 다섯 가지 기본 욕구를 실현 가능한 수준으로 타협하고 조절해 새로운 선택을 할 필요가 있다고 ⓐ제안했다.
(현실요법의 관점 / 현실요법에서 제시하는 해결 방안)

2 다섯 가지 기본 욕구 중 첫째는 '생존의 욕구'로, 자신의 삶을 유지하려는 생물학적인 속성이다. 사회적 규칙이나 상식을 지키려는 욕구이며, 생존에 필요한 것을 아끼고 모으려는 욕구이기도 하다. 이 욕구가 강한 사람은 건강과 안전을 중시하는 편이다. 둘째는 '사랑의 욕구'로, 사랑하고 나누며 함께하고자 하는 욕구이다. 이 욕구가 강한 사람은 타인을 잘 돕고, 사랑을 주는 만큼 받는 것도 중요하게 여기기에 인간관계에서 힘들어하기도 한다. 셋째는 '힘의 욕구'로, 경쟁하여 성취하고 인정받고 싶어 하는 욕구이다. 이 욕구가 강한 사람은 직장에서의 성공과 명예를 중시하고 높은 사회적 지위에 ⓑ도달하기 위해 노력한다. 또한 자기가 옳게 여기는 것에 대한 의지가 있어 자기주장이 강하며 타인에게 지시하는 일에 능하다. 넷째는 '자유의 욕구'로, 무언가에 얽매이지 않고 벗어나고 싶어 하는 욕구이다. 이 욕구가 강한 사람은 「상대방을 구속하는 것, 자신을 구속시키는 것을 싫어한다. 그래서 상대방에게 대체로 관대하고, 혼자 하는 것을 좋아하며, 사람들과 적정한 거리를 유지하는 것을 편하게 여긴다.」 다섯째는 '즐거움의 욕구'로, 새로운 것을 배우고 놀이를 통해 즐기고 싶어 하는 욕구이다. 이 욕구가 강한 사람은 취미생활을 즐기며, 잘 웃고 긍정적 태도를 취한다. 또한 호기심이 많기에 배우는 것을 좋아한다.
(생존의 욕구의 개념 / 생존의 욕구의 특성 / 사랑의 욕구의 개념 / 사랑의 욕구의 특성 / 힘의 욕구의 개념 / 힘의 욕구의 특성 1 / 힘의 욕구의 특성 2 / 자유의 욕구의 개념 / 「」: 자유의 욕구의 특성 / 즐거움의 욕구의 개념 / 즐거움의 욕구의 특성 1 / 즐거움의 욕구의 특성 2)

3 현실요법에서는 이 다섯 가지 욕구들의 강도가 개인마다 달라 행동 양상이 다양하게 나타나고, 여러 가지 갈등을 겪을 수도 있다고 보았다. 현실요법은 우선 내담자*가 자신의 욕구를 들여다 볼 수 있도록 한 다음, 약한 욕구를 북돋아 주거나 강한 욕구들 사이에서 타협과 조절을 하여 새로운 선택을 하도록 이끄는 단계를 밟는다. 예를 들어 「사랑의 욕구가 강하고 힘의 욕구가 약한 사람이 타인
(현실요법 1단계 / 현실요법 2단계 / 현실요법 3단계 / 「」: 현실요법의 사례 1)

의 부탁에 불편함을 느끼면서도 거절하지 못해 괴로워한다고 가정해 보자. 이 경우 현실요법에서는 ㉠힘의 욕구를 북돋아 자기주장을 표현할 수 있도록 도울 수 있다. 또 「자유의 욕구와 힘의 욕구 모두가 강한 사람은 자신이 ⓒ선호하는 것을 우선시하고 이것이 방해받으면 불편해하며 주변 사람들과 갈등을 일으킬 수 있다. 이 경우 힘의 욕구를 조절하도록 이끌 수 있는데, 타인과의 사소한 의견 충돌 상황에서 자기주장을 강조하기보다는 타인의 마음을 헤아리고 그 의견을 ⓓ겸허하게 수용하는 연습을 하게 할 수 있다.」

「 」: 현실요법의 사례 2

4 현실요법은 타인의 욕구 충족을 방해하지 않으면서 효과적인 선택을 통해 자신의 욕구를 충족시키려 한다. 이는 내담자가 외부 요인에 의해 통제되는 존재가 아니라 스스로 자신의 욕구를 조절할 수 있는 주체라고 보는 관점을 기반으로 한다. 현재 현실요법은 상담 분야에서 호응을 얻어 심리 상담에 널리 ⓔ활용되고 있다.

현실요법의 특징 / 현실요법의 기본 전제

* **내담자**: 상담실 따위에 자발적으로 찾아와서 이야기하는 사람.

지식을 쌓는 **배경지식**

현실요법은 다른 상담 방법과 비교해 볼 때 신경증적 행동, 정신병적 행동, 중독 등의 행동도 모두 자신의 욕구 충족을 위한 최선의 선택으로 간주한다. 과거나 미래보다 현실을 중요시하고, 전이 및 역전이의 필요성을 인정치 않으며, 내담자의 무의식과 꿈의 해석보다는 그의 의식 세계에서의 현실 지각을 중요시한다. 현실 요법은 자기 욕구 충족을 위한 행동의 효과성을 냉철하게 자기 평가하면서 자기 욕구를 충족하는 새롭고 합당한 방법을 찾도록 상담자가 교육적인 도움을 주는 과정이다.

지문 분석하기

|지문 구조|

1 현실요법에서 제시하는 다섯 가지 기본 욕구

↓

2 현실요법의 다섯 가지 기본 욕구의 개념과 특성 + **3** 현실요법의 적용 단계와 적용 방식

↓

4 현실요법의 특징과 그 쓰임

|주제| 상담 이론이자 상담 기법인 현실요법

한컷 정리하기

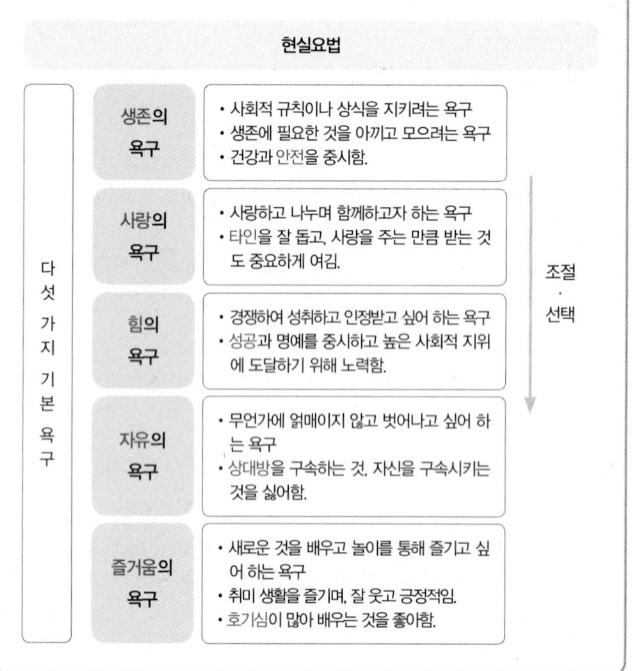

01 글의 전개 방식 파악

정답 ①

선택률	① 85%	② 4%	③ 2%	④ 3%	⑤ 6%

윗글에 대한 설명으로 가장 적절한 것은?

정답 풀이

① 이론의 주요 개념을 밝히고 그 이론의 구체적 적용 사례를 들고 있다.

해설 이 글에서는 '현실요법'에서 제시한 다섯 가지 기본 욕구의 개념을 밝히고 있다. 또한 3문단에서는 현실요법의 적용 사례 두 가지를 제시하고 있다.

오답 풀이

② 이론을 소개하고 장점을 밝힌 후 ~~그 이론이 지닌 한계를 덧붙이고~~ 있다.

해설 4문단에서 '현실요법'이 상담 분야에서 호응을 얻어 심리 상담에 널리 활용되고 있다는 점은 언급하였으나, 이 이론이 지닌 한계는 제시하고 있지 않다.

③ ~~이론이 등장하게 된 사회적 배경과 이론이 발전하는 과정을~~ 드러내고 있다.

해설 이론의 주요 개념과 구체적 적용 사례는 제시하고 있지만 이론이 등장하게 된 사회적 배경이나 이론이 발전하는 과정은 제시하고 있지 않다.

④ 하나의 이론과 ~~다른 관점의 이론을 대조하여 둘의 차이점을 부각하고~~ 있다.

해설 '현실요법'과 다른 관점을 지닌 이론은 제시하고 있지 않다.

⑤ 이론의 주요 개념을 여러 유형으로 나눈 다음 ~~추가할 새로운 유형을 소개하~~고 있다.

해설 이론의 주요 개념인 욕구를 다섯 가지로 나누어 설명하고 있으나, 추가할 새로운 유형을 소개하고 있지는 않다.

02 세부 정보 파악 정답 ①

선택률	① 85%	② 2%	③ 6%	④ 4%	⑤ 3%

윗글의 내용과 일치하지 않는 것은?

정답 풀이

① ~~약한 욕구를 강한 욕구로 대체해야~~ 갈등에서 벗어날 수 있다.
↳ 약한 욕구는 북돋아 주고 강한 욕구들 사이에서는 타협과 조절을 하도록 하여야

해설 3문단에서 여러 가지 갈등을 겪게 될 경우 약한 욕구를 북돋아 주거나 강한 욕구들 사이에서 타협과 조절을 통해 새로운 선택을 하도록 이끈다고 하였다. 따라서 약한 욕구를 강한 욕구로 대체해야 갈등에서 벗어날 수 있다는 내용은 적절하지 않다.

오답 풀이

② 개인이 지닌 욕구들의 강도에 따라 다양한 행동 양상이 나타난다.

해설 3문단에서 다섯 가지 욕구들의 강도가 개인마다 달라 행동 양상이 다양하게 나타난다고 하였다.

③ 현실요법에서는 내담자는 외부 요인에 의해 통제되는 존재가 아니라고 본다.

해설 4문단에서 현실요법에서는 내담자가 외부 요인에 의해 통제되는 존재가 아니라 스스로 자신의 욕구를 조절할 수 있는 주체라고 보는 관점을 기반으로 한다고 하였다.

④ 현실요법에 따르면 인간은 기본 욕구를 충족시키기 위해 스스로 행동을 선택한다.

해설 1문단에서 현실요법에서는 개인의 모든 행동은 기본 욕구를 충족시키기 위한 개인의 선택으로 본다고 하였다.

⑤ 현실요법은 기본 욕구들을 실현 가능한 수준으로 타협하는 것이 가능하다고 본다.

해설 1문단에서 현실요법에서는 문제가 발생했을 때 기본 욕구를 실현 가능한 수준으로 타협하고 조절해 새로운 선택을 하게 하는 해결책을 제시한다고 하였다.

03 구체적 사례 찾기 정답 ②

선택률	① 5%	② 89%	③ 3%	④ 2%	⑤ 1%

㉠의 구체적인 방법으로 가장 적절한 것은?
= 힘의 욕구를 북돋아 자기 주장을 표현할 수 있도록 도울 수 있다.

정답 풀이

② 부탁을 거절하거나 자신의 불편함을 표출하도록 이끈다.

해설 ㉠은 사랑의 욕구가 강하고 힘의 욕구가 약한 사람의 갈등 해결을 도와주는 방법이다. 사랑의 욕구가 강하고 힘의 욕구가 약한 사람은 타인의 부탁에 불편함을 느끼면서도 거절하지 못해 괴로워할 수 있다. 따라서 이런 사람에게 힘의 욕구를 북돋아 주어 타인의 부탁을 거절하거나 타인의 부탁에 불편하다는 자기주장을 할 수 있도록 도움을 줄 수 있다.

오답 풀이

① 자신과 다른 의견을 경청하는 연습을 하도록 이끈다.
힘의 욕구를 낮추는 방법

해설 자신과 다른 의견을 경청하는 연습을 하도록 이끄는 것은 힘의 욕구가 높은 경우 활용할 수 있는 구체적 방법에 해당한다.

선택지 속 함정

이 문제는 ㉠의 구체적인 방법을 묻고 있어. 이런 문제일수록 단순하게 생각하면 쉬워. '힘의 욕구를 북돋아 자기주장을 표현할 수 있도록' 돕는 방법이 무엇인지를 찾으면 되는 거야. 자기주장을 하려면, 속마음을 거침없이 얘기할 수 있어야겠지? 이와 관계있는 내용은 ② 밖에는 없어.

③ 혼자 어디론가 떠나거나 혼자만의 시간을 갖도록 권한다.
자유의 욕구를 높이는 방법

해설 혼자 어디론가 떠나거나 혼자만의 시간을 갖도록 권하는 것은 자유의 욕구가 낮을 때 활용할 수 있는 구체적 방법에 해당한다.

④ 타인과 약속을 잘 지킬 수 있는 원칙을 만들도록 권한다.
생존의 욕구를 높이는 방법

해설 타인과 약속을 잘 지킬 수 있는 원칙을 만들도록 권하는 것은 생존의 욕구가 낮을 때 활용할 수 있는 구체적 방법에 해당한다.

⑤ 사람들과 어울려 새로운 취미 생활을 즐길 수 있도록 권한다.
사랑의 욕구를 높이는 방법 / 즐거움의 욕구를 높이는 방법

해설 사람들과 어울리도록 권하는 것은 사랑의 욕구가 낮을 때에, 취미 생활을 즐길 수 있도록 권하는 것은 즐거움의 욕구가 낮을 때에 활용할 수 있는 구체적 방법에 해당한다.

04 구체적 상황에 적용 정답 ③

선택률	① 4%	② 6%	③ 87%	④ 2%	⑤ 1%

윗글을 바탕으로 〈보기〉를 이해한 내용으로 적절하지 않은 것은? [3점]

보기

A, B 학생의 욕구 강도 프로파일
(5점: 매우 강하다, 4점 : 강하다, 3점 : 보통이다, 2점 : 약하다, 1점 : 매우 약하다)

다섯 가지 기본 욕구 측정 항목		욕구 강도	
		A	B
(가) 자유의 욕구	• 남의 지시와 잔소리를 싫어한다. • 자신의 방식대로 살고 싶다. ⋮	5	5
(나) 힘의 욕구	• 다른 사람의 잘못을 잘 짚어 준다. • 내 분야에서 최고가 되고 싶다. ⋮	4	1
(다) 사랑의 욕구	• 친구를 위한 일에 기꺼이 시간을 낸다. • 친절을 베푸는 것을 좋아한다. ⋮	5	1
(라) 즐거움의 욕구	• 큰 소리로 웃는 것을 좋아한다. • 여가 활동으로 알찬 휴일을 보낸다. ⋮	1	3
(마) 생존의 욕구	• 균형 잡힌 식생활을 하려고 노력한다. • 저축을 중요하게 생각한다. ⋮	2	5

정답 풀이

③ A는 B보다 '힘의 욕구'가 더 약하다고 할 수 있겠군.
↳ 강하다고

해설 〈보기〉의 다섯 가지 기본 욕구 측정 항목을 '현실요법'에서의 다섯 가지 기본 욕구에 적용하면, (가)는 자유의 욕구, (나)는 힘의 욕구, (다)는 사랑의 욕구, (라)는 즐거움의 욕구, (마)는 생존의 욕구에 해당한다고 볼 수 있다. (나)의 욕구 강도가 A는 4점, B는 1점이므로, A가 B보다 힘의 욕구가 더 강하다고 할 수 있다.

오답 풀이

① A는 '즐거움의 욕구'보다 '힘의 욕구'가 더 강하다고 할 수 있겠군.

해설 A의 즐거움의 욕구 강도는 1점, 힘의 욕구 강도는 4점으로, 즐거움의 욕구보다 힘의 욕구가 더 강하다고 할 수 있다.

② B는 '힘의 욕구'가 '생존의 욕구'보다 더 약하다고 할 수 있겠군.

해설 B의 힘의 욕구 강도가 1점, 생존의 욕구 강도가 5점으로, 힘의 욕구가 생존의 욕구보다 더 약하다고 할 수 있다.

④ A와 B는 모두 '자유의 욕구'가 매우 강하다고 할 수 있겠군.

해설 A와 B 모두 자유의 욕구 강도는 5점으로, 매우 강하다고 할 수 있다.

⑤ A는 '사랑의 욕구'가 '즐거움의 욕구'보다 강하지만, B는 '즐거움의 욕구'가 '사랑의 욕구'보다 강하다고 할 수 있겠군.

해설 A는 사랑의 욕구 강도가 5점으로 즐거움의 욕구 강도 1점보다 강하지만, B는 즐거움의 욕구 강도가 3점으로 사랑의 욕구 강도 1점보다 강하다고 할 수 있다.

05 단어의 사전적 의미 파악 정답 ②

선택률	① 2%	② 91%	③ 2%	④ 4%	⑤ 1%

ⓐ~ⓔ의 사전적 의미로 적절하지 않은 것은?

= ⓐ: 제안, ⓑ: 도달, ⓒ: 선호, ⓓ: 겸허, ⓔ: 활용

정답 풀이

② ⓑ: 사람이나 동식물 따위가 자라서 점점 커짐.
성장

해설 ⓑ '도달'의 사전적 의미는 '목적한 곳이나 수준에 다다름.'이다. '사람이나 동식물 따위가 자라서 점점 커짐.'은 '성장'의 사전적 의미이다.

오답 풀이

① ⓐ: 안이나 의견으로 내놓음.

해설 ⓐ'제안'은 '안이나 의견으로 내놓음. 또는 그 안이나 의견.'이라는 뜻으로, '~을 제안하다.'와 같이 쓰인다.

③ ⓒ: 여럿 가운데서 특별히 가려서 좋아함.

해설 ⓒ'선호'는 '여럿 가운데서 특별히 가려서 좋아함.'이라는 뜻으로, '~을 선호하다.'와 같이 쓰인다.

④ ⓓ: 스스로 자신을 낮추고 비우는 태도가 있음.

해설 ⓓ'겸허'는 '스스로 자신을 낮추고 비우는 태도가 있음.'을 뜻하는 말로, 성격이나 태도 등을 나타내는 말로 쓰인다.

⑤ ⓔ: 충분히 잘 이용함.

해설 ⓔ'활용'은 '충분히 잘 이용함.'이라는 뜻을 가진 말로, '~을 활용하다.'와 같이 쓰인다.

06~09 2022년 9월 고1 전국연합학력평가 본문 26~27쪽

06 ③ 07 ② 08 ③ 09 ②

문단별 핵심어 ★ 중심 문장

• 에리히 프롬의 행복론

1 인간은 누구나 행복을 추구하며 살아간다. 그런데 과학기술의 발전을 통해 유례없는 풍요를 누리고 있는 현대인은 과연 행복한가? (질문을 통한 화제 제시와 궁금증 유발) 현대 사회에서의 행복에 대해 고찰한 철학자 에리히 프롬은 행복을 무엇이라고 했는지 알아보자. (주제 제시)

2 프롬의 사상을 파악하기 위해서는 먼저 그의 인간관을 이해해야 한다. 프롬은 인간과 다른 동물을 구분 지을 수 있는 특성이자 인간의 본질을 이성이라고 파악했다. 그에 따르면 이성이 있는 인간은 세계와 분리되어 있음을 인지하고 불안과 고독을 느낀다. (인간이 이성을 가지고 있는 한 겪을 수밖에 없는 문제) 이는 인간의 실존적 한계이다. 프롬은 인간은 세계와 합일을 이루고자 하며, (불안과 고독에서 벗어나기 위한 노력) 이러한 열망이 충족될 때 행복을 느낄 수 있다고 보았다. 그는 인간이 세계와 관계 맺는 방식을 소유적 실존양식과 존재적 실존양식(인간이 세계와 관계 맺는 두 가지 양식)으로 구분하고 어떤 실존양식을 따르는지에 의해 인간의 사고, 감정, 행동이 결정된다고 보았다.

3 먼저 ㉠소유적 실존양식은 자신을 소유물과 동일시함으로써 세계와 일체감을 느끼고자 하는 삶의 방식이다. (소유적 실존양식의 정의) 소유적 실존양식 아래에서 사람들은 소유를 통해 감각적 욕망을 충족시킬 수 있지만, 욕망이 충족된 후에도 소유에 대한 탐욕을 느낀다. (인간의 무한한 욕망 때문에) 자신과 세계와의 합일이 자신이 소유한 것에 의해 결정된다고 보기 때문이다. 프롬에 따르면 이러한 탐욕은 소유물을 차지하기 위한 경쟁의 욕구(탐욕의 결과물 1)와 타인의 소유물을 빼앗기 위한 폭력의 욕구(탐욕의 결과물 2), 자신의 소유물을 잃을 수도 있다는 불안감(탐욕의 결과물 3)을 불러일으킬 수밖에 없다. 그렇기에 소유적 실존양식 아래에서 사람들은 더 많이 소유하는 것, 자신의 소유물을 지키며 타인의 소유물을 빼앗을 수 있는 권력을 차지하는 것에서 행복을 찾으려고 한다. 프롬은 생존을 위해 필요한 최소한의 소유를 부정하지는 않았지만 소유를 통해 행복의 원천을 발견하려는 집착적 욕망을 비판했다. 프롬이 보기에 이러한 욕망에는 포화점이 없다. 이미 소유한 것은 더 이상 충족감을 줄 수 없으며, 소유를 통해서는 인간의 근원적 불안과 외로움은 극복되지 않기 때문이다. (소유적 실존양식의 한계)

4 프롬은 이러한 소유적 실존양식이 아닌 ㉡존재적 실존양식으로 살아갈 것을 제안했다. 존재적 실존양식은 소유에서 벗어나 세계와 하나가 되는 삶의 방식이다. (존재적 실존양식의 정의) 프롬은 세계와 합일을 이루기 위해서는 이성적 능력을 생산적으로 사용해야 한다고 했는데, 이때 '생산적'이

라는 것은 쓸모 있는 결과물을 만들어 내는 능력이 아니라 내면의 능동적인 상태를 의미한다. 예를 들어 프롬은 시를 읽고 의미를 깊이 있게 고민하는 사람의 내면에서는 능동적인 작용이 일어나고 있다고 보았다. 존재적 실존양식 아래에서 사람들은 자신이 세계와 긴밀하게 결합해 있다고 느끼므로 가진 것을 잃을 수 있다는 불안에 시달리지 않는다. 그래서 다른 존재에 대해 호의적이다. 이때 사람들은 타인을 사랑하고 자신이 가진 것을 나눔으로써 다른 존재의 성장을 도우려 하는데, 프롬은 이러한 삶의 모습을 궁극적 행복이라 보았다.

'생산적'의 의미 / 내면의 안정을 이루어 여유가 생겼기 때문 / 이타적 삶의 실천을 통한 고차원적 행복

5 한편 프롬에 따르면 두 실존양식에서는 우리가 일상생활에서 사용하는 물건들과 지식·사상 등이 모두 그 대상으로 나타난다. 예를 들어 소유적 실존양식을 따르는 사람에게 학습은 권력 추구의 수단이 되지만 존재적 실존양식을 따르는 사람에게 학습은 내면의 새로운 사고를 촉발하는 과정이 된다고 보았다.

대상의 의미가 실존양식에 맞게 바뀜.

6 그렇다면 프롬은 현대 사회에서의 행복 문제를 어떻게 진단했을까? 프롬이 보기에 현대인은 물질적 풍요를 통한 감각적 욕망의 충족을 누리고 있지만, 고독과 불안에 시달리고 있다. 그에 따르면 이 같은 현대 사회의 병리적 현상이 일어나는 원인은 끝없는 소비를 조장하여 무한한 이윤을 추구하는 소유지향적인 사회이다. 프롬은 현대 사회의 병리적 현상과 같은 위기는 개인이 존재지향적 삶을 사는 것만으로는 극복하기 어려우며, 근본적 해결을 위해 사회적 변혁이 필요하다고 역설했다. 그는 사회의 구조와 규범에 따라 주된 실존 양식이 무엇인지 결정된다고 보았기 때문이다.

현대 사회의 병리적 현상 / 개인의 노력을 넘어 사회 구조적 변화가 필요함.

7 이처럼 프롬은 무한 소비를 조장하는 현대 사회의 병리적 현상을 고찰하고 인간에 대한 신뢰를 바탕으로 해결책을 제시한 휴머니스트로 평가받는다.

프롬의 연구에 대한 평가와 의의

지식을 쌓는 **배경지식**

에리히 프롬의 「소유냐 존재냐」

- 에리히 프롬의 가장 유명한 저서 중 하나로 1976년에 출간됨.
- 현대 문명의 재앙을 대표하는 소유적 실존양식과 충만한 삶의 가능성을 대표하는 존재적 실존양식에 대하여 논하고 있음.
- 지식의 영역에서 소유적 실존양식은 보다 많이 아는 것을 추구하는 반면, 존재적 실존양식은 보다 깊이 아는 것을 추구함.

에리히 프롬의 「사랑의 기술」

- 사랑이라는 감정을 자연스럽고 충동적인 것으로 보지 않고 배우고 가르쳐야 하는 기술임을 강조함.
- 고독과 불안에 시달리는 인간이 다른 인간과의 융합을 원하여 시작하는 사랑일지라도 상대방에게 의존적이어서는 안 되며, 각자의 다른 개성이 서로 존중받고 유지되는 관계가 될 때 사랑의 본질인 '주는 사랑'의 실현이 가능하다고 주장함.
- 숭배적 사랑, 감상적 사랑, 투사적 사랑 등 가짜 사랑을 세 가지 유형으로 설명하고 있음.

지문 분석하기

|지문 구조|

1 행복에 대해 고찰한 철학자 에리히 프롬
↓
2 에리히 프롬의 인간관
↓
3 소유적 실존양식에서 인간의 삶 ↔ **4** 존재적 실존양식에서 인간의 삶
↓
5 두 실존양식에서 달라지는 대상의 의미
↓
6 실존양식에 영향을 미치는 사회 구조와 규범
↓
7 현대 사회에서의 행복 문제를 진단한 에리히 프롬에 대한 평가

|주제| 에리히 프롬의 현대 사회에서의 행복에 대한 고찰

한컷 정리하기

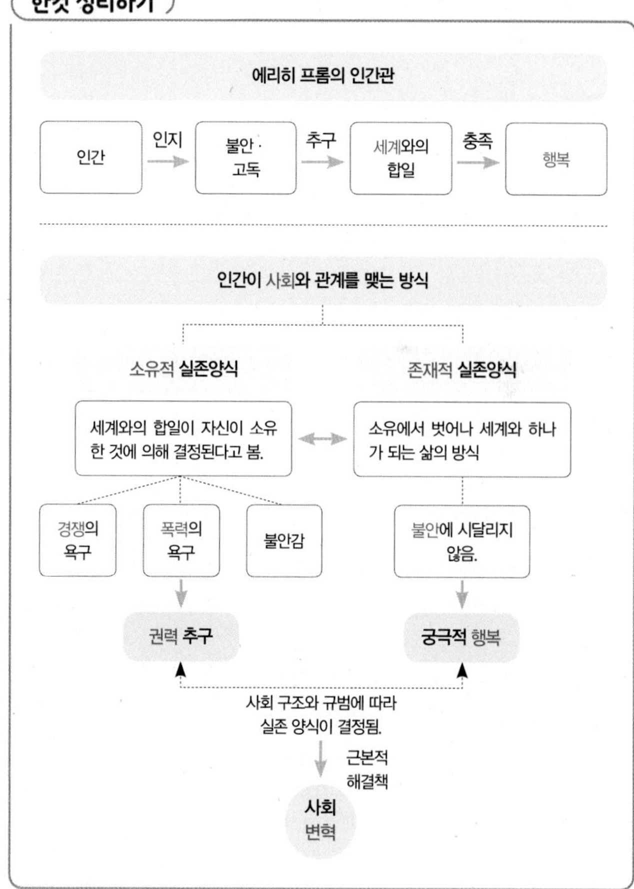

06 세부 정보의 파악 정답 ③

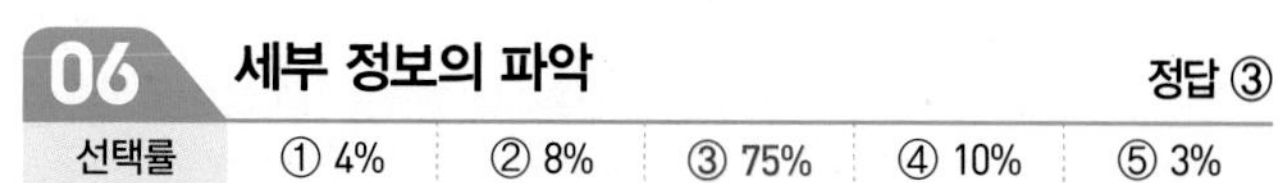

선택률	① 4%	② 8%	③ 75%	④ 10%	⑤ 3%

윗글을 통해 답을 찾을 수 없는 질문은?

정답 풀이

③ 프롬은 동물과 달리 인간이 이성을 가지는 이유를 무엇이라고 보았는가?

인간을 동물과 구분짓는 특성이자 인간의 본질

해설 2문단을 보면, 프롬은 인간이 다른 동물과는 다르게 이성을 갖고 있다고 하였다. 하지만 인간이 이성을 갖는 이유에 대해서는 구체적으로 설명하지 않았다.

오답 풀이

① **프롬은 현대 사회의 병리적 현상의 원인을 무엇이라고 진단했는가?**
소유지향적 사회

해설 6문단에 따르면, 프롬은 현대 사회의 병리적 사회 현상이 나타나는 원인을 끝없는 소비를 지향하여 무한한 이윤을 추구하는 소유지향적 사회 때문이라고 보았다.

② **프롬은 실존양식에 따라 학습의 의미가 어떻게 달라진다고 보았는가?**

해설 5문단에 따르면, 프롬은 소유적 실존양식을 따르는 사람에게 학습은 권력 추구의 수단이 된다고 보았다. 반면에, 존재적 실존양식을 따르는 사람에게 학습은 내면의 새로운 사고를 촉발하는 과정이 된다고 보았다.

④ **프롬은 사회의 주된 실존양식을 결정짓는 요인을 무엇이라고 보았는가?**
소유적 실존양식과 존재적 실존양식

해설 6문단에 따르면, 프롬은 현대 사회의 병리적 현상과 같은 위기를 극복하기 위해서는 사회적 변혁이 필요하다고 역설하며, 사회의 주된 실존양식을 결정짓는 요인이 사회의 구조와 규범이라고 보았다.

⑤ **프롬은 존재적 실존양식 아래에서 사람들이 타인에게 호의적인 이유를 무엇이라고 보았는가?** 소유에서 벗어나 세계와 하나가 되는 삶의 방식

해설 4문단에 따르면, 프롬은 존재적 실존양식 아래에서 사람들은 자신이 세계와 긴밀하게 결합해 있다고 느끼므로 가진 것을 잃을 수 있다는 불안에 시달리지 않는다고 하였다. 이것이 다른 존재에 대해 호의적인 이유라고 보았다.

③ **소유를 통해 만족감을 얻거나 행복의 원천을 발견하려는 집착적 욕망을 극복할 수 없으므로 ~~모든 소유의 방식을 부정해야~~ 한다.**
↳ 생존에 필요한 최소한의 소유는 인정함.

해설 3문단을 보면, 프롬은 소유를 통해 행복을 추구하고자 하는 소유적 실존양식을 비판하는 입장을 취하고 있기는 하지만, 생존을 위해 필요한 최소한의 소유는 부정하지 않았다고 하였다. 따라서 모든 소유의 방식을 부정해야 한다는 것을 프롬의 견해와 일치하지 않는다.

④ **생존을 위한 소유는 필요하지만 소유물과 자신을 동일시하는 태도는 세계와의 대립을 유발하므로 ~~행복에 대한 욕망을 버려야 한다.~~**
↳ 행복에 대한 욕망 자체를 부정하지는 않음.

해설 3문단을 보면, 프롬은 소유적 실존양식을 자신과 소유물을 동일시함으로써 세계와 일치감을 느끼고자 하는 삶의 방식이라고 정의하였다. 따라서 소유물과 자신을 동일시하는 소유적 실존양식의 태도가 세계와의 대립을 유발한다는 것은 프롬의 견해와는 다르다. 또한 프롬은 행복에 대한 욕망 자체를 버리라고 한 것이 아니라 현대 사회에서의 행복 문제를 개인의 실존양식과 사회적 변혁을 통해 해결할 것을 제시하였다.

⑤ **~~소유를 통한 행복을 부정하지는 않지만~~ 처음 소유했을 때의 만족감은 시간이 지나면 사라지기 때문에 ~~최소한의 소유도 필요 없다.~~**
↳ 소유를 통해 행복을 추구하려는 소유적 실존양식을 비판함.
↳ 생존을 위한 최소한의 소유는 필요하다고 봄.

해설 3문단을 보면 프롬은 자신을 소유물과 동일시함으로써 세계와 일체감을 느끼고자 하는 삶의 방식을 소유적 실존양식으로 규정하고 이를 비판하는 입장을 취했다. 따라서 소유를 통한 행복을 부정하지 않았다는 것은 프롬의 견해와 다르다. 또한 최소한의 소유도 필요 없다고 한 것이 아니라, 생존을 위한 최소한의 소유는 인정하였다.

07 세부 정보의 추론

정답 ②

선택률	① 2%	② 78%	③ 5%	④ 10%	⑤ 5%

다음은 A와 B가 나눈 대화의 일부이다. 윗글을 바탕으로 할 때, ㉮에 들어갈 내용으로 가장 적절한 것은?

A: 내가 어제 책을 읽었는데, 행복을 위해서 아무것도 소유하지 않아야 한다고 하더라고. (소유에 대한 부정적인 견해) 그런데 현실적으로 생각하면 인간이 생존에 필수적인 의식주 (최소한의 소유) 없이 어떻게 살겠어? 또 난 얼마 전에 최신 휴대폰을 구매했는데 행복했어. 이처럼 소유를 통해 행복을 느낄 수도 있는 것 아닐까?

B: 그 문제에 대해서 프롬은 [㉮]고 이야기를 했어.

정답 풀이

② **삶을 영위하기 위한 기본적인 소유는 불가피한 것이지만 소유를 통해 행복을 찾으려는 욕망은 완전히 채워질 수 없다.**
소유적 실존양식에 의한 욕망

해설 A가 소유를 통해 행복을 느끼는 것으로 보아 소유적 실존양식을 따르고 있음을 알 수 있다. 3문단을 보면, 프롬은 소유적 실존양식을 비판하였음을 알 수 있다. 소유적 실존양식 아래에서 감각적 욕망은 계속되고, 이러한 탐욕은 경쟁과 폭력의 욕구, 불안감을 불러일으킨다고 보았다. 프롬은 생존을 위한 최소한의 소유를 부정하지는 않았지만, 소유를 통해 행복의 원천을 찾으려는 포화점이 없는 집착적 욕망은 비판하였다.

오답 풀이

① **~~소유물은 소유하고 있는 동안 충분한 만족감과 행복을 제공하므로~~ 소유를 통한 행복이 필요하다.**
↳ 이미 소유한 것은 더 이상 충족감을 제공하지 않음.

해설 3문단에서 프롬은 소유를 통해 행복을 추구하는 소유적 실존양식을 비판하면서 이미 소유한 것은 더 이상 충족감을 줄 수 없다고 하였다. 따라서 소유물이 소유하고 있는 동안 충분한 만족감과 행복을 제공한다는 것은 프롬의 입장으로 볼 수 없다.

08 핵심 정보의 파악

정답 ③

선택률	① 2%	② 6%	③ 78%	④ 3%	⑤ 11%

㉠, ㉡에 대한 이해로 적절하지 않은 것은?
(= 존재적 실존양식 / = 소유적 실존양식)

정답 풀이

③ **㉡에서 ~~유용한 결과물을 생산하는 것은~~ 행복을 실현할 수 있는 조건이다.**
↳ 내면의 능동적인 상태에 도달하는 것은

해설 4문단에 따르면, 프롬은 존재적 실존양식에서 세계와 합일을 이루고 행복을 실현하기 위해서는 이성을 생산적으로 사용하여야 하는데, 이 때의 '생산적'이라는 것은 유용한 결과물을 생산하는 능력이 아니라 내면의 능동적인 상태를 의미한다고 하였다.

오답 풀이

① **㉠에서 소유에 대한 탐욕은 경쟁심을 불러일으키는 요인이다.**

해설 3문단을 보면, 소유적 실존양식 아래에서 소유에 대한 탐욕은 소유물을 차지하기 위한 경쟁의 욕구와 타인의 소유물을 빼앗기 위한 폭력의 욕구, 자신의 소유물을 잃을 수도 있다는 불안감을 불러일으킨다고 하였다.

② **㉠은 권력을 차지하는 것을 통해 소유의 충족감을 얻고자 하는 삶의 방식이다.**

해설 3문단을 보면, 소유적 실존양식 아래에서 사람들은 소유를 통해 감각적 욕망을 충족하고자 하며, 더 많이 소유하는 것과 자신의 소유물을 지키며 타인의 소유물을 빼앗을 수 있는 권력을 차지하는 것에서 행복을 찾으려고 한다고 하였다.

④ **㉡은 상실에 대한 불안에서 벗어나 타인을 사랑하고 자신이 가진 것을 나눌 수 있는 삶의 방식이다.**

해설 4문단을 보면, 존재적 실존양식에서 사람들은 자신이 세계와 긴밀히 연결되어 있다고 느끼므로 소유에 대한 상실을 두려워하지 않는다고 하였다. 따라서 다른 존재에 대해 호의적이고 타인을 사랑하며 자신이 가진 것을 나누게 된다고 하였다.

⑤ **㉠과 ㉡은 모두 일상의 사물과 관념적 대상에 적용되는 삶의 방식이다.**

해설 5문단에서는 소유적 실존양식과 존재적 실존양식에서 우리가 일상생활에 사용하는 물건들과 지식, 사상 등이 그 대상으로 나타난다고 하였다.

선택지 속 함정

지문에 주어진 정보를 파악하여 진위 여부를 가리는 유형의 문제에서는 지문에 나온 정보를 선택지에서 재진술하여 풀어내는 경우가 많아. 주어진 문제를 보면 지문에서는 '물건'이라고 표현한 것을 '사물'로, '지식, 사상'으로 표현한 것을 '관념적 대상'으로 바꿔서 나타냈어. 이렇게 지문에 주어진 정보를 그대로 가져오지 않고, 재진술 방식으로 동의어와 상의어 등으로 바꾸어 나타냈을 때, 함정에 빠지지 않도록 주의해야 해.

09 정보 간의 비교

정답 ②

선택률	① 4%	② 52%	③ 10%	④ 10%	⑤ 24%

윗글과 〈보기〉를 비교한 내용으로 적절하지 않은 것은? [3점]

보기

인간의 본질인 이성이 탁월하게 실현된 상태가 덕이며, 덕이 구현된 상태가 행복이다. 행복은 세 가지로 나눌 수 있다. 첫 번째는 감각적 욕망의 충족을 통해 누릴 수 있는 행복이다. 하지만 이것은 찰나이며 지나칠 경우 거부감을 줄 수 있다. 두 번째는 사회에 책임을 지는 시민으로서의 정치적 행복이다. 이때 인간의 덕은 공동체의 훈육을 통해 개발되므로 인간은 사회를 떠나서 행복할 수 없다. 마지막은 이성적 사고를 통해 세상의 질서를 깨닫는 철학자로서의 행복이며, 최고의 행복이다. 인간이 행복한 삶을 누리기 위해서는 이 세 가지 행복을 함께 구현해야 한다. 행복이란 한순간의 감정이 아니라 덕의 실현이 습관화됐을 때 도달할 수 있는 경지이므로 어떤 사람이 행복한 사람인지를 알기 위해서는 그 사람이 일생에 이룩한 인격적 성숙에 따라 평가해야 한다.

(이성의 실현 → 덕의 구현 → 행복 / 가장 원초적인 행복 / 인간의 행복이 사회의 영향을 받음. / 가장 고차원적인 행복 / 행복 여부의 판단 기준을 '인격적 성숙'으로 봄.)

정답 풀이

② 프롬과 〈보기〉는 모두 행복을 위해서 ~~개인이 사회에 책임을 짐으로써 사회적 변혁을 이끌어야 한~~다고 보았군.

해설 6문단에 따르면, 프롬은 현대 사회의 병리적 현상이 일어나는 원인이 소유지향적인 사회 구조 때문이며, 이것이 개인의 주된 실존양식에 영향을 미친다고 보았다. 프롬은 사회 구조와 규범을 문제 삼은 것일 뿐이므로, 사회에 대해 개인에게 책임을 묻거나 사회적 변혁을 이끌어야 한다고 주장한 것이 아니다. 〈보기〉는 인간이 사회에 책임을 지는 시민으로서 정치적 행복을 느낄 수 있다고 했으나, 개인이 사회의 변혁을 이끌어야 한다고 보지는 않았다.

오답 풀이

① 프롬과 〈보기〉는 모두 인간의 행복은 사회의 영향을 받는다고 보았군.

해설 6문단에 따르면, 프롬은 사회적 구조와 규범에 따라 주된 실존양식이 무엇인지 결정된다고 보았다. 인간의 실존양식은 행복을 좌우하는 요소의 하나이므로, 인간의 행복이 사회의 영향을 받는다는 입장이라고 볼 수 있다. 또한 〈보기〉 역시 두 번째 행복의 조건으로 정치적 행복을 꼽으며, 인간은 사회를 떠나서는 행복할 수 없다는 입장을 취하고 있다.

③ 프롬은 궁극적인 행복이 내면의 능동적인 작용을 통해, 〈보기〉는 최고의 행복이 이성적 사고를 통해 가능하다고 보았군.

해설 4문단에 따르면, 프롬은 궁극적인 행복을 실현하려면 존재적 실존양식으로 살아가며 세계와 합일을 이루어야 하는데, 이때 능동적인 내면의 작용이 필요하다고 보았다. 한편 〈보기〉는 이성적 사고를 통해 세상의 질서를 깨닫는 철학자로서의 행복을 최고의 행복이라 하였다.

④ 한 인간이 행복한지 알기 위해서 프롬은 세계와 합일을 이루었는지를, 〈보기〉는 인격적으로 성숙했는지를 살펴보아야 한다고 보았군.

해설 2문단에 따르면, 프롬은 인간은 세계와 합일을 이루고자 하며, 이러한 열망이 충족될 때 행복을 느낄 수 있다고 보았다. 〈보기〉에서는 어떤 사람이 행복한 사람인지를 알기 위해서는 그 사람이 일생에 이룩한 인격적 성숙에 따라 평가해야 한다고 하였다.

⑤ 감각적 욕망의 충족을 프롬은 행복이 아니라고 보았으나, 〈보기〉는 지나치지만 않으면 행복한 삶을 누리기 위한 조건이 된다고 보았군.

해설 3문단에 따르면, 프롬은 소유를 통한 감각적 욕망의 충족은 포화점이 없으므로 행복이 될 수 없다고 보았다. 반면에 〈보기〉는 인간이 행복한 삶을 누리기 위해 구현해야 하는 행복의 하나가 감각적 욕망의 충족을 통해 누릴 수 있는 행복인데, 이것이 지나칠 경우에는 거부감을 줄 수 있지만, 그렇지 않다면 행복한 삶을 위한 조건 중 하나가 될 수 있다고 하였다.

DAY 05 인문 · 예술 **다양성**

01~04 2021년 9월 고1 전국연합학력평가 본문 28~29쪽

01 ⑤ **02** ⑤ **03** ① **04** ①

문단별 핵심어 ★ 중심 문장

• **북아메리카 원주민들의 포틀래치 관습**

1 북아메리카 원주민들에게는 독특한 방식으로 선물을 ⓐ주는 포틀래치(potlatch)라는 관습이 있다. 「행사를 연 마을의 수장은 자신이 쌓아온 재물을 초대받은 다른 마을의 수장들에게 무료로 나누어 주기도 하고, 심지어 그것을 파괴하기도 한다. 손님들은 선물을 받고 자기 마을로 돌아와 '복수'를 맹세하는데, '복수'의 방법이란 그동안 선물을 준 사람들에게 답례 포틀래치를 열어 자기가 받은 것보다 더 많은 선물을 제공하는 것이다.」

「 」: 포틀래치의 내용 / 글쓴이가 '독특한 방식'이라고 말한 이유 / '복수'의 방법

2 초기 인류학자들은 이러한 포틀래치라는 관습을 자신의 재산을 대가 없이 자발적으로 주는 일반적인 증여로 파악하고, 위신을 얻기 위해 재산을 탕진하는 비합리적인 생활양식으로 이해하였다. 하지만 모스와 레비스트로스 같은 후대 인류학자들은 포틀래치를 호혜적 교환 행위로 바라보았다. 호혜적 교환이란 일반적인 경제적 교역, 즉 사물의 가격을 측정하여 같은 값으로 교환하는 행위와는 달리, 돌려받을 대가나 시기를 분명하게 정하지 않고 사물을 교환하는 방식을 말한다. 모스는 포틀래치가 자발성을 띤 증여로 보이지만 실제적으로는 교환의 성격을 지닌다고 보았다. 왜냐하면 선물을 받은 사람은 의무적으로 답례를 해야 할 뿐만 아니라 더 많은 선물을 돌려주어야 하기 때문이다. 모스는 이러한 포틀래치가 집단 간의 유대 관계를 형성하는 역할을 한다고 보았다.

초기 인류학자들은 포틀래치를 부정적으로 평가함. / 후대 인류학자들의 포틀래치에 대한 새로운 해석 / 호혜적 교환의 의미 / 포틀래치가 교환의 성격을 지니는 이유 / 모스의 포틀래치에 대한 해석

3 레비스트로스는 여기에서 더 나아가 포틀래치에 나타나는 호혜적 교환을 사회가 성립되는 원리로 제시하였다. 폐쇄적인 집단은 환경의 변화나 주변의 침략에 쉽게 무너질 수 있으므로, 인간은 생존하기 위해서 교환을 하며 다른 집단과 사회적 유대를 맺어야 한다는 것이다. 이때 포틀래치와 같이 상대방에게 선물을 주는 행위가 상대방에게 부채감을 ⓑ주고, 이 부채감이 다시 선물을 주는 행위로 이어지게 만들어 결국 교환이 이루어지도록 한다는 것이다. 한편 다른 집단과 동맹을 맺는 가장 좋은 방법은 그 집단과 결혼을 하는 것이므로, 레비스트로스는 교환을 위해 ㉠'친족 간의 결혼 금지'가 만들어졌다고 말한다. 그는 친족 간의 결혼 금지로 인해 우리 부족의 사람이 다른 부족으로 넘어가고, 새로운 사람이 우리 부족에 들어오는 호혜적 관계가 형성되었으며, 이를 통해 부족 간의 호혜적 교환이 가능해져 사회적 공동체가 형성되었다고 주장한다. 또한 그는 친족 간의 결혼 금지라는 규칙을 바탕으로 공동체에 필요한 다른 규칙들이 형성됨으로써 인간이 자연 상태에서 문명 상태로 접어들게 되었다고 말한다.

레비스트로스의 포틀래치에 대한 해석 / 생존을 위한 사회적 유대의 필요성 / 구성원 간의 결혼을 통해 유대를 형성함. / 사회 성립 과정과 발달 1 / 사회 성립 과정과 발달 2 / 사회 성립 과정과 발달 3 / 사회 성립 과정과 발달 4 / 사회 성립 과정과 발달 5

4 이처럼 레비스트로스는 포틀래치를 교환의 구조나 사회 규칙이라는 체계의 틀에서 이해하고자 하였다. 그의 견해에 따르면 인류의 보편적인 현상인 친족 간의 결혼 금지와 같은 결혼 제도도 인간의 본성이 아닌 사회적 유대 관계를 형성하는 구조 속에서 만들어진 결과이다. 이렇게 인간을 비롯한 대상의 의미나 본질은 하나의 개체로서가 아니라 전체 안에서 다른 것들과 맺은 관계 때문에 결정된다는 관점을 '구조주의'라고 한다. 이 관점에 따르면 인간은 결단의 주체가 아니며 인간의 특성과 정체성은 인간 스스로 결정하는 것이 아닌 그가 속한 사회 구조에 의해 결정된다.

레비스트로스가 포틀래치를 보는 관점 / 구조주의의 개념 / 구조주의의 관점

5 구조주의 인류학자 레비스트로스는 인간은 어떤 고립된 개인으로 이해되어서는 안 된다고 말한다. 사회 구조가 인간을 만들기 때문에, 인간을 이해하려면 인간의 구체적인 행동보다는 그 인간이 속한 사회 구조를 살펴야 한다는 것이다. 그의 관점에 따르면 소유를 중시하고 치열한 경쟁을 하며 살아가는 현대인의 모습 역시 현대 사회의 구조 아래에서 형성된 특성에 불과하다. 그런 점에서 그의 연구는 현대 사회의 구조 변화가 현대인들의 삶의 변화로 이어질 수 있다는 가능성을 보여 주었다는 평가를 받고 있다.

레비스트로스가 구조주의의 관점을 가지고 있음을 설명함. / 레비스트로스의 연구에 대한 평가

지식을 쌓는 **배경지식**

포틀래치

- 북아메리카 북서해안의 인디언들이 의미 있는 행사를 할 때 사람들을 초대하여 베푸는 축하연을 이르는 말로 포틀래치라는 말은 치누크족 말로 '소비한다'라는 뜻을 가지고 있음.
- 포틀래치에 초대되어 선물을 받은 사람은 자기가 받은 선물의 금액에 일정한 이자를 붙여 이에 상응하는 답례 축하연을 열어야 했는데, 이를 지키지 못하면 체면을 잃는다고 생각하거나 노예가 되기도 함.
- 자신의 자산을 과시하기 위하여 귀중한 재물을 일부러 파괴하거나 소유한 노예를 죽이는 경우도 있었음.

구조주의

- 1950년대 프랑스에서 형성되었으며 언어학, 기호학, 정신분석학, 민족학, 문화비평, 사회학, 역사 등의 다양한 분야로 확산됨.
- 대상과 주체라는 이분법적 사고에서 벗어나 인식 대상의 구조와 그들의 '관계'에 초점을 맞추고 '교환'이라는 사고방식을 중시함.
- 인간 중심의 사고를 거부하고 어떠한 대상의 의미를 자신의 내부에서 찾는 것이 아니라 대상들의 관계와 구조 속에서 찾으려 하며, 인간의 행동 양식은 그가 속한 사회의 구조로 인한 것이라는 생각을 전제로 연구함.

지문 분석하기

|지문 구조|

❶ 북아메리카 원주민들의 포틀래치 관습 내용

⬇

❷ 포틀래치가 집단 간의 유대 관계를 형성하는 역할을 한다고 본 모스 + ❸ 포틀래치에 나타나는 호혜적 교환을 사회 성립의 원리로 본 레비스트로스

⬇

❹ 포틀래치를 구조주의적 관점에서 해석한 레비스트로스

⬇

❺ 레비스트로스의 연구에 대한 평가

|주제| 포틀래치를 구조주의적 관점에서 이해한 레비스트로스의 연구

한컷 정리하기

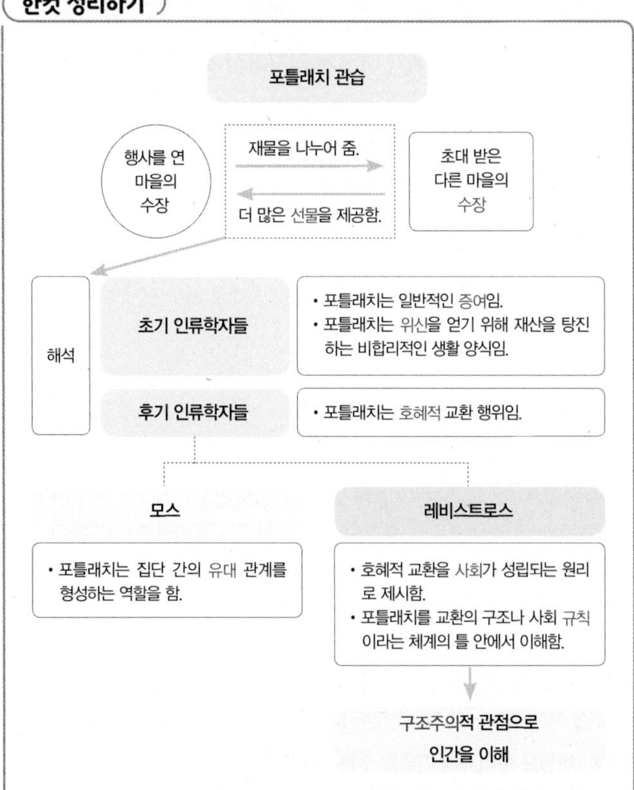

01 세부 정보의 파악

정답 ⑤

선택률	① 4%	② 3%	③ 8%	④ 10%	⑤ 75%

윗글을 통해 알 수 있는 내용으로 적절하지 않은 것은?

정답 풀이

⑤ 후대 인류학자들은 포틀래치를 선물을 받은 사람이 ~~답례의 시행 여부를 선택할 수 있는~~ 호혜적 행위라고 보았다.
↳ 답례의 의무를 갖게 되는
(호혜적: 서로 특별한 혜택을 주고받는)

해설 2문단에 따르면, 모스와 레비스트로스 같은 후대 인류학자들은 포틀래치를 돌려받을 대가나 시기를 분명하게 정하지 않고 사물을 교환하는 방식인 호혜적 행위라고 보았다. 이에 따르면, 포틀래치는 교환적 성격을 띠고 있어 답례의 시행 여부를 선택할 수 있는 것이 아니라, 답례의 의무를 갖게 만든다.

오답 풀이

① 후대 인류학자들은 포틀래치가 유대 관계를 형성하는 역할을 한다고 보았다.

해설 2문단에 따르면, 후대 인류학자인 모스는 포틀래치가 선물을 받은 사람이 답례의 의무를 갖게 되는 교환의 성격을 지니므로, 집단 간의 유대 관계를 형성하는 역할을 한다고 보았다.

② 초기 인류학자들은 포틀래치를 위신을 얻기 위해 재산을 탕진하는 비합리적인 행위로 보았다.

해설 2문단에서 초기 인류학자들은 포틀래치라는 관습을 자신의 재산을 대가 없이 자발적으로 주는 일반적인 증여로 파악하고, 위신을 얻기 위해 재산을 탕진하는 비합리적인 생활양식으로 이해하였다는 내용을 확인할 수 있다.

③ 일반적인 증여는 자신의 재산을 상대방에게 대가 없이 자발적으로 제공하는 행위에 해당한다.

해설 2문단에 초기 인류학자들은 포틀래치를 자신의 재산을 대가 없이 자발적으로 주는 일반적인 증여로 파악하였다는 내용이 나오는데, 이를 통해 증여의 의미를 확인할 수 있다.

④ 일반적인 경제적 교역은 사물의 가치를 따져 같은 값으로 교환한다는 점에서 포틀래치와 차이가 있다.
(= 등가 교환) (포틀래치 = 호혜적 교환)

해설 2문단을 보면, 일반적인 경제적 교역과 호혜적 교환 행위인 포틀래치의 차이점을 알 수 있다. 일반적인 경제적 교역은 사물의 가격을 측정하여 같은 값으로 교환하는 행위인 반면에, 호혜적 교환은 돌려받을 대가나 시기를 분명하게 정하지 않고 사물을 교환하는 방식이라고 할 수 있다.

02 핵심 정보의 파악

정답 ⑤

선택률	① 2%	② 3%	③ 3%	④ 12%	⑤ 80%

㉠에 대한 '레비스트로스'의 견해로 가장 적절한 것은?
(㉠ = '친족 간의 결혼 금지')

정답 풀이

⑤ 다른 집단과 동맹을 맺기 위한 목적으로 활용되어 호혜적 교환이 일어날 수 있게 하는 규칙이다.

해설 3문단에 따르면, 레비스트로스는 인간이 생존하기 위해서는 교환을 하며 다른 집단과 사회적 유대를 맺어야 한다고 보았다. 그리고 집단 간에 동맹을 맺기 위한 방법으로 친족 간의 결혼 금지라는 규칙이 만들어졌고, 이 규칙을 바탕으로 집단 간에 결혼을 하여 부족의 사람이 다른 부족으로 넘어가고 넘어오는 호혜적 교환이 가능해지며 사회적 공동체가 형성되었다고 보았다.

오답 풀이

① 다른 부족과의 결혼을 유도하여 부족 간의 동맹을 ~~약화시키는~~ 규칙이다.
↳ 강화시키는

해설 레비스트로스는 다른 부족과의 결혼이 부족 간의 동맹을 약화시키는 것이 아니라 강화시켜 준다고 보았다.

② 인류의 보편적인 현상이 ~~아닌 인간의 본성에 의해 개별적으로 형성된~~ 규칙이다.

해설 레비스트로스는 인류의 보편적인 현상인 친족 간의 결혼 금지와 같은 결혼 제도는 인간의 본성이 아닌 사회적 유대 관계를 형성하는 구조 속에서 만들어진 인류의 보편적인 현상으로 보았다.

③ 사람을 받아들인 부족은 부채감을 ~~덜게~~ 하고, 보낸 부족은 부채감을 ~~갖게~~ 하는 규칙이다.
↳ 갖게 ↳ 덜게

해설 3문단에 따르면, 포틀래치 같이 상대방에게 선물을 주는 행위가 상대방에게 부채감을 주고, 이 부채감이 다시 선물을 주는 행위로 이어지는 것으로, 이 교환의 원리에 따른다면, 사람을 받아들인 부족은 부채감을 갖게 될 것이고, 보낸 부족은 부채감을 덜게 될 것이다.

④ ~~인간이 자연 상태를 벗어나 문명 상태로 발전한 상황에서~~ 사회적 구조에 의
↳ '친족 간의 결혼 금지'를 통해 문명 상태로 접어들게 됨.

해 성립된 규칙이다.

해설 3문단에 따르면, 레비스트로스는 친족 간의 결혼 금지라는 규칙을 바탕으로 공동체에 필요한 다른 규칙들이 형성됨으로써 인간이 자연 상태에서 문명 상태로 접어들게 되었다고 하였다. 즉, 문명 상태로 발전한 상황에서 사회적 구조에 의해 친족 간의 결혼 금지 규칙이 성립된 것이 아니라, 이러한 규칙을 통해 문명 상태로 들어서게 된 것이다. 주어진 선택지의 진술은 인과 관계가 뒤바뀐 진술에 해당한다.

선택지 속 함정

글의 세부 정보를 파악하는 유형의 문제를 풀 때는 사건의 인과 관계나 선후 관계를 정확하게 파악해야 해. 예를 들어 어떠한 사건의 원인과 결과를 맞바꾸어 진술하거나 선후 관계를 반대로 진술해 놓은 선택지를 읽을 경우, 얼핏 보면 적절한 선택지처럼 느껴지기 쉬워. 주어진 ④번 선택지 역시 선택지 자체만으로는 적절한 내용처럼 생각될 수 있어. 하지만 독서 문제는 자신의 배경 지식을 가지고 푸는 것이 아니라 철저하게 주어진 지문의 정보를 토대로 판단해야 해. 레비스트로스의 견해에 따르면 '친족 간의 결혼 금지'라는 사회적 규칙(← 원인)을 바탕으로 인간이 자연 상태를 벗어나 문명 상태로 발전하게 된 것(← 결과)임을 확인할 수 있어.

03 정보 간의 비교 정답 ①

선택률	① 76%	② 7%	③ 6%	④ 6%	⑤ 5%

윗글의 '구조주의'와 〈보기〉의 사상을 비교한 내용으로 적절하지 않은 것은?

보기

'전통철학'에서는 인간이 선천적인 원리에 의해 미리 규정된 '특성'과 '본질'을 갖는다고 보았다. 그리고 인간은 그 특성과 본질을 이 세계에서 충실하게 실현해야 한다는 것이다. 하지만 '실존주의'에서는 인간은 결단의 주체이며 자신의 특성과 정체성을 스스로 결정할 자유로운 의식과 권리가 있고, 스스로 자신의 결정에 책임을 질 필요가 있다고 보았다. 따라서 실존주의에서는 인간을 하나의 현상이자 개별적인 존재로 보고 인간의 구체적인 행동에 관심을 두었다.

= 개인으로서 인간의 주체적 존재성을 강조하는 철학

정답 풀이

① 구조주의와 실존주의에서는 모두 인간을 자신의 결정에 책임을 지는 결단의 주체로 보는군.

해설 4문단에 따르면, 구조주의는 인간을 비롯한 대상의 의미나 본질은 하나의 개체로서가 아니라 전체 안에서 다른 것들과 맺은 관계 때문에 결정된다는 관점이다. 반면에 실존주의는 인간이 결단의 주체이며 자신의 특성과 정체성을 스스로 결정할 자유로운 의식과 권리가 있고, 스스로 자신의 결정에 책임을 질 필요가 있다고 보는 관점이다. 따라서 인간을 자신의 결정에 책임을 지는 결단의 주체로 보는 관점은 실존주의뿐이다.

오답 풀이

② 구조주의에서는 실존주의와 달리 인간은 자신의 정체성을 스스로 결정하지 않는다고 보는군.

해설 인간은 결단의 주체가 아니며 인간의 특성과 정체성은 인간 스스로 결정하는 것이 아닌 그가 속한 사회 구조에 의해 결정된다고 보는 관점이 구조주의이다. 이에 반해 실존주의는 인간이 결단의 주체이며, 자신의 특성과 정체성을 스스로 결정할 자유로운 의식과 권리가 있다고 본다.

③ 실존주의에서는 구조주의와 달리 인간을 이해하기 위해서는 인간의 구체적인 행동에 주목해야 한다고 보는군.

해설 〈보기〉에서 실존주의는 인간을 하나의 현상이자 개별적인 존재로 보고 인간의 구체적인 행동에 관심을 둔다고 하였다.

④ 전통철학에서는 구조주의와 달리 인간에게는 충실하게 실현해야 할 본질이 미리 규정되어 있다고 보는군.

해설 〈보기〉에 따르면, '전통철학'에서는 인간이 선천적인 원리에 의해 미리 규정된 '특성'과 '본질'을 갖는다고 본다. 반면 구조주의는 인간의 특성과 정체성이 사회 구조에 의해 결정된다고 본다.

⑤ 구조주의에서는 전통철학과 달리 인간의 특성은 집단 안에서 다른 것들과 맺는 관계에 따라 결정된다고 보는군.

해설 구조주의는 인간을 비롯한 대상의 의미나 본질은 하나의 개체로서가 아니라 전체 안에서 다른 것들과 맺은 관계 때문에 결정된다는 관점이다. 반면에 전통철학은 인간이 미리 규정된 특성과 본질을 갖는 존재라고 본다.

04 어휘의 문맥적 의미 파악 정답 ①

선택률	① 91%	② 2%	③ 3%	④ 2%	⑤ 2%

ⓐ, ⓑ의 의미로 쓰인 예가 바르게 짝지어진 것은?

= ⓐ: (선물을) 주는, ⓑ: (부채감을) 주고

정답 풀이

① ⓐ: 그는 아이에게 용돈을 주었다.
ⓑ: 지나친 기대는 학생에게 부담을 준다.

해설 ①의 ⓐ'주다'는 '물건 따위를 남에게 건네어 가지거나 누리게 하다.'라는 의미로 1문단의 ⓐ'선물을 주다'의 형태로 쓰였다. ①의 ⓑ'주다'는 '남에게 어떤 일이나 감정을 겪게 하거나 느끼게 하다.'의 의미로 3문단의 ⓑ'부채감을 주다'의 형태로 사용되었다.

오답 풀이

② ⓐ: 선생님께서 학생에게 책을 주셨다.
ⓑ: 그는 개에게 먹이를 주고 집을 나섰다.

해설 ②의 ⓐ와 ⓑ는 모두 '물건 따위를 남에게 건네어 가지거나 누리게 하다.'라는 의미의 '주다'로 각각 '책을 주다', '먹이를 주다'의 형태로 사용되었다.

③ ⓐ: 오늘부터 너에게 3일의 시간을 주겠다.
ⓑ: 나는 너에게 중요한 임무를 주겠다.

해설 ③의 ⓐ'주다'는 '시간 따위를 남에게 허락하여 가지거나 누리게 하다.'라는 의미로 '시간을 주다'의 형태로 쓰였다. ③의 ⓑ'주다'는 '남에게 어떤 역할 따위를 가지게 하다.'의 의미로 '임무를 주다'의 형태로 사용되었다.

④ ⓐ: 여행은 우리에게 기쁨을 주는 일이다.
ⓑ: 손에 힘을 더 주고 손잡이를 돌려야 한다.

해설 ④의 ⓐ'주다'는 '남에게 어떤 일이나 감정을 겪게 하거나 느끼게 하다.'의 의미로 '기쁨을 주다'의 형태로 사용되었다. ④의 ⓑ'주다'는 '속력이나 힘 따위를 내다.'의 의미로 '힘을 주다'의 형태로 쓰였다.

⑤ ⓐ: 그 사람은 모두에게 정을 주는 사람이다.
ⓑ: 어머니는 우리에게 조건 없이 사랑을 주는 분이다.

해설 ⑤의 ⓐ'주다'는 '다른 사람에게 정이나 마음을 베풀거나 터놓다.'의 의미로 '정을 주다'의 형태로 쓰였다. ⑤의 ⓑ'주다'는 '남에게 어떤 일이나 감정을 겪게 하거나 느끼게 하다.'의 의미로 '사랑을 주다'의 형태로 사용되었다.

05~09 2020년 11월 고1 전국연합학력평가 본문 30~31쪽

05 ① 06 ② 07 ③ 08 ② 09 ③

문단별 핵심어 ★ 중심 문장

• 들뢰즈의 '차이'의 철학

1 인간은 지식 체계의 형성을 위해 개념을 필요로 하는데, 개념이란 여러 관념 속에서 공통 요소를 뽑아내어 종합해 얻어 낸 보편적인 관념을 말한다(개념의 정의). 이러한 개념을 통해 체계와 기준을 머릿속에 먼저 정해 놓고 그것을 현실에 적용하는 개념주의적 태도(개념주의적 태도의 정의)를 지닌 근대 사상가들이 있었다. 하지만 들뢰즈는 이 세상에 동일한 것은 없다는 전제하에 세상을 개념으로만 파악하려는 태도를 비판하고(개념주의적 태도에 대한 들뢰즈의 비판) 개별 대상의 다양성에 주목하는('차이의 철학'의 특징) '차이'의 철학을 제시했다.

2 일반적으로 차이란 서로 같지 않고 다르다는 의미로 쓰이지만(차이의 일반적 개념) 들뢰즈는 차이를 '개념적 차이'와 '차이 자체'로 구분하여 자신이 말하고자 하는 차이의 의미를 명확히 했다. 이때 개념적 차이란 개념적 종차*를 통해 파악될 수 있는, 어떤 대상과 다른 대상의 상대적 다름(개념적 차이의 의미)을 의미하며, 차이 자체란 개념으로 드러낼 수 없는 대상 자체의 절대적 다름(차이 자체의 의미)을 의미한다. 「예를 들어 소금의 보편적 특성(개념적 특징)은 짠맛이나 흰색 등으로 볼 수 있는데 이러한 특성은 소금과 설탕의 맛을(개념적 차이의 예 1) 비교하거나, 소금과 숯의 색깔을(개념적 차이의 예 2) 비교함으로써 파악될 수 있다. 즉 소금과 다른 대상들과의 상대적인 비교를 통해 소금의 개념적 차이(상대적 다름)가 형성되는 것이다. 그런데 ㉠소금이라는 개념으로 동일하게 분류되는 각각의 입자들은 그 입자마다의 염도와 빛깔 등이 다를 수밖에 없다. 어떤 소금 입자들은 다른 소금 입자보다 조금 더 짤 수도 있고, 흰색이 조금 더 밝을 수도 있다. 이때 각 ㉡소금 입자가 가지는 염도, 빛깔의 고유한 정도 차이(차이 자체의 예)에 해당하는 특성이 바로 개별 소금 입자의 차이 자체(절대적 다름)인 것이다.」

「 」: 소금을 통한 개념적 차이와 차이 자체의 예시 설명

3 들뢰즈는 개념적 차이로는 대상만의 고유한 가치나 절대적 다름이 파악될 수 없다고 하였다(들뢰즈의 '차이'의 철학). 왜냐하면 개념적 차이는 다른 대상과의 비교를 통해 파악된 결과로 다른 대상에 의존하는 방식이어서, 그 과정에서 개별 대상의 고유한 특성이 무시되기(개념적 차이의 한계 1) 때문이다. 또한 들뢰즈는 개념이 개별 대상들을 규정함으로써 개별 대상을 개념에 포섭시키는 상황이나, 개념에 맞추어 세상을 파악함으로써 세상을 오로지 개념의 틀에 가두는 상황을 우려했다. 왜냐하면 이와 같은 상황에서는 미리 정해 둔 개념에 부합하는 개별 대상은 좋은 것으로, 그렇지 못한 개별 대상은 나쁜 것으로 규정되는 개념의 폭력(개념적 차이의 한계 2)이 발생할 수 있기 때문이다.

4 한편 들뢰즈는 개별 대상의 차이 자체를 드러낼 수 있는 작용 원리를 '반복'과 '강도'라는 용어로 설명했다. 일반적으로 반복은 같은 일을 되풀이한다는 의미로 쓰이지만 들뢰즈가 말하는 반복이란 되풀이하여 지각된 강도의 차이를 통해 개별 대상의 차이 자체를 발견해 나가는 과정(들뢰즈가 말하는 반복의 개념)을 의미한다. 이때 강도란 정량화하기 힘든, 개별 대상의 고유한 크기이자, 다른 것과 비교될 수 없는 개별 대상에 대한 감각적 경험(들뢰즈가 말하는 강도의 개념)을 의미한다. 예를 들어 어떤 사람이 피아노로 같은 악보를 반복해서 연주한다고 할 때, 각각의 ㉢연주는 결코 동일할 수 없으므로 연주가 반복될수록 연주자와 관객 모두 연주마다의 서로 다른 강도를 느끼게 된다. 즉 각각의 연주는 차이 자체를 드러내게 되는 것이다. 이처럼 들뢰즈에게 차이 자체란 반복에 의해 경험하게 되는 강도의 차이를 의미한다(들뢰즈가 말하는 차이 자체의 의미).

5 일반적으로 인간은 의사소통을 위해(개념의 필요성 1) 서로가 동일하게 인정할 수 있는 개념을 필요로 하며, 개념을 통해 형성되는 인간의 지식 체계가 세상을 변화시킨다는(개념의 필요성 2) 점을 고려하면 개념은 인간에게 필수적인 것이다. 들뢰즈도 이와 같은 개념의 기능을 전면적으로 부정한 것은 아니다(들뢰즈도 개념의 기능을 인정함). 다만 들뢰즈의 철학은, 개념을 최고의 가치로 숭상하면서 이 세상을 개념으로 온전히 규정하려는 기존 철학자들의 사상을 극복하고자 한 것이며(들뢰즈의 철학이 갖는 의의 1) 철학의 시선을 개념에서 현실 세계의 대상 자체로 돌리게 했다는 점에서(들뢰즈의 철학이 갖는 의의 2) 의의를 지닌다.

* **종차**: 상위 개념에 속한 동일한 층위의 하위 개념들 중 어떤 하위 개념이 다른 하위 개념과 구별되는 요소.

지문 분석하기

|지문 구조|

1 '차이'의 철학을 제시한 들뢰즈

⬇

2 차이를 '개념적 차이'와 '차이 자체'로 구분한 들뢰즈

⬇

3 개념적 차이로 개별 대상을 파악하려 할 때의 문제점

⬇

4 들뢰즈가 제시한 차이 자체를 드러낼 수 있는 작용 원리

⬇

5 들뢰즈의 '차이'의 철학이 갖는 의의

|주제| 들뢰즈의 '차이의 철학'의 개념과 의의

한컷 정리하기

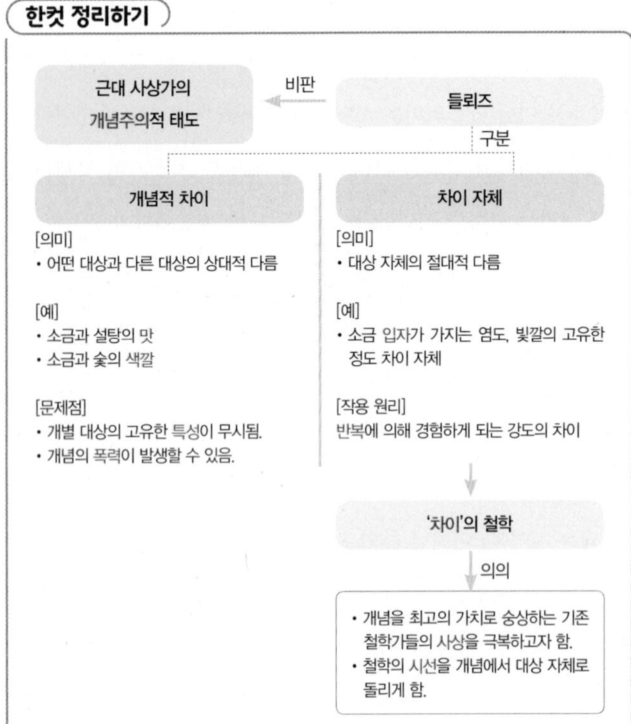

05 글의 전개 방식 파악 정답 ①

선택률	① 81%	② 6%	③ 4%	④ 3%	⑤ 6%

윗글의 내용 전개 방식에 대한 설명으로 가장 적절한 것은?

정답 풀이

① 기존의 관점을 비판한 특정 견해를 예를 들어 설명하고 그 의의를 밝히고 있다.

해설 이 글은 개념주의적 태도를 지닌 근대 사상가들의 태도를 비판한 들뢰즈의 차이의 철학을 소금과 피아노 연주를 통해 설명하고 있다. 이러한 들뢰즈의 철학은 기존 철학자들의 사상을 극복하고 철학의 시선을 현실 세계의 대상으로 돌리게 했다며 그 의의를 밝히고 있다.

오답 풀이

② 두 이론의 공통점과 차이점을 분석하고 이를 ~~절충한 새로운 이론을 소개하~~고 있다.

해설 설명의 방식을 통해 기존 근대 사상가들의 개념주의적 태도와 대상 자체를 중시하는 들뢰즈의 철학이 비교되기는 하지만, 이를 절충한 새로운 이론을 소개하고 있지는 않다.

③ 특정 이론의 ~~변천 과정을 설명하고~~ 해당 이론의 ~~발전 방향에 대해 예측하여~~ 전망하고 있다.

해설 변천 과정을 설명하려면 시간의 흐름에 따라 어떠한 대상이 어떻게 변화했는지에 대해 설명해야 하는데 이 글에서는 들뢰즈의 철학 자체의 특성과 의의만을 설명하고 있다. 또한 이 이론의 발전 방향을 예측하여 전망한 내용도 확인할 수 없다.

④ 특정 견해의 특징을 드러낼 수 있는 ~~역사적 사건을 언급하고~~ 그 견해의 ~~장단점을 비교하고~~ 있다.

해설 이 글에서는 들뢰즈의 견해의 특징을 드러낼 수 있는 역사적 사건은 언급하고 있지 않다. 또한 들뢰즈가 주장한 차이의 철학이 갖는 의의를 설명하고 있을 뿐, 이 사상의 장단점을 비교하고 있지도 않다.

⑤ ~~특정 견해를 뒷받침하는 다른 견해를 제시하고~~ 사회적 현상을 분석하여 두 ~~견해의 유사점을 부각하고~~ 있다.

해설 들뢰즈의 차이의 철학에 대해 설명하고 있을 뿐 이를 뒷받침하는 다른 견해를 제시하지는 않았다. 또한 사회적 현상을 분석하거나 두 견해의 유사점을 부각하고 있지도 않다.

06 핵심 정보의 파악 정답 ②

선택률	① 5%	② 60%	③ 19%	④ 12%	⑤ 4%

윗글을 바탕으로 ㉠~㉢을 이해한 내용으로 가장 적절한 것은?
= ㉠: 소금, ㉡: 소금 입자, ㉢: 연주

정답 풀이

② ㉠과 달리 ㉢은 개별 대상에 해당한다.

해설 ㉠은 짠맛이나 흰색 등의 보편적인 특징을 통해 다른 대상과 구분되는 상대적 다름을 지닌 '개념'에 해당한다. 반면에 ㉢은 반복될 때마다 결코 동일할 수 없는 '개별 대상'에 해당한다.

오답 풀이

① ㉠과 달리 ㉡은 개념에 해당한다.
↳ 개별 대상에

해설 ㉡은 염도, 빛깔 등이 고유한 입자마다 다를 수 있으므로 개념이 아닌 개별 대상에 해당한다.

③ ~~㉢과 달리 ㉡은~~ 개별 대상에 해당한다.
↳ ㉡과 ㉢은 모두

해설 ㉡은 염도, 빛깔 등이 고유한 입자마다 다를 수 있으므로 개별 대상에 해당하고, ㉢ 역시 반복될 때마다 결코 동일할 수 없으므로 개별 대상에 해당한다.

④ ~~㉠과 ㉢은 모두~~ 개별 대상에 해당한다.
↳ ㉠은 개념에 해당하고, ㉢은

해설 ㉢은 개별 대상에 해당하지만, ㉠은 다른 대상과 구분되는 상대적 다름을 갖는 개념에 해당한다.

⑤ ㉡과 ㉢은 모두 개념에 해당한다.
↳ 개별 대상에

해설 ㉡과 ㉢은 모두 개념이 아닌 개별 대상에 해당한다.

07 세부 정보의 파악 정답 ③

선택률	① 7%	② 4%	③ 71%	④ 8%	⑤ 10%

개념의 폭력에 대한 이해로 적절하지 않은 것은?

정답 풀이

③ ~~개별 대상이 지닌 고유한 특성만을 중요시할 때~~ 나타난다.
↳ 개념의 틀에 따라 개별 대상을 규정하려 할 때

해설 3문단에 따르면, 들뢰즈는 세상을 오로지 개념의 틀에 가두다 보면 미리 정해 둔 개념에 부합하는 개별 대상은 좋은 것으로, 그렇지 못한 개별 대상은 나쁜 것으로 규정하는 개념의 폭력이 발생할 수 있다고 하였다. 즉, 개념의 폭력은 개별 대상이 지닌 고유한 특성만을 중요시할 때 나타나는 것이 아니라, 개념의 틀에 따라 개별 대상을 규정하려 할 때 발생하는 것이다.

오답 풀이

① 개념에 개별 대상을 포섭시킴으로써 일어난다.

해설 3문단에 따르면, 들뢰즈는 개념이 개별 대상들을 규정함으로써 개별 대상을 개념에 포섭시키는 상황에서 개념의 폭력이 발생할 수 있음을 우려한다고 했다.

② 개념에 맞추어 세상을 보았을 때 생기는 문제이다.

해설 3문단에 따르면, 들뢰즈는 개념에 맞추어 세상을 파악함으로써 세상을 오로지 개념의 틀에 가둘 때 개념의 폭력이 발생할 수 있다고 하였다.

④ 대상에 대한 보편적 관념만을 강조했을 때 발생할 수 있다.

해설 들뢰즈가 생각하는 개념은 개별 대상의 특성을 제대로 설명하지 못하는 보편적 관념에 해당하는 것이다. 3문단에 따르면, 들뢰즈는 이러한 보편적 관념만을 강조하다 보면 미리 정해 둔 개념에 부합하는 것은 좋은 것으로, 그렇지 못한 것은 나쁜 것으로 규정짓는 개념의 폭력이 발생할 수 있다고 하였다.

⑤ 개별 대상이 개념과 일치하는지 여부에 따라 개별 대상의 가치가 결정되는 것이다.

해설 3문단의 들뢰즈의 주장에 따르면 대상에 대한 보편적 관념만을 중시하는 개념에 치우치다 보면 미리 정해 둔 개념에 일치하는 개별 대상은 좋은 것으로, 그렇지 못한 개별 대상은 나쁜 것으로 가치가 결정된다고 하였다.

08 구체적 상황에 적용

정답 ②

선택률	① 34%	② 23%	③ 15%	④ 26%	⑤ 2%

〈보기〉는 온라인 수업 게시판의 일부이다. 윗글을 바탕으로 학생들이 과제를 수행했다고 할 때 ㉮와 ㉯에 들어갈 말로 가장 적절한 것은?

보기

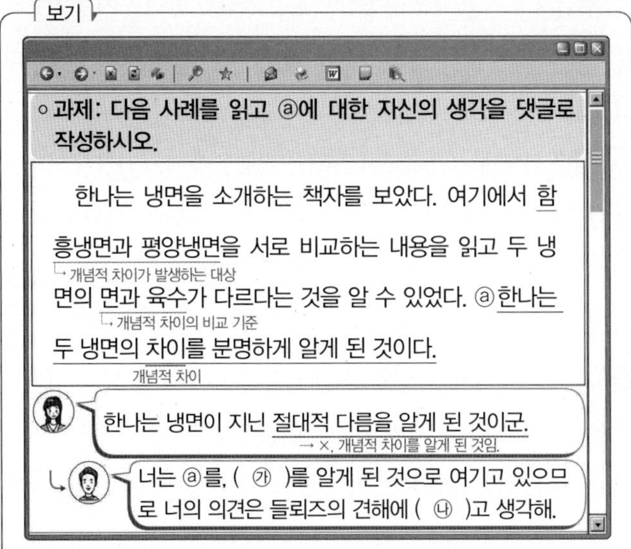

정답 풀이

② ㉮: 차이 자체 ㉯: 부합하지 않는다

해설 〈보기〉에서 한나는 함흥냉면과 평양냉면을 비교하여 차이를 느낀 것이므로, 들뢰즈의 입장에서 볼 때 이 '차이'는 개념적 차이에 해당한다. 하지만 첫 번째 댓글을 단 학생은 냉면이 지닌 절대적 차이를 알게 되었다고 하고 있으므로, 두 냉면의 차이를 '차이 자체'로 잘못 인식하고 있는 것이다. 따라서 ㉮에 들어갈 적절한 말은 '차이 자체'이다. 이러한 학생의 반응은 들뢰즈의 '차이'에 관한 철학 이론에 부합하지 않는다.

오답 풀이

① ㉮: 차이 자체 ㉯: ~~부합한다~~ (→ 부합하지 않는다)

해설 들뢰즈의 철학에 의하면, 평양냉면과 함흥냉면이 다른 것은 차이 자체가 아닌 개념적 차이에 해당한다. 하지만 첫 번째 댓글을 단 학생은 이를 차이 자체로 인식하는 오류를 저지르고 있으므로 ㉮는 적절하다. 이것은 들뢰즈의 견해에 부합하지 않는 것이므로 ㉯에는 '부합하지 않는다'가 들어가야 한다.

③ ㉮: ~~개념적 차이~~ (→ 차이 자체) ㉯: ~~부합한다~~ (→ 부합하지 않는다)

해설 들뢰즈의 철학에 의하면, 평양냉면과 함흥냉면이 다른 것은 각각의 보편적 특징을 통해 개념화된 개념적 차이에 해당한다. 하지만, 첫 번째 댓글을 단 학생은 이를 절대적 차이로 인식하였으므로 ㉮에는 '차이 자체'가 들어가는 것이 적절하다. 또한 이러한 인식은 들뢰즈의 견해에 부합하지 않으므로 ㉯에는 '부합하지 않는다'가 들어가야 한다.

선택지 속 함정

이 문제는 주어진 자료를 통해 선택지의 적절성을 판단하는 유형의 문제야. 주어진 자료를 보면 평양냉면과 함흥냉면의 특징을 면과 육수의 차이를 통해 알게 되었다는 사례를 읽고 두 학생이 보인 반응이 나타나 있어. 첫 번째 학생은 사례에 나타난 두 냉면의 차이를 절대적 차이로 인식하고 있고, 두 번째 학생은 이러한 첫 번째 학생의 댓글을 다시 평가하고 있는 방식이지. 첫 번째 학생이 ⓐ를 절대적 차이로 인식한 것은 들뢰즈의 관점에 비추어 보면 잘못된 판단이야. 평양냉면과 함흥냉면을 면과 육수라는 보편적인 분류 기준에 의해 구분한 것은 차이 자체가 아닌 개념적 차이야. 따라서 두 번째 학생은 개념적 차이를 절대적 차이로 인식하고 있는 학생의 오류를 지적하면서, 이러한 관점이 들뢰즈의 견해를 올바르게 이해하지 못해서 나온 것이라고 말하고 있어. 따라서 빈칸에 순서대로 들어갈 말은 '차이 자체'와 '부합하지 않는다'가 적절해. 이때 한 가지 더 주의해야 할 점은 주어진 자료를 꼼꼼하게 분석하지 않았다면 ⓐ를 보고 ㉮에 들어갈 말을 직관적으로 '개념적 차이'라고 생각할 수 있다는 점이야. ㉮에는 ⓐ가 차이 자체인지, 개념적 차이인지에 대한 판단이 아니라, 첫 번째 학생이 ⓐ를 어떻게 인지했는지가 들어가야 하기 때문이야.

④ ㉮: ~~개념적 차이~~ (→ 차이 자체) ㉯: 부합하지 않는다

해설 평양냉면과 함흥냉면을 면과 육수를 통해 상대적으로 비교함으로써 그 차이를 인식하는 것은 개념적 차이에 해당한다. 하지만 첫 번째 댓글을 단 학생이 절대적 차이를 알게 되었다고 한 것은 개념적 차이를 개별 차이로 잘못 인식한 것이다. 따라서 ㉮에 들어갈 적절한 말은 '차이 자체'이고, 이러한 인식은 들뢰즈의 견해에는 부합하지 않는다.

⑤ ㉮: ~~개념적 종차~~ (→ 차이 자체) ㉯: ~~부합한다~~ (→ 부합하지 않는다)

해설 들뢰즈는 대상을 파악함에 있어 개념이 우선시 되느냐, 대상 개별의 특징이 우선시 되느냐를 개념적 차이와 차이 자체로 설명하였다. 따라서 함흥냉면과 평양냉면의 차이를 각각의 보편화된 특성, 즉 면과 육수를 통해 파악하는 것은 들뢰즈의 철학에서는 개념적 차이로 볼 수 있다. 종차는 상위 개념에 속한 동일한 층위의 하위 개념들 중 어떤 하위 개념이 다른 하위 개념과 구별되는 요소를 뜻하는 말로 평양냉면과 함흥냉면을 비교한 상황을 설명하는 말로는 적절하지 않다.

09 정보 간의 비교

정답 ③

선택률	① 9%	② 8%	③ 64%	④ 11%	⑤ 8%

〈보기〉에 대해 '들뢰즈'가 보일 수 있는 반응으로 적절하지 않은 것은?

보기

○ 헤겔은 세상을 개념적으로 파악하기 위한 방법론으로 변증법을 제시했다. 가령 '아인슈타인'이라는 개별 대상은 '남자', '과학자' 등과 같은 더 많은 개념들을 활용한다면 완벽하게 규정될 수 있다고 본 것이 헤겔 변증법의 핵심이다.
(헤겔 변증법: 개별 대상보다는 개념을 중시)

○ 앤디 워홀은 실크스크린을 통한 대량 인쇄 작업을 거쳐 공장에서 한 가지 상품의 동일한 이미지를 작품으로 제작하였다. 이 작품들은 언뜻 보면 동일해 보였지만 실제로는 윤곽선의 번짐이나 색상에서 조금씩 차이를 느낄 수 있었다. 이러한 앤디 워홀의 작업은 같음을 생산하는 과정을 되풀이함으로써 오히려 어떠한 결과물도 같을 수 없음을 보여 준다.
(실제로는 윤곽선의 번짐이나 색상에서 조금씩 차이: 개별 대상의 고유한 특성)
(같음을 생산하는 과정을 되풀이함: 들뢰즈의 반복을 통해 강도의 차이 인식과 유사)

정답 풀이

③ 앤디 워홀은 같음을 생산하는 과정을 되풀이하며 제작한 결과물을 통해 동일한 강도가 지각될 수 있음을 보여 주려 한 것이겠군. (있음을 → 없음을)

해설 4문단에 따르면, 들뢰즈는 개별 대상의 차이 자체를 드러낼 수 있는 작용 원리를 '반복'과 '강도'라는 용어로 설명한다. 들뢰즈가 말하는 반복이란 되풀이하여 지각된 강도의 차이를 통해 개별 대상의 차이 자체를 발견해 나가는 과정을 의미한다. 들뢰즈의 입장에서 〈보기〉의 앤디 워홀이 한 작업은 같음을 생산하는 과정을 되풀이하여 만든 결과물에 대해 지각되는 강도가 다름을 보여 주려 한 것으로 이해할 수 있다.

오답 풀이

① 헤겔의 변증법을 활용하더라도 아인슈타인이라는 개별 대상을 온전히 규정할 수 없겠군.

해설 〈보기〉에서 헤겔은 세상을 개념적으로 파악하기 위한 방법론으로 변증법을 제시했다고 하였다. 헤겔이 보편적 개념인 '남자', '과학자'를 적용하여 개별 대상인 아인슈타인을 규정하려는 것은 개념주의적 태도이다. 개념은 개별 대상을 설명하는 데 한계가 있다고 주장한 들뢰즈의 관점에서는 헤결의 변증법이 아인슈타인이라는 개별 대상을 온전히 규정할 수 없는 불완전한 방법이라고 판단할 것임을 알 수 있다.

② 헤겔이 세상을 보는 방법론은 미리 만들어진 개념이 현실 세계의 개별 대상들을 규정하는 것이겠군.

해설 헤겔의 변증법은 세상을 개념적으로 파악하기 위한 방법론에 해당한다. 따라서 들뢰즈의 관점에서 헤겔의 변증법은 개념이 현실 세계의 개별 대상들을 규정하는 방법론으로 볼 수 있다.

④ 앤디 워홀이 대량 인쇄 작업으로 제작한 작품들은 다른 것과 비교될 수 없는 개별 대상에 대한 감각적 경험을 가능하게 하겠군.

해설 들뢰즈는 반복을 통해 개별 대상에 대한 감각적 경험을 얻을 수 있다고 보았다. 들뢰즈의 관점에서 볼 때 〈보기〉의 앤디 워홀의 작업은 같음을 생산하는 과정을 반복하여 다른 것과 비교될 수 없는 개별 대상에 대한 감각적 경험을 얻는 과정으로 이해할 수 있다.

⑤ 앤디 워홀의 실크스크린 작품들에서는 다른 대상에 의존하는 방식으로는 파악할 수 없는 특성이 색상과 윤곽선에 대한 지각을 통해 드러나게 되는 것이겠군.
(개념적 차이 / 차이 자체)

해설 3문단에 따르면, 들뢰즈는 대상만의 고유한 가치나 절대적 다름이 다른 대상에 의존하는 방식인 개념적 차이로는 파악될 수 없고, 반복에 의해 경험하게 되는 강도의 차이로 파악된다고 보았다. 〈보기〉의 앤디 워홀의 실크스크린 작품들은 동일해 보였지만 실제로 윤곽선의 번짐이나 색상의 차이를 느끼게 했다고 하였으므로, 들뢰즈는 그의 작품들이 이러한 개별 대상의 차이 자체를 보여 준다고 이해할 수 있다.

DAY 06 사회 **통화 정책**

01~04 2023년 3월 고1 전국연합학력평가 본문 34~35쪽

01 ⑤ 02 ① 03 ① 04 ②

◯ 문단별 핵심어 ★ 중심 문장

• 국가의 통화 정책

1 경기가 침체되어 가계의 소비가 줄어들면 시중의 제품이 팔리지 않아 기업은 생산 규모를 축소하게 된다. 그 결과 실업률이 증가하고 가계의 수입이 감소하면서 소비는 더욱 위축된다. 이와 같은 악순환으로 경기 침체가 심화되면 국가는 이에서 벗어나기 위해 유동성을 늘리는 통화 정책을 시행한다.
(소비 위축 → 생산성 감소 → 실업률 증가 → 가계의 수입 감소 → 소비 위축 / 시중에 유통되는 화폐의 양을 나타냄.)

2 유동성이란 자산 또는 채권을 손실 없이 현금화할 수 있는 정도로, 현금과 같은 화폐는 유동성이 높은 자산인 반면 토지나 건물과 같은 부동산은 유동성이 낮은 자산이다. 이처럼 유동성은 자산의 성격을 나타내는 용어이지만, 흔히 시중에 유통되는 화폐의 양, 즉 통화량을 나타내는 말로도 사용된다. 가령 시중에 통화량이 지나치게 많을 때 '유동성이 넘쳐 난다'고 표현하고, 반대로 통화량이 줄어들 때 '유동성이 감소한다'고 표현한다. 유동성이 넘쳐 날 경우 시중에 화폐가 흔해지는 상황이므로 화폐의 가치는 떨어지게 된다.
(유동성의 개념 1 / 현금화가 쉽다 → 유동성이 높다 / 현금화가 어렵다 → 유동성이 낮다 / 유동성의 개념 2 / 유동성과 화폐 가치의 상관 관계)

3 유동성은 금리와 밀접한 관련이 있기 때문에 국가는 정책적으로 금리를 올리고 내림으로써 유동성을 조절할 수 있다. 이때 금리는 예금이나 빌려준 돈에 붙는 이자율로, 이는 기준 금리와 시중 금리 등으로 구분된다. 기준 금리는 국가가 정책적인 차원에서 결정하는 금리로, 한 나라의 금융 및 통화 정책의 주체인 중앙은행에 의해 결정된다. 반면 시중 금리는 기준 금리의 영향을 받아 중앙은행 이외의 시중 은행이 세우는 표준적인 금리로, 가계나 기업의 금융 거래에 영향을 미친다. 가령 시중 금리가 내려가면 예금을 통한 이자 수익과 대출에 따른 이자 부담이 줄어 가계나 기업에서는 예금을 인출하거나 대출을 받으려는 경향성이 늘어난다. 그 결과 시중의 유동성이 증가하게 된다. 반대로 시중 금리가 올라가면 이자 수익과 대출 이자 부담이 모두 늘어나기 때문에 유동성이 감소하게 된다.
(금리의 개념 / 금리의 구분 / 기준 금리의 개념과 관리 주체 / 시중 금리의 개념과 관리 주체)

4 이와 같은 금리와 유동성의 관계를 고려하여, 중앙은행은 기준 금리를 조절하는 통화 정책을 통해 경기를 안정시키려고 한다. 만일 경기가 침체되면 중앙은행은 기준 금리를 인하하는 정책을 도입하여 시중 금리를 낮추도록 유도한다. 그 결과 유동성이 증가하여 가계의 소비가 늘고 주식이나 부동산에 대한 투자가 확대된다. 또한 기업의 생산과 고용이 늘고 다양한 분야에 대한 투자가 확대되
(통화 정책을 통해 정부가 기대하는 효과 / 사례 발생 1 / 중앙은행의 대응 / 효과 1-1)

어 물가가 상승하고 경기가 전반적으로 활성화된다(효과 1-2). 반대로 경기가 과열되어 자산 가격이나 물가가 지나치게 오르면(사례 발생 2) 중앙은행은 기준 금리를 인상하는 정책(중앙은행의 대응)을 통해 유동성을 감소시킨다(효과 2-1). 그 결과 기준 금리를 인하할 때와 반대의 현상이 나타나 자산 가격이 하락하고 물가가 안정되어 과열된 경기가 진정된다(효과 2-2).

5 그러나 중앙은행이 경기 활성화를 위해 통화 정책을 시행했음에도 불구하고 애초에 의도한 결과가 나타나지 않기도 한다. 즉, 기준 금리를 인하하여 시중에 유동성을 충분히 공급하더라도, 증가한 유동성이 기대만큼 소비나 투자로 이어지지 않으면 경기가 활성화되지 않는다. 특히 심각한 경기 침체로 인해 경기 회복에 대한 전망이 불투명할 경우(중앙은행의 통화 정책이 기대만큼의 효과를 거두기 어려운 경우), 경제 주체들은 쉽게 소비를 늘리지 못하거나 투자를 결정하지 못해 돈을 손에 쥐고만 있게 된다. 이 경우 충분한 유동성이 경기 회복으로 이어지지 못해 경기 침체가 지속되는데, 마치 유동성이 함정에 빠진 것 같다고 하여 케인스는 이를 유동성 함정(통화 정책의 시행이 경기 활성화로 이어지지 못하는 상황)이라 불렀다. 그는 이러한 유동성 함정을 통해 통화 정책의 한계를 설명하면서, 정부가 재정 지출을 확대하여 소비와 투자를 유도하는 정책을 시행하는 것이 중요하다고 역설하였다(경기 활성화를 위한 국가의 적극적인 개입을 강조).

지식을 쌓는 **배경지식**

기준 금리와 유동성의 상관관계

- 한 나라의 금리를 대표하는 정책 금리를 기준 금리라고 하는데 우리나라는 이를 한국은행에서 결정하고 미국은 연방준비제도에서 결정함.
- 한국은행에서는 "한국은행 기준 금리는 한국은행이 금융 기관과 환매 조건부 증권(RP)매매, 자금조정예금 및 대출 등의 거래를 할 때 기준이 되는 정책 금리로서 간단히 '기준 금리(base rate)'라고도 한다."라고 정의하고 있음.

지문 분석하기

|지문 구조|

1 경기 침체기의 국가의 정책

↓

2 유동성의 개념 + **3** 금리의 개념 및 유동성과의 상관 관계

↓

4 중앙은행의 통화 정책

↓

5 통화 정책의 한계와 케인스의 주장

|주제| 국가의 통화 정책과 그 한계

한컷 정리하기

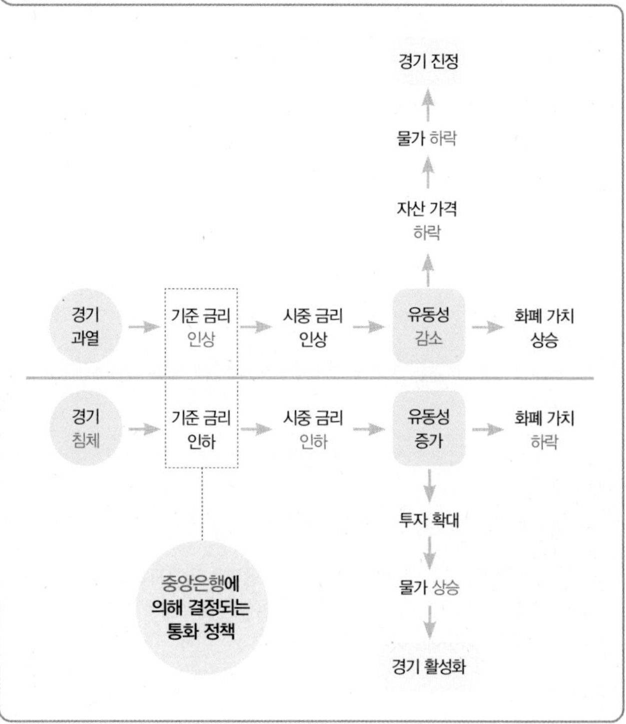

01 세부 정보의 파악 정답 ⑤

선택률	① 2%	② 6%	③ 8%	④ 6%	⑤ 78%

윗글을 통해 알 수 있는 내용이 아닌 것은?

정답 풀이

⑤ ~~유동성에 대한 케인스 주장의~~ 한계 (→ 통화 정책의)

해설 5문단에서 케인스는 경기를 활성화하기 위해 국가에서 정책적으로 유동성을 늘렸음에도 불구하고 경기가 활성화되지 않는 상황을 '유동성 함정'이라고 불렀음을 확인할 수 있다. 케인스가 주장한 것은 이러한 통화 정책의 한계를 극복하기 위해서는 정부가 재정 지출을 통해 소비와 투자를 유도해야 한다는 것이었다. 하지만 케인스 주장의 한계는 이 글에 제시되어 있지 않다.

오답 풀이

① 중앙은행이 하는 역할

해설 4문단에서 중앙은행은 금리와 유동성의 관계를 고려하여 기준 금리를 조절하는 통화 정책을 통해 경기를 안정시킨다고 하였다. 이를 바탕으로 중앙은행이 하는 역할을 짐작해 볼 수 있다.

② 유동성이 높은 자산의 예

해설 2문단의 현금과 같은 화폐는 유동성이 높은 자산인 반면 토지나 건물과 같은 부동산은 유동성이 낮은 자산이라는 설명을 통해 유동성이 높은 자산의 예를 알 수 있다.

③ 기준 금리와 시중 금리의 관계

해설 3문단에 따르면, 기준 금리는 국가가 정책적인 차원에서 결정하는 금리로, 한 나라의 금융 및 통화 정책의 주체인 중앙은행에 의해 결정된다. 반면 시중 금리는 기준 금리의 영향을 받아 중앙은행 이외의 시중 은행이 세우는 표준적인 금리로, 가계나 기업의 금융 거래에 영향을 미친다. 이러한 설명을 통해 기준 금리와 시중 금리의 관계를 알 수 있다.

④ 경기 침체로 인해 나타나는 현상

해설 1문단에서 경기가 침체되어 가계의 소비가 줄어들면 시중의 제품이 팔리지 않아 기업은 생산 규모를 축소하게 되는데, 그 결과 실업률이 증가하고 가계

의 수입이 감소하면서 소비는 더욱 위축된다고 하였다.

02 미루어 알기 정답 ①

선택률	① 69%	② 15%	③ 8%	④ 2%	⑤ 6%

윗글을 바탕으로 할 때, 〈보기〉의 ㄱ~ㄷ에 들어갈 말로 적절한 것은?

> 보기
>
> 국가의 통화 정책이 정상적으로 작동될 때, 중앙은행이 기준 금리를 (ㄱ) 시중의 유동성이 (ㄴ)하며, 화폐의 가치가 (ㄷ) 한다.

정답 풀이

① ㄱ : 내리면 / ㄴ : 증가 / ㄷ : 하락

해설 중앙은행이 기준 금리를 내리면, 시중 금리가 낮아지므로 예금을 인출하거나 대출을 받는 사람이 늘어나 시중의 유동성은 증가한다. 반면, 유동성이 증가한 만큼 화폐의 가치는 하락하게 된다.

오답 풀이

② ㄱ : 내리면 / ㄴ : 증가 / ㄷ : 상승
↳ 하락

해설 금리가 내려가면 유동성이 증가하긴 하지만, 화폐가 흔해진 만큼 화폐의 가치는 하락하게 된다.

③ ㄱ : 내리면 / ㄴ : 감소 / ㄷ : 상승
↳ 증가 ↳ 하락

해설 중앙은행이 기준 금리를 내리면 시중에 화폐가 많이 풀리므로 유동성은 감소하는 것이 아니라 증가한다. 또한 시중에 풀린 화폐가 많아져 화폐의 가치는 상승하는 것이 아니라 감소한다.

④ ㄱ : 올리면 / ㄴ : 증가 / ㄷ : 상승
↳ 감소

해설 중앙은행이 기준 금리를 올리면 시중의 화폐가 은행으로 몰리고 대출도 줄어들게 되므로 유동성은 증가하는 것이 아니라 감소하게 된다. 또한 유통되는 화폐의 양이 감소하므로 화폐의 가치는 상승한다.

⑤ ㄱ : 올리면 / ㄴ : 감소 / ㄷ : 하락
↳ 상승

해설 중앙은행이 기준 금리를 올리면 유동성이 감소한다. 따라서 시중에 풀린 화폐의 양도 적어지므로 화폐의 가치는 하락하는 것이 아니라 상승한다.

03 핵심 정보의 파악 정답 ①

선택률	① 88%	② 4%	③ 2%	④ 1%	⑤ 5%

유동성 함정에 대해 이해한 내용으로 가장 적절한 것은?

정답 풀이

① 시중에 유동성이 충분히 공급되더라도 경기 침체가 지속되는 상황을 의미한다.

해설 5문단에 따르면, 케인스는 시중에 유동성이 충분히 공급되더라도 심각한 경기 침체로 인해 경제 주체들이 쉽게 소비를 늘리지 못하거나 돈을 손에 쥐고 투자를 결정하지 못해 유동성이 경기 회복으로 이어지지 못하는 상황을 '유동성 함정'이라고 하였다.

오답 풀이

② ~~시중 금리의 상승으로 유동성이 감소하여 물가가 하락하는 상황을~~ 의미한다.

해설 시중 금리가 상승하여 유동성이 감소하면 화폐의 가치가 올라가므로 물가는 자연스럽게 하락한다. 물가가 너무 높아지면 중앙은행에서는 이를 조절하고 경기를 안정시키기 위해 금리를 높이기도 하지만 이러한 상황은 '유동성 함정'과는 연관이 없다.

③ ~~기업의 생산과 가계의 소비가 줄어들어 유동성이 넘쳐 나는 상황을~~ 의미한다.

해설 기업의 생산과 가계의 소비가 줄어드는 것은 심각한 경기 침체기에 나타나는 현상이다. 경기 침체기에는 유동성이 넘쳐나는 것이 아니라 반대로 줄어들고, 이러한 현상은 '유동성 함정'과는 연관이 없다.

④ ~~경기 과열로 인해 유동성이 높은 자산에 대한 선호가 늘어나는 상황을~~ 의미한다.

해설 경기가 과열되면 자산 가격이나 물가가 지나치게 오르게 되는데, 이런 상황에서는 유동성 높은 자산, 즉 화폐의 가치가 떨어지게 된다. 따라서 경기 과열로 인해 유동성이 높은 자산에 대한 선호는 줄어든다고 보아야 한다. 이러한 상황은 '유동성 함정'과는 연관이 없다.

⑤ ~~유동성이 감소하여 경기 회복에 대한 전망이 긍정적으로 바뀌는 상황을~~ 의미한다.

해설 유동성이 감소한다는 것은 시중의 통화량이 줄어든다는 의미이다. 이는 소비와 투자가 위축되어 경기가 침체기로 바뀌는 상황과 관련이 있다. 경기 회복에 대한 전망이 긍정적일 때는 유동성이 증가할 수 있다.

04 구체적 상황에 적용 정답 ②

선택률	① 13%	② 64%	③ 6%	④ 8%	⑤ 9%

윗글을 바탕으로 경제 주체들이 〈보기〉의 신문 기사를 읽고 보일 수 있는 반응으로 적절하지 않은 것은? [3점]

> 보기
>
> 금융 당국 '빅스텝' 단행
>
> 금융 당국은 오늘 '빅스텝'을 단행하였다. 빅스텝이란 기준 금리를 한 번에 0.5%p 인상하는 것을 의미한다. 이처럼 금리를 큰 폭으로 인상한 것은 과도하게 증가한 유동성으로 인해 물가가 지나치게 상승하고 부동산, 주식 등의 자산 가격이 폭등했기 때문이다.
>
> (중앙은행에서 조절함.)
> (금리 인상으로 유동성이 감소하면 자산 가격이 하락하고 물가가 안정되어 경기가 진정됨.)

정답 풀이

② 소비자 : ~~위축된 소비 심리가 회복되어 지금보다 물가가 오를 수~~ 있으니, 자동차 구매 시기를 ~~앞당겨야겠군~~.
↳ 소비나 투자에 대한 심리가 위축되고 물가가 내려감.
↳ 미루어야겠군

해설 금리가 오르게 되면, 소비나 투자에 대한 심리가 위축된다. 따라서 일반적인 소비자는 대출이나 구매 계획을 미루려고 할 것이므로 적절하지 않은 반응이다.

오답 풀이

① 투자자 : 부동산의 가격이 하락할 수 있으니, 당분간 부동산 투자를 미루고 시장 상황을 지켜봐야겠군.

해설 금리가 오르면 대출에 대한 이자 부담이 커지므로, 대출이 감소하고 소비도 위축되어 부동산의 가격이 하락할 수 있다. 따라서 이러한 상황에서 투자자는 공격적인 투자보다는 시장 상황을 지켜보는 것을 선택할 가능성이 높다.

③ 기업인 : 대출을 통해 자금을 확보하는 것이 부담스러워질 수 있으니, 공장을 확장하려던 계획을 보류해야겠군.

해설 금리가 오른다는 것은 예금 금리와 대출 금리가 모두 오른다는 것을 의미한다. 즉, 대출을 늘리면 이자에 대한 부담이 증가하므로 기업인은 공장을 확장하는 것과 같은 투자 계획에 대해 소극적인 태도를 취할 것이다.

④ 공장장: 당분간 우리 공장에서 생산한 부품에 대한 수요가 줄 수 있으니, 재고가 늘어날 것에 대비해야겠군.

해설 기준 금리가 오르면 소비나 대출이 위축되므로 시장 경기가 침체될 수 있다. 이러한 상황에서는 공장 부품에 대한 수요 또한 감소할 수 있다.

⑤ 은행원: 시중 은행에 저축하려는 사람들이 늘어날 수 있으니, 다양한 상품을 개발하여 고객을 유치해야겠군.

해설 금리가 오르면 부동산이나 주식 등에 대한 투자가 줄어들지만 이자 수익을 기대하여 예금 상품에 대한 수요는 증가하게 된다.

선택지 속 함정

금리 상승기에는 투자와 소비 심리가 위축되어 시장 경기는 침체기를 맞게 돼. 또한 금리가 오른다는 것은 예금에 대한 이자도 오른다는 뜻이므로 부동산이나 주식 등에 흘러갔던 자금이 이자 수익을 기대하고 예금으로 몰리는 현상이 나타날 수 있어. 이렇게 시장 경기 침체와 은행에 묶인 돈이 증가하는 현상이 더해지면 유동성이 급격하게 감소하게 되는 거야. 금리 인상기에 모든 경기 활동이 둔화되는 것처럼 느껴져서 예금 상품 또한 잘 팔리지 않을 것이라고 생각할 수 있겠지만, 예금 상품은 일반적인 소비와는 반대되는 개념이므로 혼동하지 않도록 주의해야 해.

05~08 2018학년도 6월 고3 모의평가 본문 36~37쪽

05 ① 06 ⑤ 07 ① 08 ⑤

(◯ 문단별 핵심어 ★ 중심 문장)

• 준칙주의와 재량주의

1 통화 정책은 중앙은행이 물가 안정과 같은 경제적 목적의 달성을 위해 이자율이나 통화량을 조절하는 것이다. (통화 정책의 정의) 대표적인 통화 정책 수단인 '공개 시장 운영'은 중앙은행이 민간 금융 기관을 상대로 채권을 매매해 금융 시장의 이자율을 정책적으로 결정한 기준 금리 수준으로 접근시키는 것이다. (공개 시장 운영의 개념) 중앙은행이 채권을 매수하면 이자율은 하락하고, 채권을 매도하면 이자율은 상승한다. 이자율이 하락하면 소비와 투자가 확대되어 경기가 활성화되고 물가 상승률이 오르며, (채권을 매수할 시) 이자율이 상승하면 경기가 위축되고 물가 상승률이 떨어진다. (채권을 매도할 시) 이와 같이 공개 시장 운영의 영향은 경제 전반에 ⓐ파급된다.

2 중앙은행의 통화 정책이 의도한 효과를 얻기 위한 요건 중에는 '선제성'과 '정책 신뢰성'이 있다. 먼저 통화 정책이 선제적이라는 것은 중앙은행이 경제 변동을 예측해 이에 미리 대처한다는 것이다. (통화 정책이 선제적이라는 것의 의미) 기준 금리를 결정하고 공개 시장 운영을 실시하여 그 효과가 실제로 나타날 때까지는 시차가 발생하는데 (정책 외부 시차의 발생 가능성) 이를 '정책 외부 시차'라 하며, 이 때문에 선제성이 문제가 된다. 예를 들어 「중앙은행이 경기 침체 국면에 들어서야 비로소 기준 금리를 인하한다면, 정책 외부 시차로 인해 경제가 스스로 침체 국면을 벗어난 다음에야 정책 효과가 ⓑ발현될 수도 있다.」 (「」: 통화 정책이 선제적이어야 하는 이유) 이 경우 경기 과열과 같은 부작용이 ⓒ수반될 수 있다. 따라서 중앙은행은 통화 정책을 선제적으로 운용하는 것이 바람직하다.

3 또한 통화 정책은 민간의 신뢰가 없이는 성공을 거둘 수 없다. (통화 정책에서 신뢰의 중요성) 따라서 중앙은행은 정책 신뢰성이 손상되지 않게 ⓓ유의해야 한다. 그런데 어떻게 통화 정책이 민간의 신뢰를 얻을 수 있는지에 대해서는 견해 차이가 있다. 경제학자 프리드먼은 중앙은행이 특정한 정책 목표나 운용 방식을 '준칙'으로 삼아 민간에 약속하고 어떤 상황에서도 이를 지키는 ㉠'준칙주의'를 주장한다. (준칙주의의 개념) 가령 중앙은행이 물가 상승률 목표치를 민간에 약속했다고 하자. 민간이 이 약속을 신뢰하면 물가 불안 심리가 진정된다. (중앙은행이 물가를 안정시킬 것을 믿으므로) 그런데 물가가 일단 안정되고 나면 중앙은행으로서는 이제 경기를 ⓔ부양하는 것도 고려해 볼 수 있다. 문제는 민간이 이 비일관성을 인지하면 (중앙은행이 물가를 안정시키는 정책에서 부양하는 정책으로 태도를 바꿈.) 중앙은행에 대한 신뢰가 훼손된다는 점이다. 준칙주의자들은 이런 경우에 중앙은행이 애초의 약속을 일관되게 지키는 편이 바람직하다고 주장한다.

4 그러나 민간이 사후적인 결과만으로는 중앙은행이 준칙을 지키려했는지 판단하기 어렵고, 중앙은행에 준칙을 지킬 것을 강제할 수 없는 것도 사실이다. 준칙주의와 대비되는 ㉡'재량주의'에서는 경제 여건 변화에 따른 신축적인 정책 대응을 지지하며 준칙주의의 엄격한 실천은 현실적으로 어렵다고 본다. (재량주의의 입장 1) 아울러 준칙주의가 최선인지에 대해서도 물음을 던진다. 예상보다 큰 경제 변동이 있으면 사전에 정해 둔 준칙이 장애물이 될 수 있기 때문이다. 정책 신뢰성은 중요하지만, 이를 위해 중앙은행이 반드시 준칙에 얽매일 필요는 없다는 것이다. (재량주의의 입장 2)

지문 분석하기

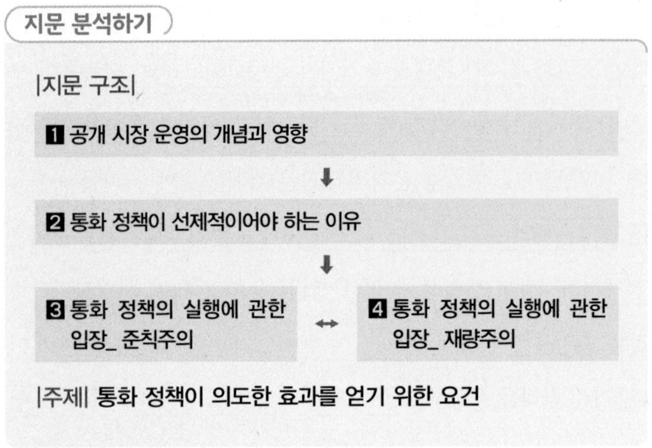

한컷 정리하기

통화 정책 — 중앙은행 — 기준 금리 결정

공개 시장 운영 — 채권 매수 → 이자율 하락 / 채권 매도 → 이자율 상승

중앙은행의 통화 정책이 의도한 효과를 얻기 위한 요건

- 정책 신뢰성 → 민간의 신뢰가 중요 → 준칙주의
  - 중앙은행이 특정한 정책 목표나 운용 방식을 준칙으로 삼아 민간에 약속하면, 어떤 상황에서도 이를 지켜야 한다는 입장
- 선제성 → 통화 정책 시행 → 정책 외부 시차 발생 → 선제적인 통화 정책 필요 → 재량주의
  - 경제 여건 변화에 따른 신축적인 정책 대응을 지지하는 입장
  - 예상보다 큰 경제 변동이 있으면 사전에 정해 둔 준칙이 장애물이 될 수 있음.

05 글의 전개 방식 파악 정답 ①

선택률	① 67%	② 8%	③ 9%	④ 9%	⑤ 7%

윗글에서 사용한 설명 방식에 해당하지 않는 것은?

정답 풀이

① 통화 정책의 목적을 유형별로 나누어 제시하고 있다.

해설 1문단의 '통화 정책은 중앙은행이 물가 안정과 같은 경제적 목적의 달성을 위해 이자율이나 통화량을 조절하는 것'에서 통화 정책의 목적을 언급하고 있지만 이를 유형별로 나누어 제시하고 있지는 않다.

오답 풀이

② 통화 정책에서 선제적 대응의 필요성을 예를 들어 설명하고 있다.

해설 2문단에서 예를 들어 중앙은행의 선제적 대응의 필요성을 설명하고 있다.

③ 공개 시장 운영이 경제 전반에 영향을 미치는 과정을 인과적으로 설명하고 있다.

해설 1문단에서 중앙은행이 공개 시장에서 채권을 매수했을 경우와 매도했을 경우로 나누어 그에 따른 영향으로 이자율이 하락하고 상승하는 과정을 인과적으로 설명하고 있다.

④ 관련된 주요 용어의 정의를 바탕으로 통화 정책의 대표적인 수단을 설명하고 있다.

해설 1문단에서 '통화 정책'의 정의를 바탕으로 대표적인 통화 정책 수단인 '공개 시장 운영'에 대해 설명하고 있다.

⑤ 통화 정책의 신뢰성 확보를 위해 준칙을 지켜야 하는지에 대한 두 견해의 차이를 드러내고 있다.

해설 3, 4문단에서 통화 정책의 정책 신뢰성과 관련하여 그 견해 차이에 따라 '준칙주의'와 '재량주의'로 나누어 설명하고 있다.

06 구체적 상황에 적용 정답 ⑤

선택률	① 17%	② 16%	③ 22%	④ 17%	⑤ 28%

윗글을 바탕으로 〈보기〉를 이해할 때 '경제학자 병'이 제안한 내용으로 가장 적절한 것은? [3점]

보기

어떤 가상의 경제에서 20○○년 1월 1일부터 9월 30일까지 3개 분기 동안 중앙은행의 기준 금리가 4%로 유지되는 가운데 다양한 물가 변동 요인의 영향으로 물가 상승률은 아래 표와 같이 나타났다. 단, 각 분기의 물가 변동 요인은 서로 관련이 없다고 한다.

(현재 금리)

기간	1/1~3/31	4/1~6/30	7/1~9/30
	1분기	2분기	3분기
물가 상승률	2%	3%	3%

경제학자 병은 1월 1일에 위 표의 내용을 예측할 수 있었고 국민들의 생활 안정을 위해 물가 상승률을 매 분기 2%로 유지해야 한다고 주장하였다. 이를 위해 다음 사항을 고려한 선제적 통화 정책을 제안했으나 받아들여지지 않았다.

(2, 3분기 물가 상승률을 1%p 내려야 함.)

[경제학자 병의 고려 사항]

기준 금리가 4%로부터 1.5%p*만큼 변하면 물가 상승률은 위 표의 각 분기 값을 기준으로 1%p만큼 달라지며, 기준금리 조정과 공개 시장 운영은 1월 1일과 4월 1일에 수행된다. 정책 외부 시차는 1개 분기이며 기준 금리 조정에 따른 물가 상승률 변동 효과는 1개 분기 동안 지속된다.

(기준 금리를 1.5%p 내리면 물가 상승률은 1%p 올라감.)

* %p는 퍼센트 간의 차이를 말한다. 예를 들어 1%에서 2%로 변화하면 이는 1%p 상승한 것이다.

정답 풀이

⑤ **중앙은행은 기준 금리를 1월 1일에 5.5%로 인상하고 4월 1일에도 이를 5.5%로 유지해야 한다.**

해설 경제학자 병은 물가 상승률을 매 분기 2%로 유지해야 한다고 주장하였다. 그리고 [경제학자 병의 고려 사항]에 따르면 기준 금리가 4%로부터 1.5%p만큼 변하면 물가 상승률은 각 분기 값을 기준으로 1%p만큼 달라지며, 정책 외부 시차는 1개 분기이고 상승률 변동 효과는 1개 분기 동안 지속된다고 하였다. 따라서 경제학자 병은 물가 상승률을 매 분기 2%로 유지하기 위해, 물가 상승률이 3%로 1%p 오르는 2분기의 1개 분기 전인 1분기의 1월 1일에 기준 금리를 1.5%p 높인 5.5%로 인상해야 한다고 주장할 것이다. 1월 1일에 기준 금리를 5.5%로 인상하면 물가 상승률은 1%p 떨어지게 되어 경제학자 병의 주장대로 물가 상승률은 2%를 유지할 수 있을 것이기 때문이다. 또한 표에 따르면 3분기에도 물가 상승률이 3%에 머물러 있으므로 1개 분기 전엔 4월 1일에도 기준 금리를 5.5%로 유지해야 물가 상승률이 1%p 떨어진 2%로 유지할 수 있다.

오답 풀이

① **중앙은행은 기준 금리를 1월 1일에 2.5%로 인하하고 4월 1일에도 이를 2.5%로 유지해야 한다.**
2분기 물가 상승률이 4%가 됨. 3분기 물가 상승률도 4%가 됨.

해설 기준 금리를 인하하면 물가 상승률은 올라간다. 기준 금리를 1월 1일에 2.5%로 인하하면 기준 금리가 1.5%p 하락한 것이므로 2분기의 물가 상승률은 1%p 올라 4%가 될 것이며, 4월 1일에도 이를 2.5%로 유지하면 3분기의 물가 상승률도 4%가 될 것이다.

② **중앙은행은 기준 금리를 1월 1일에 2.5%로 인하하고 4월 1일에는 이를 4%로 인상해야 한다.**
2분기 물가 상승률이 4%가 됨. 3분기 물가 상승률이 3%가 됨.

해설 기준 금리를 1월 1일에 2.5%로 인하하면 기준 금리가 1.5%p 하락한 것이므로 2분기의 물가 상승률은 1%p가 올라 4%가 될 것이며, 4월 1일에 이를 4%로 인상하면 3분기의 물가 상승률은 예측 그대로 3%가 될 것이다.

③ **중앙은행은 기준 금리를 1월 1일에 4%로 유지하고 4월 1일에는 이를 5.5%로 인상해야 한다.**
2분기 물가 상승률이 3%가 됨. 3분기 물가 상승률이 2%가 됨.

해설 기준 금리를 1월 1일에 4%로 유지하면 2분기의 물가 상승률은 예측 그대로 3%가 될 것이며, 4월 1일에 이를 5.5%로 인상하면 기준 금리가 1.5%p 상승한 것이므로 금리 상승에 따른 물가 상승률의 하락으로 3분기의 물가 상승률은 1%p 떨어져 2%가 될 것이다.

④ **중앙은행은 기준 금리를 1월 1일에 5.5%로 인상하고 4월 1일에는 이를 4%로 인하해야 한다.**
2분기 물가 상승률이 2%가 됨. 3분기 물가 상승률이 3%가 됨.

해설 기준 금리를 1월 1일에 5.5%로 인상하면 기준 금리가 1.5%p 상승한 것이므로 2분기의 물가 상승률은 1%p 떨어진 2%가 될 것이며, 4월 1일에 이를 4%로 인하하면 3분기의 물가 상승률은 예측 그대로 3%가 될 것이다.

07 정보 간의 의미 파악

정답 ①

선택률	① 66%	② 7%	③ 8%	④ 12%	⑤ 7%

윗글의 ㉠과 ㉡에 대한 설명으로 가장 적절한 것은?
= 준칙주의 = 재량주의

정답 풀이

① **㉠에서는 중앙은행이 정책 운용에 관한 준칙을 지키느라 경제 변동에 신축적인 대응을 못해도 이를 바람직하다고 본다.**

해설 3문단에서는 중앙은행이 물가 상승률 목표치를 민간에 약속했다고 할 경우, 물가가 일단 안정되고 나면 중앙은행으로서는 이제 경기를 부양하는 것도 고려해 볼 수 있다고 하였다. 그러나 이 경우에서도 준칙주의자들(㉠)은 중앙은행이 애초의 약속을 일관되게 지키는 편이 바람직하다고 주장할 것이라고 하였다.

오답 풀이

② **㉡에서는 중앙은행이 스스로 정한 준칙을 지키는 것은 ~~얼마든지 가능하다고 본다~~.**
↳ 현실적으로 어렵다고 봄.

해설 4문단에 따르면, 재량주의(㉡)에서는 준칙주의의 엄격한 실천은 현실적으로 어렵다고 보며, 준칙주의가 최선인지에 대해서도 물음을 던진다고 하였다.

③ **㉠에서는 ㉡과 달리, 정책 운용에 관한 준칙을 지키지 않아도 ~~민간의 신뢰를 확보할 수 있다고 본다~~.**
↳ 신뢰가 훼손된다고 봄.

해설 3문단에 따르면, 준칙주의(㉠)에서는 중앙은행이 민간에 약속한 준칙은 어떤 상황에서도 이를 지켜야 한다고 본다. 민간이 중앙은행의 비일관성을 인지하면 중앙은행에 대한 신뢰가 훼손되기 때문이다.

④ **~~㉡에서는 ㉠과 달리~~, 통화 정책에서 민간의 신뢰 확보를 ~~중요하게 여기지 않는다~~.**
↳ ㉠과 ㉡ 모두 ↳ 중요하게 여김.

해설 4문단에 따르면, 재량주의(㉡)에서도 정책 신뢰성은 중요하게 생각한다고 하였다. 하지만 이를 위해 중앙은행이 반드시 준칙에 얽매일 필요는 없다고 하였다.

⑤ **㉡에서는 ㉠과 달리, 경제 상황 변화에 대한 통화 정책의 탄력적 대응이 ~~효과적이지 않다고 본다~~.**
↳ 필요하다고 봄.

해설 4문단에 따르면, 재량주의에서는 경제 여건 변화에 따른 신축적인 정책 대응을 지지한다고 하였다.

08 어휘의 문맥적 의미 파악

정답 ⑤

선택률	① 7%	② 10%	③ 4%	④ 3%	⑤ 76%

ⓐ~ⓔ의 문맥적 의미를 활용하여 만든 문장으로 적절하지 않은 것은?

정답 풀이

⑤ **ⓔ: 장남인 그가 늙으신 부모와 어린 동생들을 부양하고 있다.**

해설 ⓔ '부양'은 '가라앉은 것이 떠오름. 또는 가라앉은 것을 떠오르게 함.'의 의미로 쓰였다. 그러나 ⑤의 '부양'은 '생활 능력이 없는 사람의 생활을 돌봄.'의 의미로 쓰였으므로 같은 의미로 사용된 것이라 할 수 없다.

오답 풀이

① **ⓐ: 그의 노력으로 소비자 운동이 전국적으로 파급되었다.**

해설 ⓐ '파급'은 '어떤 일의 여파나 영향이 차차 다른 데로 미침.'을 의미하는 말로 쓰였다. ①의 '파급' 역시 같은 의미로 사용되었다

② **ⓑ: 의병 활동은 민중의 애국 애족 의식이 발현한 것이다.**

해설 ⓑ '발현'은 '속에 있거나 숨은 것이 밖으로 나타나거나 그렇게 나타나게 함. 또는 그런 결과.'를 의미하는 말로 쓰였다. ②의 '발현' 역시 같은 의미로 사용되었다.

③ **ⓒ: 이 질병은 구토와 두통 증상을 수반하는 경우가 많다.**

해설 ⓒ '수반'은 '어떤 일과 더불어 생김.'을 의미하는 말로 사용되었다. ③의 '수반' 역시 같은 의미로 쓰였다.

④ **ⓓ: 기온과 습도가 높은 요즘 건강관리에 유의해야 한다.**

해설 ⓓ '유의'는 '마음에 새겨 두어 조심하며 관심을 가짐.'을 뜻하는 말로 사용되었다. ④의 '유의' 역시 같은 의미로 쓰였다.

DAY 07 사회 **경영 전략**

01~05 2022년 6월 고1 전국연합학력평가 본문 38~39쪽

01 ① 02 ⑤ 03 ④ 04 ③ 05 ④

문단별 핵심어 ★ 중심 문장

• **가설 검정의 방법**

1 어떤 제약 회사에서 특정한 병에 효과가 있는 새로운 약을 만들고 있다고 가정해 보자. 신약 개발은 엄청난 자본이 들어가는 일이기 때문에 경영자는 신중하게 판단을 해야 한다. 경영자는 신약이 효과가 있다는 것을 확인하기 위해 가설 검정의 방법을 사용할 수 있다. (가설 검정을 통해 확인 가능) 가설 검정은 ⓐ「모순된 관계에 있는 두 개의 가설을 세우고 실험을 통해 얻은 통계 자료로 가설의 참 또는 거짓을 판단」하는 것이다. (「」: 가설 검정의 정의) 가설 검정을 위해 경영자는 '신약이 효과가 있다.'와 '신약이 효과가 없다.'라는 가설을 설정한다. 전자는 판단하는 이가 주장하려는 가설로 '대립(對立)가설'이라 하고 (대립 가설) 후자는 주장하고 싶은 내용과는 반대되는 가설인 '귀무(歸無)가설'이라 한다. (귀무 가설)

2 '신약이 효과가 있다.'라는 대립가설을 입증하기 위해서는 특정 질병을 겪고 있는 모든 환자에게 신약을 투약해 보면 된다. 하지만 전체를 대상으로 실험하는 것은 현실적으로 불가능하기 때문에 대립가설을 기준으로 가설 검정을 하지는 않는다. 대신 가설 검정에서는 귀무가설이 참이라고 가정한 상태에서, 일부 환자에게 투약해서 얻은 자료를 바탕으로 확률에 근거하여 귀무가설의 기각 여부를 결정한다. 「'신약이 효과가 없다.'라는 귀무가설 아래에서 투약하였는데 관찰한 결과 ⓑ병이 호전된 경우가 많았다고 하자. (「」: 가설검증의 예시와 과정) 이는 '신약이 효과가 없다.'가 타당하지 않은 것이므로, 경영자는 ⓒ귀무가설을 버리고 대립가설을 채택하면 된다. 한편 '신약이 효과가 없다.'라는 귀무가설 아래에서 투약하였고, 관찰 결과 병이 낫지 않은 경우가 더 많았다고 하자. 이때는 귀무가설을 버릴 수 없다.」 이처럼 가설 검정은 '귀무가설을 기각한다.' (대립 가설을 채택함.) 또는 '귀무가설을 기각하지 못한다.' (대립 가설을 채택할 수 없음.) 라는 의사 결정을 중심으로 대립가설의 채택 여부가 결정된다.

3 경영자가 의사 결정을 하는 과정에서는 두 가지 오류가 발생할 수 있다. 귀무가설이 참인데도 불구하고 귀무가설을 기각하는 결정을 내린 것을 '1종 오류'라고 한다. (귀무가설이 참임에도 대립가설을 채택) 앞선 예에서 실제로는 약효가 없는데도 약효가 있다고 판단하는 것이다. 그리고 귀무가설이 참이 아닌데 귀무가설을 기각하지 못한 결정을 내린 것을 '2종 오류'라고 (귀무가설이 거짓임에도 귀무가설을 채택) 한다. 실제로는 약효가 있지만 약효가 없다고 판단하는 것이다. 이러한 오류는 판결에서도 나타날 수 있다. 증거에 의해 '피고인은 유죄이다.'라는 대립가설이 채택되기 전까지는 '피고인은 무죄이다.'라고 가정한다. 판사는 확보된 증거를 바탕으로 ⓓ귀무가설의 기각 여부를 판단해야 한다. 이때 판사가 무죄인 사람에게 유죄를 선고하는 것은 1종 오류, 유죄인 사람에게 무죄를 선고하는 것은 2종 오류에 해당한다.

4 오류들 중 상대적으로 더 심각한 문제를 초래하는 것은 1종 오류이다. 효과가 있는 약을 출시하지 못해서 기업이 수익을 창출할 기회를 잃어버리는 상황에 비해, 시장에 출시했는데 약의 효능이 없어서 회사가 신뢰를 잃는 위험이 더 크다. 또한 죄가 있는데 무죄 판결을 내리는 것보다 결백한 사람에게 유죄 판결을 내리는 것이 더 심각한 문제이다. 그런데 ⓔ두 가지 오류를 동시에 줄일 수는 없다. 한쪽 오류를 줄이면 그만큼 반대쪽 오류는 늘어나기 때문이다. (두 가지 오류를 동시에 줄일 수 없는 이유) 만약 경영자가 약의 효능과는 무관하게 일단은 약을 출시하기로 결정했다면 2종 오류는 배제할 수 있지만 그만큼 1종 오류는 늘어나게 된다.

5 따라서 가설 검정 과정에서는 1종 오류가 발생할 확률의 최대 허용 범위인 ㉠유의 수준을 가급적 낮게 정한다. 예를 들어 「유의 수준이 5%라면 백 번의 시행 중 다섯 번 이내로 1종 오류가 발생하더라도 우연히 일어난 일로 보고 대립가설을 채택하지만, 이 값을 넘어서면 귀무가설을 기각하지 못한다는 것이다.」 (「」: 유의 수준을 적용하여 판단하는 예) 또한 유의 수준은 실험을 하기 전에 미리 정하며, 사람의 생명이나 인권과 결부된 것이라면 유의 수준은 더 낮게 잡아야 한다. (생명이나 인권과 결부된 문제에서 1종 오류가 발생하는 것은 매우 심각하므로)

지식을 쌓는 배경지식

① 모순
- 논리학에서 두 개의 개념이나 명제(命題) 사이에 의미 내용이 서로 상반되는 관계를 가리키는 말
- 어원은 '창과 방패'로, 중국 전국 시대 때 초나라에서 창과 방패를 파는 상인이, "이 창은 어떠한 것도 뚫을 수 있습니다."라고 말하고, "이 방패는 그 어떤 것도 막을 수 있습니다."라고 말하자 "그 창으로 그 방패를 뚫으면 어떻게 됩니까?"라고 물었을 때 상인이 대답하지 못했던 고사에서 유래됨.

② 가설 검정의 오류
- 모집단의 특성에 대한 통계적 가설을 모집단으로부터 추출한 표본을 통해 검증하는 통계적 추론을 말하는데, 모집단 전체가 아닌 추출된 일부 표본을 통한 검증이므로 오류가 존재할 수 있음.

③ 가설 검정과 오류의 관계

귀무가설	참	거짓
기각 ×	오류 없음	2종 오류
기각 ○	1종 오류	오류 없음

지문 분석하기

|지문 구조|

❶ 가설 검정의 개념
⬇
❷ 귀무가설의 기각 여부에 따른 대립 가설의 채택
⬇
❸ 가설 검정에서의 두 가지 오류
⬇
❹ 심각한 문제를 초래할 수 있는 1종 오류
⬇
❺ 1종 오류를 줄이기 위한 유의 수준의 책정

|주제| 가설 검정의 개념과 오류

한컷 정리하기

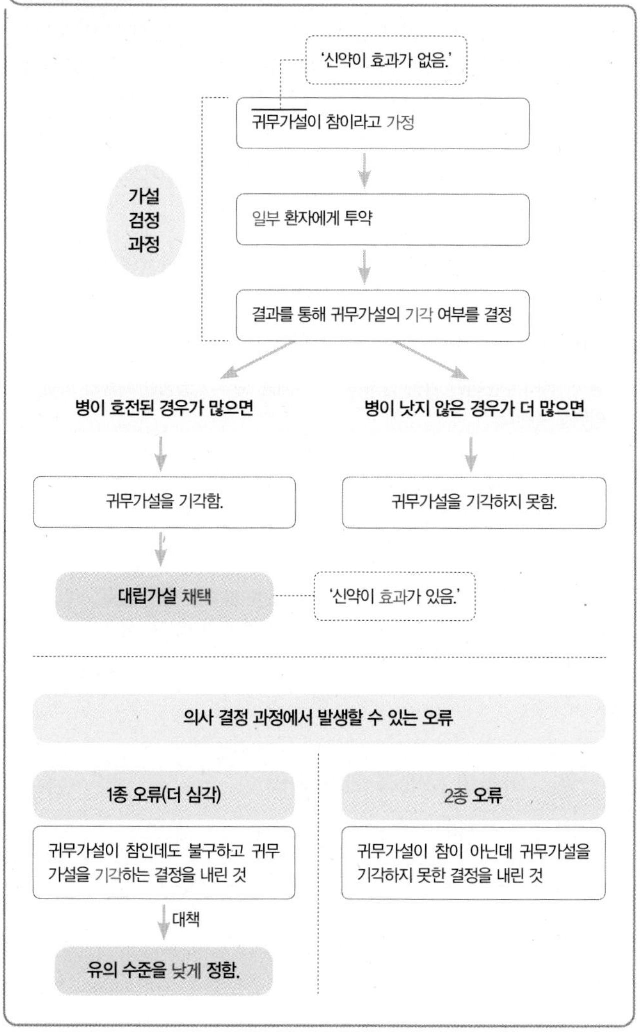

'신약이 효과가 없음.'

가설 검정 과정

귀무가설이 참이라고 가정
↓
일부 환자에게 투약
↓
결과를 통해 귀무가설의 기각 여부를 결정

병이 호전된 경우가 많으면 → 귀무가설을 기각함. → 대립가설 채택 … '신약이 효과가 있음.'

병이 낫지 않은 경우가 더 많으면 → 귀무가설을 기각하지 못함.

의사 결정 과정에서 발생할 수 있는 오류

1종 오류(더 심각): 귀무가설이 참인데도 불구하고 귀무가설을 기각하는 결정을 내린 것 ↓ 대책 → 유의 수준을 낮게 정함.

2종 오류: 귀무가설이 참이 아닌데 귀무가설을 기각하지 못한 결정을 내린 것

01 핵심 정보의 파악 정답 ①

선택률	① 57%	② 12%	③ 14%	④ 11%	⑤ 7%

가설 검정에 대하여 윗글을 통해 답을 찾을 수 없는 질문은?

정답 풀이

① 귀무가설을 기각할 때 ~~새롭게 설정하는 가설은 무엇인가?~~

해설 1문단에 따르면, 대립가설을 입증하려 할 때, 현실적인 제약이 따른다면 귀무가설을 대신 입증하고, 이것이 기각될 때 대립가설이 참이 된다고 하였다. 이에 따르면, 귀무가설을 기각하면 대립가설이 참임이 입증되므로 새롭게 가설을 설정할 필요가 없다.

오답 풀이

② 대립가설을 기준으로 가설을 검정하지 않는 이유는 무엇인가?

해설 2문단에서 전체를 대상으로 실험하는 것은 현실적으로 불가능하기 때문에 대립가설을 기준으로 가설 검정을 하지는 않는다고 하였다.

③ 대립가설의 채택 여부를 판단하기 위해 사용하는 가설은 무엇인가?

해설 2문단에 따르면 가설 검정은 '귀무가설을 기각한다.' 또는 '귀무가설을 기각하지 못한다.'라는 의사 결정을 중심으로 대립가설의 채택 여부가 결정된다고 하였으므로, 대립가설의 채택 여부를 판단하기 위해 사용되는 가설은 귀무가설임을 알 수 있다.

④ 1종 오류와 2종 오류를 함께 줄일 수 없는 이유는 무엇인가?

해설 4문단에서 한쪽 오류를 줄이면 그만큼 반대쪽 오류는 늘어나기 때문에 1종 오류와 2종 오류를 함께 줄일 수 없다고 하였다.

⑤ 1종 오류와 2종 오류 중 더 심각한 문제를 초래하는 오류는 무엇인가?

해설 4문단에 따르면, 오류들 중 상대적으로 더 심각한 문제를 초래하는 것은 1종 오류이다. 효과가 있는 약을 출시하지 못해서 기업이 수익을 창출할 기회를 잃어버리는 상황에 비해, 시장에 출시했는데 약의 효능이 없어서 회사가 신뢰를 잃는 위험이 더 크다. 또한 죄가 있는데 무죄 판결을 내리는 것보다 결백한 사람에게 유죄 판결을 내리는 것이 더 심각한 문제이기 때문이다.

02 세부 정보의 파악 정답 ⑤

선택률	① 6%	② 5%	③ 12%	④ 14%	⑤ 63%

윗글의 내용과 일치하는 것은?

정답 풀이

⑤ 신약 개발을 하는 경영자가 채택하고 싶은 것은 대립가설이다.

해설 1문단에 따르면, 가설 검정을 위해 경영자는 '신약이 효과가 있다.'와 '신약이 효과가 없다.'라는 가설을 설정한다. 전자는 판단하는 이가 주장하려는 가설로 '대립가설'이라 하고 후자는 주장하고 싶은 내용과는 반대되는 가설인 '귀무가설'이라 한다. 즉, 신약 개발을 하는 경영자가 채택하고 싶은 것은 바로 대립가설이라 할 수 있다.

오답 풀이

① 귀무가설이 기각되면 대립가설은 채택될 수 없다.
↳ 있다

해설 귀무가설은 대립가설에 반대되는 가설로, 귀무가설이 기각되면 대립가설은 참으로 입증된다.

② 판결에서 대립가설의 기각 여부는 피고인이 판단한다.
↳ 판사가

해설 3문단에서 판사는 확보된 증거를 바탕으로 귀무가설의 기각 여부를 판단해야 한다고 하였으므로, 귀무가설의 기각 여부를 판단하는 것은 판사이다. 또한 귀무가설이 기각된다면 대립가설이 입증되므로 대립가설의 참과 거짓 여부 또한 판사가 판단하게 된다.

③ ~~귀무가설은 대립가설이 채택될 때~~ 받아들여지는 가설이다.
↳ 대립가설은 귀무가설이 기각되면

해설 귀무가설과 대립가설은 서로 모순 관계이므로 동시에 받아들여질 수 없다. 대립가설이 채택되었다는 것은 귀무가설이 기각되었음을 뜻한다.

④ 귀무가설은 참과 거짓을 알기 전까지는 거짓으로 간주한다.
↳ 참으로

해설 가설 검정에서는 대립가설에 반대되는 가설을 귀무가설로 설정하는데, 그렇다고 해서 대립가설이 참이고 귀무가설이 거짓으로 간주되는 것은 아니다. 2문단에 따르면, 귀무가설은 참과 거짓을 알기 전까지는 참으로 간주한다.

03 구체적 상황에 적용 정답 ④

선택률	① 11%	② 24%	③ 16%	④ 39%	⑤ 10%

윗글을 바탕으로 〈보기〉를 이해할 때, A~D에 대한 설명으로 적절하지 않은 것은? [3점]

보기

구분		실제 상황	
		귀무가설 참	귀무가설 거짓
의사 결정	귀무가설 기각 못함	무죄, 약효능 × A	유죄, 약효능 ○ B 2종 오류
	귀무가설 기각함	C 1종 오류	D

정답 풀이

④ 법원이 B를 줄이면, ~~실제로 죄를 저지른 피고인을 무죄로 판결해서 사회로 돌려보내는~~ 수가 늘어난다.
↳ 무죄임에도 유죄를 선고받는

해설 귀무가설이 거짓인데도 법원에서 귀무가설을 기각하지 못하면 피고인이 유죄임에도 불구하고 유죄 판결을 받지 못하는 2종 오류가 발생한다. 4문단에서 한쪽 오류를 줄이면 반대쪽 오류가 늘어난다고 하였는데, 이에 따르면 B에 해당하는 2종 오류를 줄일 경우, 1종 오류가 늘어나게 됨을 알 수 있다. 1종 오류는 C로, 판사가 무죄인 사람에게 유죄를 선고하는 것이다. 법원이 B를 줄일 경우 무죄임에도 억울하게 유죄를 선고받는 C의 경우가 늘게 될 것이다.

오답 풀이

① 실제로 피고인이 죄를 저지르지 않은 것은 A와 C의 경우에 해당한다.
귀무가설이 참이므로 '피고인은 유죄이다.'라는 대립가설은 거짓이 됨.

해설 대립가설은 '피고인은 유죄이다.'이고 귀무가설은 '피고인은 무죄이다.'이다. A와 C는 모두 귀무가설이 참이므로, 실제로 피고인은 죄를 저지르지 않은 것에 해당한다.

② 경영자가 신약의 효능이 없다고 판단하는 것은 A와 B의 경우에 해당한다.
귀무가설을 기각 못한다는 의사 결정을 한 경우임.

해설 A와 B는 모두 경영자가 '신약이 효능이 없다.'라는 귀무가설을 기각 못한다는 의사 결정을 한 경우에 해당한다.

선택지 속 함정

A는 귀무가설이 참이므로 귀무가설을 기각하지 못한다는 의사 결정을 한 경우인 반면에, B는 귀무가설이 거짓임에도 불구하고 귀무가설을 기각하지 못한다는 의사 결정을 한 경우로 이는 2종 오류에 해당해. A와 B의 사실 여부는 귀무가설의 참과 거짓을 구분하는 과정에서 다르게 나타났지만 결과적으로는 모두 귀무가설을 기각하지 못한다는 의사 결정을 하였으므로, 가설 검정에 의해 경영자는 신약의 효능이 없다고 판단하게 될 거야. 〈보기〉의 표를 보면, 귀무가설이 참인 A는 신약의 효능이 없는 것으로, 귀무가설이 거짓인 B는 신약의 효능이 있다는 것을 알 수 있어. 하지만 경영자의 판단 여부는 실제 신약의 효능이 어떠한지와는 관계가 없다고 할 수 있어.

③ A와 D는 피고인에 대해 판사가 내린 판결에 오류가 발생하지 않은 경우에 해당한다.
적절한 가설 검정이 이루어짐.

해설 A는 귀무가설이 참이기 때문에 귀무가설을 기각하지 못한다는 의사결정을 내린 경우이고, D는 귀무가설이 거짓이기 때문에 귀무가설을 기각하는 의사결정을 내린 경우이므로, 이는 오류에 해당하지 않는다.

⑤ 제약 회사가 C를 줄이려는 이유는 약의 효능이 없어 시장에서 신뢰를 잃는 상황을 심각하게 생각하기 때문이다.
1종 오류

해설 3문단에서 귀무가설이 참인데도 불구하고 귀무가설을 기각하는 결정을 내린 것을 '1종 오류'라고 한다고 하였다. 또한 4문단에 따르면, 오류들 중 상대적으로 더 심각한 문제를 초래하는 것은 1종 오류로, 효과가 있는 약을 출시하지 못해서 기업이 수익을 창출할 기회를 잃어버리는 상황에 비해, 시장에 출시했는데 약의 효능이 없어서 회사가 신뢰를 잃는 위험이 더 크다. 따라서 제약 회사는 회사의 신뢰를 지키기 위해서라도 C에 해당하는 1종 오류를 줄이려고 노력할 것이다.

04 핵심 정보의 파악 정답 ③

선택률	① 4%	② 17%	③ 54%	④ 12%	⑤ 13%

㉠에 대한 설명으로 적절한 것은?
= 유의 수준

정답 풀이

③ 값을 낮게 정할수록 대립가설을 채택할 확률이 낮아진다.

해설 ㉠'유의 수준'은 1종 오류가 발생할 확률의 최대 허용 범위를 말하는데, 여기서 1종 오류는 귀무가설이 참인데도 이를 기각하는 의사결정을 내리고 대립가설을 채택한 경우를 말한다. 유의 수준의 값을 낮게 설정한다는 것은 1종 오류가 발생할 확률을 낮춘다는 것이므로, 그 값을 낮게 설정할수록 대립가설을 채택할 확률이 낮아진다고 할 수 있다.

오답 풀이

① 인권과 관련된 판단일수록 값을 크게 설정한다.
↳ 낮게

해설 5문단에서 사람의 생명이나 인권과 결부된 것이라면 유의 수준은 더 낮게 잡아야 한다고 하였다.

② ~~귀무가설이 참일 확률과 거짓일 확률의 차이를~~ 의미한다.
↳ 1종 오류가 발생할 확률의 최대 허용 범위를

해설 유의 수준이란 가설 검정 과정에서 1종 오류가 발생할 확률의 최대 허용 범위를 뜻한다.

④ ~~실험이 이루어진 후에~~ 자료를 분석할 때 결정하는 값이다.
↳ 실험을 하기 전에

해설 5문단에서 유의 수준은 실험을 하기 전에 미리 정한다고 설명하였다.

⑤ ~~가설을 판단할 때 사용할 자료 개수의 최대 허용 범위이다.~~
↳ 1종 오류가 발생할 확률의 최대 허용 범위이다.

해설 5문단에 따르면 유의 수준은 가설을 판단할 때 사용할 자료 개수의 최대 허용 범위가 아니라, 가설 검정 과정에서 1종 오류가 발생할 확률의 최대 허용 범위를 뜻한다.

05 어휘의 문맥적 의미 파악 정답 ④

선택률	① 8%	② 8%	③ 8%	④ 73%	⑤ 3%

문맥상 ⓐ~ⓔ와 바꿔 쓰기에 적절하지 않은 것은?
= ⓐ: 모순된, ⓑ: 병이 호전된, ⓒ: 귀무가설을 버리고, ⓓ: 귀무가설, ⓔ: 두 가지 오류

정답 풀이

④ ⓓ: '피고인은 유죄이다.'라는 가설
↳ 무죄이다

해설 3문단에 따르면, 판결에서 '피고인은 유죄이다.'라는 대립가설이 세워지면 그와 모순되는 '피고인은 무죄이다.'가 귀무가설이 된다. 따라서 ⓓ'귀무가설'은 "피고인은 유죄이다.'라는 가설'로 바꾸어 쓸 수 없다.

오답 풀이

① ⓐ: 동시에 참이 되거나 동시에 거짓이 될 수 없는

해설 ⓐ '모순되다'의 사전적 의미는 '어떤 사실의 앞뒤, 또는 두 사실이 이치상 어긋나서 서로 맞지 않다.'이다. 이 글에서는 가설 검정을 할 모순된 관계에 있는 두 가설을 세워 한쪽이 참이면 다른 한쪽이 거짓이 된다는 논리로 가설을 입

증한다고 하였다. 이로 볼 때 대립가설이 참이라면 절대로 귀무가설은 참이 될 수 없고, 대립가설이 거짓이라면 절대로 귀무가설은 거짓이 될 수 없다. 따라서 ⓐ'모순된'을 '동시에 참이 되거나 동시에 거짓이 될 수 없는'이라고 바꾸어 쓰는 것은 적절하다.

② ⓑ: **귀무가설과 어긋난**

해설 신약의 효과를 입증하기 위한 가설 검증 단계에서 대립가설은 '신약은 효과가 있다.'이고, 귀무가설은 '신약은 효과가 없다.'이다. 병이 호전되었다는 것은 '신약은 효과가 없다.'라는 귀무가설이 참이 아님을 뜻한다. 따라서 ⓑ '병이 호전된'을 '귀무가설과 어긋난'으로 바꾸어 쓰는 것은 적절하다.

③ ⓒ: **'신약이 효과가 없다.'라는 가설을 기각하고**

해설 대립가설은 '신약이 효과가 있다.'이고 귀무가설은 '신약이 효과가 없다.'이다. 문맥상 귀무가설을 버리고 대립가설을 채택하였다는 뜻은 '신약이 효과가 없다.'라는 가설을 기각하였다는 의미와 동일하다. 따라서 ⓒ '귀무가설을 버리고'를 "신약이 효과가 없다.'라는 가설을 기각하고'로 바꾸어 쓰는 것은 적절하다.

⑤ ⓔ: **1종 오류와 2종 오류**

해설 4문단에서는 1종 오류와 2종 오류에 대해 설명하고 있는데 여기서 '두 가지 오류'라 함은 1종 오류와 2종 오류를 함께 이르는 말임을 알 수 있다. 따라서 ⓔ '두 가지 오류'를 '1종 오류와 2종 오류'로 바꾸어 쓰는 것은 적절하다.

06~10 2019년 11월 고1 전국연합학력평가 본문 40~41쪽

06 ⑤ **07** ① **08** ③ **09** ⑤ **10** ①

문단별 핵심어 ★ 중심 문장

• **거래비용이론**

1 현대 사회의 기업들은 새로운 내부 조직을 만들거나 다른 기업과 합병하는 등의 방식을 통해 기업의 규모를 변화시키기도 한다. 신제도학파에서는 기업들의 이러한 규모 변화를 거래비용이라는 개념으로 설명하는데, 이를 거래비용이론이라고 한다.
(기업의 규모를 변화시키는 방법 / 거래비용이론의 개념)

2 거래비용이론에서 말하는 거래비용이란 재화를 생산하는 데 드는 생산비용을 제외한, 경제 주체들이 재화를 거래하는 과정에서 발생하는 모든 비용을 말한다. 즉 「경제 주체가 거래 의사와 능력을 가진 상대방을 탐색하는 과정, 가격이나 교환 조건을 상대방과 협상하여 계약을 하는 과정, 또 계약 후 계약 ㉠이행 여부를 확인하고 강제하는 과정 등에서 발생하는 비용」을 거래비용이라고 할 수 있다.
(거래비용의 의미 / 「 」: 거래비용의 예시)

[A]

3 거래비용이론에서는 기업은 시장에서 재화를 거래할 때 발생하는 거래비용인 '시장거래비용'을 줄이기 위해, 재화를 자체적으로 생산하는 것에 대해 ㉡고려하게 된다고 보았다. 이런 상황에서 기업이 새로운 내부 조직을 만들거나 다른 기업을 합병하여 내부 조직으로 흡수하는 등의 방법을 통해 거래를 내부화하면 기업의 조직 내에서도 거래가 일어나게 된다. 그 결과 거래비용이 발생하게 되고, 이를 '조직내거래비용'이라고 한다. 이때 시장거래비용과 조직내거래비용을 합친 것을 '총거래비용'이라고 하며, 기업은 총거래비용을 고려하여 기업의 규모를 결정하게 된다.
(시장거래비용의 개념 / 시장거래비용을 줄이기 위한 방법 / 조직내거래비용의 개념 / 총거래비용의 개념)

4 예를 들어 어떤 제품을 생산하는 기업을 가정해 보자. 이 기업에서는 시장거래를 통해 다른 기업으로부터 모든 부품을 조달하여 제품을 생산할 수도 있고, 반대로 기업 내부적으로 모든 부품을 제조하여 제품을 생산할 수도 있다. 만약 이 기업이 다른 기업과의 시장거래를 통해 모든 부품을 조달한다면 조직내거래비용은 발생하지 않고, 시장거래비용만 발생하게 될 것이다. 이런 상황에서 기업은 시장거래비용을 줄이기 위해 시장거래에서 조달하던 부품의 일부를 기업 내에서 생산하려 할 것이다. 이렇게 기업이 부품을 자체 생산하여 내부 거래를 증가시키면 시장거래비용은 감소하지만, 조직내거래비용은 증가하게 된다. 이때 기업은 총거래비용이 최소가 되는 지점까지 내부 조직의 규모를 확대하여 부품을 자체 생산할 수 있고, 이 지점이 바로 기업의 최적규모라고 할 수 있다.

5 그렇다면 ㉮거래비용이 발생하는 요인은 무엇일까? 거래비용이론에서는 이를 인간적 요인과 환경적 요인으로 나누어 설명한다. 인간적 요인에는 인간의 제한된 합리성과 기회주의적 속성이 있다. 먼저, 인간은 거래 상황 속에서 정보를 수집하고 처리할 때 완벽하게 합리적인 선택을 할 수 있는 존재는 아니라는 것이다. 다음으로 인간은 효용의 극대화를 위해 자신의 이익만을 추구하는 기회주의적 ㉢면모를 보일 가능성이 높다는 것이다. 이와 같은 인간적 요인으로 인해 거래 상황 속에서 인간은 완벽한 선택을 할 수 없고, 거래 상대를 전적으로 신뢰할 수는 없으므로 거래의 과정 속에서 거래비용이 발생하게 된다는 것이다.
(인간의 제한된 합리성 / 인간의 기회주의적 속성)

6 환경적 요인에는 자산특수성과 정보의 불확실성 등이 있다. 먼저 자산특수성이란 다양한 거래 주체를 통해 일반적으로 구할 수 있는 자산이 아닌, 특정 거래 주체와의 거래에서만 높은 가치를 갖는 자산의 속성을 말한다. 따라서 특정 주체와의 거래에서는 높은
(자산특수성의 의미 / 자산특수성의 예)

가치를 갖던 것이 다른 주체와의 거래에서는 가치가 하락하는 경우, 자산특수성이 높다고 할 수 있다. 이때 자산특수성이 높으면 경제 주체들은 기회주의적으로 행동할 가능성이 커질 수 있기 때문에 이를 ㉣보완하고자 다양한 안전장치를 마련하려 할 것이다. 이로 인해 거래비용은(안전장치를 마련하는 비용) 더 높아질 수 있는 것이다. 다음으로 거래 상대의 정보를 확인할 수 없는 상황에서 거래 주체는 자신의 이익을 위해 정보를 ㉤공유하지 않을 가능성이 높다. 그렇기 때문에 일반적으로 정보가 불확실한 거래 상황일수록 거래 주체들은 상대의 정보를 알아내기 위한 노력을 할 것이고(불확실한 거래 상황에서 거래비용이 증가하는 이유), 이로 인해 거래비용은 높아지게 된다.

지식을 쌓는 **배경지식**

신제도주의 경제학

- 특정한 사회의 정치 사회적 제도가 경제적 생산활동을 좌우한다고 주장하는 경제학 유파
- 자본주의 사회에서는 개인의 사유재산권이 보장되기 때문에 개인과 조직이 재산의 가치를 높이기 위해 노력하고 거래비용의 감소를 강구한다고 보므로 자본주의를 효율적인 경제 시스템이라고 여김.

거래비용의 경제학

- 거래비용이 야기한 문제들을 체계적으로 분석하면서 확립된 경제학의 한 분야
- 거래비용이란 계약의 체결과 이행에 있어 정보를 수집하고 교섭하는 등의 사전비용부터, 계약의 안전한 이행을 위한 비용과 계약이 불이행되었을 때의 분쟁 조정이나 해결 등의 사후 비용을 모두 포함하는 개념임.
- 거래비용의 경제학에서는 경제주체들이 거래비용의 감소를 위해 자발적으로 기업과 같이 수직적으로 통합된 구조를 설립하려고 한다고 봄.

지문 분석하기

|지문 구조|

1 신제도학파의 거래비용이론
↓
2 거래비용의 의미와 예시
↓
3 기업의 규모를 결정하는 총거래비용 + 4 총거래비용으로 기업의 최적 규모를 산출하는 원리
↓
5 거래비용이 발생하는 인간적 요인 + 6 거래비용이 발생하는 환경적 요인

|주제| 거래비용이론의 개념

한컷 정리하기

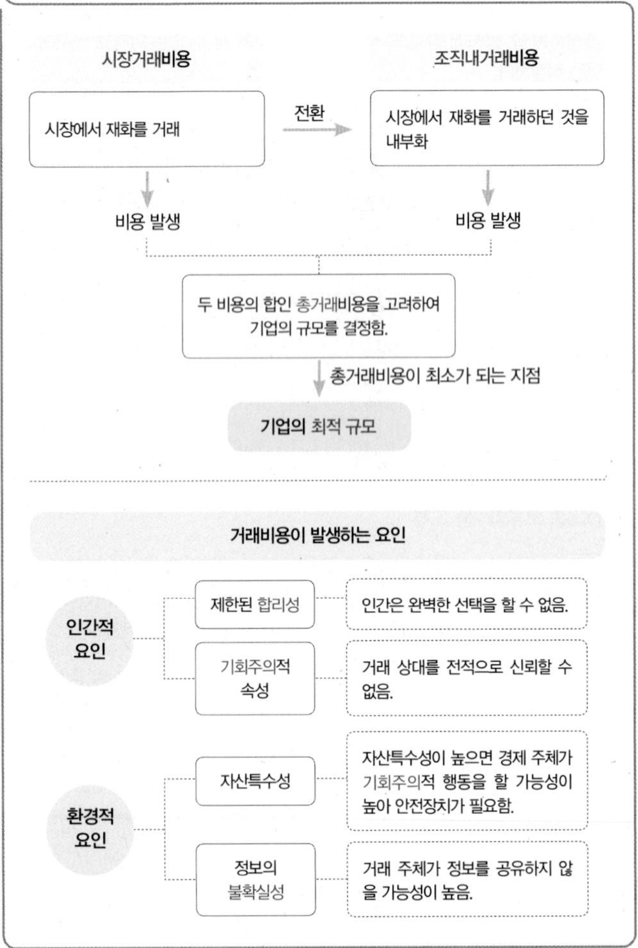

06 핵심 정보의 파악 정답 ⑤

선택률	① 9%	② 4%	③ 9%	④ 21%	⑤ 57%

윗글을 통해 알 수 있는 내용으로 적절하지 않은 것은?

정답 풀이

⑤ ~~기업 규모와 생산비용의 관계~~

해설 이 글은 기업이 시장거래비용과 조직내거래비용을 합친 총거래비용을 고려하여 기업의 규모를 결정한다는 거래비용이론에 대해 설명하고 있다. 그런데 기업 규모와 생산비용의 관계에 대해서는 언급하지 않았다.

오답 풀이

① 거래비용의 종류

해설 3문단에서는 시장에서 재화를 거래할 때 발생하는 비용을 시장거래비용이라고 하고, 기업이 그 조직 내에서 거래할 때 발생하는 비용을 조직내거래비용이라고 하였다. 이를 통해 거래비용의 종류에는 시장거래비용과 조직내거래비용이 있음을 알 수 있다.

② 총거래비용의 개념

해설 3문단에서 시장거래비용과 조직내거래비용을 합친 것을 '총거래비용'이라고 하였다.

③ 시장거래비용을 줄이는 방법

해설 4문단에서 기업이 부품을 자체 생산하여 내부 거래를 증가시키면 시장거래비용은 감소한다고 하였다.

④ 기업의 규모가 변화하는 이유

해설 1문단에서 기업은 새로운 내부 조직을 만들거나 다른 기업과 합병하면서 기업의 규모를 변화시킨다고 하였고, 4문단에서 기업은 총거래비용이 최소가 되는 지점까지 내부 조직의 규모를 확대한다고 하였다.

07 구체적 사례 찾기

정답 ①

선택률	① 81%	② 5%	③ 5%	④ 4%	⑤ 5%

거래비용이 발생하는 상황으로 적절하지 않은 것은?

정답 풀이

① ~~도자기 장인이 직접 흙을 채취하여 도자기를 빚을 때~~
↳ 생산 단계이므로 거래비용은 발생하지 않음.

해설 2문단에서 거래비용이란 재화를 생산하는 데 드는 생산비용을 제외한, 경제 주체들이 재화를 거래하는 과정에서 발생하는 모든 비용을 말한다고 하였다. 도자기 장인이 직접 흙을 채취하여 도자기를 빚는 상황은 아무런 거래가 발생하지 않은 생산 단계를 말하는 것이므로 거래비용은 발생하지 않는다.

오답 풀이

② 집을 구매하려는 사람이 집을 판매하는 사람을 탐색할 때

해설 2문단에서 경제 주체가 거래 의사와 능력을 가진 상대방을 탐색하는 과정에서 발생하는 비용을 거래비용이라고 하였다. 따라서 집을 구매하려는 사람이 집을 판매하는 사람을 탐색하는 과정에서 발생한 비용은 거래비용이다.

③ 가구를 생산하는 사람이 원목 판매자와 재료 값을 흥정할 때

해설 2문단에서 가격이나 교환 조건을 상대방과 협상하여 계약을 하는 과정에서 발생하는 비용을 거래비용이라고 하였다. 따라서 가구를 생산하는 사람이 원목 판매자와 재료 값을 흥정하는 과정에서 발생한 비용은 거래비용이다.

④ 소비자가 인터넷을 설치하기 위해 통신사와 약정서를 작성할 때

해설 2문단에서 가격이나 교환 조건을 상대방과 협상하여 계약을 하는 과정에서 발생하는 비용을 거래비용이라고 하였다. 따라서 소비자가 인터넷을 설치하기 위해 통신사와 약정서를 작성하는 과정에서 발생한 비용은 거래비용이다.

⑤ 제과 업체가 계약대로 밀가루가 제대로 공급되고 있는지 확인할 때

해설 2문단에서 계약 후 계약 이행 여부를 확인하고 강제하는 과정 등에서 발생하는 비용을 거래비용이라고 하였다. 따라서 제과 업체가 계약대로 밀가루가 제대로 공급되고 있는지 확인하는 과정에서 발생한 비용은 거래비용이다.

08 자료 해석의 적절성 평가

정답 ③

선택률	① 6%	② 6%	③ 74%	④ 7%	⑤ 7%

[A]를 바탕으로 〈보기〉를 이해한 내용으로 적절하지 않은 것은? [3점]

보기

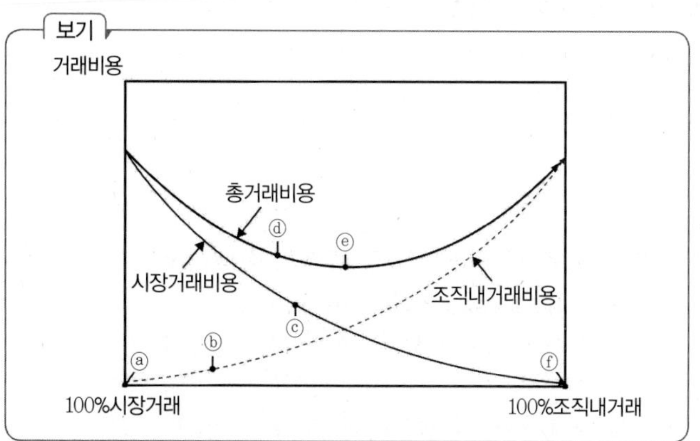

정답 풀이

③ ⓓ에서 ⓔ로 총거래비용이 줄었다면 내부 조직의 규모를 축소하겠다는 결정을 했기 때문이겠군.
↳ 확대하겠다는

해설 ⓓ와 ⓔ를 비교해 보면, 시장거래비용은 줄고 조직내거래비용은 늘어난 것을 확인할 수 있다. 이때 총거래비용이 줄었다면 내부 조직의 규모를 축소하겠다는 결정을 한 것이 아니라 오히려 내부 조직의 규모를 확대하여 조직내거래비용을 늘리고 시장거래비용을 줄인 것이다.

오답 풀이

① 조직내거래비용이 ⓐ에서 ⓑ로 증가했다면 기업은 시장에서 조달했던 부품의 일부를 자체 생산하겠다는 결정을 했기 때문이겠군.

해설 조직내거래비용이 증가했다면 조직이 외부에서 조달하던 것을 자체 생산하는 방식으로 전환하여 시장거래비용을 줄이고 조직의 규모를 확대했을 것임을 알 수 있다.

② 시장거래비용이 ⓒ에서 ⓕ로 감소했다면 기업이 내부 거래를 증가시켰기 때문이겠군.

해설 시장거래비용이 줄었다면 이는 조직이 외부에서 조달하던 부품의 일부를 자체 생산함으로 시장거래를 축소했기 때문이다. 따라서 조직의 규모는 커졌을 것이고 기업의 내부 거래도 증가했을 것임을 알 수 있다.

④ 총거래비용이 ⓔ에서 최소가 된다면 이 지점이 기업의 최적 규모라고 할 수 있겠군.

해설 총거래비용은 시장거래비용과 조직내거래비용의 합을 나타낸다. 총거래비용이 최소가 되는 지점이 바로 기업의 최적규모를 나타낸다고 하였다.

⑤ ⓕ에서는 기업이 모든 부품을 기업 내부적으로 제조하기 때문에 시장거래비용은 발생하지 않겠군.

해설 그래프 상에서 ⓕ 지점은 시장거래비용이 0%이고, 조직내거래비용이 100%가 되는 지점이다. 이때 총거래비용은 조직내거래비용과 동일하다. 따라서 ⓕ는 기업이 모든 부품을 자체 생산하고 있고 시장거래비용이 발생하지 않는 상황을 의미한다.

09 구체적 상황에 적용

정답 ⑤

선택률	① 5%	② 5%	③ 10%	④ 6%	⑤ 74%

㉮를 바탕으로 〈보기〉를 이해한 내용으로 적절하지 않은 것은?
= 거래비용이 발생하는 요인

보기

사례 1: 자동차를 조립하여 판매하는 A 기업은 자동차에 들어가는 부품 중 볼트를 특정 기업을 선정하지 않고 다양한 기업을 통해 조달하고 있다.
(자산특수성이 낮음.)

사례 2: 의료기구 생산 업체인 B 기업은 핵심 부품을 C 기업을 통해서만 조달하고 있어, 안정적인 생산과 조달을 위해 두 기업은 계약을 할 때 장기간의 계약 기간을 계약 조건으로 명시하였다.
(안정적인 생산과 조달을 위한 안전장치)

사례 3: D 기업은 새로 개발한 제품의 원재료를 외국의 E 기업에서 조달하고자 하였으나, E 기업이 원재료의 품질 정보를 세부적으로 제공하지 않아 신제품 생산에 차질이 발생하게 되었다.
(효용의 극대화를 위한 기회주의적 면모)

정답 풀이

⑤ E 기업이 원재료의 품질 정보를 세부적으로 제공하지 않은 것은 D기업을 탐색하는 과정에서 ~~완벽하게 합리적인 선택~~을 하였기 때문이겠군.
↳ 인간은 합리적인 선택을 할 수 있는 존재가 아님.

해설 거래비용이론에서는 인간이 거래 상황 속에서 정보를 수집하고 처리할 때 완벽하게 합리적인 선택을 할 수 있는 존재는 아니라고 본다. 따라서 E 기업이 D 기업을 탐색하는 과정에서 완벽하게 합리적인 선택을 하였다는 가정은 적절하지 않다.

오답 풀이

① A 기업이 조달하는 볼트의 자산특수성은 높지 않다고 할 수 있겠군.

해설 6문단에 따르면, 특정 주체와의 거래에서는 높은 가치를 갖던 것이 다른 주체와의 거래에서는 가치가 하락하는 경우, 자산특수성이 높다고 할 수 있다. A 기업은 볼트를 특정 업체에서만 조달하는 것이 아니라 여러 업체에서 조달하고 있으므로, 볼트는 특정 주체와의 거래에서만 높은 가치를 갖는 대상이 아니다. 따라서 자산특수성이 높다고 볼 수 없다.

② B 기업과 C 기업이 계약 조건으로 장기간의 계약 기간을 명시한 것은 거래에 있어 안전장치를 마련한 것으로 볼 수 있겠군.

해설 B 기업은 C 기업을 통해서만 핵심 부품을 조달하고 있으므로 이때 핵심 부품의 자산특수성은 높다고 볼 수 있다. 이러한 경우 경제 주체들은 자신의 이익을 극대화하기 위해 기회주의적인 면모를 드러낼 수 있고 그에 따라 거래비용의 증가를 가져올 수 있으므로, 장기간의 계약이라는 안전장치를 마련했다고 볼 수 있다.

③ B 기업과 C 기업은 거래하는 핵심 부품이 지닌 특성으로 인해 상대가 기회주의적으로 행동할 가능성을 염려했다고 볼 수 있겠군.

해설 B 기업과 C 기업이 거래하는 핵심 부품은 특정 주체와의 거래에서만 높은 가치를 갖는 자산특수성이 높은 대상이다. 따라서 상대가 기회주의적으로 행동한다면 거래비용이 증가할 수 있으므로 이러한 가능성을 염려했다고 볼 수 있다.

④ D 기업과 E 기업 간의 거래에서는 정보의 불확실성으로 인해 거래비용이 높아질 가능성이 있겠군.

해설 D 기업은 제품의 원재료를 E 기업에서 조달하고자 하나, E 기업이 원재료의 품질 정보를 세부적으로 제공하지 않았다는 것은 정보의 불확실성이 크다는 것을 의미한다. 거래비용이론에서는 정보가 불확실한 거래 상황일수록 거래 주체들은 상대의 정보를 알아내기 위한 노력을 할 것이고, 이로 인해 거래비용은 높아지게 된다고 설명한다. 따라서 D 기업은 E 기업의 원재료의 품질 정보를 얻기 위해 더 많은 거래비용을 쓰게 될 가능성이 있다.

선택지 속 함정

D 기업은 신제품의 생산을 위해 원재료를 E 기업에게 공급받아야 하는 상황이야. 이때 E 기업이 원재료의 품질 정보를 세부적으로 제공하지 않음으로 인해 D 기업의 생산에 차질이 발생하였어. D 기업이 E 기업으로부터만 독점적으로 원재료를 조달받고자 하는 것은 이 원재료의 자산특수성이 매우 높은 상황임을 뜻해. 지문에서는 거래비용을 증가시키는 요인들이 여러 가지 제시되었는데 자산특수성이 높은 경우 경제 주체들이 자신의 이익을 극대화하기 위해 기회주의적인 면모를 보일 가능성이 높다고 하였어. 따라서 E 기업이 원재료의 품질 정보를 세부적으로 제공하지 않는 것은 자신의 이익을 극대화하기 위한 기회주의적 전략이라고도 볼 수 있어. 결국 신제품의 원활한 생산을 위해서는 D 기업이 E 기업의 정보를 알아내기 위해 더 많은 거래비용을 지출하게 될 거야.

10 어휘의 사전적 의미 파악 정답 ①

선택률	① 79%	② 2%	③ 4%	④ 3%	⑤ 12%

㉠~㉤의 사전적 의미로 적절하지 않은 것은?

= ㉠: 이행, ㉡: 고려, ㉢: 면모, ㉣: 보완, ㉤: 공유

정답 풀이

① ㉠: ~~둘 이상의 일을 한꺼번에 행함.~~

↳ 실제로 행함.

해설 ㉠ '이행'은 '실제로 행함.'이라는 의미를 가진 말이다. '의무를 이행하다.' 등으로 쓰일 수 있다. '둘 이상의 일을 한꺼번에 행함.'은 '병행'의 의미이다.

오답 풀이

② ㉡: 생각하고 헤아려 봄.

해설 ㉡ '고려'는 '생각하고 헤아려 봄.'이라는 뜻을 가진 말로, '사정을 고려하다.' 등으로 쓰일 수 있다.

③ ㉢: 사람이나 사물의 겉모습이나 그 됨됨이.

해설 ㉢ '면모'는 '사람이나 사물의 겉모습이나 그 됨됨이.'라는 뜻을 가진 말로, '양반다운 면모를 뽐내다.' 등으로 쓰일 수 있다.

④ ㉣: 모자라거나 부족한 것을 보충하여 완전하게 함.

해설 ㉣ '보완'은 '모자라거나 부족한 것을 보충하여 완전하게 함.'이라는 뜻을 가진 말로 '문제점을 보완하다.' 등으로 쓰일 수 있다.

⑤ ㉤: 두 사람 이상이 한 물건을 공동으로 소유함.

해설 ㉤ '공유'는 '두 사람 이상이 한 물건을 공동으로 소유함.'이라는 뜻을 가진 말로 '재산을 공유하다.' 등으로 쓰일 수 있다.

DAY 08 사회 수요와 공급

01~05 2021년 6월 고1 전국연합학력평가 본문 42~43쪽

01 ⑤ 02 ② 03 ④ 04 ⑤ 05 ⑤

(◯ 문단별 핵심어 ★ ▬ 중심 문장)

• 수요의 가격탄력성

1 수요의 법칙에 따르면 어떤 상품의 가격 변화에 따라 그 상품의 수요량은 변화한다. 수요의 가격탄력성은 가격이 변할 때 수요량이 변하는 정도를 나타내는 지표다. (수요의 가격탄력성의 개념) 가격 변화에 따른 수요량의 변화가 ㉠민감하면 탄력적이라 하고, (수요의 가격탄력성이 탄력적인 경우) 가격 변화에 따른 수요량의 변화가 민감하지 않으면 비탄력적이라고 한다. (수요의 가격탄력성이 비탄력적인 경우)

2 수요의 가격탄력성에 영향을 주는 대표적인 요인에는 세 가지가 있다. 첫째, 대체재의 존재 여부이다. (수요의 가격탄력성에 영향을 주는 요인 1) 어떤 상품에 ㉡밀접한 대체재가 있으면, 소비자들은 그 상품 대신에 대체재를 사용할 수 있으므로 그 상품 수요의 가격탄력성은 탄력적이다. (대체재가 있으면 상품 수요의 가격탄력성은 탄력적) 「예를 들어 버터는 마가린이라는 밀접한 대체재가 있기 때문에 버터 가격이 오르면 버터의 수요량은 크게 감소하므로 버터 수요의 가격탄력성은 탄력적이다. (↕ 대조) 반면에 달걀은 마땅한 대체재가 없으므로, 달걀 수요의 가격탄력성은 비탄력적이다.」(→ 예시) 둘째, 필요성의 정도이다. (수요의 가격탄력성에 영향을 주는 요인 2) 필수재 수요의 가격탄력성은 대체로 비탄력적인 반면에, (↔ 대조) 사치재 수요의 가격탄력성은 대체로 탄력적이다. 「예를 들어 필수재인 휴지의 가격이 오르면 아껴 쓰기는 하겠지만 그 수요량이 ㉢급격하게 줄어들지는 않는다. (↕ 대조) 그러나 사치재인 보석의 가격이 상승하면 그 수요량이 감소한다.」(→ 예시) 셋째, 소득에서 지출이 차지하는 비중이다. (수요의 가격탄력성에 영향을 주는 요인 3) 해당 상품을 구매하기 위한 지출이 소득에서 차지하는 비중이 높을수록 수요의 가격탄력성은 커진다. (소득에서 지출이 차지하는 비중 ↑ → 가격탄력성 ↑) 소득에서 차지하는 비중이 큰 상품의 가격이 인상되면 개인의 소비 생활에 지장을 ㉣초래할 수 있으므로 그만큼 가격 변화에 민감하게 반응할 수밖에 없다.

3 그렇다면 수요의 가격탄력성은 어떻게 계산할 수 있을까? 수요의 가격탄력성은 수요량의 변화율을 가격의 변화율로 나눈 값이다.

$$수요의\ 가격탄력성 = \left|\frac{수요량의\ 변화율}{가격의\ 변화율}\right| = \left|\frac{수요량\ 변화분 / 기존\ 수요량}{가격\ 변화분 / 기존\ 가격}\right|$$

[A] 예를 들어 아이스크림 가격이 10% 인상되었는데, 아이스크림 수요량이 20% 감소했다고 하자. 이 경우 수요량의 변화율이 가격 변화율의 2배에 해당하므로 수요의 가격탄력성은 2가 된다. 일반적으로 수요의 가격탄력성이 1보다 크면 탄력적, 1보다 작으면 비탄력적이라 하고, 수요의 가격탄력성이 1이면 단위탄력적이라 한다.

4 수요의 가격탄력성은 총수입에 큰 영향을 미친다. 총수입은 상품 판매자의 판매 수입이며 동시에 상품에 대한 소비자의 지출액인데, (총수입의 정의) 이는 상품의 가격에 거래량을 곱한 수치로 ㉤산출할 수 있다. (총수입의 계산식) 일반적으로 수요의 가격탄력성이 비탄력적인 경우 가격이 상승하면 총수입도 증가하지만, (〈수요의 가격탄력성이 비탄력적인 경우〉 가격 상승 → 총수입 증가) 수요의 가격탄력성이 탄력적인 경우 가격이 상승하면 총수입은 감소한다. (〈수요의 가격탄력성이 탄력적인 경우〉 가격 상승 → 총수입 감소) 예를 들어 어느 상품의 가격이 500원에서 600원으로 20% 상승할 때 수요량이 100개에서 90개로 10% 감소했다면, (수요의 가격탄력성 = 수요량의 변화율 / 가격의 변화율 = 10/20 = 0.5 → 비탄력적) 이 상품 수요의 가격탄력성은 비탄력적이다. 이때 총수입은 상품의 가격에 거래량을 곱한 수치이므로 가격 인상 전 50,000원에서 인상 후 54,000원으로 4,000원 증가하게 되는 것이다. 그러므로 ⓐ수요의 가격탄력성을 파악하는 것은 판매자에게 매우 중요한 일이다. (수요의 가격탄력성이 총수입에 큰 영향을 미치기 때문)

지문 분석하기

|지문 구조|

1 수요의 가격탄력성의 개념
↓
2 수요의 가격탄력성에 영향을 주는 대표적인 요인
↓
3 수요의 가격탄력성 계산 방법
↓
4 총수입과 수요의 가격탄력성 간의 관계

|주제| 수요의 가격탄력성의 개념 및 특징

한컷 정리하기

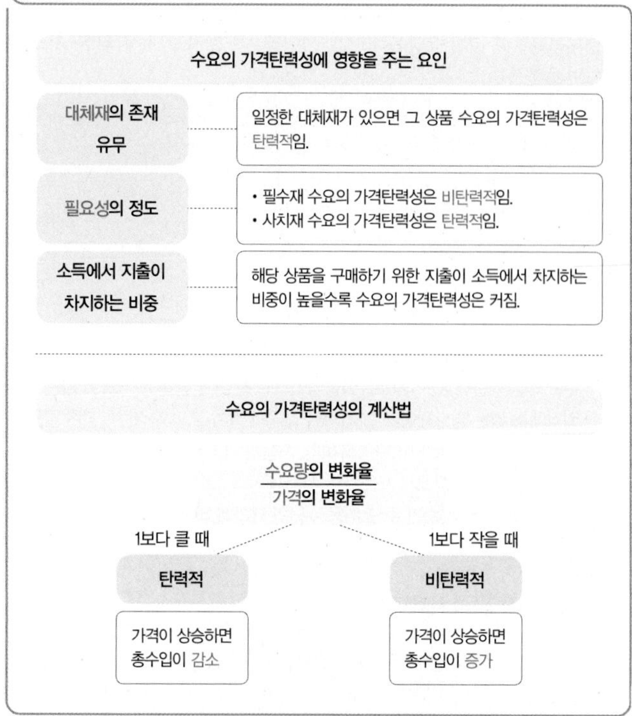

01 세부 정보의 파악

정답 ⑤

선택률	① 2%	② 3%	③ 24%	④ 4%	⑤ 67%

윗글을 통해 알 수 있는 내용으로 적절하지 않은 것은?

정답 풀이

⑤ 수요의 가격탄력성에 영향을 주는 요인들 간의 관계

해설 2문단에 따르면 수요의 가격탄력성에 영향을 주는 요인들에는 대체재의 존재 여부, 필요성의 정도, 소득에서 지출이 차지하는 비중 등이 있다. 수요의 가격탄력성에 영향을 주는 요인들은 알 수 있으나, 그 요인들 간의 관계는 이 글에서 찾을 수 없다.

오답 풀이

① 수요의 가격탄력성 개념

해설 1문단에서 수요의 가격탄력성은 가격이 변할 때 수요량이 변하는 정도를 나타내는 지표라고 하였다.

② 수요의 가격탄력성 산출 방법

해설 3문단에서 수요의 가격탄력성은 수요량의 변화율을 가격의 변화율로 나눈 값이라고 하였다.

③ 상품 판매자의 판매 수입 산출 방법

해설 4문단에서 총수입은 상품 판매자의 판매 수입이라고 하였고, 총수입은 상품의 가격에 거래량을 곱한 수치로 산출할 수 있다고 하였다.

④ 대체재의 유무가 수요의 가격탄력성에 미치는 영향

해설 2문단에서 대체재가 있으면 수요의 가격탄력성은 탄력적이고, 대체재가 없으면 수요의 가격탄력성은 비탄력적이라고 하였다.

02 구체적 상황에 적용

정답 ②

선택률	① 7%	② 74%	③ 4%	④ 13%	⑤ 2%

윗글을 참고할 때, 〈보기〉의 ㉮~㉰에 들어갈 말을 바르게 짝지은 것은?

보기

쌀을 주식으로 하는 갑국은 밀을 주식으로 하는 나라에 비해
〈갑국〉 쌀 = 필수재, 수요의 가격탄력성은 비탄력적
쌀 수요의 가격탄력성은 (㉮)이고, 자동차보다 저렴한 오토바이가 주요 이동 수단인 을국은 자동차가 주요 이동 수단인 나
〈을국〉 자동차 = 사치재, 수요의 가격탄력성은 탄력적 / 오토바이 = 필수재, 수요의 가격탄력성은 비탄력적
라에 비해 자동차를 (㉯)로 인식하여 자동차 수요의 가격탄력성은 (㉰)이다.

정답 풀이

② ㉮: 비탄력적 / ㉯: 사치재 / ㉰: 탄력적

해설 2문단에서 필수재 수요의 가격탄력성은 대체로 비탄력적인 반면에, 사치재 수요의 가격탄력성은 대체로 탄력적이라고 하였다. 쌀을 주식으로 하는 갑국의 입장에서 쌀은 필수재이다. 그러므로 갑국의 쌀 수요의 가격탄력성은 밀을 주식으로 하는 나라에 비해 '비탄력적'이다. 자동차보다 저렴한 오토바이가 주요 이동 수단인 을국의 입장에서 자동차는 '사치재'이다. 그러므로 을국의 자동차 수요의 가격탄력성은 자동차가 주요 이동 수단인 나라에 비해 '탄력적'이다.

오답 풀이

① ㉮: 비탄력적 / ㉯: 사치재 / ㉰: ~~비탄력적~~
↳ 탄력적

③ ㉮: 비탄력적 / ㉯: ~~필수재~~ / ㉰: 탄력적
↳ 사치재

④ ㉮: ~~탄력적~~ / ㉯: 사치재 / ㉰: ~~비탄력적~~
↳ 비탄력적 ↳ 탄력적

⑤ ㉮: ~~탄력적~~ / ㉯: ~~필수재~~ / ㉰: 탄력적
↳ 비탄력적 ↳ 사치재

해설 정답 풀이 참조

03 세부 정보의 추론

정답 ④

선택률	① 2%	② 3%	③ 5%	④ 85%	⑤ 5%

ⓐ의 이유로 가장 적절한 것은?
= 수요의 가격탄력성을 파악하는 것은 판매자에게 매우 중요한 일이다.

정답 풀이

④ 수요의 가격탄력성이 판매자의 총수입 증가 여부에 영향을 미칠 수 있기 때문에

해설 4문단에서 수요의 가격탄력성은 총수입에 큰 영향을 미친다고 하였다. 일반적으로 수요의 가격탄력성이 비탄력적인 경우 가격이 상승하면 총수입도 증가하지만, 수요의 가격탄력성이 탄력적인 경우 가격이 상승하면 총수입은 감소한다. 그러므로 판매자 입장에서 수요의 가격탄력성을 파악해야 총수입을 예측할 수 있어서 수요의 가격탄력성을 파악하는 것은 판매자에게 매우 중요하다.

오답 풀이

① 수요의 가격탄력성으로 ~~소비자의 소득 규모를 판단~~할 수 있기 때문에

② 수요의 가격탄력성으로 ~~판매 상품의 문제점을 파악~~할 수 있기 때문에

③ 수요의 가격탄력성이 ~~판매 상품의 생산 단가를 예측 가능하게~~ 하기 때문에

⑤ 수요의 가격탄력성으로 ~~판매자의 판매 수입과 소비자의 지출액 차이를 파악~~할 수 있기 때문에

해설 수요의 가격탄력성으로 파악할 수 있는 정보는 상품의 가격 변화에 따른 수요량의 변화, 그에 따른 총수입의 변화이다. 수요의 가격탄력성으로 소비자의 소득 규모, 판매 상품의 문제점, 판매 상품의 생산 단가, 판매자의 판매 수입과 소비자의 지출액 차이는 파악할 수 없다.

04 자료 해석의 적절성 평가

정답 ⑤

선택률	① 9%	② 11%	③ 15%	④ 5%	⑤ 60%

〈보기〉는 김밥과 영화 관람권의 가격 인상 이후 하루 동안의 수요량 감소를 나타낸 표이다. [A]를 바탕으로 〈보기〉를 탐구한 내용으로 적절한 것은? [3점]

보기

구분	김밥	영화 관람권
기존 가격	2,000원	10,000원
가격 변화분	500원	2,000원
기존 수요량	100개	2,500장
수요량 변화분	20개	1,000장

※ 단, 김밥과 영화 관람권의 가격과 수요량에 영향을 끼치는 다른 요인은 없는 것으로 한다.

정답 풀이

⑤ 김밥 수요의 가격탄력성은 비탄력적이고, 영화 관람권 수요의 가격탄력성은 탄력적이다.
(비탄력적: 1보다 작음. / 탄력적: 1보다 큼.)

해설 [A]에 따르면 수요의 가격탄력성이 비탄력적인지 탄력적인지 알기 위해서는 수요량의 변화율(수요량 변화분/기존 수요량)을 가격의 변화율(가격 변화

분/기존 가격)로 나눈 값을 구해야 한다. 김밥 수요의 가격탄력성의 경우 수요량의 변화율인 1/5(20개/100개)을 가격의 변화율인 1/4(500원/2,000원)로 나누면 4/5가 된다. 4/5는 1보다 작으므로 김밥 수요의 가격탄력성은 비탄력적이다. 영화 관람권 수요의 가격탄력성의 경우 수요량의 변화율인 2/5(1,000장/2,500장)를 가격의 변화율인 1/5(2,000원/10,000원)로 나누면 2가 된다. 2는 1보다 크므로 영화 관람권 수요의 가격탄력성은 탄력적이다.

오답 풀이

① **김밥은 가격의 변화율이 수요량의 변화율보다 ~~작다~~.** ↳ 크다

해설 김밥은 가격의 변화율이 1/4이고 수요량의 변화율이 1/5이다. 따라서 가격의 변화율이 수요량의 변화율보다 크다.

② **영화 관람권은 가격의 변화율이 수요량의 변화율보다 ~~크다~~.** ↳ 작다

해설 영화 관람권은 가격의 변화율이 1/5이고 수요량의 변화율이 2/5이다. 따라서 가격의 변화율이 수요량의 변화율보다 작다.

③ **김밥과 영화 관람권 수요의 가격탄력성은 ~~모두 1보다 작다~~.** ↳ 김밥 수요의 가격탄력성만 1보다 작다

해설 김밥 수요의 가격탄력성은 4/5로 1보다 작지만, 영화 관람권 수요의 가격탄력성은 2이므로 1보다 크다.

④ **김밥과 영화 관람권은 가격의 변화율에 대한 수요량의 변화율이 ~~같다~~.** 수요의 가격탄력성 ↳ 다르다

해설 가격의 변화율에 대한 수요량의 변화율은 수요의 가격탄력성을 말한다. 김밥 수요의 가격탄력성은 4/5이고 영화 관람권 수요의 가격탄력성은 2이므로 김밥과 영화 관람권은 가격의 변화율에 대한 수요량의 변화율이 다르다.

선택지 속 함정

수요의 가격탄력성은 수요량의 변화율을 가격의 변화율로 나눈 값이야. <보기>의 표에 나온 변화분이 변화율과 같은 개념이 아니라는 사실을 유념해야 해. 문제를 빠르게 읽고 풀다 보면 자칫 헷갈릴 수 있거든. 또한 분수 계산을 정확하게 해야 실수하지 않아.

05 어휘의 사전적 의미 파악 정답 ⑤

선택률	① 2%	② 3%	③ 1%	④ 4%	⑤ 90%

㉠~㉤의 사전적 의미로 적절하지 않은 것은?
= ㉠: 민감, ㉡: 밀접, ㉢: 급격, ㉣: 초래, ㉤: 산출

정답 풀이

⑤ **㉤: ~~어떤 일에 필요한 돈이나 물자 따위를 내놓음~~.**

해설 '이는 상품의 가격에 거래량을 곱한 수치로 산출할 수 있다.'에서 '산출'은 계산하여 냄.'이라는 뜻이다. '어떤 일에 필요한 돈이나 물자 따위를 내놓음.'을 뜻하는 단어는 '출자(出資)'이다.

오답 풀이

① **㉠: 자극에 빠르게 반응을 보이거나 쉽게 영향을 받음.**

해설 '수요량의 변화가 민감하면'에서 '민감'은 '자극에 빠르게 반응을 보이거나 쉽게 영향을 받음.'을 뜻한다.

② **㉡: 아주 가깝게 맞닿아 있음.**

해설 '어떤 상품에 밀접한 대체제가 있으면'에서 '밀접'은 '아주 가깝게 맞닿아 있음.'을 뜻한다.

③ **㉢: 변화의 움직임 따위가 급하고 격렬함.**

해설 '수요량이 급격하게 줄어들지는 않는다.'에서 '급격'은 '변화의 움직임 따위가 급하고 격렬함.'을 뜻한다.

④ **㉣: 일의 결과로서 어떤 현상을 생겨나게 함.**

해설 '개인의 소비 생활에 지장을 초래할 수 있으므로'에서 '초래'는 '일의 결과로서 어떤 현상을 생겨나게 함.'을 뜻한다.

06~10 2020년 3월 고1 전국연합학력평가

본문 44~45쪽

06 ⑤ 07 ① 08 ② 09 ⑤ 10 ③

(문단별 핵심어) ★ 중심 문장

• **관세 정책이 미치는 영향**

1 최근 수입품에 높은 관세를 부과하여 국제 무역 분쟁이 발생하면서 관세에 대한 관심이 높아지고 있다. 관세란 수입되는 재화에 부과되는 조세로, 정부는 조세 수입을 늘리거나 국내 산업을 보호하기 위한 목적으로 관세를 부과한다(관세 부과의 목적). 그런데 관세를 부과하면 국내 경기 및 국제 교역에 영향을 미치게 된다.

2 관세가 국내 경기에 미치는 영향을 살펴보기 위해서는 시장에서의 수요와 공급의 원리를 알아야 한다.

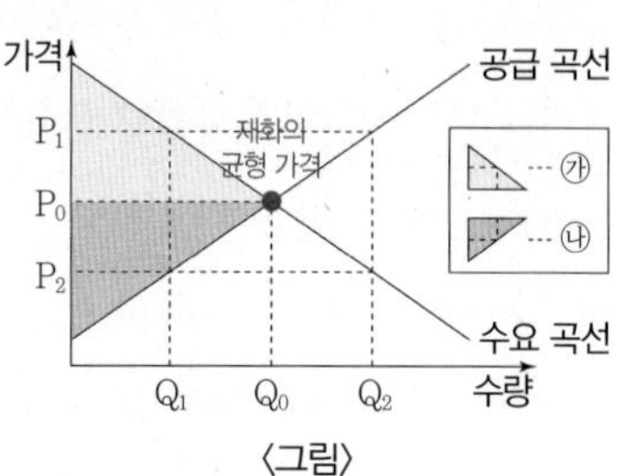

〈그림〉

〈그림〉은 가격에 따른 수요량과 공급량의 변화를 나타내는 그래프이다. 여기서 수요 곡선은 재화의 가격에 따른 수요량의 변화를 나타내는데(가격과 수요량은 반비례), 그래프에서 가격은 재화 1단위 추가 소비를 위한 소비자의 지불 용의 가격을 나타내기도 한다. 공급 곡선은 재화의 가격에 따른 공급량의 변화를 나타내는데(가격과 공급량은 비례), 그래프에서 가격은 재화 1단위 추가 생산을 위한 생산자의 판매 용의 가격을 나타내기도 한다. 수요와 공급의 원리에 따르면 재화의 균형 가격은 수요 곡선과 공급 곡선이 만나는 P_0에서 형성된다. 재화의 가격이 P_1로 올라가면 수요량은 Q_1로 줄어들고 공급량은 Q_2로 증가하지만, 재화의 가격이 P_2로 내려가면 수요량은 Q_2로 증가하고 공급량은 Q_1로 줄어든다.

3 이처럼 재화의 가격 변화로 수요량과 공급량이 달라지면 소비자 잉여와 생산자 잉여에도 변화가 생기게 된다. 여기서 잉여란 제품을 소비하거나 판매함으로써 얻는 이득으로(잉여의 개념), 소비자 잉여는 소비자가 어떤 재화를 구입할 때 지불할 용의가 있는 가격과 실제 지불한 가격의 차이이고(소비자 잉여의 개념), 생산자 잉여는 생산자가 어떤 재화를 판매할 때 실제 판매한 가격과 판매할 용의가 있는 가격의 차이이다(생산자 잉여의 개념). 〈그림〉에서 수요 곡선과 실제 재화의 가격의 차이에 해당하는 ㉮는 소비자 잉여를, 실제 재화의 가격과 공급 곡선의 차이에 해당하는 ㉯는 생산자 잉여를 나타낸다. 만일 재화의 가격이 P_0에서 P_1로 올라가면 소비자 잉여는 줄어들고 생산자 잉여는 늘어나는 반면(가격 상승에 따른 잉여 변화), 재화의 가격이 P_2로 내려가면 소비자 잉여는 늘어나고 생산자 잉여는 줄어들게 된다(가격 하락에 따른 잉여 변화).

4 이를 바탕으로 관세가 국내 경기에 미치는 영향을 살펴보자. 밀가루 수입 전에 형성된 K국의 밀가루 가격이 500원/kg이고, 국제 시장에서 형성된 밀가루의 가격이 300원/kg이라고 가정해 보자. K국이 자유 무역을 통해 관세 없이 밀가루를 수입하면 국산 밀가루 가격은 수입 가격 수준인 300원/kg까지 내려가게 된다. 그 결과 국산 밀가루 공급량은 줄어들지만 오히려 수요량은 늘어나기 때문에, 국내 수요량에서 국내 공급량을 뺀 나머지 부분만큼 밀가루를 수입하게 된다. 밀가루 수입으로 국산 밀가루 가격이 하락하면 결과적으로 생산자 잉여가 감소하지만 소비자 잉여는 증가하게 된다. 증가한 소비자 잉여가 감소한 생산자 잉여보다 크기 때문에 소비자 잉여와 생산자 잉여의 총합인 사회적 잉여는 밀가루를 수입하기 전에 비해 커지게 된다.

(수입 밀가루와 가격 경쟁을 하므로 / 가격이 내려가므로 / 수입 공급량 = 국내 수요량 – 국내 공급량 / 실제 판매 가격이 작아지므로 / 실제 지불 가격이 작아지므로 / 사회적 잉여의 정의)

5 그런데 K국이 수입 밀가루에 100원/kg의 관세를 부과할 경우, 수입 밀가루의 국내 판매 가격은 400원/kg으로 올라가게 된다. 그렇게 되면 국산 밀가루 생산자는 관세 부과 전보다 100원/kg 오른 가격에 밀가루를 판매할 수 있으므로 국산 밀가루의 공급량이 늘어 관세를 부과하기 전보다 생산자 잉여가 증가하게 된다. 반대로 소비자 입장에서는 가격이 올라가면 그만큼 수요량이 줄어들게 되므로 소비자 잉여는 감소하게 된다. 하지만 증가한 생산자 잉여가 감소한 소비자 잉여보다 작기 때문에 소비자 잉여와 생산자 잉여의 총합인 사회적 잉여는 수입 밀가루에 관세를 부과하기 전에 비해 작아지게 된다.

(실제 판매 가격이 상승하므로 / 실제 지불 가격이 상승하므로 / 증가한 생산자 잉여<감소한 소비자 잉여 → 사회적 잉여 감소)

6 그런데 관세 정책이 장기화될 경우, 국내 경기가 침체에 빠질 수 있다. 예컨대 K국 정부가 국내 밀가루 산업을 보호하기 위하여 수입 밀가루에 높은 관세를 부과할 경우, 단기적으로는 국내 밀가루 생산자의 이익을 늘려 자국의 밀가루 산업을 보호할 수 있다. 하지만 높은 관세로 국내 밀가루 가격이 상승하면 밀가루를 원료로 하는 제품들의 가격이 줄줄이 상승하게 되어, 국내 소비자들은 밀가루를 이용하여 만든 제품들의 소비를 줄이게 된다. 이러한 과정이 장기화된다면 K국의 경기는 결국 침체에 빠질 수도 있다. 실제로 1930년대 국내 산업을 보호할 목적으로 시행된 각국의 관세 정책으로 인해 오히려 경제 대공황이 심화된 사례가 이를 잘 보여 주고 있다.

(관세 정책의 위험성을 보여 주는 사례)

7 이렇게 볼 때 국내 산업을 보호할 목적으로 부과된 ㉠관세는 사회적 잉여를 감소시키고, 해당 제품에 대한 국내 소비를 줄어들게 한다. 그리고 그와 관련된 다른 산업에까지 악영향을 미칠 수 있다. 또한 과도한 관세는 국제 교역을 감소시켜 국제 무역 시장을 침체시킬 뿐만 아니라, 국제 무역 분쟁을 야기할 소지도 있다. 이러한 이유로 대다수의 경제학자들은 과도한 관세에 대한 우려를 드러내고 있다.

(관세 정책의 국내 문제점 1 / 관세 정책의 국내 문제점 2 / 관세 정책의 국내 문제점 3 / 관세 정책의 국외 문제점 1 / 관세 정책의 국외 문제점 2 / 관세 정책의 국외 문제점 3)

지문 분석하기

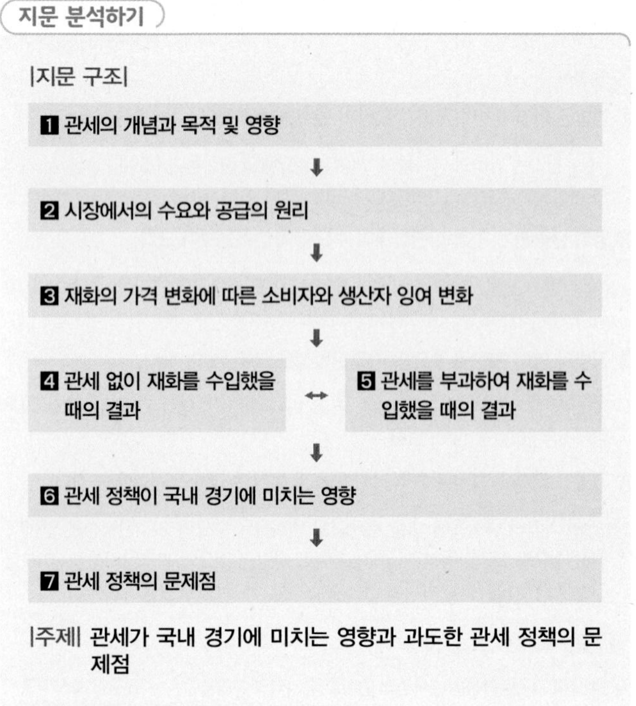

한컷 정리하기

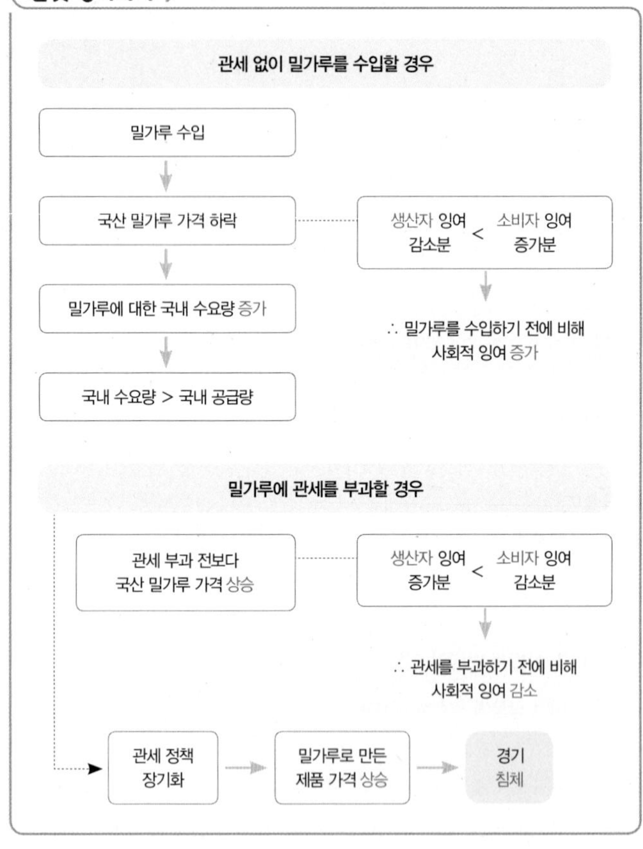

06 글의 전개 방식 파악 정답 ⑤

선택률	① 5%	② 7%	③ 9%	④ 3%	⑤ 76%

윗글에 대한 설명으로 가장 적절한 것은?

정답 풀이

⑤ 원리를 설명한 후 구체적 사례를 들어 이해를 돕고 있다.

해설 이 글은 관세를 부과했을 때 국내 경기 및 국제 교역에 미치는 영향에 대해, 시장에서의 수요와 공급의 원리를 적용해 설명하고 있다. 또 이해를 돕기 위해 관세를 부과하기 전과 후에 나타나는 영향을 K국의 밀가루 수입 사례를 들어 설명하고 있다.

오답 풀이

① ~~상반된 두 입장을 제시한 후 이를 절충하고 있다.~~

해설 이 글에서는 관세 정책에 대해 상반된 두 입장을 제시하고 있지 않을 뿐더러 입장을 절충하는 내용도 제시되어 있지 않다.

② ~~문제 상황을 언급한 후 해결책을 구체화하고 있다.~~

해설 1문단에서 관세 정책이 국제 무역 분쟁의 원인이 될 수 있다는 문제 상황은 언급하고 있으나 그에 대한 해결책을 구체화하고 있지는 않다.

③ ~~이론의 한계를 단계적인 순서에 따라 설명하고 있다.~~

해설 관세 문제에 대한 이해를 돕기 위해 시장에서의 수요와 공급 원리에 대한 이론을 제시하고 있으나 그 한계를 제시하고 있지는 않다. 또 그 한계를 단계적인 순서에 따라 설명하고 있지도 않다.

④ ~~학설이 나타난 배경과 그 학문적 성과를 분석하고 있다.~~

해설 관세 정책에 대한 학설이 나타난 배경이나 그 학문적 성과에 대해 분석하는 내용은 제시되어 있지 않다.

07 세부 정보의 파악 정답 ①

선택률	① 77%	② 9%	③ 5%	④ 4%	⑤ 5%

윗글에 대한 이해로 적절하지 <u>않은</u> 것은?

정답 풀이

① ~~소비자의 지불 용의 가격은 균형 가격보다 항상 높다.~~

↳ 수요 곡선상에서 가격이 균형 가격보다 낮은 경우도 존재함.

해설 2문단에 제시된 가격에 따른 수요량과 공급량의 변화를 나타내는 그래프를 해석하면서 수요 곡선은 재화의 가격에 따른 수요량의 변화로, 가격은 재화 1단위 추가 소비를 위한 소비자의 지불 용의 가격을 나타내기도 한다고 하였다. 그리고 공급 곡선은 재화의 가격에 따른 공급량의 변화로, 재화 1단위 추가 생산을 위한 생산자의 판매 용의 가격을 나타내기도 한다. 재화의 균형 가격은 수요 곡선과 공급 곡선이 만나는 지점에서 형성되는데, 그래프의 수요 곡선상에서는 소비자의 지불 용의 가격(수요 곡선)이 균형 가격(Q_0, P_0)보다 낮은 경우(Q_2, P_2)도 존재하므로 소비자의 지불 용의 가격은 균형 가격보다 항상 높다는 설명은 적절하지 않다.

오답 풀이

② 균형 가격에서는 재화의 수요량과 공급량이 동일하다.

수요 곡선과 공급 곡선이 만나는 지점에서 형성

해설 2문단에서 재화의 균형 가격은 수요 곡선과 공급 곡선이 만나는 지점에서 형성된다는 내용이 제시되어 있으며, 그래프상에서 수요 곡선과 공급 곡선이 만나는 지점인 균형 가격을 보면 재화의 수요량과 공급량은 Q_0로 동일하다. 따라서 균형 가격에서는 재화의 수요량과 공급량이 동일하다는 설명은 적절하다.

③ 원료의 가격은 이에 기반한 제품의 가격에 영향을 미친다.

해설 6문단에서 높은 관세로 국내 밀가루 가격이 상승하면 밀가루를 원료로 하는 제품들의 가격이 줄줄이 상승한다는 내용이 제시되어 있다. 따라서 원료의 가격이 이에 기반한 재화의 가격에 영향을 미친다는 설명은 적절하다.

④ 관세는 국가 간의 무역 분쟁의 원인으로 작용하기도 한다.

해설 1문단 첫 문장에서 시사 문제를 활용해 관세 정책이 국제 무역 분쟁의 원인이 될 수 있다는 문제 상황을 언급하고 있는 것과 7문단에서 과도한 관세가 국제 무역 분쟁을 야기할 소지가 있다는 내용이 제시되어 있다. 따라서 관세는 국가 간의 무역 분쟁의 원인으로 작용하기도 한다고 볼 수 있다.

⑤ 대다수의 경제학자들은 과도한 관세에 대해 부정적 입장을 취한다.

해설 7문단에서 관세 정책으로 야기되는 국내·외 문제점을 들면서 대다수의 경제학자들은 과도한 관세에 대한 우려를 드러내고 있다는 내용이 제시되어 있다. 따라서 대다수의 경제학자들은 과도한 관세에 대해 부정적 입장을 취한다고 볼 수 있다.

08 세부 정보의 추론 정답 ②

선택률	① 9%	② 68%	③ 7%	④ 6%	⑤ 10%

㉠의 이유로 적절한 것은?

= 관세는 사회적 잉여를 감소시키고

정답 풀이

② 소비자 잉여 감소분이 생산자 잉여 증가분보다 크기 때문에

해설 5문단에서 제시된 관세와 사회적 잉여의 관계에 대한 서술을 통해 ㉠의 이유를 추론할 수 있다. 5문단의 마지막 문장인 '증가한 생산자 잉여가 감소한 소비자 잉여보다 작기 때문에(증가한 생산자 잉여<감소한 소비자 잉여) 소비자 잉여와 생산자 잉여의 총합인 사회적 잉여는 ~ 관세를 부과하기 전에 비해 작아지게 된다.'를 통해, 관세가 사회적 잉여를 감소시키는 것은 소비자 잉여 감소분이 생산자 잉여 증가분보다 크기 때문이라는 것을 알 수 있다.

오답 풀이

① ~~소비자 잉여 감소분이 생산자 잉여 증가분과 같기 때문에~~

↳ 소비자 잉여 감소분이 생산자 잉여 증가분보다 크기 때문에

해설 5문단에서 제시되었듯이 소비자 잉여 감소분이 생산자 잉여 증가분보다 크기 때문이다.

③ ~~소비자 잉여 증가분이 생산자 잉여 증가분보다 크기 때문에~~

↳ 소비자 잉여 감소분이 생산자 잉여 증가분보다 크기 때문에

해설 5문단에 제시된 내용은 관세가 부과되면 부과된 관세만큼 국내 판매 가격이 올라가므로 국산 제품의 공급량이 늘어 관세를 부과하기 전보다 생산자 잉여가 증가하게 되는 반면에 재화의 가격이 올라가므로 소비자의 수요량은 줄어들어서 소비자 잉여는 감소하게 된다는 것이다. 하지만 증가한 생산자 잉여가 감소한 소비자 잉여보다 작기 때문에 소비자 잉여와 생산자 잉여의 총합인 사회적 잉여는 관세를 부과하기 전보다 작아지게 된다. 따라서 관세로 인한 소비자 잉여 감소분이 생산자 잉여 증가분보다 크기 때문에 사회적 잉여가 감소하게 된다. 소비자 잉여 증가분이 생산자 잉여 증가분보다 크다는 것과는 관련이 없다.

④ ~~소비자 잉여 감소분이 생산자 잉여 감소분보다 작기 때문에~~

↳ 소비자 잉여 감소분이 생산자 잉여 증가분보다 크기 때문에

해설 5문단에 관세를 부과하게 되면 생산자 잉여는 증가하고 소비자 잉여는 감소하는데, 생산자 잉여와 소비자 잉여의 총합인 사회적 잉여는 관세 부과 전에 비해서 작아진다고 제시되어 있다. 따라서 관세가 사회적 잉여를 감소시키는 것은 소비자 잉여 감소분이 생산자 잉여 증가분보다 크기 때문이다.

⑤ ~~소비자 잉여 증가분이 생산자 잉여 감소분보다 작기 때문에~~

↳ 소비자 잉여 감소분이 생산자 잉여 증가분보다 크기 때문에

해설 5문단에 제시된 내용을 볼 때 관세를 부과할 경우, 재화의 국내 판매 가격은 올라가게 되므로 국산 생산자는 관세 부과 전보다 오른 가격에 재화를 판매할 수 있다. 이 때문에 관세를 부과하기 전보다 생산자 잉여가 증가하게 된다. 따라서 생산자 잉여 감소분과는 관련이 없다. 반대로 소비자 입장에서는 가격이 올라가면 그만큼 수요량이 줄어들게 되므로 소비자 잉여는 감소하게 된다. 따라서 소비자 잉여 증가분과도 관련이 없다.

09 자료 해석의 적절성 평가 정답 ⑤

선택률	① 15%	② 38%	③ 12%	④ 10%	⑤ 25%

윗글을 바탕으로 〈보기〉를 설명한 내용으로 적절하지 않은 것은? [3점]

보기

P국에서는 국산 바나나만을 소비하다 값싼 수입산 바나나를 관세 없이 수입하면서 국산 바나나 가격이 국제 시장 가격 수준으로 하락했다. 이에 정부에서는 국내 바나나 산업 보호를 위하여 관세를 부과하였다.

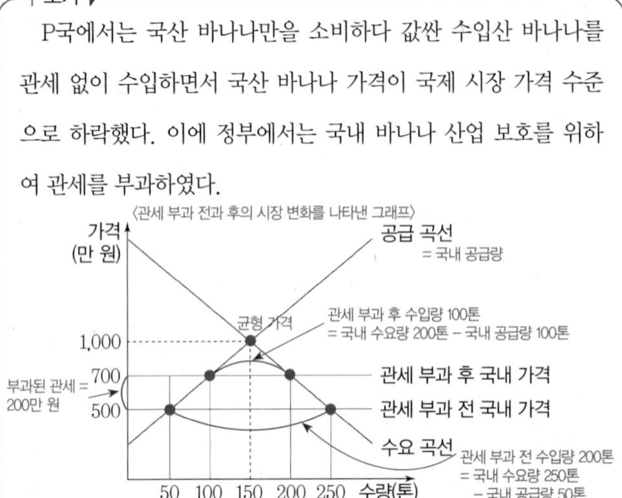

〈바나나 수입으로 인한 P국의 시장 변화〉

관세 부과 후 → 줄어든 수입 수량 100톤
= 부과 전 200톤 – 부과 후 100톤

정답 풀이

⑤ 관세를 부과한 결과 수입되는 바나나의 수량은 이전보다 ~~50톤이 줄어드는~~ 효과가 발생한다.
↳ 100톤이 줄어드는

해설 4문단에 제시된 '국내 수요량에서 국내 공급량을 뺀 나머지 부분만큼 밀가루를 수입하게 된다.'라는 내용을 통해 볼 때, 수입량은 국내 수요량에서 국내 공급량을 뺀 수량임을 알 수 있다. 이를 〈보기〉의 그래프에 적용해 보면 관세를 부과하기 전에 수입되는 바나나의 수량은 P국의 국내 수요량인 250톤에서 P국의 국내 공급량인 50톤을 뺀 200톤이 된다. 또한 관세를 부과한 후 수입되는 바나나의 수량은 P국의 국내 수요량 200톤에서 P국의 국내 공급량 100톤을 뺀 100톤이 된다. 따라서 관세를 부과한 결과 수입되는 바나나의 수량은 이전의 200톤에서 100톤으로 100톤이 줄어들게 된다.

오답 풀이

① 바나나를 수입하기 전 바나나의 국내 균형 가격은 톤당 1,000만 원이었다.

해설 2문단에 제시된 균형 가격에 대한 설명을 보면 균형 가격은 수요 곡선과 공급 곡선이 만나는 지점에서 형성된다. 이를 그래프에 적용하면 균형 가격이 형성되는 지점은 수요량과 공급량이 모두 150톤일 때이고, 바나나를 수입하기 전 P국의 바나나 국내 균형 가격은 톤당 1,000만 원이다.

② 관세를 부과하기 이전에는 수입되는 바나나의 수량이 200톤이었다.

해설 4문단에 제시된 국내 수요량에서 국내 공급량을 뺀 나머지 부분만큼 밀가루를 수입하게 된다는 내용을 통해 볼 때, 관세를 부과하기 전의 수입량은 국내 수요량에서 국내 공급량을 뺀 수치이므로 관세를 부과하기 이전 수입되는 바나나의 수량은 P국 수요량 250톤에서 P국의 국내 공급량 50톤을 뺀 200톤이 된다.

③ 관세를 부과하기 이전과 이후의 가격을 비교해 보니 톤당 200만 원만큼의 관세가 부과되었다.

해설 관세를 부과하기 전 P국의 바나나 국내 가격은 톤당 500만 원이고, 관세를 부과한 후 P국의 바나나 국내 가격은 톤당 700만 원이다. 관세를 부과하면 관세만큼 가격이 오르게 되므로 P국에서 부과한 관세는 톤당 200만 원임을 알 수 있다.

④ 관세를 부과한 결과 국내 생산자는 바나나의 공급량을 50톤에서 100톤으로 늘리게 된다.

해설 〈보기〉의 그래프를 확인하면 관세를 부과하기 전 P국의 국내 생산자의 바나나 공급량은 50톤이고 관세를 부과한 후 P국의 국내 생산자의 바나나 공급량은 100톤이다. 따라서 관세를 부과한 결과 P국 생산자는 바나나의 공급량을 50톤에서 100톤으로 늘렸다.

10 다른 상황과의 비교 정답 ③

선택률	① 5%	② 7%	③ 64%	④ 14%	⑤ 10%

윗글의 '관세(A)'와 〈보기〉의 '수입 할당제(B)'에 대해 이해한 내용으로 적절하지 않은 것은?

보기

'수입 할당제'는 일정 기간 특정 재화를 수입할 수 있는 양을 제한하여 제한된 할당량까지는 자유 무역 상태에서 수입하고 그 할당량이 채워지면 수입을 전면적으로 금지하는 비관세 정책이다. 수입 할당제는 수입되는 재화의 양을 제한함으로써 그 재화의 국내 가격을 자연적으로 상승시켜 국내 생산자를 보호하는 기능을 한다.
(수입 할당제의 기능)

정답 풀이

③ ~~A는 B와 달리~~ 정책 시행 시의 혜택을 국내 생산자가 보겠군.
(= 관세 / = 수입 할당제)
↳ A와 B 모두

해설 1문단에 제시된 내용을 통해 볼 때, 관세는 수입되는 재화에 부과되는 조세로, 정부는 조세 수입을 늘리거나 국내 산업을 보호하기 위한 목적으로 관세를 부과한다. 이때 국내 산업을 보호한다는 것은 국내 생산자를 보호한다는 의미이다. 〈보기〉에 제시된 수입 할당제 역시 수입되는 재화의 양을 제한함으로써 그 재화의 국내 가격을 자연적으로 상승시켜 국내 생산자를 보호하는 기능을 한다. 따라서 관세와 수입 할당제는 모두 국내 생산자를 보호하는 기능을 하는 보호 무역 정책에 해당한다. 그러므로 수입 할당제와 달리 관세만 정책 시행 시의 혜택을 국내 생산자가 본다는 이해는 적절하지 않다.

오답 풀이

① A는 수입품의 가격을 상승시키는 원인으로 작용하겠군.
(A = 관세)

해설 5문단의 내용을 보면 관세가 부과되면 부과된 관세만큼 수입품의 국내 판매 가격은 상승하게 된다. 따라서 A는 수입품의 가격을 상승시키는 원인으로 작용한다.

② B는 수량을 기준으로 수입되는 재화의 양을 제한하겠군.
(B = 수입 할당제)

해설 〈보기〉에서 '수입 할당제'는 국내 생산자를 보호하기 위해서 수입되는 재화의 양을 할당량까지로 제한하는 것이라 하였다. 따라서 B는 수량을 기준으로 수입되는 재화의 양을 제한하는 것이다.

④ B는 A와 달리 수입품에 대한 정부의 조세 수입이 없겠군.
(B = 수입 할당제, A = 관세, 수입품에 대한 정부의 조세 수입 = 관세)

해설 〈보기〉에서 수입 할당제는 '제한된 할당량까지는 자유 무역 상태에서 수입하고 그 할당량이 채워지면 수입을 전면적으로 금지하는 비관세 정책'이라 하였다. 제한된 할당량까지는 자유 무역 상태에서 수입한다는 것과 비관세 정책이라는 점에서 관세가 없다는 것을 알 수 있다. 선택지에서 제시된 '수입품에 대한 정부의 조세 수입'은 관세를 의미하는 것으로 B는 A와 달리 수입품에 대한 정부의 조세 수입이 없다는 이해는 적절하다.

⑤ A와 B 모두 국제 무역 규모의 감소를 유발할 수 있겠군.
(A = 관세, B = 수입 할당제)

해설 1문단에 제시된 내용을 통해 볼 때, 관세는 수입되는 재화에 부과되는 조세로, 정부는 조세 수입을 늘리거나 국내 산업을 보호하기 위한 목적으로 관세를 부과한다. 또한 〈보기〉에 제시된 수입 할당제 역시 수입되는 재화의 양을 제한함으로써 그 재화의 국내 가격을 자연적으로 상승시켜 국내 생산자를 보호하는 기능을 한다. 이 두 정책은 모두 국내 산업 보호를 위해 수입을 규제하는 정책으로 보호 무역 정책이다. 따라서 자유 무역일 때보다 수출입이 줄어들어서 국제 무역 규모의 감소를 유발할 수 있다. 이는 7문단에서 국내 산업을 보호할 목적으로 시행되는 관세는 국제 교역을 감소시킨다는 내용을 통해 확인할 수 있고, 〈보기〉에서 수입 할당제가 수입을 규제하는 정책이라는 점에서도 확인할 수 있다.

01~04 2022년 11월 고1 전국연합학력평가 본문 46~47쪽

01 ② 02 ① 03 ② 04 ⑤

문단별 핵심어 ★ 중심 문장

• 양면시장의 플랫폼 사업

1 양면시장은 플랫폼 사업자가 서로 구분되는 두 개의 이용자 집단에 플랫폼을 제공하고 이용자들은 플랫폼을 통해 상대 집단과 거래하면서 경제적 가치나 편익을 창출하는 시장을 의미한다. (「」: 양면시장의 개념) 이때 플랫폼이란 양쪽 이용자 집단의 연결 고리 역할을 하는 물리적, 가상적, 제도적 환경을 일컫는다. (플랫폼의 개념) 이용자 집단은 플랫폼을 통해 거래가 이루어지기까지의 시간이나 노력 등과 같은 거래비용을 절감하여 상대 집단과 거래하게 된다. 대표적인 플랫폼으로 신용 카드 회사가 제공하는 카드 결제 시스템을 들 수 있다. (플랫폼의 대표적인 예) 플랫폼의 한쪽에는 카드로 결제하는 회원들이 있고, 플랫폼의 반대쪽에는 그것을 지불 수단으로 받는 가맹점들이 있다. 플랫폼 사업자인 신용 카드 회사 입장에서는 양쪽 이용자 집단인 카드 회원들과 가맹점들 모두가 고객이 된다.

2 플랫폼을 통해 연결되는 양쪽 이용자 집단의 관계는 '네트워크 외부성'을 통해 설명할 수 있다. 네트워크 외부성은 어떤 제품이나 서비스를 사용하는 이용자의 규모가 이용자의 효용에 영향을 미치는 것으로 (네트워크 외부성의 개념) 직접 네트워크 외부성과 간접 네트워크 외부성으로 구분된다. 직접 네트워크 외부성이란 동일 집단 내에서 발생하는 것으로, 동일 집단에 속한 이용자의 규모가 커지면 집단 내 개별 이용자의 효용이 증가하는 특성이다. (직접 네트워크 외부성의 특징) 이와 달리 (앞의 내용과 대조되는 내용이 나올 때) 간접 네트워크 외부성이란 서로 다른 집단 간에 발생하는 것으로, 한쪽 이용자 집단의 규모가 커지면 반대쪽 이용자 집단의 효용이 증가하고, 한쪽 이용자 집단의 규모가 작아지면 반대쪽 이용자 집단의 효용이 감소하게 된다. (간접 네트워크 외부성의 특징) 양면시장에서는 간접 네트워크 외부성이 필수적으로 작용하므로 (양면시장에서 간접 네트워크 외부성의 작용) 양쪽 이용자 집단이 서로 긴밀하게 영향을 주고받는다.

3 이를 바탕으로 플랫폼 사업자는 플랫폼 이용료를 통해 수익을 창출하기 때문에 양쪽 이용자 집단 모두를 플랫폼에 참여하도록 유도할 수 있는 가격구조를 결정하게 된다. 이때 가격구조란 플랫폼 이용료를 각각의 이용자 집단에 어떻게 부과하느냐를 의미한다. (가격구조의 의미) 플랫폼 사업자는 수익을 극대화할 수 있는 전략으로 양쪽 이용자 집단에 차별적인 가격을 부과하는 것이 일반적인데, 한쪽 이용자 집단의 플랫폼 이용료를 아주 낮게 책정하거나 한쪽 이용자 집단에 (차별적인 가격을 부과하는 예)

보조금을 지급하는 경우도 있다.

4 위에서 언급된 카드 결제 시스템을 바탕으로 간접 네트워크 외부성이 가격구조에 미치는 영향을 살펴보면 다음과 같다. 카드 회원들이 가맹점에 미치는 간접 네트워크 외부성이 클수록, 카드 회사는 카드 회원 수를 늘리기 위해 낮은 연회비를 부과할 수 있다. 이에 따라 카드 회원 수가 늘어나면 가맹점들의 효용이 증가하기 때문에 가맹점은 높은 결제 건당 수수료를 지불하더라도 카드 결제 시스템을 이용하게 된다. 이는 가맹점이 카드 회원들에게 미치는 간접 네트워크 외부성이 큰 경우에도 마찬가지로 적용된다.

5 한편 가격구조는 수요의 가격탄력성에도 영향을 받는다. 수요의 가격탄력성이란 가격이 오르거나 내릴 때 수요량이 얼마나 변동하느냐를 의미하는 것으로, 양면시장에서 양쪽 이용자 집단 각각은 플랫폼 이용료의 변동에 따라 이용자 수나 서비스 이용량과 같은 수요량에 영향을 받게 된다. 카드 회원의 수요의 가격탄력성이 높은 경우에는 연회비가 오를 때 카드 회원 수가 크게 감소하고, 수요의 가격탄력성이 낮은 경우에는 변동이 크지 않다. 따라서 플랫폼 사업자는 자신의 수익을 극대화하기 위해 양쪽 이용자 집단의 특성을 파악하여 각 집단에 최적의 이용료를 부과하게 된다. 일반적으로 플랫폼 사업자는 수요의 가격탄력성이 높은 집단에 낮은 이용료를 부과하여 해당 집단의 이용자 수를 늘리려고 한다.

(한편: 전환을 나타내는 연결어 / 수요의 가격탄력성의 개념 / 수요의 가격탄력성에 따른 가격 구조)

6 플랫폼 사업자가 수익을 창출하기 위해 사용하는 대표적인 전략으로 공짜 미끼와 프리미엄(free-mium) 등이 있다. 공짜 미끼 전략은 무료 서비스를 통해 한쪽 집단의 이용자 수를 늘리면서 반대쪽 집단 이용자의 플랫폼 참여를 유인하는 것이다. 프리미엄 전략은 기본적 기능은 무료로 제공하지만 추가적인 기능은 유료로 제공하는 것으로, 무료에서 유료로 전환한 이용자의 긍정적 경험이 무료 이용자에게 전파되어 그중 일부가 유료 이용자로 전환되도록 하는 것이다.

(플랫폼 사업자의 수익 전략 / 공짜 미끼 전략의 개념 / 프리미엄 전략의 개념)

지식을 쌓는 배경지식

플랫폼 경제의 특성

- 플랫폼 경제에서는 복수의 이용자 그룹이 존재하므로, 이를 양면시장, 또는 다면시장이라고 함.
- 플랫폼 경제에서는 간접 네트워크 효과의 영향을 많이 받기 때문에 거래하는 상대방이 많을수록 효용이 증가하게 되는 특징이 있음.
- 대부분의 이용자 집단은 거래 플랫폼 시장을 선호하므로 자연독점적 성격을 가지는 거대 플랫폼이 등장하게 됨.

지문 분석하기

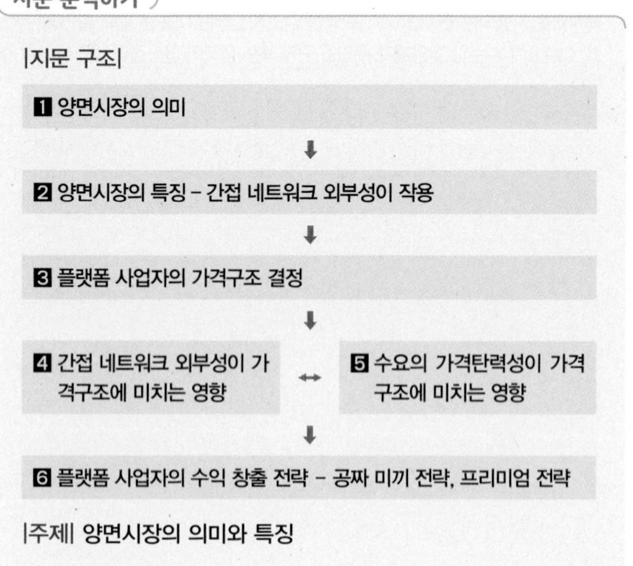

한컷 정리하기

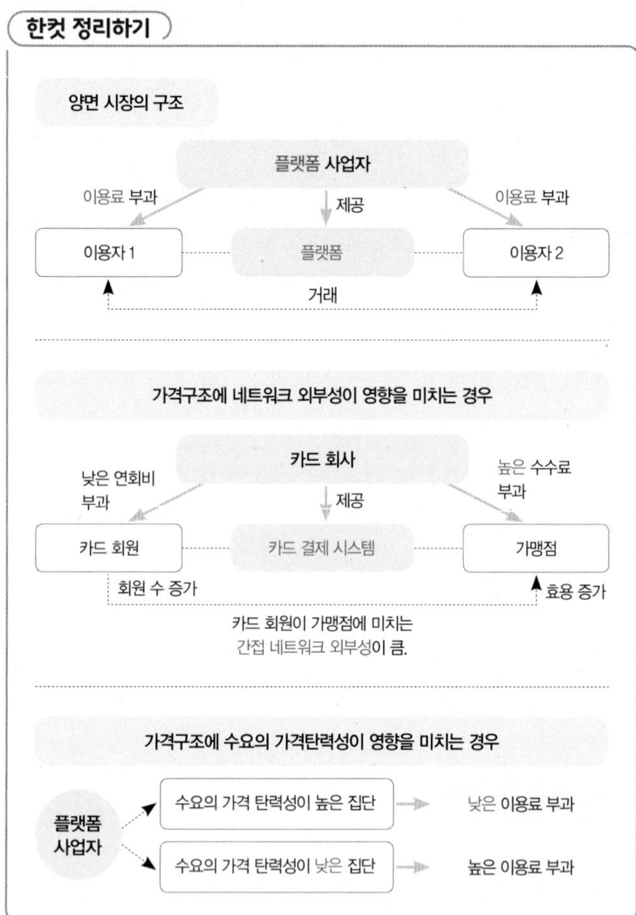

01 세부 정보의 파악 정답 ②

선택률	① 3%	② 54%	③ 9%	④ 27%	⑤ 7%

윗글을 이해한 내용으로 적절하지 않은 것은?

정답 풀이

② 양면시장에서는 ~~신용 카드 회사와 카드 회원 모두가 가맹점의~~ 고객이 된다.
↳ 카드 회원과 가맹점이 신용 카드 회사의

해설 1문단에 따르면, 양면시장의 대표적인 플랫폼으로 신용 카드 회사가 제공하는 카드 결제 시스템을 들 수 있는데, 한쪽에는 카드로 결제하는 회원들이 있고 다른 한쪽에는 그것을 지불 수단으로 받는 가맹점들이 있다. 즉, 양면시장에서 신용 카드 회사와 카드 회원이 가맹점의 고객이 되는 것이 아니라, 카드 회원과 가맹점이 신용 카드 회사의 고객이 되는 것이다.

오답 풀이

① 카드 결제 시스템은 카드 회원들과 카드 가맹점을 연결하는 플랫폼이다.

해설 1문단에서 플랫폼은 양쪽 이용자 집단의 연결 고리 역할을 하며, 대표적인 플랫폼으로 신용 카드 회사가 제공하는 카드 결제 시스템을 들면서 플랫폼의 한쪽에는 카드로 결제하는 회원들이 있고, 플랫폼의 반대쪽에는 그것을 지불 수단으로 받는 가맹점들이 있다고 하였다.

③ 플랫폼 사업자는 이용자 집단이 플랫폼에 참여하도록 보조금을 지급할 수 있다.

해설 3문단에서 플랫폼 사업자는 플랫폼 이용료를 통해 수익을 창출하므로, 양쪽 집단 모두를 플랫폼에 참여하도록 유도하는 가격구조를 결정하는데 그 전략 중 하나로 이용자 집단에 보조금을 지급하는 경우도 있다고 하였다.

④ 플랫폼 사업자는 플랫폼 이용자들에게 경제적 가치를 창출하는 환경을 제공한다.

해설 1문단에 따르면, 양면시장은 플랫폼 사업자가 서로 구분되는 두 개의 이용자 집단에 플랫폼을 제공하고 이용자들은 플랫폼을 통해 상대 집단과 거래하면서 경제적 가치나 편익을 창출하는 시장을 의미한다. 따라서 플랫폼 사업자의 역할은 이용자들이 경제적 가치를 창출할 수 있는 환경을 제공하는 것이라고 볼 수 있다.

⑤ 프리미엄 전략은 유료로 전환한 이용자들이 무료 이용자들의 유료화에 영향을 미치는 것이다.

해설 6문단에서 프리미엄 전략은 기본적 기능은 무료로 제공하지만 추가적인 기능은 유료로 제공하는 것으로, 무료에서 유료로 전환한 이용자의 긍정적 경험이 무료 이용자에게 전파되어 그 중 일부가 유료 이용자로 전환되도록 하는 것이라고 설명하였다. 따라서 프리미엄 전략은 유료로 전환한 이용자들이 무료 이용자들의 유료화에 영향을 미치는 것으로 볼 수 있다.

02 핵심 정보의 파악

정답 ①

선택률	① 76%	② 13%	③ 5%	④ 3%	⑤ 3%

가격구조에 대한 설명으로 가장 적절한 것은?

정답 풀이

① 플랫폼 사업자가 수익을 극대화하기 위해 고려하는 것이다.

해설 3문단에 따르면, 플랫폼 사업자는 플랫폼 이용료를 통해 수익을 창출하기 때문에 양쪽 이용자 집단 모두를 플랫폼에 참여하도록 유도할 수 있는 가격구조를 결정하게 된다. 이때 플랫폼 사업자는 자신의 수익을 극대화하기 위해 양쪽 이용자 집단에 가격구조를 어떻게 부과할지에 대한 전략을 세우게 된다. 따라서 가격구조는 플랫폼 사업자가 수익을 극대화하기 위해 고려하는 전략이다.

오답 풀이

② 양쪽 이용자 집단의 이용료 지불 ~~수단을 결정하는 방법~~이다.

해설 3문단에 따르면, 가격구조는 플랫폼 사업자가 결정하는 사업 전략으로 양쪽 이용자 집단의 이용료 지불 수단과는 무관하다.

선택지 속 함정

가격구조는 플랫폼 사업자가 이용자 집단에 플랫폼 이용료를 얼마나 부과할지를 정하는 거라고 했어. 선택지 ②에서는 가격구조가 '양쪽 이용자 집단의 이용료 지불 수단을 결정하는 방법'이라고 진술하고 있는데, 이 선택지는 '수단'이라는 표현 때문에 적절하지 않은 진술이 되고 말았어. 양쪽 이용자 집단의 이용료 지불 수단을 결정한다는 것은, 이용료를 현금으로 지불할지 카드로 지불할지 등을 정한다는 의미이므로, '가격구조'에 대한 설명으로는 적절하지 않게 되는 거야.

③ 양쪽 이용자 집단에 ~~동일한 이용료~~를 부과하기 위한 원칙이다.
↳ 차별적인 이용료를

해설 3문단에 따르면, 플랫폼 사업자는 수익을 극대화할 수 있는 전략으로 양쪽 이용자 집단에 차별적인 가격을 부과하는 것이 일반적인데, 한쪽 이용자 집단의 플랫폼 이용료를 아주 낮게 책정하거나 한쪽 이용자 집단에 보조금을 지급하는 경우도 있다고 하였다.

④ 양쪽 ~~이용자 집단의 규모가 항상 고정되어 있음을 전제로~~ 하는 것이다.

해설 3문단에서 양쪽 이용자 모두를 플랫폼에 참여하도록 유도한다거나, 4문단에서 카드 회원 수를 늘리기 위해 낮은 연회비를 부과한다는 내용을 통해 볼 때, 양쪽 이용자 집단의 규모는 유동적인 것으로 플랫폼 사업자는 이를 감안하여 자신의 수익을 극대화하는 방향의 가격구조 전략을 세우게 된다.

⑤ 플랫폼 사업자가 규모가 큰 이용자 집단에는 ~~이용료를 부과하지 못한다.~~
↳ 그에 맞는 이용료를 부과할 수 있음.

해설 3~5문단에 따르면, 플랫폼 사업자가 이용료를 부과할 때는 단순히 이용자 집단의 규모가 큰지 작은지만을 고려하는 것이 아니라, 이용자 집단의 특성과 네트워크 외부성, 수요의 가격탄력성 등을 고려하여 자신의 수익을 극대화할 수 있는 전략을 세울 것이다. 따라서 규모가 큰 이용자 집단에 특성에 맞는 금액대의 이용료를 부과할 수 있다.

※ 윗글과 〈보기〉를 바탕으로 03번과 04번 두 물음에 답하시오.

보기

P사가 개발한 메신저 프로그램은 이용자끼리 무료로 메시지를 주고받을 수 있어서 ㉠메신저 이용자들이 빠르게 증가했고, 메신저 이용자들끼리 서로 편하게 연락을 주고받을 수 있게 되었다. 그러자 광고 효과를 기대하고 P사와 계약한 ㉡광고주들이 크게 늘어났고, P사는 모든 광고주들에게 원래보다 높은 광고 비용을 부과했다. 이후 P사는 더 많은 메신저 이용자들을 확보하기 위해 메신저에서 사용할 수 있는 무료 이모티콘을 배포하였고, 이를 통해 ㉢이모티콘 사용에 익숙해진 이용자를 많이 확보할 수 있었다. 이모티콘을 사용하는 이용자들이 점점 많아지자 P사는 메신저를 통해 ㉣이모티콘 공급 업체들이 유료 이모티콘을 판매할 수 있도록 하였다. P사가 높은 판매 수수료를 부과했음에도 불구하고 이용자들에게 이모티콘을 판매하고자 하는 업체들이 모여들게 되었다.

(P사: 플랫폼 사업자 / 메신저 프로그램은 이용자끼리 무료로: 한쪽 집단의 이용자 수를 늘리기 위한 공짜 미끼 / 높은 광고 비용을 부과: P사가 수익을 극대화하기 위한 전략)

03 핵심 정보의 파악

정답 ②

선택률	① 6%	② 59%	③ 10%	④ 12%	⑤ 13%

윗글을 바탕으로 〈보기〉를 이해한 내용으로 적절하지 않은 것은?

정답 풀이

② P사가 이모티콘 사용에 익숙해진 메신저 이용자들을 확보한 것은 메신저를 통해 ~~적은 거래비용으로 이용자에게 이모티콘을 직접 판매하고자 하는~~ 목적이겠군.
↳ 이모티콘 공급 업체들에게 높은 수수료를 받기 위한

해설 〈보기〉에 따르면, P사는 이모티콘 사용에 익숙해진 메신저 이용자들을 확보하자 이모티콘 공급 업체들이 유료 이모티콘을 판매할 수 있도록 하고, 유료 이모티콘 업체들에게 높은 수수료를 부과하였다. 이것은 P사가 이용자들에게 이모티콘을 직접 판매하고자 하는 목적이 아니라, 유료 이모티콘 판매 업체와 메신저 이용자들 사이에 연결 고리 역할을 하고 수익을 얻으려는 데 목적이 있다.

오답 풀이

① **P사가 메신저 이용자들에게 무료 이모티콘을 배포한 것은 무료 서비스를 통해 더 많은 메신저 이용자들을 플랫폼으로 유도하기 위한 공짜 미끼 전략이겠군.**

해설 6문단에 따르면, 공짜 미끼 전략은 무료 서비스를 통해 한쪽 집단의 이용자 수를 늘리면서 반대쪽 집단 이용자의 플랫폼 참여를 유인하는 것이다. P사는 무료 이모티콘의 배포를 통해 이모티콘을 사용하는 이용자들의 수를 많이 확보했고, 이를 통해 이모티콘 공급 업체들의 참여를 유도한 것이다.

③ **P사가 광고주들에게 부과한 광고 비용과 이모티콘 공급 업체에게 부과한 판매 수수료는 P사의 수익 창출을 위한 플랫폼 이용료에 해당하겠군.**

해설 P사는 광고주들과 이모티콘 공급 업체를 메신저 이용자들에게 연결해 주는 플랫폼을 제공하면서 그 대가로 높은 광고 비용과 판매 수수료를 부과하였다. 이는 P사의 수익 창출을 위한 플랫폼 이용료에 해당한다.

④ **P사가 모든 광고주들에게 원래보다 높은 광고 비용을 부과한 것은 메신저 이용자들의 수가 늘어남에 따라 광고주들이 얻는 편익이 증가했다고 판단했기 때문이겠군.**

해설 P사는 플랫폼을 제공하고 광고주들에게 높은 광고 비용을 부과했는데, 이는 P사의 메신저 이용자들의 수가 늘어나면서 P사와 계약한 광고주들의 효용, 즉 편익이 증가했다고 판단했기 때문이다. 즉, 이는 높은 광고 비용을 통해 자신의 수익을 극대화하려는 P사의 전략에 해당하는 것이다.

⑤ **P사가 개발한 메신저의 이용자 수가 많아져 이용자들끼리 더 편하게 연락을 주고받을 수 있게 된 것은 메신저 이용자들 사이에 직접 네트워크 외부성이 존재하는 것이겠군.**

해설 2문단에서는 동일 집단에 속한 이용자의 규모가 커지면 집단 내 개별 이용자의 효용이 증가하는 특성을 '직접 네트워크 외부성'이라고 하였다. P사가 개발한 메신저 이용자 수가 많아져 이용자들끼리 더 편하게 연락을 주고받을 수 있게 된 것은, 동일 집단에 속한 이용자의 규모가 커지면서 그 집단 내 개별 이용자의 효용이 증가한 것으로 볼 수 있다. 따라서 메신저 이용자들 사이에는 직접 네트워크 외부성이 존재한다고 볼 수 있다.

04 세부 정보의 추론

정답 ⑤

선택률	① 15%	② 5%	③ 30%	④ 5%	⑤ 45%

다음은 윗글과 〈보기〉를 읽은 학생이 보인 반응이다. A~C에 들어갈 내용으로 적절한 것은?

보기

㉠의 수요의 가격탄력성이 높고, ㉠이 ㉡에 미치는 간접 네트워크 외부성이 클 때, P사가 무료이던 메신저 이용료를 유료로 전환한다고 가정하면, ㉠의 수는 (A)하고 ㉡의 효용은 크게 (B)할 것이다. 한편 ㉣이 ㉢에 미치는 간접 네트워크 외부성이 크다고 가정하면, P사가 ㉣에 부과하는 판매 수수료는 (C)할 것이다.

(㉠: 메신저 이용자들, ㉡: 광고주들, ㉣: 이모티콘 공급업체, ㉢: 이모티콘 사용에 익숙해진 이용자)

정답 풀이

⑤ **A: 감소 / B: 감소 / C: 하락**

해설 〈보기〉에서 ㉠은 수요의 가격탄력성이 높다고 하였는데, 5문단을 보면 가격탄력성이 높은 경우, 연회비가 오를 때 카드 회원 수가 크게 감소한다고 하였다. 이 경우를 〈보기〉의 상황에 적용하면 P사가 메신저 이용료를 유료로 전환하면 ㉠의 수는 '감소'할 것이다. 5문단에 따르면, 간접 네트워크 외부성이란 서로 다른 집단 간에 발생하는 것으로, 한쪽 이용자 집단의 규모가 커지면 반대쪽 이용자 집단의 효용이 증가하고, 한쪽 이용자 집단의 규모가 작아지면 반대쪽 이용자 집단의 효용이 감소하게 된다. 〈보기〉에서 ㉠이 ㉡에 미치는 간접 네트워크 외부성이 크다고 하였으므로, ㉠의 감소는 ㉡의 효용 '감소'로 이어질 것이다. 또한, 4문단에서 카드 회원들이 가맹점에 미치는 간접 네트워크 외부성이 클수록, 카드 회사는 카드 회원 수를 늘리기 위해 낮은 연회비를 부과할 수 있다고 하였으므로 ㉣이 ㉢에 미치는 간접 네트워크 외부성이 크다고 가정하면 P사가 ㉣에 부과하는 판매 수수료는 '하락'할 것이다.

오답 풀이

① **A: 감소 / B: 증가 / C: 하락**
(B → 감소)

해설 ㉠이 ㉡에 미치는 간접 네트워크 외부성이 크다고 하였으므로, ㉠의 감소는 ㉡의 효용을 크게 감소시킬 것이므로 B에 '증가'가 들어가는 것은 적절하지 않다.

② **A: 증가 / B: 증가 / C: 하락**
(A → 감소, B → 감소)

해설 ㉠은 수요의 가격탄력성이 크므로, 가격구조가 무료에서 유료로 전환될 경우 즉각적인 수의 감소가 나타난다. 또한 이러한 감소는 간접 네트워크 외부성이 큰 관계에 있는 ㉡의 효용 감소로 이어지므로 A와 B에 '증가'가 들어가는 것은 적절하지 않다.

③ **A: 감소 / B: 증가 / C: 상승**
(B → 감소, C → 하락)

해설 ㉠과 ㉡은 간접 네트워크 외부성이 큰 관계에 있으므로, ㉠의 감소는 ㉡의 감소로 이어진다. 따라서 B에 '증가'가 들어가는 것은 적절하지 않다. 또한 ㉣이 ㉢에 미치는 간접 네트워크 외부성이 큰 관계에서 플랫폼 사업자는 ㉢의 수를 유지하거나 증가시키기 위하여 ㉣에 부과하는 판매 수수료를 낮출 것이다. 따라서 C에 '상승'이 들어가는 것은 적절하지 않다.

④ **A: 증가 / B: 감소 / C: 상승**
(A → 감소, C → 하락)

해설 ㉠은 수요의 가격탄력성이 크므로 메신저 이용료가 유료로 전환되면 이용자 수가 감소할 것이다. 따라서 A에 '증가'가 들어가는 것은 적절하지 않다. 또한 ㉣이 ㉢에 미치는 간접 네트워크 외부성이 큰 관계에서 플랫폼 사업자는 ㉣에 부과하는 판매 수수료를 낮출 것이므로 C에 '상승'이 들어가는 것 또한 적절하지 않다.

05~07 2019년 9월 고1 전국연합학력평가 본문 48~49쪽

05 ③ **06** ⑤ **07** ①

문단별 핵심어 ★ 중심 문장

• **구독 경제**

1 직장인 A 씨는 셔츠 정기 배송 서비스를 신청하여 일주일 간 입을 셔츠를 제공 받고, 입었던 셔츠는 반납한다. A 씨는 셔츠를 직접 사러 가거나 세탁할 필요가 없어져 시간을 절약할 수 있게 되었다. 이처럼 「소비자가 회원 가입 및 신청을 하면 정기적으로 원하는 상품을 배송 받거나, 필요한 서비스를 언제든지 이용할 수 있는 경제 모델을 ㉠'구독경제'」라고 한다.
「 」: 구독경제의 개념

2 신문이나 잡지 등 정기 간행물에만 적용되던 구독 모델은 최근 들어 그 적용 범위가 점차 넓어지고 있다. 이로 인해 사람들은 소유와 관리에 대한 부담은 줄이면서 필요할 때 사용할 수 있는 방식으로 소비를 할 수 있게 되었다. 이러한 구독경제에는 크게 세 가지 유형이 있다. 첫 번째 유형은 ⓐ정기 배송 모델인데, 월 사용료를 지불하면 칫솔, 식품 등의 생필품을 지정 주소로 정기 배송해 주는 것을 말한다. 두 번째 유형은 ⓑ무제한 이용 모델로, 정액 요금을 내고 영상이나 음원, 각종 서비스 등을 무제한 또는 정해진 횟수만큼 이용할수 있는 모델이다. 세 번째 유형인 ⓒ장기 렌털 모델은 구매에 목돈이 들어 경제적 부담이 될 수 있는 자동차 등의 상품을 월 사용료를 지불하고 이용하는 것을 말한다.
정기 배송 모델 / 무제한 이용 모델 / 장기 렌털 모델

3 최근 들어 구독경제가 빠르게 확산되고 있는데, 그 이유는 무엇일까? 경제학자들은 구독경제의 확산 현상을 '합리적 선택 이론'으로 설명한다. 경제 활동을 하는 소비자가 주어진 제약 속에서 자신의 효용을 최대화하려는 것을 합리적 선택이라고 하는데, 이때 효용이란 소비자가 상품을 소비함으로써 얻는 만족감을 의미한다. 소비자들이 한정된 비용으로 최대한의 만족을 얻기 위해 노력한 결과가 구독경제의 확산으로 이어졌다는 것이다. 이것은 최근의 소비자들이 상품을 소유함으로써 얻는 만족감보다는 상품을 사용함으로써 얻는 만족감을 더 중요시한다는 것을 보여 준다고 할 수 있다.
구독경제 확산 현상의 이론적 배경 / 합리적 선택의 정의 / 효용의 정의 / 구독경제가 확산된 이유 / 소유의 가치<사용의 가치

4 구독경제는 소비자의 입장에서 소유하기 이전에는 사용해 보지 못하는 상품을 사용해 볼 수 있다는 장점이 있다. 구독경제를 이용하면 값비싼 상품을 사용하는 데 큰 비용을 들이지 않아도 되고, 상품 구매 행위에 들이는 시간과 구매 과정에 따르는 불편함 등의 문제를 해결할 수 있다. 생산자의 입장에서는 상품을 사용하는 고객들의 정보를 수집하고, 이를 통해 개별화된 서비스를 제공하여 고객과의 관계를 지속적으로 유지할 수 있다. 또한 매월 안정적으로 매출을 올릴 수 있다는 장점도 있다.
소비자 입장에서의 구독경제의 장점 1 / 소비자 입장에서의 구독경제의 장점 2 / 소비자 입장에서의 구독경제의 장점 3 / 생산자 입장에서의 구독경제의 장점 1 / 생산자 입장에서의 구독경제의 장점 2 / 생산자 입장에서의 구독경제의 장점 3

5 그러나 구독경제의 확산이 경제 활동의 주체들에게 긍정적인 면만 있는 것은 아니다. 소비자의 입장에서는 구독하는 서비스가 지나치게 많아질 경우 고정 지출이 늘어나 경제적으로 부담이 될 수 있다. 생산자의 입장에서는 상품이 소비자에게 만족감을 주지 못하거나 고객과의 관계를 지속적으로 유지하지 못할 경우 구독 모델 이전에 얻었던 수익에 비해 낮은 수익을 얻는 경우도 있다. 따라서 소비자는 합리적인 소비 계획을 수립하고 생산자는 건전한 수익 모델을 연구하여 자신의 경제 활동에 도움이 되는 방향으로 구독경제를 활용할 필요가 있다.
소비자 입장에서의 구독경제의 단점 / 생산자·입장에서의 구독경제의 단점 / 현명한 구독경제의 활용 방안

지식을 쌓는 **배경지식**

구독경제와 소유의 종말

- 기술의 발전과 사회의 변화는 사람들의 생활 양식의 변화로 이어짐. 과거 물질의 소유를 통해 부를 축적하던 경제 관념은 소유보다는 사용을 통한 만족감을 중요하게 여기는 가치관으로 변화하였고, 현대인들은 단순한 소유보다는 경제적 효용성과 경험을 중시하는 경향을 갖게 됨.
- IT 산업이 발달하면서 인터넷을 통한 빠른 정보의 공유가 가능해졌고, 이를 통해 새로운 산업이 등장하며 기존의 생산이 소비로 연결되던 시장의 모습도 변화를 맞게 됨.
- 현대인들은 점점 소유보다는 가치의 공유를 중시하고 변화에 빠르게 적응하면서 계속 새로운 것을 추구함. 이러한 사회적 변화를 두고 철학자 '제레미 리프킨'은 소유의 종말이라고 표현하였으며, 사람들이 가치를 공유하는 개념을 두고 접속의 시대가 열릴 것이라 예견하였음.
- 구독경제는 사회적 변화 모습을 반영한 모델이며, 앞으로는 이와 같은 사회 현상이 더 많은 분야로 확산될 전망임.

지문 분석하기

|지문 구조|

1 구독경제의 개념
⬇
2 구독경제의 세 가지 모델
⬇
3 구독경제가 빠르게 확산되고 있는 이유 – 합리적 선택 이론
⬇
4 구독경제의 장점 ↔ **5** 구독경제의 단점

|주제| 구독경제의 개념과 특징

한컷 정리하기

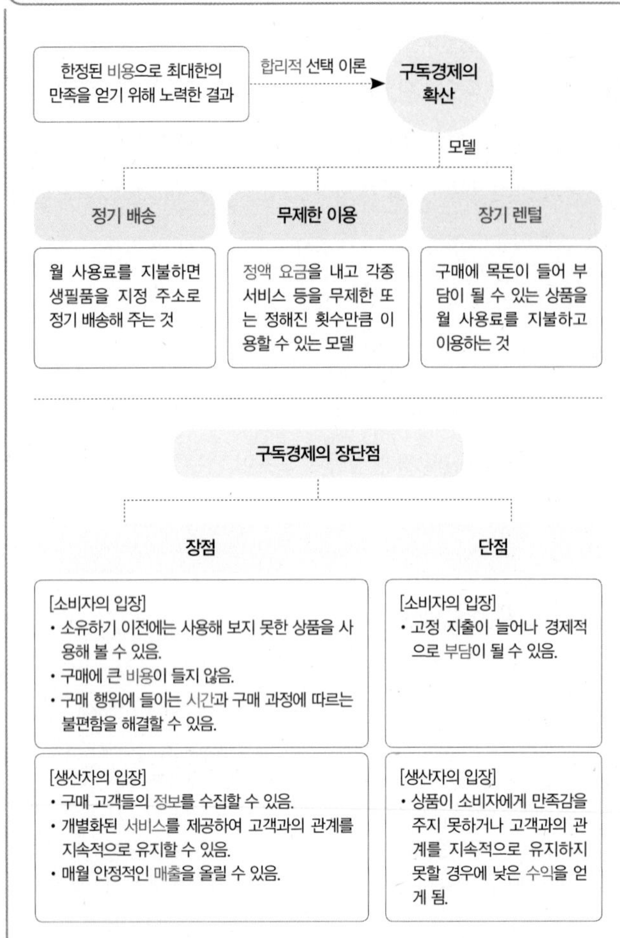

05 세부 정보의 파악

정답 ③

선택률	① 2%	② 3%	③ 90%	④ 3%	⑤ 2%

윗글의 내용과 일치하지 않는 것은?

정답 풀이

③ 소비자는 구독경제를 통해 회원 가입 시 개인 정보를 제공해야 하는 부담을 ~~없앨 수 있다.~~

↳ 가지게 됨.

해설 1문단에서는 소비자가 회원 가입 및 신청을 하면 정기적으로 원하는 상품을 배송받거나, 필요한 서비스를 언제든지 이용할 수 있는 경제 모델을 '구독경제'라고 정의하고 있다. 이로 볼 때 구독경제는 일반적인 소비와는 달리 회원 가입 및 신청의 절차가 필요하다.

오답 풀이

① 생산자는 구독경제를 통해 이용 고객들에게 개별화된 서비스를 제공할 수 있다.

해설 4문단에서는 생산자의 입장에서의 구독경제의 장점으로 상품을 사용하는 고객들의 정보를 수집하고, 이를 통해 개별화된 서비스를 제공하여 고객과의 관계를 지속적으로 유지할 수 있다는 점을 꼽고 있다.

② 소비자는 구독경제를 이용함으로써 상품 구매 행위에 드는 시간을 줄일 수 있게 되었다.

해설 4문단에서 소비자는 구독경제를 이용함으로써 상품 구매 행위에 드는 시간을 줄일 수 있게 되었다고 하였다.

④ 생산자는 구독경제를 통해 고객과의 관계를 지속적으로 유지할 경우 안정적으로 매출을 올릴 수 있다.

해설 4문단에서 생산자는 구독경제를 통해 고객에게 개별화된 서비스를 제공할 수 있고, 지속적인 관계를 유지함으로써 안정적인 매출을 올릴 수 있다고 하였다.

⑤ 한정된 비용으로 최대한의 만족을 얻으려는 소비자의 심리가 구독경제 확산에 영향을 미치게 되었다.

해설 3문단에서는 경제학자들이 구독경제의 확산 현상을 '합리적 선택 이론'으로 설명한다고 하였다. 이는 소비자들이 한정된 비용으로 최대한의 만족을 얻기 위해 노력한 결과가 구독경제의 확산으로 이어졌다는 것이다.

06 정보 간의 의미 파악

정답 ⑤

선택률	① 3%	② 3%	③ 3%	④ 3%	⑤ 88%

윗글의 ㉠과 〈보기〉의 ㉡을 비교한 내용으로 가장 적절한 것은?

(㉠ = 구독경제, ㉡ = 공유경제)

보기

㉡'공유경제'는 한번 생산된 상품이나 서비스를 여럿이 공유해 사용하는 협력 소비를 통해 비용을 줄이고 소비자의 만족도를 높이는 경제 모델이다. 공유경제는 자원의 활용도를 높이고 자원의 불필요한 소비를 줄일 수 있어 친환경적이라는 평가를 받고 있다. 공유경제의 영역은 주택, 의류 등의 유형자원에서 시간, 재능 등의 무형자원으로 확장되고 있다.

(공유: 두 사람 이상이 한 물건을 공동으로 소유함. / 공유경제의 장점 / 공유경제의 영역 확장)

정답 풀이

⑤ ㉠과 ㉡은 모두 소비자의 부담은 줄이면서 상품을 사용함으로써 얻는 효용에 관심을 가지는군.

해설 ㉠'구독경제'와 ㉡'공유경제'는 모두 소비자가 일반적으로 재화나 서비스를 온전하게 구매할 때에 비해 비용적인 부담을 줄일 수 있는 형태이다. 따라서 적은 비용으로 큰 만족을 얻을 수 있는 효용성에 관심을 갖는다고 볼 수 있다.

오답 풀이

① ~~㉠은 ㉡과~~ 달리 여러 사람이 서비스를 공유하는군.

↳ ㉡은 ㉠과 달리

해설 여러 사람이 서비스를 공유하는 것은 ㉡'공유경제'이다.

② ~~㉠은 ㉡과~~ 달리 자원의 불필요한 소비를 줄일 수 있다는 점에서 친환경적이군.

↳ ㉡은 ㉠과 달리

해설 ㉠'구독경제'를 통해 소비자는 상품에 접근할 수 있는 기회가 많아졌다고 할 수 있으므로 ㉠이 불필요한 소비를 줄인다는 설명은 적절하지 않다. 불필요한 소비를 줄일 수 있어 친환경적인 것은 ㉡'공유경제'와 관련이 있다.

③ ㉡은 ㉠과 달리 ~~소비자에게 서비스를 주기적으로 제공하여~~ 구매 비용을 줄이는군.

↳ 협력 소비를 통해

해설 ㉡'공유경제'는 협력 소비를 통해 구매 비용을 줄이는 경제 모델이다. 서비스를 주기적으로 제공하는 것은 ㉡이 아니라, ㉠'공유경제'이다.

④ ~~㉠과 ㉡은 모두 유형자원보다 무형자원을 더 많이 활용하는군.~~

해설 ㉡'공유경제'의 영역이 유형자원에서 무형자원으로 확장된다고 하였을 뿐이므로 ㉠과 ㉡ 모두 유형자원보다 무형자원을 더 많이 활용하는지는 알 수 없다.

07 구체적 상황에 적용

정답 ①

선택률	① 88%	② 3%	③ 6%	④ 3%	⑤ 6%

ⓐ~ⓒ에 해당하는 사례로 적절하지 않은 것은?

= ⓐ: 정기 배송 모델, ⓑ: 무제한 이용 모델, ⓒ: 장기 렌털 모델

정답 풀이

① ⓐ: 매월 일정 금액을 지불하고 정수기를 사용하는 서비스
↳ ⓒ

해설 매월 일정 금액을 지불하고 정수기를 사용하는 서비스는 ⓐ'정기 배송 모델'이 아니라, ⓒ'장기 렌털 모델'에 해당한다.

오답 풀이

② ⓐ: 월정액을 지불하고 주 1회 집으로 식재료를 보내 주는 서비스

해설 ⓐ'정기 배송 모델'은 월 사용료를 지불하면 칫솔, 식품 등의 생필품을 지정 주소로 정기 배송해 주는 것을 말하므로, 일정한 금액을 지불하고 약속된 주기로 식재료를 보내 주는 서비스 또한 이에 해당한다.

③ ⓑ: 월 구독료를 내고 읽고 싶은 도서를 마음껏 읽을 수 있는 스마트폰 앱

해설 ⓑ'무제한 이용 모델'은 정액 요금을 내고 영상이나 음원, 각종 서비스 등을 무제한 또는 정해진 횟수만큼 이용할 수 있는 모델이다. 따라서 일정한 금액을 내고 도서를 무제한으로 읽을 수 있는 스마트폰 앱은 이에 해당한다고 볼 수 있다.

선택지 속 함정

스마트폰 앱을 통해 도서를 빌려 보는 모델이라고 생각해서 ⓒ'장기 렌털 모델'이라고 생각한 학생들도 있겠지. 하지만 음원이나 각종 영상을 포함한 콘텐츠를 구독하는 것은 모두 ⓑ'무제한 이용 모델'이라고 생각했어야 해. 직접 상품을 배송해 주는 것은 ⓐ'정기 배송 모델', 콘텐츠는 ⓑ'무제한 이용 모델', 고가의 상품을 빌려 사용하는 것은 ⓒ'장기 렌털 모델'이라고 생각하면 쉬워.

④ ⓑ: 정액 요금을 결제하고 강좌를 일정 기간 원하는 만큼 수강할 수 있는 웹사이트

해설 ⓑ'무제한 이용 모델'은 정액 요금을 내고 영상이나 음원, 각종 서비스 등을 무제한 또는 정해진 횟수만큼 이용할 수 있는 모델이다. 따라서 일정한 요금을 내고, 일정한 기간 동안 원하는 강좌를 수강할 수 있는 웹사이트는 이에 해당한다고 볼 수 있다.

⑤ ⓒ: 월 사용료를 지불하고 정해진 기간에 집에서 사용할 수 있는 의료 기기

해설 ⓒ'장기 렌털 모델'은 구매에 목돈이 들어 경제적 부담이 될 수 있는 자동차 등의 상품을 월 사용료를 지불하고 이용하는 것을 말한다. 따라서 월 단위로 사용료를 내고 정해진 기간 동안 의료 기기를 집에서 사용하는 것은 이에 해당한다고 볼 수 있다.

01~05 2023년 6월 고1 전국연합학력평가

본문 50~51쪽

01 ② 02 ② 03 ⑤ 04 ④ 05 ③

문단별 핵심어 ★ 중심 문장

• **공공 선택 이론**

1 어떤 안건을 대하는 집단 구성원들의 생각은 각기 다르므로, 상이한 생각들을 집단적 합의에 이르게 하는 의사 결정 과정이 필요하다. 공공 선택 이론은 이처럼 집단을 구성하는 개인의 의사가 집단의 의사로 통합되는 과정을 다룬다.(공공 선택 이론의 개념) 직접 민주주의하에서의 의사 결정 방법으로 단순 과반수제, 최적 다수결제, 점수 투표제, 보르다(Borda) 투표제 등이 있다.(의사 결정 방법의 유형)

2 ㉠단순 과반수제는 투표자의 과반수가 지지하는 안건이 채택되는 다수결 제도이다.(단순 과반수제의 방법) 효율적으로 의사 결정이 이루어져(단순 과반수제의 장점) 많이 사용되고 있으나, 각 투표자는 찬반 여부를 표시할 뿐 투표 결과에는 선호 강도가 드러나지 않아 안건 채택 시 사회 전체의 후생★이 감소할 가능성이 있다.(단순 과반수제의 단점 1) 이는 다수의 횡포에 의해 소수의 이익이 침해되는 상황이 발생할 수 있음을 의미한다. 또한 어떤 대안들을 먼저 비교하는가에 따라 그 결과가 달라지는 ⓐ'투표의 역설' 현상이 나타날 수 있다.(단순 과반수제의 단점 2) 예를 들어, 갑, 을, 병 세 사람이 사는 마을에 정부에서 병원, 학교, 경찰서 중 하나를 지어 줄 테니 투표를 통해 선택하라고 제안하였고, 이때 세 사람의 선호 순위가 다음 〈표〉와 같다고 하자. 세 가지 대안을 동시에 투표에 부치면 하나의 대안으로 결정되지 않는다. 그래서 먼저 병원, 학교, 경찰서 중 두 대안을 선정하여 다수결로 결정한 후 남은 한 가지 대안과 다수결로 승자를 결정하면 최종적으로 하나의 대안이 결정된다. 즉, 비교하는 대안의 순서에 따라 〈표〉의 투표 결과는 달라지게 된다.

투표자 \ 선호 순위	1순위	2순위	3순위
갑	병원	학교	경찰서
을	학교	경찰서	병원
병	경찰서	병원	학교

〈표〉

[A] **3** 최적 다수결제는 투표에 따르는 총비용이 최소화되는 지점을 산정한 후, 안건의 찬성자 수가 그 이상이 될 때 안건이 통과되는 제도이다.(최적 다수결제의 방법) 이때의 총비용은 의사 결정 비용과 외부 비용의 합으로 결정된다.(총비용의 정의) 의사 결정 비용은 투표자들의 동의를 구하는 데 드는 시간과 노력에 따른 비용을 의미하며,(의사 결정 비용의 개념) 찬성표의 비율이 높을수록 증가한다.(의사 결정 비용의 특징 1) 외부 비용은 어떤 안건이 통과됨에 따라 그(외부 비용의 개념)

안건에 반대하였던 사람들이 느끼는 부담을 의미하며, 찬성표의 비율이 높아질수록 낮아지며 모든 사람이 찬성할 경우에는 0이 된다.
외부 비용의 특징

「안건 통과에 필요한 투표자 수가 증가할수록 의사 결정 비용이 증가하므로 의사 결정 비용 곡선은 우상향한다. 이와 달리 외부 비용은 감소하므로 외부 비용 곡선은 우하향하며,」 두 곡선을 합한 총비용 곡선은 U자 형태로 나타난다.
「」: 의사 결정 비용 곡선과 외부 비용 곡선의 그래프 형태

이때 총비용이 최소화되는 곳이 최적 다수결제에서의 안건 통과의 기준이 되는 최적 다수 지점이 된다. 이 제도는 의사 결정 과정을 이론적으로 명쾌하게 설명할 수 있지만, 최적 다수결의 기준을 정하는 데 시간을 지나치게 소비하게 된다는 단점이 있다.
의사 결정 비용 곡선과 외부 비용 곡선의 합 / 총비용이 최소화되는 지점 / 최적 다수결제의 장점 / 최적 다수결제의 단점

4 ⓒ점수 투표제는 각 투표자에게 일정한 점수를 주고 각 투표자가 자신의 선호에 따라 각 대안에 대하여 주어진 점수를 배분하여 투표하는 제도로, 합산하여 가장 많은 점수를 얻은 대안이 선택된다. 투표자의 선호 강도에 따라 점수를 배분하므로 투표자의 선호 강도가 잘 반영된다. 소수의 의견도 투표 결과에 잘 반영되며, 투표의 역설이 나타나지 않는다는 장점이 있다. 하지만 전략적 행동에 취약하여 투표 결과가 불규칙하게 바뀔 수 있다는 단점이 있다.
점수 투표제의 방법 / 점수 투표제의 장점 1 / 점수 투표제의 장점 2 / 점수 투표제의 장점 3 / 점수 투표제의 단점

전략적 행위란 어떤 투표자가 다른 투표자의 투표 성향을 예측하고 자신의 행동을 이에 맞춰 변화시킴으로써 자기가 원하는 것을 얻으려 하는 태도를 뜻한다. 이 행위는 어떤 투표 제도에서든 나타날 수 있으나, 점수 투표제에서 나타날 가능성이 높다.
전략적 행위의 개념 / 전략적 행위가 잘 나타나는 의사 결정 유형

5 ⓒ보르다 투표제는 n개의 대안이 있을 때 가장 선호하는 대안부터 순서대로 n, (n−1), …, 1점을 주고, 합산하여 가장 높은 점수를 받은 대안을 선택하는 투표 방식으로, 점수 투표제와 달리 오로지 순서에 의해서만 선호 강도를 표시한다. 이 제도하에서는 일부에게 선호도가 아주 높은 대안보다는 투표자 모두에게 어느 정도 차선이 될 수 있는 ⓑ중도의 대안이 채택될 가능성이 높으며, 점수 투표제와 마찬가지로 투표의 역설이 발생하지 않는다.
보르다 투표제의 방법 / 보르다 투표제의 특징 / 보르다 투표제의 장점 1 / 보르다 투표제의 장점 2

* 후생: 사회 구성원들의 복지 수준.

지문 분석하기

|지문 구조|

1 공공 선택 이론에서 다루는 의사 결정 방법의 종류
↓
2 단순 과반수제의 방법과 장단점 + **3** 최적 다수결제의 방법과 장단점
↓
4 점수 투표제의 방법과 장단점 + **5** 보르다 투표제의 방법과 장단점

|주제| 의사 결정 방법의 종류와 그 장단점

한컷 정리하기

공공 선택 이론

제도	방법	장단점
단순 과반수제	과반수가 지지하는 안건을 채택함.	[장점] 효율적으로 의사결정이 이루어짐. [단점] ① 투표 결과에 선호 강도가 드러나지 않음. ② 다수의 횡포에 의해 소수의 이익이 침해 되는 상황이 발생할 수 있음. ③ 투표의 역설 현상이 나타날 수 있음.
최적 다수결제	총비용이 최소화되는 지점이 안건 통과의 기준이 됨.	[장점] 의사 결정 과정을 이론적으로 명쾌하게 설명함. [단점] 최적 다수결의 기준을 정하는 데 시간을 지나치게 소비하게 됨.
점수 투표제	투표자가 자신의 선호에 따라 주어진 점수를 배분하여 투표함.	[장점] ① 투표자의 선호 강도가 잘 반영됨. ② 소수의 의견도 투표 결과에 잘 반영됨. ③ 투표의 역설이 나타나지 않음. [단점] 전략적 행동에 취약하여 투표 결과가 불규칙하게 바뀔 수 있음.
보르다 투표제	투표자가 가장 선호하는 대안부터 순서대로 점수를 주어 투표함.	[장점] ①모두에게 차선이 될 수 있는 중도의 대안이 채택될 가능성이 높음. ② 투표의 역설이 발생하지 않음.

01 세부 정보의 파악

정답 ②

선택률	① 6%	② 78%	③ 6%	④ 6%	⑤ 4%

윗글에 대한 이해로 적절하지 않은 것은?

정답 풀이

② 보르다 투표제에서는 가장 선호하지 않는 대안에 0점을 부여한다. (↳ 1점을)

해설 5문단에서 보르다 투표제는 n개의 대안이 있을 때 가장 선호하는 대안부터 순서대로 n점에서 시작해서 차례대로 n−1점, n−2점으로 점수를 부여하여 최하 1점을 준다고 하였다. 따라서 가장 선호하지 않는 대안에 0점을 부여한다는 진술은 적절하지 않다.

오답 풀이

① 어떤 투표제에서든 투표자의 전략적 행위가 나타날 수 있다.

해설 4문단에서 투표의 전략적 행위는 어떤 투표자가 다른 투표자의 투표 성향을 예측하고 자신의 행동을 이에 맞춰 변화시킴으로써 자기가 원하는 것을 얻으려 하는 태도를 뜻하는 것으로 어떤 투표제에서든지 나타날 수 있다고 하였다.

③ 단순 과반수제에서는 채택된 대안으로 인해 사회의 후생이 감소되기도 한다.

해설 2문단에서 단순 과반수제에서 각 투표자는 찬반 여부를 표시할 뿐 투표 결과에는 선호 강도가 드러나지 않아 안건 채택 시 사회 전체의 후생이 감소할 가능성이 있다고 하였다.

④ 점수 투표제는 최적 다수결제와 달리 대안에 대한 선호 강도를 표시할 수 있다.

해설 3문단을 보면 안건에 대한 찬성표와 반대표를 통해 투표하므로 선호의 강도는 알 수 없다. 그러나 4문단에서 점수 투표제는 선호 강도에 따라 점수를 배분하여 투표하므로 투표자의 선호 강도가 잘 반영된다고 하였다.

⑤ 최적 다수결제는 단순 과반수제와 달리 안건 통과의 기준이 안건에 따라 달라질 수 있다.

해설 2문단에서 단순 과반수제는 투표자의 과반수가 지지하는 안건이 채택되는 다수결 제도이고, 3문단에서 최적 다수결제는 투표에 따른 총비용이 최소화되는 지점을 산정한 후, 안건의 찬성자 수가 그 이상이 될 때 안건이 통과되는 제도라고 하였다. 그러므로 최적 다수결제는 단순 과반수제와 달리 안건에 따라 안건 통과의 기준이 달라질 수 있다.

02 자료에 대한 이해 정답 ②

선택률	① 18%	② 48%	③ 14%	④ 9%	⑤ 11%

ⓐ와 관련하여 〈표〉를 이해한 것으로 적절하지 않은 것은?

= 투표의 역설

정답 풀이

② '학교'와 '경찰서'를 먼저 비교할 경우, '갑'과 '을'이 '학교'에 투표하여 최종적으로 '학교'가 결정된다.

↳ 병원이

해설 '학교'와 '경찰서'를 먼저 비교한다면, 갑은 '학교', 을은 '학교', 병은 '경찰서'를 택할 것이므로, 다수결로 보면 '학교'가 두 표를 얻어 먼저 채택이 될 것이다. 이후에는 '학교'와 '병원'이 최종 투표에 부쳐지는데, 갑은 '병원', 을은 '학교', 병은 '병원'에 투표할 것이므로 최종적인 대안으로는 두 표를 얻은 '병원'이 결정될 것이다. 그러므로 '학교'와 '경찰서'를 먼저 비교할 경우 갑과 을이 '학교'에 투표하여 최종적으로 '학교'가 결정될 것이라고 이해한 것은 적절하지 않다.

오답 풀이

① '병원'과 '학교'를 먼저 비교할 경우, '병원'과 '경찰서'의 다수결 승자가 최종의 대안으로 결정된다.

해설 '병원'과 '학교'를 먼저 비교한다면 갑은 '병원', 을은 '학교', 병은 '병원'을 투표할 것이므로, 다수결로 보면 '병원'이 먼저 채택될 것이다. 이후에 '병원'과 '경찰서'가 최종 투표에 부쳐지면 갑은 '병원', 을은 '경찰서', 병은 '경찰서'에 투표할 것이므로 최종적 대안으로는 두 표를 얻은 '경찰서'로 결정될 것이다. 따라서 '병원'과 '학교'를 먼저 비교할 경우, '병원'과 '경찰서'의 다수결 승자가 최종의 대안으로 결정된다고 이해한 것은 적절하다.

③ '병원'과 '학교'를 먼저 비교하는지, '학교'와 '경찰서'를 먼저 비교하는지에 따라 투표의 결과가 달라진다.

해설 2문단에서 투표의 역설이란 어떤 대안들을 먼저 비교하는가에 따라 그 결과가 달라진다고 하였다. '병원'과 '학교'를 먼저 비교하면 '경찰서'가 결정되고, '학교'와 '경찰서'를 먼저 비교하면 '병원'이 결정되어 투표의 결과가 달라지므로 적절하다.

④ '병원', '학교', '경찰서'를 동시에 투표에 부치면, 모두 한 표씩 얻어 어떤 대안도 과반수가 되지 않는다.

해설 동시에 세 안건을 투표에 부치면 갑은 '병원', 을은 '학교', 병은 '경찰서'에 각 한 표씩 투표를 하게 될 것이다. 따라서 '병원', '학교', '경찰서'를 동시에 투표에 부치면, 모두 한 표씩 얻어 어떤 대안도 과반수가 되지 않는다고 이해한 것은 적절하다.

⑤ 대안에 대한 '갑', '을', '병' 세 사람의 선호 순위는 바뀌지 않아도, 투표의 결과가 바뀌는 현상이 나타난다.

해설 ①과 ②에서 확인한 것과 같이 대안에 대한 세 사람의 선호 순위는 바뀌지 않지만 어떤 대안을 먼저 비교하느냐에 따라 최종 투표 결과는 바뀌는 현상이 나타나므로, 대안에 대한 갑, 을, 병의 선호 순위는 바뀌지 않아도, 투표의 결과가 바뀌는 현상이 나타난다고 이해한 것은 적절하다.

03 구체적 상황에 적용 정답 ⑤

선택률	① 11%	② 10%	③ 11%	④ 7%	⑤ 61%

〈보기〉가 [A]의 각 비용들에 대한 그래프라고 할 때, 이에 대한 이해로 적절하지 않은 것은?

보기

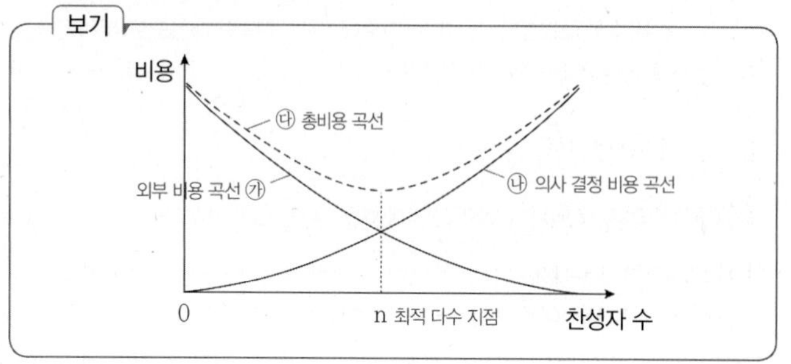

정답 풀이

⑤ 안건 통과에 필요한 투표자가 많아지게 되면 ㉯는 이동하지만 ㉮는 이동하지 않는다.

해설 3문단에서 최적 다수결제는 투표에 따르는 총비용이 최소화되는 지점을 산정한 후, 안건의 찬성자 수가 그 이상이 될 때 안건이 통과되는 제도라고 하였다. 이 제도에 따르면 ㉮는 외부 비용, ㉯는 의사 결정 비용에 해당하고, ㉰는 A와 B의 곡선을 합한 총비용을 의미하며 U자 형태로 나타나는데, n은 ㉮와 ㉯의 교차점으로서 최적 다수 지점을 가리킨다. 이는 총비용이 최소화되는 곳인데, 안건 통과에 필요한 투표자 수가 많아진다는 것은 의사 결정 비용(㉯)은 증가하여 우상향하고 외부 비용(㉮)은 감소하여 우하향한다. 따라서 안건 통과에 필요한 투표자가 많아지게 되면 ㉮와 ㉯는 이동하게 되므로 ㉯는 이동하지만 ㉮는 이동하지 않는다는 진술은 적절하지 않다.

오답 풀이

① ㉮는 외부 비용으로, 반대하는 투표자 수가 많아질수록 그 값이 커진다.

해설 ㉮는 외부 비용을 나타내는 것으로 안건에 반대하였던 사람들이 느끼는 부담을 의미한다고 하였다. 찬성표의 비율이 높아질수록 외부 비용의 값이 낮아지고, 반대표의 비율이 높아지면 외부 비용의 값이 커지므로, 반대하는 투표자 수가 많아질수록 외부 비용의 값이 커진다는 진술은 적절하다.

② ㉯는 의사 결정 비용으로, 투표 참가자들을 설득하는 데 드는 시간과 노력이 적을수록 그 값이 작아진다.

해설 ㉯는 의사 결정 비용을 나타내는 것으로 투표 참가자들의 동의를 구하는 데에 드는 시간과 노력에 따른 비용을 의미하며, 찬성표의 비율이 높을수록 증가한다고 하였으므로, 투표 참가자들을 설득하는 데에 드는 시간과 노력이 적을수록 그 값은 작아진다는 진술은 적절하다.

③ ㉰는 총비용으로, ㉮와 ㉯를 합한 값이 최소가 되는 지점 n이 최적 다수 지점이 된다.

해설 ㉮와 ㉯ 두 곡선을 합한 총비용 곡선은 U자 형태로 나타난다고 하였으므로 ㉰는 총비용에 해당하고, 이때 총비용이 최소화되는 곳이 최적 다수결제에서의 안건 통과의 기준이 되는 최적 다수 지점이 된다고 하였다.

④ 투표에 참가하는 모든 사람이 찬성하면 ㉮의 값은 0이 된다.

해설 안건 통과에 필요한 투표자가 많아질 경우 ㉮의 값은 0이 된다.

04 세부 정보의 추론 정답 ④

선택률	① 9%	② 5%	③ 8%	④ 55%	⑤ 23%

ⓑ의 이유로 가장 적절한 것은?
= 중도의 대안이 선택될 가능성이 높으며

정답 풀이

④ 일부에게만 선호도가 높은 대안이 다수에게 선호도가 매우 낮으면 점수 합산 면에서 불리하기 때문이다.

해설 5문단에서 보르다 투표제는 n개의 대안이 있을 때 가장 선호하는 대안부터 순서대로 n, (n−1), …, 1점을 주고, 합산하여 가장 높은 점수를 받은 대안을 선택하는 투표 방식이라고 하였다. 이 제도하에서는 일부에게 선호도가 아주 높은 대안보다는 투표자 모두에게 어느 정도 차선이 될 수 있는 중도의 대안이 채택될 가능성이 높다고 하였는데, 이는 다수에 의해 중도의 대안으로 부여된 점수들의 합산 점수보다 선호도가 아주 높은 대안들의 합산 점수가 낮을 수 있기 때문이다.

오답 풀이

① 주어진 점수를 투표자가 임의대로 배분할 수 있기 때문이다.
↳ 보르다 투표제와 연관이 없음.

해설 보르다 투표제에서 중도의 대안이 채택될 가능성이 높은 것과 주어진 점수를 투표자가 임의대로 배분할 수 있다는 내용과는 연관이 없다.

② 투표자는 중도의 대안에 관해서만 자신의 의사를 표현할 수 있기 때문이다.
↳ 어떠한 대안에 대해서도

해설 보르다 투표제에서 투표자는 중도의 대안에 관해서만 자신의 의사를 표현하는 것이 아니라 어떤 대안에 관해서도 점수를 배분하여 의사를 표현할 수 있다.

③ 점수 투표제와 달리 투표자의 전략적 행동을 유발하여 투표 결과를 조작할 수 있기 때문이다.
↳ 점수 투표제와 보르다 투표제 모두 투표 결과를 조작할 수 있는 것은 아님.

해설 점수 투표제에서도 투표자의 전략적 행동이 드러날 수 있으나 이로 인해 투표 결과를 조작할 수 있는 것은 아니다.

⑤ 순서로만 선호 강도를 표시할 경우, 모든 투표자에게 선호도가 가장 높은 대안이라도 최종 승자가 아닐 수 있기 때문이다.
↳ 최종 승자가 될 확률이 높음.

해설 보르다 투표제에서는 일부에게 선호도가 높은 대안보다는 투표자 모두에게 선호도가 높은 대안이 채택될 가능성이 높으므로, 모든 투표자에게 선호도가 가장 높은 대안은 최종 승자가 될 확률이 높다고 볼 수 있다.

05 구체적 상황에 적용 정답 ③

선택률	① 6%	② 19%	③ 58%	④ 8%	⑤ 9%

대안 Ⅰ~Ⅲ에 대한 투표자 A~E의 선호 강도가 〈보기〉와 같다고 할 때, ㉠~㉢을 통해 채택될 대안으로 적절한 것은? [3점]

보기

대안 \ 투표자	A	B	C	D	E
Ⅰ	3	1	1	3	1
Ⅱ	1	7	6	2	5
Ⅲ	6	2	3	5	4

(단, 표 안의 수치가 높을수록 더 많이 선호함을 나타내며, 투표에 미치는 외부적인 요인과 투표자들의 전략적 행동은 없다고 가정한다.)

정답 풀이

③ ㉠: Ⅱ / ㉡: Ⅱ / ㉢: Ⅲ

해설 단순 과반수제(㉠)는 투표자의 과반수가 지지하는 안건이 채택되는 제도인데, 선호 강도에 따라 투표하면 Ⅰ은 지지자가 없고, Ⅱ는 B, C, E가 지지하며, Ⅲ은 A, D가 지지함을 확인할 수 있다. 따라서 ㉠에서는 대안 Ⅱ가 채택될 것임을 짐작할 수 있다.
점수 투표제(㉡)는 각 투표자에게 일정한 점수를 주고 각 투표자가 자신의 선호에 따라 각 대안에 대하여 주어진 점수를 배분하여 투표하는 제도이므로, 현재의 선호 강도에 따라 부여한 점수를 합산해 보면 Ⅰ이 9점, Ⅱ가 21점, Ⅲ이 20점이 되어 최종적으로 Ⅱ가 채택될 것임을 짐작할 수 있다.
보르다 투표제(㉢)는 n개의 대안이 있을 때 가장 선호하는 대안부터 순서대로 n점, n−1점, n−2점으로 점수를 부여하고 이를 합산하여 가장 높은 점수를 받은 대안을 선택하는 투표 방식이므로 대안의 개수 n은 3이 된다. 그러면 A의 경우 선호 강도가 가장 높은 Ⅲ에 3점, Ⅰ에 2점, Ⅱ에 1점을 부여한다. B의 경우 Ⅱ에 3점, Ⅲ에 2점, Ⅰ에 1점을 부여한다. C의 경우 Ⅱ에 3점, Ⅲ에 2점, Ⅰ에 1점을 부여한다. D의 경우 Ⅲ에 3점, Ⅰ에 2점, Ⅱ에 1점을 부여한다. E의 경우 Ⅱ에 3점, Ⅲ에 2점, Ⅰ에 1점을 부여한다. 이 점수들을 합산해 보면 Ⅰ은 7점, Ⅱ는 11점, Ⅲ은 12점이 되어 최종적으로 Ⅲ이 채택될 것임을 짐작할 수 있다.

선택지 속 함정

대안 세 가지와 투표자의 선호 다섯 가지가 동시에 제시되어 있으므로 시간이 조금 걸리더라도 하나씩 정리하며 문제를 해결하는 것이 좋아. 우선 단순 과반수제(㉠)에서는 투표자의 과반수가 지지하는 안건이 채택되니까 B, C, E가 지지하는 안건 Ⅱ가 채택될 것임을 알 수 있어. 그리고 점수 투표제(㉡)에서는 각 투표자가 자신의 선호에 따라 각 대안에 점수를 부여하여 가장 높은 점수의 안건이 채택되므로 선호 강도가 21점인 안건 Ⅱ가 채택될 것임을 알 수 있지. 마지막으로 보르다 투표제(㉢)에서는 n개의 대안이 있을 때 선호하는 대안부터 점수를 부여하여 가장 높은 점수를 받은 대안이 채택되므로 각 투표자의 선호도를 하나씩 파악해 보면 12점으로 점수가 가장 높은 Ⅲ이 채택될 것임을 짐작할 수 있지.

오답 풀이

① ㉠: Ⅰ / ㉡: Ⅲ / ㉢: Ⅱ
② ㉠: Ⅱ / ㉡: Ⅱ / ㉢: Ⅱ
④ ㉠: Ⅲ / ㉡: Ⅰ / ㉢: Ⅲ
⑤ ㉠: Ⅲ / ㉡: Ⅱ / ㉢: Ⅱ

해설 정답 해설 참조

06~10 2022년 3월 고1 전국연합학력평가 본문 52~53쪽

06 ⑤ 07 ① 08 ③ 09 ③ 10 ④

문단별 핵심어 ★ 중심 문장

• **보드리야르의 소비사회**

1 ㉠마르크스는 사물의 경제적 가치를 사용가치와 교환가치로 구분하면서 자본주의 사회에서는 경제적 가치가 교환가치에 의해 결정된다고 보았다.(마르크스의 주장) 사용가치는 사물의 기능적 가치를,(사용가치의 의미) 교환가치는 시장 거래를 통해 부여된 가치를 의미하는데(교환가치의 의미) 사물 자체의 유용성은 고정적이므로 시장에서의 수요와 공급에 의해서만 경제적 가치가 결정된다고 보았기 때문이다.(경제적 가치가 교환가치에 의해 결정된다고 보는 이유) 또한 그는 사물의 거래 가격은 결국 사물의 생산 비용에 의해 결정된다는 점에서(소비의 자율성을 인정하지 않는 이유) 소비를 생산에 종속된 현상으로 보고 소비의 자율성을 인정하지 않았다.

2 마르크스의 이러한 주장과 달리(대조적인 관점의 등장) ㉡보드리야르는 교환가치가 아닌 사용가치가 경제적 가치를 결정하며, 자본주의 사회는 소비 우위의 사회라고 주장했다.(보드리야르의 주장) 이때 보드리야르가 제시한 사용가치는 사물 자체의 유용성에 대한 가치가 아니라 욕망의 대상으로서 기호(sign)가 ⓐ지니는 기능적 가치, 즉 기호가치를 의미한다.(보드리야르가 언급한 사용가치의 의미)

3 기호는 어떤 대상을 지시하는 상징으로서(기호의 개념) 문자나 음성같이 감각으로 지각되는 기표와 의미 내용인 기의로 구성되는데,(기호의 구성 요소) 기표와 기의의 관계는 자의적이다. 가령 '남성'이란 문자는 필연적으로(필연적인 연관성이 없음.) 어떤 대상을 지시하는 것이 아니며 '여성'이란 기호와의 관계 속에서 의미 내용이 결정된다. 다시 말해, 어떤 기호의 의미 내용을 결정하는 것은 기표와 기의의 관계가 아니라 기호들 간의 관계, 즉 기호 체계이다.

[A]
4 보드리야르는 자본주의 사회에서 대량 생산 기술이 급속하게 발전하면서 소비자가 기호가치(소비의 원인) 때문에 사물을 소비한다고 보았다. 대량 생산 기술의 발전으로 수요를 충족하고 남을 만큼의 공급이 이루어져 사물 자체의 유용성은 더 이상 소비를 결정하는 요인으로 작용할 수 없기 때문이다.(소비의 원인을 기호가치로 보는 까닭) 예를 들어 소비자는 특정 계층 또는 집단의 일원이라는 상징을 얻기 위해 명품 가방을 소비한다. 이때 사물은 소비자가 속하고 싶은 집단과 다른 집단 간의 차이를 부각하는 기호로서 기능한다. 따라서 보드리야르에 따르면 자본주의 사회에서 소비의 원인은 사물이 상징하는 특정 사회적 지위에 대한 욕구이다.(소비의 원인)

5 보드리야르는 현대인이 자연 발생적인 욕구에 따라 자유롭게 소비하는 것처럼 보이지만 사실은 강제된 욕구에 따르는 것에 불과하다고 보았다.(소비의 본질) 이는 기호가 다른 기호와의 관계 속에서 그 의미 내용이 결정되는 것과 관계된다. 특정 사물의 상징은 기호 체계, 즉 사회적 상징체계 속에서 유동적이며, 따라서 ㉢상징체계 변화에 따라 욕구도 유동적이다. 이때 대중매체는 사물의 기의에 영향을 미침으로써 욕구를 강제할 수 있다. 현실이 대중매체를 통해 전달될 때 현실은 현실 그 자체가 아니라 다른 기호와 조합될 수 있는 기호로서 추상화되기 때문이다. 가령 텔레비전 속 유명 연예인이 소비하는 사물은 유명 연예인이라는 기호에 의해 새로운 의미 내용이 부여된다. 요컨대 특정 사물에 대한 현대인의 욕망은 대중매체를(현대인의 소비를 강제하는 매개체) 매개로 하여 자기도 모르는 사이에 강제된다.

6 보드리야르는 기술 문명이 초래한 사물의 풍요 속에서 현대인의 일상생활이 사물의 기호가치와 이에 대한 소비에 의해 규정된다고 보고 자본주의 사회를 소비사회로 명명하였다. 그의 이론은 소비가 인간에 미치는 영향을 비판적으로 성찰해야 한다는 점을 시사한다.(보드리야르의 소비에 관한 연구의 시사점)

지식을 쌓는 배경지식

장 보드리야르의 소비사회

① 소비사회

- 20세기 이후 풍요와 대량 생산의 시대를 살면서 사람들은 끊임없이 이미지화된 광고에 노출되고 소비를 종용받게 됨.
- 소비의 목적이 재화의 기능을 획득하는 것이 아니라 이미지화된 기호가치를 추구하는 것으로 변함.

② 시뮬라크르와 시뮬라시옹

- 시뮬라크르는 프랑스어로 '흉내'라는 뜻을 가지며, 장 보드리야르는 현실을 대신하는 가상의 실제, 기호화된 이미지를 시뮬라크르라고 정의함.
- 시뮬라시옹은 시뮬라크르의 동사형으로 실제가 가상의 실제인 시뮬라크르로 바뀌는 과정을 나타내며, 계속해서 파생되는 가상의 실제로 인해 무엇이 진짜 실제인지 구분할 수 없는 현대 사회의 모습을 비판적으로 표현한 말임.

지문 분석하기

|지문 구조|

1 자본주의 사회에 대한 마르크스의 관점 ↔ **2** 자본주의 사회에 대한 보드리야르의 관점

↓

3 기호의 의미 내용을 결정하는 기호 체계

↓

4 보드리야르가 현대 사회의 소비를 바라보는 관점 1

↓

5 보드리야르가 현대 사회의 소비를 바라보는 관점 2

↓

6 소비가 인간에 미치는 영향에 대한 보드리야르의 비판적 성찰

|주제| 현대 사회의 소비의 기능에 대한 보드리야르의 비판적 성찰

한컷 정리하기

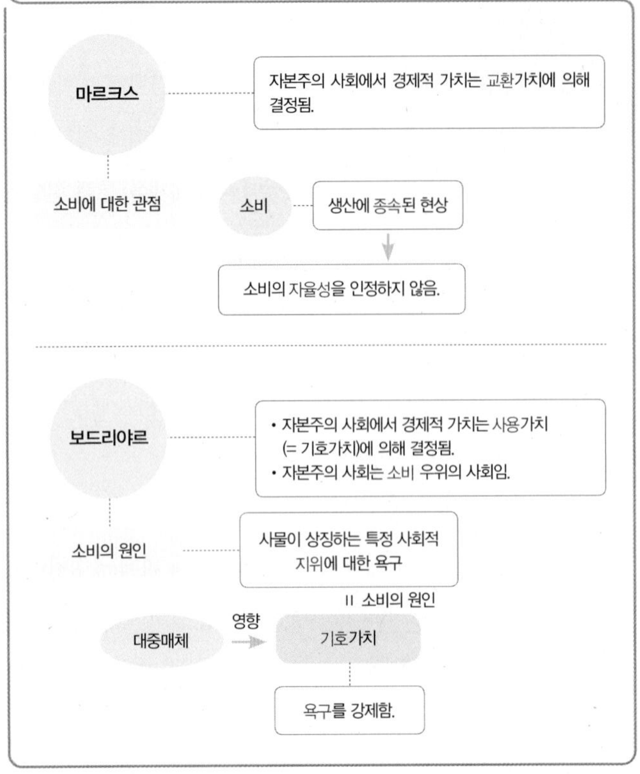

06 세부 정보의 파악 정답 ⑤

선택률	① 5%	② 9%	③ 5%	④ 5%	⑤ 76%

'자본주의 사회'에 대한 ㉠, ㉡의 주장을 이해한 내용으로 가장 적절한 것은? (= 마르크스, = 보드리야르)

(정답 풀이)

⑤ ㉡: 경제적 가치는 사회적 상징체계에 따라 결정되므로 기호가치가 소비의 원인이다.

해설 2~4문단에 따르면, 보드리야르는 사용가치가 경제적 가치를 결정한다고 주장하였다. 여기서 '사용가치'는 '기호가치'를 의미하며, 기호는 사회적 상징체계 속에서 유동적이라고 하였다. 또한, 보드리야르는 소비자가 기호가치 때문에 사물을 소비한다고 말하며, 자본주의 사회에서 소비의 원인은 특정 사회적 지위에 대한 욕구라고 지적하였다. 따라서 보드리야르가 경제적 가치는 사회적 상징체계에 따라 결정되며, 기호가치가 소비의 원인이라고 보았다는 진술은 적절하다.

(오답 풀이)

① ㉠: 소비가 생산에 종속되므로 ~~사용가치와 교환가치는 결국 동일하다.~~
↳ 사용가치와 교환가치를 구분함.

해설 1문단에 따르면, 마르크스는 사물의 경제적 가치에 대해 사용가치는 사물의 기능적 가치를, 교환가치는 시장 거래를 통해 부여된 가치를 의미한다고 구분하였다. 따라서 마르크스가 사용가치와 교환가치를 동일하게 보았다는 진술은 적절하지 않다.

② ㉠: 사물 자체의 유용성은 변하지 않으므로 ~~소비자의 욕구를 중심으로 분석해야 한다.~~

해설 1문단에 따르면, 마르크스는 사물 자체의 유용성은 고정적이므로 시장에서의 수요와 공급에 의해서만 경제적 가치가 결정된다고 보았다. 그러므로 소비자의 욕구를 중심으로 자본주의 사회를 분석해야 한다는 것은 마르크스의 주장으로 적절하지 않다.

③ ㉡: 소비자에게 ~~소비의 자율성이 존재하므로~~ ~~교환가치가 사용가치를 결정한다.~~
↳ 소비는 강제적 욕구에 따르는 것으로 봄. ↳ 사용가치가 경제적 가치를 결정한다고 봄.

해설 5문단에 따르면, 보드리야르는 현대인이 자연 발생적인 욕구에 따라 자유롭게 소비하는 것처럼 보이지만 사실은 강제된 욕구에 따르는 것에 불과하다고 보았다. 또한 2문단에서 보드리야르는 교환가치가 아닌 사용가치가 경제적 가치를 결정한다고 보았다는 것을 확인할 수 있다.

④ ㉡: 개인에게 욕구가 강제되므로 소비를 통해 집단 간의 사회적 차이가 ~~소멸한다.~~
↳ 부각된다

해설 4문단에 따르면, 보드리야르는 자본주의 사회에서 소비의 원인은 사물이 상징하는 특정한 사회적 지위에 대한 욕구이므로, 소비되는 사물은 다른 집단과의 차이를 부각하는 기호로서 기능한다고 보았다. 이로 볼 때 보드리야르는 소비를 통해 집단 간의 사회적 차이가 부각될 수 있다고 볼 것임을 알 수 있다.

07 세부 정보의 추론 정답 ①

선택률	① 33%	② 22%	③ 10%	④ 7%	⑤ 28%

기호 체계를 바탕으로 [A]를 이해한 내용으로 적절하지 않은 것은?

(정답 풀이)

① 사물은 기표로서의 추상성과 기의로서의 구체성을 갖는다.
↳ 구체성과 ↳ 추상성을

해설 3문단에 따르면, 기표는 문자나 음성같이 감각으로 지각되는 것이고, 기의는 의미 내용에 해당한다. 따라서 사물은 기표로서의 구체성을 갖고 기의로서의 추상성을 갖는다고 할 수 있다.

(오답 풀이)

② 사물과 그것이 상징하는 특정한 사회적 지위와의 관계는 자의적이다.

해설 사물을 나타내는 문자나 음성 등은 기표이며, '특정한 사회적 지위'는 사물이 가지는 기의에 해당한다. 3문단에 따르면 기표와 기의의 관계는 자의적이다.

③ 사물은 사물 자체가 아닌 사물 간의 관계를 통해 의미 내용이 결정된다.

해설 3문단에 따르면, 보드리야르는 기호의 의미 내용을 결정하는 것은 기표와 기의의 관계가 아니라 기호들 사이의 관계인 기호 체계라고 주장하였다.

④ 소비는 사물이라는 기호를 통해 특정 계층 또는 집단의 일원이라는 상징을 얻는 행위이다.

해설 4문단에 따르면, 보드리야르는 사람들이 명품 가방을 소비하는 것은 특정 계층 또는 특정 집단의 일원이라는 상징을 얻기 위한 행동 때문이라고 보았다. 여기서 명품 가방은 기호로 작용한다고 볼 수 있다.

⑤ 기호가치는 사물의 기의와 그에 대한 소비자의 욕구와 관련될 뿐 사물의 기표에 의해 결정되는 것은 아니다.

해설 4문단에 따르면, 기호가치란 욕망의 대상으로서 기호가 지니는 기능적 가치이므로 구체적으로 감각되는 기표에 의해 결정되지는 않는다.

08 미루어 알기 정답 ③

선택률	① 11%	② 4%	③ 77%	④ 4%	⑤ 4%

㉢의 전제로 가장 적절한 것은?
상징체계 변화에 따라 욕구도 유동적이다

(정답 풀이)

③ 사물의 기호가치가 변화하면 사물에 대한 욕구도 변화한다.

해설 4문단에 따르면, 보드리야르는 자본주의 사회에서 소비자는 기호가치 때문에 사물을 소비한다고 보았다. 이와 함께 보드리야르는 자본주의 사회에서 소비의 원인을 사물이 상징하는 특정 사회적 지위에 대한 욕구라고 지적하였는데, 이로 볼 때, 사물의 기호가치는 사물에 대한 소비자의 욕구에 영향을 미친다고 볼 수 있다. 보드리야르가 ㉢'상징체계 변화에 따라 욕구도 유동적'이라고 한 것은 사물의 기호가치가 변하면 사물에 대한 욕구도 변한다는 것을 전제한 것임을 알 수 있다.

오답 풀이

① 상징체계 변화에 의해 ~~사물 자체의 유용성이 변화한다.~~
↳ 상징체계와 사물의 유용성은 무관함.

해설 상징체계는 사물 자체의 유용성과는 무관한 것이다. 다시 말해, 상징체계가 변화한다고 하여 사물 자체의 유용성이 변화하는 것은 아니다. 예를 들자면, 명품 가방이 사회적으로 상징하는 바는 그 가방의 가격과 위상, 대중매체에서 어떻게 노출되는가 등에 따라 유동적으로 변화할 수 있겠지만, 물건을 담아 이동할 때 사용하는 사물이라는 사물 자체의 유용성은 변화하지 않는다.

② 사물에 대한 욕구는 ~~사람마다 제각기 다른 양상을~~ 보인다.

해설 보드리야르는 자본주의 사회에서 현대인의 사물에 대한 욕구는 사회적으로 강제된다고 보았다. 이로 볼 때 사물에 대한 욕구가 사람마다 제각기 다른 양상을 보인다는 것은 ©의 전제로 적절하지 않다.

④ 사물을 소비하는 행위는 ~~개인의 자연 발생적 욕구~~에 따른 것이다
↳ 강제된 욕구에

해설 보드리야르는 현대인이 자연 발생적인 욕구에 따라 자유롭게 소비하는 것처럼 보이지만 사실은 강제된 욕구에 따르는 것에 불과하다고 보았다.

⑤ 사물이 지시하는 의미 내용과 사물에 대한 욕구는 서로 ~~독립적이다.~~
↳ 연관성이 있음.

해설 보드리야르는 사물의 기표와 기의가 자의적이라 하였고, 의미 내용과 욕구는 연관된다고 보았다. 사물 자체의 유용성보다 특정한 사회적 상징체계 속에서 사물이 상징하는 바가 욕구에 미치는 영향이 크다는 뜻이다. 따라서 사물이 지시하는 의미 내용과 사물에 대한 욕구는 독립적이지 않다.

09 구체적 상황에 적용

정답 ③

선택률	① 25%	② 19%	③ 22%	④ 20%	⑤ 14%

윗글의 '보드리야르'의 관점을 바탕으로 〈보기〉를 이해한 내용으로 적절하지 않은 것은? [3점]

보기

개성이란 타인과 구별되는 개인만의 고유한 특성으로, 현대 사회의 개인은 개성을 추구함으로써 자신의 고유함을 드러내려 한다. 이때 사물은 개성을 드러낼 수 있는 수단이다.(사물이 가진 기호의 의미 내용) 찢어진 청바지를 입는 것, 타투나 피어싱을 하는 것은 사물을 통한 개성 추구의 사례이다. 이런 점에서 '당신의 삶에 차이를 만듭니다'와 같은 광고 문구는(강제된 욕구) 개성에 대한 현대인의 지향을 단적으로 드러낸 것이라 할 수 있다.

정답 풀이

③ 찢어진 청바지는 ~~개인만의 고유한 특성을 드러내는 수단이자~~ 젊은 세대의 일원이라는 기호를 상징하는 것일 수 있겠군.
↳ 사회적으로 강제된 것이자

해설 〈보기〉에 따르면, 개인이 찢어진 청바지를 입는 것은 타인과 구별되는 개성을 표현하기 위한 행위로 볼 수 있다. 하지만 이러한 행위는 보드리야르의 관점에서 볼 때 사회적으로 강제된 욕구에서 비롯된 것이며, 이때 찢어진 청바지는 개인만의 고유한 특성을 드러내는 수단으로는 적합하지 않은 것으로 해석된다.

오답 풀이

① 타인과 구별되는 개성이란 개인이 소속되길 바라는 집단의 차별화된 속성일 수 있겠군.

해설 보드리야르는 소비 사회에서 사물은 소비자가 속하고 싶은 집단과 다른 집단 간의 차이를 부각하는 기호로 기능한다고 하였다. 이러한 관점에서 보면, 〈보기〉에서 말하는 타인과 구별되는 개성이란 개인이 소속되길 바라는 집단의 차별화된 속성이라 이해할 수 있다.

② 소비사회에서 사물을 통한 개성의 추구는 그 사물의 기호가치에 대한 욕구에서 비롯되겠군.

해설 보드리야르는 자본주의 사회에서 소비자는 기호가치를 얻기 위해 사물을 소비한다고 보았으며, 기호가치를 얻기 위한 소비 행위는 특정한 사회적 지위에 대한 욕구에서 비롯되는 것이라고 보았다. 이로 볼 때, 〈보기〉와 같이 소비사회에서 사물을 통해 개성을 추구하는 행위는 그 사물의 기호가치에 대한 욕구에서 비롯된 것이라고 이해할 수 있다.

④ '당신의 삶에 차이를 만듭니다'라는 광고 문구는 그 광고의 상품을 소비함으로써 사회적 차이를 드러내고 싶다는 욕구를 강제하는 것일 수 있겠군.

해설 보드리야르의 관점에서 볼 때, 광고에서 타인과의 차이를 강조하는 것은 사회가 대중매체를 통해 개인에게 차이를 드러내고 싶다는 욕구를 강제한 것으로 볼 수 있다.

⑤ 타투나 피어싱을 한 유명 연예인을 텔레비전에서 보고, 이를 따라하기 위해 돈을 지불하는 것은 대중매체를 매개로 하여 추상화된 기호를 소비하는 것일 수 있겠군.

해설 보드리야르의 관점에서 볼 때, 대중매체를 매개로 하여 전파된 타투나 피어싱이라는 이미지는 타인과 구별되는 개성의 표현이라는 상징성을 띠게 된다. 이를 따라하기 위해 돈을 지불했다면, 이것은 사물 자체의 유용성이 아니라 대중매체를 매개로 하여 추상화된 기호를 소비하는 행위로 볼 수 있다.

10 어휘의 문맥적 의미 파악

정답 ④

선택률	① 6%	② 18%	③ 11%	④ 57%	⑤ 8%

문맥상 의미가 ⓐ와 가장 가까운 것은?
= (기호가) 지니는

정답 풀이

④ 사람은 누구나 고정 관념을 지니고 살기 마련이다.

해설 ⓐ'지니다'는 '바탕으로 갖추고 있다.'라는 의미를 갖는다. 따라서 '성품을 지니다', '태도를 지니다.'와 같이 쓰일 수 있다. ④의 '지니다' 역시 '고정 관념을 바탕으로 갖추고 있다.'라는 의미를 가지므로, 문맥상 ⓐ와 가장 가깝다.

오답 풀이

① 그는 항상 지갑에 현금을 지니고 있었다.

해설 ①의 '지니다' 는 '몸에 간직하여 가지다.'라는 의미를 갖는다. 따라서 '어머니의 유품을 지니다.'와 같이 쓰일 수 있다.

② 그녀는 어릴 때의 모습을 그대로 지니고 있다.

해설 ②의 '지니다'는 '본래의 모양을 그대로 간직하다.'라는 의미를 갖는다. 따라서 '순수함을 지니다'와 같이 쓰일 수 있다.

③ 우리는 자기가 맡은 일에 책임을 지녀야 한다.

해설 ③의 '지니다'는 '어떠한 일 따위를 맡아 가지다.'라는 의미를 갖는다. 따라서 '임무를 지니다'와 같이 쓰일 수 있다.

⑤ 그는 어린 시절의 추억을 항상 마음속에 지니고 있다.

해설 ⑤의 '지니다'는 '기억하여 잊지 않고 새겨 두다.'라는 의미를 갖는다. 따라서 '유언을 마음에 지니다'와 같이 쓰일 수 있다.

DAY 11 사회 **법률행위와 제도 1**

01~04 2023년 9월 고1 전국연합학력평가 본문 54~55쪽

01 ① **02** ⑤ **03** ② **04** ③

문단별 핵심어 ★ 중심 문장

- **법률행위의 무효와 법률행위의 취소**

1 매매 계약, 유언 등과 같은 법률행위가 법률효과를 발생시키려면 성립요건과 효력요건을 갖추어야 한다. 성립요건은 법률행위가 성립되기 위한 요건으로, 성립요건을 갖추지 못한 경우 법률행위가 불성립했다고 한다. 효력요건은 이미 성립한 법률행위가 효력을 발생하는 데 필요한 요건으로, 이를 갖추어 효력을 발생시켰을 때 법률행위가 유효하다고 한다.
법률행위가 법률효과를 발생시키기 위한 조건 / 성립요건의 정의 / 효력요건의 정의

2 그런데 법률행위는 성립하였지만, 효력요건이 불충분하여 그 법률행위가 성립한 당시부터 법률상 당연히 그 효력이 발생하지 않는 경우 그 법률행위는 무효가 된다. ㉠법률행위의 무효는 무효 사유가 존재한다면 특정인의 무효 주장이 없이도 그 법률행위가 처음부터 효력이 없는 것이 되며, 기간이 경과해도 무효라는 사실은 변하지 않는다.
법률행위가 무효가 되는 조건 / 법률행위의 무효의 특징 1 / 법률행위의 무효의 특징 2

3 한편 ㉡법률행위의 취소는 법률행위로서 일단 효력이 발생하였다가 어떤 사유가 있어 그 법률행위가 성립한 당시로 소급하여 효력을 잃게 되는 경우를 말한다. 법률행위의 취소가 확정되면 법률상의 효력이 무효와 같아지지만, 취소 사유가 존재하더라도 취소권을 가진 특정인이 취소를 주장할 때만 그 법률행위의 효력이 없어질 수 있다는 점에서 무효와 차이가 있다. 또한 취소권은 일정한 기간이 경과하면 소멸되고, 취소권이 소멸된 법률행위는 결국 유효한 것으로 확정된다.
법률행위가 취소가 되는 조건 / 법률행위의 취소의 특징 1 / 법률행위의 취소의 특징 2 / 법률행위의 취소의 특징 3

4 무효인 법률행위에서는 아무런 효력도 생기지 않으며, 법적으로는 아무것도 없는 것이라 보기 때문에 소급하여 유효로 할 수 있는 대상이 없는 상태라 할 수 있다. 그래서 무효인 법률행위, 즉 무효행위는 다른 법률행위로 전환을 하기도 하고, 추인함으로써 그때부터 새로운 법률행위가 되게 만들기도 한다. 무효는 이미 성립된 법률행위를 전제로 하기 때문에 이러한 전환이나 추인이 가능한 것이며, 만약 법률행위가 불성립했다면 전환이나 추인은 할 수 없다. 무효행위를 전환한다는 것은 무효인 법률행위가 다른 법률행위로서의 효력요건은 갖추고 있을 때, 그 법률행위로서의 효력을 인정하는 것을 말한다. 이때 전환을 위해서는 당사자가 무효임을 알았더라면, 그 법률행위가 아니라 처음부터 다른 법률행위를 했을 것이라고 인정되어야 한다. 무효행위의 전환의 예로는, 징계해고로서 효력요건을 갖추지 못해 무효가 된 법률행위가 징계휴직으로서의 효력요건은 갖추고 있을 때 징계휴직으로 전환하여 법률행위가 유효가 되는 경우를 들 수 있다.
무효행위의 개념 / 무효행위가 새로운 법률행위가 되기 위한 조건 / 전환이나 추인이 가능한 전제: 법률행위가 성립했어야 함. / 무효행위를 전환하다는 것의 의미

5 무효행위를 추인한다는 것은 무효가 된 법률행위가 갖추지 못했던 효력요건을 추후에 보충하여 새로운 법률행위로서의 효력을 인정하는 것을 말한다. ㉮무효행위를 추인하면 그 무효행위가 처음 성립한 때로 소급하여 유효한 것이 되는 것이 아니라 추인한 때부터 새로운 법률행위를 한 것으로 본다. 민법은 원칙적으로 무효행위의 추인을 인정하지 않지만, 무효 원인이 소멸한 상태이고 당사자가 기존 법률행위가 무효임을 알고 추인한 경우에 한해서는 추인을 인정하고 있다.
무효행위를 추인한다는 것의 의미 / 민법에서 추인을 인정하는 조건

6 법률행위가 무효가 되면 그 법률행위에 따른 법률효과도 생기지 않으므로 무효행위를 근거로 하는 청구권도 부인된다. 따라서 해당 법률행위에 따라 채무가 있는 경우 상대방이 청구권을 행사할 수 없으므로 채무를 이행할 필요가 없다. 만약 이미 채무가 이행된 경우라면 수령자는 해당 이득을 반환해야 하는 부당이득 반환의무를 진다. 무효는 시간이 흘러도 그대로 유지되지만, 부당이득의 반환청구권은 소멸시효가 있으므로 영구적으로 주장할 수 있는 것은 아니다.
법률행위가 무효일 때 청구권의 효력 / 법률행위가 무효일 때 부당이익의 반환 청구권이 발생하는 경우 / 부당이득의 반환청구권의 시효성

지문 분석하기

|지문 구조|

1 법률행위가 법률효과를 발생시키기 위한 두 가지 요건

⬇

2 법률행위의 무효가 발생하는 경우 + **3** 법률 행위의 취소가 발생하는 경우

⬇

4 무효행위를 전환하는 것의 의미와 그 조건 + **5** 무효행위를 추인한다는 것의 의미와 민법에서 추인을 인정하는 조건

⬇

6 무효행위로 인한 청구권의 부인과 부당이득의 반환청구권

|주제| 무효행위를 새로운 법률행위가 되게 만드는 방법

한컷 정리하기

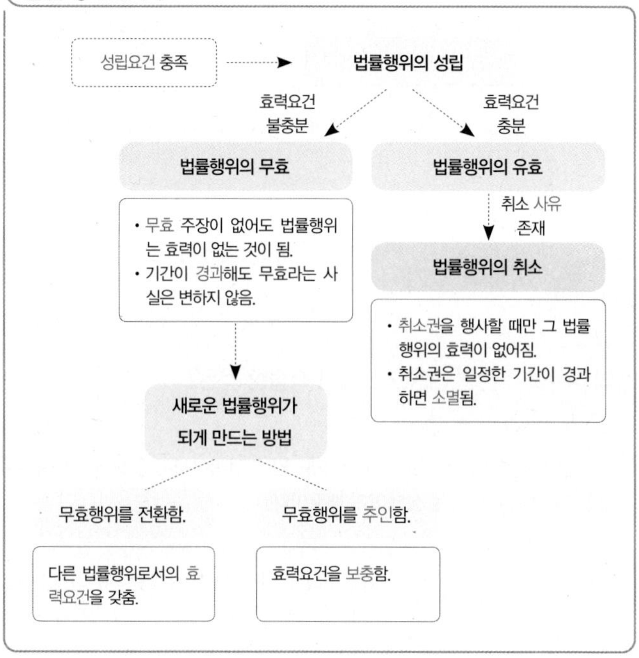

성립요건 충족 → 법률행위의 성립

효력요건 불충분 → 법률행위의 무효

- 무효 주장이 없어도 법률행위는 효력이 없는 것이 됨.
- 기간이 경과해도 무효라는 사실은 변하지 않음.

→ 새로운 법률행위가 되게 만드는 방법

무효행위를 전환함. — 다른 법률행위로서의 효력요건을 갖춤.

무효행위를 추인함. — 효력요건을 보충함.

효력요건 충분 → 법률행위의 유효

취소 사유 존재 → 법률행위의 취소

- 취소권을 행사할 때만 그 법률행위의 효력이 없어짐.
- 취소권은 일정한 기간이 경과하면 소멸됨.

01 세부 정보의 파악 정답 ①

선택률	① 75%	② 4%	③ 7%	④ 9%	⑤ 5%

윗글의 내용과 일치하지 않는 것은?

정답 풀이

① 법률행위가 불성립한 경우에도 법률행위의 전환이나 추인을 할 수 있다.
↳ 법률행위가 이미 성립된 경우에 한해

해설 4문단에서 무효인 법률행위에서 무효는 이미 성립된 법률행위를 전제로 하기 때문에 이러한 전환이나 추인이 가능한 것이며, 만약 법률행위가 불성립했다면 전환이나 추인은 할 수 없다고 하였다.

오답 풀이

② 성립요건과 효력요건을 모두 갖추어야 법률행위는 법률효과를 발생시킬 수 있다.

해설 1문단에서 매매 계약, 유언 등과 같은 법률행위가 법률효과를 발생시키려면 성립요건과 효력요건을 갖추어야 한다고 하였다.

③ 법률행위가 효력을 발생시켰더라도 어떤 사유가 있어 그 효력을 잃게 되기도 한다.

해설 3문단에서 법률행위의 취소는 법률행위로서 일단 효력이 발생하였다가 어떤 사유가 있어 그 법률행위가 성립한 당시로 소급하여 효력을 잃게 되는 경우를 말한다고 하였다. 따라서 법률행위가 효력을 발생시켰더라도 어떤 사유가 있어 그 효력을 잃게 되기도 함을 알 수 있다.

④ 법률행위가 무효가 되면 해당 법률행위에 따른 채무가 발생한 경우라도 그 채무를 이행할 필요가 없다.

해설 6문단에서 법률행위가 무효가 되면 그 법률행위에 따른 법률효과도 생기지 않으므로 무효행위를 근거로 하는 청구권도 부인되고, 따라서 해당 법률행위에 따라 채무가 있는 경우 상대방이 청구권을 행사할 수 없으므로 채무를 이행할 필요가 없다고 하였다. 이로 보아 법률행위가 무효가 되면 해당 법률행위에 따른 채무가 발생한 경우라도 그 채무를 이행할 필요가 없다.

⑤ 법률행위가 무효라는 사실이 그대로 유지되더라도 부당이득의 반환청구권을 영구적으로 주장할 수 있는 것은 아니다.

해설 6문단에서 무효는 시간이 흘러도 그대로 유지되지만, 부당이득의 반환청구권은 소멸시효가 있으므로 영구적으로 주장할 수 있는 것은 아니라고 하였다.

02 핵심 정보의 파악 정답 ⑤

선택률	① 3%	② 9%	③ 8%	④ 5%	⑤ 75%

㉠, ㉡에 대한 이해로 적절하지 않은 것은?
= ㉠: 법률행위의 무효, ㉡: 법률행위의 취소

정답 풀이

⑤ ㉡은 ㉠과 달리 특정인의 주장이 없어도 법률행위의 효력이 없어질 수 있다.
↳ 특정인의 주장이 있어야만 법률행위의 효력이 없어짐.

해설 1문단에서 법률행위의 무효는 무효 사유가 존재한다면 특정인의 무효 주장이 없어도 그 법률행위가 처음부터 효력이 없는 것이 된다고 하였고, 3문단에서는 법률행위의 취소(㉡)가 확정되면 법률상의 효력이 무효와 같아지지만, 취소 사유가 존재하더라도 취소권을 가진 특정인이 취소를 주장할 때만 그 법률행위의 효력이 없어질 수 있다는 점에서 무효(㉠)와 차이가 있다고 하였다. 따라서 ㉡은 ㉠과 달리 특정인의 주장이 있어야만 법률행위의 효력이 없어질 수 있다. 특정인의 주장이 없어도 법률행위의 효력이 없어질 수 있는 것은 ㉠이다.

오답 풀이

① ㉠은 효력요건이 불충분하여 법률상 당연히 효력이 발생하지 않는 경우이다.

해설 2문단에서 법률행위는 성립하였지만, 효력요건이 불충분하여 그 법률행위가 성립한 당시부터 법률상 당연히 그 효력이 발생하지 않는 경우 그 법률행위는 무효(㉠)가 된다고 하였다. 따라서 ㉠은 효력요건이 불충분하여 법률상 효력이 발생하지 않는 경우라는 이해는 적절하다.

② ㉡은 취소 사유가 존재하더라도 법률행위의 효력이 발생하는 경우가 있다.

해설 3문단에서 법률행위의 취소는 취소 사유가 존재하더라도 취소권을 가진 특정인이 취소를 주장할 때만 그 법률행위의 효력이 없어질 수 있다고 하였다. 이로 볼 때 법률행위의 취소(㉡)은 취소 사유가 존재하더라도 특정인이 취소를 주장하지 않으면 법률행위의 효력이 유지된다.

③ ㉠과 ㉡은 모두 법률행위가 성립한 것을 전제로 한다.

해설 2문단에서 법률행위는 성립하였지만, 효력요건이 불충분하여 그 법률행위가 성립한 당시부터 법률상 당연히 그 효력이 발생하지 않는 경우 그 법률행위는 무효(㉠)가 된다고 하였으므로 ㉠은 법률행위의 성립을 전제로 하고 있음을 알 수 있다. 3문단에서 법률행위의 취소(㉡)는 법률행위로서 일단 효력이 발생하였다가 어떤 사유가 있어 그 법률행위가 성립한 당시로 소급하여 효력을 잃게 되는 경우라고 하였다. 여기서 '일단 효력이 발생하였다가'의 의미를 알아야 하는데, 1문단에서 효력요건은 '이미 성립한 법률행위가 효력을 발생'하는 데 필요한 요건이라고 한 부분을 보면, 법률행위가 성립되어야 효력이 발생하는 것임을 알 수 있다. 따라서 ㉡ 또한 법률행위가 성립한 것을 전제로 하고 있음을 알 수 있다.

④ ㉡은 ㉠과 달리 법률행위의 효력 유무에 변화를 줄 수 있는 기한이 존재한다.

해설 2문단에서 법률행위의 무효(㉠)는 무효 사유가 존재한다면 기간이 경과해도 무효라는 사실은 변하지 않는다고 하였다. 3문단에서 법률행위의 취소(㉡)가 확정되면, 취소권은 일정한 기간이 경과하면 소멸되고, 취소권이 소멸된 법률행위는 결국 유효한 것으로 확정된다고 하였다. 따라서 ㉡은 ㉠과 달리 법률행위의 효력 유무에 변화를 줄 수 있는 기한이 존재한다는 이해는 적절하다.

03 구체적 상황에 적용 정답 ②

선택률	① 4%	② 59%	③ 15%	④ 17%	⑤ 5%

윗글을 바탕으로 〈보기〉의 ⓐ와 ⓑ에 대해 이해한 내용으로 가장 적절한 것은? [3점]

보기

갑은 자신의 유언을 법적으로 인정받고자 ⓐ'비밀증서에 의한 유언'의 형태로 유언증서를 남겼다. 하지만 갑의 사망 후 이 유언증서는 봉인상의 확정일자를 받아야 한다는 조건을 충족하지 않아 무효임이 밝혀졌다. (효력요건이 불충분함.) 이에 대해 법원에서는 해당 유언증서가 다른 형태의 유언증서인 ⓑ'자필서명에 의한 유언'의 조건은 모두 충족하고 있으며 (다른 법률행위로서의 효력요건은 갖춤.) 갑이 자신의 유언증서가 무효임을 알았다면 이러한 형태의 유언증서를 남겼을 것이라 보아, (전환을 위한 조건) '자필서명에 의한 유언'으로서는 유효하다고 판단했다. (무효행위를 전환하여 다른 법률행위로서의 효력을 인정함.)

정답 풀이

② ⓐ는 효력요건을 갖추지 못했지만 ⓑ는 효력요건을 갖추고 있군.

해설 3문단에서 법률행위의 무효는 무효 사유가 존재한다면 특정인의 무효 주장이 없이도 그 법률행위가 처음부터 효력이 없는 것이 된다고 하였다. 이를 통해 ⓐ'비밀증서에 의한 유언'의 형태는 '봉인상의 확정일자를 받아야 한다'는 조건을 갖추어야 하는데 이를 갖추지 못하였다는 무효 사유가 존재하므로 ⓐ는 효력요건을 갖추지 못했다고 볼 수 있다. 3문단에서는 또 무효행위를 전환한다는 것은 무효인 법률행위가 다른 법률행위로서의 효력요건은 갖추고 있을 때, 그 법률행위로서의 효력을 인정하는 것이라고 하였고, 이때 전환을 위해서는 당사자가 무효임을 알았더라면, 그 법률행위가 아니라 처음부터 다른 법률행위를 했을 것이라고 인정되어야 한다고 하였다. 이를 참고할 때, ⓑ는 '자필서명에 의한 유언'의 조건을 모두 충족하고 있고, 갑이 자신의 유언증서가 무효임을 알았다면 이러한 형태의 유언증서를 남겼을 것이라 인정되었으므로 ⓑ는 효력요건을 갖추고 있다고 볼 수 있다.

오답 풀이

① ⓐ가 무효가 되면서 ~~ⓑ의 성립요건도 불충분하게 된 것이군.~~
↳ ⓑ는 성립요건을 충족한 상태임.

해설 4문단에서 무효행위를 전환한다는 것은 무효인 법률행위가 다른 법률행위로서의 효력요건은 갖추고 있을 때, 그 법률행위로서의 효력을 인정하는 것이라고 하였다. 이를 참고할 때 〈보기〉에서 ⓐ'비밀증서에 의한 유언'의 형태는 조건을 충족하지 못해 무효가 되었기에 다른 형태의 유언증서인 ⓑ'자필서명에 의한 유언'으로 전환한 것이라고 볼 수 있다. 여기서 ⓑ의 법률행위는 유효하다고 하였는데, 1문단에서 법률행위가 법률효과를 발생시키려면 성립요건과 효력요건을 모두 갖추어야 한다고 했으므로 ⓑ는 성립요건을 갖추었다고 볼 수 있다.

③ ~~ⓐ의 부족한 효력요건이 추후에 보충되어 ⓑ가 유효하게 된 것이군.~~
↳ ⓑ는 ⓐ의 무효행위를 전환하여 유효하게 된 것으로 볼 수 있음.

해설 5문단에서 무효행위를 추인한다는 것은 무효가 된 법률행위가 갖추지 못했던 효력요건을 추후에 보충하여 새로운 법률행위로서의 효력을 인정하는 것이라고 하였다. 그런데 〈보기〉에서는 무효가 된 법률행위인 ⓐ'비밀증서에 의한 유언'이 ⓑ'자필서명에 의한 유언'의 효력요건을 갖추고 있다고 판단하였으므로, 효력요건을 추후에 보충해서 효력을 인정하는 추인을 한 것이 아니라 무효행위를 전환하여 유효하게 된 것이라고 보아야 한다.

④ ⓐ는 ⓑ로 바뀌면서 ~~무효 원인이 소멸되어 다시 효력을 가지게 되는군.~~
↳ 무효인 법률행위에서는 아무런 효력도 생기지 않음.

해설 4문단에서 무효인 법률행위에서는 아무런 효력도 생기지 않는다고 하였으므로 무효가 된 ⓐ'비밀증서에 의한 유언'은 이미 효력이 없는 상태이기에 ⓑ'자필서명에 의한 유언'으로 바뀌면서 다시 효력을 가진다는 진술은 적절하지 않다.

⑤ ~~ⓐ의~~ 효력이 발생하려면 ~~ⓑ가 무효임을 당사자가 알았다는~~ 조건이 충족되어야 하는군.
↳ ⓑ의 / ↳ ⓐ가 무효임을 당사자가 알았더라면 ⓑ를 했을 것이라는

해설 4문단의 내용을 참고할 때, 〈보기〉에서 무효임이 밝혀진 법률행위인 ⓐ'비밀증서에 의한 유언'은 효력이 발생하지 않는다. ⓑ'자필서명에 의한 유언'이라는 법률행위로 전환을 하면서 당사자가 ⓐ를 무효라고 알았더라면 처음부터 ⓑ를 했을 것이라고 인정되어야 ⓑ가 법률행위로서 효력이 발생한다. 따라서 ⓑ가 무효임을 당사자가 알았다는 조건과 ⓐ의 효력은 관련이 없는 내용이다.

04 미루어 알기 정답 ③

선택률	① 19%	② 10%	③ 39%	④ 15%	⑤ 17%

㉮의 이유를 추론한 내용으로 가장 적절한 것은?
= 무효행위를 추인하면 그 무효행위가 처음 성립한 때로 소급하여 유효한 것이 되는 것이 아니라 추인한 때부터 새로운 법률행위를 한 것으로 본다.

정답 풀이

③ 무효인 법률행위는 법적으로 아무것도 없는 것이어서 소급해서 추인할 수 있는 대상 자체가 없는 상태이기 때문이다.

해설 4문단에서 무효인 법률행위는 아무런 효력도 생기지 않으며, 법적으로는 아무것도 없는 것이라 보기 때문에 소급하여 유효로 할 수 있는 대상이 없는 상태라 할 수 있다고 하였다. '소급'은 '과거에까지 거슬러 올라가서 미치게 함.'을 의미하는 것인데, 무효인 법률행위는 과거, 즉 법률행위가 성립한 당시로 거슬러 올라가더라도 유효로 할 수 있는 대상이 없다. 그래서 ㉮와 같이 무효행위를 추인하면 그 무효행위가 처음 성립한 때로 소급하여 유효한 것이 되는 것이 아니라 추인한 때부터 새로운 법률행위를 한 것으로 보는 것이다.

오답 풀이

① 법률행위를 추인할 때 추인의 조건을 갖춘 상태라면 이를 ~~소급하여 유효한 것으로 만들 수도 있기 때문이다.~~
↳ 무효행위를 추인하면 추인한 때부터 새로운 법률행위를 한 것으로 봄.

해설 4문단에 따르면, 무효인 법률행위에서는 법적으로는 아무것도 없는 것이라 보기 때문에 소급하여 유효로 할 수 있는 대상이 없는 상태라 할 수 있다고 하였다.

② 추인으로 인해 무효행위의 유효요건이 보충되면서 새로운 법률행위로서 효력을 ~~발생시킬 필요가 없어졌기 때문이다.~~
↳ 무효행위를 추인하면 새로운 법률행위로서 효력이 인정됨.

해설 5문단에서 무효행위를 추인한다는 것은 무효가 된 법률행위가 갖추지 못했던 효력요건을 추후에 보충하여 새로운 법률행위로서의 효력을 인정하는 것이라고 했으므로 새로운 법률행위로서 효력을 발생시킬 필요가 없어졌기 때문이라는 추론은 적절하지 않다.

④ ~~무효인 법률행위가 성립한 때를 정확하게 증명할 수 없다면~~ 추인을 통해 유효하게 된 시점도 특정할 수 없기 때문이다.
↳ 성립요건이 충족했다면 법률행위가 성립한 때를 증명할 수 있음.

해설 2문단에서 법률행위는 성립하였지만, 효력요건이 불충분하여 그 법률행위가 성립한 당시부터 그 효력이 발생하지 않는 경우 무효가 된다고 하였고, 처음부터 효력이 없는 것이 된다고 하였다. ㉮에서는 추인하면 추인한 때부터 새로운 법률행위를 한 것으로 본다고 하였으므로 '무효인 법률행위가 성립한 때'는 ㉮의 이유와 관련이 없다.

⑤ 무효인 법률행위는 원칙적으로 추인할 수 없도록 법률상으로 정해 놓은 것이어서 ~~추인을 통해 유효한 것이 될 수는 없기 때문이다.~~
↳ 무효인 법률행위도 추인을 통해 유효한 것이 될 수 있음.

해설 5문단에서 민법은 원칙적으로 무효행위의 추인을 인정하지 않지만, 무효 원인이 소멸한 상태이고 당사자가 기존 법률행위가 무효임을 알고 추인한 경우에 한해서는 추인을 인정하고 있다고 하였다. 따라서 추인을 통해 유효한 것이 될 수 없다는 내용은 사실과 어긋나기에 적절하지 않다.

05~09 2021년 11월 고1 전국연합학력평가 본문 56~57쪽

05 ④ 06 ⑤ 07 ② 08 ⑤ 09 ③

문단별 핵심어 ★ 중심 문장

• **손해보험**

1 손해보험은 계약에서 정한 보험 사고가 발생했을 때 보험가입자 측에게 생긴 재산상의 손해를 보상하는 보험이다. 교통사고, 화재, 도난 등으로 생기는 피해에 대비하기 위해 가입하는 손해보험은 오늘날 우리 생활과 가까운 곳에 있다.

손해보험의 개념 / 손해보험의 가입 목적

2 보험 사고가 발생할 때에 보험금을 받을 자를 피보험자, 보험금을 지급할 의무를 지는 자를 보험자라 한다. 손해보험의 피보험자는 보험의 목적에 피보험이익을 가져야 한다. 이때 보험의 목적이란 보험 사고의 대상을 말한다. 손해보험 계약은 손해 보상을 목적으로 하는데, 손해의 전제로서 피보험자는 보험의 목적에 경제상의 이익을 가져야 하고, 이를 피보험이익이라 한다. 「시가 100원의 주택을 소유한 사람은 화재로 주택이 전소하면 100원을 잃는데, 이렇게 보험 사고 발생으로 잃어버릴 염려가 있는 이익이 피보험이익이다.」 피보험이익이 없는 자에게 보험금 청구권을 인정하면, 보험계약이 도박처럼 될 수 있고 고의로 보험 사고를 유발하는 보험 범죄의 가능성도 생길 수 있다.

보험금을 수령하는 자 / 보험금을 지급하는 자 / 「 」: 피보험이익의 예시 / 피보험이익의 개념

3 피보험이익으로 인정되려면 몇 가지 요건이 필요하다. 우선 객관적으로 금전으로 산정할 수 있는 경제적 가치를 가져야 한다. 따라서 개인적, 정신적, 도덕적 이익은 피보험이익이 될 수 없다. 예컨대 소중히 간직한 자신의 일기장을 5억 원의 손해보험에 가입하는 것은 허용되지 않는다. 그리고 적법한 이익이어야 하며, 계약 체결 당시 그 가치가 객관적으로 확정되어 있거나 적어도 보험 사고가 발생할 때까지는 확정되어야 한다.

피보험이익의 인정 요건 1 / 피보험이익의 인정 요건 2 / 피보험이익의 인정 요건 3

4 손해보험은 실손보상원칙을 기본 원칙으로 삼는다. 실손보상원칙이란 실제 발생한 손해만을 보상하고 그 이상은 보상하지 않는다는 것을 뜻한다. 따라서 손해보험을 통해 피보험자가 재산상 이익을 얻는 것은 허용되지 않는데, 이를 이득금지의 원칙이라고 한다. 실손보상원칙은 손해보험 계약의 도박화를 막고 보험 범죄를 방지하는 역할을 한다.

실손보상원칙의 개념 / 이득금지의 원칙 / 실손보상원칙의 역할

[A] **5** 보험가액은 피보험이익의 객관적인 금전적 평가액으로, 보험자가 보험금의 형태로 부담하게 되는 보상책임의 법률상의 최고 한도액이다. 보험가액은 고정된 것이 아니며 경제상황 등에 따라 변동될 수 있는데, 이득금지의 원칙과 관련해 피보험자에게 이득이 생겼는가 여부를 판단하는 기준이 된다. 이와 달리 보험 사고 발생 시 보험자가 지급하기로 보험계약에서 실제 약정한 최고 한도액은 보험금액이라 한다. 보험금액은 당사자 간 약정에 의하여 일정한 금액으로 정해지며, 보험 기간 중에는 이를 변경하지 않는 것이 원칙이다. 보험금은 보험 사고가 발생할 때 실제로 보험자가 지급하는 금액이다. 보험 사고가 발생하였다고 해서 항상 보험금액만큼 지급되는 것은 아니므로 보험금액은 보험금의 최고 한도라는 의미만을 갖는다.

보험가액의 개념 / 보험금액의 개념 / 보험금의 개념

6 보험가액과 보험금액은 서로 일치하지 않을 수 있다. 보험금액이 보험가액을 현저하게 초과하는 경우를 초과보험이라 한다. 시가 100원 상당의 건물을 보험금액 200원으로 하여 가입한 화재보험이 그 예이다. 손해보험에서 보험가액을 초과하는 부분에는 피보험이익이 존재하지 않으므로 보험금액을 보험가액과의 비율에 따라 조정해야 한다. 위 사례에서 건물이 100% 손실을 입었다면 100원만을 지급한다는 의미이다. 보험계약 체결 당시엔 초과보험이 아니었으나 보험가액이 감소한 경우처럼, 당사자가 의도하지 않은 채 초과보험 계약을 한 경우는 단순한 초과보험이라 한다. 이런 경우 예외적으로 보험자는 보험금액의 감액을, 보험에 가입한 보험계약자는 보험자에 지급하는 금액인 보험료의 감액을 각각 청구할 수 있다. 그러나 보험계약자가 재산상 이익을 얻을 목적으로 초과보험을 체결한 경우는 사기에 의한 초과보험이라 하여 그 계약 전부를 무효로 한다.

초과보험의 개념 / 단순한 초과보험 → 보험금액과 보험료의 감액 청구 가능 / 사기에 의한 초과보험 → 계약 전부를 무효화

7 「한 명의 피보험자가 동일한 피보험이익과 동일한 보험 사고에 관하여 여러 보험자와 계약을 체결한 경우에 그 보험금액의 합계가 보험가액을 초과하는 경우」를 중복보험이라 한다. 이때 각각의 보험은 보험의 목적이 서로 같아야 하고, 보험 기간도 공통이어야 한다. 중복보험은 초과보험과 유사하게 보험계약자가 중복보험을 의도한 경우와 그렇지 않은 경우를 구분하고 있다. 사기에 의한 중복보험은 그 계약 전부를 무효로 한다. 단순한 중복보험의 경우, 각 보험자가 보험금액의 비율에 따라 연대 책임을 지지만 그 보상액은 각각의 보험금액으로 제한된다. 예를 들어 「보험가액 100원인 건물에 대하여 각기 다른 세 보험자와 보험금액을 각각 100원, 60원, 40원으로 하여 화재보험 계약을 한 경우, 각 보험자는 보험 사고가 발생할 때 가입 당시 보험금액의 한도 내에서 연대 책임을 진다. 만약 100% 손실을 입으면 피보험자가 100원의 보상을 받을 수 있도록 각 보험자는 보험금액의 비율에 따라 50원, 30원, 20원을 보험금으로 지급하게 된다.」

「 」: 중복보험의 개념 / 중복보험의 성립 요건 / 단순 중복보험의 보험금액 산정 원리 / 「 」: 단순 중복보험의 보험금액 산정 예시

지식을 쌓는 **배경지식**

손해보험과 생명보험

① 손해보험의 의미와 특징

- 피보험자의 재산상의 손실을 보장해 주는 보험으로 사고 발생의 여부와 발생 시간, 발생 규모가 모두 불확정함.

② 생명보험의 의미와 특징

- 사람의 생명이나 건강과 관련하여 우발적으로 발생할 수 있는 사고에 대해 금전적으로 보상해 주는 보험
- 조기에 생명을 잃거나 경제적 능력을 상실한 경우 야기되는 경제적 문제를 보상해 주는 사망보험과 장수에 따른 경제 비용을 보상해 주는 생존보험으로 구분할 수 있음.

지문 분석하기

|지문 구조|

1 손해보험의 개념

↓

2 손해보험의 지급 원칙

↓

3 피보험이익의 인정 요건

↓

4 손해보험의 실손보상원칙

↓

5 보험가액, 보험금액, 보험금의 정의

↓

6 초과보험의 개념과 예시 + **7** 중복보험의 개념과 예시

|주제| 손해보험의 개념과 특징

한컷 정리하기

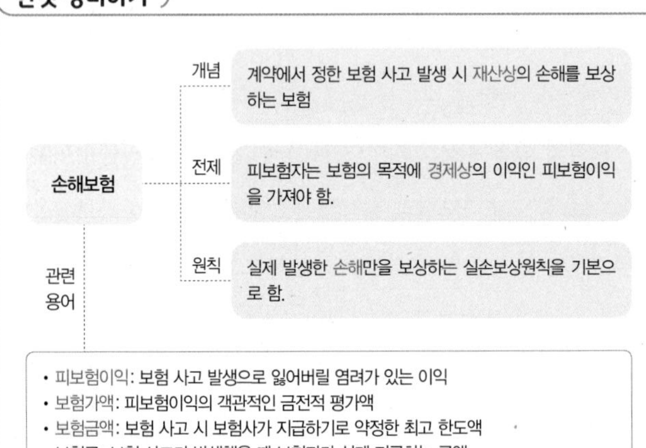

- 초과보험: 보험금액이 보험가액을 초과하는 경우
- 중복보험: 한 명의 피보험자가 동일한 피보험이익과 동일한 보험 사고에 관하여 여러 보험자와 계약을 체결한 경우에 그 보험금액의 합계가 보험가액을 초과하는 경우

05 세부 정보의 파악 정답 ④

선택률	① 3%	② 2%	③ 4%	④ 80%	⑤ 11%

다음은 윗글을 읽은 후 메모한 내용의 일부이다. ㉠에 들어갈 수 있는 내용으로 적절하지 않은 것은?

> ◦ 글을 선택한 이유: 광고를 접하면서 손해보험에 관심이 생겨서.
> ◦ 글을 통해 알게 된 내용: [㉠].
> ◦ 더 알고 싶은 것: 손해보험이 아닌 보험에는 어떤 것이 있을까?

정답 풀이

④ 손해보험 계약이 보험 사고에 따른 보상이 이루어진 뒤에도 계속 효력이 유지되는지

해설 이 글은 손해보험과 관련하여 다양한 정보를 제공하고 있지만, 보험 사고에 따른 보상이 이루어진 뒤에도 그 효력이 계속 유지되는지에 관해서는 언급하고 있지 않다.

오답 풀이

① 손해보험 계약이 초과보험인 경우는 어떤 때인지

해설 6문단에서 보험금액이 보험가액을 현저하게 초과하는 경우를 초과보험이라 정의하고, 시가 100원 상당의 건물을 보험금액 200원으로 하여 가입한 화재보험을 예로 들었다.

② 손해보험 계약에서 실손보상원칙이 어떤 역할을 하는지

해설 4문단에 따르면, 손해보험 계약에서 실손보상원칙이란 실제 발생한 손해만을 보상하고 그 이상은 보상하지 않는다는 것을 뜻한다. 이는 손해보험 계약의 도박화를 막고 보험 범죄를 방지하는 역할을 한다고 설명하였다.

③ 손해보험 계약에서 보험자, 피보험자란 각각 무엇을 의미하는지

해설 2문단에서 보험 사고가 발생할 때에 보험금을 받을 자를 피보험자, 보험금을 지급할 의무를 지는 자를 보험자라 한다고 하였다.

⑤ 손해보험 계약에서 정신적, 도덕적 이익이 피보험이익이 될 수 없는 이유는 무엇인지

해설 3문단에서 개인적, 정신적, 도덕적 이익의 경제적 가치는 객관적으로 금전으로 산정할 수 없으므로 피보험이익이 될 수 없다고 하였다.

06 핵심 정보의 파악 정답 ⑤

선택률	① 19%	② 12%	③ 23%	④ 11%	⑤ 36%

[피보험이익]에 대한 설명으로 적절하지 않은 것은?

정답 풀이

⑤ ~~보험계약 체결 당시 그 가치가 확정되어 있어야만~~ 피보험이익으로 인정될 수 있다.

해설 3문단에 따르면, 계약 체결 당시 그 가치가 객관적으로 확정되어 있거나 적어도 보험 사고가 발생할 때까지는 확정되어야 한다. 따라서 보험계약 체결 당시 그 가치가 확정되어 있지 않았더라도 보험 사고 발생 이전에 확정된 경우는 피보험이익으로 인정될 수 있다. 선택지는 보험계약 체결 당시 그 가치가 확정되어 있지 않으면 피보험이익으로 인정되지 않는다는 뜻이므로 적절하지 않다.

선택지 속 함정

선택지의 적절성을 판단할 때는 의미를 한정하는 조사를 주의해야 해. 지문에서는 피보험이익으로 인정되는 요건을 설명하면서 보험계약 체결 당시 그 가치가 확정되어 있는 경우와, 보험 사고 발생 전까지 그 가치가 확정되어 있는 경우

를 모두 인정한다고 설명했어. 하지만 선택지에서는 보험계약 체결 당시 그 가치가 확정되어 있어야만 피보험이익으로 인정될 수 있다며, 두 가지 경우 중 한 가지 경우만 가능한 것으로 한정하고 있어. 만약 주어진 선택지가 '보험계약 체결 당시 그 가치가 확정되어 있으면 피보험이익으로 인정될 수 있다.' 또는 '보험 사고 발생 이전 그 가치가 확정되어 있으면 피보험이익으로 인정될 수 있다.'와 같이 주어졌다면 이는 지문의 내용에 맞는 적절한 선택지가 될 수 있어.

오답 풀이

① **보험가액을 초과하는 피보험이익은 존재하지 않는다.**

해설 5문단에서 보험가액은 피보험이익의 객관적인 금전적 평가액이며, 4문단에서 손해보험은 피보험자가 재산상 이익을 얻는 것을 허용하지 않는 이득 금지의 원칙을 따른다고 하였다. 따라서 보험가액을 초과하는 피보험이익은 존재할 수 없다.

② **보험의 목적에 피보험이익이 없으면 피보험자가 될 수 없다.**

해설 2문단에서 손해보험의 피보험자는 보험의 목적에 피보험이익을 가져야 한다고 설명하고 있다.

③ **피보험이익이 서로 다른 손해보험 계약은 중복보험으로 볼 수 없다.**

해설 7문단에서 한 명의 피보험자가 동일한 피보험이익과 동일한 보험 사고에 관하여 여러 보험자와 계약을 체결한 경우에 그 보험금액의 합계가 보험가액을 초과하는 경우를 중복보험이라 한다고 하였다. 따라서 피보험이익이 서로 다르다면 이것은 중복보험으로 볼 수 없다.

④ **피보험이익은 피보험자가 보험 사고의 대상에 갖는 경제상의 이익이다.**

해설 2문단에서 손해보험 계약은 손해 보상을 목적으로 하는데, 손해의 전제로서 피보험자는 보험의 목적에 경제상의 이익을 가져야 하고, 이를 피보험이익이라 한다고 설명하고 있다.

07 세부 정보의 파악 정답 ②

선택률	① 13%	② 70%	③ 6%	④ 6%	⑤ 5%

[A]에 대한 이해로 적절하지 않은 것은?

정답 풀이

② **보험금액은 변동될 수 있으나 보험 기간 중 보험가액은 바뀌지 않는 것이 원칙이다.**
↳ 보험가액은 ↳ 보험금액은

해설 5문단에 따르면, 보험가액은 피보험이익의 객관적인 금전적 평가액으로, 보험자가 보험금의 형태로 부담하게 되는 보상책임의 법률상의 최고 한도액이며 변동될 수 있다. 이와는 달리 보험 사고 발생 시 보험자가 지급하기로 보험계약에서 실제 약정한 최고 한도액을 보험금액이라 한다. 보험금액은 당사자 간 약정에 의하여 일정한 금액으로 정해지며, 보험 기간 중에는 이를 변경하지 않는 것이 원칙이다. 따라서 보험금액은 변동될 수 없고, 보험가액은 변동될 수 있다.

오답 풀이

① **보험금은 보험가액을 초과할 수 없고 보험금액을 초과할 수도 없다.**

해설 5문단에 따르면, 보험금은 보험 사고가 발생할 때 실제로 보험자가 지급하는 금액이다. 보험가액은 보상책임의 법률상의 최고 한도액이고 보험금액은 보험금의 최고 한도라는 의미를 가지므로, 보험금은 이 둘을 초과할 수 없다.

③ **보험가액은 보험금의 액수가 이득금지의 원칙에 위배되는지 여부를 판단하는 기준이 된다.**

해설 5문단에 따르면, 보험가액은 피보험이익의 객관적인 금전적 평가액으로 이득금지의 원칙과 관련해 피보험자에게 이득이 생겼는가 여부를 판단하는 기준이 된다.

④ **보험가액은 객관적인 금전적 가치 평가에 의해, 보험금액은 계약 당사자 사이의 약정에 의해 정해진다.**

해설 5문단에 따르면, 보험가액은 피보험이익의 객관적인 금전적 평가액이고, 보험금액은 당사자 간 약정에 의하여 일정한 금액으로 정해진다.

⑤ **보험자가 일정한 보험금액을 약정했더라도 보험 사고 발생 시 항상 보험금액만큼 지급하는 것은 아니다.**

해설 5문단에서 보험금은 보험 사고가 발생했을 때 실제로 보험자가 지급하는 금액인데, 보험 사고가 발생하였다고 해서 항상 보험금액만큼 지급하는 것은 아니며 보험금액은 보험금의 최고 한도라는 의미만을 갖는다고 하였다. 따라서 보험자가 보험 계약 당시 일정한 보험금액을 약정했더라도 보험 사고 발생 시 항상 보험금액 전액을 지급하는 것은 아니다.

※ 〈보기〉는 윗글과 관련된 상황이다. 08번과 09번 물음에 답하시오.

보기

갑은 2년 전 시가 1,000만 원의 건물 X를 소유하고 있었는데 당시 ㉮X에 대하여 보험사 A와 보험금액을 600만 원으로 하는 화재보험에 가입하고, ㉯같은 건물에 대하여 보험사 B와 보험금액 400만 원의 화재보험에 가입했다. 그런데 그 뒤 X의 시세가 하락해 현재 평가액은 800만 원이다. 갑이 가입한 손해보험의 보험금액과 보험료는 모두 가입 당시와 달라지지 않았다.
(단, 갑이 가입한 손해보험은 피보험자가 모두 갑 본인이다. 모두 계약일이 같으며 보험 기간은 5년이다.)

08 비판적 반응의 적절성 평가 정답 ⑤

선택률	① 8%	② 10%	③ 10%	④ 21%	⑤ 51%

윗글을 읽은 학생이 〈보기〉의 ㉮와 ㉯에 대해 보인 반응으로 적절하지 않은 것은? [3점]

정답 풀이

⑤ **갑이 ㉮에 가입하지 않았다고 가정하면, ㉯의 보험자는 보험가액의 변동을 근거로 보험금액의 감액을 청구할 수 있었겠군.**
↳ 없음.

해설 보험금액이 보험가액을 현저하게 초과하는 경우를 초과보험이라 한다. 위 보험은 계약 당시에는 건물의 시세와 ㉮, ㉯의 총 보험금액이 같았으나, 건물의 시세 하락으로 인해 평가액보다 ㉮, ㉯의 총 보험금액이 많아졌다. 이 경우는 당사자가 의도하지 않은 '단순한 초과보험'에 해당하므로 보험자는 보험금액의 감액을 청구할 수 있다. 하지만 갑이 ㉮에 가입하지 않았을 경우 ㉯의 보험금액은 400만 원이고, 건물의 보험가액 변동 이후 평가액은 800만 원이므로, 초과보험에 해당하지 않는다. 따라서 ㉯의 보험자는 보험금액 감액을 청구할 수 없다.

오답 풀이

① **㉮와 ㉯는 보험의 목적과 보험 사고가 동일하고, 보험자는 서로 다른 손해보험이겠군.**
중복 보험에 해당함.

해설 ㉮와 ㉯는 동일한 건물에 대하여 갑이 가입한 2개의 보험이다. 따라서 보험의 목적과 보험 사고는 동일하다. 또한, ㉮와 ㉯ 각각 갑이 보험사 A와 보험사 B에 가입한 것이므로 보험자는 서로 다르다.

② **㉮와 ㉯의 보험금액의 합계는 가입 당시와 달리 현재는 보험가액과 일치하지 않겠군.**

해설 ㉮와 ㉯ 보험금액의 합계는 1,000만 원이고, 가입 당시 건물의 시세 또한 1,000만 원이었으므로, '피보험이익의 객관적인 금전적 평가액'을 뜻하는 보험가액과 일치했다. 하지만 현재는 건물의 평가액이 800만 원으로 하락하면서 ㉮와 ㉯의 보험금액의 합계가 보험가액보다 커졌다.

③ **보험계약 후 건물 시세가 하락하였지만 ㉮와 ㉯ 중 어느 것도 계약 전부가**

무효로 되지 않겠군.

해설 보험계약자가 재산상 이익을 얻을 목적으로 초과보험을 체결한 경우는 사기에 의한 초과보험이라 하여 그 계약 전부를 무효로 하지만, 보험 계약 후 건물의 시세가 하락한 경우는 당사자가 의도하지 않은 초과보험에 해당하므로 계약 전부가 무효로 될 순 없다.

④ **계약에서 정한 보험 사고가 발생하기 전이라면, ㉮와 ㉯의 피보험자인 갑은 A와 B로부터 보상을 받을 수 없겠군.**

해설 손해보험은 계약에서 정한 보험 사고가 발생했을 때 보험가입자 측에게 생긴 재산상의 손해를 보상하는 보험이다. 따라서 계약에서 정한 보험 사고가 발생하지 않았다면 갑은 당연히 보상을 받을 수 없다.

09 구체적 상황에 적용

정답 ③

선택률	① 11%	② 6%	③ 48%	④ 30%	⑤ 5%

다음은 〈보기〉와 관련한 보험 사고 상황이다. 윗글을 참고할 때 ⓐ~ⓒ에 들어갈 금액을 바르게 짝지은 것은?

> 건물 X에 화재가 일어나 50%의 손실이 발생하였다. 이에 갑은 보험사 A와 B에 보험금을 청구하였다. A는 보험계약에서 실제 약정한 (ⓐ)의 한도 내에서 책임을 질 의무가 있다. 그런데 다른 보험사와 연대 책임을 질 의무가 있는 A는 각 보험사의 보험금액의 비율에 따라 갑에게 (ⓑ)을 보험금으로 지급하였다. 역시 연대 책임을 질 의무가 있는 B는 (ⓒ)을 갑에게 보험금으로 지급하였다. 단, X의 평가액은 현재 기준으로 산정되었다.
>
> (50%의 손실: 현시세 800만 원의 50%인 400만 원이 손실액이 됨.)
> (연대 책임: 중복보험일 경우에만 적용할 수 있음.)

정답 풀이

③ **ⓐ: 600만 원, ⓑ: 240만 원, ⓒ: 160만 원**

해설 현재 건물 X의 평가액은 800만 원이다. 그런데 화재가 발생하여 50%의 손실이 발생했다면 갑은 400만 원의 손실을 청구할 수 있다. A는 보험 계약 당시 약정한 보험금액이 600만 원이므로, 이 한도 내에서 책임을 질 의무가 있다. 따라서 ⓐ에 들어갈 금액은 600만 원이다. 하지만 갑은 하나의 건물 X에 대하여 A와 B에게 보험 계약을 체결하였으므로 A와 B는 연대 책임을 주장할 수 있다. A와 B의 보험금액은 각각 600만 원과 400만 원으로 6 : 4의 비율이다. 갑의 손실액 400만 원을 6 : 4의 비율로 나누면 ⓑ에는 240만 원이, ⓒ에는 160만 원이 들어가는 것이 적절하다.

오답 풀이

① **ⓐ: ~~300만 원~~ (→ 600만 원), ⓑ: 240만 원, ⓒ: 160만 원**

해설 A는 보험 체결 당시 약정한 금액인 600만 원의 한도 내에서 보상할 의무가 있으므로 ⓐ에 300만 원이 들어가는 것은 적절하지 않다.

② **ⓐ: ~~300만 원~~ (→ 600만 원), ⓑ: ~~480만 원~~ (→ 240만 원), ⓒ: ~~320만 원~~ (→ 160만 원)**

해설 손해보험에서는 실손보상원칙을 기준으로 보험금을 지급한다. 따라서 기준이 되는 손실금액은 계약 당시의 약정 금액인 600만 원이 아니라 현대 건물의 평가액인 800만 원에서 50%만큼의 손실을 적용한 400만 원이다. ⓑ와 ⓒ는 이를 보험사 A와 B가 6 : 4의 비율로 연대 책임을 진 금액이 들어가야 한다.

④ **ⓐ: 600만 원, ⓑ: ~~480만 원~~ (→ 240만 원), ⓒ: ~~320만 원~~ (→ 160만 원)**

해설 ⓐ를 600만 원으로 책정한 것은 적절하지만, ⓑ와 ⓒ를 실제 손실액(현시세 800만 원의 50%인 400만 원) 기준으로 산정하지 않았으므로 적절하지 않다.

⑤ **ⓐ: ~~800만 원~~ (→ 600만 원), ⓑ: ~~480만 원~~ (→ 240만 원), ⓒ: ~~320만 원~~ (→ 160만 원)**

해설 800만 원은 갑이 소유한 건물 X의 현재 평가액인데, 보험계약은 계약 당시의 약정 금액을 기준으로 보험자가 책임을 질 의무를 갖는다. 보험사 A는 갑과 보험금액을 600만 원으로 하는 계약을 체결했으므로 ⓐ를 800만 원이라고 하는 것은 적절하지 않다. ⓑ와 ⓒ 역시 연대 책임 비율인 6 : 4를 기준으로 산정하는 것이 적절하다.

DAY 12 사회

법률행위와 제도 2

01~04 2021년 9월 고1 전국연합학력평가

본문 58~59쪽

01 ② **02** ② **03** ③ **04** ④

◯ 문단별 핵심어 ★ 중심 문장

• 의사무능력자의 법률행위

1 의사능력이란 '자기의 행위의 의미나 결과를 합리적으로 예견할 수 있는 정신적인 능력 내지 지능'(의사능력의 개념)을 의미한다. 사람이 자신의 법률 행위에 의하여 권리를 취득하거나 의무를 부담할 수 있으려면 의사 능력이 있어야 한다. 따라서 의사능력이 없는 의사무능력자의 법률 행위는 무효, 즉 법률행위의 효력이 처음부터 발생하지 않은 것으로 본다.

2 하지만 의사무능력자가 자기에게 불리한 법률행위를 무효화하려면 법률행위 당시 자신에게 의사능력이 없었다는 점을 증명하여(법률행위를 무효화하기 위한 증명)야 하는데, 이를 증명하는 것이 쉽지 않다(민법에서 제한능력자를 규정하는 이유). 이에 민법에서는 의사무능력자 여부, 즉 의사능력의 유무와 관계없이 나이나 법원의 결정이라는 일정하고 객관적인 기준에 따라 제한능력자를 규정하고 있다. 「구체적으로 만 19세 미만의 미성년자, 그리고 가정법원으로부터 심판을 받은 피성년후견인*과 피한정후견인* 등이 제한능력자에 해당」(구체적인 제한능력자 대상)되는데, 이들은 독자적으로 완전하고 유효한 법률 행위를 할 수 있는(행위능력자의 특징) 행위능력자와 구분되며, 자신의 의사무능력을 증명할 필요가 없다. 제한능력자는 단독으로 재산상의 법률행위를 한 경우 10년 내에 취소권을 행사할 수 있는데, 이를 제한능력자제도라고 한다. 「이때 제한능력자의 법률행위의 취소 여부는 제한능력자 측, 즉 제한능력자 본인이나 그의 법정대리인의 의사에 따라서만 결정된다.」(취소 여부를 결정할 수 있는 대상) 제한능력자 측에서 취소권을 행사할 경우 법률행위는 처음부터 무효인 것으로 보지만, 행위를 취소하지 않을 경우에는 그 법률 행위에 대해서는 그대로 효력이 유지된다.

3 미성년자는 주민등록증과 가족관계등록부를 통해, 피성년후견인과 피한정후견인은 후견등기부를 통해 확인할 수 있다(제한능력자에 해당하는지 확인하는 방법). 하지만 제한능력자의 계약 상대방이 이를 항상 확인하지는 않으므로 계약을 한 후 자신이 계약을 한 상대방이 제한능력자라는 사실을 뒤늦게 알게 되는 경우(이로 인해 계약 상대방이 불이익을 당할 수 있음.)가 있다. 제한능력자 측은 자신의 법률행위에 대해 10년 내에 취소할 수 있는 취소권을 갖기 때문에 제한능력자의 계약 상대방은 불이익을 당할 수도 있다. 이에 민법은 제한능력자를 보호함으로써 불이익을 당하게 되는 상대방을 위해(제도 운영의 목적 대상) '상대방의 확답촉구권', '상대방의 철회권·거절권', '제한능력자의 속임수'와(제한능력자와 계약한 상대방을 보호하기 위한 제도) 같은 제도를 운영하고 있다.

4 먼저 ⓐ상대방의 확답촉구권은 제한능력자의 계약 상대방이 1개월 이상의 기간을 정해 계약 취소 여부에 대한 확답을 요구할 수 있는 권리이다. 이때 확답촉구는 제한능력자에게는 할 수 없으며, 제한능력자의 법정대리인이나 제한능력자가 행위능력자가 된 경우(확답을 요구할 수 있는 대상)에만 요구할 수 있다. 특별한 절차가 필요한 행위를 제외하고 확답촉구를 받은 사람(법정대리인 또는 행위능력자가 된 제한능력자)은 상대방이 설정한 유효기간 내에 취소 여부에 대한 확답을 해야 하며, 유효기간 내에 확답을 하지 않으면 제한능력자와 계약한 법률행위는 취소할 수 없는 것으로 확정된다.

5 상대방의 철회권·거절권은 제한능력자의 계약 상대방이 법률행위의 효력 발생을 원하지 않는 경우 제한능력자 측에게 행사할 수 있는 권리이다. ⓑ상대방의 철회권은 제한능력자의 계약 상대방이 계약 당시 제한능력자와 계약한 사실을 알지 못했을 때 계약을 철회할 수 있는 권리이고, ⓒ상대방의 거절권은 제한능력자의 계약 상대방이 계약 당시 제한능력자와 계약한 사실을 인지했는지의 여부와 상관없이 제한능력자가 단독행위*를 한 경우에 상대방이 거절할 수 있는 권리이다. 다만 위의 철회권·거절권은 제한능력자 측에서 해당 법률행위에 대해 취소권을 행사하지 않겠다는 의사를 표시하기 전까지만 권리가 인정된다(취소권을 행사했다면 철회권과 거절권을 행사할 수 있는 행위가 존재하지 않기 때문에).

6 제한능력자의 속임수는 제한능력자가 속임수를 써서 자신을 행위능력자로 믿게 한 경우(제한능력자의 취소권을 박탈하는 경우 1)나 미성년자나 피한정후견인이 속임수를 써서 법정대리인의 동의가 있는 것으로 믿게 한 경우(제한능력자의 취소권을 박탈하는 경우 2)에는 제한능력자의 취소권을 박탈하는 것이다. 예를 들어 「미성년자인 갑이 자신이 성년인 것처럼 신분증을 위조하는 등의 적극적인 사기수단을 써서 을과 계약을 하는 법률행위를 했다면 갑의 취소권이 배제됨은 물론이고 갑의 법정대리인의 취소권까지 배제되는 것이다.」(취소권이 배제되는 사례)

7 이처럼 민법에서는 제한능력자제도를 통해 제한능력자가 행한 재산상의 법률행위를 일정한 요건 하에 취소할 수 있게 하여 제한능력자를 보호하고 있다. 또한 제한능력자의 법률행위로 인해 불이익을 당할 수 있는 상대방을 보호하는 제도 역시 규정함으로써 제한능력자의 계약 상대방이 입을 수 있는 손해를 최소화하고 있다.

* **피성년후견인**: 정신적 제약으로 사무를 처리할 능력이 지속적으로 결여되어 가정법원의 심판에 의해 단독으로 유효하게 법률행위를 할 수 없는 자.

* **피한정후견인**: 정신적 제약으로 사무를 처리할 능력이 부족하여 가정법원의 심판에 의해 행위능력이 부분적으로 제한된 자.

* **단독행위**: 일방적인 의사표시에 의하여 법률효과를 발생하게 하는 법률행위.

지문 분석하기

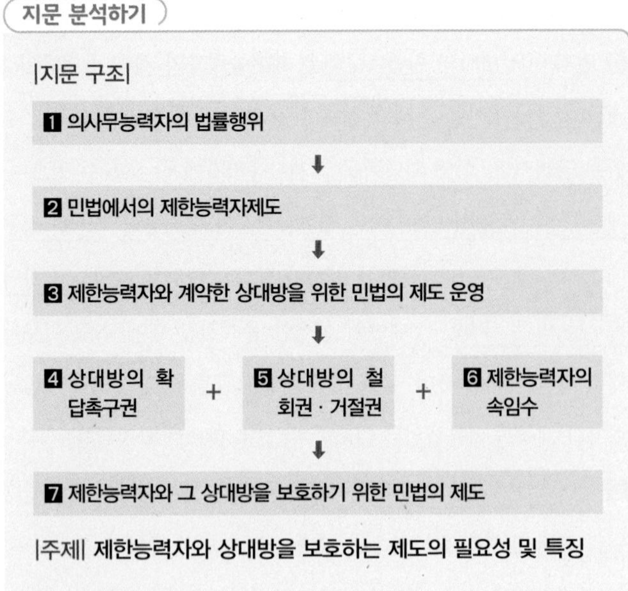

한컷 정리하기

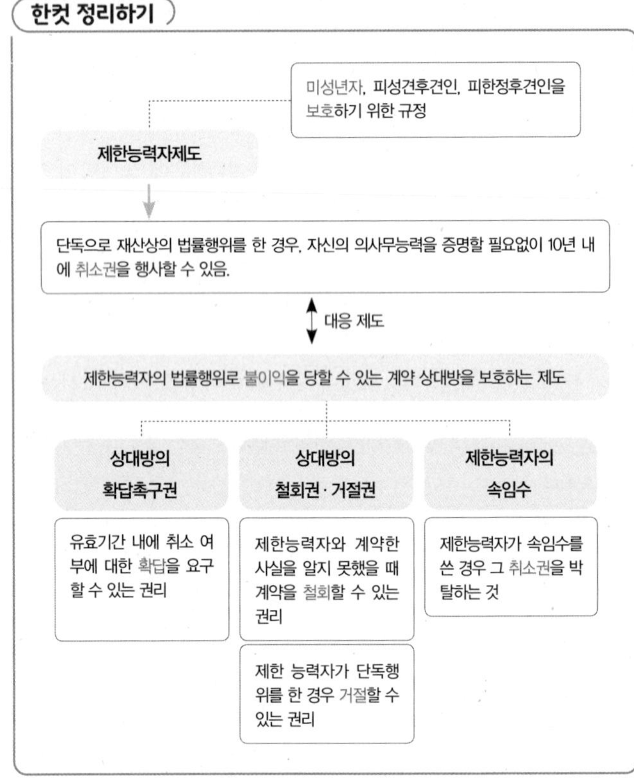

01 글의 전개 방식 파악

정답 ②

선택률	① 2%	② 85%	③ 6%	④ 4%	⑤ 3%

윗글에 대한 설명으로 가장 적절한 것은?

정답 풀이

② 특정 제도의 필요성을 제시하고 제도의 특징을 설명하고 있다.
제한능력자제도

해설 2문단에서 '의사무능력자가 자기에게 불리한 법률행위를 무효화하려면 법률행위 당시 자신에게 의사능력이 없었다는 점을 증명하여야 하는데, 이를 증명하는 것이 쉽지 않다.'라고 서술한 후, 법률행위의 취소권을 행사할 수 있는 '제한능력자제도'를 소개하여 특정 제도의 필요성을 제시하였다. 그리고 그 이후에 제한능력자제도와 관련된 특징을 설명하고 있다.

오답 풀이

① 특정 제도가 ~~발전한 과정을 제시한 뒤 전망을 예측하고~~ 있다.

해설 제한능력자제도라는 특정 제도가 발전한 과정이나 전망을 예측하는 내용은 찾을 수 없다.

③ 특정 제도가 ~~변화된 원인을 분석하고~~ 제도의 의의를 평가하고 있다.

해설 제한능력자제도의 의의를 평가하는 것은 마지막 문단에 제시되어 있으나 이 제도가 변화된 원인을 분석하고 있지는 않다.

④ 특정 제도를 바라보는 ~~상반된 입장을 제시하고 절충안을 모색하고~~ 있다.

해설 제한능력자제도를 바라보는 상반된 입장은 제시되어 있지 않으며, 절충안을 모색하고 있지도 않다.

⑤ 특정 제도의 ~~영향력을 분석한 뒤 사회적 인식의 변화 양상을 서술하고~~ 있다.

해설 제한능력자제도의 영향력을 분석한 부분은 찾기 어려우며, 사회적 인식의 변화 양상 또한 서술되어 있지 않다.

02 세부 정보의 파악

정답 ②

선택률	① 8%	② 69%	③ 5%	④ 7%	⑤ 11%

윗글을 통해 알 수 있는 내용으로 적절하지 <u>않은</u> 것은?

정답 풀이

② 의사능력이 있는 제한능력자의 경우 재산상의 법률행위를 법에 의해 보호 ~~받을 수 없다~~.
↳ 보호받을 수 있다

해설 2문단에서 민법에서는 의사능력의 유무와 관계없이 나이나 법원의 결정이라는 일정하고 객관적인 기준에 따라 제한능력자를 규정하고 있으며, 제한능력자는 제한능력자제도에 따라 법률행위에 대한 취소권을 행사할 수 있다고 하였다. 이때 취소권을 행사할 경우 법률행위는 무효가 되므로 법에 의해 보호를 받는다고 볼 수 있다. 따라서 의사능력의 유무와 관계 없이 제한능력자를 규정하고 있으므로 의사능력이 있는 제한능력자라고 하더라도 재산상의 법률행위를 법에 의해 보호받을 수 있다.

오답 풀이

① 미성년자의 경우 따로 법원의 결정을 받지 않아도 제한능력자로 규정한다.

해설 2문단에서 '구체적으로 만 19세 미만의 미성년자, 그리고 가정법원으로부터 심판을 받은 피성년후견인과 피한정후견인' 등이 제한능력자에 해당된다고 하였다. 따라서 미성년자의 경우 민법에 규정되어 있는 제한능력자에 해당하므로 따로 법원의 결정을 받지 않아도 제한능력자로 규정한다고 볼 수 있다.

③ 가족관계등록부나 후견등기부를 통해 계약을 한 상대방이 제한능력자임을 확인할 수 있다.

해설 3문단에서 미성년자는 주민등록증과 가족관계등록부를 통해, 피성년후견인과 피한정후견인은 후견등기부를 통해 확인할 수 있다고 하였다. 따라서 미성년자와 피성년후견인, 피한정후견인은 가족관계등록부나 후견등기부를 통해 상대방이 제한능력자임을 확인할 수 있다.

10년 내

④ 제한능력자는 일정 기간 내에 취소권을 행사하여 자신의 재산상의 법률행위를 처음부터 무효로 만들 수 있다.

해설 2문단에서 제한능력자는 단독으로 재산상의 법률행위를 한 경우 10년 내에 취소권을 행사할 수 있으며, 제한능력자 측에서 취소권을 행사할 경우 법률행위는 처음부터 무효인 것으로 본다고 하였다. 이를 통해 '10년 내'라는 일정 기간 내에 취소권을 행사한다면 법률행위를 처음부터 무효인 것으로 만들 수 있다고 볼 수 있다.

⑤ 법원에서 제한능력자로 규정한 자는 재산상의 법률행위를 취소할 때마다 자신의 의사무능력을 증명할 필요가 없다.

해설 2문단에서 제한능력자는 독자적으로 완전하고 유효한 법률행위를 할 수 있는 행위능력자와 구분되며, 자신의 의사무능력을 증명할 필요가 없고, 제한능력자는 단독으로 재산상의 법률행위를 한 경우 10년 내에 취소권을 행사할 수 있다고 하였다. 이를 통해 법원에서 제한능력자로 규정했다면, 법률행위를 취소할 때 자신의 의사무능력을 증명하지 않더라도 재산상의 법률행위를 취소할 수 있는 취소권을 행사할 수 있다고 볼 수 있다.

03 핵심 정보의 파악

정답 ③

선택률	① 19%	② 11%	③ 57%	④ 10%	⑤ 3%

ⓐ~ⓒ에 대한 설명으로 적절하지 않은 것은?

= ⓐ: 상대방의 확답촉구권, ⓑ: 상대방의 철회권, ⓒ: 상대방의 거절권

정답 풀이

③ ⓐ와 ⓒ는 모두 제한능력자의 계약 상대방이 제한능력자에게 ~~직접 행사하~~여 자신의 권리를 보장받을 수 있다.

↳ ⓐ의 경우 직접 행사할 수 없음.

해설 4문단에서 ⓐ '상대방의 확답촉구권'은 제한능력자에게 행사할 수 없으며, 제한능력자의 법정대리인이나 제한능력자가 행위능력자가 된 경우에만 확답을 요구할 수 있다. 5문단에서 ⓒ '상대방의 거절권'은 제한능력자가 단독행위를 한 경우에 상대방이 거절할 수 있는 권리라고 하였다. 따라서 ⓒ의 경우는 제한능력자에게 직접 행사할 수 있으나 ⓐ의 경우는 제한능력자에게 직접 행사할 수 없으므로 적절하지 않다.

오답 풀이

① ⓑ는 제한능력자의 계약 상대방이 제한능력자와 제한능력자의 법정대리인 모두에게 행사할 수 있다.

해설 5문단에서 ⓑ'상대방의 철회권'은 제한능력자의 계약 상대방이 법률행위의 효력 발생을 원하지 않는 경우 제한능력자 측에게 행사할 수 있는 권리라고 하였다. 여기서 '제한능력자 측'은 제한능력자 본인과 그의 법정대리인을 지칭한다고 2문단에 서술되어 있으므로 적절한 설명이다.

선택지 속 함정

5문단에 제시된 '제한능력자 측'이라는 단어의 범위가 2문단에서 '제한능력자 본인'과 '제한능력자의 법정대리인'이라는 두 대상을 모두 찾아야 했기 때문에 어려웠을 것 같아. 선택지에 제시된 핵심 개념이 하나의 대상이 아니라 여럿을 지칭한다면 해당하는 범위를 정확하게 판단하는 것이 중요해. 선택지만 보고 임의로 판단하지 말고 지문의 내용과 대응시키면서 옳고 그름을 판단하는 습관을 기르자!

② ⓒ는 제한능력자의 계약 상대방이 법률행위의 효력 발생을 원하지 않는 경우에 사용한다.

해설 5문단에서 ⓒ '상대방의 거절권'은 제한능력자의 계약 상대방이 법률행위의 효력 발생을 원하지 않는 경우 제한능력자 측에게 행사할 수 있는 권리라고 하였으므로 적절한 설명이다.

④ ⓑ와 ⓒ는 모두 제한능력자 측이 취소권을 행사하지 않겠다는 의사를 표시하기 전까지만 행사할 수 있다.

해설 5문단에서 상대방의 철회권·거절권은 제한능력자 측에서 해당 법률행위에 대해 취소권을 행사하지 않겠다는 의사를 표시하기 전까지만 권리가 인정된다고 하였으므로 상대방의 철회권과 상대방의 거절권은 모두 제한능력자 측이 취소권을 행사하지 않겠다는 의사를 표시하기 전까지만 행사할 수 있다고 볼 수 있다.

⑤ ⓐ~ⓒ는 모두 제한능력자제도에 의해 받을 수 있는 불이익으로부터 제한능력자의 계약 상대방을 보호하기 위한 제도이다.

해설 3문단에서 제한능력자 측은 자신이 법률행위에 대해 10년 내에 취소할 수 있는 취소권을 갖기 때문에, 즉 제한능력자제도로 인해 제한능력자의 계약 상대방은 불이익을 당할 수도 있기 때문에 민법은 제한능력자를 보호함으로써 불이익을 당하게 되는 상대방을 위해 '상대방의 확답촉구권', '상대방의 철회권·거절권', '제한능력자의 속임수'와 같은 제도를 운영하고 있다고 하였다.

04 구체적 상황에 적용

정답 ④

선택률	① 6%	② 10%	③ 6%	④ 66%	⑤ 12%

윗글을 바탕으로 〈보기〉를 이해한 내용으로 가장 적절한 것은? [3점]

보기

17세인 A는 악기를 1,000만 원에 구입하였다. 이 사실을 1년 뒤에 알게 된 A의 법정대리인은 판매자가 법정대리인의 동의 여부를 확인하지 않고 악기를 판매한 것이므로, 판매자에게 계약 취소를 요구하였다. 판매자는 판매 당시 직원의 강요가 없었고 악기의 특성상 판매 후에는 반품 및 환불이 불가함을 설명하였기 때문에 판매 과정에 잘못이 없다며 계약 취소를 인정하지 않았다.

(17세인 A: 제한능력자(미성년자) / 1년 뒤: 제한능력자의 단독 행위라면 10년 내 취소권 행사 가능 / 계약 취소: 법률행위의 무효 요구)

정답 풀이

④ A가 법정대리인의 동의서를 위조하여 판매자를 믿게 하고 계약을 했다면 이 계약은 취소될 수 없겠군.

해설 6문단에서 제한능력자가 속임수를 써서 자신을 행위능력자로 믿게 한 경우나 미성년자나 피한정후견인이 속임수를 써서 법정대리인의 동의가 있는 것으로 믿게 한 경우에는 제한능력자의 취소권을 박탈할 수 있다고 하였다. 따라서 A가 동의서를 위조하여 판매자를 믿게 하고 계약을 했다면, 속임수를 쓴 것과 같으므로 제한능력자의 취소권이 박탈되어 계약이 취소될 수 없다.

오답 풀이

① A가 악기를 구입한 후 성년이 된 다음 날은 ~~계약 취소가 불가능하겠군.~~

↳ 계약 취소가 가능하겠군

해설 2문단에서 제한능력자는 단독으로 재산상의 법률행위를 한 경우 10년 내에 취소권을 행사할 수 있다고 하였다. A는 현재 17살이고, 악기를 구입한 후 성년이 된 다음 날은 10년 이내에 해당하기 때문에 계약 취소가 가능하다고 볼 수 있다.

② A는 법정대리인의 ~~동의를 얻어야~~ 악기 매매 계약을 취소할 수 있는 권리가 생기겠군.

↳ 동의를 얻지 않아도 됨.

해설 2문단에서 제한능력자의 법률행위의 취소 여부는 제한능력자 측, 즉 제한능력자 본인이나 그의 법정대리인의 의사에 따라서만 결정된다고 하였다. 따라서 제한능력자 본인인 A는 법정대리인의 동의를 얻지 않더라도 매매 계약을 취소할 수 있는 권리가 있다고 볼 수 있다.

③ A의 법정대리인이 A의 악기 구매 사실을 1년 뒤에 알았기 때문에 이 계약은 ~~취소될 수 없겠군.~~

↳ 취소될 수 있겠군

해설 2문단에서 제한능력자는 단독으로 재산상의 법률행위를 한 경우 10년 내에 취소권을 행사할 수 있다고 하였으므로 A의 법정대리인이 A의 악기 구매 사실을 1년 뒤에 알았다고 하더라도 계약의 취소는 가능하다고 볼 수 있다.

⑤ 판매자가 계약 취소를 ~~인정하지 않았기 때문에~~ A의 법정대리인이 취소권을 ~~행사한다고 하더라도 계약을 취소할 수 없겠군.~~

↳ 인정하는 것과 상관없이 / 행사한다면 계약을 취소할 수 있겠군

해설 판매자가 계약 취소를 인정하지 않더라도, A의 법정대리인은 취소권을 행사할 수 있다. 2문단에서 제한능력자는 단독으로 재산상의 법률행위를 한 경우 10년 내에 취소권을 행사할 수 있다고 하였다. 또한 제한능력자의 법률행위의 취소 여부는 제한능력자 측, 즉 제한능력자 본인이나 그의 법정대리인의 의사에 따라서만 결정된다라고 하였다. 따라서 판매자가 계약 취소를 인정하는 것과 상관없이 A의 법정대리인이 취소권을 행사한다면 계약의 취소는 가능하다고 볼 수 있다.

05~09 2021년 3월 고1 전국연합학력평가 본문 60~61쪽

05 ① 06 ③ 07 ⑤ 08 ⑤ 09 ④

문단별 핵심어 ★ 중심 문장

• **손실 보상 청구권에 관한 법률 규정**

1 공익을 위한 적법한 행정 작용으로 개인의 재산권*에 특별한 희생이 발생한 경우, 개인은 자신이 입은 재산상 손실을 보상하도록 요구할 수 있는 권리인 '손실 보상 청구권'을 갖는다. 여기서 '특별한 희생'이란 보호할 필요가 있는 재산권에 대한 침해를 이르는 말로(특별한 희생의 의미), 이로 인한 손실은 국가가 보상해야 한다. 가령 감염병예방법에 따르면, 행정 기관이 감염병 예방을 위해 의료기관의 병상이나 연수원, 숙박 시설 등을 동원한 경우(특별한 희생의 사례) 이로 인한 손실을 개인에게 보상하여야 하는데, 이때의 재산권 침해가 특별한 희생에 해당하는 것(국가에 보상을 요구할 수 있는 성립 요건)이다.

2 손실 보상 청구권은 ⓐ공적 부담의 평등을 위해 인정되는 헌법상 권리이다. 행정 작용으로 누군가에게 특별한 희생이 발생하면, 그로 인한 부담을 공공이 분담하는 것이 평등 원칙에 부합하기 때문이다(헌법상 권리로 인정되는 이유). 또한 헌법 제23조 제3항은 "공공필요에 의한 재산권의 수용·사용 또는 제한 및 그에 대한 보상은 법률로써 하되, 정당한 보상을 지급하여야 한다."라고 하여, '공공필요에 의한 재산권의 수용·사용 또는 제한', 즉 공용 침해와 이에 대한 보상이 법률에 규정되어야 함을 명시하고 있다. 공용 침해 중 수용이란 개인의 재산권을 국가로 이전하는 것(수용의 의미), 사용이란 행정 기관이 개인의 재산권을 일시적으로 사용하는 것(사용의 의미), 제한이란 개인의 재산권 사용 또는 그로 인한 수익을 한정하는 것(제한의 의미)을 의미한다. 한편 제23조 제3항은 내용상 분리될 수 없는 사항은 함께 규정되어야 한다는 의미의(공용 침해 규정과 보상 규정은 분리될 수 없음.) 불가분 조항이다. 따라서 ⓑ공용 침해 규정과 보상 규정은 하나의 법률에서 규정되어야 한다.

3 그러나 헌법은 제23조 제1항에서 "모든 국민의 재산권은 보장된다. 그 내용과 한계는 법률로 정한다."라고 규정하여, 재산권은 법률에 의해 구체화된다고 밝히고 있다(재산권은 법률에 근거하여 보장됨.). 또한 제2항에서 "재산권의 행사는 공공복리에 적합하도록 하여야 한다."라고 하여, 개인의 재산권 행사가 공익에 적합하여야 한다는 재산권의 '사회적 제약'을 규정하고 있다. 특히 토지처럼 공공성이 강한 사유 재산은 재산권 행사에 더욱 강한 사회적 제약을 받을 수 있다. 만약 재산권 침해가 ⓒ사회적 제약의 범위 내에 있다면(공익에 적합한 범위 내의 재산권 침해라면) 이로 인한 손실은 보상의 대상이 되지 않는다. 즉 재산권 침해가 특별한 희생(보호할 필요가 있는 재산권에 대한 침해)에 해당할 때만 보상이 가능한 것이다.

4 재산권의 사회적 제약과 특별한 희생의 구별에 대해 ㉠경계 이론과 ㉡분리 이론은 서로 다른 입장을 취한다. 경계 이론에 따르면 ⓓ양자는 별개가 아니라 단지 침해의 정도에 있어서만 차이가 있을 뿐이다. 재산권 침해는 그 정도가 사회적 제약의 범위를 넘어서면(공익에 적합한 범위를 벗어난 재산권 침해라면) 특별한 희생으로 바뀐다는 것이다. 따라서 경계 이론은 사회적 제약을 벗어나는 재산권 침해는 보상 규정이 없어도 보상이 이루어져야 한다고 본다. 「보상을 규정하지 않은 채 공용 침해를 규정하고(「: 경계 이론의 법률적 근거) 있는 법률은, 불가분 조항인 헌법 제23조 제3항에 위반되어 위헌이고, 위헌임이 밝혀진 법률에 근거한 공용 침해 행위는 위법한 행정 작용이 된다는 것이다.」 경계 이론은 적법한 공용 침해 행위의 경우에 보상이 인정된다면, 위법한 공용 침해 행위의 경우에도 헌법 제23조 제3항을 근거로 보상을 인정해야 한다는 입장이다.

5 이에 반해 분리 이론은 재산권의 사회적 제약에 대한 헌법 제23조 제2항의 규정과 특별한 희생에 대한 제3항의 규정은 ⓔ입법자의 의사에 따라 완전히 분리된다고 주장한다. 따라서 재산권 침해를 규정한 법률에 보상 규정이 없는 경우 입법자가 이러한 재산권 침해를 특별한 희생이 아닌 사회적 제약으로 규정한 것으로 본다(경계 이론과의 차이점 – 사회적 제약일 경우, 보상의 대상이 아님.). 재산권 침해가 사회적 제약 또는 특별한 희생 중 무엇에 해당하는지 결정하는 것은 법률을 제정하는 입법자의 권한이라는 것이다(재산권 침해가 사회적 제약인지 특별한 희생인지 결정하는 권한). 만약 해당 법률에 규정된 재산권 침해가 헌법 제23조 제2항에서 규정한 재산권의 공익 적합성을 넘어서서 개인의 재산권을 과도하게 침해한다면, 이러한 법률은 헌법 제23조 제2항을 위반하여 위헌이고, 위헌임이 밝혀진 법률에 근거한 행정 작용은 위법하게 된다. 분리 이론은 이러한 경우 ㉢손실을 보상하는 것이 아니라, 위법한 행정 작용 자체를 제거해야 한다고 본다(재산권 존속>재산권 침해 후 손실 보상). 재산권을 존속시키는 것이 재산권을 침해하면서 그 손실을 보상하는 것보다 우선한다고 보기 때문이다.

* **재산권**: 재산의 소유권, 사용·수익권, 처분권 등 일체의 재산적 가치가 있는 권리.

지문 분석하기

|지문 구조|

1 재산권에 특별한 희생이 발생한 경우 손실 보상 청구권의 보장

⬇

2 손실 보상 청구권과 불가분 조항인 헌법 제23조 제3항

⬇

3 헌법 제23조 제1, 2항의 규정

⬇

4 재산권의 사회적 제약과 특별한 희생의 구별에 대한 입장_ 경계 이론 ↔ **5** 재산권의 사회적 제약과 특별한 희생의 구별에 대한 입장_ 분리 이론

|주제| 손실 보상 청구권에 대한 경계 이론과 분리 이론의 차이

한컷 정리하기

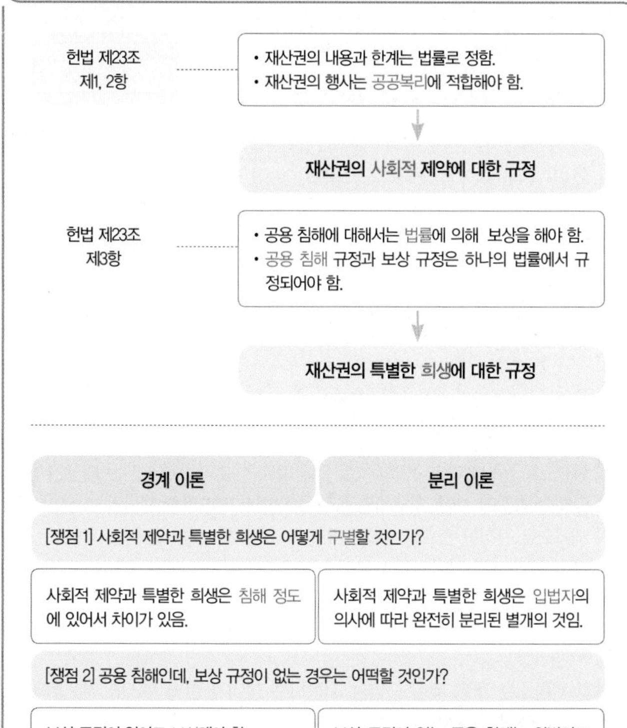

05 세부 정보의 파악 정답 ①

선택률	① 54%	② 12%	③ 17%	④ 9%	⑤ 8%

윗글에 대한 이해로 가장 적절한 것은?

(정답 풀이)

① 헌법이 개인에게 보장하는 재산권의 내용은 법률로써 그 내용이 구체화된 것이다.

해설 3문단에 보면, 헌법은 제23조 제1항에서 "모든 국민의 재산권은 보장된다. 그 내용과 한계는 법률로 정한다."라고 규정하고 있다. 따라서 헌법이 개인에게 보장하는 재산권의 내용은 법률로써 정해져 있으며, 그 내용은 법률에 의해 구체화된 것이라고 파악할 수 있다.

(오답 풀이)

② 공용 침해 중 '사용'과 달리 '제한'의 경우, 행정 작용에도 불구하고 개인의 재산권은 국가로 이전되지 않는다. (↳ '사용'과 '제한' 두 경우 모두)

해설 2문단에 따르면, '수용', '사용', '제한' 중 개인의 재산권이 국가로 이전되는 것은 '수용'이다.

(→ 행정 작용 중, 사회적 제약 범위 밖에 있는 손실(특별한 희생일 경우)에)

③ 재산권을 침해하는 모든 행정 작용에 대해, 개인은 자신이 입은 손실을 보상하도록 요구할 수 있는 권리를 갖는다.

해설 3문단에서 만약 재산권 침해가 사회적 제약 내에 있다면 이로 인한 손실은 보상의 대상이 되지 않는다. 즉 재산권 침해가 특별한 희생에 해당할 때만 보상이 가능한 것이라고 하였다. 그러므로 재산권을 침해하는 행정 작용이 사회적 제약 범위 내가 아닌 밖에 있는, 특별한 희생에 해당할 경우는 손실을 보상하도록 요구할 수 있는 권리를 갖는다.

④ 재산권의 사회적 제약을 규정하는 모든 법률은 공용 침해와 손실 보상이 내용상 분리될 수 없다는 원칙에 어긋난다. (↳ 어긋나지 않는다)

해설 3문단에서 만약 재산권 침해가 사회적 제약의 범위 내에 있다면 이로 인한 손실은 보상의 대상이 되지 않으며 재산권 침해가 특별한 희생에 해당할 때만 보상이 가능하다고 하였다. 따라서 재산권의 침해가 사회적 제약의 범위 내에 해당한다면 공용 침해와 손실 보상이 내용상 분리될 수 없다는 원칙에 어긋나지 않는다.

⑤ 감염병 예방을 위해 행정 기관이 사설 연수원을 일정 기간 동원하는 것은 공공필요에 의한 재산권의 '수용'에 해당한다. (↳ '사용'에)

해설 2문단에 '개인의 재산권을 일시적으로 사용하는 것'이 '사용'이라고 되어 있다. 따라서 1문단에서 행정 기관이 연수원을 동원한 경우 개인에게 보상해야 한다고 하였으므로, 이것은 '사용'에 해당한다고 볼 수 있다.

06 핵심 정보의 파악 정답 ③

선택률	① 6%	② 20%	③ 33%	④ 10%	⑤ 31%

㉠과 ㉡에 대한 이해로 적절하지 않은 것은?

(㉠ = 경계 이론, ㉡ = 분리 이론)

(정답 풀이)

③ ㉠은 행정 작용으로 인한 재산상 손실을 항상 보상해야 한다고 보는 반면, ㉡은 보상하지 않을 수 있다고 본다. (↳ 손실을 항상 보상해야 한다고 보는 것은 아님.)

해설 3문단에서는 재산권 침해가 특별한 희생에 해당할 때만 보상이 가능하다고 하였다. ㉠'경계 이론'이 재산권 침해 정도에 따라 재산권의 사회적 제약이 특별한 희생으로 바뀔 수 있다고 보는 입장이라는 점을 고려할 때, 재산권의 침해 정도가 특별한 희생에 해당하지 않는 행정 작용의 경우에는 재산상 손실을 보상해야 한다고 보지 않는다는 것을 알 수 있다.

(오답 풀이)

① ㉠은 법률에 보상 규정이 없는 경우에도 헌법 제23조 제3항을 근거로 하여, 행정 작용으로 인한 재산상 손실을 보상할 수 있다고 본다.

해설 4문단의 '경계 이론은 적법한 공용 침해 행위의 경우에 보상이 인정된다면, 위법한 공용 침해 행위의 경우에도 헌법 제23조 제3항을 근거로 보상을 인정해야 한다는 입장이다.'라는 부분을 통해 ㉠'경계 이론'은 법률에 보상 규정이 없는 경우에도 헌법 제23조 제3항을 근거로 행정 작용으로 인한 재산상 손실을 보상할 수 있다고 보는 입장임을 알 수 있다.

② ㉡은 헌법 제23조 제2항과 제3항의 규정은 전혀 다른 내용을 규정하고 있다고 본다.

해설 5문단에서 ㉡'분리 이론'은 재산권의 사회적 제약에 대한 헌법 제23조 제2항의 규정과 특별한 희생에 대한 제3항의 규정은 입법자의 의사에 따라 완전히 분리될 수 있는 것으로 본다고 하였다.

④ ㉠은 재산권 침해의 정도를, ㉡은 입법자의 의사를 기준으로 손실 보상 청구권의 성립 여부를 판단해야 한다고 본다.

해설 4문단에서 ㉠'경계 이론'은 사회적 제약을 벗어나는 재산권 침해는 보상 규정이 없어도 보상이 이루어져야 하는 것으로 본다고 하였으므로, ㉠에 의하면 재산권 침해가 사회적 제약을 벗어나는 정도를 기준으로 손실 보상 청구권의 성립 여부가 판단된다고 볼 수 있다. 한편, 5문단에 따르면 ㉡'분리 이론'은 재산권 침해가 사회적 제약 또는 특별한 희생 중 무엇에 해당하는지 결정하는 것은 법률을 제정하는 입법자의 권한이라는 입장으로, ㉡에 의하면 입법자의 의사에 의해서 손실 보상 청구권의 성립 여부가 판단된다고 볼 수 있다.

⑤ ㉠과 ㉡은 모두 보상 규정 없이 사회적 제약의 범위를 벗어나는 재산권 침해를 규정한 법률은 위헌이라고 본다.

해설 4문단에서 ㉠'경계 이론'은 '보상을 규정하지 않은 채 공용 침해를 규정하고 있는 법률은, 불가분 조항인 헌법 제23조 제3항에 위반되어 위헌'으로 본다고 하였다. 5문단에서 ㉡'분리 이론'은 보상 규정 없이 재산권 침해를 규정한 법률이 '개인의 재산권을 과도하게 침해한다면, 이러한 법률은 헌법 제23조 제2항을 위반하여 위헌'으로 본다고 하였다.

07 미루어 알기 정답 ⑤

선택률	① 10%	② 16%	③ 22%	④ 20%	⑤ 32%

㉢의 전제로 가장 적절한 것은?
=손실을 보상하는 것이 아니라, 위법한 행정 작용 자체를 제거해야 한다

정답 풀이

⑤ 입법자가 별도로 규정하지 않는 한, 재산권은 그대로 보존되어야 하는 권리이다.

해설 5문단의 분리 이론에 따르면, 어떤 재산권 침해가 보상 규정이 없는 경우 입법자가 그 재산권 침해를 사회적 제약으로 규정한 것으로 본다. 그런데 그 재산권 침해가 개인의 재산권을 과도하게 침해한다면 그것은 헌법 제23조 2항을 위반하여 위헌이며 그에 따른 행정 작용도 위법이라는 것이다. 분리 이론은 보상 규정이 없음에도 공용 침해를 행한 위법한 행정 작용은 제거해야 한다는 입장인데, 이는 재산권의 기본 가치를 보존하려면 공용 침해로 인한 손실을 보상해 줄 것인지를 따지는 것보다는 위법한 행정 작용 자체를 제거하는 것이 합당하다고 판단하기 때문이다.

오답 풀이

① 재산권은 입법자의 의사에 따라 ~~보상 없이 제한해야 하는~~ 권리이다.

해설 5문단의 분리 이론에 따르면, 어떤 재산권 침해가 사회적 제약 또는 특별한 희생 중 무엇에 해당하는지 결정하는 것은 입법자의 권한이다. 이에 따르면, 분리 이론에서도 입법자가 어떤 재산권의 침해를 특별한 희생에 해당한다고 판단한다면 마땅히 그에 대한 보상이 이루어져야 한다고 본다.

② 공용 침해 규정과 손실 보상 규정이 동일한 법률에서 ~~규정될 필요는 없다.~~
↳ 규정되어야 한다

해설 2문단에서는 헌법에 따라 공용 침해 규정과 보상 규정은 하나의 법률에서 규정되어야 한다고 하였다. 분리 이론에서도 이 불가분 조항을 부정하지는 않는다.

③ 재산권의 사회적 제약은 ~~입법자의 의사에 따라 제한 없이 규정될 수 있다.~~
↳ 헌법에 규정됨.

해설 5문단의 분리 이론에 따르면, 입법자가 규정하는 것은 어떤 재산권 침해가 사회적 제약 또는 특별한 희생 중 무엇에 해당하는지에 관한 것이다. 2문단에 따르면, 재산권의 사회적 제약의 성격은 헌법에서 규정하고 있다.

④ 행정 작용이 공익을 목적으로 한다면 이로 인한 손실은 ~~보상할 필요가 없다.~~
↳ 보상해야 하는 경우도 있음.

해설 5문단의 분리 이론에 따르면, 재산권 침해를 규정한 법률에 보상 규정이 없는 경우에 입법자가 이러한 재산권 침해를 사회적 제약으로 규정한 것으로 보고 이로 인한 손실을 보상할 필요가 없다고 본다. 하지만 공익을 목적으로 했더라도 재산권 침해가 특별한 희생에 해당한다면 그에 따른 손실을 보상해야 한다고 본다.

08 구체적 상황에 적용 정답 ⑤

선택률	① 8%	② 35%	③ 19%	④ 14%	⑤ 24%

윗글을 참고하여 〈보기〉의 '헌법 재판소'의 판단에 대해 추론한 내용으로 적절하지 <u>않은</u> 것은? [3점]

보기

A 법률에 따르면, 국가는 도시 환경을 보전하기 위해 개발 제한 구역을 지정할 수 있고, 개발 제한 구역으로 지정된 토지에서는 건축 등 토지 사용이 제한된다. 하지만 <u>A 법률은 개발 제한 구역 지정으로 인한 손실을 보상하는 규정은 포함하고 있지 않았다.</u> 이러한 상황에서 A 법률에 대한 <u>헌법 소원</u>이 제기되었다.
(보상 규정이 없는 경우, 특별한 희생이 아니라 사회적 제약으로 판단하고 있음.)
(헌법 소원: 개인이 헌법에 위배되는 처분으로 권리와 이익을 침해받을 때 헌법 재판소에 처분의 취소나 변경을 청구하는 일)

헌법 재판소는 분리 이론의 입장을 취하면서, 토지 재산권의 공공성을 고려하면 A 법률은 원칙적으로 합헌이라고 판단하였다. 하지만 개발 제한 구역으로 지정되어 토지를 사용할 방법이 전혀 없는 등 <u>개인에게 가혹한 부담이 발생하는 예외적인 경우에는 사회적 제약을 벗어나서 토지 소유자의 재산권을 과도하게 침해한다고 판단</u>하였다. 따라서 이러한 예외적인 경우까지 고려하지 않은 A 법률은 헌법에 위반된다고 판단하였다.
(헌법 제23조 제2항을 위반하여 위헌이라고 판단함.)

정답 풀이

⑤ 헌법 재판소는 개발 제한 구역을 지정하는 행위가 개인에게 가혹한 부담을 초래한 경우, 이때의 재산권 침해는 ~~특별한 희생~~에 해당한다고 판단하였겠군.
↳ 사회적 제약에

해설 〈보기〉에서 A 법률은 개발 제한 구역 지정으로 인한 손실을 보상하는 규정은 포함하고 있지 않았는데, 분리 이론의 입장을 취한 헌법 재판소는 A 법률을 합헌으로 판단했다고 하였다. 5문단에 따르면, 분리 이론에서는 재산권 침해를 규정한 법률에 보상 규정이 없는 경우 입법자가 이러한 재산권 침해를 사회적 제약으로 규정한 것으로 본다고 하였다. 이를 통해 볼 때, 헌법 재판소는 개발 제한 구역 지정으로 인한 재산권 침해를 입법자의 의도를 고려해 사회적 제약에 해당한다고 판단했을 것이다.

오답 풀이

① 헌법 재판소는 개발 제한 구역을 지정하는 행위가 헌법 제23조 제2항에 위반되는지를 판단하였겠군.

해설 헌법 제23조 제2항은 개인의 재산권 행사가 공공복리에 적합하도록 해야 한다는 재산권의 사회적 제약에 관한 규정으로, 헌법 재판소는 개인의 토지 사용에 대한 재산권 행사가 공공복리에 적합한지를 따져 보고, 이를 위반하지는 않았는지 판단했을 것이다.

② 헌법 재판소는 개발 제한 구역을 지정하는 행위가 헌법 제23조 제3항과는 관련이 없다고 판단하였겠군.

해설 〈보기〉에서 A 법률이 개발 제한 구역 지정으로 인한 손실을 보상하는 규정을 포함하고 있지 않은 점, 헌법 재판소가 분리 이론의 입장을 취한 점 등으로 볼 때, 헌법 재판소는 개발 제한 구역을 지정하는 행위가 특별한 희생이 아닌 사회적 제약에 해당한다고 보았을 것이다. 따라서 헌법 재판소는 개발 제한 구역을 지정하는 행위가 특별한 희생에 대한 규정인 제23조 제3항과는 관련이 없다고 판단했을 것이다.

③ 헌법 재판소는 개발 제한 구역을 지정하는 행위가 헌법에 위반되었는지 여부를 토지의 공공성을 근거로 판단하였겠군.

해설 헌법 재판소는 개발 제한 구역을 지정하는 행위의 헌법 위반 여부를 헌법 제23조 제2항에서 규정한 재산권의 공익 적합성을 넘어서 개인의 재산을 과도

하게 침해하는지의 여부로 판단했을 것이므로, 토지의 재산권의 공공성을 근거로 판단했을 것이라고 볼 수 있다.

④ 헌법 재판소는 개발 제한 구역 지정으로 인한 재산권 침해는 개인에게 가혹한 부담이 발생하지 않는 범위 내에서만 가능하다고 판단하였겠군.

해설 〈보기〉에서 헌법 재판소는 개발 제한 구역 지정으로 인해 개인에게 가혹한 부담을 발생시키는 예외적인 경우는 토지 소유자의 재산권을 과도하게 침해한다고 판단하였다. 이로 볼 때 헌법 재판소는 개발 제한 구역 지정으로 인한 재산권 침해는 개인에게 가혹한 부담이 발생하지 않는 범위 내에서만 가능하다고 판단했을 것이다.

09 어휘의 문맥적 의미 파악

정답 ④

선택률	① 6%	② 7%	③ 23%	④ 36%	⑤ 28%

문맥상 ⓐ~ⓔ를 바꿔 쓴 것으로 적절하지 않은 것은?

= ⓐ: 공적 부담의 평등을 위해, ⓑ: 공용 침해 규정과, ⓒ: 사회적 제약의 범위 내에, ⓓ: 양자는 별개가 아니라, ⓔ: 입법자의 의사에 따라 완전히 분리된다고

정답 풀이

④ ⓓ: ~~경계 이론의 입장과 분리 이론의 입장은~~ 전혀 다른 것이 아니라

↳ 재산권의 사회적 제약과 특별한 희생은

해설 ⓓ는 침해의 정도에 있어서 차이가 나는 것을 말하는 것이므로 여기서 '양자'는 사회적 제약과 특별한 희생을 이야기하는 것이다. 따라서 ⓓ는 문맥상 '재산권의 사회적 제약과 특별한 희생은 서로 전혀 다른 것이 아니라'로 바꾸는 것이 적절하다.

오답 풀이

① ⓐ: 행정 작용으로 인한 부담을 개인이 모두 떠안게 되는 불평등을 조정하기 위해

해설 ⓐ의 '공적 부담의 평등'이란 누군가에게 특별한 희생이 행정 작용으로 발생할 때, 그로 인한 부담을 공공이 분담하는 것이 평등 원칙에 해당한다는 말이므로, ⓐ는 '행정 작용으로 인한 부담을 개인이 모두 떠안게 되는 불평등을 조정하기 위해'로 바꿔서 사용할 수 있다.

② ⓑ: 공공필요에 의해 개인의 재산권을 수용 · 사용 · 제한하는 규정과

해설 ⓑ의 '공용 침해 규정'은 2문단의 헌법 제23조 제3항의 규정을 의미하는 것으로 ⓑ는 '공공필요에 의해 개인의 재산권을 수용·사용·제한하는 규정과'로 바꿔서 사용할 수 있다.

③ ⓒ: 헌법 제23조 제2항에 규정된 재산권의 한계 안에

해설 ⓒ의 '사회적 제약'은 3문단의 헌법 제23조 제2항에 규정된 '재산권의 행사는 공공복리에 적합하여야 한다.'라는 내용과 관계있으므로, ⓒ는 '헌법 제23조 제2항에 규정된 재산권의 한계 안에'와 바꿔 쓸 수 있다.

⑤ ⓔ: 재산권 침해 정도에 따라 구분되는 것이 아니라 입법자의 서로 다른 의사가 반영된 것이라고

해설 ⓔ는 분리 이론에 대한 설명으로, '재산권의 침해 정도에 따라' 구분되는 경계 이론과 달리 입법자의 의사에 따라 '사회적 제약'과 '특별한 희생'이 구분된다는 내용이다. 따라서 ⓔ는 '재산권 침해 정도에 따라 구분되는 것이 아니라 입법자의 서로 다른 의사가 반영된 것이라고'로 바꾸어 쓸 수 있다.

DAY 13 과학 인체의 기능

01~05 2022년 6월 고1 전국연합학력평가

본문 64~65쪽

01 ① **02** ⑤ **03** ④ **04** ③ **05** ③

(문단별 핵심어) ★ 중심 문장

• 소리의 전달과 골전도 이어폰

1 전자 녹음 장치에 녹음된 자신의 목소리를 스피커를 통해 들으면 어색하게 느껴진다. 그 이유를 이해하기 위해서는 소리가 무엇이며 어떤 과정을 통해 들리게 되는지 살펴볼 필요가 있다.
글의 화제 제시

2 소리는 물체의 진동에 의해 발생하고 매질의 진동으로 전달되는 파동이다. (소리의 개념) 「소리가 들린다는 것은 매질의 진동이 내이에 도달하여 달팽이관 속 림프액을 진동시켜 섬모가 흔들리고, 이로 인해 발생한 전기 신호가 청각 신경을 따라 뇌에 전달됨을 의미한다.」 (「 」: 소리가 전달되는 과정) 이때 소리가 내이에 도달하는 방식으로는 외이와 중이를 거치는 공기 전도(소리가 내이에 도달하는 방식 1)와 이를 거치지 않는 골전도(소리가 내이에 도달하는 방식 2)가 있다.

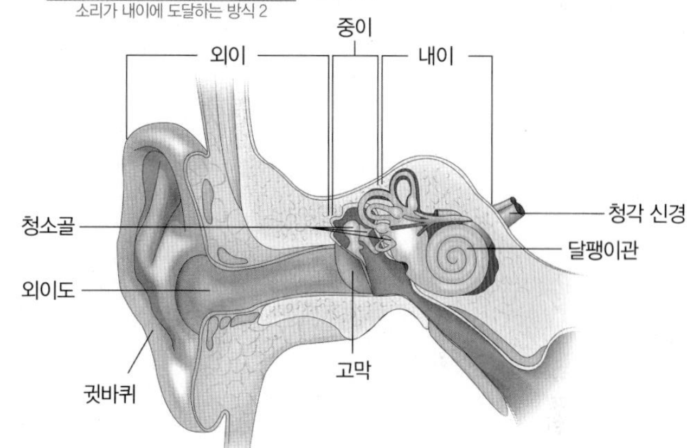

3 공기 전도는 공기를 매질로 소리가 내이에 전달되는 것을 의미한다. (공기 전도의 개념) 「물체의 진동이 주변 공기를 진동시키면 귓바퀴가 이 진동을 모아 귓속으로 보내고, 그 결과 진동은 외이도를 지나게 된다. 귓바퀴와 외이도 등 진동이 지나가는 각 지점에서는 소리의 공명이 발생한다. 공명이란 공명 주파수*에서 진폭이 커지는 현상을 말하는데 (공명의 개념) 외이도의 경우 공명 주파수는 성인 기준으로 2,500~2,700Hz이다. 공명 주파수는 외이도의 길이에 반비례하기 때문에, 외이도의 길이가 성인보다 짧은 유아는 공명 주파수가 더 높다. (공명 주파수와 외이도 길이의 관계) 이러한 공명에 의해 증폭된 진동은 고막을 진동시키고 고막의 진동은 청소골에서 더욱 증폭되어 내이에 전달된다.」 (「 」: 공기 전도에 의해 소리가 전달되는 과정)

4 이에 반해 골전도는 귀 주변 뼈를 매질로 소리가 내이에 바로 전달되는 것이다. (골전도의 개념) 대화할 때 들리는 자신의 목소리에는 성대에서 발생한 진동이 공기 전도를 통해 전달된 소리와 골전도를 통해 전달된 소리가 함께 있다. 자신의 목소리 중에서 20~1,000Hz의 소리

는 골전도로는 잘 전달이 되지만, 외이와 중이에서 공명이 잘 일어나지 않아 공기 전도로는 잘 전달되지 않는다. 녹음된 자신의 목소리를 스피커를 통해 들으면 골전도를 통해 듣던 소리는 잘 들리지 않으므로 어색함을 느끼게 되는 것이다.
전자 녹음 장치에 녹음된 자신의 목소리를 스피커로 들을 때 어색한 이유

5 한편 외이와 중이에 이상이 있는 사람도 골전도를 통해서는 소리를 들을 수 있는데, 이를 이용한 보청기도 사용되고 있다. 최근에는 이어폰에도 골전도의 원리가 이용되고 있다. 「이어폰 내부에는 일반적으로 내부 자기장을 형성하는 자석과 보이스코일이 있다. 보이스코일에 교류 전류를 가하면 내부 자기장에 의해 보이스코일에 인력과 척력이 교대로 작용하여 보이스코일에 진동이 발생한다. 이때 전류의 방향이 바뀌는 주기를 짧게 할수록 주파수가 높아져 높은 음의 소리가 난다. 또 전류를 세게 할수록 진폭이 커져 음량이 높아진다.」 ㉠일반적인 이어폰은 이러한 진동을 공기를 통해 전달하는데, ㉡골전도 이어폰은 귀 주변 뼈에 진동판을 밀착하여 진동을 내이로 직접 전달한다.
「 」: 이어폰의 작동 원리
전류의 방향이 바뀌는 주기와 음높이의 상관 관계
전류의 세기와 음량의 상관 관계

6 골전도 이어폰은 일반적인 이어폰과 달리 귀를 막지 않고 사용하기 때문에 다양한 장점이 있다. 「우선 귀 내부가 습해지는 것을 방지할 수 있고 고막을 직접 자극하지 않는다. 또 야외 활동 시 착용해도 주변 소리를 들을 수 있어 위험 상황에 잘 대처할 수 있다.」 그러나 골전도 이어폰을 사용해도 내이는 자극이 되므로 장시간 사용하면 청각 신경이 손상될 수 있어 주의해야 한다.
「 」: 골전도 이어폰의 장점
골전도 이어폰 사용 시 주의 사항

* **공명 주파수** : 공명 현상이 일어나거나 공명에 의해 강해지는 주파수.

지식을 쌓는 배경지식

소리의 3요소

① 소리의 세기(소리의 진폭)
- 소리의 세기는 소리의 진폭에 의해 결정되는데, 진폭이 클수록 소리의 세기도 커짐.

② 소리의 높낮이(소리의 진동수)
- 소리의 높낮이는 진동수에 의해 결정되는데, 진동수가 크면 클수록 고음의 소리가 나고, 진동수가 작을수록 저음의 소리가 남. 일반적으로 남성과 여성의 목소리를 비교했을 때, 고음의 소리를 내는 여성의 목소리가 저음의 소리를 내는 남성의 목소리에 비해 진동수가 높음.

③ 소리의 맵시(음파의 모양)
- 소리의 맵시는 소리의 파형에 의해 결정되는데, 소리의 3요소 중에 진폭과 진동수가 같더라도 파형이 다르다면, 결과적으로 전혀 다른 느낌의 소리로 들리게 됨.

지문 분석하기

|지문 구조|

1 자신의 목소리를 스피커로 들으면 어색한 이유 탐구
↓
2 소리의 개념과 소리가 내이에 도달하는 방식
↓
3 공기 전도를 통해 소리가 전달되는 과정 ↔ **4** 골전도를 통해 소리가 전달되는 과정
↓
5 일반적인 이어폰과 골전도 이어폰의 작동 원리
↓
6 골전도 이어폰의 장점과 주의할 점

|주제| 소리의 전달 원리와 이를 활용한 이어폰의 특징

한컷 정리하기

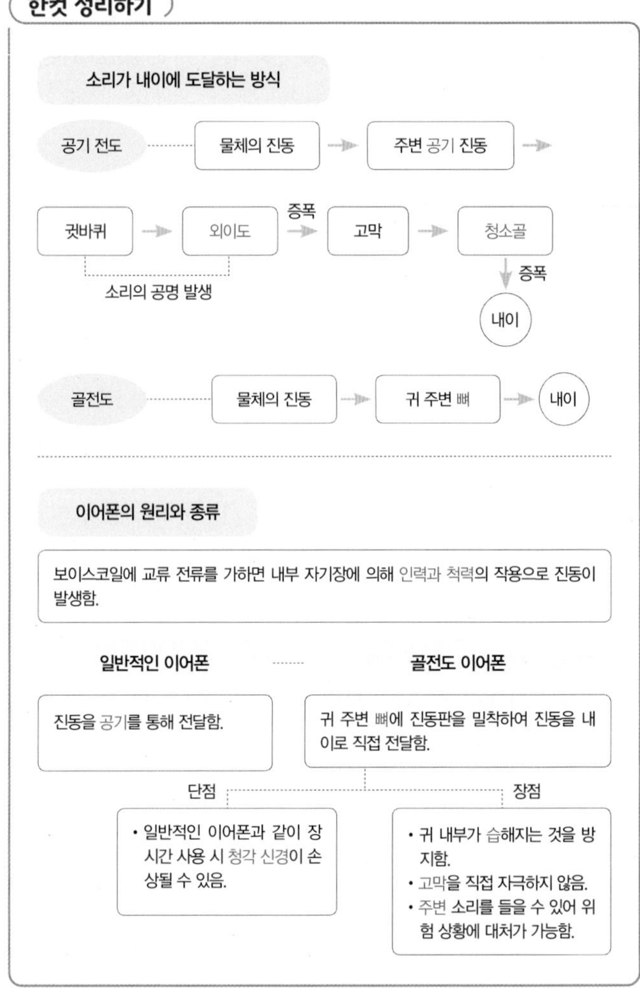

01 글의 전개 방식 파악

정답 ①

선택률	① 87%	② 2%	③ 4%	④ 5%	⑤ 2%

윗글에 대한 설명으로 가장 적절한 것은?

정답 풀이

① **소리가 전달되는 두 가지 방식을 제시하고 이와 관련한 기술을 소개하고 있다.**
공기 전도와 골전도 / 일반적인 이어폰과 골전도 이어폰의 작동 원리

해설 이 글에서는 소리가 전달되는 방식을 공기 전도와 골전도로 나누어 설명하고 있다. 또한 이를 바탕으로 일반적인 이어폰과 골전도 이어폰의 작동 원리를 소개하고 골전도 이어폰의 장점과 사용 시 주의점까지 언급하고 있다.

오답 풀이

② 이어폰 기술의 과학적 원리를 살펴보고 앞으로 전개될 발전 방향을 예측하고 있다.

해설 4, 5문단에서 일반적인 이어폰과 골전도 이어폰의 과학적 원리를 소리의 전달 방식에 근거하여 설명하고 있기는 하지만 앞으로의 발전 방향을 예측하고 있지는 않다.

③ 청각에 대한 두 가지 관점을 언급하고 이를 절충한 새로운 관점을 제시하고 있다.

해설 이 글에서는 소리가 전달되는 두 가지 원리에 대해 설명하고 있다. 하지만 이를 절충한 새로운 원리나 관점을 제시하고 있지는 않다.

④ 골전도 현상이 일어나는 과정을 제시하고 이에 대한 서로 다른 견해를 분석하고 있다.

해설 골전도 현상이 일어나는 원리와 과정을 설명하고 있지만, 이에 대한 서로 다른 견해를 분석하고 있지는 않다.

⑤ 청각에 이상이 생기는 사례를 소개하고 이를 예방하기 위한 구체적인 방안을 제시하고 있다.

해설 글의 맨 마지막 부분에 골전도 이어폰을 장시간 사용할 경우 청각에 손상을 줄 수 있다고 하였지만, 그 구체적 사례와 예방 방안을 제시하고 있지는 않다.

02 세부 정보의 파악 정답 ⑤

선택률	① 10%	② 6%	③ 3%	④ 4%	⑤ 77%

윗글을 읽고 알 수 있는 내용으로 적절하지 않은 것은?

정답 풀이

⑤ 20~1,000Hz의 소리는 물체의 진동에 의해서는 발생할 수 없다.
골전도로 잘 전달되는 주파수 ↳ 있음.

해설 2문단에서 소리는 물체의 진동에 의해 발생한다고 하였다. 4문단에서 20~1,000Hz의 소리는 공기 전도로는 잘 전달되지 않는다고 하였을 뿐, 이 역시 소리이므로 물체의 진동에 의해 발생한다고 할 수 있다.

오답 풀이

① 주파수가 낮아지면 낮은 음의 소리가 난다.

해설 5문단에서 전류의 방향이 바뀌는 주기를 짧게 할수록 주파수가 높아져 높은 음의 소리가 난다고 한 것으로 보아 주파수가 낮아지면 낮은 음의 소리가 날 것임을 짐작할 수 있다.

② 고막의 진동은 청소골을 통과할 때 증폭된다.

해설 3문단에서 공명에 의해 증폭된 진동은 고막을 진동시키고 고막의 진동은 청소골에서 더욱 증폭된다고 하였다.

③ 외이도의 길이가 짧을수록 공명 주파수는 높아진다.

해설 3문단에서 공명 주파수는 외이도의 길이에 반비례하기 때문에, 외이도의 길이가 성인보다 짧은 유아는 공명 주파수가 더 높다고 하였다. 이로 볼 때 외이도의 길이가 짧을수록 공명 주파수는 높아진다.

④ 이어폰의 보이스코일에 흐르는 전류가 세지면 음량이 높아진다.

해설 5문단에서 이어폰의 보이스코일에 전류를 세게 할수록 진폭이 커져 음량이 높아진다고 하였다.

03 미루어 알기 정답 ④

선택률	① 6%	② 3%	③ 2%	④ 68%	⑤ 21%

윗글의 내용을 고려할 때, 그 이유로 가장 적절한 것은?
= 녹음과 자신의 목소리를 스피커를 통해 들으면 어색하게 느껴지는 이유

정답 풀이

④ 녹음된 소리를 들을 때에는 골전도로 전달되는 주파수의 소리가 잘 들리지 않으므로

해설 4문단에 따르면, 대화할 때 들리는 자신의 목소리에는 성대에서 발생한 진동이 공기 전도를 통해 전달된 소리와 골전도를 통해 전달된 소리가 함께 섞여 있다. 그런데 녹음된 자신의 목소리를 들을 때에는 골전도로 전달되는 20~1,000Hz의 소리가 잘 들리지 않으므로 어색하게 들리게 되는 것이다.

오답 풀이

① 평소에 골전도로 전달되는 소리를 들을 기회가 적었으므로

해설 4문단에서 대화할 때 들리는 자신의 목소리에는 공기 전도와 골전도를 통해 전달된 소리가 함께 있다고 하였으므로, 평소에 골전도로 전달되는 소리를 들을 기회가 적었다는 진술은 적절하지 않다.

② 스피커에서 나온 녹음된 목소리는 내이를 거치지 않고 뇌에 전달되므로
↳ 거쳐

해설 2문단에 따르면, 소리가 들린다는 것은 매질의 진동이 내이에 도달하여 발생한 전기 신호가 청각 신경을 따라 뇌에 전달됨을 의미한다. 따라서 모든 소리는 내이를 거쳐 뇌에 전달된다고 할 수 있다.

③ 전자 장치의 전기적 에너지로 인해 청각 신경이 받는 자극의 크기가 커졌으므로
↳ 청각 신경이 받는 자극에 큰 영향을 미치지 않음.

해설 5, 6문단에 따르면, 일반적으로 전자 장치의 전기적 에너지는 소리의 높낮이와 크기의 변화에 영향을 줄 뿐, 신경이 받는 자극의 크기에는 큰 영향을 미치지 않는다.

⑤ 자신이 말할 때 듣는 목소리에는 녹음된 목소리와 달리 외이에서 공명이 일어나는 소리가 빠져 있으므로
↳ 포함되어 있음.

해설 4문단에 따르면, 자신이 말할 때 듣는 목소리에는 외이에서 공명이 일어나는 공기 전도에 의한 소리와 내이에 바로 전달되는 골전도에 의한 소리가 모두 섞여 있다.

04 구체적 상황에 적용 정답 ③

선택률	① 5%	② 6%	③ 66%	④ 13%	⑤ 10%

윗글을 바탕으로 〈보기〉에 대해 보인 반응으로 가장 적절한 것은? [3점]

보기

난청이란 소리가 잘 들리지 않거나 전혀 들리지 않는 증상으로 외이도에서 뇌에 이르기까지 소리가 전달되는 과정 중 특정 부분에 문제가 생기면 발생한다. 그중 전음성 난청은 외이와 중이에 문제가 있어 발생하는 증상으로, 이 경우 소리가 커지면 알아듣는 정도가 좋아질 수 있다.
(청각 기관상의 문제 1 / 전음성 난청의 원인)

이와 달리 감각 신경성 난청은 달팽이관까지 소리가 잘 전달되었음에도 소리가 잘 들리지 않는 것으로 달팽이관의 청각 세포나, 청각 자극을 뇌로 전달하는 청각 신경 또는 중추 신경계 이상 등으로 발생한다. 이 경우 소리가 커져도 그것을 알아듣는 정도가 좋아지지 않는다.
(청각 신경계의 문제 2 / 감각 신경성 난청의 원인)

정답 풀이

③ 자신이 말하는 목소리가 전혀 들리지 않는 사람은 감각 신경성 난청 증상이 있다고 볼 수 있겠군.

해설 〈보기〉에 따르면, 전음성 난청은 외이와 중이에 문제가 있어 발생하는 청각 기관상의 장애이고, 감각 신경성 난청은 청각 세포나 신경계에 이상이 있어 발생하는 청각 신경계의 장애이다. 자신이 말하는 목소리는 공기 전도로 전달되는 소리와 골전도로 전달되는 소리가 섞여 있다. 전음성 난청이라면 외이와 중이를 거치지 않고 바로 골전도로 전달되는 소리는 들려야 하나, 전혀 들리지 않는다고 했으므로 달팽이관의 청각 세포나 청각 신경 또는 중추 신경계에 문제가 있음을 알 수 있다. 따라서 감각 신경성 난청 증상이 있는 것으로 볼 수 있다.

오답 풀이

① 골전도 이어폰은 장시간 사용해도 감각 신경성 난청을 유발하지는 않겠군.
↳ 유발할 수 있음.

해설 6문단에서 골전도 이어폰을 사용해도 내이는 자극이 되므로 장시간 사용하면 청각 신경이 손상될 수 있다고 하였다. 〈보기〉에 따르면, 외이와 중이의 문제로 인한 난청은 전음성 난청이고, 청각 세포나 청각 신경계의 문제로 인한 난청은 감각 신경성 난청이다. 따라서 골전도 이어폰을 장시간 사용하는 것은 감각 신경성 난청을 유발할 수 있다고 볼 수 있다.

② 청각 신경의 이상으로 인한 난청이 있는 사람의 경우 이어폰의 음량을 높이면 잘 들을 수 있겠군.
↳ 없음.

해설 〈보기〉에 따르면 청각 기관, 즉 외이와 내이의 문제로 인한 전음성 난청이 있는 사람은 소리가 커지면 알아듣는 정도가 좋아질 수 있다고 하였다. 반면에, 청각 신경의 이상으로 인한 감각 신경성 난청이 있는 사람은 소리가 커져도 알아듣는 정도가 좋아지지 않는다고 하였다.

④ 고막의 이상으로 난청이 있는 경우 골전도의 원리를 이용한 보청기는 사용해도 효과가 없겠군.
↳ 있음.

해설 2문단에 제시된 그림 자료를 보면 고막은 중이에 속하는 영역이다. 또한 5문단에서는 외이와 중이에 이상이 있는 사람도 골전도를 통해서는 소리를 들을 수 있고, 이를 이용한 보청기도 사용되고 있다고 하였다. 따라서 고막의 이상으로 난청이 있는 경우 외이와 중이를 거치지 않고 내이로 바로 전달되는 골전도의 원리를 이용한 보청기를 사용한다면 소리를 잘 들을 수 있을 것이다.

선택지 속 함정

고막이 귀의 기관 중 어디에 속하는 것인지를 알려면 지문에 제시된 그림 자료를 살펴봐야 해. 3문단의 공명에 의해 증폭된 진동은 고막을 진동시키고 고막의 진동은 청소골에서 더욱 증폭되어 내이에 전달된다는 설명을 통해서도 고막이 내이에 속하지 않는다는 것을 짐작할 수 있기는 하지만, 주어진 그림 자료를 보면 보다 직관적으로 고막의 위치를 알 수 있어. 고막은 중이에 속하는데 전음성 난청은 외이와 중이의 문제로 인해 소리를 듣기 어려운 증상이므로, 골전도의 원리를 이용한 보청기를 통해 보완할 수 있어.

⑤ 전음성 난청이 있는 사람은 골전도 이어폰의 소리는 들을 수 없지만 일반적인 이어폰의 소리는 들을 수 있겠군.
↳ 있지만 / ↳ 듣기 어려움.

해설 일반적인 이어폰은 공기 전도 방식에 의해 소리를 전달하므로 소리의 진동이 외이와 중이를 거쳐 이동하게 된다. 따라서 외이와 중이에 문제가 있다면 일반적인 이어폰의 소리를 듣는 것은 어렵다. 반면에 골전도 이어폰의 원리는 소리의 진동을 내이로 바로 전달하게 하는 것이므로 전음성 난청이 있더라도 골전도 이어폰을 이용한다면 소리를 잘 들을 수 있을 것이다.

05 핵심 정보의 파악

정답 ③

선택률	① 9%	② 5%	③ 62%	④ 3%	⑤ 21%

㉠, ㉡에 대한 설명으로 적절하지 않은 것은?
(㉠ = 골전도 이어폰, ㉡ = 일반적인 이어폰)

정답 풀이

③ ㉠은 ㉡과 달리 섬모의 흔들림을 유발하여 전기 신호를 발생시킨다.
↳ ㉠과 ㉡ 모두

해설 2문단에 따르면, 소리가 들린다는 것은 매질의 진동이 내이에 도달하여 달팽이관 속 림프액을 진동시켜 섬모가 흔들리고, 이로 인해 발생한 전기 신호가 청각 신경을 따라 뇌에 전달됨을 의미한다. 공기 전도나 골전도는 매질의 진동이 내이까지 도달하는 방식만이 다를 뿐이므로, ㉠과 ㉡ 모두 섬모의 흔들림을 통해 전기 신호를 발생시킨다고 할 수 있다.

오답 풀이

① ㉡은 교류 전류를 진동으로 바꾸고 공기를 통해 그 진동을 내이에 전달한다.

해설 5문단에 따르면, 이어폰 내부에는 일반적으로 내부 자기장을 형성하는 자석과 보이스코일이 있다. 보이스코일에 교류 전류를 가하면 내부 자기장에 의해 보이스코일에 인력과 척력이 교대로 작용하여 보이스코일에 진동이 발생한다. ㉡은 공기 전도를 통해 소리를 전달하는 방식이므로 보이스코일에 발생한 진동이 공기를 통해 내이에 전달될 것임을 알 수 있다.

② ㉠은 진동판을 통해 뼈에 진동을 발생시켜 소리를 내이로 전달한다.

해설 5문단에서 골전도 이어폰은 귀 주변 뼈에 진동판을 밀착하여 진동을 내이로 직접 전달한다고 하였다.

④ ㉠은 ㉡과 달리 야외 활동 시 사용해도 주변 소리를 들을 수 있어 위험 상황에 잘 대처할 수 있다.

해설 6문단에서 골전도 이어폰은 일반적인 이어폰과 달리 귀를 막지 않고 사용하기 때문에 야외 활동 시 착용해도 주변 소리를 들을 수 있어 위험 상황에 잘 대처할 수 있다는 장점이 있다고 하였다.

⑤ ㉠과 ㉡은 모두 내부 자기장과 교류 전류로 인해 인력과 척력이 발생한다.

해설 5문단에 따르면, 이어폰 내부에는 일반적으로 내부 자기장을 형성하는 자석과 보이스코일이 있다. 보이스코일에 교류 전류를 가하면 내부 자기장에 의해 보이스코일에 인력과 척력이 교대로 작용하여 보이스코일에 진동이 발생한다고 하였다. ㉠과 ㉡은 이렇게 발생된 진동이 청각 신경에 도달하는 방식이 다른 것일 뿐 진동을 전달하여 소리를 듣는다는 원리는 동일하다.

06~10 2021년 6월 고1 전국연합학력평가

본문 66~67쪽

06 ①　07 ③　08 ④　09 ④　10 ②

문단별 핵심어　★ 중심 문장

• 식욕의 작용 원리

1 식욕은 음식을 먹고 싶어 하는 욕망으로, 인간이 살아가는 데 필요한 영양분을 얻기 위해서 반드시 필요하다. (식욕의 개념과 필요성) 식욕은 기본적으로 뇌의 시상 하부*에 있는 식욕 중추*의 영향을 받는데, 이 중추에는 배가 고픈 느낌이 들게 하는 섭식 중추와 배가 부른 느낌이 들게 하는 포만 중추가 함께 있다. 우리 몸이 영양분을 필요로 하는 상태가 되면 섭식 중추는 뇌 안의 다양한 곳에 신호를 보낸다. 그러면 식욕이 느껴져 침의 분비와 같이 먹는 일과 관련된 무의식적인 행동이 촉진된다. 그러다 영양분의 섭취가 늘어나면, 포만 중추가 작용해서 식욕이 억제된다.

[A] **2** 그렇다면 뇌에 있는 섭식 중추나 포만 중추는 어떻게 몸속 영양분의 상태에 따라 식욕을 조절하는 것일까? 여기에서 중요한 역할을 하는 것이 혈액 속을 흐르는 영양소인데, 특히 탄수화물에서 분해된 '포도당'과 지방에서 분해된 '지방산'이 중요하다[식욕 조절에 기능하는 영양소]. 먼저 탄수화물은 식사를 통해 섭취된 후 소장에서 분해되면, 포도당으로 변해 혈액 속으로 흡수된다. 그러면 혈중 포도당의 농도가 높아지고, 이를 줄이기 위해 췌장에서 '인슐린'이라는 호르몬이 분비된다. 이 포도당과 인슐린이 혈액을 타고 시상 하부로 이동하여 포만 중추의 작용은 촉진하고 섭식 중추의 작용은 억제한다[포도당과 인슐린의 식욕 조절 원리]. 반면에 지방은 피부 아래의 조직에 중성지방의 형태로 저장되어 있다가 공복 상태가 길어지면 혈액 속으로 흘러가 간(肝)으로 운반된다. 그러면 부족한 에너지를 보충하기 위해 간에서 중성지방이 분해되고, 이 과정에서 생긴 지방산이 혈액을 타고 시상 하부로 이동하여 섭식 중추의 작용은 촉진하고 포만 중추의 작용은 억제한다[지방산의 식욕 조절 원리]. 이와 같은 작용 원리에 따라 우리의 식욕은 자연스럽게 조절된다.

3 그런데 우리는 온전히 영양분 섭취만을 목적으로 식욕을 느끼는 것은 아니다. 예를 들어, '스트레스를 받으니까 매운 음식이 먹고 싶어.'처럼 영양분의 섭취와 상관없이 취향이나 기분에 좌우되는 식욕도 있다. 이와 같은 식욕은 대뇌의 앞부분에 있는 '전두 연합 영역'에서 조절되는데, 본래 이 영역은 정신적이고 지적인 활동을 담당하는 곳이지만[전두 연합 영역의 기능 1] 식욕에도 큰 영향을 미친다. 이곳에서는 음식의 맛, 냄새 등 음식에 관한 다양한 감각 정보를 정리해 종합적으로 기억한다[전두 연합 영역의 기능 2]. 또한 맛이 없어도 건강을 위해 음식을 섭취하는 것과 같이, 먹는 행동을 이성적으로 조절하는 일도[전두 연합 영역의 기능 3] 이곳에서 담당하는데, 전두 연합 영역의 지령은 신경 세포의 신호를 통해 섭식 중추와 포만 중추로 전해진다.

4 한편 전두 연합 영역의 기능을 알면, ⓐ음식을 먹은 후 '이젠 더 이상 못 먹겠다.'라고 생각하면서도 디저트를 먹는 현상을 쉽게 이해할 수 있다. 흔히 사람들이 '이젠 더 이상 못 먹겠다.'고 생각하는 이유는 ⓑ실제로 배가 찼기 때문일 수도 있고, 배가 차지는 않았지만 특정한 맛에 질렸기 때문일 수도 있다. 그런데 이런 상황에도 불구하고 디저트를 먹는 현상은 모두 전두 연합 영역의 영향을 받는다. 먼저, 배가 찬 상태에서는 전두 연합 영역의 영향으로 위(胃) 속에 디저트가 들어갈 공간을 마련할 수 있다[전두 연합 영역의 영향 1]. 전두 연합 영역의 신경 세포가 '맛있다'와 같은 신호를 섭식 중추로 보내면, 거기에서 '오렉신'이라는 물질이 나온다. 오렉신은 위(胃)의 운동에 관련되는 신경 세포에 작용해서, 위(胃)의 내용물을 밀어내고 다시 새로운 음식이 들어갈 공간을 마련하는 것이다[오렉신의 기능]. 다음으로, 배가 차지 않은 상태이지만 전두 연합 영역의 영향으로 특정한 맛에 질릴 수 있다[전두 연합 영역의 영향 2]. 그래서 식사가 끝난 후에는 대개 단맛의 음식을 먹고 싶어 하게 되는데, 이는 주식이나 반찬에는 그 정도의 단맛을 내는 음식이 없기 때문이다. 따라서 우리가 "디저트 먹을 배는 따로 있다."라고 하는 것은 생물학적으로 충분히 설득력 있는 표현이 되는 것이다.

* **시상 하부**: 사람이 의식적으로 통제하지 못하는 다양한 신체 시스템을 감시하고 조절하는 뇌의 영역.
* **중추**: 신경 기관 가운데, 신경 세포가 모여 있는 부분.

지문 분석하기

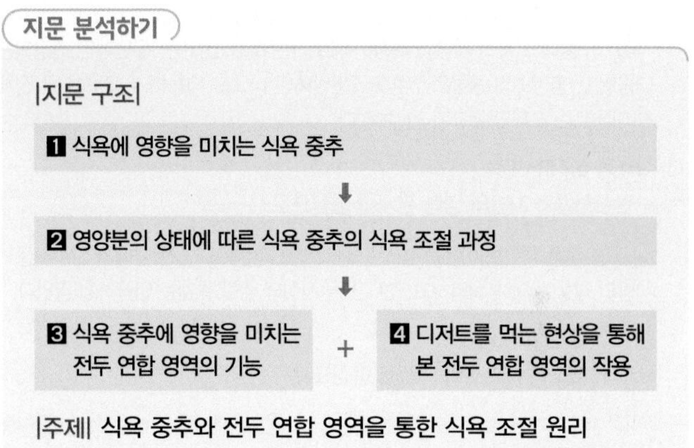

한컷 정리하기

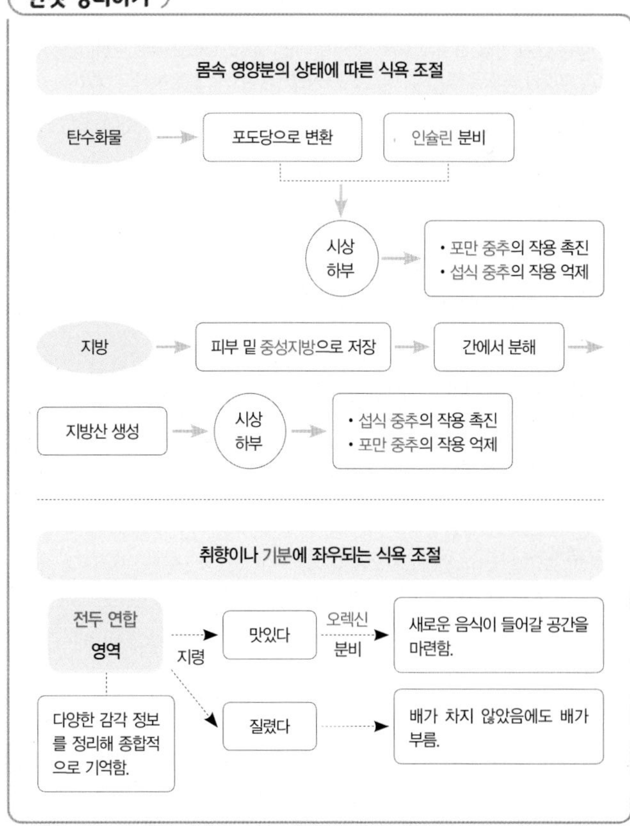

06 중심 화제의 파악 　정답 ①

선택률	① 89%	② 4%	③ 4%	④ 2%	⑤ 1%

윗글의 표제와 부제로 가장 적절한 것은?

정답 풀이

① 식욕의 작용 원리
– 식욕 중추와 전두 연합 영역을 중심으로

해설 1문단에서 식욕이 식욕 중추의 영향을 받는다는 점을 밝힌 뒤 2문단에서 식욕 중추가 몸속 영양분의 상태에 따라 식욕을 조절하는 과정을 설명하고, 3문단과 4문단에서 취향이나 기분에 따라 식욕을 조절하는 전두 연합 영역의 기능과 작용 원리의 사례를 제시하였다.

오답 풀이

② ~~식욕의 개념과 특성~~
– ~~영양소의 종류와 역할을 중심으로~~

해설 이 글에 식욕의 개념과 특성이 나오기는 하지만, 이는 1문단에만 해당되는 내용이고, 영양소의 종류와 역할도 2문단에만 나오는 내용이기 때문에 글 전체를 아우르는 표제와 부제가 될 수 없다.

③ ~~식욕이 생기는 이유~~
– ~~탄수화물과 지방의 영향 관계를 중심으로~~

해설 식욕이 생기는 이유는 1, 2문단에 국한된 내용이고, 2문단에서 탄수화물과 지방의 작용에 대해 설명하고 있지만 둘 사이의 영향 관계는 언급하지 않았다.

④ ~~전두 연합 영역의 특성~~
– ~~디저트의 섭취와 소화 과정을 중심으로~~

해설 전두 연합 영역의 특성은 3문단에, 디저트의 섭취와 소화 과정은 4문단에 국한된 내용이다.

⑤ ~~전두 연합 영역의 여러 기능~~
– ~~포도당과 지방산의 작용 관계를 중심으로~~

해설 전두 연합 영역의 여러 기능에 대한 내용은 3문단에만 나타나는 내용이고, 그것을 포도당과 지방산의 작용 관계를 중심으로 설명하지도 않았다.

07 세부 정보의 파악 　정답 ③

선택률	① 2%	② 10%	③ 76%	④ 8%	⑤ 4%

윗글을 이해한 내용으로 적절하지 않은 것은?

정답 풀이

③ 위의 운동에 관여하는 오렉신은 ~~전두 연합 영역에서~~ 분비된다.
↳ 섭식 중추에서

해설 4문단에서 전두 연합 영역의 신경 세포가 '맛있다'와 같은 신호를 섭식 중추로 보내면 거기에서 오렉신이 나온다고 하였다. 따라서 오렉신은 전두 연합 영역이 아니라 섭식 중추에서 분비되는 것임을 알 수 있다.

오답 풀이

① 식욕은 인간이 살아가는 데 반드시 필요한 욕망이다.

해설 1문단에서 식욕은 음식을 먹고 싶어 하는 욕망으로, 인간이 살아가는 데 필요한 영양분을 얻기 위해 반드시 필요하다고 하였다.

② 인간의 뇌에 있는 시상 하부는 인간의 식욕에 영향을 끼친다.

해설 1문단에서 식욕은 뇌의 시상 하부에 있는 식욕 중추의 영향을 받는다고 하였다.

④ 음식의 특정한 맛에 질렸을 때 더 이상 먹을 수 없다고 생각할 수 있다.

해설 4문단에서 사람들이 '이젠 더 이상 못 먹겠다.'고 생각하는 이유는 실제로 배가 찼기 때문일 수도 있고, 배가 차지는 않았지만 특정한 맛에 질렸기 때문일 수도 있다고 하였다.

⑤ 전두 연합 영역은 정신적이고 지적인 활동뿐만 아니라 식욕에도 관여한다.

해설 3문단에서 전두 연합 영역은 본래 정신적이고 지적인 활동을 담당하는 곳이지만 식욕에도 큰 영향을 미친다고 하였다.

08 미루어 알기 　정답 ④

선택률	① 15%	② 11%	③ 7%	④ 40%	⑤ 27%

= 실제로 배가 찼기 때문

ⓑ와 '식욕 중추의 작용'을 고려하여 ⓐ를 이해한 내용으로 적절한 것은?

= 음식을 먹은 후 '이젠 더 이상 못 먹겠다.'라고 생각하면서도 디저트를 먹는 현상

정답 풀이

④ 포만 중추의 작용이 활발하므로 ⓐ는 모순적이다.

해설 ⓑ는 실제로 배가 찬 상황으로, 2문단에 의하면 영양분을 섭취하면 포만 중추의 작용은 촉진되고 섭식 중추의 작용은 억제된다. 그리고 포만 중추와 섭식 중추의 작용 원리에 따라 식욕이 자연스럽게 조절된다고 하였다. 이에 따르면 포만 중추가 활발히 작용하고 섭식 중추의 작용이 억제되면 더 이상 영양분을 섭취하지 않는 것이 자연스럽다. 따라서 실제로 배가 차면 포만 중추의 작용이 활발한데 더 이상 못 먹겠다고 생각하면서 디저트를 먹는 것은 모순적이다.

오답 풀이

① 섭식 중추의 작용이 억제되므로 ⓐ는 ~~타당하다~~.
↳ 모순적이다

해설 배불리 먹어 섭식 중추의 작용이 억제되는 상황에서 음식을 더 섭취하는 현상이므로 ⓐ는 모순적이다.

② 섭식 중추의 작용이 ~~활발하므로~~ ⓐ는 모순적이다.
↳ 억제되므로

해설 ⓐ는 섭식 중추의 작용이 억제되는 상황이다.

③ 포만 중추의 작용이 ~~억제되므로~~ ⓐ는 모순적이다.
↳ 촉진되므로

해설 ⓐ는 포만 중추의 작용이 촉진되는 상황이다.

⑤ 섭식 중추와 포만 중추의 작용이 반복되므로 ⓐ는 ~~타당하다~~.
↳ 모순적이다

해설 ⓐ는 섭식 중추의 작용은 억제되고 포만 중추의 작용은 촉진되는 상황이므로 ⓐ는 모순적이다.

선택지 속 함정

선택지 ⑤번을 정답으로 고른 학생들은 섭식 중추와 포만 중추의 작용이 반복되면 배가 고픈 느낌과 배가 부른 느낌이 반복되니까 배불러서 더 이상 못 먹겠다고 생각했어도 더 먹게 되는 것이라 생각했을 거야. 하지만 지문을 바탕으로 판단을 해 보면 ⓑ는 실제로 배가 찬 경우로 섭식 중추의 작용은 억제되고 포만 중추의 작용은 촉진되는 경우야. 그리고 이에 따르면 ⓐ는 모순적이지.

09 자료를 통한 이해

정답 ④

선택률	① 3%	② 5%	③ 10%	④ 77%	⑤ 5%

[A]를 바탕으로 〈보기〉에 대해 설명한 내용으로 가장 적절한 것은?

〈보기〉

다음은 탄수화물이 포함된 식사 전후에 혈액 속을 흐르는 물질이 식욕 중추에 끼치는 영향 관계를 표현한 모식도이다.

정답 풀이

④ 공복 상태가 길어지면 혈관 속에 ㉠의 양은 줄어들고 ㉢의 양은 늘어난다.
(㉠: 포도당, ㉢: 지방산)

해설 2문단에서 식사를 통해 섭취된 탄수화물이 포도당(㉠)으로 변한다고 하였는데, 이로 볼 때 공복 상태가 길어지면 탄수화물을 섭취하지 못해 혈액 내 포도당이 줄어든다. 또한 공복 상태가 길어지면 중성지방이 간으로 운반된 뒤 지방산(㉢)으로 분해되어 혈액을 타고 시상 하부로 이동하므로 혈액 내 ㉢의 양은 늘어난다.

오답 풀이

① 혈관 속에 ㉠의 양이 줄어들면 ㉡이 분비된다.
↳ 늘어나면

해설 2문단에서 혈중 포도당(㉠) 농도가 높아지면 췌장에서 인슐린(㉡)이 분비된다고 하였다.

② 혈관 속에 ㉠과 ㉡의 양이 많아지면 배가 고픈 느낌이 든다.
↳ 부른

해설 2문단에서 포도당(㉠)과 인슐린(㉡)이 혈액을 타고 시상 하부로 이동하면 포만 중추의 작용은 촉진하고 섭식 중추의 작용은 억제한다고 하였다. 1문단에서 포만 중추는 배가 부른 느낌이 들게 한다고 하였으므로, 혈관 속에 ㉠과 ㉡의 양이 많아지면 배가 부른 느낌이 들 것이다.

③ 공복 상태가 길어지면 ㉠과 ㉢은 ~~시상 하부의 명령을 식욕 중추에 전달한다~~.
↳ 시상 하부로 이동하여 식욕 중추를 조절한다.

해설 1문단에서 식욕 중추가 시상 하부에 있다는 내용만 확인할 수 있을 뿐, 포도당(㉠)과 지방산(㉢)이 시상 하부의 명령을 식욕 중추에 전달한다고 판단할 만한 내용은 나타나 있지 않다.

⑤ ~~식사를 하는 동안에 ㉡은 ㉢의 도움으로~~ 피부 아래의 조직에 중성지방으로 저장된다.
↳ 지방은

해설 2문단에 따르면, 피부 아래 조직에 중성지방 형태로 저장되어 있다고 한 것은 지방이다. 인슐린(㉡)이 중성지방으로 저장되거나 지방산(㉢)의 도움을 받는다고 볼 만한 근거는 찾을 수 없다.

10 구체적 상황에 적용

정답 ②

선택률	① 6%	② 62%	③ 8%	④ 13%	⑤ 11%

윗글을 바탕으로 〈보기〉를 이해한 것으로 적절하지 않은 것은? [3점]

〈보기〉

(뷔페에서 음식을 먹은 후)

A: 너무 많이 먹어서 배가 터질 것 같아.

B: 나도 배가 부르기는 한데, 그래도 내가 좋아하는 떡볶이를 좀 더 먹어야겠어.
(전두 연합 영역 → 취향에 따른 식욕 좌우)

(잠시 후 디저트를 둘러보며)

A: 예전에 여기서 이 과자 먹어 봤는데 정말 달고 맛있었어. 오늘도 먹어 볼까?
(전두 연합 영역 → 맛 기억)

B: 너 조금 전에 배가 터질 것 같다고 하지 않았니?

A: 후식 먹을 배는 따로 있다는 말도 못 들어 봤어?
(오렉신 → 위에 공간 마련)

B: 와! 그게 또 들어가? 진짜 대단하다. 나는 입맛에는 안 맞지만 건강을 위해 녹차나 마셔야겠어.
(전두 연합 영역 → 먹는 행동 이성적 조절)

정답 풀이

② A는 ~~섭식 중추의 작용으로~~ 뷔페의 과자가 맛있었다고 떠올릴 수 있었겠군.
↳ 전두 연합 영역의 기능으로

해설 3문단에서 전두 연합 영역이 음식의 맛, 냄새 등 음식에 관한 다양한 감각 정보를 정리해 종합적으로 기억한다고 하였다.

오답 풀이

① A는 오렉신의 영향으로 위(胃)에 후식이 들어갈 공간이 더 마련되었겠군.

해설 4문단에서 전두 연합 영역이 '맛있다'와 같은 신호를 섭식 중추로 보내면 오렉신이 분비되어 위의 내용물을 밀어내고 음식이 들어갈 공간을 마련한다고 하였다.

③ B는 영양분의 섭취와는 무관하게 떡볶이가 먹고 싶다고 생각했겠군.

해설 3문단에서 영양분의 섭취와 상관없이 취향이나 기분에 좌우되는 식욕이 전두 연합 영역에서 조절된다고 하였다. B가 배부르지만 자신이 좋아하는 떡볶이라서 더 먹어야겠다고 생각한 것은 이 경우에 해당한다.

④ B는 전두 연합 영역의 작용으로 건강을 위해 입맛에 맞지 않는 녹차를 마셨겠군.

해설 3문단에서 전두 연합 영역은 맛이 없어도 건강을 위해 음식을 섭취하는 것과 같이, 먹는 행동을 이성적으로 조절하는 일도 담당한다고 하였다.

⑤ A와 B는 디저트를 둘러보기 전까지 섭식 중추의 작용이 점점 억제되었겠군.

해설 디저트를 둘러보기 전의 A와 B는 음식을 많이 먹어서 배가 부르다고 하였다. 2문단에서 식사를 한 후에는 포도당과 인슐린이 포만 중추의 작용은 촉진하고 섭식 중추의 작용은 억제한다고 하였으므로, A와 B는 디저트를 둘러보기 전까지는 섭식 중추의 작용이 억제되고 있었을 것이다.

DAY 14 과학 **인체의 작용**

01~04 2019년 9월 고1 전국연합학력평가 본문 68~69쪽

01 ② **02** ③ **03** ② **04** ④

문단별 핵심어 ★ 중심 문장

• 인체의 자연 치유력 '오토파지'

1 우리 몸에는 외부의 환경이나 미생물로부터 스스로를 지키기 위한 자기 방어 시스템이 있는데, 이를 자연치유력이라고 한다. 우리 몸은 이상이 생겼을 때 자기 진단과 자기 수정을 통해 이를 정상적으로 회복하기 위해 노력한다. 인체의 자연치유력 중 하나인 ㉠'오토파지'는 세포 안에 쌓인 불필요한 단백질과 망가진 세포 소기관*을 분해해 세포의 에너지원으로 사용하는 현상이다.

2 평소에는 우리 몸이 항상성*을 유지할 정도로 오토파지가 최소한으로 일어나는데, 인체가 오랫동안 영양소를 섭취하지 못하거나 해로운 균에 감염되는 등 스트레스를 받으면 활성화된다. 예를 들어 밥을 제때에 먹지 않아 영양분이 충분히 공급되지 않으면 우리 몸은 오토파지를 통해 생존에 필요한 아미노산과 에너지를 얻는다. 이외에도 몸속에 침투한 세균이나 바이러스를 오토파지를 통해 제거하기도 한다.

3 그렇다면 오토파지는 어떤 과정을 거쳐 일어날까? 「세포 안에 불필요한 단백질과 망가진 세포 소기관이 쌓이면 세포는 세포막을 이루는 구성 성분을 이용해 이를 이중막으로 둘러싸 작은 주머니를 만든다. 이 주머니를 '오토파고솜'이라고 ⓐ부른다. 오토파고솜은 세포 안을 둥둥 떠다니다가 리소좀을 만나서 합쳐진다. '리소좀'은 단일막으로 둘러싸인 구형의 구조물로 그 속에 가수분해효소를 가지고 있어 오토파지 현상을 주도하는 역할을 한다. 오토파고솜과 리소좀이 합쳐지면 '오토파고리소좀'이 되는데 리소좀 안에 있는 가수분해효소가 오토파고솜 안에 있던 쓰레기들을 잘게 부수기 시작한다. 분해가 끝나면 막이 터지면서 막 안에 들어 있던 잘린 조각들이 쏟아져 나온다. 그리고 이 조각들은 에너지원으로 쓰이거나 다른 세포 소기관을 만드는 재료로 재활용된다.」

4 이러한 오토파지가 정상적으로 작동하지 않으면 불필요한 단백질과 망가진 세포 소기관이 세포 안에 쌓이면서 세포 내 항상성이 무너져 노화나 질병을 초래한다. 그래서 과학자들은 여러 가지 실험을 통해 오토파지를 활성화시키는 방법을 연구하거나 오토파지를 이용해 병을 치료하는 방법을 찾고 있다. 자연치유력에는 오토파지 이외에도 '면역력', '아포토시스' 등이 있다. 면역력은 질병으로부터 우리 몸을 지키는 방어 시스템이다. ㉡아포토시스는 개체를 보호하기 위해 비정상 세포, 손상된 세포, 노화된 세포가 스스로 사멸하는 과정으로 우리 몸을 건강한 상태로 유지하게 한다. 이러한 현상들을 통해 우리는 우리 몸을 지킬 수 있는 것이다.

* **세포 소기관**: 세포핵, 골지체, 소포체, 리보솜, 리소좀 등의 세포 안에 들어 있는 작은 기관들.

* **항상성**: 생체가 여러 가지 환경 변화에 대응하여 생명 현상이 제대로 일어날 수 있도록 일정한 상태를 유지하는 성질. 또는 그런 현상.

지문 분석하기

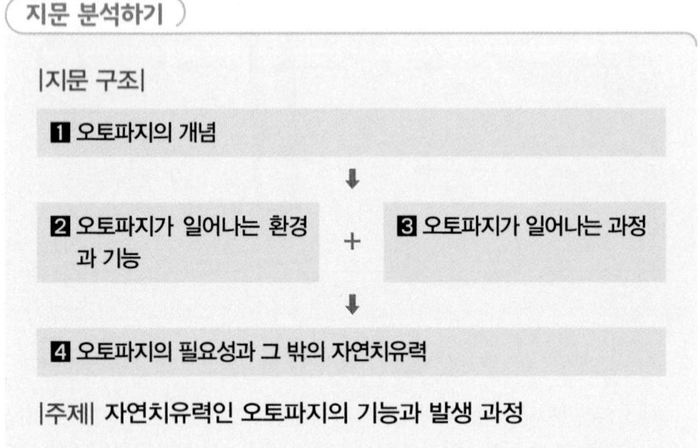

한컷 정리하기

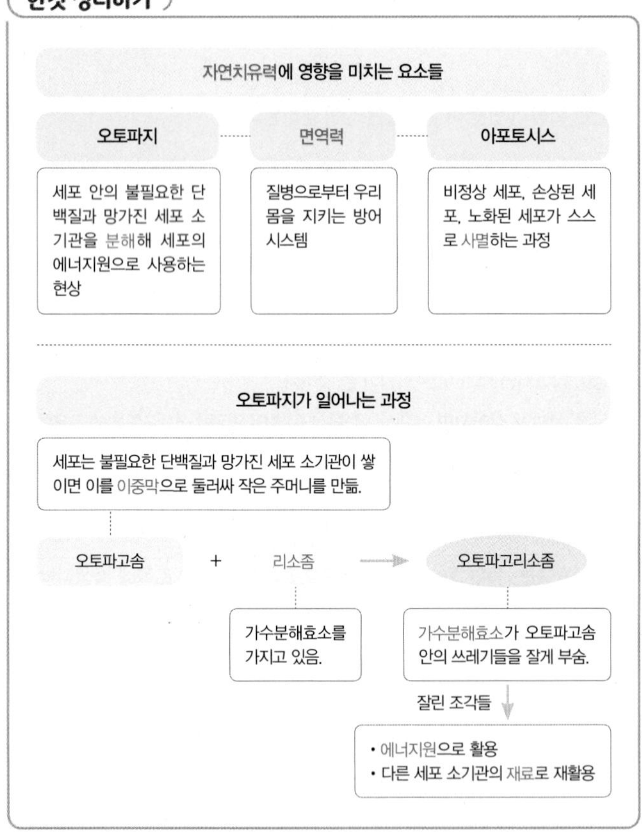

01 중심 화제의 파악 정답 ②

선택률	① 2%	② 83%	③ 4%	④ 1%	⑤ 10%

윗글의 표제와 부제로 가장 적절한 것은?

정답 풀이

② 인체의 자연치유력
– 오토파지의 원리를 중심으로

해설 1문단에서 인체의 자연치유력과 그중 하나인 오토파지의 개념을 정의한 뒤, 2, 3문단에서 오토파지의 기능과 발생 과정을 제시하고 4문단에서 오토파지의 필요성과 오토파지 이외의 자연치유력을 설명하고 있다. 따라서 '인체의 자연치유력'과 '오토파지의 원리를 중심으로'는 이러한 내용을 포괄하는 표제와 부제로 적절하다.

오답 풀이

① 세포의 재생 능력
– ~~리소좀의 구조와 기능을 중심으로~~

해설 3문단에 리소좀의 구조와 기능이 설명되어 있으나 이는 오토파지 현상과 관련하여 제시된 부분적인 내용이다.

③ 질병을 예방하는 방법
– ~~세포의 면역력을 중심으로~~
↳ 오토파지를 중심으로 자연치유력을 설명함.

해설 4문단에서 오토파지 이외의 자연치유력 중 질병으로부터 우리 몸을 지키는 방어 시스템인 면역력을 언급하고 있으나 이는 부분적인 내용이다.

④ ~~노화를 막기 위한 방법~~
– ~~아포토시스의 원리를 중심으로~~
↳ 오토파지를 중심으로 자연치유력을 설명함.

해설 4문단에서 오토파지가 정상적으로 작동하지 않으면 노화나 질병이 초래된다고 하며 오토파지 이외의 자연치유력으로 아포토시스를 언급하고 있으나 이는 부분적인 내용이다.

↳ 자연치유력에 대한 설명임.
⑤ 우리 몸의 ~~자기 면역 방어~~
– 오토파지를 활성화시키는 방법을 중심으로

해설 이 글은 인체의 자기 방어 시스템인 자연치유력에 대해 설명한 글로, 자기 면역 방어에 대해서는 구체적으로 다루고 있지 않다.

02 자료 해석의 적절성 평가 정답 ③

선택률	① 10%	② 9%	③ 72%	④ 5%	⑤ 4%

윗글을 바탕으로 〈보기〉를 이해한 내용으로 적절하지 않은 것은? [3점]

보기

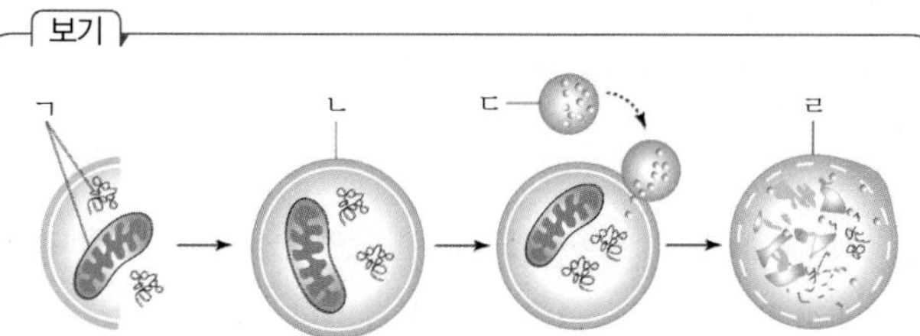

ㄱ: 불필요한 단백질과 망가진 세포 소기관 – 분해되어 세포의 에너지원으로 이용됨.

ㄴ: 오토파고솜 – 세포막을 이루는 구성 성분을 이용해 ㄱ을 이중막으로 둘러싼 작은 주머니

ㄷ: 리소좀 – 단일막으로 둘러싸인 구형의 구조물. 가수분해효소를 통해 오토파지 현상을 주도함.

ㄹ: 오토파고리소좀 – 오토파고솜과 리소좀이 합쳐진 것

정답 풀이

③ ㄴ이 ㄷ과 결합하면 ~~ㄴ~~ 안의 가수분해효소가 ㄱ을 잘게 분해하겠군.
↳ ㄷ(리소좀) 안에 있는

해설 3문단에서 오토파고솜(ㄴ)과 리소좀(ㄷ)이 합쳐지면 리소좀(ㄷ) 안에 있는 가수분해효소가 오토파고솜 안에 있던 불필요한 단백질과 망가진 세포 소기관(ㄱ)을 잘게 분해한다는 내용을 확인할 수 있다.

오답 풀이

① 세포 안에 ㄱ이 쌓이면 오토파지가 일어나겠군.
세포 안에 쌓인 불필요한 단백질과 망가진 세포 소기관을 분해해 세포의 에너지원으로 사용하는 현상

해설 1문단에서 세포 안에 쌓인 불필요한 단백질과 망가진 세포 소기관(ㄱ)을 분해해 세포의 에너지원으로 사용하는 현상을 오토파지라고 설명하고 있다.

② ㄴ은 ㄱ을 이중막으로 둘러싸 작은 주머니로 만든 것이겠군.
오토파고솜

해설 3문단에서 세포 안에 필요한 단백질과 망가진 세포 소기관(ㄱ)이 쌓이면 세포는 세포막을 이루는 구성 성분을 이용해 이를 이중막으로 둘러싸 작은 주머니를 만드는데, 이 주머니를 '오토파고솜(ㄴ)'이라고 한다고 설명하고 있다.

④ 분해가 끝나면 막이 터지면서 ㄹ 안의 잘린 조각들이 쏟아져 나오겠군.

해설 3문단에서 오토파고솜과 리소좀이 합쳐지면 '오토파고리소좀(ㄹ)'이 되는데 리소좀 안에 있는 가수분해효소가 오토파고솜 안에 있던 쓰레기들을 잘게 부수고 분해가 끝나면 막이 터지면서 막 안에 들어 있던 잘린 조각들이 쏟아져 나온다고 설명하고 있다.

⑤ ㄹ에서 나온 조각들은 에너지원으로 쓰이거나 재활용되겠군.

해설 3문단에서 오토파고리소좀(ㄹ)에서 분해가 끝난 뒤에 막이 터지면서 나온 조각들은 에너지원으로 쓰이거나 다른 세포 소기관을 만드는 재료로 재활용된다고 설명하고 있다.

03 세부 정보의 추론 정답 ②

선택률	① 3%	② 84%	③ 5%	④ 5%	⑤ 3%

㉠과 ㉡에 대한 설명으로 가장 적절한 것은?
(㉠ = 오토파지, ㉡ = 아포토시스)

정답 풀이

② ㉡은 ㉠과 달리 손상된 세포가 스스로 사멸함으로써 우리 몸의 항상성을 유지한다.

해설 1, 4문단에 따르면, ㉠'오토파지'는 세포 안에 쌓인 불필요한 단백질과 망가진 세포 소기관을 분해해 재활용하여 우리 몸의 항상성을 유지하는 현상이고, 4문단에 따르면, ㉡'아포토시스'는 손상된 세포가 스스로 사멸함으로써 우리 몸의 항상성을 유지하는 현상이다.

오답 풀이

① ~~㉠은 ㉡과 달리~~ 세포 소기관보다는 개체를 보호하기 위해 일어난다.
↳ ㉠과 ㉡은 모두

해설 ㉠'오토파지'와 ㉡'아포토시스'는 모두 인체의 자연치유력 중 하나로 오토파지는 불필요한 단백질이나 망가진 세포 소기관을 분해해 세포의 에너지원으로 사용함으로써 개체의 생존에 필요한 에너지를 얻는다. 그리고 아포토시스는 개체를 보호하기 위해 비정상 세포, 손상된 세포, 노화된 세포가 스스로 사멸하는 과정이므로 ㉠과 ㉡ 모두 개체를 보호하기 위해 일어나는 것이라고 볼 수 있다.

③ ~~㉡은 ㉠과 달리~~ 우리 몸에 영양 공급이 부족하거나 바이러스가 침투했을 때 발생한다.
↳ ㉠은 ㉡과 달리

해설 2문단에서 우리 몸에 영양 공급이 부족하거나 바이러스가 침투했을 때 발생하는 것은 ㉠'오토파지'임을 확인할 수 있다. 4문단에서 ㉡'아포토시스'는 비정상 세포 등이 스스로 사멸하는 과정이라고 설명하고 있다.

④ ~~㉠과 ㉡은 모두~~ 생존에 필요한 아미노산과 에너지를 ~~다량으로~~ 얻기 위해 작동한다.
↳ ㉠은 ㉡과 달리 ↳ 알 수 없음.

해설 2문단에서 우리 몸은 영양분이 충분히 공급되지 않으면 ㉠'오토파지'를 통해 생존에 필요한 아미노산과 에너지를 얻는다고 설명하고 있는데, 이때 아미노산과 에너지를 다량으로 얻는지는 알 수 없다. 한편 ㉡'아포토시스'는 비정상 세포 등이 스스로 사멸하는 과정으로 이를 통해 아미노산과 에너지를 얻는 것은 아니다.

⑤ ~~㉠과 ㉡은 모두~~ 작동 과정에서 세포가 분해되어 다른 세포 소기관을 만드는 데 활용된다. ↳ ㉠은 ㉡과 달리

해설 3문단에서 ㉠'오토파지'는 작동 과정에서 세포의 일부를 분해하고, 분해된 조각들은 다른 세포 소기관을 만드는 재료로 활용된다는 것을 확인할 수 있다. 그러나 4문단에서 ㉡'아포토시스'는 개체를 보호하기 위해 비정상 세포 등이 사멸하는 과정이라고 했으므로 이 과정에서 세포가 분해되어 다른 세포 소기관을 만드는 데 활용된다고는 볼 수 없다.

04 어휘의 문맥적 의미 파악 정답 ④

선택률	① 1%	② 1%	③ 4%	④ 93%	⑤ 1%

문맥상 의미가 ⓐ와 가장 가까운 것은? = 부른다

정답 풀이

④ 도덕 기준이 없는 혼돈 상태를 아노미라고 부른다.

해설 ⓐ는 '무엇이라고 가리켜 말하거나 이름을 붙이다.'의 의미이다. ④의 '아노미라고 부른다.'의 '부르다'도 이와 같은 의미로 사용되었다.

오답 풀이

① 그는 속으로 쾌재를 불렀다.

해설 ①의 '부르다'는 '구호나 만세 따위를 소리 내어 외치다.'의 의미이다.

② 푸른 바다가 우리를 부른다.

해설 ②의 '부르다'는 '어떤 방향으로 따라오거나 동참하도록 유도하다.'의 의미이다.

③ 그 가게에서는 값을 비싸게 불렀다.

해설 ③의 '부르다'는 '값이나 액수 따위를 얼마라고 말하다.'의 의미이다.

⑤ 그녀는 학교 앞을 지나가는 친구를 큰 소리로 불렀다.

해설 ⑤의 '부르다'는 '말이나 행동 따위로 다른 사람의 주위를 끌거나 오라고 하다.'의 의미이다.

05~08 2015학년도 11월 고3 대학수학능력평가 A

본문 70~71쪽

05 ③ 06 ① 07 ③ 08 ②

(　) 문단별 핵심어 ★ 중심 문장

• 단백질의 합성과 분해

1 우리 몸은 단백질의 합성과 분해를 끊임없이 반복한다. 단백질 합성은 아미노산을 연결하여 긴 사슬을 만드는 과정인데, 20여 가지의 아미노산이 체내 단백질 합성에 이용된다. [단백질 합성의 정의] 단백질 합성에서 아미노산들은 DNA 염기 서열에 담긴 정보에 따라 정해진 순서대로 결합된다. [아미노산의 결합 원리] 단백질 분해는 아미노산 간의 결합을 끊어 개별 아미노산으로 분리하는 과정이다. [단백질 분해의 정의] 체내 단백질 분해를 통해 오래되거나 손상된 단백질이 축적되는 것을 막고, 우리 몸에 부족한 에너지 및 포도당을 보충할 수 있다. [우리 몸이 단백질을 분해하는 이유]

2 단백질 분해 과정의 하나인, 프로테아솜이라는 효소 복합체에 의한 단백질 분해는 세포 내에서 이루어진다. 프로테아솜은 유비퀴틴이라는 물질이 일정량 이상 결합되어 있는 단백질을 아미노산으로 분해한다. [프로테아솜의 기능] 단백질 분해를 통해 생성된 아미노산의 약 75%는 다른 단백질을 합성하는 데 이용되며, [단백질 분해를 통해 생성된 아미노산의 쓰임] 나머지 아미노산은 분해된다. 아미노산이 분해될 때는 아미노기가 아미노산으로부터 분리되어 [아미노산의 분해 과정 1] 암모니아로 바뀐 다음, 요소(尿素)로 합성되어 체외로 배출된다. 그리고 아미노기가 떨어지고 남은 부분은 [아미노산의 분해 과정 2] 에너지나 포도당이 부족할 때는 이들을 생성하는 데 이용되고, 그렇지 않으면 지방산으로 합성되거나 체외로 배출된다. [아미노산의 분해 과정 3]

3 단백질이 지속적으로 분해됨에도 불구하고 체내 단백질의 총량이 유지되거나 증가할 수 있는 것은 세포 내에서 단백질 합성이 끊임없이 일어나기 때문이다. 단백질 합성에 필요한 아미노산은 세포 내에서 합성되거나, 음식으로 섭취한 단백질로부터 얻거나, 체내 단백질을 분해하는 과정에서 생성된다. [단백질 합성에 필요한 아미노산을 얻는 방법] 단백질 합성에 필요한 아미노산 중 체내에서 합성할 수 없어 필요량을 스스로 충족할 수 없는 것을 필수아미노산이라고 한다. [필수아미노산의 개념] 어떤 단백질 합성에 필요한 각 필수아미노산의 비율은 정해져 있다. 「체내 단백질 분해를 통해 생성되는 필수아미노산도 다시 단백질 합성에 이용되기도 하지만, 부족한 양이 외부로부터 공급되지 않으면 전체의 체내 단백질 합성량이 줄어들게 된다.」 [「 」: 필수아미노산의 중요성] 그러므로 필수아미노산은 반드시 음식물을 통해 섭취되어야 한다. [필수아미노산을 얻기 위한 방법] 다만 성인과 달리 성장기 어린이의 경우, 체내에서 합성할 수는 있으나 그 양이 너무 적어서 음식물로 보충해야 하는 [어린이가 필수아미노산을 얻는 방법] 아미노산도 필수아미노산에 포함된다.

4 각 식품마다 포함된 필수아미노산의 양은 다르며, 필수아미노산이 균형을 이룰수록 공급된 필수아미노산의 총량 중 단백질 합성에 이용되는 양의 비율, [필수아미노산의 이용 효율의 개념] 즉 필수아미노산의 이용 효율이 ㉠높다. 일반적으로 「육류, 계란 등 동물성 단백질은 필수아미노산을 균형 있게 함유하고 있어 필수아미노산의 이용 효율이 높은 반면, 쌀이나 콩류 등에 포함된 식물성 단백질은 제한아미노산을 가지며 필수아미노산의 이용 효율이 상대적으로 낮다.」 [「 」: 동물성과 식물성 필수아미노산의 이용 효율 비교]

5 제한아미노산은 단백질 합성에 필요한 각각의 필수아미노산의 양에 비해 공급된 어떤 식품에 포함된 해당 필수아미노산의 양의 비율이 가장 낮은 필수아미노산을 말한다. [제한아미노산의 개념] 가령, 가상의 P 단백질 1몰*을 합성하기 위해서는 필수아미노산 A와 B가 각각 2몰과 1몰이 필요하다고 하자. P를 2몰 합성하려고 할 때, A와 B가 각각 2몰씩 공급되었다면 A는 필요량에 비해 2몰이 부족하게 되어 P는 결국 1

몰만 합성된다. 이때 A가 부족하여 합성할 수 있는 단백질의 양이 제한되기 때문에 A가 제한아미노산이 된다.

* 몰: 물질의 양을 나타내는 단위.

지문 분석하기

|지문 구조|

1 우리 몸의 단백질 합성과 분해의 개념
↓
2 단백질 분해를 통해 생성된 아미노산의 기능과 분해 과정
↓
3 아미노산을 얻는 방법과 필수 아미노산의 개념
↓
4 필수아미노산의 이용 효율 + 5 필수아미노산 중 단백질 합성량을 결정하는 제한아미노산

|주제| 단백질의 분해와 단백질의 합성에 필요한 필수아미노산

한컷 정리하기

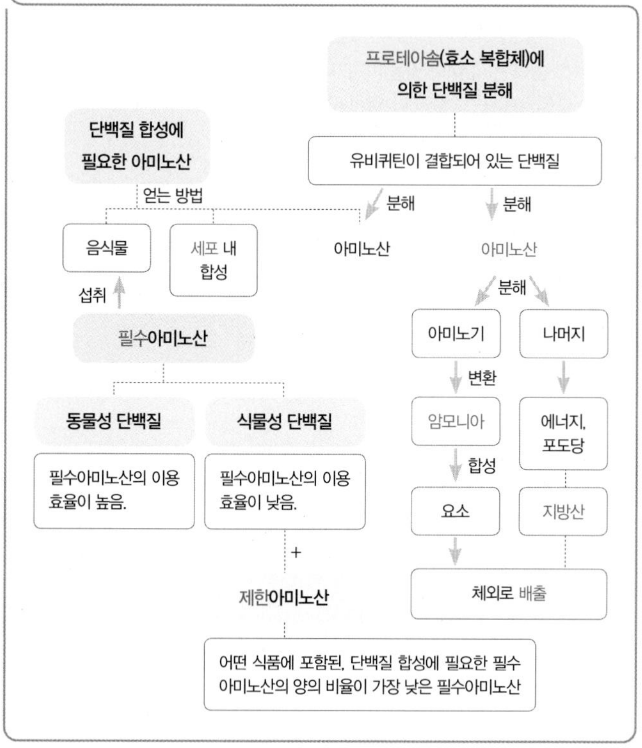

프로테아솜(효소 복합체)에 의한 단백질 분해
유비퀴틴이 결합되어 있는 단백질
분해 → 아미노산
분해 → 아미노산 → 분해 → 아미노기 / 나머지
아미노기 → 변환 → 암모니아 → 합성 → 요소 → 체외로 배출
나머지 → 에너지, 포도당 / 지방산 → 체외로 배출

단백질 합성에 필요한 아미노산
얻는 방법: 음식물(섭취 ← 필수아미노산) / 세포 내 합성
필수아미노산
동물성 단백질: 필수아미노산의 이용 효율이 높음.
식물성 단백질: 필수아미노산의 이용 효율이 낮음.
+ 제한아미노산: 어떤 식품에 포함된, 단백질 합성에 필요한 필수아미노산의 양의 비율이 가장 낮은 필수아미노산

05 세부 정보의 파악 정답 ③

선택률	① 1%	② 1%	③ 91%	④ 2%	⑤ 5%

윗글의 내용과 일치하지 않는 것은?

정답 풀이

③ 아미노산에서 분리되어 요소로 합성되는 것은 ~~아미노산에서 아미노기를 제외한 부분이다~~. (↳ 아미노기임.)

해설 2문단에서는 아미노산에서 분리된 아미노기가 암모니아로 바뀐 다음 요소로 합성된다고 하였다. 즉, 요소로 합성되는 것은 아미노기이다.

오답 풀이

① 체내 단백질의 분해를 통해 오래되거나 손상된 단백질의 축적을 막는다.

해설 1문단을 통해 체내 단백질이 분해되는 것은 오래되거나 손상된 단백질이 축적되는 것을 막고, 우리 몸에 부족한 에너지와 포도당을 보충하기 위한 것임을 알 수 있다.

② 유비퀴틴이 결합된 단백질을 아미노산으로 분해하는 것은 프로테아솜이다.

해설 2문단에서 프로테아솜은 유비퀴틴이 결합되어 있는 단백질을 아미노산으로 분해한다고 하였다.

④ 세포 내에서 합성되는 단백질의 아미노산 결합 순서는 DNA 염기 서열에 담긴 정보에 따른다.

해설 1문단에서 단백질 합성에서 아미노산들은 DNA 염기 서열에 담긴 정보에 따라 정해진 순서대로 결합된다고 하였다.

⑤ 성장기의 어린이에게 필요한 필수아미노산 중에는 체내에서 합성할 수 있는 것도 포함되어 있다.

해설 3문단에서 성장기 어린이의 경우, 체내에서 합성할 수는 있으나 양이 적어 음식물로 보충해야 하는 아미노산도 필수아미노산에 포함된다고 하였다. 즉, 성장기 어린이의 체내에서 합성이 가능한 아미노산도 필수아미노산에 포함된다.

06 세부 정보의 추론 정답 ①

선택률	① 72%	② 3%	③ 6%	④ 11%	⑤ 8%

윗글을 읽고 이해한 내용으로 적절하지 않은 것은?

정답 풀이

① 필수아미노산을 제외한 다른 아미노산도 제한아미노산이 ~~될 수 있겠군~~. (↳ 될 수 없음.)

해설 5문단에 따르면, 제한아미노산은 필수아미노산에 포함되는 하위 개념이므로 필수아미노산을 제외한 다른 아미노산도 제한아미노산이 될 수 있다는 이해는 적절하지 않다.

오답 풀이

② 체내 단백질을 분해하여 얻어진 필수아미노산의 일부는 단백질 합성에 다시 이용되겠군.

해설 3문단에서 부족한 양이지만 체내 단백질 분해를 통해 생성되는 필수아미노산도 다시 단백질 합성에 이용된다고 하였다.

③ 체내 단백질 합성에 필요한 필수아미노산은 음식물의 섭취나 체내 단백질 분해로부터 공급되겠군.

해설 3문단에서 체내 단백질 분해를 통해 생성된 필수아미노산이 다시 단백질 합성에 이용되기도 하지만, 부족한 양의 필수아미노산은 반드시 음식물을 통해 섭취해야 한다고 하였다.

④ 제한아미노산이 없는 식품은 단백질 합성에 필요한 필수아미노산이 균형 있게 골고루 함유되어 있겠군.

해설 5문단에서 제한아미노산은 단백질 합성에 필요한 필수아미노산 중 양의 비율이 가장 낮은 필수아미노산이라고 하였으므로 제한아미노산이 없는 식품은 단백질 합성에 필요한 필수아미노산이 균형 있게 골고루 함유되어 있다고 할 수 있다.

⑤ 체내 단백질 합성과 분해의 반복 과정에서, 외부로부터 필수 아미노산의 공급이 줄어들면 체내 단백질 총량은 감소하겠군.

해설 3문단에서 체내 단백질 분해를 통해 생성된 필수아미노산이 다시 단백질 합성에 이용되기도 하지만, 부족한 양의 필수아미노산이 외부로부터 공급되지 않으면 전체의 체내 단백질 합성량이 줄어들게 된다고 하였다. 결과적으로 외부로부터 필수아미노산의 공급이 줄어들면 체내 단백질 총량은 감소한다고 볼 수 있다.

07 구체적 상황에 적용

정답 ③

선택률	① 2%	② 2%	③ 90%	④ 4%	⑤ 2%

윗글을 바탕으로 할 때, 〈보기〉의 실험에 대한 이해로 적절하지 않은 것은? [3점]

보기

가상의 단백질 Q를 1몰 합성하는 데 필수아미노산 A, B, C가 각각 2몰, 3몰, 1몰이 필요하다고 가정하자. 단백질 Q를 2몰 합성하려고 할 때 (가), (나), (다)에서와 같이 A, B, C의 공급량을 달리하고, 다른 조건은 모두 동일한 상황에서 최대한 단백질을 합성하는 실험을 하였다.

(가) : A 4몰, B 6몰, C 2몰 → 단백질 Q가 2몰 합성됨.
(나) : A 6몰, B 3몰, C 3몰
(다) : A 4몰, B 3몰, C 3몰
(나), (다): 단백질 Q가 1몰 합성됨. 제한아미노산: B

(단, 단백질과 아미노산의 분해는 없다고 가정한다.)

정답 풀이

③ ~~(나)에서는 (다)에 비해 합성된 단백질의 양이 많겠군.~~
↳ (나), (다) 모두 합성된 단백질 Q가 동일하게 1몰 합성됨.

해설 단백질 Q를 1몰 합성하는 데 필수아미노산 A, B, C가 각각 2몰, 3몰, 1몰이 필요하다. (나)에 공급된 필수아미노산 A, B, C의 양이 각각 6몰, 3몰, 3몰이므로 (나)에서는 단백질 Q가 1몰 합성되며 단백질 합성에 이용되지 않고 남은 필수아미노산의 양은 A가 4몰, C가 2몰이다. 마찬가지로 (다)에 공급된 필수아미노산 A, B, C의 양이 각각 4몰, 3몰, 3몰이므로 (다)에서도 단백질 Q가 1몰 합성되며 단백질 합성에 이용되지 않고 남은 필수아미노산의 양은 A가 2몰, C가 2몰이다. 즉, (나)와 (다)는 합성된 단백질 Q의 양이 각각 1몰로 같다.

오답 풀이

① (가)에서는 단백질 합성을 제한하는 필수아미노산이 없겠군.

해설 단백질 Q를 1몰 합성하는 데 필수아미노산 A, B, C가 각각 2몰, 3몰, 1몰이 필요하다. (가)에 공급된 필수아미노산 A, B, C의 양이 각각 4몰, 6몰, 2몰이므로 남는 필수아미노산 없이 단백질 Q가 2몰 합성된다. 따라서 (가)에는 단백질 합성을 제한하는 제한아미노산이 없다.

② (가)에서는 (다)에 비해 단백질 합성에 이용된 필수아미노산의 총량이 많겠군.

해설 (가)는 단백질 합성에 이용된 필수아미노산의 총량이 A 4몰, B 6몰, C 2몰로 총 12몰이다. 그리고 (다)는 단백질 합성에 이용되는 필수아미노산의 총량이 A 2몰, B 3몰, C 1몰로 총 6몰이다. 따라서 (가)에서는 (다)에 비해 단백질 합성에 이용된 필수아미노산의 총량이 많다.

④ (나)와 (다) 모두에서는 단백질 합성을 제한하는 필수아미노산이 B가 되겠군.

해설 5문단에 따르면, 어떤 필수아미노산이 부족하여 단백질 합성이 제한될 때, 그 필수아미노산은 제한아미노산이 된다. 따라서 (나)와 (다) 모두 B 때문에 단백질을 1몰밖에 합성하지 못하므로 B가 제한아미노산이 된다.

⑤ (나)에서는 (다)에 비해 단백질 합성에 이용되지 않고 남은 필수아미노산의 총량이 많겠군.

해설 (나)는 단백질 합성에 이용되지 않고 남은 필수아미노산의 총량이 A 4몰, C 2몰로 총 6몰이다. (다)는 단백질 합성에 이용되지 않고 남은 필수아미노산의 총량이 A 2몰, C 2몰로 총 4몰이다. 따라서 (나)에서는 (다)에 비해 단백질 합성에 이용되지 않고 남은 필수아미노산의 총량이 많다.

08 어휘의 문맥적 의미 파악

정답 ②

선택률	① 1%	② 95%	③ 1%	④ 2%	⑤ 1%

㉠의 문맥적 의미와 가장 가까운 것은?
= (이용 효율이) 높다

정답 풀이

② 우리나라는 원자재의 수입 의존도가 높다.

해설 ㉠'높다'는 '값이나 비율 따위가 보통보다 위에 있다.'의 의미를 지니고 있는데, ②의 '높다'도 이와 유사한 문맥적 의미를 지니고 있다.

오답 풀이

① 가을이 되면 그 어느 때보다 하늘이 높다.

해설 ㉠'높다'는 '값이나 비율 따위가 보통보다 위에 있다.'의 의미를 지니고 있는데, ①의 '높다'는 '아래에서부터 위까지 벌어진 사이가 크다.'의 의미를 지니고 있다.

③ 이번에 새로 지은 건물은 높이가 매우 높다.

해설 ㉠'높다'는 '값이나 비율 따위가 보통보다 위에 있다.'의 의미를 지니고 있는데, ③의 '높다'는 '아래에서 위까지의 길이가 길다.'의 의미를 지니고 있다.

④ 잘못을 시정하라는 주민들의 목소리가 높다.

해설 ㉠'높다'는 '값이나 비율 따위가 보통보다 위에 있다.'의 의미를 지니고 있는데, ④의 '높다'는 '어떤 의견이 다른 의견보다 많고 우세하다.'의 의미를 지니고 있다.

⑤ 친구는 이 분야의 전문가로서 이름이 높다.

해설 ㉠'높다'는 '값이나 비율 따위가 보통보다 위에 있다.'의 의미를 지니고 있는데, ⑤의 '높다'는 '이름이나 명성 따위가 널리 알려진 상태에 있다.'의 의미를 지니고 있다.

DAY 15 과학 에너지의 운동과 전달

01~05 2023년 6월 고1 전국연합학력평가 본문 72~73쪽

01 ① **02** ④ **03** ③ **04** ⑤ **05** ③

(문단별 핵심어) ★ 중심 문장

• **소용돌이의 종류와 특성**

1 물이 담긴 욕조의 마개를 빼면 물이 배수구 주변에서 회전하며 소용돌이를 일으킨다. 배수구에서 멀리 떨어져 있으면 빨려 들어가는 속도의 크기가 0에 가깝고, 배수구 중앙에 가까울수록 속도가 빨라진다. (자유 소용돌이의 특징) 원운동을 하는 물체의 이동 거리, 즉 호의 길이가 시간에 따라 변하는 비율을 원주속도라고 한다. (원주속도의 개념) 욕조의 소용돌이 중심과 가장 가까운 부분에서 최대 원주속도가 나오고, 소용돌이 중심에서 멀어져 반지름이 커짐에 따라 원주속도가 감소한다. 이 소용돌이를 '자유 소용돌이'라 하는데, 배수구로 들어간 물은 물체의 자유낙하처럼 중력의 영향 아래 물 자체의 에너지로 운동을 유지한다. (자유 소용돌이를 유지하는 힘)

2 이와 달리 컵 속의 물을 숟가락으로 강하게 휘젓거나 컵의 중심선을 회전축으로 하여 컵과 물을 함께 회전시키는 상황을 생각해 보자. 이때 원심력 등이 작용해 중심의 물 입자들이 컵 가장자리로 쏠려 컵 중앙에 있는 물의 압력이 낮아지면서 ㉠가운데가 오목한 소용돌이가 만들어진다. 회전이 충분히 안정되면 물 전체의 회전속도, 즉 회전하는 물체의 단위 시간당 각도 변화 비율인 ㉡각속도가 똑같아져 마치 팽이가 돌듯이 물 전체가 고체처럼 회전한다. (강제 소용돌이의 특징) 이때 물은 팽이의 회전과 같이 회전 중심은 원주속도가 0이 되고 중심에서 멀어질수록 반지름에 비례하여 원주속도가 증가하는 분포를 보인다. 이 소용돌이를 '강제 소용돌이'라 하는데, 용기 안의 물이 회전 운동을 유지하려면 에너지를 외부에서 인위적으로 제공해야 한다. (강제 소용돌이를 유지하는 힘)

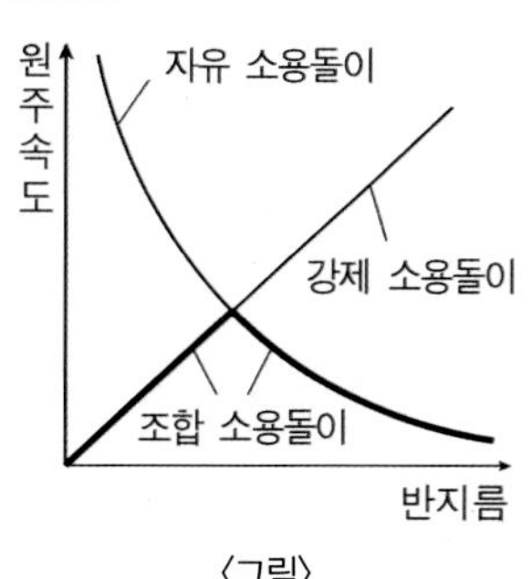

〈그림〉

3 숟가락으로 컵 안에 강제 소용돌이를 만든 후 숟가락을 빼고 일정한 시간 동안 관찰하면 가운데에는 강제 소용돌이, 주변에는 자유 소용돌이가 발생한다. (랭킨의 조합 소용돌이의 예) 〈그림〉에서 보는 것처럼 이를 '랭킨의 조합 소용돌이'라고 한다. 이는 전체를 강제로 회전시킨 힘을 제거했을 때 바깥쪽에서는 원주속도가 서서히 떨어지고, 중심에서는 원주속도가 유지되는 상태의 소용돌이다. (랭킨의 조합 소용돌이의 특징) 조합 소용돌이에서는 소용돌이 중심에서 원주속도가 최소가 되고, 강제 소용돌이에서 자유 소용돌이로 전환되는 점에서 원주속도가 최대가 된다. 조합 소용돌이의 예로 ㉢태풍의 소용돌이를 들 수 있다.

4 이러한 원리를 적용한 분체 분리기는 기체나 액체의 흐름으로 분진 등 혼합물을 분리하는 장치이다. (분체 분리기의 개념) 혼합물에 작용하는 원심력도 이용하기 때문에 원심 분리기, 공기의 흐름이 기상 현상의 사이클론과 비슷해서 사이클론 분리기라고도 한다. 그 예로 쓰레기용 필터가 없는 가정용, 산업용 ㉣사이클론식 청소기를 들 수 있다. (랭킨의 조합 소용돌이의 원리를 활용한 제품) 원통 아래에 원추 모양의 통을 붙이고 원추 아래에 혼합물 상자를 두는데, 내부 중앙에는 별도의 작은 원통인 내통이 있다. (사이클론식 청소기의 구조) 「혼합물을 함유한 공기를 원통부 가장자리를 따라 소용돌이를 만들어 시계 방향으로 흘려보내면, 혼합물은 원통부와 원추부 벽면에 충돌하여 떨어져 바닥에 쌓인다. 유입된 공기는 아래쪽 원추부로 향할수록 원주속도를 증가시키는 자유 소용돌이를 만들고, 원추부 아래쪽에서는 강해진 자유 소용돌이가 돌면서 강제 소용돌이를 만들어 낸다. 강제 소용돌이는 용기 중앙의 내통에서 혼합물이 없는 공기로 흐르게 되어 반시계 방향으로 돌며 배기된다.」 (「 」: 사이클론식 청소기의 원리)

지식을 쌓는 배경지식

소용돌이

소용돌이는 유체 안에서 팽이처럼 회전하는 부분을 말한다. 점성 때문에 유체의 각 부분에 운동 차이가 생겨 일어나는 것으로, 유체 속에서 물체를 움직이거나 물체를 유체 속에 넣었을 때, 또는 유체가 세차게 흘러 나가거나 흘러 들어갈 때 관측된다. 담배 연기의 고리나 보트가 지나가는 자리에 생기는 물결, 토네이도 주위의 바람 등에서 볼 수 있다.

흔히 원기둥꼴의 소용돌이를 볼 수 있는데, 중심은 고체 막대와 같이 회전하는 부분이 있고 그 주변을 유체가 돌고 있는 모양새를 띤다. 유체의 흐르는 속도가 회전 중심으로부터 거리에 반비례하는 소용돌이를 '자유 소용돌이'라고 하고, 외부의 물리적 힘에 의해 발생하는 액체와 기체의 소용돌이를 '강제 소용돌이'라고 한다.

지문 분석하기

|지문 구조|

1 자유 소용돌이의 특징과 원주속도 ↔ **2** 강제 소용돌이의 특징과 원주속도

↓

3 랭킨의 조합 소용돌이의 특징과 원주속도

↓

4 랭킨의 조합 소용돌이를 적용한 장치들

|주제| 랭킨의 조합 소용돌이의 원리와 활용

한컷 정리하기

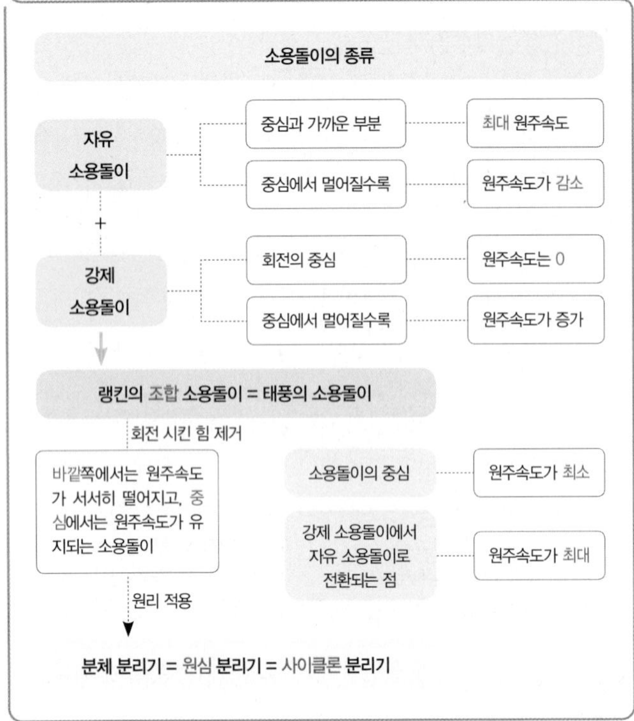

01 세부 정보의 파악

정답 ①

선택률	① 68%	② 4%	③ 5%	④ 17%	⑤ 6%

윗글의 내용과 일치하지 않는 것은?

정답 풀이

① 자연에서 발생하는 소용돌이는 ~~모두 자유 소용돌이이다.~~
↳ 모두 자유 소용돌이는 아님.

해설 자연에서 발생하는 소용돌이가 모두 자유 소용돌이라고는 볼 수 없다. 3문단을 보면, 태풍은 자유 소용돌이가 아니라 조합 소용돌이에 해당한다.

오답 풀이

② 배수구에서 멀어지면 원운동을 하는 물의 속도는 느려진다.

해설 1문단에서 배수구 중앙에 가까울수록 속도가 빨라지지만, 배수구에서 멀리 떨어져 있으면 빨려 들어가는 속도의 크기가 0에 가깝다고 하였으므로 배수구에서 멀어지면 원운동을 하는 물의 속도가 느려진다는 내용은 적절하다.

③ 강제 소용돌이는 고체처럼 회전하고 회전 중심의 속도는 0이다.

해설 2문단에서 강제 소용돌이를 만들 때 회전이 충분히 안정되면 각속도가 똑같아져 마치 팽이가 돌듯이 물 전체가 고체처럼 회전한다고 하였다. 또한 이때 회전 중심은 원주속도가 0이 된다고 하였으므로, 강제 소용돌이는 고체처럼 회전하고 회전 중심의 속도는 0이라는 내용은 적절하다.

④ 분체 분리기는 자유 소용돌이로 강제 소용돌이를 만들어 낼 수 있는 기계 장치이다.

해설 3문단에서 '랭킨의 조합 소용돌이'를 설명하고, 4문단에서 이러한 원리가 적용된 것이 분체 분리기라고 소개하며 자유 소용돌이로 강제 소용돌이를 만드는 과정을 설명하였다. 따라서 분체 분리기는 자유 소용돌이로 강제 소용돌이를 만들어 낼 수 있는 기계 장치라는 내용은 적절하다.

⑤ 용기 안의 강제 소용돌이는 외부에서 가해지는 힘이 있어야 운동을 유지할 수 있다.

해설 2문단에서 강제 소용돌이의 경우 용기 안의 물이 회전 운동을 유지하려면 에너지를 외부에서 인위적으로 제공해야 한다고 하였으므로 용기 안의 강제 소용돌이는 외부에서 가해지는 힘이 있어야 운동을 유지할 수 있다는 내용은 적절하다.

02 세부 정보의 추론

정답 ④

선택률	① 2%	② 18%	③ 11%	④ 61%	⑤ 8%

㉠에 대한 설명으로 적절한 것은?
= 가운데가 오목한 소용돌이

정답 풀이

④ 컵 속에서 회전하는 물의 압력이 커진 부분은 수면이 높아진다.

해설 2문단에서 원심력 등이 작용해 중심의 물 입자들이 컵 가장자리로 쏠려 컵 중앙에 있는 물의 압력이 낮아지면서 ㉠'가운데가 오목한 소용돌이'가 만들어진다고 하였다. 따라서 반대로 가장자리로 쏠린 물의 압력은 커지고 수면은 높아진다는 설명은 적절하다.

오답 풀이

① 물이 회전할 때 원심력과 압력은 ~~서로 관련이 없다.~~
↳ 서로 관련이 있다

해설 2문단에서 원심력 등이 작용해 물 입자들이 컵 가장자리로 쏠리면서 컵 중심의 물의 압력이 낮아지는 것을 확인할 수 있으므로, 원심력과 압력은 관계가 있다고 볼 수 있다.

② 컵 중앙 부분으로 갈수록 물 입자의 양이 ~~많아진다.~~
↳ 적어진다

해설 2문단에서 컵 중앙에 있는 물의 압력이 낮아지면서 ㉠이 만들어진다고 하였으므로, 컵 중앙 부분으로 갈수록 물 입자의 양이 적어짐을 짐작할 수 있다.

③ 컵 반지름이 클수록 물을 회전시키는 에너지 크기는 ~~작아진다.~~
↳ 커진다

해설 3문단의 〈그림〉과 같이 강제 소용돌이에서 반지름의 크기와 원주속도는 비례하므로, 컵의 반지름이 커질수록 물의 양이 많아 물을 회전시키는 에너지의 크기는 커질 것이라고 짐작할 수 있다.

선택지 속 함정

이 문제는 종이컵에 일회용 커피를 타서 마셨던 경험을 떠올리면 쉽게 해결할 수 있어. 커피가 담긴 물을 작은 스푼으로 저으면 가운데 부분이 오목해지고 그 주변은 높아지는 것을 본 적이 있을 거야. 이것은 물을 회전할 때 원심력이 생겨 종이컵 중앙의 압력은 낮아지고 컵 가장자리의 압력이 높아졌기 때문이지. 만약 종이컵이 아니라 더 큰 컵에 커피를 타서 마신다면 컵의 반지름이 커졌으니 저을 때 더 힘을 더 주어야겠지?

⑤ 외부 에너지를 더 가하더라도 회전 중심의 수면 높이는 변화가 ~~없다.~~
↳ 있음.

해설 외부 에너지를 더 가하면 중심의 압력이 더 낮아지므로 더 오목해지고, 반대로 가장자리의 수면은 더 높아질 것임을 짐작할 수 있다.

03 세부 정보의 추론

정답 ③

선택률	① 7%	② 14%	③ 62%	④ 11%	⑤ 6%

㉡을 통해 알 수 있는 것은?
= 각속도가 똑같아져 마치 팽이가 돌듯이 물 전체가 고체처럼 회전한다.

정답 풀이

③ 각속도는 회전 중심에서 가깝든 멀든 상관없이 일정하겠군.

해설 2문단에서 회전이 충분히 안정되면 물 전체의 회전 속도, 즉 회전하는 물체의 단위 시간당 각도 변화 비율인 각속도가 똑같아진다고 하였으므로, 물 전체가 고체처럼 회전하면 물의 어느 지점에서나 각속도는 같음을 알 수 있다. 따라서 각속도는 회전 중심에서 가깝든 멀든 상관없이 일정한 값을 가짐을 추측할 수 있다.

오답 풀이

① 각속도가 시간이 지남에 따라 ~~점점 빨라지겠군.~~
↳ 시간이 지나면 각속도는 점점 느려짐.

해설 물 전체가 고체처럼 회전하는 것과 같으므로 물 표면의 각속도는 어느 지점에서나 일정하고, 시간이 지날수록 그 속도는 점점 느려질 것임을 추측할 수 있다.

② 단위 시간당 각도가 변하는 비율이 수시로 달라지겠군.
각속도

해설 '단위 시간당 각도가 변하는 비율'은 '각속도'를 말하는 것인데, 각속도가 수시로 달라진다는 것은 ⓒ의 정보와는 관련이 없다.

④ 강제 소용돌이의 ~~수면 어느 지점에서나 원주속도는 항상 같겠군.~~
↳ 강제 소용돌이는 반지름에 비례하여 원주속도가 빨라짐.

해설 3문단의 〈그림〉을 통해 강제 소용돌이는 반지름에 비례하여 원주속도가 빨라짐을 확인할 수 있으므로, ⓒ을 통해 강제 소용돌이의 수면 어느 지점에서나 원주속도는 항상 같다는 것은 알 수 없다.

⑤ 강제 소용돌이는 자유 소용돌이와 ~~같은 원주속도 분포를 보이겠군.~~
↳ 둘의 원주속도 분포는 다름.

해설 3문단의 〈그림〉을 통해 강제 소용돌이의 원주속도는 반지름에 비례하여 중심에서 멀어질수록 빨라지지만, 자유 소용돌이의 원주속도는 중심에 가까워질수록 빨라짐을 알 수 있다. 따라서 둘이 같은 원주속도 분포를 보인다는 설명은 적절하지 않다.

04 미루어 알기 정답 ⑤

선택률	① 10%	② 3%	③ 9%	④ 4%	⑤ 74%

윗글을 바탕으로 ⓒ을 이해할 때, 〈보기〉의 ⓐ ~ ⓒ에 들어갈 말로 적절한 것은?
= 태풍의 소용돌이

보기

태풍 중심 부분은 '태풍의 눈'이라 하고 (ⓐ)의 중심에 해당한다. 강제 소용돌이와 자유 소용돌이의 경계층에 해당하는 부분은 '태풍의 벽'이라고 하여 바람이 (ⓑ). 이는 윗글 〈그림〉의 (ⓒ)에 해당한다.
(태풍: 조합 소용돌이 / 경계층: 원주속도가 최대가 됨.)

정답 풀이

⑤ ⓐ: 강제 소용돌이 / ⓑ: 강하다 / ⓒ: 자유 소용돌이와 강제 소용돌이의 교차점

해설 3문단에서 조합 소용돌이의 예로 태풍의 소용돌이를 들 수 있다고 하였다. 조합 소용돌이는 가운데가 강제 소용돌이, 주변이 자유 소용돌이고, 강제 소용돌이의 중심에서 원주속도가 최소가 되는데, 이때 태풍의 눈은 강제 소용돌이의 중심에 해당한다(ⓐ). 두 소용돌이의 경계층은 강제 소용돌이가 자유 소용돌이로 전환되는 지점으로 원주속도가 최대가 되기 때문에 바람이 강하며(ⓑ), 〈그림〉에서 강한 바람이 부는 곳은 두 소용돌이가 교차하는 지점이다(ⓒ).

오답 풀이

① ⓐ: ~~자유 소용돌이~~ / ⓑ: 강하다 / ⓒ: 자유 소용돌이와 강제 소용돌이의 교차점
↳ 강제 소용돌이

② ⓐ: ~~자유 소용돌이~~ / ⓑ: ~~약하다~~ / ⓒ: ~~반지름이 가장 큰 자유 소용돌이의 지점~~
↳ 강제 소용돌이 ↳ 강하다 ↳ 자유 소용돌이와 강제 소용돌이의 교차점

③ ⓐ: 강제 소용돌이 / ⓑ: 강하다 / ⓒ: ~~반지름이 가장 작은 자유 소용돌이의 지점~~
↳ 자유 소용돌이와 강제 소용돌이의 교차점

④ ⓐ: 강제 소용돌이 / ⓑ: ~~약하다~~ / ⓒ: ~~반지름이 가장 큰 강제 소용돌이의 지점~~
↳ 강하다 ↳ 자유 소용돌이와 강제 소용돌이의 교차점

해설 정답 풀이 참조

05 구체적 상황에 적용 정답 ③

선택률	① 5%	② 9%	③ 48%	④ 33%	⑤ 5%

〈보기〉는 ⓔ의 구조를 그림으로 나타낸 것이다. 윗글을 읽은 학생의 반응으로 적절하지 않은 것은? [3점]
(ⓔ = 사이클론식 청소기)

보기

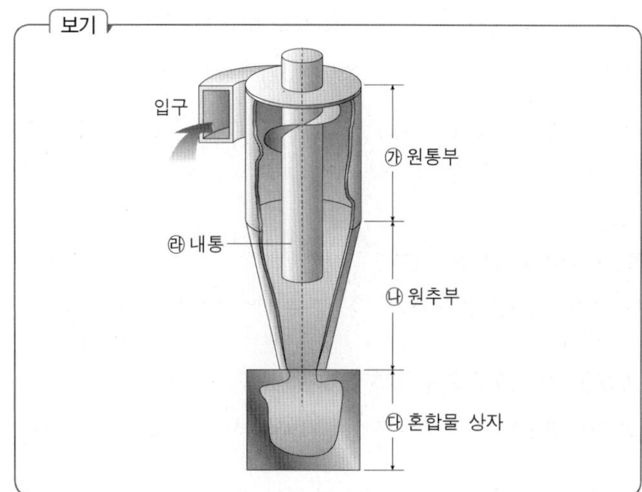

정답 풀이

③ ㉰에 모인 쓰레기나 혼합물이 ㉱ ~~내부에서 도는 소용돌이를 통해 외부로 배출되겠군.~~
↳ 혼합물은 그대로 ㉰에 쌓임.

해설 4문단에서 혼합물은 원통부(㉮)와 원추부(㉯) 벽면에 충돌하여 떨어져 혼합물 상자(㉰)에 쌓인다고 하였다. 따라서 혼합물 상자(㉰)에 쌓인 쓰레기나 혼합물이 내통(㉱)을 통해 외부로 배출된다는 진술은 적절하지 않다.

오답 풀이

① ㉮에서는 소용돌이가 시계 방향으로 돌아 혼합물에 원심력이 작용하겠군.
원심력: 원운동을 하고 있는 물체에 나타나는 관성력

해설 4문단에서 혼합물을 함유한 공기를 원통부(㉮) 가장자리를 따라 소용돌이를 만들어 시계 방향으로 흘려보낸다고 하였으므로, ㉮에서는 소용돌이가 시계 방향으로 돌아 혼합물에 원심력이 작용하겠다는 반응은 적절하다.

② ㉮보다 ㉯에서 소용돌이의 원주속도가 상대적으로 빠르겠군.

해설 4문단에서 유입된 공기는 아래쪽 원추부(㉯)로 향할수록 원주속도를 증가시키는 자유 소용돌이를 만든다고 하였으므로, 원통부(㉮)보다 ㉯에서 소용돌이의 원주속도가 상대적으로 빠르겠다는 반응은 적절하다.

④ ㉱의 반지름이 커지면 ㉱에서 반시계 방향으로 도는 소용돌이의 원주속도는 빨라지겠군.
(반시계 방향으로 도는 소용돌이 = 강제 소용돌이)

해설 4문단에서 원추부(㉯) 아래쪽에서 만들어진 강제 소용돌이가 용기 중앙의 내통(㉱)에서 반시계 방향으로 돌며 배기된다고 하였고, 강제 소용돌이는 반지름에 비례하여 원주속도가 증가한다. 따라서 반지름이 커지면 원주속도는 증가하므로 ㉱의 반지름이 커지면 ㉱에서 반시계 방향으로 도는 소용돌이의 원주속도가 빨라지겠다는 반응은 적절하다.

⑤ 산업용으로 돌조각을 분리한다면 ㉮와 ㉯에 충격이나 마모에 강한 소재를 써야겠군.

해설 1문단에서 혼합물은 원통부(㉮)와 원추부(㉯)의 벽면에 충돌한다고 하였으므로, 산업용으로 돌조각을 분리한다면 ㉮와 ㉯에 손상을 막기 위해 충격이나 마모에 강한 소재를 써야겠다는 반응은 적절하다.

06~10 2020년 11월 고1 전국연합학력평가 본문 74~75쪽

06 ⑤ **07** ⑤ **08** ③ **09** ③ **10** ⑤

(문단별 핵심어) ★ 중심 문장

• 음식의 조리 과정에서 나타나는 열전달

1 일상에서의 음식 조리 과정은 열전달에 관한 과학적 원리로 설명할 수 있다. 열전달은 열이 온도가 높은 곳에서 낮은 곳으로 이동하는 현상인데
열전달의 개념
조리 과정에서는 전도에 의한 열전달이 많이 일어난다. 전도란 물질을 이루는 입자들의 상호 작용을 통해 보다 활동적인 입자로부터 이웃의 덜 활동적인 입자로 열이 전달되는 현상이다.
전도의 개념
이러한 전도는 온도 차이가 있는 경우에 일어나는데, 한 물질 내에서 발생하기도 하며 서로 다른 물질들이 접촉하는 경우에도 발생한다.
전도의 특징

2 열전달 과정에서 단위 시간 동안 열이 전달되는 비율을 열전달률
열전달률의 정의
이라고 하는데 열전달률은 결국 열이 짧은 시간 동안 얼마나 많이 전달되는가를 나타내므로 음식의 조리에서 고려할 중요한 요소가 된다. 전도에 의한 열전달률은 온도 차이와 면적에 비례하고, 거리에 반비례한다.
푸리에의 열전도 법칙
즉, 전도가 일어나는 두 지점 사이의 온도 차이가 커질수록, 열이 전달되는 면적이 커질수록 열전달률은 높아지고, 전도가 일어나는 두 지점 사이의 거리가 멀어질수록 열전달률은 낮아진다. 이러한 현상을 수식으로 처음 정리한 사람이 푸리에이기 때문에 이를 ㉠푸리에의 열전도 법칙이라고 부른다. 그런데 실제로 실험을 해 보면 한 물질 내에서 일어나는 전도의 경우에 다른 조건이 동일하더라도 물질의 종류가 다르면 열전달률이 다르게 나타난다. 이는 물질이 전도에 의해 열을 전달할 수 있는 능력의 척도, 즉 열전도도가 물질마다 다르기 때문이다.
열전도도의 정의
따라서 푸리에의 열전도 법칙에 ⓐ따르면 다른 조건이 같더라도 열전도도가 높은 경우 열전달률도 높게 나타난다.
모든 조건이 동일할 때 열전도도가 높으면 열전달률도 높아짐.

[A]
3 튀김의 조리 과정을 푸리에의 열전도 법칙으로 설명하면 다음과 같다. 식용유의 움직임을 고려하지 않는다면, 튀김의 조리 과정은 주로 식용유와 튀김 재료 간의 전도로 파악될 수 있다. 맛있는 튀김을 만들기 위해서는 냄비를 가열하여 식용유의 온도를 충분히 높여 식용유로부터 튀김 재료로의 열전달률을 높여야 한다.
튀김의 조리 과정 1 / 튀김에서 열의 이동 순서: 불 → 냄비 → 식용유 → 튀김 재료
그리고 튀김 재료를 식용유에 넣으면 재료 표면에 수많은 기포들이 형성된다.
튀김의 조리 과정 2
이 기포들은 식용유에서 튀김 재료로의 높은 열전달률로 인해 순간적으로 많은 열이 전달되어 생겨난 것인데 재료 표면의 수분이 수증기로 변해 식용유 속에서
기포의 생성 원인
기포의 형태가 된 것이다. 이 기포들은 식용유 표면으로 올라가 공기 중으로 빠져나가고 이때 지글지글 소리가 난다.
튀김의 조리 과정 3

4 이 수증기 기포들은 튀김을 맛있게 만드는 데 중요한 역할을 한다.
튀김 재료 내부에서 식용유 표면으로 수분 이동
수분이 수증기의 형태로 튀김 재료에서 빠져나감에 따라 재료 안쪽의 수분들은 빈자리를 채우기 위해 표면 쪽으로 이동한다. 그 결과 지속적으로 재료의 수분은 기포로 변하고 이로 인해 재료는 수분량이 줄어들면서 바삭한 식감을 지니게 된다.
수증기 기포들이 튀김에서 하는 역할 1
또한 튀김 재료 표면의 기포들은 재료와 식용유 사이에서 일종의 공기층과 같은 역할을 해 식용유가 재료로 흡수되는 것을 막아서 튀김을 덜 기름지게 한다.
수증기 기포들이 튀김에서 하는 역할 2
그리고 재료 표면에 생성된 기포들을 거쳐 열전달이 일어나기 때문에 기포들은 재료 표면이 빨리 타 버리지 않게 하고 튀김 재료의 안쪽까지 열이 전달되어 재료가 골고루 잘 익게 한다.
수증기 기포들이 튀김에서 하는 역할 3

지식을 쌓는 배경지식

열전달

① 대류
액체나 기체 상태의 분자가 직접 이동하면서 열을 전달하는 현상으로 매질이 직접 움직임.

② 전도
물질이 직접 이동하지 않고 물체에서 이웃한 분자들의 연속적인 충돌에 의해 열이 전달됨.

③ 복사
열이 매질이나 물질의 도움 없이 직접 전달되는 현상임.

지문 분석하기

|지문 구조|

1 음식 조리에서 일어나는 열전달 현상
⬇
2 열전달률과 푸리에의 열전도 법칙
⬇
3 푸리에의 열전도 법칙으로 설명할 수 있는 튀김의 조리 과정 + **4** 튀김 조리에서 수증기(기포)의 역할

|주제| 음식 조리 과정에서 나타나는 열전달의 과학적 원리

한컷 정리하기

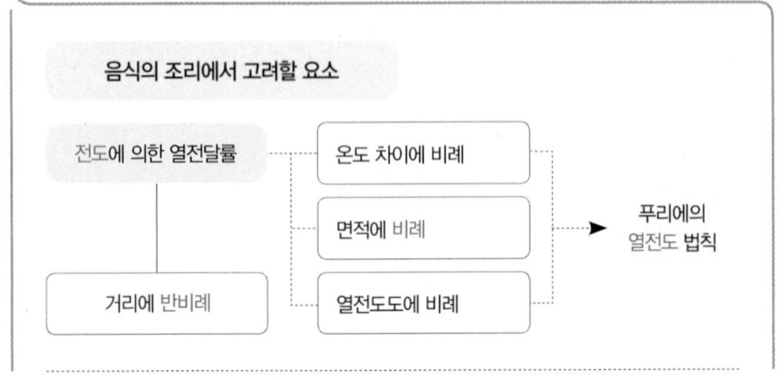

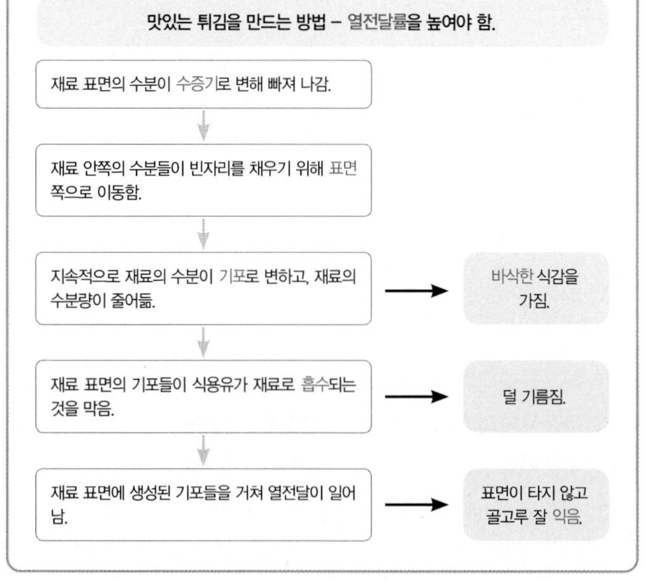

06 세부 정보의 파악

정답 ⑤

선택률	① 3%	② 1%	③ 3%	④ 3%	⑤ 90%

윗글을 이해한 것으로 적절하지 않은 것은?

정답 풀이

⑤ 열의 전도는 서로 다른 물질들이 접촉하는 ~~경우에만 발생하며 한 물질 안에서는 발생하지 않는다~~.
↳ 경우뿐 아니라 한 물질 내에서도 발생한다

해설 1문단에서 전도는 온도 차이가 있는 경우에서 일어나는데, 한 물질 내에서 발생하기도 하며 서로 다른 물질들이 접촉하는 경우에도 발생한다고 하였으므로 전도는 한 물질 안에서도 발생하는 것을 알 수 있다.

오답 풀이

① 물질을 이루는 입자들의 상호 작용을 통해 전도가 일어난다.

해설 1문단에서 전도란 물질을 이루는 입자들의 상호 작용을 통해 보다 활동적인 입자로부터 이웃의 덜 활동적인 입자로 열이 전달되는 현상이라고 하였다.

② 음식의 조리 과정에서는 전도에 의한 열전달이 많이 일어난다.

해설 1문단에서 조리 과정에서는 전도에 의한 열전달이 많이 일어난다고 하였다.

③ 물질이 전도에 의해 열을 전달할 수 있는 능력은 물질마다 다르다.
(열전도도)

해설 2문단에서 물질이 전도에 의해 열을 전달할 수 있는 능력의 척도인 열전도도는 물질마다 다르다고 하였다.

④ 음식의 조리에서 단위 시간 동안 열이 전달되는 비율을 고려하는 것은 중요하다.
(열전달률)

해설 2문단을 보면, 열전달 과정에서 단위 시간 동안 열이 전달되는 비율인 열전달률은 결국 열이 짧은 시간 동안 얼마나 많이 전달되는가를 나타내므로 음식의 조리에서 고려할 중요한 요소가 된다고 하였다. 이를 통해 음식 조리 시 단위 시간 동안의 열전달률을 고려해야 함을 알 수 있다.

07 구체적 상황에 적용

정답 ⑤

선택률	① 6%	② 6%	③ 8%	④ 8%	⑤ 72%

〈보기〉는 윗글을 읽은 건축 동아리 학생들이 나눈 대화의 일부이다. ㉠을 활용한 의견으로 적절하지 않은 것은?
= 푸리에의 열전도 법칙

보기

동아리 회장: 오늘은 에너지 효율이 높은 건물 설계에 대해 열의 전도를 중심으로 아이디어를 나눠 보자.

부원 1: 겨울철 열손실을 줄여야 하니까 지붕을 통한 열전달률을 낮추기 위해 건물의 지붕을 일반적인 지붕의 재료보다 열전도도가 낮은 재료를 사용하는 설계가 필요하다고 생각해.

부원 2: 일반적으로 벽보다 창문의 열전도도가 높으니 여름철 실내 냉방 효율을 높이고 싶다면 창문을 통한 열전달률을 낮추기 위해 건물 외벽에 설치된 창문의 면적을 줄이는 설계가 필요하다고 생각해.
(창문의 두께가 벽보다 얇아 열전도가 잘 이루어짐.)

부원 3: 여름철 외부 온도의 영향을 최소화하고 건물 외벽을 통한 열전달률을 낮추기 위해 외벽은 일반적인 것보다 두껍게 설계하는 것이 필요해.
(벽의 두께가 두꺼우면 두 지점의 거리가 멀어져 열전도가 잘 이루어지지 않음.)

부원 4: 차가운 방바닥에 빠른 난방을 하려면 난방용 온수 배관에서 방바닥으로의 열전달률을 높여야 하니 난방용 온수 배관과 방바닥이 닿는 접촉 면적을 넓히도록 설계해야겠어.
(물체가 닿는 면적이 넓어지면 열전도가 잘 이루어짐.)

부원 5: 여름철 현관문을 통한 실외 온도의 영향을 최소화하려면 현관문을 통한 열전달률을 낮춰야 하니 같은 두께라도 열전도도가 더 높은 재질의 현관문을 사용하는 것으로 설계해야겠어.
(높은 → 낮은)

정답 풀이

⑤ ~~부원 5의 의견~~
↳ 열전달률을 낮추려면 열전도도가 낮은 재질의 현관문으로 설계해야 함.

해설 2문단에서 푸리에의 열전도 법칙에 따르면 다른 조건이 같더라도 열전도도가 높은 경우 열전달률도 높게 나타난다고 하였으므로, 현관문을 통한 열전달률을 낮추려면 열전도도가 낮은 재질의 현관문으로 설계해야 한다.

오답 풀이

① 부원 1의 의견

해설 2문단에서 푸리에의 열전도 법칙에 따르면 다른 조건이 같더라도 열전도도가 높은 경우 열전달률도 높게 나타난다고 하였으므로, 지붕에 열전도도가 낮은 재료를 사용하면 지붕을 통한 열전달률을 낮출 수 있을 것이다.

② 부원 2의 의견

해설 2문단에서 전도에 의한 열전달률은 온도 차이와 면적에 비례한다고 하였으므로, 창문의 면적을 줄이면 창문을 통한 열전달률을 낮출 수 있을 것이다.

③ 부원 3의 의견

해설 2문단에서 전도가 일어나는 두 지점 사이의 거리가 멀어질수록 열전달률은 낮아진다고 하였다. 따라서 외벽의 두께를 두껍게 하면 전도가 일어나는 지점 사이의 거리가 멀어져 외벽을 통한 열전달률을 낮출 수 있을 것이다.

④ 부원 4의 의견

해설 2문단에서 전도에 의한 열전달률은 온도 차이와 면적에 비례한다고 하였으므로, 난방용 온수 배관과 방바닥 사이의 접촉 면적을 넓히면 난방용 온수 배관에서 방바닥으로의 열전달률을 높일 수 있을 것이다.

08 핵심 정보의 파악 정답 ③

선택률	① 6%	② 2%	③ 85%	④ 5%	⑤ 2%

〈보기〉는 [A]의 과정을 도식화한 것이다. 윗글을 바탕으로 ㉮~㉱를 이해한 것으로 적절하지 않은 것은? [3점]

보기

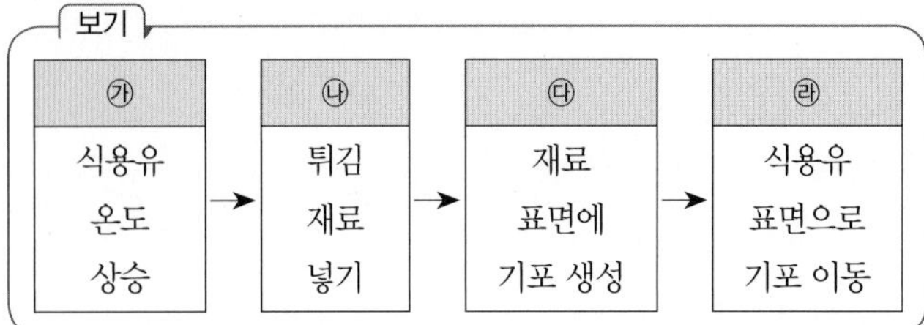

정답 풀이

③ ㉰에서는 열이 전달됨에 따라 튀김 재료 ~~표면의 수분이 튀김 재료 안쪽으로~~ 이동하겠군.
↳ 안쪽의 수분이 튀김 재료 바깥쪽으로

해설 4문단에서 수분이 수증기의 형태로 튀김 재료에서 빠져나감에 따라 재료 안쪽의 수분들은 빈자리를 채우기 위해 표면 쪽으로 이동한다고 하였다. 따라서 ㉰에서는 재료 안쪽의 수분이 바깥쪽으로 옮겨 간 후 수증기의 형태로 식용유 표면으로 이동함을 알 수 있다.

오답 풀이

① ㉮에서는 서로 다른 물질인 냄비와 식용유 사이에서 열전달이 일어나겠군.

해설 3문단에서 튀김을 만들기 위해서는 냄비를 가열하여 식용유의 온도를 충분히 높여야 한다고 하였으므로, ㉮에서는 냄비에서 식용유로 열이 전달됨을 알 수 있다.

② ㉯의 결과로 ㉰가 진행되는 것은 튀김 재료에 순간적으로 많은 열이 전달되었기 때문이겠군.

해설 3문단에서 튀김 재료 표면의 기포들은 식용유에서 튀김 재료로의 높은 열전달률로 인해 순간적으로 많은 열이 전달되어 생겨난 것이라고 하였다.

④ ㉰에서 ㉱로의 과정이 반복되면 튀김 재료의 수분량이 점차 줄어들겠군.

해설 3문단에서 기포들은 재료 표면의 수분이 수증기로 변한 것이고, 이 기포들은 식용유 표면으로 올라가 공기 중으로 빠져나간다고 하였다. 또 4문단에서 그 결과 지속적으로 재료의 수분은 기포로 변하고 이로 인해 재료는 수분량이 줄어든다고 하였다. 즉 ㉰에서 ㉱로의 과정이 반복되면 튀김 재료 내부에서 표면으로 수분이 지속적으로 이동하여 재료의 수분량은 점차 줄어들 것이다.

⑤ ㉱에서는 수증기가 공기 중으로 빠져나가면서 지글지글 소리가 나겠군.

해설 3문단에서 기포들은 식용유 표면으로 올라가 공기 중으로 빠져나가고 이때 지글지글 소리가 난다고 하였다.

09 미루어 알기 정답 ③

선택률	① 6%	② 1%	③ 82%	④ 5%	⑤ 6%

〈보기〉는 윗글을 읽은 학생의 반응이다. ㄱ~ㄷ에 들어갈 말로 적절한 것은?

보기

맛있는 튀김을 만들기 위해서는 기포들의 역할이 중요해. 기포들이 (ㄱ)에서 공기층과 같은 역할을 해서 식용유가 재료로 흡수되는 것을 (ㄴ)하여 튀김을 덜 기름지게 해 줘. 또 식용유에서 튀김 재료로 열이 직접 (ㄷ) 하여 재료 표면이 타지 않고 골고루 익게 해.

정답 풀이

③ ㄱ : 튀김 재료와 식용유 사이 / ㄴ : 방해 / ㄷ : 전도되지 못하게
(전도 → 열의 전달)

해설 4문단에서 튀김 재료 표면의 기포들은 재료와 식용유 사이에서 일종의 공기층과 같은 역할을 하여 식용유가 재료로 흡수되는 것을 막는다고 하였다. 따라서 ㄱ에는 '튀김 재료와 식용유 사이', ㄴ에는 '방해'가 들어가야 한다. 그리고 재료 표면에 생성된 기포들을 거쳐 열전달이 일어나므로 기포들은 재료 표면이 빨리 타 버리지 않게 하고 재료를 골고루 익게 한다고 하였다. 따라서 식용유에서 튀김 재료로 열전달이 직접 일어나는 것이 아니라 기포들을 거쳐 일어나는 것이므로 ㄷ에는 '전도되지 못하게'가 들어가야 한다.

오답 풀이

① ㄱ : ~~튀김 재료 내부~~ / ㄴ : 방해 / ㄷ : 전도되게

② ㄱ : ~~튀김 재료 내부~~ / ㄴ : 촉진 / ㄷ : 전도되지 못하게

④ ㄱ : 튀김 재료와 식용유 사이 / ㄴ : 촉진 / ㄷ : 전도되게

⑤ ㄱ : 튀김 재료와 식용유 사이 / ㄴ : 촉진 / ㄷ : 전도되지 못하게

해설 ㄱ: 기포들은 튀김 재료와 식용유 사이에서 공기층과 같은 역할을 한다.
ㄴ: 기포들은 ㄱ으로 인해 식용유가 튀김에 흡수되는 것을 방해한다.
ㄷ: 기포는 열이 튀김 재료로 직접 전달되는 것을 방지하여 재료 표면이 타지 않고 골고루 익게 한다.

10 어휘의 문맥적 의미 파악 정답 ⑤

선택률	① 3%	② 2%	③ 3%	④ 24%	⑤ 68%

ⓐ와 문맥적 의미가 가장 유사한 것은?
= (열전도 법칙에) 따르면

정답 풀이

⑤ 그들은 자율적으로 정한 규칙에 따라 일을 진행했다.

해설 ⓐ와 ⑤의 '따르다'는 모두 '어떤 경우, 사실이나 기준 따위에 의거하다.'의 의미로 사용되었다.

오답 풀이

① 우리는 해안선을 따라 올라갔다.

해설 ①의 '따르다'는 '일정한 선 따위를 그대로 밟아 움직이다.'의 의미로 사용되었다.

② 동생은 어머니를 따라 전통 시장에 갔다.

해설 ②의 '따르다'는 '다른 사람이나 동물의 뒤에서, 그가 가는 대로 같이 가다.'의 의미로 사용되었다.

③ 학생들이 모두 선생님의 동작에 따라 춤을 췄다.

해설 ③의 '따르다'는 '남이 하는 대로 같이 하다.'의 의미로 사용되었다.

④ 수출이 증가함에 따라 경제도 서서히 회복되어 갔다.

해설 ④의 '따르다'는 '어떤 일이 다른 일과 더불어 일어나다.'의 의미로 사용되었다.

핵의 분열과 융합

01~05 2021년 3월 고1 전국연합학력평가 본문 76~77쪽

01 ⑤ 02 ① 03 ① 04 ⑤ 05 ③

문단별 핵심어 ★ 중심 문장

• **핵분열과 핵융합의 원리**

1 원자핵은 양성자나 중성자와 같은 핵자들의 결합으로 이루어져 있다. 원자핵을 구성하는 양성자와 중성자의 개수를 모두 더한 것을 질량수라고 하는데, 질량수가 큰 하나의 원자핵이 질량수가 작은 두 개의 원자핵으로 쪼개지는 것을 핵분열이라고 하고 질량수가 작은 두 개의 원자핵이 결합하여 질량수가 큰 하나의 원자핵이 되는 것을 핵융합이라고 한다.
(질량수의 개념 / 핵분열의 개념 / 핵융합의 개념)

2 핵분열이나 핵융합은 핵자당 결합 에너지로 설명할 수 있다. 원자핵의 질량은 그 원자핵을 구성하는 개별 핵자들의 질량을 모두 더한 것보다 작다. 이처럼 핵자들이 결합하여 원자핵이 되면서 질량이 줄어든 것을 질량 결손이라고 한다. '질량 – 에너지 등가 원리'에 따르면 질량과 에너지는 상호 간의 전환이 가능하고, 이때 에너지는 질량에 광속의 제곱을 곱한 값과 같다. 한편 핵자들의 결합에서 줄어든 질량은 에너지로 전환되는데, 이 에너지는 원자핵의 결합 에너지와 그 크기가 같다. 원자핵의 결합 에너지란 원자핵을 개별 핵자들로 분리할 때 가해야 하는 에너지이다. 원자핵의 결합 에너지를 질량수로 나눈 것을 핵자당 결합 에너지라고 하고 그 값은 원자핵의 종류에 따라 다르다.
(질량 결손의 개념 / 에너지와 질량의 관계 / 원자핵의 결합 에너지와 같은 크기 / 원자핵의 결합 에너지의 개념 / 핵자당 결합 에너지의 개념)

3 원자핵을 구성하는 핵자들은 핵자당 결합 에너지가 클수록 더 강력하게 결합되어 있고 이는 원자핵이 더 안정된 상태라는 것을 의미한다. 모든 원자핵은 안정된 상태가 되려는 성질이 있으므로, 핵자당 결합 에너지가 작은 원자핵들은 핵분열이나 핵융합을 거쳐 핵자당 결합 에너지가 큰 상태가 된다. 핵분열이나 핵융합도 반응 전후로 질량 결손이 일어나고, 줄어든 질량은 에너지로 전환된다.
(핵자당 결합 에너지와 결합 강도가 비례 / 핵자당 결합 에너지가 클수록 안정된 상태 / 안정한 상태가 되려는 반응 / 원자핵의 결합 에너지로 전환됨.)

4 핵분열과 핵융합에서 발생하는 에너지를 발전에 이용할 수 있다. ㉠우라늄-235(^{235}U) 원자핵을 사용하는 핵분열 발전의 경우, 「우라늄 원자핵에 중성자를 흡수시키면 질량수가 작고 핵자당 결합 에너지가 큰 원자핵들로 분열된다. 이때 2~3개의 중성자가 방출되는데 이 중성자는 다른 우라늄 원자핵에 흡수되어 연쇄 반응을 일으킨다. 이 과정에서 질량 결손으로 인해 전환되는 에너지를 발전에 이용하는 것이다.」
(「 」: 핵분열을 활용한 발전의 원리)

5 핵분열 발전에서는 중성자의 속도를 느리게 해야 한다. 중성자가 너무 빠르게 움직이면 원자핵에 흡수될 확률이 낮기 때문이다. 특히 핵분열 과정에서 방출된 중성자는 속도가 매우 빠르기 때문에 이를 느리게 해야 연쇄 반응을 일으킬 수 있다. 그래서 물이나 흑연을 감속재로 사용하여 중성자의 속도를 느리게 만든다. 한편 연쇄 반응이 급격하게 일어나면 과도한 에너지가 발생하여 폭발이 일어날 수 있기 때문에 제어봉을 사용한다. 제어봉은 중성자를 흡수하는 장치로, 핵분열에 관여하는 중성자 수를 조절하여 급격한 연쇄 반응을 방지한다.
(중성자의 속도를 늦춰야 하는 이유 / 중성자의 속도를 늦추는 방법 / 제어봉의 역할 / 폭발의 위험이 있으므로)

6 핵융합 발전을 위한 시도도 계속되고 있다. 태양이 에너지를 생성하는 방법이 바로 핵융합이다. 「ⓐ수소(^{1}H) 원자핵을 원료로 하는 태양의 핵융합은 주로 태양의 중심부에서 일어난다. 먼저 수소 원자핵 2개가 융합하여 중수소(^{2}H) 원자핵이 되고, 중수소 원자핵은 수소 원자핵과 융합하여 헬륨-3(^{3}He) 원자핵이 된다. 그리고 2개의 헬륨-3 원자핵이 융합하여 헬륨-4(^{4}He) 원자핵이 된다. 이러한 과정에서 줄어든 질량이 에너지로 전환되는 것이다.」
(아직은 상용화되지 못함. / 「 」: 핵융합을 활용한 발전의 원리)

7 지구는 태양과 물리적 조건이 달라서 태양의 핵융합을 똑같이 재현할 수 없다. 가장 많이 시도하는 방식은 ⓑD-T 핵융합이다. 이 방식에서는 중수소 원자핵과 삼중 수소(^{3}H) 원자핵이 융합하여 헬륨-4 원자핵이 된다. 중수소 원자핵과 삼중 수소 원자핵을 핵융합 발전의 원료로 사용하는 이유는 다른 원자핵들의 핵융합보다 반응 확률이 높고 질량 결손으로 전환되는 에너지도 크기 때문이다.
(태양의 핵융합을 똑같이 재현하지 못하는 까닭 / 핵융합 발전의 원료)

8 하지만 지구에서 핵융합을 일으키는 것은 간단하지 않다. 양(+)의 전하를 띤 원자핵은 음(-)의 전하를 띤 전자와 전기적 인력에 의해 단단히 결합되어 있어서 일반적인 상태에서 원자핵이 융합하는 것은 불가능하다. 따라서 핵융합 반응을 일으키기 위해서는 물질을 원자핵과 전자가 분리된 상태인 플라스마 상태로 만들어야 한다. 또한 원자핵은 양의 전하를 띠고 있어서 서로 가까이 다가갈수록 척력이 강하게 작용한다. 척력을 이겨내고 원자핵이 융합하게 하기 위해서는 플라스마의 온도를 높여 원자핵이 고속으로 움직일 수 있도록 해야 한다. 따라서 핵융합 발전을 위한 핵융합로에서는 ㉡플라스마를 1억℃ 이상으로 가열해서 핵융합의 확률을 높인다. 융합로에서 플라스마의 온도를 높인 이후에는 고온 상태를 일정 시간 이상 유지하는 것도 중요하다. 플라스마는 융합로의 벽에 접촉하면 온도가 내려가기 때문에 자기장을 활용해서 플라스마가 벽에 닿지 않게 하여 고온 상태를 유지할 수 있도록 한다. 안정적인 핵융합 발전을 위해서는 고온의 플라스마를 높은 밀도로 최소 300초 이상 유지해야 한다.
(핵융합 발전을 일으키기 위한 조건 1 / 서로 밀어내는 힘 / 핵융합 발전을 일으키기 위한 조건 2 / 핵융합 발전을 일으키기 위한 조건 3)

지문 분석하기

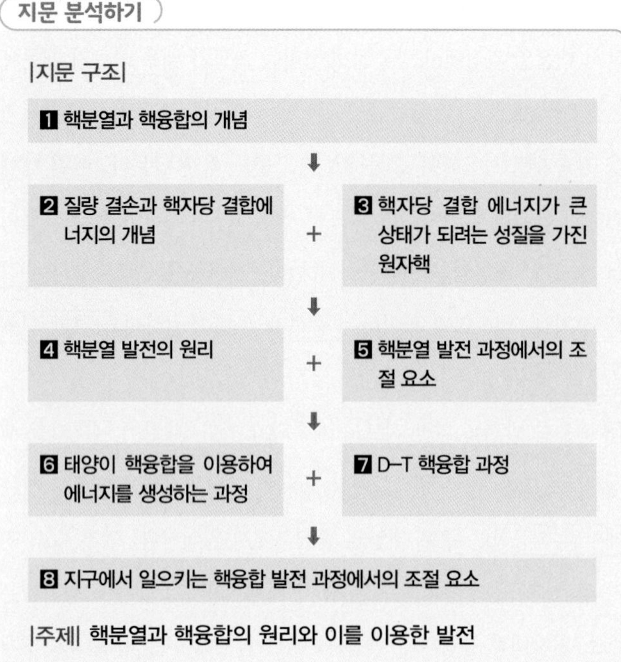

한컷 정리하기

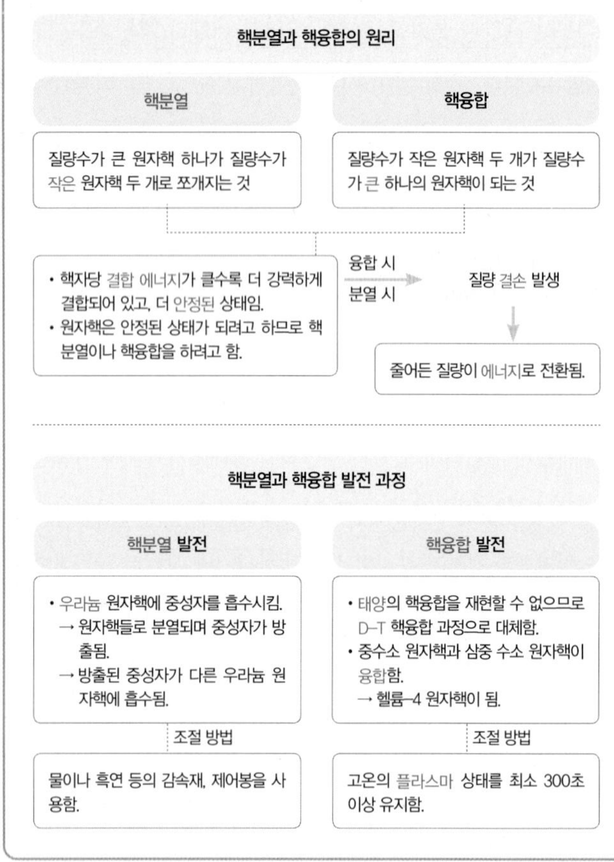

01 세부 정보의 파악 정답 ⑤

선택률	① 12%	② 11%	③ 11%	④ 13%	⑤ 5%

윗글의 내용과 일치하는 것은?

정답 풀이

⑤ 핵자들이 결합하여 원자핵이 될 때 줄어든 질량이 전환된 에너지의 크기는 그 원자핵을 다시 개별 핵자들로 분리할 때 필요한 에너지의 크기와 같다.

해설 2문단에 따르면, 핵자들의 결합에서 줄어든 질량은 에너지로 전환되는데, 이 에너지는 원자핵의 결합 에너지와 그 크기가 같다. 원자핵의 결합 에너지란 곧 원자핵을 개별 핵자들로 분리할 때 가해야 하는 에너지이다. 따라서 핵자들이 결합하여 원자핵이 될 때 손실된 질량이 전환된 에너지의 크기와 그 원자핵을 다시 분리할 때 필요한 에너지의 크기는 같다는 것을 알 수 있다.

오답 풀이

① ~~양성자의 질량과 중성자의 질량을 더한 것을~~ 질량수라고 한다.
↳ 양성자의 개수와 중성자의 개수를 모두 더한 것

해설 1문단에서 질량수는 원자핵을 구성하는 양성자와 중성자의 개수를 모두 더한 것이라고 하였다.

② 원자핵과 전자 사이에는 ~~척력이~~ 작용하여 서로 단단하게 결합되어 있다.
↳ 인력이

해설 8문단에 따르면, 양(+)의 전하를 띤 원자핵은 음(−)의 전하를 띤 전자와 전기적 인력에 의해 단단히 결합되어 있다고 하였다. 척력은 같은 극끼리 밀어 내는 힘을 뜻하는데, 원자핵끼리 가까이 있을 때 발생한다.

③ ~~원자핵의~~ 결합 에너지는 ~~핵자당~~ 결합 에너지를 질량수로 나눈 것이다.
↳ 핵자당 ↳ 원자핵의

해설 2문단에 따르면, 원자핵의 결합 에너지는 원자핵을 개별 핵자들로 분리할 때 가해야 하는 에너지로 그 원자핵의 결합 에너지를 질량수로 나눈 것이 핵자당 결합 에너지이다.

④ 질량–에너지 등가 원리에 따르면 ~~질량은 에너지에~~ 광속의 제곱을 곱한 값과 같다.
↳ 에너지는 질량에

해설 2문단에서 '질량–에너지 등가 원리'에 따르면 질량 결손이 일어나며 발생한 에너지는 질량에 광속의 제곱을 곱한 값과 같다고 하였다.

02 핵심 정보의 파악 정답 ①

선택률	① 64%	② 6%	③ 7%	④ 14%	⑤ 9%

㉠에 대한 이해로 적절하지 않은 것은?
= 우라늄-235 원자핵을 사용하는 핵분열 발전

정답 풀이

① 우라늄-235 원자핵에 ~~전자를~~ 흡수시켜 핵분열을 일으킨다.
↳ 중성자를

해설 4문단에 따르면, 우라늄 원자핵에 중성자를 흡수시키면 질량수가 작고 핵자당 결합 에너지가 큰 원자핵들로 분열된다. 이때 방출된 중성자가 다른 우라늄 원자핵에 흡수되어 연쇄 반응을 일으키고 이 과정에서 질량 결손으로 인해 전환되는 에너지를 발전에 이용하는 것이 ㉠'우라늄-235 원자핵을 사용하는 핵분열 발전'이다. 따라서 원자핵에 전자를 흡수시켜 핵분열을 일으킨다는 진술은 적절하지 않다.

오답 풀이

② 물이나 흑연을 감속재로 사용하여 중성자의 속도를 조절한다.

해설 5문단에 따르면, 핵분열 과정에서 방출된 중성자는 속도가 매우 빠르기 때문에 이를 느리게 해야 연쇄 반응을 일으킬 수 있다. 그래서 물이나 흑연을 감속재로 사용하여 중성자의 속도를 느리게 만든다고 하였다.

③ 제어봉으로 중성자를 흡수하여 과도한 에너지가 발생하지 않도록 한다.

해설 5문단에 따르면, 연쇄 반응이 급격하게 일어나면 과도한 에너지가 발생하여 폭발이 일어날 수 있기 때문에 중성자를 흡수하는 제어봉을 사용한다고 하였다.

④ **우라늄-235 원자핵이 분열되면 우라늄-235 원자핵보다 질량수가 작은 원자핵들로 나뉜다.**

해설 1문단에서 질량수가 큰 하나의 원자핵이 질량수가 작은 두 개의 원자핵으로 쪼개지는 것을 핵분열이라고 정의하였다. 또한 4문단에서 우라늄-235 원자핵에 중성자를 흡수시키면 그보다 질량수가 작은 원자핵들로 분열된다고 하였다.

⑤ **우라늄-235 원자핵이 분열되면서 방출되는 중성자의 속도를 느리게 해서 연쇄 반응을 일으킨다.**

해설 5문단에 따르면, 핵분열 과정에서 방출된 중성자는 속도가 매우 빠르다. 중성자가 너무 빠르게 움직이면 원자핵에 흡수될 확률이 낮기 때문에 이를 제어해야 연쇄 반응을 일으킬 수 있다고 하였다.

03 자료 해석의 적절성 평가

정답 ①

선택률	① 41%	② 14%	③ 17%	④ 15%	⑤ 13%

윗글을 읽은 학생이 〈보기〉의 설명을 이해한 내용으로 가장 적절한 것은?

보기

선생님: 이 그림은 여러 원자핵의 핵자당 결합 에너지를 나타내고 있어요. 철($^{56}_{26}Fe$) 원자핵은 다른 원자핵들에 비해 핵자당 결합 에너지가 크죠? 철 원자핵은 모든 원자핵 중에서 핵자당 결합 에너지가 가장 크고 가장 안정된 상태예요. 철 원자핵보다 질량수가 작은 원자핵은 핵융합을, 질량수가 큰 원자핵은 핵분열을 통해 핵자당 결합 에너지가 높은 원자핵이 된답니다.

안정된 상태가 되려고 함.

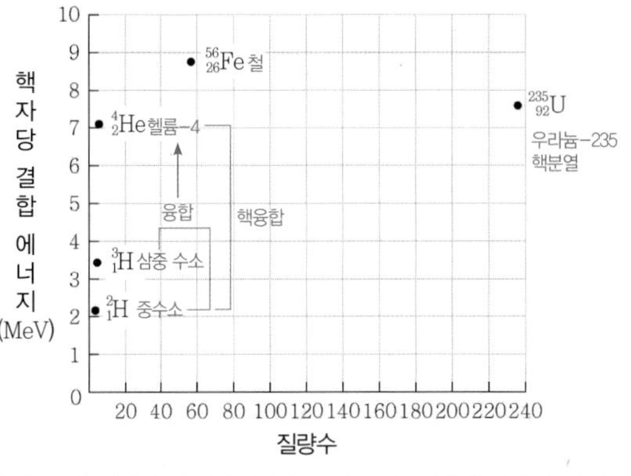

※원자핵의 질량수(A)와 양성자 수(Z)는 원소 기호(X)에 다음과 같이 표기한다.

$^{A}_{Z}X$

정답 풀이

① **헬륨-4 원자핵은 핵융합을 거치면 더 안정된 상태의 원자핵으로 변하겠군.**

해설 〈보기〉에서 철 원자핵보다 질량수가 작은 원자핵은 핵융합을 통해 핵자당 결합 에너지가 크고 안정된 원자핵이 된다고 하였다. 헬륨-4 원자핵은 철 원자핵보다 질량수가 작으므로 핵융합을 통해 안정된 상태를 이루고 핵자당 에너지가 높은 원자핵이 될 것이라고 짐작할 수 있다.

오답 풀이

② **중수소 원자핵은 삼중 수소 원자핵과 양성자의 수는 같지만 더 안정된 상태이겠군.**
↳ 덜

해설 3문단에서 핵자당 결합 에너지가 클수록 안정된 상태를 의미한다고 하였다. 중수소 원자핵과 삼중 수소 원자핵의 양성자 수는 모두 1로 동일하다. 그런데 삼중 수소 원자핵의 핵자당 결합 에너지가 중수소 원자핵보다 크다는 것은 〈보기〉의 그래프를 통해 확인할 수 있으므로 더 안정된 상태인 것은 삼중 수소 원자핵이다.

③ **철 원자핵의 결합 에너지는 철 원자핵의 핵자당 결합 에너지에 26을 곱한 값과 같겠군.**
↳ 56을

해설 2문단에서 원자핵의 결합 에너지를 질량수로 나눈 것을 핵자당 결합 에너지라고 하였다. 따라서 원자핵의 결합 에너지는 핵자당 결합 에너지에 질량수를 곱하면 알 수 있다. 그러므로 철 원자책의 결합 에너지는 철의 핵자당 결합 에너지에 질량수 56을 곱한값임을 알 수 있다.

선택지 속 함정

본문의 2문단을 보면 원자핵의 결합 에너지를 질량수로 나눈 것을 핵자당 결합 에너지라고 했어. 이것을 수식으로 나타내면 다음과 같아.
(핵자당 결합 에너지 = 원자핵의 결합 에너지 / 질량수)
이 공식에 철 원자핵을 대입하면,
(철의 핵자당 결합 에너지 = 철 원자핵의 결합 에너지 / 56)
이야.
하지만 선택지에서는 철의 핵자당 결합에너지가 아니라, 철 원자핵의 결합 에너지를 묻고 있으므로, 나누기 56을 좌항으로 이항하여 (철의 핵자당 결합 에너지 × 56 = 철 원자핵의 결합 에너지)라는 공식을 얻을 수 있어.

④ **우라늄-235 원자핵이 핵분열하여 생성된 원자핵들은 핵자당 결합 에너지가 9MeV ~~이상이겠군.~~**
↳ 보다 작겠군

해설 〈보기〉에서 철 원자핵은 모든 원자핵 중에서 핵자당 결합 에너지가 가장 크다고 하였다. 따라서 우라늄-235 원자핵의 핵분열로 생성된 원자핵들은 핵자당 결합 에너지가 철 원자핵보다 작아야 한다. 주어진 〈보기〉의 자료를 보면, 철 원자핵의 핵자당 결합 에너지는 9MeV 보다 조금 낮으므로, 우라늄-235 원자핵의 핵분열로 생성된 원자핵들의 핵자당 결합 에너지는 9MeV보다 작은 값을 가질 것임을 알 수 있다.

⑤ **우라늄-235 원자핵은 철 원자핵에 비해 원자핵을 구성하고 있는 핵자들이 더 강력하게 결합되어 있겠군.**
↳ 덜

해설 〈보기〉의 그래프를 보면 우라늄-235 원자핵은 철 원자핵에 비해 핵자당 결합 에너지가 작으므로 철 원자핵을 구성하는 핵자들이 우라늄-235 원자핵을 구성하는 핵자들보다 더 강력하게 결합되어 안정된 상태임을 알 수 있다.

04 핵심 정보의 파악

정답 ⑤

선택률	① 14%	② 5%	③ 13%	④ 14%	⑤ 54%

= 수소(^{1}H) 원자핵을 원료로 하는 태양의 핵융합

ⓐ와 ⓑ에 대한 설명으로 적절하지 않은 것은?

= D-T 핵융합

정답 풀이

⑤ **ⓑ를 일으키기 위해서는 ⓐ가 일어나기 위한 물리적 조건과 ~~동일한 조건을 만들어 주어야 한다.~~**

해설 7문단에 따르면, 지구는 태양과 물리적 조건이 달라 수소 원자핵을 원료로 하는 태양의 핵융합을 똑같이 재현할 수 없기 때문에 중수소 원자핵과 삼중 수소 원자핵을 사용한다.

오답 풀이

① **ⓐ의 과정에서 헬륨-4 원자핵의 개수는 늘어난다.**

해설 ⓐ는 수소 원자핵 2개가 융합하여 중수소(^{2}H) 원자핵이 되고, 중수소 원자핵은 수소 원자핵과 융합하여 헬륨-3(^{3}He) 원자핵이 된다. 그리고 2개의 헬륨-3 원자핵이 융합하여 헬륨-4(^{4}He) 원자핵이 된다. 이러한 단계를 거치면서 헬륨-4의 원자핵의 개수는 늘어난다.

② **ⓑ는 중수소 원자핵과 삼중 수소 원자핵을 원료로 사용한다.**

해설 7문단에서 태양의 핵융합을 똑같이 재현할 수 없기 때문에 ⓑ에서는 중수소 원자핵과 삼중 수소 원자핵을 원료로 사용한다고 하였다.

③ **헬륨-4 원자핵은 ⓑ에서와 달리 ⓐ에서는 헬륨-3 원자핵이 융합하여 생성**

된다.

해설 ⓑ에서는 중수소 원자핵과 삼중 수소 원자핵이 융합하여 헬륨-4 원자핵이 된다. 이와 달리 ⓐ에서는 두 개의 헬륨-3 원자핵이 융합하여 헬륨-4 원자핵이 된다.

④ ⓐ와 ⓑ에서는 모두 반응 전후로 질량 결손이 일어나고 줄어든 질량은 에너지로 전환된다.

해설 ⓐ와 ⓑ는 모두 핵융합으로, 핵융합은 반응 전후로 질량 결손이 일어나고 질량 – 에너지 등가 원리에 의해 줄어든 질량이 에너지로 전환된다. 이때 전환된 에너지를 사용하는 것이 바로 핵융합 발전인 것이다.

05 미루어 알기

정답 ③

선택률	① 6%	② 6%	③ 64%	④ 14%	⑤ 10%

ⓛ의 이유로 가장 적절한 것은?

= 플라스마를 1억℃ 이상으로 가열

정답 풀이

③ 원자핵이 척력을 이겨내고 서로 융합할 수 있도록 하기 위해

같은 극끼리 서로 밀어내는 힘

해설 8문단에 따르면, 원자핵은 양의 전하를 띠고 있으므로, 서로 가까이 다가갈수록 밀어내려는 척력이 강하게 작용한다. 플라즈마의 온도를 높이는 것은 원자핵이 고속으로 움직일 수 있게 하여 척력을 이겨내고 핵융합을 이룰 수 있게 하기 위함이다.

오답 풀이

① ~~원자핵이 융합로의 벽에 접촉하지 않게 하기 위해~~

해설 플라스마를 융합로의 벽에 접촉하지 않게 하는 것은 플라스마의 온도가 내려가는 것을 방지하기 위함이다. 플라스마를 고온으로 가열하는 것과 원자핵이 융합로의 벽에 접촉하지 않게 하는 것은 직접적인 관계가 없다.

② ~~자기장을 발생시켜 플라스마의 온도를 유지하기 위해~~

해설 자기장을 발생시키는 것은 플라스마가 융합로의 벽에 접촉하지 않게 하여 플라스마의 온도를 유지하기 위함이지만, 이는 플라스마의 온도를 고온으로 유지하는 것과 직접적인 관련이 없다.

④ 전자를 고속으로 움직이게 하여 핵융합의 효율을 높이기 위해

↳ 원자핵을 ↳ 확률을

해설 핵융합의 확률을 높이기 위해서는 전자가 아닌 원자핵을 고속으로 움직이게 해야 한다.

⑤ ~~원자핵들 사이에 전기적 인력을 발생시켜~~ 핵융합의 확률을 높이기 위해

해설 원자핵은 양성을 띠고 있으므로 같은 극끼리 밀어내는 성질인 척력이 작용한다. 핵융합이 일어나려면 이러한 척력을 극복하고 원자핵들끼리 결합할 수 있는 환경을 만들어야 한다.

06~10 2020년 6월 고1 전국연합학력평가

본문 78~79쪽

06 ① 07 ③ 08 ⑤ 09 ① 10 ⑤

( ) 문단별 핵심어 ★ 중심 문장

• 방사성 동위원소를 이용한 암석의 연대 추정

1 19세기 초 지질학자들은 스테노와 스미스의 층서 원리를 적용하여 전 세계의 지질학적 연구 성과를 종합했다. 우리가 흔히 쓰는 '중생대 쥐라기'와 같은 '대', '기' 등으로 나타내는 지질학적 시간 척도는 이때 확립되었다. 그러나 이러한 지질학적 시간 척도는 상대적인 척도로 한 지층이 다른 지층보다 오래되었는지 아닌지를 말해 줄 수는 있어도 실질적으로 얼마나 오래되었느냐는 말해 줄 수 없었다.

스테노와 스미스의 층서 원리의 문제점

2 이후 많은 사람들이 지층의 정확한 연대 측정을 시도한 끝에 1905년 러더포드가 방사성 동위원소를 이용하여 지층 연대의 측정에 성공했다. 그는 암석 내 우라늄의 양을 측정하여 한 암석의 연대를 계산해 냈다. 이것이 동위원소 연대측정법의 시작이었다. 자연적으로 발생하는 방사성 동위원소를 사용해 암석의 연대를 결정하는 연대 측정 방법들은 그 후 수년간 더욱 개선되어 갔으며, 더 많은 방사성 동위원소들이 발견되고 방사성 붕괴 과정의 심층적인 이해가 이루어졌다.

3 지질학자들은 방사성 동위원소의 어떤 특성을 활용하여 암석의 연령을 측정하였을까? 이 질문의 답을 얻기 위해서는 먼저 방사성 동위원소가 무엇인지를 살펴볼 필요가 있다. 물질의 기본 단위인 원자 중심에는 양성자와 중성자로 이루어진 원자핵이 있다. 이 원자핵에 들어 있는 양성자 수에 따라 물질을 이루는 기본 성분인 원소의 종류가 결정된다. 탄소 원자핵에 있는 양성자 수는 6개이고, 산소 원자핵에 있는 양성자 수는 8개이다. 같은 원소라고 하더라도 원자핵에 있는 중성자 수가 다른 것들이 있는데 이를 동위원소라 한다. 예를 들면 탄소의 경우, '탄소-12'는 원자핵에 양성자 6개와 중성자 6개가 있는 원자이며, '탄소-14'는 양성자 6개와 중성자 8개가 있는 동위원소이다.

원소의 종류를 결정하는 요소 / 원소의 개념 / 동위원소의 정의 / 동위원소의 예

4 한편, 자연계의 모든 물질은 불안정한 상태에서 안정한 상태로 가려는 성질이 있다. 동위원소 중에는 양성자의 수가 중성자의 수에 비해 너무 많거나 또는 그 반대의 이유로 본래 원자핵의 상태가 불안정한 원소들이 있다. 그래서 불안정한 원자핵이 스스로 방사선을 방출하고 이를 통해 에너지를 잃고 안정된 상태로 가는 과정을 거치는데 이를 방사성 붕괴 또는 핵붕괴라 한다. 동위원소 중 방사성 붕괴를 ㉠일으키는 동위원소를 방사성 동위원소라 한다. 이들은 방사성 붕괴를 통해 불안정한 원자핵이 안정된 상태의 다른 종

방사성 붕괴의 개념 / 방사성 동위원소의 개념

류의 원자핵으로 변한다. 예를 들면 「방사성 동위원소인 (탄소-14)는 방사성 붕괴로 인해 중성자 1개가 붕괴되어 양성자로 바뀌고, 양성자 7개와 중성자 7개로 이루어진 원자핵을 가진 안정된 원소인 (질소-14)가 된다.」 붕괴 전의 방사성 동위원소를 (모원소), 모원소의 방사성 붕괴에 의해 생성된 안정된 원소를 (자원소)라 일컫는다. 붕괴 전 방사성 동위원소인 '탄소-14'는 모원소이고 방사성 붕괴에 의해 생성된 안정된 원소인 '질소-14'는 자원소이다.

「」: 방사성 동위원소가 방사성 붕괴를 통해 안정된 원자핵으로 변하는 예 / 모원소의 정의 / 자원소의 정의 / 모원소, 자원소의 예

5 방사성 동위원소는 일정한 시간이 지나면 모원소의 개수가 원래 개수에서 절반으로 줄어드는 특성이 있다. 모원소의 개수가 원래 개수의 절반으로 줄어드는 데에 걸리는 시간을 (반감기)라 한다. 이때 줄어든 모원소의 개수만큼 자원소의 개수가 늘어난다. (첫 반감기) 때 모원소의 개수는 처음의 반으로 줄고 (두 번째 반감기)에는 남은 모원수의 개수가 반으로 줄어 처음의 1/4로, (세 번째 반감기)에는 또 남은 모원수의 개수가 반으로 줄어 처음의 1/8과 같은 식으로 줄어든다. 그래서 (모원소와 자원소의 개수의 비율)이 첫 반감기에는 1 : 1로 같아진다. 두 번째 반감기에는 1 : 3으로 되고, 세 번째 반감기에는 1 : 7로 된다. 다만, 원소에 따라 반감기가 다른데 '탄소-14'는 5730년, '포타슘-40'은 13억 년, '우라늄-238'은 44억 년의 반감기를 갖는다. 방사성 동위원소의 반감기는 온도나 압력에 영향을 받지 않는다. 따라서 어떤 암석에 포함된 모원소와 자원소의 비율을 알고, 그 결과와 방사성 동위원소의 반감기를 이용하면 암석이 만들어진 연대를 추정할 수 있다. 가령 「어떤 암석이 생성될 때 '포타슘-40'을 함유하고 있고 이 원소가 외부 유입이나 유출, 암석의 변성 작용 등 다른 외부 요인에 의한 변화가 없다고 할 때 이 암석의 방사성 동위원소 측정 결과 모원소와 자원소의 비율이 1 : 3이라면 반감기를 두 번 거쳤기 때문에 이 암석은 26억 년 전에 생성되었다고 볼 수 있다.」

반감기의 개념 / 반감기의 특징 1 / 반감기에 따른 모원소와 자원소의 개수 비율 변화 / 반감기의 특징 2 / 반감기의 특징 3 / 방사성 동위원소의 반감기를 이용한 연대 추정 방법 / 「」: 방사성 동위원소의 반감기를 이용한 연대 추정 방법의 예

지문 분석하기

|지문 구조|

1 지질학적 시간 척도를 확립한 19세기 초 지질학자들

⬇

2 동위원소 연대측정법의 시작

⬇

3 동위원소의 개념 + **4** 방사성 동위원소와 방사성 붕괴의 개념

⬇

5 방사성 동위원소를 이용한 암석의 생성 연대 추정 방법

|주제| 반감기를 이용한 동위원소 연대측정법

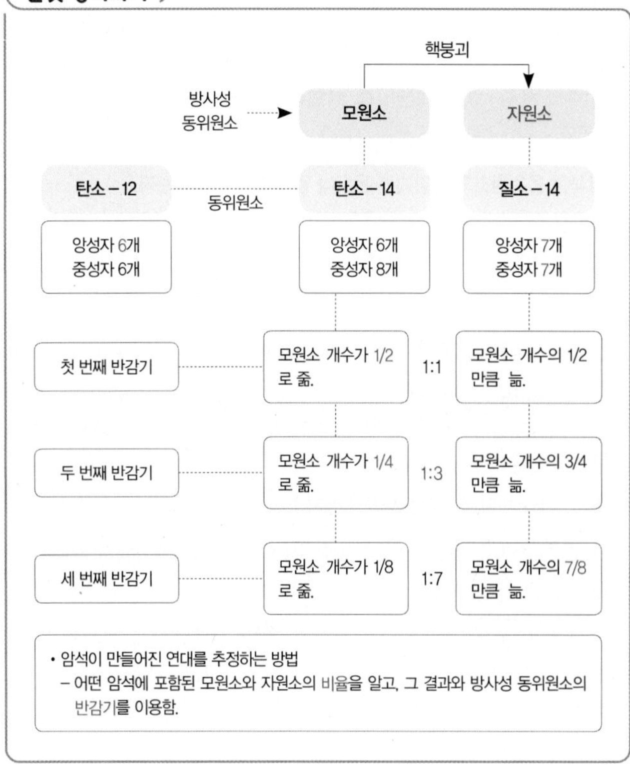

06 글의 전개 방식 파악

정답 ①

선택률	① 71%	② 11%	③ 7%	④ 7%	⑤ 4%

윗글의 진술 방식으로 가장 적절한 것은?

정답 풀이

① 방사성 동위원소의 개념을 예시를 통해 설명하고 있다.

해설 4문단에서 동위원소 중 방사성 붕괴를 일으키는 동위원소를 방사성 동위원소라고 한다고 밝힌 뒤, '탄소-14'를 예로 들어 설명하고 있다.

오답 풀이

② 원자핵의 구성 물질을 ~~세부적 묘사를~~ 통해 설명하고 있다.

해설 3문단에서 원자핵은 양성자와 중성자로 이루어진다고 밝혔을 뿐, 원자핵의 구성 물질을 세부적으로 묘사한 것은 아니다. 세부적 묘사는 대상의 모양, 크기, 색깔 등을 자세히 그림 그리듯이 나타내는 것이다.

③ 방사성 동위원소의 붕괴 과정을 ~~유추를~~ 통해 설명하고 있다.

해설 방사성 동위원소의 붕괴 과정을 설명하고 있지만 유추의 방법을 활용하고 있지는 않다. 유추는 여러 면에서 유사한 두 대상을 두고 한 대상이 가진 성질을 다른 대상도 가질 것이라고 추리하는 것이다.

④ 지층 연대 측정 방법의 발전 과정을 ~~유형별로 분류하여~~ 설명하고 있다.

해설 1문단과 2문단에서 지층 연대 측정 방법의 발전 과정을 확인할 수 있지만 이를 분류를 통해 설명하고 있지는 않다. 분류는 대상을 종류에 따라 나누는 것이다.

⑤ 지질학적 시간 척도의 특징을 ~~전문가의 의견을 인용하여~~ 설명하고 있다.

해설 1문단에서 스테노와 스미스의 층서 원리를 활용한 19세기 초 지질학자들의 연구로 지질학적 시간 척도가 확립되었다고 하였을 뿐, 그 특징을 전문가의 의견을 인용하여 설명하고 있지는 않다.

07 세부 정보의 파악

정답 ③

선택률	① 4%	② 4%	③ 87%	④ 4%	⑤ 1%

윗글에서 알 수 있는 내용으로 적절하지 않은 것은?

정답 풀이

③ 방사성 동위원소의 반감기는 온도나 압력의 영향을 ~~받는다~~. (↳ 받지 않는다)

해설 5문단에서 방사성 동위원소의 반감기는 온도나 압력에 영향을 받지 않는다고 하였다.

오답 풀이

① 방사성 동위원소의 핵은 불안정하여 붕괴된다.

해설 4문단에서 불안정한 원자핵이 스스로 방사선을 방출하고 안정된 상태로 가는 과정을 방사성 붕괴라 하고, 동위원소 중 방사성 붕괴를 일으키는 동위원소를 방사성 동위원소라 한다고 하였다.

② 질소-14의 원자핵은 양성자와 중성자의 개수가 같다.

해설 4문단에서 탄소-14는 방사성 붕괴를 통해 양성자 7개, 중성자 7개를 가진 질소-14가 된다고 하였다.

④ 19세기 초 지질학자들은 지층이 형성된 연도를 정확히 알 수 없었다.

해설 1문단에서 19세기 초 지질학자들의 지질학적 시간 척도는 상대적인 척도로 지층이 실질적으로 얼마나 오래되었느냐는 말해 줄 수 없었다고 하였다.

⑤ 자연계의 모든 물질은 불안정한 상태에서 안정된 상태로 가려는 성질이 있다.

해설 4문단의 첫 번째 문장에서 자연계의 모든 물질은 불안정한 상태에서 안정된 상태로 가려는 성질이 있다고 하였다.

08 자료 해석의 적절성 평가

정답 ⑤

선택률	① 3%	② 20%	③ 8%	④ 6%	⑤ 63%

윗글을 바탕으로 〈보기〉를 이해한 내용으로 적절하지 않은 것은? [3점]

보기

그림은 어떤 방사성 동위원소 ㉮가 붕괴할 때, 시간에 따른 모원소와 자원소의 함량을 나타낸 것이다.

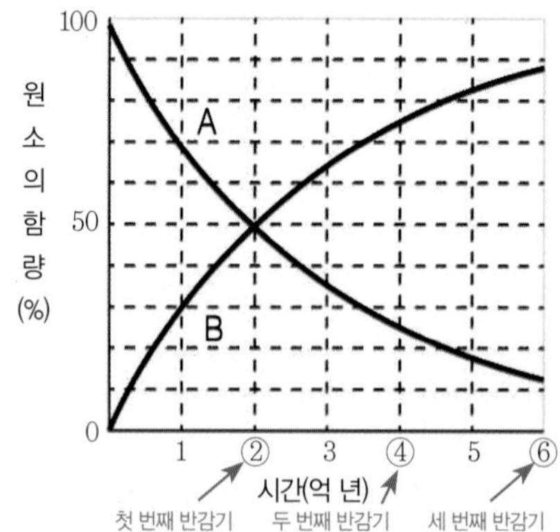

암석 S가 생성될 때 방사성 동위원소 ㉮를 함유하고 있고 ㉮는 외부 유입이나 유출, 암석의 변성작용 등 다른 요인에 의한 변화는 없었다. 이 암석의 방사성 동위원소 ㉮를 측정한 결과 모원소와 자원소의 비율이 1 : 3이었다. (반감기를 두 번 거침.)

정답 풀이

⑤ ~~시간이 지날수록~~ 자원소와 모원소의 개수를 더한 값은 ~~감소한다~~. (↳ 시간과 관계없이 / ↳ 일정하다)

해설 5문단에서 반감기에 줄어든 모원소의 개수만큼 자원소의 개수가 늘어난다고 하였다. 따라서 모원소와 자원소의 개수를 더한 값은 시간과 관계없이 일정하다.

오답 풀이

① B는 자원소와 관련이 있다.

해설 4문단에서 자원소는 모원소의 방사성 붕괴에 의해 생성된 안정된 원소라고 하였다. 〈보기〉의 그림에서 B는 처음 0%였다가 그 함량이 점점 늘어나고 있으므로 자원소다.

② 암석 S의 생성 시기는 4억 년 전이다.

해설 〈보기〉에서 암석 S의 방사성 동위원소 ㉮를 측정한 결과 모원소와 자원소의 비율이 1 : 3이라고 하였는데, 5문단에 따르면 모원소와 자원소의 개수의 비율은 두 번째 반감기에서 1 : 3이 된다. 따라서 암석 S는 두 번의 반감기를 거쳤고 생성 시기는 두 번째 반감기가 나타나는 4억 년 전이다.

선택지 속 함정

지문과 〈보기〉에 설명된 내용을 종합하여 〈보기〉의 그래프에 담긴 정보를 해석해야 하는 문제였어. 지문에서 두 번째 반감기에서 모원소와 자원소의 개수 비율이 1 : 3이 된다고 하였으므로, 그 비율이 이와 같은 방사성 동위원소 ㉮를 함유한 암석 S는 두 번의 반감기를 거쳤다는 걸 먼저 파악했어야 해. 그리고 그래프를 통해 두 번째 반감기가 나타나는 것은 A : B가 1 : 3의 비율을 보이는 4억 년 전이라는 걸 찾으면 되지. 문제에 그래프가 나올 때는 지문에서 관련된 부분을 꼼꼼히 읽고 이를 그래프에 적용할 수 있어야 해!

③ 4번의 반감기를 거치면 처음 A의 양은 1/16으로 줄어든다.

해설 A는 붕괴 전의 방사성 동위원소인 모원소이다. 5문단에서 세 번째 반감기에서는 남은 모원소 개수가 반으로 줄어 처음 양의 1/8이 된다고 하였다. 그렇다면 네 번째 반감기에서는 또 반이 줄어들어 처음 양의 1/16이 될 것이다.

④ 모원소와 자원소의 비율이 1 : 1로 같아지는 데 걸리는 시간은 2억 년이다.

해설 〈보기〉의 그림에서 2억 년에 모원소 A와 자원소 B의 함량이 각각 50%로, 1 : 1 비율을 보인다.

09 어휘의 문맥적 의미 파악

정답 ①

선택률	① 70%	② 24%	③ 2%	④ 2%	⑤ 2%

문맥상 ㉠의 단어와 가장 가까운 의미로 쓰인 것은? (= (방사성 붕괴를) 일으키는)

정답 풀이

① 세찬 바람이 거친 파도를 일으켰다.

해설 ①의 '일으키다'는 ㉠과 같은 '물리적이거나 자연적인 현상을 만들어 내다.'의 뜻이다.

오답 풀이

② 그의 행동은 모두에게 오해를 일으켰다.

해설 ②의 '일으키다'는 '생리적이거나 심리적인 현상을 생겨나게 하다.'의 뜻이다.

③ 그는 혼자 힘으로 쓰러진 가세를 일으켰다.

해설 ③의 '일으키다'는 '무엇을 시작하거나 흥성하게 만들다.'의 뜻이다.

④ 아침에 몸이 피곤했지만 억지로 몸을 일으켰다.

해설 ④의 '일으키다'는 '일어나게 하다.'의 뜻이다.

⑤ 그녀는 자전거를 타다 넘어진 아이를 일으켰다.

해설 ⑤의 '일으키다'는 '일어나게 하다.'의 뜻이다.

10 구체적 상황에 적용

정답 ⑤

선택률	① 4%	② 4%	③ 5%	④ 19%	⑤ 68%

윗글을 바탕으로 〈보기〉를 이해한 내용으로 적절하지 않은 것은?

보기

탄소-14는 일정한 비율로 계속 붕괴하고 있지만 대기와 우주선(cosmic ray)의 충돌에 의하여 계속 공급된다. 연구에 의하면 지구 대기에서 탄소-14의 생성 비율이 탄소-14의 방사성 붕괴 비율과 같으며, 대기 중에 존재하는 탄소-12와 탄소-14의 구성 비율은 대체로 일정하다고 한다. 식물들은 대기 중의 이산화탄소와 물을 흡수하여 광합성을 하므로 모든 식물들은 약간의 방사성 탄소를 가지며, 「식물 내 탄소-12와 탄소-14의 비율은 대기 중의 탄소-12와 탄소-14의 구성 비율과 일치한다. 아울러 그 식물의 몸을 흡수하여 탄소를 공급받는 동물과 그 동물을 먹는 동물도 결국 같은 비율이 유지된다」 그런데 생물이 죽으면 더 이상 대기 중의 탄소를 흡수하지도 배출하지도 않는다. 그래서 죽은 생물 내 탄소-12와 탄소-14의 비율에 변화가 생긴다. 방사성 동위원소인 탄소-14가 질소-14로 변하기 때문인데, 이때 생성된 질소-14는 기체이므로 죽은 생물 내부에서 외부로 빠져나간다. 그렇지만 생물 유해나 화석의 탄소-12와 탄소-14의 비율을 측정하여 대기 중의 그 비율과 비교하면 탄소-14가 어느 정도 감소했는지 알 수 있고, 그 결과와 탄소-14의 반감기를 이용하면 그 생물이 죽은 연대를 계산할 수 있다. 다만 탄소-14는 6만 년이 지나면 측정하기 힘들 정도의 양만 남는다.

(탄소-14: 방사성 동위원소 / 「」: 대기 중 탄소-12와 탄소-14의 구성 비율은 살아 있는 식물, 동물 내에서도 유지됨. / 연대 측정 범위에 제한이 있음.)

정답 풀이

⑤ 죽은 생물 안에 남아 있는 질소-14의 양만 알아도 생물이 죽은 연대를 정확히 추정할 수 있겠군.

↳ 정확히 추정할 수 없겠군

해설 〈보기〉에서 질소-14는 기체이므로 죽은 생물 내부에서 외부로 빠져나간다고 하였다. 따라서 죽은 생물 안에 남아 있는 질소-14의 양은 이미 빠져나갔기에 정확하게 측정할 수 없으므로 그 생물이 죽은 연대를 정확히 추정할 수 없다.

오답 풀이

① 탄소-14를 이용한 연대측정법의 연대 측정 범위는 제한적이겠군.

해설 〈보기〉의 마지막 문장에서 탄소-14는 6만 년이 지나면 측정하기 힘들 정도의 양만 남는다고 하였으므로 6만 년 내의 연대만 측정할 수 있을 것이다.

② 시간이 지날수록 죽은 생물 내부에 있는 탄소-14의 개수가 줄어들겠군.

해설 〈보기〉에서 죽은 생물 내 탄소-14는 질소-14로 변한다고 하였다.

③ 방사성 붕괴는 죽은 생물 내 탄소-12와 탄소-14의 비율에 변화를 일으키겠군.

해설 〈보기〉에서 방사성 붕괴를 일으키는 동위원소인 방사성 동위원소인 탄소-14가 붕괴를 일으켜 질소-14로 변하기 때문에 죽은 생물 내 탄소-12와 탄소-14의 비율에 변화가 생긴다고 하였다.

④ 탄소-14를 이용한 연대측정법으로는 살아 있는 생물의 나이를 측정할 수 없겠군.

해설 〈보기〉에서 대기 중에 존재하는 탄소-12와 탄소-14의 구성 비율은 식물, 동물에서도 유지된다고 하였다. 따라서 살아 있는 생물의 탄소-14를 측정하면 다 비슷하게 측정되기 때문에 나이를 제대로 측정할 수 없을 것이다.

DAY 17 과학 생물의 활동

01~06 2019년 6월 고1 전국연합학력평가

본문 80~81쪽

01 ② 02 ④ 03 ⑤ 04 ① 05 ④ 06 ④

(◯ 문단별 핵심어 ★ 중심 문장)

• 식물이 물을 흡수하는 방법

1 식물의 생장에는 물이 필수적이다. 동물과 달리 식물은 잎에서 광합성을 통해 생장에 필요한 양분을 만들어 내는데, 물은 바로 그 원료가 된다. 물은 지구 중심으로부터 중력을 받기 때문에 높은 곳에서 낮은 곳으로 흐르지만, 식물은 지구 중심과는 반대 방향으로 자란다. 따라서 식물이 줄기 끝에 달려 있는 잎에 물을 공급하려면 중력의 반대 방향으로 물을 끌어 올려야 한다. 미국의 캘리포니아 레드우드 국립공원에는 세계에서 키가 가장 큰 세쿼이아가 있다. 이 나무는 키가 무려 112 m에 이르며, 뿌리는 땅속으로 약 15 m까지 뻗어 있다고 한다. 따라서 물이 뿌리에서 나무의 꼭대기에 있는 잎까지 도달하려면 127 m나 끌어 올려져야 한다. 펌프 같은 장치도 보이지 않는데 대체 물이 어떻게 그 높은 곳까지 올라갈 수 있는 것일까? 식물은 어떤 힘을 이용하여 뿌리에서부터 잎까지 물을 끌어 올릴까? 식물이 물을 뿌리에서 흡수하여 잎까지 보내는 데는 뿌리압, 모세관 현상, 증산 작용으로 생긴 힘이 복합적으로 작용한다.

(광합성의 원료가 되기 때문에 / 질문을 통해 내용을 전개하는 방식 / 식물이 물을 끌어올리는 힘의 원리)

[A] **2** 호박이나 수세미의 잎을 모두 ⓐ떼어 내고 뿌리와 줄기만 남기고 자른 후 뿌리 끝을 물에 넣어 보면, 잘린 줄기 끝에서는 물이 힘차게 솟아오르지는 않지만 계속해서 올라온다. 뿌리털을 둘러싼 세포막을 경계로 안쪽은 땅에 비해 여러 가지 유기물과 무기물들이 더 많이 섞여 있어서 뿌리 바깥보다 용액의 농도가 높다. 다시 말해 뿌리털 안은 농도가 높은 반면, 흙 속에 포함되어 있는 물은 농도가 낮다. 이때 농도의 균형을 맞추기 위해 흙 속에 있는 물 분자는 뿌리털의 세포막을 거쳐 물 분자가 상대적으로 적은 뿌리 내부로 ⓑ들어온다. 이처럼 농도가 낮은 흙 속의 물을 농도가 높은 뿌리 쪽으로 이동시키는 힘이 생기는데, 이를 뿌리압이라고 한다. 즉 뿌리압이란 뿌리에서 물이 흡수될 때 밀고 들어오는 압력으로, 물을 위로 밀어 올리는 힘이다.

(뿌리털 안과 흙 속의 물은 농도가 다름. / 삼투 현상과 유사한 개념 / 뿌리압의 개념 / 물을 위로 밀어 올리는 힘)

3 물이 담긴 그릇에 가는 유리관을 ⓒ꽂아 보면 유리관을 따라 물이 올라가는 것을 관찰할 수 있다. 이처럼 가는 관과 같은 통로를 따라 액체가 올라가거나 내려가는 것을 모세관 현상이라고 한다. 모세관 현상은 물 분자와 모세관 벽이 결합하려는 힘이 물 분자끼리 결합하려는 힘보다 더 크기 때문에 일어난다. 따라서 관이 가늘

(모세관 현상의 개념 / 모세관 현상이 일어나는 원인)

어질수록 물이 올라가는 높이가 높아진다. 식물체 안에는 뿌리에
관의 굵기와 물이 올라가는 높이가 반비례
서 줄기를 거쳐 잎까지 연결된 물관이 있다. 물관은 말 그대로 물이 지나가는 통로인데, 지름이 75㎛(마이크로미터, 1㎛=0.001 mm)로 너무 가늘어 눈으로는 볼 수 없다. 이처럼 식물은 물관의 지름이 매우 작기 때문에 ㉠모세관 현상으로 물을 밀어 올리는 힘이 생긴다.
모세관 현상이 나타날 수 있는 까닭

4 뜨거운 햇볕이 내리쬐는 더운 여름철에는 큰 나무가 만들어 주는 그늘이 그렇게 고마울 수가 없다. 나무가 만들어 주는 그늘이 건물이 만들어 주는 그늘보다 더 시원한 이유는 무엇일까? ㉮「나무의 잎은 물을 수증기 상태로 공기 중으로 내보내는데, 이때 물이 주위
「 」: 나무의 그늘 아래가 건물의 그늘 아래보다 시원한 이유
의 열을 흡수하기 때문에」 나무의 그늘 아래가 건물이 만드는 그늘보다 훨씬 시원한 것이다. 식물의 잎에는 기공이라는 작은 구멍이 있다. 기공을 통해 공기가 들락날락하거나 잎의 물이 공기 중으로 증발하기도 한다. 이처럼 식물체 내의 수분이 잎의 기공을 통하여
증산 작용의 개념
수증기 상태로 증발하는 현상을 ㉡증산 작용이라고 한다. 「가로 세로가 10×10 cm인 잔디밭에서 1년 동안 증산하는 물의 양을 조사한
「 」: 증산 작용을 통해 증산되는 물의 양
결과, 놀랍게도 55톤이나 되었다. 이는 1리터짜리 페트병 5만 5천 개 분량에 해당하는 물의 양이다. 상수리나무는 6~11월 사이에 약 9,000 kg의 물을 증산하며, 키가 큰 해바라기는 맑은 여름날 하루 동안 약 1 kg의 물을 증산한다.」

5 기공의 크기는 식물의 종류에 따라 ⓓ다른데 보통 폭이 8㎛, 길이가 16㎛ 정도밖에 되지 않는다. 크기가 1 cm^2인 잎에는 약 5만 개
기공의 크기는 매우 작음.
나 되는 기공이 있으며, 그 대부분은 잎의 뒤쪽에 있다. 이 기공을 통해 그렇게 엄청난 양의 물이 공기 중으로 증발해 버린다. 증산 작용은 물을 식물체 밖으로 내보내는 작용으로, 뿌리에서 흡수된 물이 줄기를 거쳐 잎까지 올라가는 원동력이다. 잎의 세포에서는 물이 공기 중으로 증발하면서 아래쪽의 물 분자를 끌어 올리는 현상이 일어난다. 즉, 물 분자들은 서로 잡아당기는 힘으로써 연결되는데, 이는 물 기둥을 형성하는 것과 같다. 사슬처럼 연결된 물 기둥의 한쪽 끝을 ⓔ이루는 물 분자가 잎의 기공을 통해 빠져 나가면 아래쪽 물 분자가 끌어 올려지는 것이다. 증산 작용에 의한 힘은 잡아당기는 힘으로 식물이 물을 끌어 올리는 요인 중 가장 큰 힘이다.
식물이 물을 끌어올리는 힘의 원리 중 증산 작용이 가장 강력함.

지식을 쌓는 배경지식

식물의 광합성

① 의미

- 식물의 광합성은 빛에너지를 이용하여 녹말을 형성하는 과정을 말하는데, 빛이 필요한 명반응과 이산화 탄소가 필요한 암반응이 있고 명반응이 반드시 먼저 진행됨.

② 광합성의 양

- 식물은 녹색의 빛은 반사하고, 청색이나 적색의 빛을 흡수하여 광합성에 이용하므로, 청색과 적색의 빛이 주어졌을 때, 광합성 양이 증가함.
- 이산화 탄소가 많을수록 광합성이 활발하게 일어나긴 하지만 어느 한계점에 도달하면 광합성의 양이 더 이상 늘어나지 않고 일정하게 유지됨.

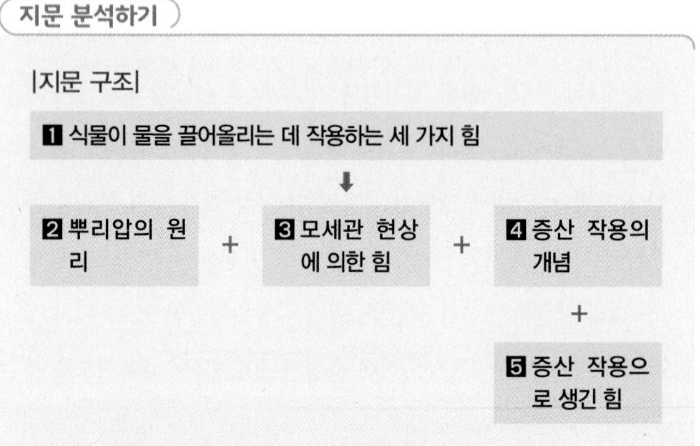

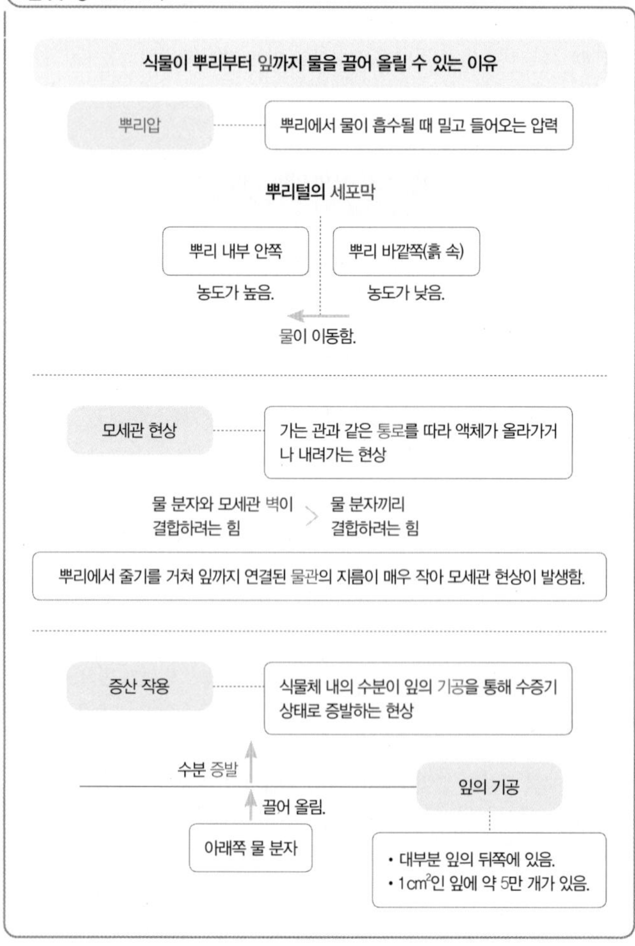

01 세부 정보의 파악 정답 ②

선택률	① 4%	② 84%	③ 3%	④ 4%	⑤ 5%

윗글의 내용과 일치하지 않는 것은?

정답 풀이

② 식물의 뿌리압은 중력과 동일한 방향으로 작용한다.
↳ 반대

해설 2문단에서 뿌리압은 뿌리에서 물이 흡수될 때 밀고 들어오는 압력으로, 물을 위로 밀어 올리는 힘이라고 하였다. 1문단에서는 식물은 지구 중심과는 반대 방향으로 자라기에 중력의 반대 방향으로 물을 끌어올려야 한다고 하였다. 따라서 뿌리압과 중력은 반대 방향으로 작용한다고 볼 수 있다.

오답 풀이

① 식물의 종류에 따라 기공의 크기가 다르다.

해설 5문단에서 기공의 크기는 식물의 종류에 따라 다르다고 하였다.

③ 식물이 광합성 작용을 하기 위해서는 반드시 물이 필요하다.

해설 1문단에서 동물과 달리 식물은 잎에서 광합성을 통해 생장에 필요한 양분을 만들어 내는데, 물은 바로 그 원료가 된다고 설명하고 있으므로 광합성을 위해서는 물이 반드시 필요함을 알 수 있다.

④ 뿌리에서 잎까지 물 분자들은 사슬처럼 서로 연결되어 있다.

해설 5문단에 따르면, 뿌리에서 흡수된 물은 줄기를 거쳐 잎에 이르기까지 사슬처럼 연결된 물기둥에 의해 끌어 올려지는 것이다.

⑤ 물관 내에서 물 분자와 모세관 벽이 결합하려는 힘으로 물이 위로 이동한다.

해설 3문단에서 뿌리에서 줄기를 거쳐 잎까지 연결된 물관에서는 물 분자와 모세관 벽이 결합하려는 힘이 물 분자끼리 결합하려는 힘보다 세기 때문에 모세관 현상에 의해서 물이 위로 이동할 수 있다고 하였다.

02 다른 상황에 적용 정답 ④

선택률	① 4%	② 9%	③ 10%	④ 73%	⑤ 4%

[A]와 〈보기〉를 이해한 것으로 적절하지 않은 것은? [3점]

보기

삼투 현상이란 용액의 농도가 낮은 곳에서 높은 곳으로 선택적 투과성 막을 통해 물이 이동하는 현상이다. 이때 물이 이동하는 힘을 삼투압이라 하며, 이 힘은 용액의 농도에 따라 비례한다. 삼투 현상의 예로 배추를 소금물에 담그면 소금 입자는 이동하지 못하고 배추에 있는 물이 소금물 쪽으로 이동하여 배추가 절여지는 것을 들 수 있다.
(소금물의 농도가 높을수록 배추에서 물이 빠져나오는 힘이 커진다.)

정답 풀이

④ 흙 속의 물과 배추의 물이 이동하면 뿌리털 안의 용액과 소금물의 농도가 높아진다.
↳ 낮아진다

해설 삼투 현상은 용액의 농도가 낮은 쪽에서 높은 쪽으로 물이 이동하는 것이므로 상대적으로 농도가 낮은 흙 속의 물과 배추의 물이 이동했을 때 뿌리털 안의 용액과 소금물의 농도는 낮아진다.

오답 풀이

① 뿌리털을 둘러싼 세포막은 선택적 투과성 막 역할을 한다.

해설 뿌리털을 둘러싼 세포막은 삼투 현상에서 선택적 투과성 막 역할을 하기 때문에, 흙 속의 물이 뿌리털 안의 용액 쪽으로 이동할 수 있는 것이다.

② 소금물에 소금을 추가하면 배추에서 빠져나오는 물이 이동하는 힘이 커진다.

해설 〈보기〉에서 삼투 현상은 농도에 비례하여 나타난다고 하였으므로 소금물에 소금을 추가하여 농도가 더 높아진다면, 배추에서 빠져나오는 물이 이동하는 힘 또한 커질 것임을 예측할 수 있다.

③ 선택적 투과성 막을 흙 속의 물 분자는 통과할 수 있지만 소금 입자는 통과할 수 없다.

해설 흙 속의 물 분자는 뿌리털 안의 용액보다 농도가 낮기 때문에 선택적 투과성 막을 통과할 수 있다. 한편, 배추를 소금물에 담그면 배추의 물이 소금물 쪽으로 이동하게 되므로 소금 입자는 선택적 투과성 막을 통과할 수 없다.

⑤ 뿌리가 흙 속의 물을 흡수하는 것과 배추에서 물이 빠져나오는 것은 용액의 농도 차이 때문에 발생한다.

해설 뿌리가 흙 속에 물을 흡수하는 것과 배추에서 물이 빠져나오는 것은 모두 삼투 현상에 의한 것인데 삼투 현상은 용액의 농도가 낮은 쪽에서 높은 쪽으로 물이 이동하는 것이다. 따라서 용액의 농도 차이가 있어야만 물의 이동이 일어날 수 있다.

03 핵심 정보의 파악 정답 ⑤

선택률	① 4%	② 3%	③ 7%	④ 14%	⑤ 72%

㉠과 ㉡에 대한 설명으로 적절하지 않은 것은?
(㉠ = 모세관 현상, ㉡ = 증산 작용)

정답 풀이

⑤ ㉠에 의해 식물이 물을 밀어 올리는 힘보다 ㉡에 의해 식물이 물을 끌어 올리는 힘이 더 작다.
↳ 크다

해설 5문단에서 ㉡'증산 작용'에 의한 힘은 잡아당기는 힘으로 식물이 물을 끌어 올리는 요인 중 가장 큰 힘이라고 하였으므로 ㉠에 의해 식물이 물을 올리는 힘보다 ㉡에 의해 식물이 물을 끌어 올리는 힘이 더 크다고 할 수 있다.

오답 풀이

① ㉠은 관의 지름에 따라 물이 올라가는 높이가 달라진다.

해설 3문단에서 ㉠'모세관 현상'은 물 분자와 모세관 벽이 결합하려는 힘이 물 분자끼리 결합하려는 힘보다 더 크기 때문에 일어나며 관이 가늘어질수록 물이 올라가는 높이가 높아진다고 하였다.

② ㉡이 일어나면 물이 식물체 내에서 빠져 나와 주변의 온도를 낮춘다.

해설 4문단에서는 식물체 내의 수분이 잎의 기공을 통하여 수증기 상태로 증발하는 ㉡'증산 작용'으로 인해 물이 주위의 열을 흡수하기 때문에 주변의 온도가 낮아진다고 하였다.

③ ㉠에 의해서는 물의 상태가 바뀌지 않고, ㉡에 의해서는 물의 상태가 바뀐다.

해설 ㉠'모세관 현상'에서는 단순히 물이 뿌리부터 줄기를 거쳐 잎까지 올라가지만, ㉡'증산 작용'이 일어날 때는 물의 상태가 수증기로 바뀐다.

④ ㉠으로 물을 위로 밀어 올리는 힘이, ㉡으로 물을 위에서 잡아당기는 힘이 생긴다.

해설 3문단에 따르면, 식물은 물관의 지름이 매우 작기 때문에 ㉠'모세관 현상'으로 물을 밀어 올리는 힘이 생긴다. 5문단에 따르면, ㉡'증산 작용'은 물을 식물체 밖으로 내보내는 작용으로, 잎의 세포에서는 물이 공기 중으로 증발하면서 아래쪽의 물 분자를 끌어 올리는 현상이 일어난다.

선택지 속 함정

지문에서는 증산 작용을 통해 아래쪽의 물 분자를 끌어 올리는 현상이 일어난다고 하였고, 선택지에서는 물을 위에서 잡아당기는 힘이 생긴다고 표현하였어. 이 두 가지 표현이 같은 의미라는 것을 인지했어야 해. 출제자가 지문 속의 내용을 선택지에 나타낼 때는, 지문의 일부를 그대로 가져와서 문장을 구성하기도 하지만, 같은 의미의 다른 어휘로 재진술하여 나타내는 경우도 많아. 이렇게 선택지의 문장이 지문의 내용을 재진술하고 있을 때, 같은 의미인지 다른 의미인지를 올바르게 판단할 수 있어야 해.

04 구체적 사례 찾기

정답 ①

선택률	① 51%	② 8%	③ 5%	④ 32%	⑤ 4%

㉮와 같은 현상이 일어나는 예로 적절한 것은?

= 나무의 잎은 물을 수증기 상태로 공기 중으로 내보내는데, 이때 물이 주위의 열을 흡수

정답 풀이

① 피부에 알코올 솜을 문지를 때

해설 ㉮의 물이 수증기 상태로 바뀌는 것은 액체가 기체로 상태 변화를 일으키는 것이다. 피부에 알코올 솜을 문지르면, 알코올에 묻어 있던 액체 상태의 알코올이 기체로 바뀌면서 증발하는데 이때 솜을 문지른 부위의 열을 흡수하여 시원하게 느껴지는 것이다. 이는 ㉮와 같은 현상으로 볼 수 있다.

오답 풀이

② 주머니 난로의 액체가 하얗게 굳어갈 때

해설 주머니 난로의 액체가 하얗게 굳는 것은 액체가 고체로 상태 변화를 일으키는 것으로 ㉮와는 관련이 없다.

③ 음식물을 공기 중에 오래 두어 부패될 때

해설 음식물을 공기 중에 오래 두어 부패되는 상황은 음식물이 공기 중의 산소와 결합하여 상태 변화를 일으키는 것으로 ㉮와는 관련이 없다.

④ 이누이트 족이 얼음집 안에 물을 뿌릴 때

해설 얼음집 안에 물을 뿌리면 물이 얼면서 액체에서 고체로 상태 변화를 일으키는데, 이는 ㉮와는 관련이 없다.

⑤ 폭죽에 들어 있는 화약이 터져 불꽃이 발생할 때

해설 폭죽에 들어있는 화약이 터져서 불꽃이 발생하는 것은 산화에 의해 열이 발생하는 경우이다. 이는 ㉮와는 무관하다.

05 구체적 상황에 적용

정답 ④

선택률	① 6%	② 3%	③ 46%	④ 39%	⑤ 6%

학생이 〈보기〉와 같은 실험을 하였다. 윗글을 바탕으로 〈보기〉에 대한 반응으로 적절한 것은?

보기

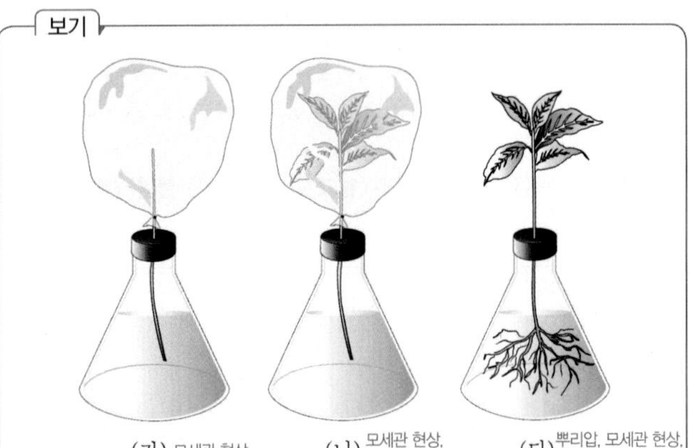

크기와 종류가 같은 식물 셋을 (가)는 줄기만, (나)는 줄기와 잎만을 남겨 비닐을 씌운다. (다)는 뿌리, 줄기, 잎을 그대로 둔다. 셋을 물에 담아 햇빛 등이 동일한 조건에서 변화를 관찰하였다.

정답 풀이

④ (가), (나), (다) 모두 물 분자들이 연결된 물 기둥이 형성될 것이다.

해설 (가), (나), (다) 모두 줄기 안에 물관이 있고 물에 담아 햇빛을 보게 하였으므로 모세관 현상에 의한 물 기둥이 형성될 것이다.

오답 풀이

① (가)보다 (나)의 비닐 안쪽 면에 물방울이 덜 맺힐 것이다. (↳ 더 많이)

해설 (가)는 줄기만 있으므로 증산 작용 없이 모세관 현상만 나타날 것이고, (나)는 줄기와 잎이 있으므로 모세관 현상과 증산 작용이 함께 나타날 것이다. 증산 작용은 식물체 내의 수분이 잎의 기공을 통해 증발하는 현상이므로 (가)보다는 (나)의 비닐 안쪽 면에 물방울이 더 많이 맺힐 것이다.

② (가)의 용기에 담긴 물이 (나), (다)의 용기에 담긴 물보다 ~~더 많이~~ 줄어들 것이다. (↳ 덜)

해설 식물이 물을 흡수하는 현상의 종류는 크게 모세관 현상, 뿌리압, 증산 작용을 들 수 있는데 (나), (다)와 달리 (가)는 줄기만 있어 모세관 현상만 나타날 수 있으므로 (나)와 (다)에 비해 물을 흡수하는 양이 더 적을 것이다.

③ (나)에서는 ~~한 가지~~ 힘이, (다)에서는 ~~두 가지~~ 힘이 작용하여 물이 이동한다. (↳ 두 가지 / ↳ 세 가지)

해설 (나)에서는 모세관 현상과 증산 작용이, (다)에서는 모세관 현상과 증산 작용과 뿌리압이 모두 나타난다. 따라서 (나)에서는 두 가지 힘이, (다)에서는 세 가지 힘이 작용하여 물이 이동한다.

⑤ ~~(가), (나), (다) 모두~~ 공기가 식물 내부로 출입하는 현상이 ~~일어나지 않는다.~~ (↳ (나), (다)는 / ↳ 일어난다)

해설 공기가 식물 내부로 출입하는 현상은 기공에 의한 증산 작용에 의해서 나타나는데, 기공은 식물의 잎 뒷면에 있으므로 (나)와 (다)에서만 이러한 현상이 일어난다.

06 어휘의 문맥적 의미 파악

정답 ④

선택률	① 5%	② 20%	③ 10%	④ 42%	⑤ 23%

문맥상 ⓐ~ⓔ와 바꿔 쓰기에 가장 적절한 것은?

= ⓐ: 떼어 내고, ⓑ: 들어온다, ⓒ: 꽂아 보면, ⓓ: 다른데, ⓔ: 이루는

정답 풀이

④ ⓓ: 상이(相異)한데

해설 ④의 '상이하다'는 '서로 다르다.'라는 뜻을 가진 말로, '비교가 되는 두 대상이 서로 같지 아니하다.'의 의미로 쓰인 ⓓ'다르다'와 바꿔 쓰기에 적절하다.

오답 풀이

① ⓐ: 삭제(削除)하고

해설 ①의 '삭제하다'는 '깎아 없애거나 지워 버리다.'라는 뜻을 가진 말로, '붙어 있거나 잇닿은 것을 떨어지게 하다.'라는 의미로 사용된 ⓐ'떼어 내다'와 바꿔 쓰기에는 적절하지 않다.

② ⓑ: 투입(投入)된다

해설 ②의 '투입되다'는 '사람이나 물자, 자본 따위가 필요한 곳에 넣어지다.'라는 뜻을 가진 말로, '일정한 지역이나 공간의 범위와 관련하여 그 밖에서 안으로 이동하다.'라는 의미로 사용된 ⓑ'들어오다'와 바꿔 쓰기에 적절하지 않다.

③ ⓒ: 부착(附着)하면

해설 ③의 '부착하다'는 '떨어지지 아니하게 붙다. 또는 그렇게 붙이거나 달다.'라는 뜻을 가진 말로, '쓰러지거나 빠지지 아니하게 박아 세우거나 끼우다.'라는 뜻으로 쓰인 ⓒ'꽂아 보다'와 바꿔 쓰기에 적절하지 않다.

⑤ ⓔ: 조성(造成)하는

해설 ⑤의 '조성하다'는 '무엇을 만들어서 이루다.'라는 뜻을 가진 말로, '몇 가지 부분이나 요소들을 모아 일정한 성질이나 모양을 가진 존재가 되게 하다.'라는 뜻으로 쓰인 ⓔ'이루다'와 바꿔 쓰기에 적절하지 않다.

07~09 2014학년도 9월 고3 모의평가 A 본문 82~83쪽

07 ④ **08** ③ **09** ③

(문단별 핵심어) ★ 중심 문장

• **동물의 길찾기 방식**

1 동물은 다양한 방식으로 중요한 장소의 위치를 기억하고 이를 활용하여 자신의 은신처까지 길을 찾아올 수 있다. 동물의 길찾기 방법에는 '장소기억', '재정위', '경로적분' 등이 있다.(동물의 길찾기 방법의 종류) '장소기억'은 장소의 몇몇 표지만을 영상 정보로 기억해 두었다가 그 영상과의 일치 여부를 확인하며 길을 찾는 방법이다.(장소기억의 개념) 기억된 영상은 어떤 각도에서 바라보는지에 따라 달라지기에,(장소기억의 특징) 이 방법을 활용하는 꿀벌은 특정 장소를 특정 각도에서 본 영상으로 기억해 두었다가 다시 그 곳으로 갈 때는 자신이 보는 영상과 기억된 영상이 일치하도록 비행한다.(장소기억을 활용하는 꿀벌의 특성) 장소기억은 곤충과 포유류를 비롯한 많은 동물이 길찾기에 활용한다.

2 '재정위'는 방향 기억이 헝클어진 상황에서도 장소의 기하학적 특징을 활용하여 방향을 다시 찾는 방법이다.(재정위의 개념) 예를 들어, 직사각형 방에 갇힌 배고픈 흰쥐에게 특정 장소에만 먹이를 두고 찾게 하면, 긴 벽이 오른쪽에 있었는지와 같은 공간적 정보만을 활용하여 먹이를 찾는다. 이런 정보는 흰쥐의 방향 감각을 혼란시킨 상황에서도 보존되는데, 흰쥐는 재정위 과정에서 장소기억 관련 정보를 무시한다.(흰쥐는 재정위를 가장 우선시함.) 하지만 최근 연구에 따르면, 원숭이는 재정위 과정에서 벽 색깔과 같은 장소기억 정보도 함께 활용한다는 점이 밝혀졌다.(원숭이는 장소기억 능력도 가지고 있음.)

3 '경로적분'은 곤충과 새의 가장 기본적인 길찾기 방법으로 이를 활용하는 능력은 타고나는 것으로 알려졌다.(경로적분 능력은 선천적인 것임.) 예를 들어 먹이를 찾아 길을 나선 ㉠사하라 사막의 사막개미는 집 근처를 이리저리 탐색하다가 일단 먹이를 찾으면 집을 향해 거의 일직선으로 돌아온다.(사막개미의 특성) 사막개미는 장소기억 능력이 있지만 눈에 띄는 지형지물이 거의 없는 사막에서는 장소기억을 사용할 수 없기 때문에(표지로 삼을 만한 지형지물이 없으므로) 경로적분을 활용한다. 사막개미의 이러한 놀라운 집찾기는 집을 출발하여 먹이를 찾아 이동하면서 자신의 위치에서 집 방향을 계속하여 다시 계산함으로써 가능하다.(경로적분의 개념) 가령, 그림에서 이동 경로를 따라 A에 도달한 사막개미가 먹이를 찾았다면 그때 파악한 집 방향 $\overrightarrow{AN}$으로 집을 향해 갈 것이다. 만약 A에서 먹이를 찾지 못해 B로 한 걸음 이동했다고 가정하자. 이때 사막개미는 A에서 B로의 이동 방향과 거리에 근거하여 새로운 집 방향 $\overrightarrow{BN}$을 계산한다. 사막개미는 먹이를 찾을 때까지 이러한 과정을 반복하여 매 위치에서의 집 방향을 파악한다.

4 한편, 이동 경로상의 매 지점에서 사막개미가 방향을 결정하기 위해서는 기준이 있어야 한다.(집 방향을 계산하기 위한 기준이 필요함.) 이 기준을 정하기 위해 사막개미는 태양의 위치와 산란된 햇빛을 함께 이용한다.(경로적분을 위한 기준) 태양의 위치는 태양이 높이 떠 있거나 구름에 가려 보이지 않을 때는 유용하지 않다. 이때 결정적 도움을 주는 것이 산란된 햇빛 정보이다.(파동이나 입자선이 물체와 충돌하여 여러 방향으로 흩어지는 현상) 사막개미는 마치 하늘을 망원경으로 관찰하는 천문학자처럼 하늘을 끊임없이 관찰하고 있는 셈이다.

지문 분석하기

|지문 구조|

1 동물의 길찾기 방법의 종류와 '장소기억'의 개념
↓
2 재정위의 개념
↓
3 경로적분의 개념 + **4** 사막개미의 방향 결정 기준

|주제| 동물의 길찾기 방법들

한컷 정리하기

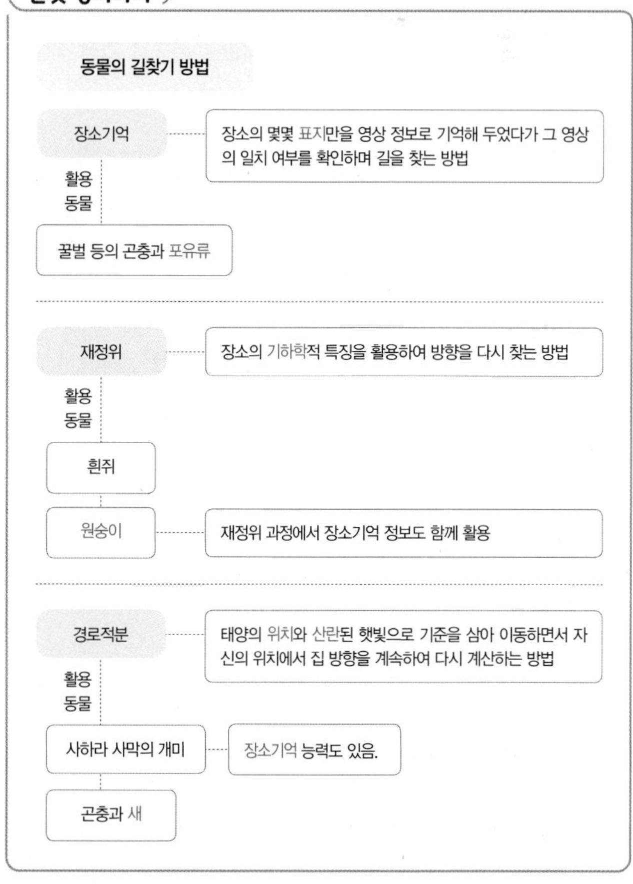

07 세부 정보의 파악 정답 ④

선택률	① 1%	② 4%	③ 1%	④ 82%	⑤ 12%

윗글에 대한 이해로 가장 적절한 것은?

정답 풀이

④ 원숭이는 재정위 과정에서 기하학적 정보도 활용한다.

해설 2문단에서 재정위는 장소의 기하학적 특징을 활용하여 방향을 찾는 방법이라고 밝힌 뒤, 그 예로 원숭이의 길찾기 과정을 제시하였다. 원숭이는 길찾기 과정에서 기본적으로 재정위와 장소기억을 활용한다고 하였으므로, 재정위 과정에서 기하학적 정보도 활용한다고 볼 수 있다.

오답 풀이

① 곤충은 길찾기 과정에서 경로적분을 ~~사용하지 않는다~~.
↳ 사용한다.

해설 3문단에서 곤충은 기본적으로 길찾기 과정에서 경로적분을 활용한다고 하였다.

② 새는 길찾기 과정에서 ~~장소기억을~~ 기본적으로 사용한다.
↳ 경로적분을

해설 3문단에서 새는 기본적으로 길찾기 과정에서 경로적분을 활용한다고 하였다.

③ 흰쥐는 재정위 과정에서 ~~산란된 햇빛 정보를 활용한다~~.
↳ 공간적 정보만을 활용한다

해설 2문단에서 흰쥐는 재정위 과정에서 공간적 정보만을 활용하여 먹이를 찾는다고 하였다. 4문단에 따르면, 산란된 햇빛 정보를 활용하여 집을 찾는 것은 경로적분을 사용하는 사막개미이다.

⑤ 꿀벌은 특정 장소를 ~~여러~~ 각도에서 바라본 영상을 기억하여 길을 찾는다.
↳ 특정

해설 1문단에서 꿀벌은 특정 장소를 특정 각도에서 본 영상으로 기억해 두었다가 활용한다고 하였다.

08 핵심 정보의 추론 정답 ③

선택률	① 3%	② 1%	③ 48%	④ 1%	⑤ 47%

윗글을 바탕으로 할 때, ㉠의 길찾기에 대한 추론으로 가장 적절한 것은?
(㉠ = 사하라 사막의 사막개미)

정답 풀이

③ 지형지물이 많은 곳에서 사막개미는 장소기억을 활용하겠군.

해설 3문단에서 사막개미는 장소기억 능력은 있지만 사막에 지형지물이 없기 때문에 경로적분을 사용한다고 하였다. 따라서 지형지물이 많은 곳이라면 사막개미는 장소기억을 활용할 것이다.

오답 풀이

① 사막개미는 ~~암흑 속에서도 집 방향을 계산할 수 있겠군~~.
↳ 암흑 속에서는 집 방향을 계산하기 어려울 수 있겠군.

해설 사막개미는 방향을 결정하는 기준을 정하기 위해 태양의 위치와 산란된 햇빛을 함께 이용한다고 하였다. 따라서 암흑 속에서는 집 방향을 계산하기 어려울 것이다.

② 사막개미의 경로적분 능력은 ~~학습을 통해 얻어진 것이겠군~~.
↳ 타고나는 것이겠군.

해설 3문단에서 경로적분 능력은 타고난다고 하였으며, 사막개미가 경로적분 능력을 활용한다고 하였다. 따라서 사막개미의 경로적분 능력은 학습을 통해 얻어진 것이라 할 수 없다.

④ 사막개미가 먹이를 찾은 후 집으로 되돌아갈 때는 ~~왔던 경로를 따라 가겠군~~.
↳ 집을 향해 거의 일직선으로 돌아가겠군.

해설 3문단에서 사막개미는 먹이를 찾고 난 후, 왔던 길을 되돌아가는 것이 아니라 집을 향해 거의 일직선으로 돌아온다고 하였다.

⑤ 사막개미는 한 걸음씩 이동하면서 그때마다 ~~집까지의 직선거리를~~ 다시 계산하겠군.
↳ 집 방향을

해설 3문단에서 사막개미는 매 위치에서 집 방향을 계산한다고 하였다. 따라서 집까지의 직선거리를 계산한다고 하는 것은 적절하지 않다.

09 구체적 상황에 적용 정답 ③

선택률	① 17%	② 5%	③ 63%	④ 6%	⑤ 9%

윗글을 바탕으로 할 때, 〈보기〉의 상황에서 병아리가 보일 행동에 대한 추론으로 가장 적절한 것은? [3점]

보기

병아리가 재정위 과정에서 기하학적 특징만을 활용한다고 가정하자. 아래 그림의 직사각형 모양의 상자에서 먹이는 A에만 있다. 병아리가 A, B, C, D를 모두 탐색하여 먹이가 어디에 있는지 학습하게 한 후, 상자에서 꺼내 방향을 혼란시킨 다음 병아리를 상자 중앙에 놓고 먹이를 찾도록 한다. 이와 같은 실험을 여러 번 수행하여 병아리가 A, B, C, D를 탐색하는 빈도를 측정한다.

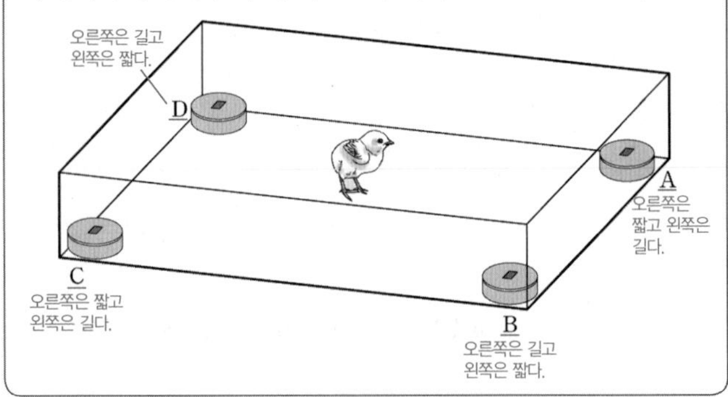

정답 풀이

③ A, C를 비슷한 정도의 높은 빈도로 탐색하고 B, D를 비슷한 정도의 낮은 빈도로 탐색한다.

해설 〈보기〉에서 병아리는 재정위 과정에서 기하학적 특징만을 활용한다고 하였다. 먹이는 A에만 있는데, A를 바라본다고 할 때 A의 오른쪽 벽면은 짧고 왼쪽 벽면은 길다는 것이 먹이와 관련된 공간적 정보이다. C도 오른쪽 벽면은 짧고 왼쪽 벽면은 길기 때문에 A와 동일한 공간적 정보를 지닌 곳이라 할 수 있다. 이때 병아리의 방향을 혼란시켰으므로, 병아리는 같은 공간적 정보를 지닌 A와 C를 유사한 정도의 높은 빈도로 탐색하고, 오른쪽은 길고 왼쪽은 짧은 B와 D를 낮은 빈도로 탐색할 것이다.

오답 풀이

① A를 높은 빈도로 탐색하고 B, C, D를 비슷한 정도의 낮은 빈도로 탐색한다.

② A, B를 비슷한 정도의 높은 빈도로 탐색하고 C, D를 비슷한 정도의 낮은 빈도로 탐색한다.

③ A, D를 비슷한 정도의 높은 빈도로 탐색하고 B, C를 비슷한 정도의 낮은 빈도로 탐색한다.

⑤ A, B, C, D를 비슷한 정도의 빈도로 탐색한다.

해설 정답 풀이 참조

01~05 2023년 3월 고1 전국연합학력평가 본문 86~87쪽

01 ① 02 ② 03 ③ 04 ③ 05 ③

문단별 핵심 어휘 ★ 중심 문장

• OLED 스마트폰의 야외 시인성을 높이는 기술

1 맑고 화창한 날 밖에서 스마트폰 화면이 잘 보이지 않았던 경험이 한 번쯤은 있을 것이다. 이는 화면에 반사된 햇빛이 화면에서 나오는 빛과 많이 ⓐ혼재될수록 야외 시인성이 저하되기 때문이다. 야외 시인성이란, 빛이 밝은 야외에서 대상을 명확하게 인식할 수 있는 성질을 의미한다.(야외 시인성의 개념) 그렇다면 스마트폰에는 야외 시인성 개선을 위해 어떠한 기술이 적용되어 있을까?(주요 화제 암시)

2 ㉠스마트폰 화면의 명암비가 높으면 우리는 화면에 표현된 이미지를 선명하다고 인식한다. 명암비는 가장 밝은 색과 가장 어두운 색을 화면이 얼마나 잘 표현하는지를 나타내는 수치로, 흰색을 표현할 때의 휘도를 검은색을 표현할 때의 휘도로 나눈 값이다.(명암비의 개념) 여기서 휘도는 화면에서 나오는 빛이 사람의 눈에 얼마나 들어오는지를 나타내는 양이다.(휘도의 개념) 가령, 흰색을 표현할 때의 휘도가 2,000cd/m^2이고 검은색을 표현할 때의 휘도가 2cd/m^2인 스마트폰의 명암비는 1,000이다.

3 명암비는 휘도를 측정하는 환경에 따라 암실 명암비와 명실 명암비로 구분된다.(명암비의 종류) 암실 명암비는 햇빛과 같은 외부광 없이 오로지 화면에서 나오는 빛만을 인식할 수 있는 조건에서의 명암비를,(암실 명암비의 개념) 명실 명암비는 외부광이 ⓑ존재하는 조건에서의 명암비를 의미한다.(명실 명암비의 개념) 스마트폰의 야외 시인성을 높이기 위해서는 명실 명암비를 높여야 한다.(야외에는 외부광이 존재하므로) 이를 위해 화면에서 흰색을 표현할 때의 휘도를 높이는 방법과 검은색을 표현할 때의 휘도를 낮추는 방법을 사용할 수 있다.('명암비 = 흰색을 표현할 때의 휘도/검은색을 표현할 때의 휘도'이므로)

4 그런데 스마트폰에 흔히 사용되는 OLED는 흰색을 표현할 때의 휘도를 높이는 데 한계가 있다. OLED는 화면의 내부에 있는 기판*에서 빛을 내는 소자로, 빨간색, 초록색, 파란색 빛을 조합하여 다양한 색을 ⓒ구현한다. 이렇게 OLED가 색을 표현할 때, 출력되는 빛의 세기를 높이면 해당 색의 휘도가 높아진다.(출력되는 빛의 세기와 해당 색의 휘도는 비례 관계임.) 그러나 강한 세기의 빛을 출력할수록 OLED의 수명이 ⓓ단축되는 문제가 있다.(OLED에서 흰색을 표현할 때의 휘도를 높이는 데 한계가 있는 이유) 이러한 이유로 OLED 스마트폰에는 편광판과 위상지연필름을 활용하여, 외부광의 반사로 높아진, 검은색을 표현할 때의 휘도를 낮추는 기술이 적용되고 있다.(대안(검은 색을 표현할 때의 휘도를 낮추는 방법 선택))

5 〈그림〉은 OLED 스마트폰에 적용된 편광판의 원리를 나타낸 것이다. 일반적으로 빛은 진행하는 방향에 수직인 모든 방향으로 진동하며 나아간다.(빛의 특징) 「빛이 편광판을 통과하면 그중 편광판의 투과축과 평행한 방향으로 진동하며 나아가는 선형 편광만 남고, 투과축의 수직 방향으로 진동하는 빛은 차단된다. 이러한 과정에서 편광판을 통과한 빛의 세기는 감소하게 된다.」(「」: OLED 스마트폰에 적용된 편광판의 원리)

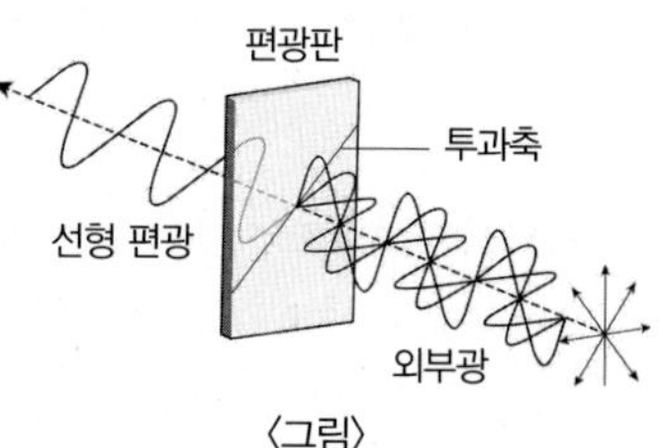

〈그림〉

[A]
6 이러한 원리를 이용해 OLED 스마트폰에서 야외 시인성을 높이는 기술을 설명하면 다음과 같다. 「먼저 스마트폰 화면 안으로 들어오는 외부광은 편광판을 거치면서 일부가 차단되고 투과축과 평행한 방향으로 진동하는 선형 편광만 남게 된다. 그런 다음 이 선형 편광은 위상지연필름을 지나면서 회전하며 나아가는 빛인 원형 편광으로 편광의 형태가 바뀐다.(위상지연필름은 편광의 형태를 바꾸어 줌.) 이 원형 편광은 스마트폰 화면의 내부 기판에 반사된 뒤,(편광의 진행 방향을 바꾸어 줌.) 다시 위상지연필름을 통과하며 선형 편광으로 바뀐다. 그런데 이 선형 편광의 진동 방향은 외부광이 처음 편광판을 통과했을 때 남은 선형 편광의 진동 방향과 수직을 이루게 되어 편광판에 가로막히게 된다.(투과축과 평행한 방향으로 진동하는 선형 편광만 편광판을 통과할 수 있음.) 그 결과 기판에 반사된 외부광은 화면 밖으로 빠져나가지 못하게 된다.」(「」: 야외 시인성을 높이는 기술)

7 이와 같은 기술은 OLED 스마트폰의 야외 시인성을 높이는 데에는 매우 효과적이지만, 편광판을 사용할 수밖에 없기 때문에 스마트폰 화면이 일정 수준의 명암비를 유지하기 위해서는 ㉡OLED가 내는 빛의 세기를 높게 유지해야 한다는 단점이 존재한다.(OLED가 내는 빛의 일부는 편광판에 의해 차단되기 때문에) 그리고 외부광이 화면의 외부 표면에 반사되어 나타나는 야외 시인성의 저하도 ⓔ방지하지 못한다.(야외 시인성을 저하시키는 또 다른 요인) 최근에는 이러한 문제점들을 개선하기 위한 연구가 다양한 분야에서 이루어지고 있다.

* **기판**: 전기 회로가 편성되어 있는 판.

지식을 쌓는 배경지식

OLED의 장점

- OLED는 LCD에 비해 색상 대비, 시야각, 유연성, 재생 빈도 및 전력 효율이 더 높음.
- LCD는 이미지를 표시하기 위해 장치 뒤에 빛을 놓는 백라이트로만 작동하기 때문에 OLED처럼 완전한 검정색을 얻을 수 없음.
- OLED의 소비 전력은 LED와 같은 백라이트가 없기 때문에 LCD보다 적음.
- OLED는 LCD에 비해 청색광이 적게 방출된다는 장점이 있음.

지문 분석하기

|지문 구조|

1 스마트폰의 야외 시인성을 개선하는 기술에 대한 궁금증

⬇

2 스마트폰 화면에서 명암비의 중요성

⬇

3 명실 명암비를 높이는 두 가지 방법

⬇

4 검은색을 표현할 때의 휘도를 낮추는 기술이 적용되는 이유

⬇

5 스마트폰에 적용된 편광판의 원리 + **6** 편광판의 원리를 이용해 야외 시인성을 높이는 기술

⬇

7 편광판의 원리를 이용하여 야외 시인성을 높이는 기술의 한계

|주제| OLED 스마트폰의 야외 시인성을 높이는 기술의 원리

한컷 정리하기

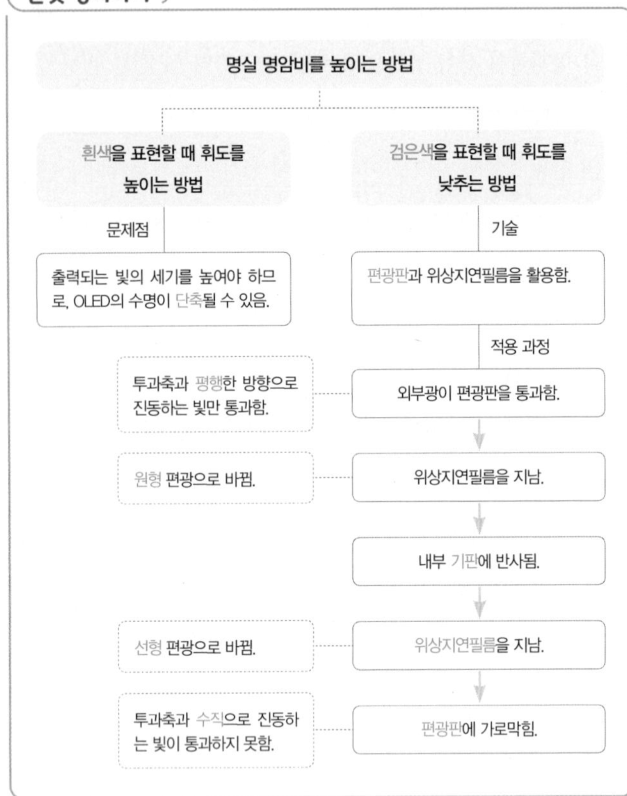

01 세부 내용의 파악 정답 ①

선택률	① 58%	② 6%	③ 14%	④ 6%	⑤ 16%

윗글에서 알 수 있는 내용으로 가장 적절한 것은?

정답 풀이

① 햇빛은 진행하는 방향에 수직인 모든 방향으로 진동한다.

해설 5문단에서 일반적으로 빛은 진행하는 방향에 수직인 모든 방향으로 진동하며 나아간다고 하였다. 햇빛은 빛의 한 종류이므로 햇빛이 진행하는 방향에 수직인 모든 방향으로 진동한다는 진술은 적절하다.

오답 풀이

② OLED는 ~~네 가지의 색을~~ 조합하여 다양한 색을 구현한다.
↳ 빨간색, 초록색, 파란색의 세 가지 빛을

해설 4문단에서 스마트폰에 사용되는 OLED는 화면의 내부에 있는 기판에서 빛을 내는 소자로, 빨간색, 초록색, 파란색 빛을 조합하여 다양한 색을 구현한다고 하였다.

③ 사람의 눈에 들어오는 빛의 양이 많으면 휘도는 ~~낮아진다~~.
↳ 높아진다

해설 2문단에서 휘도는 화면에서 나오는 빛이 사람의 눈에 얼마나 들어오는지를 나타내는 양이라고 하였으므로, 사람의 눈에 들어오는 빛의 양이 많으면 휘도는 높아짐을 알 수 있다.

④ 야외 시인성은 ~~사물 간의 크기 차이를 비교하는 기준이다~~.
↳ 빛이 많은 야외에서 대상을 명확하게 인식할 수 있는 성질이다

해설 1문단에서 야외 시인성이란, 빛이 밝은 야외에서 대상을 명확하게 인식할 수 있는 성질을 의미한다고 하였다.

⑤ OLED는 ~~화면의 외부 표면에 반사되는 외부광을 차단한다~~.
↳ 내부에 있는 기판에서 빛을 내는 소자이다

해설 4문단에서 OLED는 화면의 내부에 있는 기판에서 빛을 내는 소자라고 하였다. 5문단의 내용을 통해 표면에 반사되는 외부광을 차단하는 역할을 하는 것은 편광판임을 확인할 수 있다.

02 핵심 정보의 추론 정답 ②

선택률	① 4%	② 67%	③ 5%	④ 10%	⑤ 15%

㉠에 대한 설명으로 적절하지 않은 것은?
= 스마트폰 화면의 명암비

정답 풀이

② 흰색을 표현할 때의 휘도가 낮아질수록 암실 명암비가 ~~높아진다~~.
↳ 낮아진다

해설 2, 3문단에 따르면, 암실 명암비는 외부광 없이 오로지 화면에서 나오는 빛만을 인식할 수 있는 조건에서 흰색을 표현할 때의 휘도를 검은색을 표현할 때의 휘도로 나눈 값이다. 따라서 흰색을 표현할 때의 휘도가 낮아지면 암실 명암비도 낮아진다.

오답 풀이

① 명실 명암비를 높이면 야외 시인성이 높아지게 된다.
외부광이 존재하는 조건에서의 명암비

해설 3문단에서 스마트폰의 야외 시인성을 높이기 위해서는 명실 명암비를 높여야 한다고 하였으므로, 명실 명암비를 높이면 야외 시인성이 높아지게 된다고 할 수 있다.

③ 휘도를 측정하는 환경에 따라 명실 명암비와 암실 명암비로 나뉜다.

해설 3문단에서 명암비는 휘도를 측정하는 환경에 따라 암실 명암비와 명실 명암비로 구분된다고 하였다.

④ 흰색을 표현할 때의 휘도를 검은색을 표현할 때의 휘도로 나눈 값이다.

해설 2문단에서 명암비는 가장 밝은 색과 가장 어두운 색을 화면이 얼마나 잘 표현하는지를 나타내는 수치로, 흰색을 표현할 때의 휘도를 검은색을 표현할 때의 휘도로 나눈 값임을 설명하고 있다.

⑤ 화면에 반사된 외부광이 눈에 많이 들어올수록 명실 명암비가 낮아진다.
야외 시인성을 높이기 위해서는 명실 명암비를 높여야 함.

해설 1문단에서 화면에 반사된 햇빛이 화면에서 나오는 빛과 많이 혼재될수록 야외 시인성이 저하된다고 하였다. 또한 3문단에 따르면, 명실 명암비는 외부광이 존재하는 조건에서의 명암비로, 스마트폰의 야외 시인성을 높이기 위해서는 명실 명암비를 높여야 한다. 이로 볼 때, 화면에 반사된 외부광이 눈에 많이 들어올수록 명실 명암비가 낮아짐을 짐작할 수 있다.

03 미루어 알기 정답 ③

선택률	① 6%	② 4%	③ 69%	④ 11%	⑤ 10%

㉡의 이유를 추론한 것으로 가장 적절한 것은?
= OLED가 내는 빛의 세기를 높게 유지해야 한다.

정답 풀이

③ OLED가 내는 빛 중 일부가 편광판에서 차단되기 때문이다.

해설 7문단에서 OLED가 내는 빛의 세기를 높게 유지해야 한다는 단점이 존재하는 것은 편광판을 사용하기 때문이라고 하였다. 5문단에서 편광판은 투과축의 수직 방향으로 진동하는 빛을 차단시켜 빛의 세기를 감소시킨다고 했으므로, OLED에서 방출된 빛의 일부는 편광판에서 차단되어 빛의 세기가 줄어들게 될 것임을 알 수 있다.

오답 풀이

① OLED가 내는 빛의 휘도를 ~~조절할 수 없기 때문이다.~~
↳ 조절할 수 있음.

해설 4문단에서 OLED가 색을 표현할 때, 출력되는 빛의 세기를 높이면 해당 색의 휘도가 높아진다고 하였으므로, OLED가 내는 빛의 휘도를 조절할 수 없다는 진술은 적절하지 않다.

② OLED가 내는 빛이 증가할수록 수명이 ~~길어지기 때문이다.~~
↳ 단축됨.

해설 4문단에서 OLED가 강한 세기의 빛을 출력할수록 OLED의 수명이 단축되는 문제가 있다고 하였으므로, OLED가 내는 빛이 증가할수록 수명이 길어진다는 진술은 적절하지 않다.

④ OLED가 내는 빛이 약하면 명암비 ~~계산이 어렵기 때문이다.~~

해설 2문단에서 명암비는 가장 밝은 색과 가장 어두운 색을 화면이 얼마나 잘 표현하는지를 나타내는 수치라고 하였다. OLED가 내는 빛의 세기와 명암비의 관련성은 제시되지 않았다.

⑤ OLED가 내는 빛의 세기를 높이는 데 ~~한계가 있기 때문이다.~~

해설 4문단에서 OLED가 강한 세기의 빛을 출력할수록 수명이 단축된다고 하였으므로 이것은 OLED가 빛의 세기를 높게 유지해야 하는 이유로는 적절하지 않다.

04 자료를 통한 이해 정답 ③

선택률	① 8%	② 22%	③ 47%	④ 15%	⑤ 8%

〈보기〉는 [A]의 과정을 나타낸 그림이다. 윗글을 바탕으로 〈보기〉를 이해한 내용으로 적절하지 않은 것은? [3점]

보기

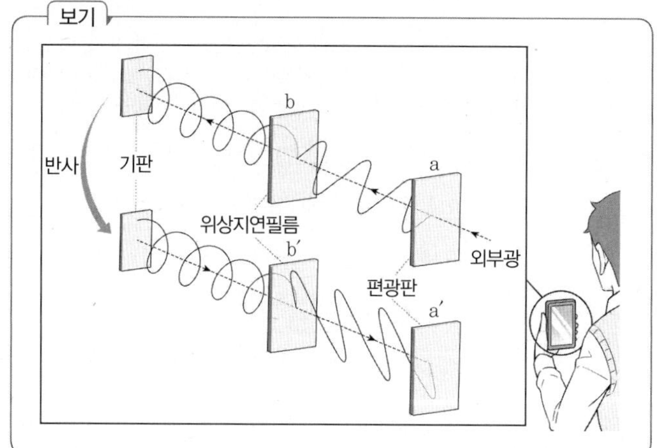

정답 풀이

③ b를 거친 빛은 기판에 의해 a를 거쳐 b로 나아가는 빛과 같은 형태의 편광으로 바뀌게 된다.
↳ 다른

해설 [A]에서 스마트폰 화면 안으로 들어오는 외부광은 편광판인 a를 거치면서 일부가 차단되고 투과축과 평행한 방향으로 진동하는 선형 편광만 남게 된다고 하였다. 그런 다음 이 선형 편광은 위상지연필름인 b를 지나면서 회전하며 나아가는 빛인 원형 편광으로 편광의 형태가 바뀐다고 하였다. 따라서 b를 거친 빛은 원형 편광이고, a를 거쳐 b로 나아가는 빛은 선형 편광이므로 이 둘의 편광 형태가 같다는 진술은 적절하지 않다.

오답 풀이

① 외부광은 a를 거치면서 투과축과 평행한 방향으로 진동하는 빛만 남게 된다.
투과축의 수직 방향으로 진동하는 빛은 차단됨.

해설 5, 6문단에서 일반적으로 빛은 진행하는 방향에 수직인 모든 방향으로 진동하며 나아가는데, 빛이 편광판을 통과하면 그중 편광판의 투과축과 평행한 방향으로 진동하며 나아가는 선형 편광만 남고, 투과축의 수직 방향으로 진동하는 빛은 차단된다고 하였다. 따라서 외부광은 a를 거치면서 투과축과 평행한 방향으로 진동하는 빛만 남게 된다는 진술은 적절하다.

② a를 거쳐 b로 나아가는 빛은 진행 방향에 수직인 방향으로 진동한다.
편광판의 투과축과 평행인 빛이므로 진행 방향과는 수직 방향임.

해설 a를 거친 빛은 투과축과 평행한 방향으로 진동하며 나아가는 선형 편광으로, 빛의 진행 방향과는 수직인 방향으로 진동한다. 따라서 a를 거쳐 b로 나아가는 빛은 진행 방향에 수직인 방향으로 진동한다는 진술은 적절하다.

선택지 속 함정

[A]에서 스마트폰 화면 안으로 들어오는 외부광은 편광판을 거치면서 일부가 차단되고 투과축과 평행한 방향으로 진동하는 선형 편광만 남게 된다고 했어. 이 내용을 〈보기〉의 그림에서 찾아보면, 외부광이 a를 통과하여 선형 편광이 b로 향하는 것을 볼 수 있지. 그런데 선지에서는 a의 투과축이 아닌 빛의 진행 방향을 기준으로 선형 편광의 진동 방향을 진술하고 있기 때문에 학생의 입장에서는 헷갈릴 만하지. 단순히 편광판을 거친 선형 편광이 평행한 방향으로만 진동한다고 생각했다가는 선택지의 진술이 잘못되었다고 오해할 수 있어.

④ b′를 거친 빛의 진동 방향은 a를 거쳐 b로 나아가는 빛의 진동 방향과 수직을 이룬다.

해설 6문단에서 내부 기판에 반사된 원형 편광이 b′인 위상지연필름을 통과하며 선형 편광으로 바뀌는데, 이때 선형 편광의 진동 방향은 a를 거쳐 b로 나아가는 빛 즉, 외부광이 처음 편광판을 통과했을 때 남은 선형 편광의 진동 방향과 수직을 이루게 되어 편광판에 가로막히게 된다고 하였다. 따라서 b′를 거친 빛의 진동 방향은 a를 거쳐 b로 나아가는 빛의 진동 방향과 수직을 이룬다는 진술은 적절하다.

⑤ b′를 거친 빛은 진동 방향이 a′의 투과축과 수직을 이루므로 화면 밖으로 빠져나가지 못하게 된다.
이러한 이유로 기판에 반사된 외부광이 화면 밖으로 빠져나가지 못하게 됨.

해설 6문단에서 위상지연필름인 b′를 통과한 선형 편광의 진동 방향은 외부광이 처음 편광판을 통과했을 때 남은 선형 편광의 진동 방향과 수직을 이루게 되어 편광판인 a′에 가로막히게 된다고 하였다. 따라서 b′를 거친 빛은 진동 방향이 a′의 투과축과 수직을 이루므로 화면 밖으로 빠져나가지 못하게 된다는 진술은 적절하다.

05 어휘의 문맥적 의미 파악 정답 ③

선택률	① 3%	② 2%	③ 90%	④ 2%	⑤ 3%

문맥상 ⓐ~ⓔ와 바꾸어 쓰기에 적절하지 않은 것은?
= ⓐ: 혼재될수록, ⓑ: 존재하는, ⓒ: 구현한다, ⓓ: 단축되는, ⓔ: 방지하지

정답 풀이

③ ⓒ: 고른다

해설 ⓒ'구현하다'는 '어떤 내용을 구체적인 사실로 나타나게 하다.'를 의미하는 말이고, ③의 '고르다'는 '여럿 중에서 가려내거나 뽑다.'를 의미하는 말이다. 두 말 사이의 연관성이 없으므로 바꾸어 쓰기에 적절하지 않다.

오답 풀이

① ⓐ: 뒤섞일수록

해설 ⓐ'혼재되다'는 '뒤섞이어 있다.'를 의미하는 말이고, ①의 '뒤섞이다'는 '물

건 따위가 한데 그러모아져 마구 섞이다.'를 의미하는 말이므로, 바꾸어 쓸 수 있다.

② ⓑ: 있는

해설 ⓑ'존재하다'는 '현실에 실재하다.'를 의미하는 말이고, ②의 '있다'는 '어떤 사실이나 현상이 현실로 존재하는 상태이다.'를 의미하는 말이므로 바꾸어 쓸 수 있다.

④ ⓓ: 줄어드는

해설 ⓓ'단축되다'는 '시간이나 거리 따위가 짧게 줄어들다.'를 의미하는 말이고, ④의 '줄어들다'는 '부피나 분량 따위가 본디보다 작아지거나 짧아지거나 적어지다.'를 의미하는 말이므로, 바꾸어 쓸 수 있다.

⑤ ⓔ: 막지

해설 ⓔ'방지하다'는 '어떤 일이나 현상이 일어나지 못하게 막다.'를 의미의 말이고, ⑤의 '막다'는 '어떤 일이나 행동을 못 하게 하다.', '어떤 현상이 일어나지 못하게 하다.'를 의미하는 말이므로, 바꾸어 쓸 수 있다.

06~09 2021년 9월 고1 전국연합학력평가

본문 88~89쪽

06 ③ 07 ④ 08 ① 09 ③

(　) 문단별 핵심어 ★ 중심 문장

• **친환경차**

1 자동차에서 배출되는 오염 물질로 인한 대기 오염 및 기후 변화 문제가 심각해지면서 세계 각국은 (온실가스의 배출 억제)를 위해 자동차 분야 규제를 강화하고 있어 오염 물질의 배출이 적은 (친환경차)가 주목을 ㉮받고 있다.

친환경차가 주목받는 이유

2 친환경차에는 전기차, 수소전기차, 하이브리드차가 있는데 이중 ㉠(전기차와 수소전기차)는 전기에너지를 운동에너지로 변환하여 주는 모터만으로 구동되고, ㉡(하이브리드차)는 모터와 함께 ㉢내연기관차처럼 연료를 연소시킬 때 발생하는 열에너지를 운동에너지로 바꿔 주는 엔진을 사용하여 구동된다. (내연기관차)는 마찰 제동장치를 사용하므로 차가 감속할 때 운동에너지가 열에너지로 변환된 후 사라지는 반면, 친환경차는 감속 시 운동에너지를 전기에너지로 변환하여 배터리에 충전해 다시 사용할 수 있게 하는 (회생 제동장치)도 사용해 에너지 효율을 높이고 있다.

친환경차의 종류 / 전기차와 수소전기차의 구동 방식 / 하이브리드차의 구동 방식 / 친환경차의 높은 에너지 효율

3 (하이브리드차)는 출발할 때에는 전기에너지를 이용하여 모터를 구동하고 주행 시에는 주행 상황에 따라 모터와 엔진을 적절히 이용하므로 일반 내연기관차보다 연비가 좋고 배기가스가 저감되는 효과가 있다. 전기차와 수소전기차는 엔진 없이 모터를 사용해 전기에너지만으로 달리는 차라 할 수 있다. (전기차)는 고전압 배터리에 충전을 해 전기에너지를 모터로 공급하여 움직이고, (수소전기차)는 연료 탱크에 저장된 수소를 연료전지를 통해 전기에너지로 변환하여 동력원으로 사용한다. (연료전지)는 차량 구동에 필요한 수준의 전기에너지를 발전시키기 위해 다수의 연료전지를 직렬로 연결하여 가로로 쌓아 만드는데 이를 (스택(stack))이라 한다. 연료전지는 저장된 수소와 외부로부터 공급되는 공기 속 산소가 만나 일어나는 (산화·환원 반응 과정)을 통해 전기에너지를 생성하는데, (산화)란 어떤 물질이 전자를 내어 주는 것을, (환원)이란 전자를 받아들이는 것을 의미한다. 이렇게 물질이 전자를 얻거나 잃는 것을 (이온화)라고도 하는데 물질이 전자를 얻으면 음이온이, 전자를 잃으면 양이온이 된다.

하이브리드차의 장점 / 전기차의 동력원 / 수소전기차의 동력원 / 스택의 구조 / 산화의 정의 / 환원의 정의 / 이온화의 정의

4 (수소전기차)에는 (백금을 넣은 촉매)와 (고분자전해질막)을 지닌 (연료전지)를 많이 사용하는데 다른 연료전지에 비해 출력이 크고 저온에서도 작동이 되며 구조도 간단하다. 연료전지의 −극과 +극에 사용되는 촉매 속에 들어 있는 백금은 −극에서는 수소의 산화 반응을, +극에서는 산소의 환원 반응을 활성화한다. 그리고 두 극 사이에 있는 고분자전해질막은 양이온의 이동은 돕고 음이온과 전자의 이동은 억제하는 역할을 한다.

촉매 속에 들어 있는 백금의 기능 / 고분자전해질막의 기능

5 (연료전지에서 전기에너지가 생성되는 과정)은 『수소를 저장한 연료 탱크로부터 수소가 −극으로, 공기공급기로 유입되는 외부의 공기 속 산소가 +극으로 공급되며 시작된다. (−극에 공급된 수소)는 (촉매 속 백금)에 의해 (수소 양이온(H^+))과 (전자(e^-))로 분리되고, 수소 양이온은 (고분자전해질막)을 통과해 +극으로, 전자는 외부 회로를 통해 +극으로 이동한다. 이렇게 전자가 (외부 회로)로 흐르며 전기에너지가 발생하는데, 생성된 전기에너지는 모터로 전해져 동력원이 되고 일부는 배터리에 축전된다. +극에서는 공급된 산소가 외부 회로를 통해 이동해 온 전자(e^-)와 결합해 산소 음이온(O^-)이 된 후, 수소 양이온(H^+)과 만나 물(H_2O)이 되어 외부로 배출된다.』

『 』: 연료전지에서 전기에너지가 생성되는 과정

6 (수소전기차)에 사용되는 수소는 가솔린의 세 배나 되는 단위 질량당 에너지 밀도를 지니고 있어 (에너지 효율)이 높다. 그리고 수소와 산소의 반응을 이용하므로 (오염 물질이나 온실가스의 배출)이 적고 외부로부터 공급되는 공기를 필터로 정화하여 사용한 후 배출하므로 공기를 (정화)하는 기능도 한다. 그러나 『고가인 백금과 고분자전해질막을 사용해 연료전지를 제작해 (가격)이 비싸다는 점, 수소는 고압으로 압축해야 하므로 폭발할 위험성이 커 (보관과 이동)에 어려움이 있다는 점』 등 해결해야 할 문제들이 남아 있다.

수소전기차의 장점 1 / 수소전기차의 장점 2 / 수소전기차의 장점 3 / 『 』: 수소전기차의 해결해야 할 과제

지식을 쌓는 **배경지식**

연료전지

화학 변화가 일어날 때의 에너지 변화를 전기 에너지로 바꾸는 장치를 화학 전지라고 한다. 일반적으로 화학 전지는 전극을 구성하는 물질과 전해질을 용기 속에 넣어서 화학 반응을 일으키는 반면에, 연료전지는 외부에서 수소와 산소를 계속적으로 공급함으로써 전기 에너지를 만든다. 연료전지는 전기 에너지를 만드는 과정이 연료를 연소시키는 것과 유사하지만, 연료전지의 수소는 연소되는 것이 아니라 산화·환원 반응이 진행되는 것이며, 그 결과 물이 생성된다.

지문 분석하기

|지문 구조|

1 친환경차가 주목받는 이유

↓

2 친환경차의 종류와 구동 장치 + **3** 친환경차의 종류별 동력원

↓

4 수소전기차의 연료전지의 특징 및 기능 + **5** 연료전지에서 전기에너지가 생성되는 과정

↓

6 수소전기차의 장단점과 상용화를 위해 해결해야 할 문제들

|주제| 친환경차의 종류와 동력원의 원리와 특성

한컷 정리하기

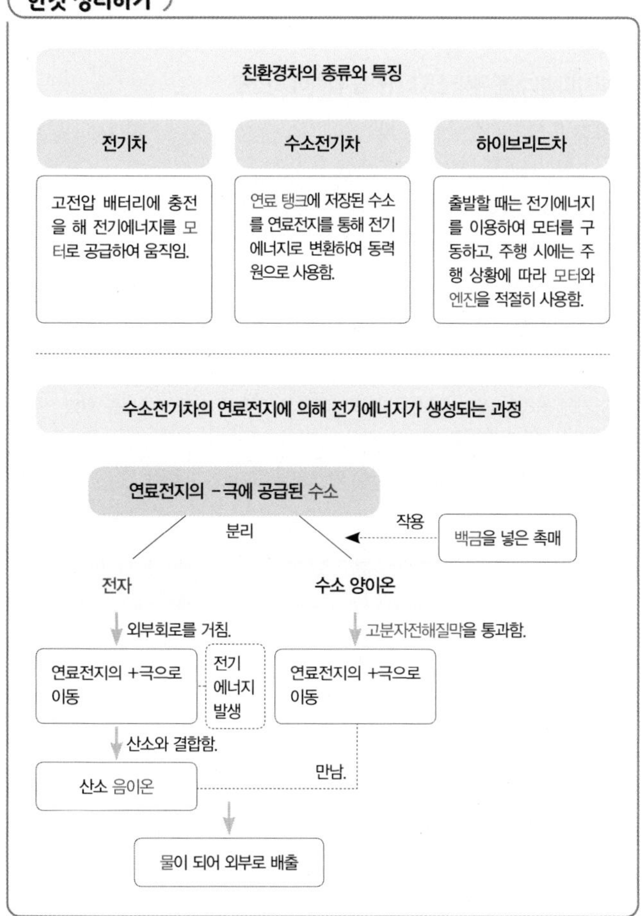

06 세부 정보의 파악 정답 ③

선택률	① 3%	② 5%	③ 79%	④ 7%	⑤ 6%

윗글에 대해 이해한 내용으로 적절하지 않은 것은?

정답 풀이

③ 수소가 연료로 쓰이는 이유는 ~~가솔린보다 에너지 효율은 낮지만~~ 친환경적이기 때문이겠군.
↳ 가솔린의 세 배나 되는 단위질량당 에너지 밀도를 가지고 있어 에너지 효율이 높음.

해설 6문단에서 수소전기차에 사용되는 수소는 가솔린의 세 배나 되는 단위질량당 에너지 밀도를 지니고 있어 에너지 효율이 높다고 하였다.

오답 풀이

① 고압으로 압축한 수소는 폭발할 위험이 크니 보관이나 이동에 어려움이 많겠군.

해설 6문단에서 수소는 고압으로 압축해야 하므로 폭발할 위험성이 커 보관과 이동에 어려움이 있다고 하였다.

② 수소전기차는 공급되는 외부 공기를 필터로 걸러 사용하므로 정화된 공기가 배출되겠군.

해설 6문단에서 수소전기차는 외부로부터 공급되는 공기를 필터로 정화하여 사용한 후 배출하므로 공기를 정화하는 기능도 한다고 하였다.

④ 백금과 고분자전해질막을 대신할 저가의 원료를 개발한다면 연료전지의 가격을 낮출 수 있겠군.

해설 6문단에서 수소전기차는 고가인 백금과 고분자전해질막을 사용해 연료전지를 제작해 가격이 비싸다고 하였으므로 이를 대신할 저가의 원료를 개발하는 것은 연료전지의 가격을 낮출 수 있는 방법이 된다.

⑤ 수소전기차를 구동할 수준의 전기에너지를 만들어 내려면 다수의 연료전지를 직렬로 연결해 만들어야겠군.

해설 3문단에 따르면, 수소전기차는 연료 탱크에 저장된 수소를 연료전지를 통해 전기에너지로 변환하여 동력원으로 사용한다. 연료전지는 차량 구동에 필요한 수준의 전기에너지를 발전시키기 위해 다수의 연료전지를 직렬로 연결하여 가로로 쌓아 만든다고 하였다.

07 구체적 상황에 적용 정답 ④

선택률	① 10%	② 13%	③ 16%	④ 52%	⑤ 9%

〈보기〉는 수소전기차의 연료전지에서 전기에너지가 생성되는 과정을 도식화한 것이다. 윗글을 바탕으로 〈보기〉를 이해한 내용으로 적절하지 않은 것은? [3점]

보기

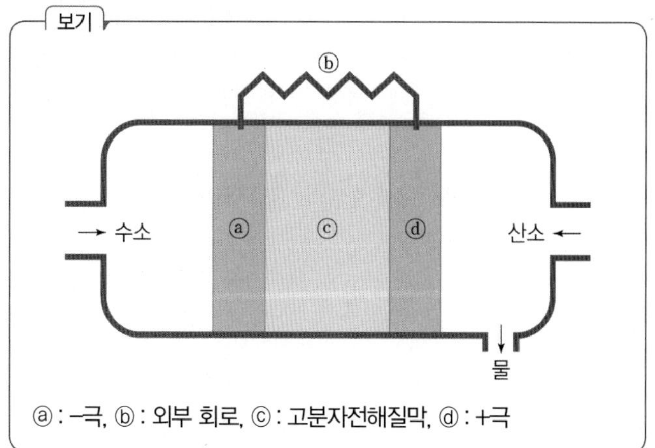

ⓐ : −극, ⓑ : 외부 회로, ⓒ : 고분자전해질막, ⓓ : +극

정답 풀이

④ ~~ⓐ와 ⓓ에서 분리된 전자는 ⓑ에서 만나~~ 전기에너지를 생성하겠군.
↳ ⓐ에서 분리된 전자는 ⓑ로 흐르면서

해설 5문단에 따르면, ⓐ에 공급된 수소는 수소 양이온(H^+)과 전자(e^-)로 분리된다. 이후 전자는 ⓑ를 통해 ⓓ로 흘러가며 전기에너지가 생성된다. ⓓ에 공급된 산소는 ⓑ를 통해 이동해 온 전자와 결합하여 산소 음이온이 된다.

오답 풀이

① ⓐ와 ⓓ에 들어 있는 금속은 각각 수소와 산소의 이온화를 촉진하겠군.

해설 4문단에 따르면, 연료전지의 ⓐ와 ⓓ에 사용되는 촉매 속에 들어있는 백금은 ⓐ에서는 수소의 산화 반응을, ⓓ에서는 산소의 환원 반응을 활성화한다. 3문단에서 산화란 어떤 물질이 전자를 내어 주는 것을, 환원이란 전자를 받아들이는 것을 의미한다고 하였다. 또한, 이렇게 물질이 전자를 얻거나 잃는 것을 이온화라고 하였으므로 ⓐ와 ⓓ의 촉매 속에 들어있는 금속인 백금은 각각 수소와 산소의 이온화를 촉진한다고 볼 수 있다.

② ⓑ를 통해 전자가 흘러가는 이유는 ⓒ가 전자의 이동을 억제하기 때문이겠군.

해설 4문단에 따르면, ⓒ는 양이온의 이동은 돕고, 음이온과 전자의 이동은 억제한다. 따라서 전자는 ⓒ를 통과하지 못하고 ⓑ를 통해 ⓓ로 흘러가게 된다.

③ ⓒ를 통과하여 ⓓ로 이동하는 수소 양이온은 ⓐ에서 전자를 잃은 수소이겠군.

해설 5문단에 따르면, 연료 탱크에서 수소가 ⓐ에 도달하면 촉매 속 백금에 의해 양이온(H^+)과 전자(e^-)로 분리된다. 이때 ⓒ는 음이온과 전자의 이동을 억제하므로, 수소 양이온만 ⓒ를 통과하여 ⓓ로 이동하게 된다. 따라서 이때의 수소 양이온은 ⓐ에서 백금에 의해 전자를 잃고 산화된 수소라고 말할 수 있다.

⑤ ⓓ에서는 수소 양이온과 산소 음이온이 결합하여 물이 생성되겠군.

해설 5문단에 따르면, ⓓ에서는 공급된 산소가 외부 회로를 통해 이동해 온 전자(e^-)와 결합해 산소 음이온(O^-)이 된 후, 수소 양이온(H^+)과 만나 물(H_2O)이 된다.

08 정보 간의 의미 파악 정답 ①

선택률	① 45%	② 7%	③ 15%	④ 7%	⑤ 26%

㉠~㉢에 대한 이해로 적절하지 않은 것은?
= ㉠: 전기차와 수소전기차, ㉡: 하이브리드차, ㉢: 내연기관차

정답 풀이

① ㉠은 ㉡, ㉢과 달리 연료 탱크를 제작할 필요가 없다.
↳ 전기차만 연료 탱크가 필요 없음.

해설 3문단에서 수소전기차는 연료 탱크에 저장된 수소를 연료전지를 통해 전기에너지로 변환하여 동력원으로 사용한다고 하였다. 따라서 연료 탱크를 제작할 필요가 없는 것은 ㉠중에서도 전기차뿐이다.

오답 풀이

② ㉡은 ㉠에 쓰이는 모터와 ㉢에 쓰이는 엔진을 주행 상황에 따라 이용한다.

해설 2문단에 따르면, ㉡'하이브리드차'는 ㉠'전기차와 수소전기차'에 쓰이는 전기에너지를 운동에너지로 변환하여 주는 모터와 함께, ㉢'내연기관차'에 쓰이는 연료를 연소시킬 때 발생하는 열에너지를 운동에너지로 바꿔 주는 엔진을 사용하여 구동된다. 그러므로 출발할 때에는 전기에너지를 이용하여 모터를 구동하고 주행 시에는 주행 상황에 따라 모터와 엔진을 적절히 이용할 수 있다.

③ ㉢은 ㉠, ㉡과 달리 감속할 때 발생하는 에너지를 자동차의 주행에 활용하지 못한다.

해설 2문단에서 ㉢'내연기관차'는 마찰 제동장치를 사용하므로 차가 감속할 때 운동에너지가 열에너지로 변환된 후 사라진다고 하였다. 반면에 ㉠'전기차와 수소전기차', ㉡'하이브리드차'와 같은 친환경차는 감속 시 운동에너지를 전기에너지로 변환하여 배터리에 충전해 다시 사용할 수 있게 하는 회생 제동장치를 활용한다고 하였다.

④ ㉠, ㉡은 ㉢에 비해 배출되는 오염 물질과 온실가스의 양이 적다.
친환경 자동차의 특징

해설 1문단에서 세계 각국은 온실가스의 배출 억제를 위해 자동차 분야 규제를 강화하고 있어 오염 물질의 배출이 적은 친환경차가 주목을 받고 있다고 하였다. ㉠'전기차와 수소전기차', ㉡'하이브리드차'는 온실가스와 오염 물질의 배출이 적은 친환경차에 해당한다.

⑤ ㉠, ㉡은 ㉢과 달리 전기에너지를 운동에너지로 변환하여 출발한다.
모터의 역할

해설 2, 3문단에 따르면, ㉠'전기차와 수소전기차', ㉡'하이브리드차'는 모두 전기에너지를 운동에너지로 변환하여 주는 모터를 사용하여 출발하지만, ㉢'내연기관차'는 연료를 연소시킬 때 발생하는 운동에너지를 열에너지로 바꿔 주는 엔진을 사용하여 구동된다.

선택지 속 함정

지문에서 ㉡은 모터와 엔진을 함께 사용하여 구동한다고 했어. 즉, ㉠은 모터만으로, ㉡은 모터와 엔진을 함께 사용하여, ㉢은 엔진만으로 구동된다고 정리할 수 있지. 전기에너지를 운동에너지로 변환하는 것은 모터의 역할이므로, 모터를 구동에 사용하는지를 통해 ㉠, ㉡, ㉢을 분류한다면, ㉠과 ㉡은 공통적이고, ㉢은 차이를 가지고 있어. 정보 간의 의미를 파악하는 문제에서 선택지에 나온 '~와 같이'는 대상 간의 공통점을 묻는 것이고, '~와는 달리'는 대상 간의 차이점을 묻는 것이야. 이 점에 유의하여 선택지를 꼼꼼하게 분석하는 습관을 길러 봐.

09 어휘의 문맥적 의미 파악 정답 ③

선택률	① 3%	② 4%	③ 86%	④ 5%	⑤ 2%

문맥상 ㉮와 가장 가까운 의미로 쓰인 것은?
= 받고

정답 풀이

③ 그 아이는 막내로 태어나 집에서 귀염을 받고 자랐다.

해설 ㉮의 '받다'는 '다른 사람이나 대상이 가하는 행동, 심리적인 작용 따위를 당하거나 입다.'라는 의미를 갖는 말로 '관심을 받다.', '사랑을 받다.'와 같은 형태로 쓰일 수 있다. ③의 '받다' 역시 유사한 의미로 쓰인 것이다.

오답 풀이

① 회사의 미래를 위해 신입 사원을 받아야 하겠군

해설 ①의 '받다'는 '사람을 맞아들이다.'라는 의미를 갖는다. 따라서 '손님을 받다.', '환자를 받다.' 등의 형태로 쓰일 수 있다.

② 네가 원하는 요구 조건은 무엇이든지 받아 주겠다.

해설 ②의 '받다'는 '다른 사람의 어리광, 주정 따위에 무조건 응하다.'는 의미를 갖는다. 따라서 '어리광을 받다.', '주정을 받다.'와 같은 형태로 쓰일 수 있다.

④ 그는 좌회전 신호를 받고 천천히 차의 속도를 높였다.

해설 ④의 '받다'는 '요구, 신청, 질문, 공격, 도전, 신호 따위의 작용을 당하거나 거기에 응하다.'라는 의미를 갖는다. 따라서 '도전을 받다.', '통보를 받다.', '질문을 받다.' 등의 형태로 쓰일 수 있다.

⑤ 예전에는 빗물을 큰 물통에 받아 빨래하는 데 쓰기도 했다.

해설 ⑤의 '받다'는 '흐르거나 쏟아지거나 하는 것을 그릇 따위에 담기게 하다.'라는 의미로 '목욕물을 받다.'와 같은 형태로 쓰일 수 있다.

01~05	2022년 3월 고1 전국연합학력평가	본문 90~91쪽

01 ① 02 ② 03 ⑤ 04 ④ 05 ④

문단별 핵심어 ★ 중심 문장

• 데이터의 오류 검출 방식

1 컴퓨터 네트워크에서 데이터가 전송될 때 수신된 데이터에 오류가 있는 경우가 있다. 오류를 검출하기 위해 송신기는 오류 검출 부호를 포함한 데이터를 전송하고 수신기는 수신한 데이터를 검사하여 오류가 있으면 재전송을 요청한다.

2 수신한 데이터에 오류가 있는지 검출하는 가장 간단한 방식은 ㉠패리티 검사이다. 이 방식은 전송할 데이터에 패리티 비트라는 오류 검출 부호를 추가하는 방법으로(패리티 검사의 방법), 패리티 비트를 추가하여 데이터의 1의 개수를 짝수나 홀수로 만든다. 1의 개수를 짝수로 만드는 방식을 짝수 패리티, 홀수로 만드는 방식을 홀수 패리티라고 하고 송·수신기는 모두 같은 방식을 사용해야 한다. 「예를 들어 짝수 패리티를 사용한다면 송신기는 항상 데이터의 1의 개수를 짝수로 만들어서 전송하지만 만일 수신한 데이터의 1의 개수가 홀수가 되면 수신기는 오류가 발생했다고 판단하는 것이다.」(「」: 패리티 검사의 예시) 하지만 패리티 검사는 「㉮수신한 데이터에서 짝수 개의 비트에 오류가 동시에 있으면 이를 검출하기 어렵다. 또한 오류의 발생 여부를 검출할 수 있을 뿐 데이터 내 오류의 위치는 알아낼 수 없다.」(「」: 패리티 검사의 한계)

3 전송할 데이터를 2차원 배열로 구성해서 패리티 비트를 생성하면 오류의 발생 여부뿐만 아니라 오류의 위치도 알아낼 수 있다.(2차원 배열 패리티 검사의 보완) 「예를 들어 송신기가 1100011 1111111을 전송한다고 하자. 송신기는 이를 $\begin{matrix}1100011\\1111111\end{matrix}$과 같이 2차원 배열로 구성하고 가로 방향인 모든 행과 세로 방향인 모든 열에 패리티 비트를 생성한 후 이를 포함한 데이터를 전송한다. 수신기는 수신한 데이터의 각각의 행과 열의 1의 개수를 세어 오류를 검사한다. 만약 어떤 비트에 오류가 발생하면 그 비트가 포함된 행과 열에서 모두 오류가 검출된다.」(「」: 2차원 배열 패리티 검사의 예시) 따라서 오류가 발생한 위치를 알 수 있다. 다만 동일한 행 또는 열에서 짝수 개의 오류가 발생하면 오류가 발생한 정확한 위치를 알 수 없다.(2차원 배열 패리티 검사의 한계)

4 ㉡CRC 방식은 미리 선택된 생성 부호를 사용해서 오류 검출 부호를 생성하는 방식이다.(CRC 방식의 개념) 전송할 데이터를 생성 부호로 나누어서 오류 검출 부호를 생성하는 데 모듈로-2 연산을 활용한다. 모듈로-2 연산은 자릿수가 제한된 상태에서 나머지를 구하는 연산으로 해당 자릿수의 비트 값이 같으면 0, 다르면 1이 된다.(모듈로-2 연산의 방법)

5 〈그림〉과 같이 생성 부호가 1011이고 전송할 데이터가 110101인 경우를 보자. 전송할 데이터는 오류 검출 부호를 추가해야 하기 때문에 그만큼의 비트가 더 필요하다. 송신기는 전송할 데이터의 오른쪽 끝에 생성 부호의 비트 수보다 하나 작은 비트 수만큼 0을 추가한 후(생성 부호가 4자리이므로 0을 3번 추가함.) 이를 생성 부호로 나누고 그 나머지가 오류 검출 부호가 된다. 송신기는 오류 검출 부호를 포함한 데이터(전송할 데이터+오류 검출 부호) ㉢110101111만을 전송하고 수신기는 수신한 데이터를 송신기와 동일한 생성 부호로 나눈다. 수신한 데이터는 전송할 데이터에 나머지를 추가했으므로 오류가 없다면 생성 부호로 나누었을 때 나머지가 0이 된다. 이때 나머지가 0이 아니면 수신한 데이터에 오류가 있다고 판단한다. CRC 방식은 복잡하지만 여러 개의 오류가 동시에 생겨도 이를 검출할 수 있어서 오류 검출 확률이 높다.(CRC 방식의 안정성)

```
                 111101
생성 부호 → 1011)110101000 ← 전송할 데이터
                1011
                 1100
                 1011
                  1111
                  1011
                   1000
                   1011
                    0110
                    0000
                     1100
                     1011
                      111 ← 오류 검출 부호
```

〈그림〉

지식을 쌓는 배경지식

디지털 통신

통신이란, 어떤 한 지점(송신기)에서 다른 지점(수신기)으로 정보를 전달하는 것을 말한다. 현대에 컴퓨터가 등장하면서 정보를 아날로그 파형이 아니라 2진수 기반의 디지털 형태로 표현하고 저장하게 되었다. 더불어 통신에서도 2진수의 전송이라는 방식을 사용하게 되었다. 이러한 디지털 통신의 주요 장점은 다양성에 있다. 어떤 정보도 비트로 변환(= 부호화)되어 전송되고, 수신 측에서는 원래의 정보 형태로 역변환(= 복호)된다.

지문 분석하기

|지문 구조|

1 컴퓨터 네트워크에서 수신된 데이터의 오류 발생

↓

2 패리티 검사의 오류 검출 원리와 한계

↓

3 2차원 배열의 패리티 검사에 의한 오류 검출

↓

4 CRC 방식의 개념과 방법 + **5** CRC 방식을 통한 오류 검출의 예와 안정성

|주제| 네트워크 데이터 전송 오류의 검출 방법과 특징

한컷 정리하기

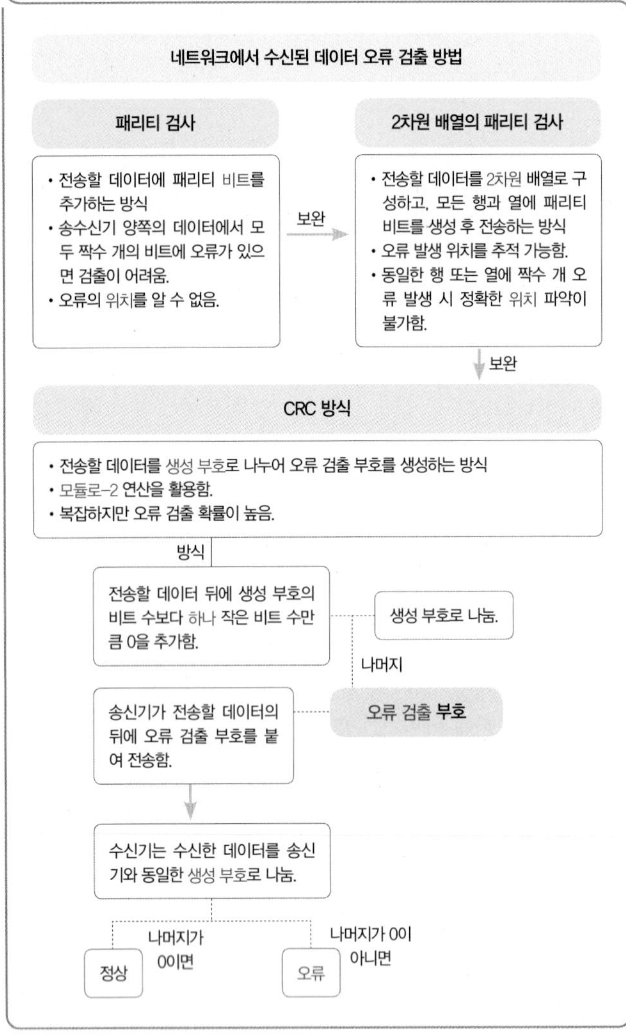

01 세부 정보의 파악

정답 ①

선택률	① 40%	② 6%	③ 38%	④ 13%	⑤ 3%

윗글에서 알 수 있는 내용으로 적절하지 않은 것은?

정답 풀이

① CRC 방식은 모듈로-2 연산을 사용해서 ~~생성 부호를~~ 만들어 낸다.
↳ 오류 검출 부호를

해설 4문단에 따르면, CRC 방식은 미리 선택된 생성 부호를 사용해서 오류 검출 부호를 생성하는 방식이다. CRC 방식은 전송할 데이터를 생성 부호로 나누어서 오류 검출 부호를 생성하는 데 모듈로-2 연산을 활용한다. 따라서 CRC 방식은 모듈로-2 연산을 통해 생성 부호를 만들어 내는 것이 아니라 오류 검출 부호를 만들어 낸다.

오답 풀이

② 패리티 검사에서 송신기와 수신기는 동일한 패리티 방식을 사용해야 한다.

해설 2문단에서 1의 개수를 짝수로 만드는 방식을 짝수 패리티, 홀수로 만드는 방식을 홀수 패리티라고 하였으며, 송 · 수신기는 모두 같은 패리티 방식을 사용해야 한다고 하였다.

③ CRC 방식에서 생성 부호의 비트 수는 오류 검출 부호의 비트 수보다 하나가 더 많다.

해설 4문단에 따르면, CRC 방식에서 오류 검출 부호가 들어갈, 전송할 데이터의 오른쪽 끝 자리에 생성 부호의 비트 수보다 하나 작은 비트 수만큼 0을 추가한다고 하였으므로 생성 부호의 비트 수는 오류 검출 부호의 비트 수보다 하나가 더 많다.

선택지 속 함정

지문에 자료로 주어지는 그림을 잘 활용하면, 세부 정보를 보다 직관적으로 파악할 수 있어. 그림은 생성 부호가 1011이고 전송할 데이터가 110101인 경우를 나타내고 있어. 5문단에서 송신기는 전송할 데이터의 오른쪽 끝에 생성 부호의 비트 수보다 하나 작은 비트 수만큼 0을 추가한 후 이를 생성 부호로 나누고 그 나머지가 오류 검출 부호가 된다고 설명하고 있어. 이것이 잘 이해되지 않는다면 주어진 그림 자료를 봐. 생성 부호가 1011로 4개의 비트로 이루어져 있고, 전송할 데이터에는 이보다 하나 작은 비트 수만큼 0을 추가한다고 했으므로 전송할 데이터 뒤에 000이 붙어 있어. 이를 생성 부호로 나누는데, 우리가 알고 있는 일반적인 연산의 나눗셈이 아니라 해당 자릿수의 비트 값이 같으면 0, 다르면 1이 되는 방식이야. 이렇게 해서 오류 검출 부호는 111이 나오게 되는 거야. 111은 비트 수가 3개이고, 생성 부호는 비트 수가 4개이므로 선택지의 진술이 적절하다는 것을 알 수 있어.

④ 짝수 패리티는 패리티 비트를 포함한 데이터의 1의 개수가 짝수인지 여부를 검사한다.

해설 2문단에 따르면, 패리티 검사 방식은 전송할 데이터에 패리티 비트라는 오류 검출 부호를 추가하는 방법으로, 패리티 비트를 추가하여 데이터의 1의 개수를 짝수나 홀수로 만든다. 짝수 패리티를 사용한다면 송신기는 항상 데이터의 1의 개수를 짝수로 만들어서 전송하지만 만일 수신한 데이터의 1의 개수가 홀수가 되면 수신기는 오류가 발생했다고 판단한다. 따라서 짝수 패리티는 패리티 비트를 포함한 데이터에서 1의 개수가 짝수인지 홀수인지를 검사하여 오류를 판단하는 방식임을 알 수 있다.

⑤ CRC 방식은 여러 개의 오류가 동시에 생겨도 검출할 수 있어서 오류 검출 확률이 높다.

해설 5문단 마지막 부분에서 CRC 방식은 복잡하지만 여러 개의 오류가 동시에 생겨도 이를 검출할 수 있어서 오류 검출 확률이 높다고 하였다.

02 정보 간의 비교

정답 ②

선택률	① 5%	② 49%	③ 13%	④ 18%	⑤ 15%

㉠과 ㉡에 대해 이해한 내용으로 적절하지 않은 것은?

(= 패리티 검사, = CRC 방식)

정답 풀이

② ~~㉡은 ㉠과 달리~~ 데이터의 오류를 검출하기 위해 ~~송신기와 수신기 모두에서~~ 오류 검사를 해야 한다.
↳ ㉠과 ㉡ 모두 / ↳ 수신기에서

해설 1문단에 따르면, 컴퓨터 네트워크에서 데이터가 전송될 때 수신된 데이터 상에 오류를 검출하기 위해 송신기는 오류 검출 부호를 포함한 데이터를 전송하고 수신기는 수신한 데이터를 검사하여 오류가 있으면 재전송을 요청한다고 하였다. 즉, ㉠'패리티 검사'와 ㉡'CRC 방식' 모두 송신기에서는 오류 검출 부호를 포함한 데이터를 전송하고, 수신기에서 오류를 검사하는 것이다.

오답 풀이

① ㉠은 ㉡과 달리 데이터에 포함된 1의 개수가 짝수나 홀수가 되도록 오류 검출 부호를 생성한다.

해설 ㉠'패리티 검사'는 데이터에 포함된 1의 개수가 짝수나 홀수가 되도록 오류 검출 부호인 패리티 비트를 생성하고 이를 통해 오류를 검사한다. 하지만 ㉡'CRC 방식'은 모듈로-2 연산을 통해 오류 검출 부호를 생성한다.

③ ㉠과 ㉡은 모두, 수신한 데이터의 오류 발생 여부를 수신기가 판단한다.

해설 1문단에서 송신기는 오류 검출 부호를 포함한 데이터를 전송하는 역할을 하고, 수신기는 수신한 데이터를 검사하여 오류가 있는지 판단하고 오류가 있으면 재전송을 요청한다고 하였다.

④ ㉠과 ㉡은 모두, 데이터를 전송하기 전에 오류 검출 부호를 생성해야 한다.

해설 ㉠'패리티 검사'는 전송할 데이터에 패리티 비트라는 오류 검출 부호를 추가하는 방법이고, ㉡'CRC 방식'은 전송할 데이터를 미리 선택된 생성 부호로 나누어서 오류 검출 부호를 생성하는 방식이라고 하였으므로, 두 경우 모두 데이터를 전송하기 전에 오류 검출 부호를 생성해야 함을 알 수 있다.

⑤ ㉠과 ㉡은 모두, 전송할 데이터가 같더라도 오류 검출 부호는 다를 수 있다.

해설 ㉠'패리티 검사'는 짝수 패리티인지 홀수 패리티인지에 따라, ㉡'CRC 방식'은 생성 부호가 무엇이냐에 따라 전송할 데이터가 같더라도 오류 검출 부호가 달라질 수 있다.

03 세부 내용의 추론 정답 ⑤

선택률	① 6%	② 10%	③ 32%	④ 9%	⑤ 43%

㉮의 이유로 가장 적절한 것은?

= 수신한 데이터에서 짝수 개의 비트에 오류가 동시에 있으면 이를 검출하기 어렵다

정답 풀이

⑤ 수신한 데이터가 정상일 때와 수신한 데이터에 오류가 있을 때의 패리티 비트가 동일하기 때문에

해설 패리티 검사에서는 전송한 데이터의 1의 개수와 수신한 데이터의 1의 개수가 두 경우 모두 홀수인지 또는 모두 짝수인지를 확인하여 오류 여부를 판단하게 된다. 비트가 0 또는 1로 표현된다고 할 때, 짝수 개의 비트에 오류가 동시에 있다면 비트 두 곳에서 0과 1이 바뀌는 오류가 발생한다. 결과적으로 데이터의 1의 개수의 홀짝 여부는 달라지지 않는다.

오답 풀이

① 송신기가 패리티 비트를 생성하는 것이 불가능하기 때문에

해설 데이터의 오류를 검출하기 위한 패리티 검사에서 송신기는 패리티 비트를 생성하여 전송할 데이터의 1의 개수를 짝수 또는 홀수로 만든다고 하였다.

② 전송되는 데이터에 포함된 1의 개수가 항상 홀수로 나타나기 때문에

해설 전송되는 데이터에 포함되는 1의 개수는 사용하는 패리티 방식에 따라 홀수 또는 짝수로 나타난다.

③ 전송되는 데이터에 포함된 1의 개수가 항상 짝수로 나타나기 때문에

해설 전송되는 데이터에 포함되는 1의 개수는 사용하는 패리티 방식에 따라 홀수 또는 짝수로 나타난다.

④ 오류가 발생했을 때 전송되는 패리티 비트의 크기가 늘어나기 때문에

해설 패리티 비트는 송신기가 데이터를 전송하기 전에 생성하는 것이므로 오류의 발생 여부에 따라 크기가 달라진다고 할 수 없다.

04 구체적 상황에 적용 정답 ④

선택률	① 7%	② 10%	③ 20%	④ 47%	⑤ 16%

윗글을 바탕으로 〈보기〉를 설명한 내용으로 적절하지 않은 것은? [3점]

보기

송신기는 오류 검출 방식으로 홀수 패리티를 활용하기로 하였다. 수신기는 수신한 데이터에 오류가 있다고 다음과 같이 판단하였다.

패리티 비트를 추가한 각 행과 열의 1의 개수가 홀수라면 오류가 없고, 짝수라면 오류가 있다고 판단함.

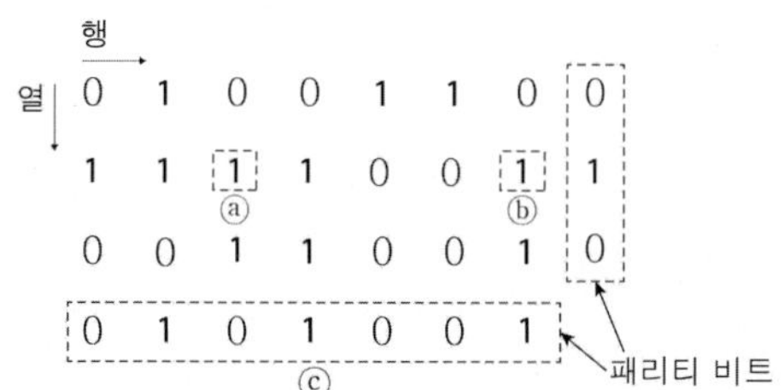

(단, 패리티 비트의 오류는 없다고 가정한다.)

정답 풀이

④ 수신한 데이터에서 ⓑ도 0으로 바뀌어서 수신되었다면 데이터의 오류 발생 여부를 검출할 수 ~~없었을 것이다.~~

↳ 있음.

해설 〈보기〉에서 홀수 패리티를 활용하였다고 하였으므로, 각 행과 열에서 1의 개수가 홀수라면 수신기는 데이터에 오류가 없다고 판단할 것이고, 1의 개수가 짝수라면 수신기는 데이터에 오류가 있다고 판단할 것이다. 만약에 ⓑ가 0으로 바뀌어서 수신되었다면 두 번째 행은 1의 개수가 5개로 홀수가 되므로 오류가 없다고 판단할 것이지만, 일곱 번째 열은 1의 개수가 2개로 짝수가 되므로 오류가 있다고 판단할 것이다. 따라서 수신한 데이터에서 ⓑ가 0으로 바뀌어서 수신되었더라도 오류의 발생 여부를 검출할 수 있다.

오답 풀이

① 첫 번째 행은 패리티 비트를 포함한 데이터의 1의 개수가 홀수이므로 오류가 없다고 판단했을 것이다.

해설 첫 번째 행은 패리티 비트를 포함한 데이터의 1의 개수가 3개로, 홀수이다. 홀수 패리티를 활용한 것이므로 수신기는 오류가 없다고 판단했을 것이다.

② 여섯 번째 열은 패리티 비트를 포함한 데이터의 1의 개수가 홀수이므로 오류가 없다고 판단했을 것이다.

해설 여섯 번째 열은 패리티 비트를 포함한 데이터의 1의 개수가 1개로 홀수이므로, 홀수 패리티를 활용하였을 때 오류가 없다고 판단했을 것이다.

③ ⓐ가 포함된 행과 열의 패리티 비트를 포함한 데이터의 1의 개수가 각각 짝수이므로 수신기는 ⓐ를 오류라고 판단했을 것이다.

해설 ⓐ가 포함된 행과 열을 볼 때, 패리티 비트를 포함한 데이터의 1의 개수는 행에서 6개, 열에서 2개로 모두 짝수이다. 홀수 패리티를 활용하였을 때 1의 개수가 짝수라는 것은 오류가 발생했음을 의미하므로, 수신기는 1의 개수가 짝수인 두 번째 행과 세 번째 열의 교차점인 ⓐ에서 오류가 발생했다고 판단했을 것이다.

⑤ 짝수 패리티를 활용했다면 송신기는 ⓒ를 1010110으로 생성했을 것이다.

해설 짝수 패리티를 활용했다면, 송신기는 ⓒ를 각 행과 열에서 1의 개수가 짝수가 되도록 생성해야 한다. 이때 패리티 비트는 전송할 데이터를 기준으로 만들게 되는데, 〈보기〉의 데이터에서 ⓐ는 오류가 있으므로 3열의 1의 개수는 홀수가 되어야 한다. 따라서 이를 고려하면 ⓒ는 1010110이 될 것이다.

05 핵심 정보의 파악 정답 ④

선택률	① 5%	② 22%	③ 25%	④ 38%	⑤ 9%

〈보기〉는 수신기가 ㉢의 오류를 검사한 연산이다. 윗글을 바탕으로 〈보기〉를 이해한 내용으로 적절하지 않은 것은?

= 110101111

보기

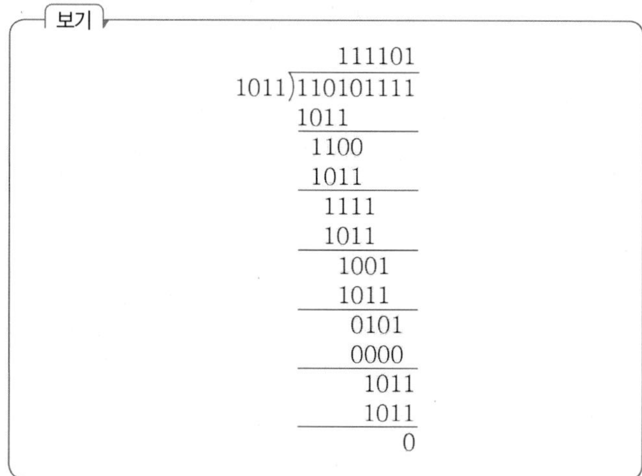

정답 풀이

④ **수신기가 ~~연산한 몫인 '111101'이 송신기가 전송한 데이터와 동일하기 때문~~에 수신기는 오류가 없다고 판단했겠군.** ↳ 수신한 데이터를 생성 부호로 나누었을 때 나머지가 0이므로

해설 수신기가 오류 여부를 판단하는 기준은 모듈로-2 연산의 몫이 아니라 나머지가 0인지의 여부이다. ⓒ은 오류 검출 부호를 포함한 데이터값이다. 이를 송신기와 동일한 생성 부호로 나눈다면 수신한 데이터는 전송할 데이터에 나머지를 추가했으므로 오류가 없을 경우 나머지가 0이 된다. 따라서 수신기가 연산한 몫이 송신기가 전송한 데이터와 동일하기 때문에 오류가 없다고 판단한다는 것은 적절하지 않다.

오답 풀이

① **수신기는 송신기와 동일한 생성 부호인 '1011'을 사용하여 모듈로-2 연산을 하였군.**

해설 5문단에 따르면, 수신기는 수신한 데이터를 송신기와 동일한 생성 부호로 나눈다고 하였으므로 〈보기〉에서 생성 부호에 해당하는 것은 '1011'이다. 〈보기〉의 데이터 오류 검사 방식은 CRC 방식을 활용한 것이므로 해당 식은 모듈로-2 연산임을 알 수 있다.

② **수신기가 수신한 데이터의 오른쪽 끝에 있는 '111'은 송신기에서 생성한 오류 검출 부호이군.**

해설 5문단에서 송신기는 전송할 데이터의 오른쪽 끝에 생성 부호의 비트 수보다 하나 작은 비트 수만큼 0을 추가한 후 이를 생성 부호로 나누고 그 나머지가 오류 검출 부호가 된다고 하였다. 송신기는 오류 검출 부호를 포함한 데이터를 전송하는데, 〈보기〉에서는 수신기가 수신한 데이터의 끝 3자리가 송신기에서 생성한 오류 검출 부호임을 알 수 있다.

③ **수신기가 모듈로-2 연산을 할 때는 수신한 데이터에 생성 부호보다 하나 작은 비트 수만큼의 0을 추가하지 않았군.**

해설 5문단에 따르면, 송신기가 모듈로-2 연산을 할 때는 전송할 데이터의 오른쪽 끝에 생성 부호의 비트수보다 하나 작은 비트수만큼 0을 추가한 후 이를 생성 부호로 나누게 된다. 하지만 수신기가 모듈로-2 연산을 할 때는 수신한 데이터를 송신기와 같은 생성 부호로 나누기만 하면 된다.

⑤ **수신기가 연산한 결과의 나머지가 0이 아니었다면 수신기는 송신기에 재전송을 요청했겠군.**

해설 5문단에 따르면, 수신기는 수신한 데이터를 송신기와 동일한 생성 부호로 나누는데, 나머지가 0이 아니면 수신한 데이터에 오류가 있다고 판단한다. 1문단에서는 수신기는 수신한 데이터를 검사하여 오류를 발견하면 재전송을 요청한다고 하였다.

본문 92~93쪽

06~10 2019년 3월 고1 전국연합학력평가

06 ① **07** ③ **08** ⑤ **09** ④ **10** ③

(○) 문단별 핵심어 ★ 중심 문장

• **GPS의 위치 파악**

1 우리는 내비게이션을 통해 목적지까지의 경로를 ⓐ탐색하거나 스마트폰을 이용해 자신이 현재 있는 위치를 확인할 수 있다. 이는 GPS(Global Positioning System)로 인해 가능한 것이다. 그렇다면 GPS는 어떻게 현재 위치를 파악하는 것일까? (의문을 제기하는 방식으로 글의 화제 제시)

2 GPS는 크게 GPS 위성과 GPS 수신기 등으로 구성된다. (GPS의 구성) 현재 지구를 도는 약 30개의 GPS 위성은 일정한 속력으로 정해진 궤도를 돌면서, 자신의 위치 정보 및 시각 정보를 담은 신호를 지구로 송신한다. (GPS 위성의 역할) 이 신호를 받은 수신기는 위성에서 신호를 보낸 시각과 자신이 신호를 받은 시각의 차이를 근거로, 위성 신호가 수신기까지 이동하는 데 걸린 시간을 계산하여 위성과 수신기 사이의 거리를 구한다. (GPS 수신기의 역할) 위성이 보낸 신호는 빛의 속력으로 이동하므로, 신호가 이동하는 데 걸린 시간(t)에 빛의 속력(c)을 곱하면 위성과 수신기 사이의 거리(r)를 구할 수 있다. 이를 식으로 ⓑ표시하면 '$r = t \times c$'이다. (위성과 수신기 사이의 거리 공식)

3 그런데 GPS가 현재 위치를 정확하게 파악하기 위해서는 상대성 이론을 고려해야 한다. 상대성 이론에 따르면 대상이 빠르게 움직일수록 시간은 느리게 흐르고, 대상에 미치는 중력이 약해질수록 시간은 빠르게 흐른다. 실제로 위성은 지구의 자전 속력보다 빠르게 지구 주변을 돌고 있기 때문에 지표면에 비해 시간이 느리게 흘러, 위성의 시간은 하루에 약 7.2㎲*씩 느려지게 된다. 또한 위성은 약 20,000km 이상의 상공에 있기 때문에 중력이 지표면보다 약하게 작용해 지표면에 비해 시간이 하루에 약 45.8㎲씩 빨라지게 된다. 그 결과 ㉠GPS 위성에 있는 원자시계의 시간은 지표면의 시간에 비해 매일 약 38.6㎲씩 빨라진다. 이러한 차이는 하루에 약 11 km의 오차를 발생시킨다. (상대성 이론에 의한 오차) 이를 방지하기 위해 GPS는 위성에 ⓒ탑재된 원자시계의 시간을 지표면의 시간과 일치하도록 조정하여 위성과 수신기 사이의 거리를 정확하게 구하게 된다.

4 이렇게 계산된 거리는 수신기가 자신의 위치를 파악하는 데 사용되는데, 이를 이해하기 위해서는 삼변 측량법을 알아야 한다. 삼변 측량법은 세 기준점 A, B, C의 위치와, 각 기준점에서 대상 P까지의 거리를 이용하여 P의 위치를 측정하는 방법이다. (수신기의 위치 파악을 위한 방법)

5 가령, 〈그림〉과 같이 평면상의 A(0, 0)에서 거리가 5만큼 떨어진 지점에, B(4, 0)에서 거리가 3만큼 떨어진 지점에, C(0, 3)에서

거리가 4만큼 떨어진 지점에 P(x, y)가 있다고 하자. 평면상의 한 점에서 같은 거리에 있는 점을 모두 ⓓ연결하면 원이 된다. 그러므로 A를 중심으로 반지름이 5인 원, B를 중심으로 반지름이 3인 원, C를 중심으로

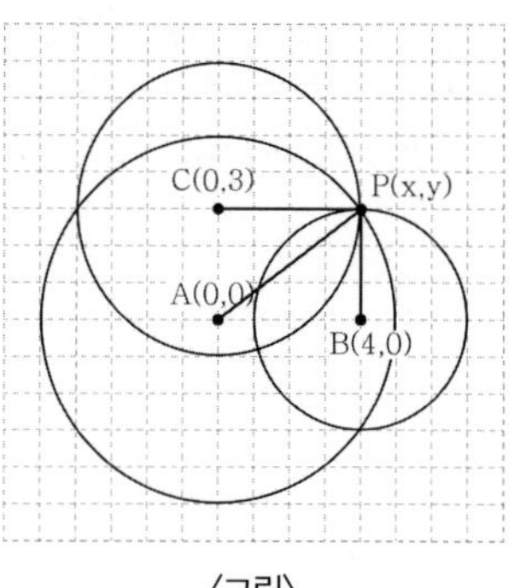

〈그림〉

반지름이 4인 원을 그리면 세 원이 교차하는 지점이 하나 생기는데, 이 지점이 바로 P(4, 3)의 위치가 된다. 이때 세 개의 점 A, B, C를 GPS 위성으로 본다면 이들의 좌표 값은 위성의 위치 정보이고, P의 좌표 값은 GPS 수신기의 위치 정보(삼변측량법을 통해 도출한 위치 정보)에 해당한다고 할 수 있다.

6 그러나 실제 공간은 2차원 평면이 아닌 3차원 입체이기 때문에 GPS 위성으로부터 ⓔ동일한 거리에 있는 점들은 원이 아니라 구(球)의 형태로 나타난다. 그 결과 세 개의 GPS 위성을 중심으로 하는 세 개의 구가 겹치는 지점은 일반적으로 두 군데가 된다. 하지만 이 중 한 지점은 지구 표면 가까이에 위치하게 되고, 나머지 한 지점은 우주 공간에 위치하게 된다. GPS 수신기는 이 두 교점 중 지구 표면 가까이에 있는 지점을 자신의 현재 위치로 파악하게 된다.

* μs(마이크로초):1초의 100만분의 1.

지식을 쌓는 배경지식

GPS의 운용

① 우주 부분
- 사용자에게 반송파를 보내 주는 역할을 하는 GPS 위성을 나타냄.
- 21개의 주위성과 3개의 예비 위성으로 구성되며, 각각은 55.5도의 기울임각을 갖는 6개의 궤도상에 4개씩 배치되어 있음.
- GPS 위성은 20,183~20,187km 고도에 배치되어 11시간 58분에 한 번씩 지구를 공전함. 각각의 인공위성에는 4개의 원자시계가 탑재되어 매우 정밀한 시간 정보를 제공함.

② 관제 부분
- 미국의 콜로라도주 콜로라도 스프링의 팔콘공군기지에 위치해 있는 한 개의 주 관제소와 세계 각지에 널리 분포되어 있는 5개의 감시 기지국, 3개의 지상 관제국으로 구성됨.
- 주 관제소는 위성의 궤도 수정이나 예비위성의 작동을 결정하는 등의 총지휘 역할을 담당하고, 5개의 관제소는 원자시계가 설치되어 모든 GPS 위성의 신호를 점검하고 궤도를 추적하며 오차를 보정하는 등의 역할을 함.
- 3개의 지상 제어국에서는 위성에 정보를 전송해 줄 수 있는 업링크 안테나가 설치되어 있음.

③ 사용자 부분
사용자 부분은 GPS 위성으로부터 수신된 신호를 다양한 목적으로 사용하기 위한 모든 장비를 말함.

지문 분석하기

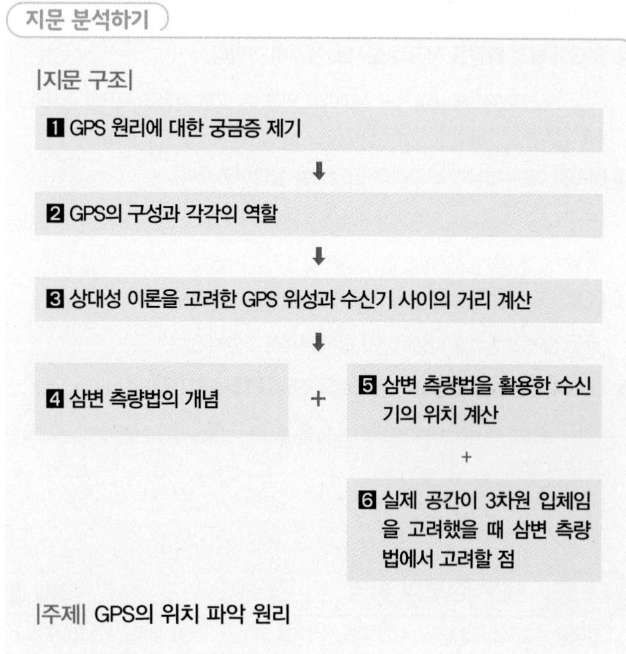

한컷 정리하기

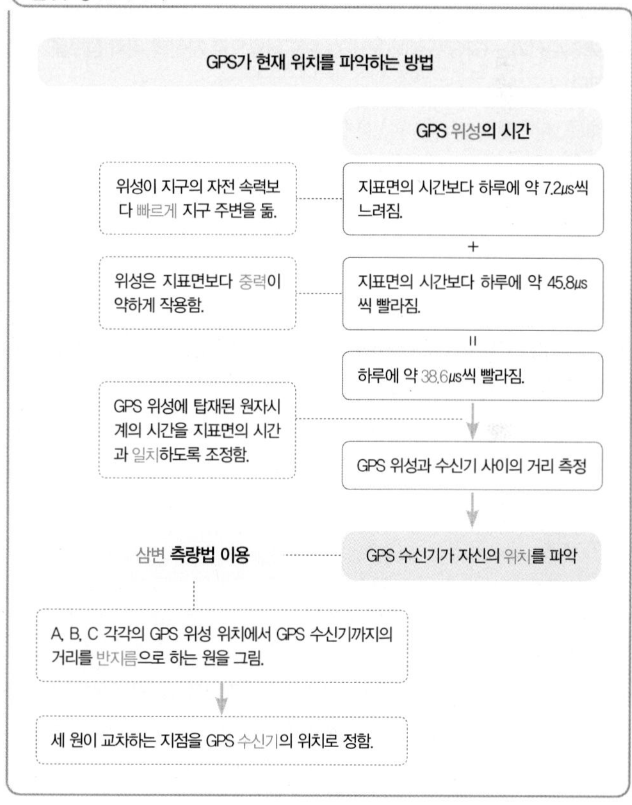

06 글의 전개 방식 파악 정답 ①

선택률	① 86%	② 3%	③ 3%	④ 5%	⑤ 3%

윗글의 내용 전개 방식으로 가장 적절한 것은?

정답 풀이

① GPS에 적용된 원리(상대성 이론과 삼변 측량법)를 구체적으로 설명하고 있다.

해설 이 글에서는 GPS로 위치를 파악할 때 사용되는 원리를 상대성 이론과 삼변 측량법을 근거로 하여 구체적으로 설명하고 있다.

오답 풀이

② ~~GPS의 발전 과정을 시간의 순서로 제시하고 있다.~~

해설 GPS의 원리에 대해서만 설명하고 있을 뿐, 발전 과정을 시간의 순서로 제시하고 있지는 않다.

③ ~~GPS를 다른 대상과 비교하며 장단점을 설명하고 있다.~~

해설 GPS의 원리에 대해서만 설명하고 있을 뿐, 다른 대상과 비교하고 있지는 않다.

④ ~~GPS의 다양한 종류를 일정 기준에 따라 분류하고 있다.~~

해설 GPS의 종류를 나열하거나 이를 분류하고 있지 않다.

⑤ ~~GPS의 유용성을 설명하며 앞으로의 전망을 제시하고 있다.~~

해설 GPS의 원리에 대해 설명하고 있을 뿐, 그 유용성이나 전망에 대해 제시하고 있지 않다.

07 세부 정보의 파악

정답 ③

선택률	① 33%	② 4%	③ 37%	④ 19%	⑤ 7%

윗글에서 알 수 있는 내용으로 적절하지 않은 것은?

정답 풀이

③ **GPS 수신기는 ~~GPS 위성에 보낸 신호~~를 바탕으로 자신의 위치 정보를 계산한다.**
↳ GPS 위성이 GPS 수신기에 신호를 보냄.

해설 2문단을 보면, GPS 위성은 일정한 속력으로 정해진 궤도를 돌면서, 자신의 위치 정보 및 시각 정보를 담은 신호를 지구로 송신한다고 하였고, GPS 수신기는 위성 신호가 수신기까지 이동하는 데 걸린 시간을 토대로 위성과 수신기 사이의 거리를 계산한다고 하였다. 따라서 GPS 수신기가 위성에 신호를 보낸다는 설명은 적절하지 않다.

오답 풀이

① **GPS 위성은 약 20,000km 이상의 상공에서 일정한 속력으로 정해진 궤도를 돈다.**

해설 2문단에서 GPS 위성은 일정한 속력으로 정해진 궤도를 돈다고 하였고, 3문단에서 위성은 약 20,000km 이상의 상공에 있다고 하였다.

② **GPS를 이용하면 스마트폰이나 내비게이션으로 현재의 위치 정보를 확인할 수 있다.**

해설 1문단에서 우리는 GPS를 기반으로 하는 내비게이션을 통해 목적지까지의 경로를 탐색하거나 스마트폰을 이용해 자신이 현재 있는 위치를 확인할 수 있다고 하였다.

④ **GPS 위성과 GPS 수신기 간의 거리를 빛의 속력으로 나누면 위성의 신호가 수신기에 도달하는 데 걸린 시간이 된다.**

해설 2문단에서 신호가 이동하는 데 걸린 시간(t)에 빛의 속력(c)을 곱하면 위성과 수신기 사이의 거리(r)를 구할 수 있고, 이를 식으로 표시하면 'r=t×c'라고 설명하였다. 위성의 신호가 수신기에 도달하는 데 걸린 시간(t)을 구하려면, 빛의 속력(c)으로 위성과 수신기 사이의 거리(r)를 나누면 된다.

선택지 속 함정

비문학 독해 영역에서 과학이나 기술 제재를 만났을 때 생소한 공식이 등장하면 많은 학생들이 두려움을 느끼게 돼. 하지만 어렵고 생소한 제재일수록 그 내용이나 공식은 굉장히 직관적이고 평이한 것으로 구성되곤 해. 따라서 지문과 선택지를 침착하게 분석하는 태도를 가져야 해. 지문에서는 GPS 수신기가 위성과 수신기 사이의 거리를 구하는 공식이 나왔는데, 선택지에서는 거리가 아닌 시간에 대해 서술하고 있으므로 얼핏 보고 판단한다면 잘못된 진술이라 오해할 만해. 하지만 이것은 'r=t×c'를 't=r/c'로 바꾸어 표현한 함정일 뿐이라는 것을 쉽게 파악할 수 있어야 했어. 이러한 함정에 빠지지 않도록 주의할 필요가 있어.

⑤ **삼변 측량법이란 기준점의 위치 및 대상과 기준점 사이의 거리를 이용하여 대상의 위치를 파악하는 방법이다.**

해설 4문단에서 삼변 측량법은 세 기준점 A, B, C의 위치와, 각 기준점에서 대상 P까지의 거리를 이용하여 P의 위치를 측정하는 방법이라고 하였다.

08 미루어 알기

정답 ⑤

선택률	① 6%	② 7%	③ 4%	④ 18%	⑤ 65%

문맥을 고려할 때, ㉠의 이유로 가장 적절한 것은?

= GPS 위성에 있는 원자시계의 시간은 지표면의 시간에 비해 매일 약 38.6㎲씩 빨라진다

정답 풀이

⑤ **GPS 위성의 이동 속력으로 인한 시간의 변화보다 중력으로 인한 시간의 변화가 더 크기 때문이다.**
(위성의 시간이 느려지게 하는 요인 / 위성의 시간이 빨라지게 하는 요인)

해설 3문단을 보면, 위성은 지구의 자전 속력보다 빠르게 지구 주변을 돌고 있기 때문에 지표면에 비해 시간이 느리게 흘러, 위성의 시간은 하루에 약 7.2㎲*씩 느려지게 된다. 또한 위성은 약 20,000km 이상의 상공에 있기 때문에 중력이 지표면보다 약하게 작용해 지표면에 비해 시간이 하루에 약 45.8㎲씩 빨라지게 된다. 즉, 위성의 시간이 지표면의 시간과 차이가 나는 요인이 두 가지가 있는데, 시간이 느려지는 요인보다는 빨라지는 요인이 강하게 작용하여 결과적으로 지표면의 시간보다 위성의 시간이 빨라지게 된 것이다.

오답 풀이

① **GPS 위성에는 지구의 중력이 지표면에 비해 ~~강하게~~ 작용하기 때문이다.**
↳ 약함.

해설 GPS 위성은 약 20,000km 이상의 상공에 있기 때문에 지표면에 비해 지구의 중력이 약하게 작용한다.

② **GPS 위성이 지구를 도는 속력이 지구가 자전하는 속력보다 ~~느리기~~ 때문이다.**
↳ 빠름.

해설 위성은 지구의 자전 속력보다 빠르게 지구 주변을 돌고 있기 때문에 지표면에 비해 시간이 느리게 흘러간다고 하였다.

③ **GPS 위성이 지구를 도는 방향과 지구가 자전을 하는 방향이 ~~동일하기~~ 때문이다.**
↳ 알 수 없음.

해설 GPS 위성의 원자시계가 지표면에 비해 빠르게 흐르는 것은 속력과 중력 때문이라고 하였다. 위성의 회전 방향이 지구의 자전 방향과 동일한 것이 GPS 위성에 탑재된 원자시계의 시간에 어떤 영향을 주는지는 이 글에서는 알 수 없다.

④ **GPS 수신기가 GPS 위성의 신호를 받는 과정에서 ~~시간의 차이가 생기기~~ 때문이다.**

해설 GPS 수신기가 GPS 위성의 신호를 받는 과정에서 생기는 시간의 차이는 위성과 수신기 사이의 거리를 정확하게 구하기 위해서 조정되어야 하는 것으로, GPS 위성에 있는 원자시계의 시간이 지표면의 시간보다 빨라지는 원인이라고 할 수 없다.

09 구체적 상황에 적용 정답 ④

선택률	① 5%	② 18%	③ 15%	④ 57%	⑤ 5%

윗글을 바탕으로 <보기>에 대해 이해한 내용으로 적절하지 않은 것은? [3점]

보기

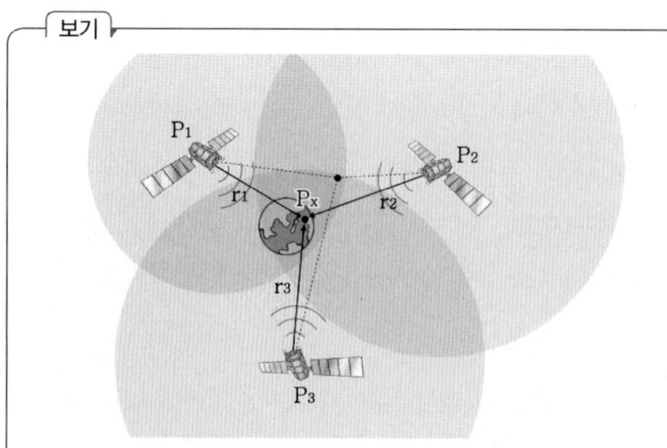

* P_1, P_2, P_3: GPS 위성.
* r_1, r_2, r_3: GPS 위성과 GPS 수신기 P_X와의 거리.
(단, 현재 $r_1<r_2$, $r_2=r_3$임. 시간과 속력에 영향을 미치는 다른 요소는 고려하지 않음.)

정답 풀이

④ P_1이 송신한 신호가 P_X에 도달할 때까지 걸린 시간은 P_2가 송신한 신호가 P_X에 도달할 때까지 걸린 시간보다 길다.
↳ 짧다

해설 위성에서 수신기에 신호가 도달하는 데 걸리는 시간은 거리에 비례한다. $r_1<r_2$라고 하였으므로 P_1이 송신한 신호가 P_X에 도달하는 시간은 P_2가 송신한 신호가 P_X에 도달하는 시간보다 짧을 것이다.

오답 풀이

① P_1~P_3가 송신하는 신호에는 위성의 위치 정보와 위성이 신호를 보낸 시각 정보가 담겨 있다.

해설 2문단에 따르면, GPS 위성은 일정한 속력으로 정해진 궤도를 돌면서 자신의 위치 정보 및 시각 정보를 담은 신호를 지구로 송신한다고 하였다.

② P_1~P_3의 위치 정보가 달라져도 r_1~r_3의 값이 변하지 않으면, 각각의 위성이 보낸 신호가 P_X에 도달하는 데 걸리는 시간은 달라지지 않는다.

해설 위성이 보낸 신호가 수신기에 도달하는 데 걸리는 시간은 거리에만 영향을 받으므로 P_1~P_3가 궤도를 따라 이동하더라도 위성과 수신기와의 거리가 변하지 않는다면 각각이 보낸 신호가 P_X에 도달하는 데 걸리는 시간은 달라지지 않는다.

③ P_1에서 보낸 신호가 P_X에 도달하는 데 걸린 시간이 실제보다 짧게 계산되면, r_1의 값은 실제보다 작게 계산된다.

해설 2문단에서 위성이 보낸 신호가 이동하는 데 걸린 시간(t)에 빛의 속력(c)을 곱하면 위성과 수신기 사이의 거리(r)를 구할 수 있고 이는 식으로 '$r=t\times c$'라고 하였다. 따라서 시간(t)이 실제보다 짧게 계산되면 r_1의 값 또한 작게 계산될 것이다.

⑤ r_1~r_3를 반지름으로 하는 구의 교점 중 지표면에 가까운 교점이 P_X의 현재 위치이다.

해설 6문단에서 세 개의 GPS 위성을 중심으로 하는 세 개의 구가 겹치는 지점은 일반적으로 두 군데이고, 수신기는 이 두 교점 중 지구 표면 가까이에 있는 지점을 자신의 현재 위치로 파악한다고 하였다.

10 어휘의 문맥적 의미 파악 정답 ③

선택률	① 4%	② 3%	③ 87%	④ 5%	⑤ 1%

문맥상 ⓐ~ⓔ와 바꾸어 쓸 수 있는 말로 적절하지 않은 것은?
= ⓐ: 탐색하거나, ⓑ: 표시하면, ⓒ: 탑재된, ⓓ: 연결하면, ⓔ: 동일한

정답 풀이

③ ⓒ: 태운
↳ 실은

해설 ⓒ'탑재하다'는 '배, 비행기, 차 따위에 물건을 싣다.'라는 뜻을 가진 말이다. 하지만 '태우다'는 '탈것이나 짐승의 등 따위에 몸을 얹게 하다.'의 뜻으로 주로 사람을 대상으로 쓰이는 말이다. 따라서 바꾸어 쓰기에 적절하지 않다. '탑재하다'는 바꾸어 쓰기에 적절한 말로는 '싣다'가 있다.

오답 풀이

① ⓐ: 찾거나

해설 ⓐ'탐색하다'는 '드러나지 않은 사물이나 현상 따위를 찾아내거나 밝히기 위하여 살피어 찾다.'라는 뜻으로, '모르는 것을 알아내기 위하여 책 따위를 뒤지거나 컴퓨터를 검색하다.'라는 뜻의 '찾다'와 바꾸어 쓰기에 적절하다.

② ⓑ: 나타내면

해설 ⓑ'표시하다'는 '겉으로 드러내 보이다.'라는 뜻을 가진 말로, '어떤 일의 결과나 징후를 겉으로 드러내다.'라는 뜻의 '나타내다'와 바꾸어 쓰기에 적절하다.

④ ⓓ: 이으면

해설 ⓓ'연결하다'는 '사물과 사물을 서로 잇거나 현상과 현상이 관계를 맺게 하다.'라는 뜻을 가진 말로, '두 끝을 맞대어 붙이다.'라는 뜻의 '잇다'와 바꾸어 쓰기에 적절하다.

⑤ ⓔ: 같은

해설 ⓔ'동일하다'는 '어떤 것과 비교하여 똑같다.'라는 뜻을 가진 말로, '서로 다르지 않고 하나이다.'라는 뜻의 '같다'와 바꾸어 쓰기에 적절하다.

DAY 20 기술 | 장비 기술

01~05 2021년 11월 고1 전국연합학력평가

본문 94~95쪽

01 ③ 02 ② 03 ⑤ 04 ④ 05 ④

문단별 핵심어 ★ 중심 문장

• **양전자 단층 촬영**

1 양전자 단층 촬영(PET)은 세포의 대사량 등 인체에 대한 정보를 확인하기 위해 몸속에 특정 물질을 ⓐ주입하여 그 물질의 분포를 영상화하는 기술이다. 이때 대사량이란 사람의 몸속 세포가 생명 유지를 위해 필요로 하는 에너지의 총량으로 정상 세포와 비정상 세포는 대사량에서 차이가 난다. PET는 특정 물질과 비정상 세포의 반응을 이용하여 이들의 분포를 확인할 수 있다.

대사량의 개념

2 PET를 통해 이를 확인하기 위해서는 우선 몸속에 방사성추적자를 주입해야 한다. 일반적으로 PET에 사용되는 방사성추적자는 방사성 동위원소를 결합한 포도당 성분의 특정 물질로 이는 특정한 원소 또는 물질의 이동 양상을 알아내기 위해 쓰인다. 이렇게 주입된 방사성추적자는 에너지원으로 쓰이는 포도당과 유사하기 때문에, 대사량이 높아서 많은 에너지원을 필요로 하는 비정상 세포에 다량 흡수된다. 그런데 세포 안으로 흡수된 방사성추적자는 일반 포도당과 달리 세포의 에너지원으로 사용되지 않고, 일정 시간 동안 세포 안에 머무른다.

방사성추적자의 개념 / 세포에 흡수될 수 있도록 만든 방사성추적자의 특징 / PET에 활용될 수 있는 요건

3 「세포 내에 축적된 방사성추적자의 방사성 동위원소는 붕괴되면서 양전자를 ⓑ방출한다. 방출된 양전자는 몸속의 전자와 결합하여 소멸하는데, 이때 두 입자의 질량이 에너지로 바뀐다. 이 에너지는 180도 각도를 이루는 한 쌍의 감마선으로 방출되어 몸 밖으로 나온다.」

「 」: PET의 원리와 과정

4 몸 밖으로 나온 감마선은 PET 스캐너를 통해 검출되는데, PET 스캐너는 수많은 검출기가 검사 대상을 원형으로 둘러싸고 있는 구조이다. 180도로 방출된 한 쌍의 감마선은 각각의 진행 방향에 있는 검출기에 ⓒ도달하게 된다. 이때 한 쌍의 감마선이 도달한 검출기의 두 지점을 잇는 직선을 동시검출응답선이라고 하며 감마선의 방출 지점은 이 선의 어느 한 점에 있다고 할 수 있다. 그런데 한 쌍의 감마선이 각각의 검출기에 도달하는 시간에는 미세한 차이가 발생하는데, 이는 몸의 어느 지점에서 감마선이 방출되었는지에 따라 검출기까지의 거리가 달라지기 때문이다.

PET 스캐너의 구조 / 동시검출응답선의 개념 / 사람의 몸은 입체적이므로

5 감마선이 PET 영상의 유효한 성분이 되기 위해서는 한 지점에서 방출된 한 쌍의 감마선이 PET 스캐너의 검출기로 동시에 도달해야 하는데 이 경우를 동시계수라고 한다. 하지만 ㉠한 쌍의 감마선이 완전히 동시에 도달하는 경우는 현실적으로 불가능하므로 PET 스캐너는 동시계수로 인정할 수 있는 최대 시간폭인 동시계수시간폭을 설정하고 동시계수시간폭 안에 들어온 경우를 유효한 성분으로 ⓓ간주한다.

어느 정도의 오차범위는 허용

6 그런데 동시계수시간폭 내에 도달한 한 쌍의 감마선 즉 동시계수 중에서도 PET 영상에 유효한 성분이 되지 않는 경우가 있다. 우선 감마선이 주변의 물질과 상호 작용을 일으켜 진행 방향이 바뀌면서 검출기에 도달하는 시간의 변화가 생겼으나 동시계수시간폭 내에 검출되는 경우가 있는데 이를 산란계수라고 한다. 다음으로 한 지점에서 방출된 두 개의 감마선 중 한 개의 감마선만이 검출기로 도달할 때, 다른 지점에서 방출된 한 개의 감마선과 동시계수시간폭 내에 도달하는 경우가 있는데 이를 랜덤계수라고 한다. 이 두 경우는 모두 실제 감마선이 방출된 지점이 동시검출응답선 위에 존재하지 않기 때문에 PET 영상의 정확도를 떨어뜨리는 요인이 된다. 즉, 한 지점에서 방출된 한 쌍의 감마선이 아무런 방해를 받지 않고 동시계수시간폭 내에 도달하는 참계수만이 유효한 영상 성분이 되는 것이다. 따라서 PET 영상의 정확도를 높이기 위해서는 산란계수와 랜덤계수의 검출을 최소화하기 위해 동시계수시간폭을 적절하게 ⓔ설정하는 것이 중요하다.

검출 도중 주변 물질의 간섭을 받은 경우 / 유효 성분과 유효 성분이 아닌 것이 우연히 교차된 경우 / 유효한 영상 성분의 조건 / PET 영상의 정확도를 높이기 위한 방법

지문 분석하기

|지문 구조|

1 양전자 단층 촬영의 정의

⬇

2 방사선추적자의 특성

⬇

3 방사선추적자의 방사성 동위원소에서 감마선이 방출되는 과정 + **4** PET 스캐너를 통한 감마선 검출

⬇

5 PET 영상에서 유효한 성분을 얻기 위한 동시계수시간폭 설정 + **6** 동시계수 중 PET 영상에 유효한 성분이 되지 않는 경우

|주제| **양전자 단층 촬영의 정의와 원리**

한컷 정리하기

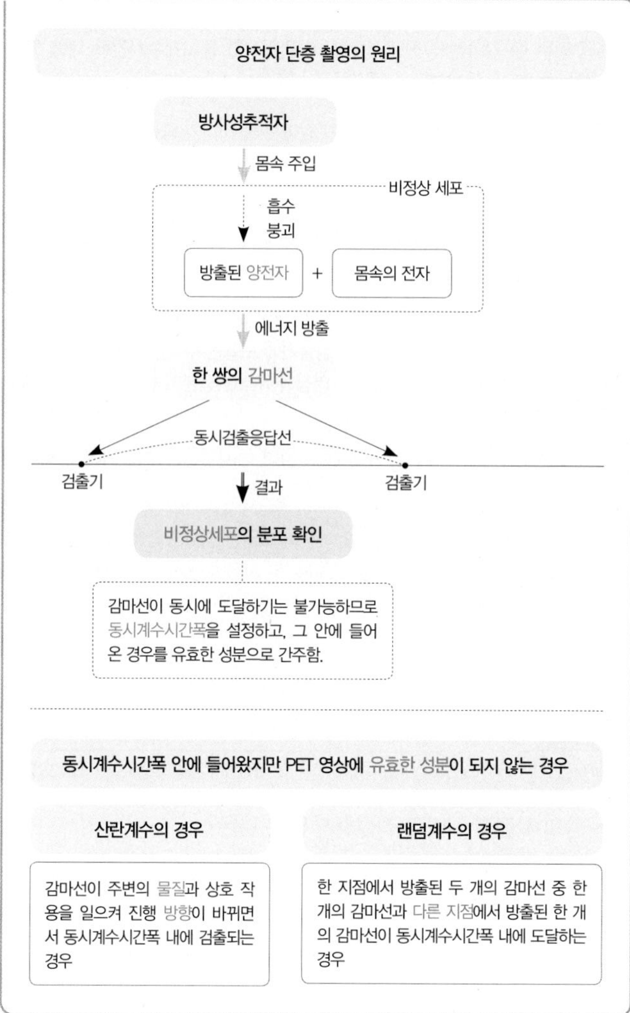

01 세부 정보의 파악

정답 ③

선택률	① 4%	② 13%	③ 72%	④ 6%	⑤ 5%

윗글의 내용과 일치하지 않는 것은?

정답 풀이

③ PET 스캐너는 감마선을 방출하여 PET 영상을 만든다.
↳ 검출하여

해설 4문단에 따르면, PET 스캐너는 감마선을 방출하는 것이 아니라 검출하는 장비이다.

오답 풀이

① PET는 특정 물질과 비정상 세포의 반응을 이용한다.

해설 1문단에서 PET는 세포의 대사량 등 인체의 정보를 확인하기 위해 몸속에 주입한 특정 물질과 비정상 세포의 반응을 이용한다고 하였다.

② PET에서 동시검출응답선은 직선의 형태로 표현된다.

해설 4문단에 따르면, 180도로 방출된 한 쌍의 감마선은 각각의 진행 방향에 있는 검출기에 도달하게 하는데, 한 쌍의 감마선이 도달한 검출기의 두 지점을 잇는 직선이 동시검출응답선이다.

④ PET는 인체의 정보를 확인하기 위한 영상화 기술이다.

해설 1문단에서 PET는 세포의 대사량 등 인체에 대한 정보를 확인하기 위해 몸속에 특정 물질을 주입하여 그 물질의 분포를 영상화하는 기술이라고 하였다.

⑤ PET 스캐너는 수많은 검출기로 이루어진 원형 구조이다.

해설 4문단에서 PET 스캐너는 수많은 검출기가 검사 대상을 원형으로 둘러싸고 있는 구조라고 하였다.

02 핵심 정보의 파악

정답 ②

선택률	① 4%	② 72%	③ 9%	④ 5%	⑤ 10%

방사성추적자에 대한 설명으로 적절하지 않은 것은?

정답 풀이

② 세포의 대사량을 ~~평소보다 높이기 위해 사용된다.~~

해설 2문단에서 방사성추적자는 대사량이 높아서 많은 에너지원을 필요로 하는 비정상 세포에 다량 흡수된다고 하였다. 세포의 대사량을 평소보다 높이는 기능을 하는지는 알 수 없다.

오답 풀이

① 비정상 세포 내에 다량으로 흡수되어 축적된다.

해설 2문단에서 방사성추적자는 대사량이 높아서 많은 에너지원을 필요로 하는 비정상 세포에 다량 흡수된다고 하였다.

③ 일반 포도당과 유사하지만 에너지원으로 사용되지 않는다.

해설 2문단에서 방사성추적자는 일반 포도당과 유사해 비정상 세포에 다량 흡수되지만 세포의 에너지원으로 사용되지는 않는다고 하였다.

④ 특정 물질의 이동 양상을 밝히기 위해 사용되는 화합물이다.

해설 2문단에서 일반적으로 PET에 사용되는 방사성추적자는 방사성 동위원소를 결합한 포도당 성분의 특정 물질로, 이는 특정한 원소 또는 물질의 이동 양상을 알아내기 위해 쓰인다고 하였다.

⑤ 양전자를 방출하며 붕괴되는 방사성 동위원소가 결합된 물질이다.

해설 2문단에서 방사성 추적자는 방사성 동위원소를 결합한 성분이라고 하였고, 또한 3문단에서 그 방사성 동위원소는 세포 내에서 붕괴되면서 양전자를 방출한다고 하였다.

03 세부 정보의 추론

정답 ⑤

선택률	① 5%	② 3%	③ 7%	④ 5%	⑤ 80%

㉠의 이유를 추론한 내용으로 가장 적절한 것은?
= 한 쌍의 감마선이 완전히 동시에 도달하는 경우는 현실적으로 불가능하므로

정답 풀이

⑤ 감마선 방출 지점에 따라 두 감마선이 검출기까지 이동하는 거리가 서로 다르기 때문이다.

해설 4문단에서 한 쌍의 감마선이 각각의 검출기에 도달하는 시간에는 미세한 차이가 발생하는데, 이는 몸의 어느 지점에서 감마선이 방출되었는지에 따라 검출기까지의 거리가 달라지기 때문이라고 하였다. 즉 감마선의 방출 지점에 따라 한 쌍의 감마선이 각각의 검출기까지 이동하는 거리가 서로 다르다고 할 수 있고, 이로 인해 한 쌍의 감마선이 검출기에 동시에 도달하기 어렵다고 보는 것이다.

오답 풀이

① 방출된 감마선이 180도 방향으로 진행하기 때문이다.

해설 방출된 감마선이 180도 방향으로 진행하는 것은 한 쌍의 감마선이 완전히 동시에 도달하는 것이 불가능한 직접적인 이유로 적절하지 않다.

② 양전자와 전자의 질량이 에너지로 바뀌었기 때문이다

해설 양전자와 전자의 질량이 에너지로 바뀌는 것은 감마선을 방출하게 되는 원인에 해당하므로, 한 쌍의 감마선이 검출기에 도달하는 데 발생하는 시간 차와는 무관하다.

③ **한 쌍의 감마선이 동시에 검출기에 도달하면 동시계수로 인정되기 때문이다.**

[해설] 감마선이 PET 영상의 유효한 성분이 되기 위해서는 한 지점에서 방출된 한 쌍의 감마선이 PET 스캐너의 검출기로 동시에 도달해야 하는데 이 경우를 동시계수라고 하였다. 한 쌍의 감마선이 검출기에 완전히 동시에 도달하면 동시계수로 인정은 되겠지만, 그것은 현실적으로 불가능하다고 하였다. 문제에서는 동시계수가 불가능한 이유를 묻고 있는데, 그 이유를 동시계수라고 때문이라고 보는 것은 적절하지 않다.

④ **한 쌍의 감마선 중 하나의 감마선만이 PET 영상의 유효한 성분이 되기 때문이다.**

[해설] 한 지점에서 방출된 한 쌍의 감마선이 아무런 방해를 받지 않고 동시계수시간폭 내에 도달하는 참계수만이 유효한 영상 성분이 된다고 하였다. 따라서 한 쌍의 감마선 중 하나의 감마선으로는 PET 영상의 유효한 성분이 될 수 없다.

04 구체적 상황에 적용

정답 ④

선택률	① 6%	② 9%	③ 11%	④ 63%	⑤ 11%

윗글을 바탕으로 〈보기〉를 이해한 내용으로 적절하지 않은 것은? [3점]

보기

A	B	C

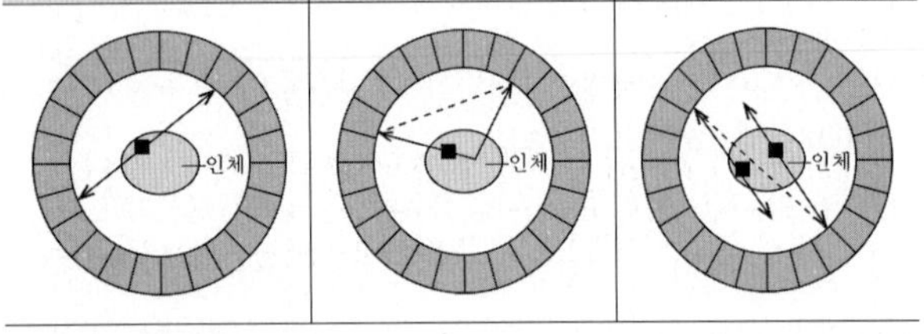

구분	A	B	C
검출기에 도달한 두 감마선의 시간 차	5ns	7ns	10ns

○ A~C는 모두 동시계수시간폭을 12ns로 설정한, 동일한 PET 스캐너로 감마선을 검출한 경우이고 ■는 감마선의 방출 지점을 나타낸다.

○ ns는 시간 단위로 10억분의 1초를 나타낸다.

정답 풀이

④ **A와 B의 경우 동시계수시간폭이 8ns이었다면, 산란계수는 ~~검출되지 않았겠군~~.**
(동시계수시간폭: 한 지점에서 방출된 한 쌍의 감마선이 검출기에 동시에 도달했다고 인정할 수 있는 최대 시간폭)
↳ 검출되겠군

[해설] A는 검사 대상에서 방출된 감마선이 아무런 방해를 받지 않고 동시계수시간폭 안에 검출기에 도달한 경우이므로 참계수에 해당한다. B는 검사 대상에서 방출된 감마선 중 하나가 주변 물질과의 상호 작용으로 인해 진행 방향이 바뀌면서 검출기에 도달하는 시간이 달라졌지만, 동시계수시간폭 이내에 들었으므로 산란계수에 해당한다. 동시계수시간폭이 8ns이었더라도 B는 동시계수시간폭 내에 도달할 수 있으므로 산란계수는 검출될 것이다.

오답 풀이

① **A의 경우 한 쌍의 감마선이 주변 물질과 상관없이 도달했다면, 참계수라고 할 수 있겠군.**

[해설] 한 지점에서 방출된 한 쌍의 감마선이 아무런 방해를 받지 않고 동시계수시간폭 내에 도달하는 것을 참계수라고 하는데, 〈보기〉에서 A는 인체에서 방출된 한 쌍의 감마선이 진행 방향이 바뀌지 않고 바로 검출기에 도달하고 있으므로, 참계수에 해당한다.

② **B의 경우 한 감마선의 진행 방향이 바뀌었지만 동시계수시간폭 내에 도달하였다고 할 수 있겠군.**

[해설] 〈보기〉에서 B의 경우는 한 쌍의 감마선 중 하나가 중간에 진행 방향이 바뀌긴 하였지만, 검출기에 도달한 두 감마선의 시간 차는 7ns로 동시계수시간폭인 12ns 이내에 있다.

③ **C의 경우 PET 영상에 유효한 성분이 될 수 없는 랜덤계수라고 할 수 있겠군.**

[해설] 〈보기〉에서 C의 경우는 각기 다른 두 점에서 방출된 감마선이 하나씩만 검출기에 도달하였음에도 불구하고 검출기에 도달한 두 감마선의 시간 차가 동시계수시간폭 이내이기 때문에 PET 영상에 유효한 성분이 될 수 없는 랜덤계수라고 할 수 있다.

⑤ **B와 C의 경우 실제 감마선의 방출 지점이 동시검출응답선 위에 존재하지 않겠군.**

[해설] 동시검출응답선은 한 쌍의 감마선이 도달한 검출기의 두 지점을 잇는 직선으로, B와 C의 경우는 실제 감마선의 방출 지점이 동시검출응답선 위에 존재하지 않는다. 〈보기〉에서 B는 산란계수, C는 랜덤계수에 해당한다.

05 어휘의 사전적 의미 파악

정답 ④

선택률	① 10%	② 8%	③ 3%	④ 46%	⑤ 33%

ⓐ~ⓔ의 사전적 의미로 적절하지 않은 것은?
= ⓐ: 주입하여, ⓑ: 방출한다, ⓒ: 도달하게, ⓓ: 간주한다, ⓔ: 설정하는

정답 풀이

④ **ⓓ: ~~유사한 점에 기초하여 다른 사물을 미루어 추측하다.~~**
↳ 상태, 모양, 성질 따위가 그와 같다고 보거나 그렇다고 여기다.

[해설] ⓓ'간주하다'의 사전적 의미는 '상태, 모양, 성질 따위가 그와 같다고 보거나 그렇다고 여기다.'이다.

오답 풀이

① **ⓐ: 흘러 들어가도록 부어 넣다.**

[해설] ⓐ'주입하다'가 '물질을 몸속에 넣다.'라는 의미로 쓰였으므로 '흘러 들어가도록 부어 넣다.'라는 사전적 의미는 적절하다.

② **ⓑ: 입자나 전자기파의 형태로 에너지를 내보내다.**

[해설] ⓑ'방출하다'가 '양전자를 내보내다.'라는 의미로 쓰였으므로 '입자나 전자기파의 형태로 에너지를 내보내다.'라는 사전적 의미는 적절하다.

③ **ⓒ: 목적한 곳이나 수준에 다다르다.**

[해설] ⓒ'도달하다'가 '검출기에 다다르다.'라는 의미로 쓰였으므로 '목적한 곳이나 수준에 다다르다.'라는 사전적 의미는 적절하다.

⑤ **ⓔ: 새로 만들어 정해 두다**

[해설] ⓔ'설정하다'가 '동시계수시간폭을 정하다.'라는 의미로 쓰였으므로 '새로 만들어 정해 두다.'라는 사전적 의미는 적절하다.

06~08 2019년 9월 고1 전국연합학력평가 본문 96~97쪽

06 ⑤ **07** ③ **08** ②

◯ 문단별 핵심어 ★ 중심 문장

• **전기레인지**

1 전기레인지는 용기를 가열하는 방식에 따라 하이라이트 레인지와 인덕션 레인지로 나눌 수 있다.(전기레인지의 용기 가열 방식에 따른 구분) 하이라이트 레인지는 상판 자체를 가열해서 열을 발생시키는 ㉠직접 가열 방식이고,(하이라이트 레인지의 특징) 인덕션 레인지는 상판을 가열하지 않고 전자기유도 현상을 통해 용기에 자체적으로 열을 발생시키는 ㉡유도 가열 방식이다.(인덕션 레인지의 특징)

2 하이라이트 레인지는 주로 니크롬으로 만들어진 열선을 원형으로 배치하고 열선의 열을 통해 그 위의 세라믹글라스 판을 직접 가열한다.(하이라이트 레인지의 가열 방식) 이렇게 발생한 열이 용기에 전달되어 음식을 조리할 수 있게 된다. 하이라이트 레인지는 비교적 다양한 소재의 용기를 쓸 수 있지만(하이라이트 레인지의 장점) 에너지 효율이 낮아 조리 속도가 느리고 상판의 잔열로 인한 화상의 우려가 있다.(하이라이트 레인지의 단점)

3 인덕션 레인지는 표면이 세라믹글라스 판으로 되어 있고 그 밑에 나선형 코일이 설치되어 있다.(인덕션 레인지의 구조) 「전원이 켜지면 코일에 2만Hz 이상의 고주파 교류 전류가 흐르면서 그 주변으로 1초에 2만 번 이상 방향이 바뀌는 교류 자기장이 발생하게 되고, 그 위에 도체인 냄비를 놓으면 교류 자기장에 의해 냄비 바닥에는 수많은 폐회로*가 생겨나며 그 회로 속에 소용돌이 형태의 유도 전류인 맴돌이전류가 발생한다.(맴돌이전류의 개념) 이때 흐르는 맴돌이전류가 냄비 소재의 저항에 부딪혀 줄열 효과*가 나타나게 되고 이에 의해 냄비에 열이 발생하게 되는데,」(「」: 인덕션 레인지의 가열 방식) 이때 맴돌이전류의 세기는 나선형 코일에 흐르는 전류의 세기에 비례한다.(코일의 전류 세기↑ → 맴돌이전류 세기↑)

4 인덕션 레인지의 가열 원리는 강자성체의 자기 이력 현상과도 관련이 있다. 일반적으로 물체는 자기장의 영향을 받으면 자석의 성질을 갖게 되는데 이것을 자화라고 하며,(자화의 개념) 자화된 물체를 자성체라고 한다.(자성체의 정의) 자성체의 자화 세기는 물체에 가해 준 자기장의 세기에 비례하여 커지다가 일정값 이상으로는 더 이상 커지지 않는데, 이를 자기 포화 상태라고 한다.(자기 포화 상태의 정의) 이때 물체에 가해 준 자기장의 세기를 줄이면 자화의 세기도 줄어들기 시작하며, 외부의 자기장이 사라지면 자석의 성질도 사라진다. 그런데 강자성체의 경우에는 외부 자기장의 세기가 줄어들어도 자화의 세기가 상대적으로 천천히 줄어들게 되고 외부 자기장이 사라져도 어느 정도 자화된 상태를 유지하게 되는데,(자기 이력 현상의 개념) 이를 자기 이력 현상이라고 하며 자성체에 남아 있는 자화의 세기를 잔류 자기라고 한다.(잔류 자기의 정의) 그리고 「처음에 가해 준 외부 자기장의 역방향으로 일정 세기의 자기장을 가해 주면 자화의 세기가 0이 되고, 자기장을 더 세게 가해 주면 반대쪽으로 커져 자기 포화 상태가 된다. 이러한 과정을 반복하면 자기장의 세기에 따른 자화의 세기는 일정한 곡선을 그리게 되는데」(「」: 자기 이력 곡선의 개념) 이를 자기 이력 곡선이라고 한다. 이 과정에서 자기에너지는 열에너지로 전환되어 자성체의 온도를 높이는데,(자기 이력 현상으로 인해 추가적인 열이 발생하는 이유) 이때 발생하는 열에너지는 자기 이력 곡선의 내부 면적과 비례한다. 만약 인덕션에 사용하는 냄비의 소재가 강자성체인 경우, 자기 이력 현상으로 인해 냄비에 추가로 열이 발생하게 된다.

5 이러한 가열 방식 때문에 인덕션 레인지는 음식 조리에 필요한 열을 낼 수 있도록 소재의 저항이 크면서 강자성체인 용기를 사용해야 한다는 제약이 있다.(인덕션 레인지의 단점 1) 또한 고주파 전류를 사용하기 때문에 조리 시 전자파에 대한 우려도 있다.(인덕션 레인지의 단점 2) 하지만 직접 가열 방식보다 에너지 효율이 높아 순식간에 용기가 가열되기 때문에 상대적으로 빠르게 음식을 조리할 수 있다.(인덕션 레인지의 장점 1) 그리고 무엇보다 상판이 직접 가열되지 않기 때문에 발화에 의한 화재의 가능성이 매우 낮고, 뜨거운 상판에 의한 화상 등의 피해로부터 비교적 안전하다는 장점이 있다.(인덕션 레인지의 장점 2)

* **폐회로**: 전류가 흐를 수 있도록 구성된 회로.
* **줄열 효과**: 도체에 전류를 흐르게 했을 때 도체의 저항 때문에 열에너지가 증가하는 현상.

지식을 쌓는 배경지식

자성체와 그 종류

모든 물질은 전하를 가지고 있으며 그 전하를 갖는 알맹이가 회전(자전 또는 공전)을 하면서 자기장을 만든다. 이로 인해 모든 물질 속에는 자기적 요소가 존재한다. 매우 강한 자기장을 외부에서 걸어주면 모든 물체는 자성을 띠므로 모두 자성체라 할 수 있다. 자기 세기나 상태에 따라 반응하는 상황이 달라 3가지로 분류된다. 자기장을 제거해도 자화된 상태를 유지하는 강자성체, 자기장이 제거되면 자화되지 않는 상자성체, 강자성체와는 자화의 방향이 반대로 작용하는 반자성체가 있다.

지문 분석하기

|지문 구조|

1 전기레인지의 용기 가열 방식에 따른 구분

⬇

2 하이라이트 레인지의 가열 방식과 장단점

⬇

3 인덕션 레인지의 가열 방식 + **4** 인덕션 레인지의 가열 원리 + **5** 인덕션 레인지의 장단점

|주제| **하이라이트 레인지와 인덕션 레인지의 원리**

한컷 정리하기

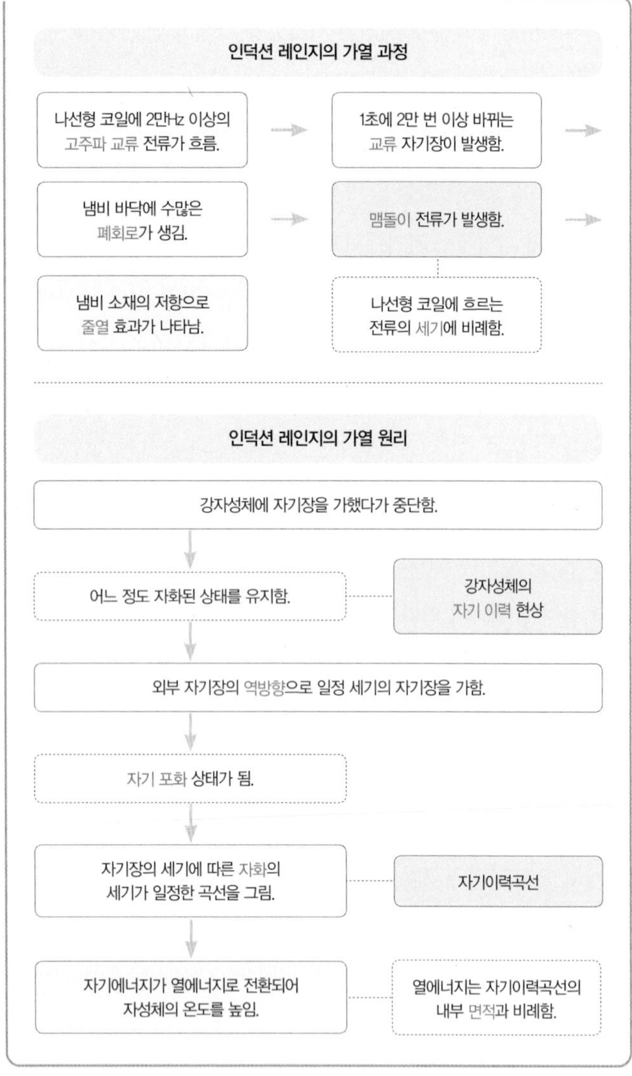

06 핵심 정보의 파악 　　정답 ⑤

선택률	① 2%	② 2%	③ 4%	④ 6%	⑤ 86%

= 유도 가열 방식
㉠과 ㉡에 대한 설명으로 적절한 것은?
= 직접 가열 방식

정답 풀이

⑤ ㉡은 ㉠보다 사용할 수 있는 용기 소재에 제약이 많다.

해설 2문단에서 직접 가열 방식인 하이라이트 레인지는 비교적 다양한 소재의 용기를 쓸 수 있다고 하였다. 한편, 5문단에서 유도 가열 방식인 인덕션 레인지는 음식 조리에 필요한 열을 낼 수 있도록 소재의 저항이 크면서 강자성체인 용기를 사용해야 한다는 제약이 있다고 하였다. 따라서 ㉡은 ㉠보다 사용할 수 있는 용기에 제약이 있음을 알 수 있다.

오답 풀이

① ~~㉠은~~ 유도 전류를 이용하여 용기를 가열한다.
↳ ㉡은

해설 3문단에서 인덕션 레인지는 교류 자기장에 의해 냄비 바닥에는 수많은 폐회로가 생겨나며 그 회로 속에 소용돌이 형태의 유도 전류인 맴돌이전류가 발생한다고 하였다. 즉 유도 전류를 이용하는 것은 ㉠이 아니라 ㉡이다.

② ~~㉡은~~ 상판을 가열하여 그 열로 음식을 조리한다.
↳ ㉠은

해설 1문단에서 하이라이트 레인지는 상판 자체를 가열해서 열을 발생시키는 직접 가열 방식이라고 하였다. 즉 상판을 가열하는 것은 ㉡이 아니라 ㉠이다.

③ ~~㉠은 ㉡에 비해~~ 상대적으로 화상의 위험이 적다.
↳ ㉡은 ㉠에 비해

해설 2문단에서 하이라이트 레인지는 상판의 잔열로 인한 화상의 우려가 있다고 하였는데, 5문단에서 인덕션 레인지는 뜨거운 상판에 의한 화상 등의 피해로부터 비교적 안전하다고 하였다. 즉 상대적으로 화상의 위험이 적은 것은 ㉡이다.

④ ~~㉠은 ㉡과 달리~~ 빠른 시간 안에 용기를 가열할 수 있다.
↳ ㉡은 ㉠과 달리

해설 2문단에서 하이라이트 레인지는 조리 속도가 느리다고 하였는데, 5문단에서 인덕션 레인지는 에너지 효율이 높아 순식간에 용기가 가열되기 때문에 상대적으로 빠르게 음식을 조리할 수 있다고 하였다. 즉 보다 빠른 시간 안에 용기를 가열할 수 있는 것은 ㉡이다.

07 자료를 통한 이해 　　정답 ③

선택률	① 2%	② 8%	③ 76%	④ 8%	⑤ 6%

윗글을 바탕으로 〈보기〉의 '전기레인지'를 이해한 내용으로 적절하지 않은 것은?

보기

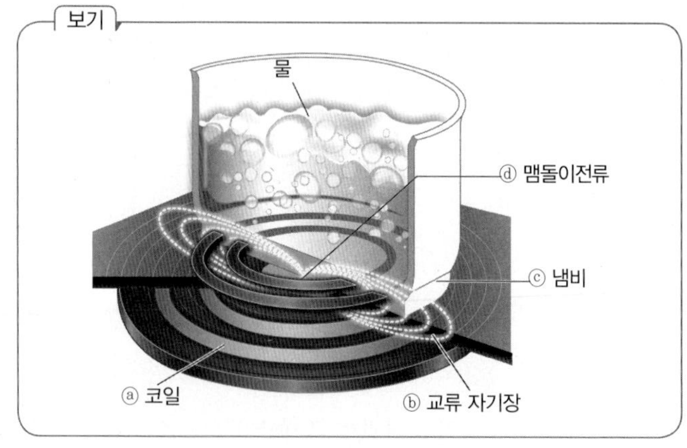

정답 풀이

③ ⓒ 소재의 저항이 커지면 ~~ⓑ의 세기도 커지겠군.~~

해설 〈보기〉는 인덕션 레인지의 가열 방식을 보여 주는 것이다. 3문단에서는 코일에 고주파 교류 전류가 흐르면 그 주변으로 교류 자기장이 발생하고, 이로 인해 발생한 맴돌이전류가 냄비 소재의 저항에 부딪혀 냄비에 열이 발생하게 된다고 하였다. 다시 말해, 교류 자기장으로 발생한 맴돌이전류가 냄비 소재의 저항을 불러일으키는 것이므로, 냄비 소재의 저항에 따라 교류 자기장의 세기가 커진다고는 말할 수 없다.

오답 풀이

① ⓐ에 고주파 교류 전류가 흐르면 ⓑ가 만들어지는군.

해설 3문단에서 전원이 켜지면 코일에 2만Hz 이상의 고주파 교류 전류가 흐르면서 그 주변으로 1초에 2만 번 이상 방향이 바뀌는 교류 자기장이 발생한다고 하였다.

② ⓑ의 영향을 받으면 ⓒ의 바닥에 ⓓ가 발생하는군.

해설 3문단에서 교류 자기장 위에 도체인 냄비를 놓으면 교류 자기장에 의해 냄비 바닥에는 수많은 폐회로가 생겨나며 그 회로 속에 소용돌이 형태의 유도 전류인 맴돌이전류가 발생한다고 하였다.

④ ⓓ의 세기는 ⓐ에 흐르는 전류의 세기에 비례하겠군.

해설 3문단에서 맴돌이전류의 세기는 나선형 코일에 흐르는 전류의 세기에 비례한다고 하였다.

⑤ ⓓ가 흐르면 ⓒ 소재의 저항에 의해 열이 발생하는군.

해설 3문단에서 흐르는 맴돌이전류가 냄비 소재의 저항에 부딪혀 줄열 효과가 나타나게 되고 이에 의해 냄비에 열이 발생하게 된다고 하였다.

08 구체적 상황에 적용 정답 ②

선택률	① 11%	② 46%	③ 8%	④ 29%	⑤ 6%

윗글을 바탕으로 〈보기〉를 이해한 내용으로 적절하지 않은 것은? [3점]

보기

아래 그림은 두 물체 A, B의 자기장의 세기에 따른 자화 세기의 변화를 나타낸 자기 이력 곡선이다.

(정답 풀이)

② A 소재의 용기 외부에 가해지는 자기장의 세기가 커질수록 발생하는 열에너지의 크기는 계속 증가하겠군.

↳ 비례하여 커지다가 일정값 이상으로는 더 이상 커지지 않겠군

해설 〈보기〉의 A는 강자성체의 자기 이력 곡선이다. 4문단에서는 자성체의 자화 세기는 물체에 가해 준 자기장의 세기에 비례하여 커지다가 일정값 이상으로는 더 이상 커지지 않는데, 이를 자기 포화 상태라 한다고 하였다. 이로 볼 때 A 소재의 자기에너지가 전환되어 발생하는 열에너지의 크기는 계속 증가한다고 볼 수 없다.

(오답 풀이)

① 외부 자기장이 사라져도 자석의 성질을 지닌다는 점에서 A와 B는 모두 인덕션 레인지 용기의 소재로 적합하겠군.

해설 〈보기〉를 통해 A, B는 자기장이 사라져서 자기장의 세기가 0인 지점에서도 자화된 상태를 유지하는 것을 알 수 있으므로 강자성체이다. 5문단에서 인덕션 레인지는 강자성체인 용기를 사용해야 한다고 하였으므로 A, B는 모두 인덕션 레인지의 용기 소재로 적합하다.

③ 인덕션 레인지의 전원을 차단했을 때 A 소재의 용기가 B 소재의 용기보다 잔류 자기의 세기가 더 크겠군.

해설 인덕션 레인지의 전원을 차단하면 외부 자기장이 사라지는데, 〈보기〉를 보면 자기장이 사라져서 자기장의 세기가 0인 지점에서도 A, B는 모두 자화된 상태를 유지하고 있고 A가 B보다 잔류 자기의 세기가 더 크다는 것을 알 수 있다.

④ 용기의 잔류 자기를 제거하기 위해서는 B 소재의 용기보다 A 소재의 용기에 더 큰 세기의 자기장을 가해 주어야겠군.

해설 〈보기〉의 가로축(자기장의 세기)을 보면 자화의 세기가 0이 되는 지점의 자기장의 크기가 A가 B보다 크다는 것을 알 수 있다. 따라서 잔류 자기를 제거하려면 A에 B보다 더 큰 세기의 자기장을 역방향으로 가해 주어야 한다.

⑤ B 소재의 용기는 A 소재의 용기보다 자기장의 변화에 따라 발생하는 열에너지가 적겠군.

해설 4문단에서 자기에너지는 열에너지로 전환되어 자성체의 온도를 높이는데, 이때 발생하는 열에너지는 자기 이력 곡선의 내부 면적과 비례한다고 하였다. 〈보기〉를 통해 B의 면적이 A의 면적보다 작기 때문에, 열에너지도 B가 A보다 적게 발생함을 알 수 있다.

DAY 21 기술 컴퓨터 기술

01~03 2015학년도 9월 고3 모의평가 A

본문 98~99쪽

01 ② 02 ④ 03 ④

( ) 문단별 핵심어 ★ 중심 문장

• CPU 스케줄링

1 우리는 컴퓨터에서 음악을 들으면서 문서를 작성할 때 두 가지 프로그램이 동시에 실행되고 있다고 생각한다. 그러나 실제로는 아주 짧은 시간 간격으로 그 프로그램들이 번갈아 실행되고 있다. 이는 컴퓨터 운영 체제의 일부인 CPU(중앙 처리 장치) 스케줄링 때문이다. 「어떤 프로그램이 실행될 때 컴퓨터 운영 체제는 실행할 프로그램을 주기억 장치에 저장하고 실행 대기 프로그램의 목록인 작업큐에 등록한다. 운영 체제는 실행할 하나의 프로그램을 작업큐에서 선택하여 CPU에서 실행하고 실행이 종료되면 작업큐에서 지운다.」

「」: 컴퓨터 운영 체제가 프로그램을 실행하는 방법 / 작업큐의 개념

2 한 개의 CPU는 한 번에 하나의 프로그램만을 실행할 수 있다. 그러면 A와 B 두 개의 프로그램이 동시에 실행되는 것처럼 보이게 하려면 어떻게 해야 할까? 프로그램은 실행을 요청한 순서대로 작업큐에 등록되고 이 순서에 따라 A와 B는 차례로 실행된다. 이때 A의 실행 시간이 길어지면 B가 기다려야 하는 '대기 시간'이 길어지므로 동시에 두 프로그램이 실행되고 있는 것처럼 보이지 않는다. 그러나 A와 B를 일정한 시간 간격을 두고 번갈아 실행하면 두 프로그램이 동시에 실행되는 것처럼 보인다.

A의 실행 시간이 길어질 때의 문제점 / 해결 방법

3 이를 위해서 CPU의 실행 시간을 여러 개의 짧은 구간으로 나누어 놓고 각각의 구간마다 하나의 프로그램이 실행되도록 한다. 여기서 한 구간에서 프로그램이 실행되는 것을 '구간 실행'이라 하며, 각각의 구간에서 프로그램이 실행되는 시간을 '구간 시간'이라고 하는데 구간 시간의 길이는 일정하게 정한다. A와 B의 구간 실행은 원칙적으로 두 프로그램이 종료될 때까지 번갈아 반복되지만 하나의 프로그램이 먼저 종료되면 나머지 프로그램이 계속 실행된다.

프로그램을 번갈아 실행하는 구체적 방법 / 구간 실행의 개념 / 구간 시간의 개념 / 구간 시간의 특징 – 고정됨.

4 한편, 어떤 프로그램의 구간 실행이 진행되는 동안, 다른 프로그램은 작업큐에서 대기한다. A의 구간 실행이 끝나면 A의 실행이 정지되고 다음번 구간 시간 동안 실행할 프로그램을 선택한다. 이때 A가 정지한 후 B의 실행을 준비하는 데 필요한 시간을 '교체 시간'이라고 하는데 교체 시간은 구간 시간에 비해 매우 짧다. 교체 시간에는 그때까지 실행된 A의 상태를 저장하고 B를 실행하기 위해 B의 이전 상태를 가져온다. 그뿐만 아니라 같은 프로그램이 이어서

교체 시간의 개념 / 교체 시간에 이루어지는 작업

실행되더라도 운영 체제가 다음에 실행되어야 할 프로그램을 판단해야 하므로 구간 실행 사이에는 반드시 교체 시간이 필요하다.

(교체 시간의 필요성)

5 하나의 프로그램이 작업큐에 등록될 때부터 종료될 때까지 걸리는 시간을 '총처리 시간'이라고 하는데 이 시간은 순수하게 프로그램의 실행에만 소요된 시간인 '총실행 시간'에 '교체 시간'과 작업큐에서 실행을 기다리는 '대기 시간'을 모두 합한 것이다. ㉠총실행 시간이 구간 시간보다 긴 프로그램이 실행될 때는 구간 실행 횟수가 많아져서 교체 시간의 총합은 늘어난다. 그러나 총실행 시간이 구간 시간보다 짧거나 같은 프로그램은 한 번의 구간 시간 내에 종료되고 곧바로 다음 프로그램이 실행된다.

(총처리 시간의 개념 / 총처리 시간=총실행 시간+교체 시간+대기 시간 / 번갈아 실행되는 구간 실행의 횟수가 많으므로 / 한 번의 구간 실행으로 프로그램이 끝나는 경우)

6 이제 프로그램 A, B, C가 실행되는 경우를 생각해 보자. A가 실행되고 있고 B가 작업큐에서 대기 중인 상태에서 새로운 프로그램 C를 실행할 경우, C는 B 다음에 등록되므로 A와 B의 구간 실행이 끝난 후 C가 실행된다. A와 B가 종료되지 않아 추가적인 구간 실행이 필요하면 작업큐에서 C의 뒤로 다시 등록되므로 C, A, B의 상태가 되고 결과적으로 세 프로그램은 등록되는 순서대로 반복해서 실행된다.

(세 프로그램의 실행 순서)

7 이처럼 작업큐에 등록된 프로그램의 수가 많아지면 각 프로그램의 대기 시간은 그에 비례하여 늘어난다. 따라서 작업큐에 등록할 수 있는 프로그램의 수를 제한해 대기 시간이 일정 수준 이상으로 길어지는 것을 막을 필요가 있다.

(작업큐에 등록된 프로그램의 수가 많아지면 일어나는 문제점)

지문 분석하기

|지문 구조|

1 컴퓨터 운영 체제가 프로그램을 실행하는 방법

⬇

2 두 개의 프로그램이 동시에 실행되는 것처럼 보이게 하는 방법

⬇

3 구간 실행과 구간 시간의 개념 + **4** 교체 시간의 개념 + **5** 총처리 시간의 개념

⬇

6 세 프로그램이 실행되는 경우의 예

⬇

7 실행할 프로그램 수가 많아질 때의 문제점과 해결 방안

|주제| CPU 스케줄링의 프로그램 실행 원리

한컷 정리하기

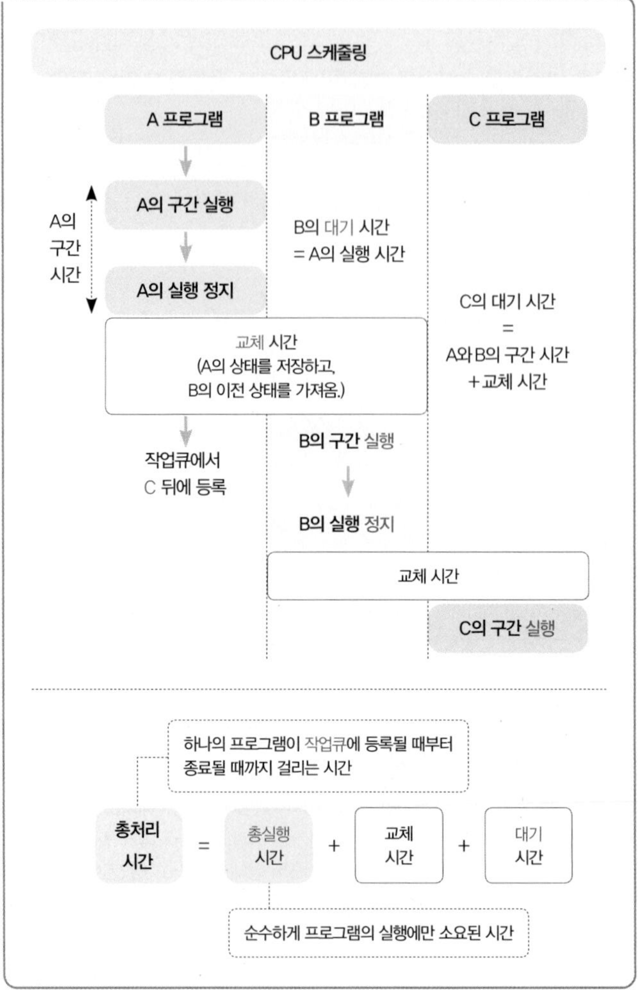

01 세부 정보의 파악

정답 ②

선택률	① 1%	② 94%	③ 2%	④ 1%	⑤ 2%

윗글의 내용과 일치하지 않는 것은?

정답 풀이

② 프로그램 실행이 종료되면 실행 결과는 ~~작업큐에 등록된다.~~
↳ 작업큐에서 지움.

해설 1문단에서 컴퓨터 운영 체제는 프로그램의 실행이 종료되면 작업큐에서 지운다고 하였다.

오답 풀이

① CPU 스케줄링은 컴퓨터 운영 체제의 일부이다.

해설 1문단에서 CPU (중앙 처리 장치) 스케줄링은 컴퓨터 운영 체제의 일부라고 하였다.

③ 구간 실행의 교체에 소요되는 시간은 구간 시간보다 짧다.

해설 3문단에서 각각의 구간에서 프로그램이 실행되는 시간을 '구간 시간'이라고 하였고, 4문단에서 하나의 프로그램이 정지한 후 다른 프로그램의 실행을 준비하는 데 필요한 시간을 '교체 시간'이라고 하였다. 또 교체 시간은 구간 시간에 비해 매우 짧다고 하였다.

④ CPU 한 개는 한 번에 하나의 프로그램만 실행이 가능하다.

해설 2문단에서 한 개의 CPU 는 한 번에 하나의 프로그램만을 실행할 수 있다고 하였다.

⑤ 컴퓨터 운영 체제는 실행할 프로그램을 주기억 장치에 저장한다.

해설 1문단에서 컴퓨터 운영 체제는 실행할 프로그램을 주기억 장치에 저장한다고 하였다.

02 핵심 정보의 파악

정답 ④

선택률	① 3%	② 1%	③ 4%	④ 88%	⑤ 4%

㉠의 실행 과정에 대한 이해로 적절하지 않은 것은?
= 총실행 시간이 구간 시간보다 긴 프로그램

정답 풀이

④ 구간 시간이 늘어나면 구간 실행 횟수는 늘어난다.
↳ 총실행 시간이 구간 시간보다

해설 3문단에서 구간 시간의 길이는 일정하게 정한다고 했다. 즉, 구간 시간의 길이는 처음에 정하고 나면 이후에 바뀌지 않는다고 할 수 있다. 따라서 구간 시간이 늘어난다는 가정은 적절하지 않다. 또한 5문단에서 총실행 시간이 구간 시간보다 긴 프로그램이 실행될 때는 구간 실행 횟수가 많아진다고 했으므로 총실행 시간이 길어지면 구간 실행 횟수가 증가한다고 할 수 있다.

오답 풀이

① 교체 시간이 줄어들면 총처리 시간이 줄어든다.
총실행 시간+교체 시간+대기 시간

해설 5문단에 따르면, 총처리 시간은 '총실행 시간 + 교체 시간 + 대기 시간'이므로, 교체 시간이 줄어들면 총처리 시간도 줄어든다고 볼 수 있다.

② 대기 시간이 늘어나면 총처리 시간이 늘어난다.
총실행 시간+교체 시간+대기 시간

해설 5문단에 따르면, 총처리 시간은 '총실행 시간+교체 시간+대기 시간'이므로, 대기 시간이 늘어나면 총처리 시간도 늘어난다고 볼 수 있다.

③ 총실행 시간이 줄어들면 총처리 시간이 줄어든다.
총실행 시간+교체 시간+대기 시간

해설 5문단에 따르면, 총처리 시간은 '총실행 시간+교체 시간+대기 시간'이므로, 총실행 시간이 줄어들면 총처리 시간도 줄어든다고 할 수 있다.

⑤ 작업큐의 프로그램 개수가 늘어나면 총처리 시간은 늘어난다.

해설 7문단에서 작업큐에 등록된 프로그램 수가 늘어나면 각 프로그램의 대기 시간이 늘어난다고 하였다. 5문단에 따르면, 총처리 시간은 '총실행 시간+교체 시간+대기 시간'이므로, 대기 시간이 늘어나면 총처리 시간도 늘어난다고 볼 수 있다.

03 구체적 상황에 적용

정답 ④

선택률	① 3%	② 6%	③ 5%	④ 83%	⑤ 3%

윗글을 바탕으로 할 때, 〈보기〉의 [가]에 들어갈 내용으로 적절한 것은? [3점]

보기

운영 체제가 작업큐에 등록된 프로그램에 대해 우선순위를 부여하고 순위가 가장 높은 것을 다음에 실행할 프로그램으로 선택하면 작업큐의 크기를 제한하지 않고도 각 프로그램의 '대기 시간'을 조절할 수 있다.
(등록할 프로그램 수를 제한하지 않고도)

프로그램 P, Q, R이 실행되고 있는 예를 생각해 보자. P가 '구간 실행' 상태이고 Q와 R이 작업큐에 대기 중이며 Q의 순위가 R보다 높다. P가 구간 실행을 마치고 작업큐에 재등록될 때, P의 순위를 Q보다는 낮지만 R보다는 높게 한다. P가 작업큐에 재등록된 후 다시 P가 구간 실행을 하기 직전까지 _____[가]_____ 을/를 거쳐야 한다.
(Q가 구간 실행된 후 Q가 다음 순위인 P로 교체됨.)

정답 풀이

④ Q의 구간 실행과 Q에서 P로의 교체

해설 프로그램의 대기 시간이 늘어나지 않게 하려면 작업큐의 크기를 제한해야 한다. 〈보기〉에서는 작업큐에 등록된 프로그램에 우선순위를 부여하여 작업큐의 크기를 제한하지 않고 대기 시간을 조절할 수 있다고 하였다. 프로그램 P가 실행 중일 때 작업큐에 대기하고 있는 프로그램은 Q, R의 순서로 등록되어 있으며, P가 구간 실행을 마치고 재등록될 때 Q보다 낮고 R보다 높은 순위로 등록된다면, 순위가 가장 빠른 Q가 구간 실행된 후에는 다음 순위인 P로 교체되는 과정을 거쳐야 한다.

오답 풀이

① P에서 R로의 교체

해설 P가 작업큐에 재등록된 다음, P가 Q로 교체되어 Q가 구간 실행 상태가 되므로 P는 R로 교체될 수 없다.

② Q의 구간 실행
구간 실행 사이에는 반드시 교체 시간이 필요함.

해설 Q가 구간 실행된 다음 P가 구간 실행되기 위해서는 Q에서 P로의 교체를 거쳐야 한다.

③ Q의 구간 실행과 R의 구간 실행

해설 R보다 P의 순위가 높기 때문에 R이 구간 실행을 하기 위해서는 Q의 구간 실행 이후 Q에서 P로의 교체, P의 구간 실행, P에서 R로의 교체를 거쳐야 한다.

⑤ R의 구간 실행과 R에서 P로의 교체

해설 R의 순위가 가장 낮으므로 R의 구간 실행이 Q나 P의 구간 실행보다 먼저 이루어질 수 없다.

04~08 2020년 9월 고1 전국연합학력평가

본문 100~101쪽

04 ③ 05 ① 06 ④ 07 ④ 08 ①

(○ 문단별 핵심어 ★ 중심 문장)

• 캐싱의 과정

1 컴퓨터의 중앙 처리 장치인 CPU는 데이터를 처리하기 위해 주기억 장치와 끊임없이 데이터를 주고받는다. 그런데 CPU는 처리 속도가 매우 빠른 반면, 주기억 장치의 처리 속도는 상대적으로 느리다. 그렇기 때문에 CPU가 명령을 실행할 때마다 주기억 장치로부터 데이터를 읽어 오면 두 장치의 처리 속도의 차이로 인해 명령을 빠르게 실행할 수가 없다. 그래서 캐시 기억 장치를 활용하여 데이터 처리 속도를 향상시킨다. 캐시 기억 장치는 CPU 내에 또는 CPU와 주기억 장치 사이에 위치한 기억 장치로 주기억 장치보다
(CPU와 주기억 장치의 속도 차이로 인한 문제점 / CPU와 주기억 장치의 속도 차이로 인한 문제의 해결 방안 / 캐시 기억 장치의 개념)

용량은 작지만 처리 속도가 매우 빠르다. 이러한 캐시 기억 장치에 주기억 장치의 데이터 중 자주 사용되는 데이터의 일부를 복사해 두고 CPU가 이 데이터를 사용하도록 하는 과정을 '캐싱(caching)'이라고 한다.

2 캐싱이 효율적으로 이루어지려면 CPU가 캐시 기억 장치에 저장된 데이터를 반복적으로 사용하는 것이 중요한데 이를 위해 고려되는 것이 참조의 지역성이다. 참조의 지역성은 시간적 지역성과 공간적 지역성으로 나눌 수 있다. 시간적 지역성은 CPU가 한 번 사용한 특정 데이터가 가까운 미래에 다시 사용될 가능성이 높은 것을 말하고, 공간적 지역성은 한 번 사용한 데이터 근처에 있는 데이터가 곧 사용될 가능성이 높은 것을 말한다.

3 한편 주기억 장치는 '워드(word)' 단위로 데이터가 저장되고 캐시 기억 장치는 '블록(block)' 단위로 데이터가 저장된다. 이때 워드는 비트(bit)*의 집합이고 블록은 연속된 워드 여러 개의 묶음을 말한다. 주기억 장치의 데이터가 캐시 기억 장치에 저장되는 장소를 '라인(line)'이라고 한다. 캐시 기억 장치는 일반적으로 하나의 라인에 하나의 블록이 들어갈 수 있도록 설계되어 있기 때문에 주기억 장치에서 캐시 기억 장치로 데이터를 전송할 때에는 블록 단위로 데이터를 전송한다. 캐시 기억 장치의 용량은 주기억 장치보다 훨씬 작기 때문에 주기억 장치의 블록 중에서 일부만 캐시 기억 장치에 저장될 수 있다. 그러므로 캐싱을 위해서는 주기억 장치의 여러 블록이 캐시 기억 장치의 하나의 라인을 공유하여 사용해야 한다.

[A] **4** 예를 들어 어떤 컴퓨터의 주기억 장치의 데이터 용량을 워드 2^n개, 캐시 기억 장치의 데이터 용량을 워드 M개라고 가정해 보자. 이때 주기억 장치의 블록 한 개가 K개의 워드로 이루어져 있다고 하면 이 주기억 장치의 총 블록 개수는 $2^n/K$개가 되며 각 워드는 n비트의 주소로 지정된다. 그리고 캐시 기억 장치의 각 라인은 K개의 워드로 채워지므로 캐시 기억 장치에는 총 M/K개의 라인이 만들어진다.

5 캐싱이 이루어질 때 CPU가 요청한 데이터가 캐시 기억 장치에 있는지 여부를 확인하고 해당 데이터를 불러오기 위해 주기억 장치의 데이터 주소가 사용된다. 이 주소는 '태그 필드, 라인 필드, 워드 필드'의 형식으로 구성되어 있는데 '태그 필드'는 캐시 기억 장치의 특정 라인에 주기억 장치의 어떤 블록이 저장되어 있는지를 구분해 주는 역할을 한다. 그리고 '라인 필드'는 주기억 장치의 블록이 들어갈 캐시 기억 장치의 라인을 지정해 주며, '워드 필드'는 주기억 장치의 각 블록에 저장되어 있는 워드를 지정해 준다.

[B] **6** 주기억 장치의 데이터를 캐시 기억 장치에 저장하는 방식에는 여러 가지가 있는데 그중 하나가 ㉠'직접 매핑'이다. 직접 매핑은 주기억 장치의 데이터를 블록 단위로 캐시 기억 장치의 지정된 라인에 저장하는 방식이다. 직접 매핑 방식에서 캐싱이 이루어지는 과정은 다음과 같다. 「CPU가 '태그 필드, 라인 필드, 워드 필드'로 이루어진 주소를 통해 데이터를 요청하면, 우선 요청 주소의 라인 필드를 이용하여 캐시 기억 장치의 해당 라인을 확인한다. 그리고 해당 라인에 데이터가 저장되어 있으면 그 라인의 태그와 요청 주소의 태그를 비교한다. 이때 두 태그의 값이 일치하는 경우를 '캐시 히트(cache hit)'라고 하며, 캐시 히트가 일어나면 주소의 워드 필드를 이용하여 라인 내 워드들 중에서 해당 데이터를 찾아 CPU에 보내 준다. 그런데 CPU가 요청한 주소의 태그와 캐시 기억 장치 라인의 태그가 일치하지 않거나 해당 라인이 비어 있어서 요청한 데이터를 찾지 못하는 경우가 있다. 이는 CPU가 요청한 데이터가 캐시 기억 장치에 저장되어 있지 않다는 의미로, 이 경우를 '캐시 미스(cache miss)'라고 한다. 캐시 미스가 일어나면 요청 주소에 해당하는 블록을 주기억 장치에서 복사하여 캐시 기억 장치의 지정된 라인에 저장한다. 그리고 주소의 태그를 그 라인의 태그 필드에 기록하고 요청된 데이터를 CPU에 보내 준다. 만약 그 라인에 다른 블록이 저장되어 있다면 그 블록은 지워지고 새롭게 가져온 블록이 저장된다.」

7 직접 매핑은 CPU가 요청한 데이터가 캐시 기억 장치에 있는지 확인할 때 해당 라인만 검색하면 되기 때문에 검색 속도가 빠르다. 그리고 회로의 구조가 단순하여 시스템을 구성하는 비용이 저렴한 장점이 있다. 하지만 같은 라인에 저장되어야 하는 서로 다른 블록을 CPU가 번갈아 요청하는 경우, 계속 캐시 미스가 발생해서 반복적으로 블록이 교체되므로 시스템의 효율이 ⓐ떨어질 수 있다. 그래서 캐시 기억 장치의 라인 어디에나 자유롭게 블록을 저장하는 '완전 연관 매핑', 직접 매핑과 완전 연관 매핑을 혼합한 '세트 연관 매핑' 등을 활용하기도 한다.

* **비트**: 컴퓨터에서 정보를 나타내는 가장 기본적인 단위. 2진수의 0 또는 1이 하나의 비트.

지문 분석하기

|지문 구조|

1 캐시 기억 장치의 활용과 캐싱의 정의

⬇

2 캐싱이 효율적으로 이루어지기 위해 고려되는 참조의 지역성

⬇

3 주기억 장치와 캐시 기억 장치의 데이터 저장 + **4** 주기억 장치와 캐시 기억 장치의 데이터 용량과 라인 수

⬇

5 캐싱이 이루어질 때 사용되는 데이터 주소를 구성하는 형식

⬇

6 직접 매핑 방식에서 캐싱이 이루어지는 과정

⬇

7 직접 매핑의 장단점

|주제| **캐시 기억 장치의 특징 및 캐싱의 과정**

한컷 정리하기

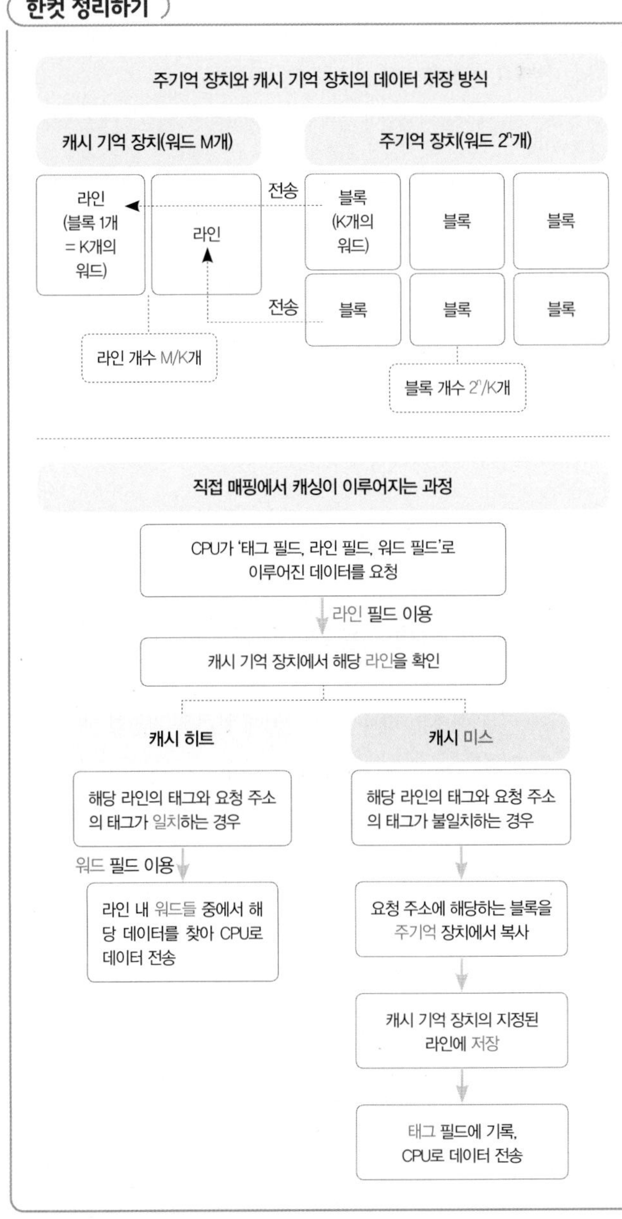

04 세부 정보의 파악 정답 ③

선택률	① 6%	② 3%	③ 76%	④ 6%	⑤ 9%

윗글의 내용과 일치하는 것은?

정답 풀이

③ 캐시 기억 장치에 저장된 데이터가 반복적으로 사용되어야 캐싱의 효율이 높아진다.

해설 2문단에서 캐싱이 효율적으로 이루어지려면 CPU가 캐시 기억 장치에 저장된 데이터를 반복적으로 사용하는 것이 중요하다고 하였다.

오답 풀이

① 캐시 기억 장치의 하나의 라인에는 하나의 워드만 저장될 수 있다.
↳ 블록만

해설 3문단에서 캐시 기억 장치는 일반적으로 하나의 라인에 하나의 블록이 들어갈 수 있도록 설계되어 있다고 하였다.

② 캐시 기억 장치는 주기억 장치보다 용량이 크고 처리 속도가 느리다.
↳ 작고 ↳ 빠르다

해설 1문단에서 캐시 기억 장치는 주기억 장치보다 용량은 작지만 처리 속도가 매우 빠르다고 하였다.

→ 공간적
④ ~~시간적~~ 지역성은 한 번 사용된 데이터 근처에 있는 데이터가 곧 사용될 가능성이 높은 것을 말한다.

해설 2문단에서 공간적 지역성은 한 번 사용한 데이터 근처에 있는 데이터가 곧 사용될 가능성이 높은 것이라고 하였다.

→ 주기억 장치의
⑤ 캐싱은 ~~캐시 기억 장치의~~ 데이터 중 자주 사용되는 데이터의 일부를 ~~주기억 장치에~~ 복사하여 사용하는 것을 말한다.
↳ 캐시 기억 장치에

해설 1문단에서 캐싱은 캐시 기억 장치에 주기억 장치의 데이터 중 자주 사용되는 데이터의 일부를 복사해 두고 CPU가 이 데이터를 사용하도록 하는 과정이라고 하였다.

05 미루어 알기 정답 ①

선택률	① 69%	② 11%	③ 9%	④ 9%	⑤ 2%

[A]를 참고할 때 〈보기〉의 ㉮~㉰에 들어갈 말을 바르게 짝지은 것은?

보기

주기억 장치의 데이터 용량이 64개의 워드이고, 하나의 블록이 4개의 워드로 이루어져 있다면, 주기억 장치는 총 16개의 (㉮)(으)로 구성되며, 각 워드는 (㉯)의 주소로 지정된다. 또한 캐시 기억 장치의 데이터 용량이 16개의 워드라면 캐시 기억 장치의 라인은 (㉰)가 만들어진다.

(메모: 64개의 워드 → 2^6개, n = 6 / 4개의 워드 → K = 4 / ㉮ = 블록 / ㉯ = 6비트 / 16개의 워드 → M = 16)

정답 풀이

① ㉮: 블록 / ㉯: 6비트 / ㉰: 4개

해설 4문단에서 주기억 장치의 데이터 용량을 워드 2^n개, 캐시 기억 장치의 데이터 용량을 워드 M개라고 가정할 때, 주기억 장치의 블록 한 개가 K개의 워드로 이루어져 있다고 하면 이 주기억 장치의 총 블록 개수는 2^n/K개가 되며 각 워드는 n비트의 주소로 지정된다고 하였다. 그리고 캐시 기억 장치의 각 라인은 K개의 워드로 채워지므로 캐시 기억 장치에는 총 M/K개의 라인이 만들어진다고 하였다. 〈보기〉에서 주기억 장치의 데이터 용량은 64개의 워드라고 하였으니 이를 2^n으로 나타내면 2^6이므로 n = 6이다. 따라서 각 워드는 6비트(㉯)의 주소로 지정된다. 또한 하나의 블록이 4개의 워드로 이루어져 있다고 하였으니 K = 4이

므로 주기억 장치의 총 블록 개수는 2^6/4로, 이를 계산하면 16이다. 즉 주기억 장치는 총 16개의 블록(㉮)으로 구성된다. 캐시 기억 장치의 데이터 용량(M)이 16개의 워드이므로, 라인의 개수는 16/4 = 4로, 4개(㉰)이다.

오답 풀이

② ㉮: 블록 / ㉯: 8비트 / ㉰: 6개
↳ 6비트 ↳ 4개

③ ㉮: 워드 / ㉯: 8비트 / ㉰: 4개
↳ 블록 ↳ 6비트

④ ㉮: 라인 / ㉯: 6비트 / ㉰: 4개
↳ 블록

⑤ ㉮: 라인 / ㉯: 8비트 / ㉰: 6개
↳ 블록 ↳ 6비트 ↳ 4개

해설 정답 풀이 참조

06 자료 해석의 적절성 평가 정답 ④

선택률	① 7%	② 12%	③ 10%	④ 56%	⑤ 15%

〈보기〉는 '직접 매핑' 과정을 도식화한 것이다. [B]를 바탕으로 〈보기〉를 이해한 내용으로 적절하지 않은 것은? [3점]

보기

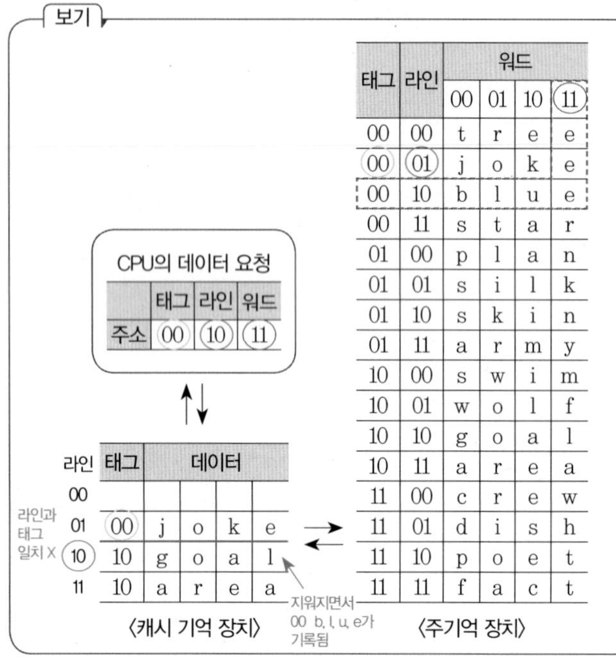

CPU의 데이터 요청

	태그	라인	워드
주소	00	10	11

〈캐시 기억 장치〉

라인	태그	데이터			
00					
01	00	j	o	k	e
10	10	g	o	a	l
11	10	a	r	e	a

〈주기억 장치〉

태그	라인	워드 00	01	10	11
00	00	t	r	e	e
00	01	j	o	k	e
00	10	b	l	u	e
00	11	s	t	a	r
01	00	p	l	a	n
01	01	s	i	l	k
01	10	s	k	i	n
01	11	a	r	m	y
10	00	s	w	i	m
10	01	w	o	l	f
10	10	g	o	a	l
10	11	a	r	e	a
11	00	c	r	e	w
11	01	d	i	s	h
11	10	p	o	e	t
11	11	f	a	c	t

정답 풀이

④ 캐시 기억 장치의 라인 '01'에 저장되어 있는 데이터 블록이 삭제되겠군.
↳ '10'에

해설 6문단에서 캐시 미스가 일어나면 요청 주소에 해당하는 블록을 주기억 장치에서 복사하여 캐시 기억 장치의 지정된 라인에 저장하는데, 만약 그 라인에 다른 블록이 저장되어 있다면 그 블록은 지워지고 새롭게 가져온 블록이 저장된다고 하였다. 따라서 라인 '01'이 아닌 라인 '10'에 저장되어 있는 데이터 블록인 g, o, a, l이 삭제될 것이다.

오답 풀이

① 요청된 주소의 '10'을 이용하여 캐시 기억 장치의 라인을 확인한 후 태그 '00'이 그 라인의 태그와 일치하는지 확인하겠군.

해설 6문단에서 요청 주소의 라인 필드를 이용하여 캐시 기억 장치의 해당 라인을 확인하고, 해당 라인에 데이터가 저장되어 있으면 그 라인의 태그와 요청 주소의 태그를 비교한다고 하였다. 〈보기〉에서 CPU가 요청한 라인이 '10'이므로 이를 이용하여 캐시 기억 장치의 라인을 확인할 것이다. 이후 요청 주소의 태그 '00'이 그 라인(10)의 태그와 일치하는지 확인할 것이다.

② CPU가 요청한 데이터가 캐시 기억 장치에 저장되어 있지 않으므로 캐시 미스가 일어나겠군.

해설 6문단에서 CPU가 요청한 주소의 태그와 캐시 기억 장치 라인의 태그가 일치하지 않거나 해당 라인이 비어 있어서 요청한 데이터를 찾지 못하는 경우를 캐시 미스라고 하였다. 〈보기〉를 보면 CPU가 요청한 주소의 태그는 '00'이다. 그러나 캐시 기억 장치 라인(10)의 태그는 '10'으로 일치하지 않는다. 따라서 캐시 미스가 일어날 것이다.

③ 주기억 장치의 데이터 블록 중에서 'b, l, u, e'가 복사되어 캐시 기억 장치에 저장되겠군.

해설 6문단에서 캐시 미스가 일어나면 요청 주소에 해당하는 블록을 주기억 장치에서 복사하여 캐시 기억 장치의 지정된 라인에 저장한다고 하였다. 〈보기〉를 보면 CPU가 요청한 주소의 태그는 '00'이다. 그러나 캐시 기억 장치 라인(10)의 태그는 '10'으로 일치하지 않는 캐시 미스가 일어났다. 이 경우 요청 주소에 해당하는 블록, 즉 라인 '10', 태그 '00'에 해당하는 'b, l, u, e'가 복사되어 캐시 기억 장치에 저장될 것이다.

⑤ CPU의 데이터 요청에 의해 최종적으로 CPU로 보내지는 데이터는 'e'가 되겠군.

해설 6문단에서 캐시 미스가 일어나면 요청 주소에 해당하는 블록을 주기억 장치에서 복사하여 캐시 기억 장치의 지정된 라인에 저장한다고 하였다. 그리고 주소의 태그를 그 라인의 태그 필드에 기록하고 요청된 데이터를 CPU에 보내준다고 하였다. 요청된 데이터는 라인 '10' 태그 '00' 워드 '11'이므로, 최종적으로 CPU로 보내지는 데이터는 'e'이다.

선택지 속 함정

이 문제는 정답률이 높지 않았어. 선택지 ⑤번을 고른 친구들은 CPU로 보내지는 데이터를 'b, l, u, e'로 착각한 경우가 많았을 거야. 블록과 데이터를 혼동한 것이지. 요청 주소에 해당하는 블록을 주기억 장치에서 복사하여 캐시 기억 장치의 지정된 라인에 저장했다면, 그 다음은 주소의 워드 필드를 이용하여 라인 내 워드를 중에서 해당 데이터를 찾아 CPU로 보내 주는 과정이 이루어진다고 봐야 돼. 그러니까 요청된 데이터는 워드 11에 해당하는 'e'가 되겠지. 이런 문제를 풀 때 함정에 빠지지 않으려면 지문에서 설명하는 과정을 머리에 외워서 해결하려고 하면 안 돼. 지문에 제시된 과정과 〈보기〉를 순차적으로 대응시키면서 해석해야 정확한 답을 고를 수 있단다.

07 세부 정보의 추론 정답 ④

선택률	① 10%	② 7%	③ 7%	④ 70%	⑤ 6%

= 직접 매핑

㉠과 〈보기〉의 ㉡을 비교한 내용으로 가장 적절한 것은?
= 완전 연관 매핑

보기

㉡ 완전 연관 매핑은 캐시 기억 장치에 블록을 저장할 때 라인을 지정하지 않고 임의로 저장하는 방식이다. 이 방식은 필요한 데이터 위주로 저장할 수 있기 때문에 매핑 방식 중에 캐시 히트의 확률이 가장 높다. 그러나 히트 여부 확인이 모든 라인에 걸쳐 이루어져야 하므로 검색 시간이 가장 오래 걸린다. 그리고 회로의 구조가 복잡해서 시스템을 구성하는 비용이 높다. 주기억 장치의 블록이 캐시 기억 장치의 정해진 라인에 저장되는 것이 아니기 때문에 (직접 매핑과 완전 연관 매핑의 차이점) 주기억 장치의 주소는 태그 필드, 워드 필드로 이루어진다. (직접 매핑과 완전 연관 매핑의 공통점) 대신 블록이 교체될 때 어떤 블록을 삭제할지를 결정하는 블록 교체 알고리즘이 별도로 필요하다.

정답 풀이

④ ㉡과 달리 ㉠은 라인을 지정하여 블록을 저장한다.

해설 6문단에서 ㉠'직접 매핑'은 주기억 장치의 데이터를 블록 단위로 캐시 기억 장치의 지정된 라인에 저장하는 방식이라고 하였다. 반면 〈보기〉에서 ㉡'완전 연관 매핑'은 주기억 장치의 블록이 캐시 기억 장치의 정해진 라인에 저장되는 것이 아니라고 하였다.

오답 풀이

① ~~㉠과 달리 ㉡은~~ 주기억 장치의 주소에 태그 필드가 있다.
↳ ㉠과 ㉡ 모두는

해설 6문단에서 ㉠'직접 매핑'은 CPU가 '태그 필드, 라인 필드, 워드 필드'로 이루어진 주소를 통해 데이터를 요청한다고 하였다. 또한 〈보기〉에서 ㉡'완전 연관 매핑'은 주기억 장치의 주소가 태그 필드, 워드 필드로 이루어진다고 하였다. 따라서 주기억 장치의 주소에 태그 필드가 있는 것은 ㉠과 ㉡의 공통점이다.

② ~~㉠과 달리 ㉡은~~ 캐시 히트 여부를 확인하는 시간이 빠르다.
↳ ㉡과 달리 ㉠은

해설 7문단에서 ㉠'직접 매핑'은 CPU가 요청한 데이터가 캐시 기억 장치에 있는지 확인할 때 해당 라인만 검색하면 되기 때문에 검색 속도가 빠르다고 하였다. 반면 〈보기〉에서 ㉡'완전 연관 매핑'은 히트 여부 확인이 모든 라인에 걸쳐 이루어져야 하므로 검색 시간이 가장 오래 걸린다고 하였다. 따라서 캐시 히트 여부를 확인하는 시간이 빠른 것은 ㉠이다.

③ ~~㉡과 달리 ㉠은~~ 블록 교체 알고리즘이 필요하다.
↳ ㉠과 달리 ㉡은

해설 6문단에서 ㉠'직접 매핑'은 캐싱 미스일 때 만약 그 라인에 다른 블록이 저장되어 있다면 그 블록은 지워지고 새롭게 가져온 블록이 저장된다고 하였다. 반면 〈보기〉에서 ㉡'완전 연관 매핑'은 블록이 교체될 때 어떤 블록을 삭제할지를 결정하는 블록 교체 알고리즘이 별도로 필요하다고 하였다. 따라서 블록 교체 알고리즘이 필요한 것은 ㉡이다.

⑤ ~~㉠과 ㉡은 모두~~ 회로의 구조가 복잡하다.
↳ ㉠과 달리 ㉡은

해설 7문단에서 ㉠'직접 매핑'은 회로의 구조가 단순하다고 하였다. 반면 〈보기〉에서 ㉡'완전 연관 매핑'은 회로의 구조가 복잡하다고 하였다. 따라서 구조가 복잡한 것은 ㉡이다.

08 어휘의 문맥적 의미 파악 정답 ①

선택률	① 92%	② 1%	③ 1%	④ 5%	⑤ 1%

문맥상 의미가 ⓐ와 가장 가까운 것은?
= 떨어질

정답 풀이

① 엔진의 성능이 떨어져서 큰일이다.

해설 ⓐ와 ①의 '떨어지다'는 '값이나 수준, 정도 따위가 이전보다 낮아지거나 일정한 기준보다 낮아지게 되다.'의 의미이다.

오답 풀이

② 소매에서 단추가 떨어져서 당황했다.

해설 ②의 '떨어지다'는 '물체가 붙어 있던 곳에서 따로 떼어지게 되다.'의 의미이다.

③ 감기가 떨어지지 않아 큰 고생을 했다.

해설 ③의 '떨어지다'는 '병이나 습관 따위가 없어지게 되다.'의 의미이다.

④ 해가 떨어지기 전에 이 일을 마치기로 했다.

해설 ④의 '떨어지다'는 '해, 달이 서쪽으로 지다.'의 의미이다.

⑤ 굵은 빗방울이 머리에 한두 방울씩 떨어지기 시작했다.

해설 ⑤의 '떨어지다'는 '위에서 아래로 내려지다.'의 의미이다.

DAY 22 기술 에너지 활용 기술

01~05 2022년 9월 고1 전국연합학력평가 본문 102~103쪽

01 ③ 02 ④ 03 ① 04 ③ 05 ①

문단별 핵심어 ★ 중심 문장

• 석빙고의 원리

1 조상들은 더운 여름에 얼음을 이용하기 위해 석빙고를 활용하였다. 석빙고는 겨울철에 입구를 개방하여 내부를 냉각시킨 후 얼음을 저장한 냉동 창고로(석빙고의 기능), 내부의 낮아진 온도가 장기간 지속되는 구조를 통해 다음 해 가을까지 얼음을 보관하였다. 석빙고에서 얼음을 어떻게 보관할 수 있었는지 알아보자.

2 우선 석빙고를 낮은 온도로 유지하는 데에는 얼음이 중요한 역할을 한다(석빙고가 낮은 온도를 유지하는 비결 1). 에너지는 항상 높은 쪽에서 낮은 쪽으로 이동하여 평형을 이루려고 하고 에너지의 이동은 물질의 온도를 변화시킨다. 하지만 물질이 고체, 액체, 기체로 변화하는 상태변화가 일어나는 동안 온도는 변하지 않고 물질이 주변에서 에너지를 흡수하거나 주변으로 방출하는데 이때의 에너지를 숨은열이라고 한다(숨은열의 개념). 예를 들면 얼음이 녹아 물이 될 때는 주변에서 융해열을 흡수하고, 거꾸로 같은 양의 물이 얼어 얼음이 될 때는 같은 양의 응고열을 방출한다(숨은열의 흐름). 그러므로 같은 양의 0℃ 얼음보다 0℃ 물이 더 큰 에너지를 갖게 되는 것이다(융해열을 흡수한 상태이므로). 석빙고 안에서 얼음이 상태변화가 일어날 때, 더 큰 에너지를 가진 물질로부터 에너지를 전달받을 수밖에 없다. 따라서 주변 공기로부터 에너지를 흡수하여 일부의 얼음이 물이 되면서 주변 공기는 차가워지고, 이는 다른 얼음이 녹지 않을 수 있게 한다(얼음의 주요 기능). ㉠이 과정에서 생긴 물은 빨리 제거되어야 하므로 조상들은 석빙고 바닥을 경사면으로 만들어 물이 원활하게 배수되도록 하였다(물이 생기면 다른 얼음이 녹을 수 있으므로).

3 내부를 차갑게 만들고 최대한 밀폐된 구조를 만들더라도 석빙고는 외부와 에너지 및 공기를 주고받아 내부의 온도는 올라갈 수밖에 없다. 이를 해결하기 위해 조상들은 석빙고 천장의 상단에 통풍구를 설치하였다(석빙고가 낮은 온도를 유지하는 비결 2). 공기와 같은 유체는 온도가 올라가면 분자 사이의 거리가 멀어지면서 밀도가 낮아져 에너지를 동반하여 위로 이동한다. 밀도가 낮은 공기가 상승하면 밀도가 높은 공기, 즉 온도가 낮은 공기가 아래로 이동하게 된다. 석빙고 내부에서는 이와 같은 공기의 흐름에 따라 에너지의 이동이 나타나며, 상승한 공기는 아치형 천장의 움푹 들어간 공간을 통해 그 위의 통풍구로 빠져나가(통풍구의 기능)

내부의 차가움을 유지하게 된다. 더불어 통풍구에는 얼음에 영향을 줄 수 있는 직사광선이나 빗물을 차단하기 위해 덮개돌을 설치하였다.

직사광선이나 빗물로 인해 내부의 얼음이 녹을 수 있으므로

4 또한 얼음이 최대한 녹지 않을 수 있도록 얼음과 얼음 사이에 일종의 단열재 역할을 하는 짚을 채워 넣어 보관하였다.

석빙고가 낮은 온도를 유지하는 비결 3

접촉하고 있는 두 물질의 분자들 사이에서는 에너지 교환이 일어나는데, 물질의 한쪽 끝에 에너지가 가해지면 해당 부분의 분자들이 에너지를 얻어 진동하게 되고 그 진동은 옆 분자를 다시 진동시키며 순차적으로 에너지가 이동한다. 이러한 에너지 전달의 정도는 물질마다 서로 다르다. 짚은 얼음에 비해 에너지가 잘 전달되지 않는데,

짚이 단열에 효과적인 이유 1

이 때문에 얼음끼리 쌓아 놓는 것보다 짚을 활용하여 쌓는 것이 얼음 보관에 훨씬 효율적인 방법이라고 할 수 있다. 또 짚은 스티로폼처럼 미세한 공기구멍을 많이 포함하고 있어 단열 효과를 높일 수 있었다.

짚이 단열에 효과적인 이유 2

5 이 밖에도 석빙고 외부에 흙을 덮어 내부로 유입되는 에너지가 잘 차단되도록 하였고

석빙고가 낮은 온도를 유지하는 비결 4

풀을 심어 태양의 복사 에너지로 인해 내부의 온도가 상승하는 것을 최대한 막고자 하였다.

석빙고가 낮은 온도를 유지하는 비결 5

또한 얼음을 저장하는 빙실은 온도 유지를 위해 주변 지반에 비해 낮게 만들었다.

석빙고가 낮은 온도를 유지하는 비결 6

6 석빙고는 조상들의 지혜가 집약된 천연 냉장고로, 당시 다른 나라의 장치에 비해서도 기술이 ⓐ 떨어지지 않는 건축물이다.

지식을 쌓는 배경지식

석빙고의 역사

『삼국유사』에서는 신라 유리왕이 얼음 저장 창고를 지었다는 기록이 있고, 『삼국사기』에는 신라 지증왕 때 왕이 얼음을 저장하게 하였다는 기록이 남아 있다. 고려 시대의 기록으로는 정종 때 얼음 배급 시기를 음력 4월 입하로 정했다는 기록과, 문종 때 법으로 해마다 6월부터 입추까지 얼음을 나누어 주게 했다는 기록이 있다.

지문 분석하기

|지문 구조|

1 조상들이 얼음을 이용하기 위해 만든 석빙고의 기능

⬇

2 석빙고의 원리 1_ 얼음을 이용 / **3** 석빙고의 원리 2_ 통풍구 설치

\+

4 석빙고의 원리 3_ 짚을 사용 / **5** 석빙고의 원리 4_ 기타

⬇

6 조상들의 지혜가 집약된 석빙고의 우수성

|주제| 석빙고의 원리와 우수성

한컷 정리하기

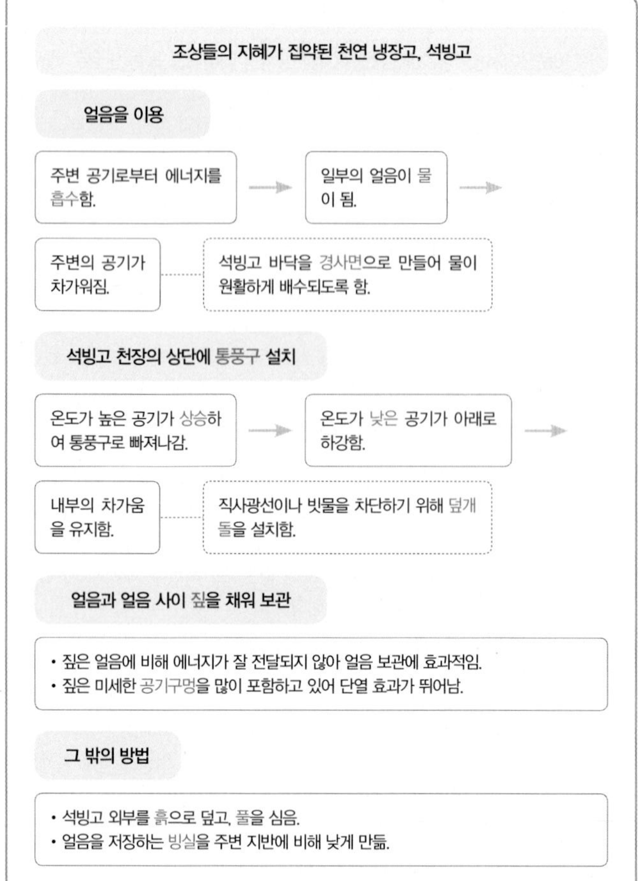

01 세부 정보의 파악

정답 ③

선택률	① 5%	② 18%	③ 62%	④ 7%	⑤ 8%

윗글의 내용과 일치하지 않는 것은?

정답 풀이

③ 석빙고의 아치형 천장은 ~~외부 공기를 이용하여~~ 내부의 차가움을 유지하게 한다.

↳ 내부의 더운 공기를 내보냄으로써

해설 3문단에 따르면, 공기와 같은 유체는 온도가 올라가면 위로 이동하고, 온도가 낮은 공기가 아래로 이동하게 된다. 석빙고 내부에서는 이와 같은 공기의 흐름에 따라 에너지의 이동이 나타나며, 상승한 공기는 아치형 천장의 움푹 들어간 공간을 통해 그 위의 통풍구로 빠져나가 내부의 차가움을 유지하게 된다. 따라서 석빙고의 아치형 천장은 외부 공기를 이용하는 것이 아니라 내부 공기의 순환을 통해 내부의 차가움을 유지하는 것이다.

오답 풀이

① 석빙고 외부의 풀은 내부의 온도 상승을 막는 데 도움을 준다.

해설 5문단에서 석빙고 외부에 풀을 심어 태양의 복사 에너지로 인해 내부의 온도가 상승하는 것을 최대한 막았다고 하였다.

② 석빙고에 얼음을 저장하기 전에 우선 내부를 차갑게 하는 과정이 필요하다.

해설 1문단에서 석빙고는 겨울철에 입구를 개방하여 내부를 냉각시킨 후 얼음을 저장한 냉동 창고로, 내부의 낮아진 온도가 장기간 지속되는 구조를 통해 다음 해 가을까지 얼음을 보관했다고 하였다. 이로 볼 때 석빙고에 얼음을 저장하기 전에는 입구를 개방하여 내부 온도를 차갑게 만들었음을 알 수 있다.

④ 빙실을 지반보다 낮게 만든 것은 석빙고 내부의 낮아진 온도를 지속하기 위해서이다.

해설 5문단에서 얼음을 저장하는 빙실은 온도 유지를 위해 주변 지반에 비해 낮게 만들었다고 하였다.

⑤ 석빙고의 통풍구에 덮개돌이 없으면 햇빛이 석빙고 내부로 들어와 온도를 높일 수 있다.

해설 3문단에서 통풍구에는 얼음에 영향을 줄 수 있는 직사광선을 차단하기 위해 덮개돌을 설치했다고 하였다.

02 미루어 알기 정답 ④

선택률	① 12%	② 4%	③ 26%	④ 54%	⑤ 4%

㉠의 이유로 가장 적절한 것은?
= 이 과정에서 생긴 물을 빨리 제거되어야 하므로

정답 풀이

④ 상태변화가 일어나 생긴 물이 얼음보다 더 큰 에너지를 가지고 있기 때문이다.

해설 같은 양의 0℃ 얼음보다 0℃ 물이 더 큰 에너지를 갖게 되는데, 에너지는 항상 평형을 이루려고 하므로 큰 쪽에서 작은 쪽으로 이동한다. 즉, 석빙고 안에 물이 많이 생기면 물의 에너지가 얼음으로 이동하려는 성질 때문에 다른 얼음들이 녹을 수 있다. 따라서 얼음의 상태변화로 인해 생긴 물은 빨리 제거해야 남아 있는 얼음을 유지하는 데 수월하다.

오답 풀이

① ~~물이 얼음으로부터 에너지를 전달받아~~ 얼음을 녹이기 때문이다.
↳ 얼음이 물로부터 에너지를 전달받음.

해설 2문단에서 물이 얼음보다 큰 에너지를 갖는다고 하였으므로 물이 얼음으로부터 에너지를 전달받는 것이 아니라, 얼음이 물로부터 에너지를 전달받게 된다.

② 에너지가 높은 쪽에서 낮은 쪽으로 이동하는 것을 ~~물이 방해하기 때문이다.~~
↳ 물이 에너지의 이동을 방해하지는 않음.

해설 얼음이 녹아서 생긴 물은 에너지를 흡수하거나 방출하는 물질일 뿐, 에너지의 이동을 방해하는 물질로 보기 어렵다.

③ ~~물이 상태변화가 시작되어 석빙고 내부의 온도를 상승시킬 수 있기~~ 때문이다.
↳ 석빙고 안에서 물이 얼음이 되기는 어려움.

해설 석빙고 안에서 물의 상태변화가 나타나려면, 물이 에너지를 방출하고 다시 얼음이 되어야 하는데, 석빙고의 내부 온도는 기존의 냉기를 유지할 수 있는 정도이므로 물이 얼음이 될 수 있는 확률은 희박하다.

⑤ ~~물이 내부 공기와 에너지 평형을 이루어~~ 석빙고 내부의 온도를 변화시킬 수 없기 때문이다.
↳ 물과 내부 공기 사이에는 에너지 차이가 존재함.

해설 얼음이 녹아 생긴 물은 같은 양의 얼음보다 큰 에너지를 갖는다. 또한, 얼음을 녹게 한 주변 공기는 얼음이 녹아서 만들어진 물보다 더 큰 에너지를 갖는다. 따라서 물과 주변 공기 사이에는 에너지의 차이가 존재한다.

03 구체적 상황에 적용 정답 ①

선택률	① 56%	② 22%	③ 15%	④ 4%	⑤ 3%

윗글의 숨은열에 대해 〈보기〉와 같이 정리했다고 할 때, ㉮~㉰에 들어갈 말로 가장 적절한 것은?

보기

물질의 상태변화가 일어날 때는 숨은열이 개입한다. 여름에 석빙고 안에서 물질이 (㉮)될 때 숨은열로 인해 에너지 교환이 일어난 주변 물질은 에너지가 (㉯)한다. 상태가 바뀌는 동안 물질의 온도는 (㉰).
(숨은열: 얼음이 녹을 때: 융해열을 흡수, 물이 얼음이 될 때: 응고열을 방출)

정답 풀이

① ㉮: 융해, ㉯: 감소, ㉰: 유지된다

해설 2문단에 따르면, 여름철 석빙고 안에서는 얼음이 녹아 물로 변하는 물질의 융해가 일어난다. 이때 물질이 주변에서 융해열을 흡수하여 주변 물질은 에너지가 감소한다. 이러한 상태변화가 일어나는 동안 물질의 온도는 유지되므로 이 원리를 이용하여 여름철에도 석빙고에 얼음을 보관할 수 있다.

오답 풀이

② ㉮: 융해 / ㉯: 감소 / ㉰: ~~하강한다~~
↳ 유지된다

해설 정답 풀이 참조

③ ㉮: 융해 / ㉯: ~~증가~~ / ㉰: 유지된다
↳ 감소

해설 정답 풀이 참조

④ ㉮: ~~응고~~ / ㉯: 감소 / ㉰: ~~하강한다~~
↳ 융해 ↳ 유지된다

해설 정답 풀이 참조

⑤ ㉮: ~~응고~~ / ㉯: ~~증가~~ / ㉰: 유지된다
↳ 융해 ↳ 감소

해설 정답 풀이 참조

04 세부 정보의 추론 정답 ③

선택률	① 9%	② 7%	③ 40%	④ 13%	⑤ 31%

윗글의 '석빙고(A)'와 〈보기〉의 '이글루(B)'를 이해한 내용으로 적절하지 않은 것은? [3점]

보기

추운 지방에서 이누이트족이 전통적으로 거주했던 얼음집인 이글루는 우선 눈 벽돌을 쌓아 올린 후에, 이글루 안에서 불을 피워 내부 공기의 온도를 높인다. 시간이 지나 공기가 순환하여 눈 벽돌이 녹으면서 물이 생기면 출입구를 열어 물이 얼도록 한다. 이 과정에서 눈 사이에 들어 있던 공기는 빠져나가지 못하고 얼음 속에 갇히게 된다. 이렇게 만들어진 얼음은 에너지의 전달을 방해한다. 또한 물이 눈 벽돌 사이를 메우면서 얼어 만들어진 얼음 벽은 내부의 에너지 유출을 막는다.
(순환: 따뜻한 공기는 위로, 차가운 공기는 아래로 이동 / 출입구를 열어: 이글루 내부의 온도를 낮추기 위함.)

정답 풀이

↱ 'A의 얼음 사이의 짚'은 얼음 보관 방법과 관련 있음.

③ ~~A의 얼음 사이의 짚과~~ B의 눈 벽돌 사이를 메운 물은 모두 외부와의 공기 출입을 막는 역할을 하겠군.

해설 4문단에서 A의 얼음 사이의 짚은, 얼음과 얼음 사이의 에너지 이동을 방해하기 때문에 얼음끼리 맞닿게 하는 것에 비해 효율적으로 얼음을 보관하는 방법이라고 하였다. 따라서 A의 짚이 외부와의 공기 출입을 막는 역할을 한다는 것은 적절하지 않다.

오답 풀이

① B의 얼음 벽은 A의 외부 흙과 달리 외부로의 에너지 유출을 막기 위한 것이겠군.

해설 〈보기〉에서 B의 얼음벽은 내부의 에너지 유출을 막는 역할을 한다고 하였다. 이와 달리 5문단에 따르면, A의 외부 흙은 내부로 유입되는 에너지 차단을 위한 것이지 외부로의 에너지 유출을 막기 위한 것이 아니다.

② A의 짚에 포함된 공기구멍과 B의 얼음 속 공기층은 모두 단열 효과를 높일 수 있겠군.

해설 4문단에 따르면, A의 짚은 스티로폼처럼 미세한 공기구멍을 가지고 있어 단열 효과를 높일 수 있다. 〈보기〉에서는 B의 눈 벽돌이 녹았다가 얼 때 공기가 얼음 속에 갇히며 공기층이 생긴다고 하였는데, 이는 A의 짚과 같이 단열 효과를 높이는 역할을 할 것이다.

④ A와 B는 모두 공기의 밀도 변화에 따른 에너지의 이동이 나타나겠군.

해설 3문단에 따르면, A는 공기의 온도가 상승하면서 공기의 밀도가 낮아지고 에너지를 동반한 채 위로 이동하여 통풍구로 빠져나가므로 내부 온도를 유지할 수 있게 된다. 〈보기〉에서 B는 눈 벽돌을 쌓아 올린 후 불을 피우게 되면 내부의 온도가 높아짐에 따라 공기가 순환한다고 하였다. 따라서 A와 B 모두 공기의 온도가 변함에 따라 밀도가 변하고 이것이 에너지의 이동으로 이어진다는 것을 알 수 있다.

⑤ A와 B는 모두 내부의 온도를 낮추기 위한 방법으로 출입구를 활용했겠군.

해설 1문단에 따르면, A는 얼음을 저장하기 전 내부를 냉각시키기 위해 겨울철에 출입구를 개방한다. 또한 〈보기〉에 따르면, B는 내부의 온도 상승으로 눈 벽돌이 녹아 물이 생기면 내부의 온도를 낮추기 위해 문을 열어 물이 얼도록 한다. 따라서 A와 B는 출입구를 열어 내부 온도를 낮추는 방법을 사용했다고 할 수 있다.

선택지 속 함정

선택지 ⑤번을 고른 학생들은 A가 내부 온도를 낮추기 위한 방법으로 출입구를 활용했다는 진술이 잘못되었다고 생각했을 수 있어. 1문단에 버젓이 제시된 정보임에도 이를 간과하고 만 거지. 대부분의 지문에서 1문단의 내용은 화제 정도를 제시하는 경우가 많으니까. 출제자는 지문을 구성할 때 쓸데없는 말이나 군더더기는 덧붙이지 않는다는 것을 알아야 돼. 지문의 모든 정보는 문제로 활용될 여지가 있다는 점을 염두에 두고, 꼼꼼히 제시된 정보를 살펴야 한다는 점을 잊지 말자고.

05 어휘의 문맥적 의미 파악

정답 ①

선택률	① 92%	② 2%	③ 2%	④ 2%	⑤ 2%

문맥상 ⓐ의 의미와 가장 가까운 것은?
= 떨어지지

정답 풀이

① 그의 실력은 평균보다 떨어지는 편이다.

해설 ⓐ'떨어지다'는 '다른 것보다 수준이 처지거나 못하다.'라는 의미이므로 '평균보다 떨어지다.'의 '떨어지다'와 문맥적 의미가 유사하다.

오답 풀이

② 곧 너에게 중요한 임무가 떨어질 것이다.

해설 '임무가 떨어지다.'의 '떨어지다'는 '급한 일이나 임무가 맡겨지다.'라는 뜻이므로 ⓐ'떨어지다'와는 문맥적 의미가 다르다.

③ 이미 그 일에 정이 떨어진 지 꽤 되었다.

해설 '정이 떨어지다.'의 '떨어지다'는 '정이 없어지거나 멀어지다.'라는 의미이므로 ⓐ'떨어지다'와는 문맥적 의미가 다르다.

④ 아이는 잠시도 엄마에게서 떨어지지 않으려고 한다.

해설 '아이가 엄마에게서 떨어지다.'의 '떨어지다'는 '함께 하거나 따르지 않고 뒤에 처지다.'라는 뜻이므로 ⓐ'떨어지다'와는 문맥적 의미가 다르다.

⑤ 배가 고프다는 말이 떨어지기가 무섭게 밥상이 나왔다.

해설 '말이 떨어지다.'의 '떨어지다'는 '명령이나 허락 따위가 내려지다.'라는 의미이므로 ⓐ'떨어지다'와는 문맥적 의미가 다르다.

06~10 2019년 11월 고1 전국연합학력평가

본문 104~105쪽

06 ⑤ **07** ⑤ **08** ③ **09** ① **10** ①

(문단별 핵심어) ★ 중심 문장

• 지역난방의 열 수송 방식

1 지역난방은 열병합 발전소에서 전기 생산을 위해 사용된 열을 회수하여 인근 지역의 난방에 활용하는 것이다. (지역난방의 개념) 지역난방에서는 회수된 열로 데워진 물을 배관을 통해 인근 지역으로 공급함으로써 열을 수송하는 방식을 주로 사용하는데, 근래에는 열 수송의 효율성을 높이기 위해 상변화 물질을 활용하는 방식을 개발하고 있다.

2 열 수송에 사용되는 상변화 물질이란, 상변화를 할 때 수반되는 ㉠잠열을 효율적으로 사용하기 위해 활용되는 물질을 말한다. (상변화 물질의 개념) 상변화란, 물질의 상태를 고체, 액체, 기체로 분류할 때, 주변의 온도나 압력 변화에 의해 어떤 물질이 이전과 다른 상태로 변하는 것을 의미하는데, (상변화의 개념) 얼음이 물이 되거나 물이 수증기가 되는 것 등이 이에 해당한다. 이러한 변화에는 열이 수반되는데, 이를 잠열이라고 한다. 예를 들어 비커에 일정량의 얼음을 넣고 가열하면 얼음의 온도가 올라가게 되고, 0℃에 도달하면 얼음이 물로 변하기 시작하여 비커 속에는 얼음과 물이 공존하게 된다. 그런데 비커 속 얼음이 모두 물로 변할 때까지는 온도가 올라가지 않고 계속 0℃를 유지하는데, 이는 비커에 가해진 열이 물질의 온도 변화가 아닌 상변화에 사용되었기 때문이다. 이렇게 상변화에 사용된 열이 잠열인데, (잠열의 개념) 이는 물질의 온도 변화로 나타나지 않는 숨어 있는 열이라는 뜻이다. (잠열의 뜻) 잠열은 물질마다 그 크기가 다르며, 일반적으로 물질이 고체에서 액체가 되거나 액체에서 기체가 될 때, 또는 고체에서 바로 기체가 될 때에는 잠열을 흡수하고 그 반대의 경우에는 잠열을 방출한다. (잠열의 특성) 한편 비커를 계속 가열하여 얼음이 모두 녹아 물이 된 후에는 다시 온도가 올라가기 시작한다. 이렇게 얼음의 온도가 올라가거나 물의 온도가 올라가는 것처럼 온도 변화로 나타나는 열을 '현열'이라고 한다. (현열의 개념)

3 그렇다면 상변화 물질의 특성을 이용하여 열 수송을 하면 어떤 장점이 있는 것일까? 상변화 물질을 활용하여 열병합 발전소에서 인근 지역 공동주택으로 열을 수송하는 과정을 통해 이를 살펴보자. 열병합 발전소에서는 발전에 사용된 수증기를 열교환기로 ⓐ보낸다. (상변화 물질을 활용하여 열을 수송하는 과정 1) 열교환기로 이동한 수증기는 열 수송에 사용되는 물에 열을 전달하여 물을 데운다. 이 물속에는 고체 상태의 상변화 물질이 담겨 있는 마이크로 단위의 캡슐이 섞여 있다. 이 상변화 물질의 녹는점은 물의 어는점과 끓는점 사이에 있기 때문에, 물이 데워져 물의

온도가 상변화 물질의 녹는점 이상이 되면 상변화 물질은 액체로 상변화하게 된다. 액체가 된 상변화 물질이 섞인 물은 열교환기에서 나와 온수 공급관을 통해 인근 지역 공동주택 기계실의 열교환기로 이동한다. (상변화 물질을 활용하여 열을 수송하는 과정 2) 이 과정에서 상변화 물질이 고체로 상변화되지 않아야 하므로 이동하는 물의 온도는 상변화 물질의 녹는점 이상으로 유지되어야 한다.

4 공동주택 기계실의 열교환기로 이동한 물과 캡슐 속 상변화 물질은 공동주택의 찬물에 열을 전달하면서 온도가 내려간다. (상변화 물질을 활용하여 열을 수송하는 과정 3) 이렇게 공동주택의 찬물을 데우는 과정에서 상변화 물질의 온도가 상변화 물질의 녹는점 이하로 내려가면 캡슐 속 상변화 물질은 액체에서 고체로 상변화하면서 잠열을 방출하게 되는데, 이 역시 찬물을 데우는 데 사용된다. 즉 온수 공급관을 통해 이동해 온 물의 현열과 캡슐 속 상변화 물질의 현열, 그리고 상변화 물질의 잠열이 공동주택의 찬물을 데우는 데 모두 사용되는 것이다. (상변화 물질의 특성을 이용한 열 수송) 이렇게 데워진 공동주택의 물은 각 세대의 난방기로 공급되어 세대 난방을 하게 되고, (상변화 물질을 활용하여 열을 수송하는 과정 4) 상변화 물질 캡슐이 든 물은 온수 회수관을 통해 다시 발전소로 회수되어 재사용된다.

5 이와 같이 상변화 물질을 활용한 열 수송 방식을 사용하면 현열만 사용하던 기존의 열 수송 방식과 달리 현열과 잠열을 모두 사용할 수 있으므로 온수 공급관을 통해 보내는 물의 온도를 현저히 낮출 수 있어 열 수송의 효율성이 개선된다. (상변화 물질을 활용한 열 수송 방식의 장점) 이때 상변화 물질 캡슐의 양을 늘릴수록 열 수송에 활용할 수 있는 잠열의 양은 증가하겠지만 캡슐의 양이 일정 수준 이상으로 늘어나면 물이 원활하게 이동할 수 없으므로 캡슐의 양을 증가시키는 데에는 한계가 있다.

지문 분석하기

|지문 구조|

1 지역난방의 개념과 방식

↓

2 상변화 물질과 잠열, 현열의 개념과 특성

↓

3 상변화 물질을 이용한 열 수송 과정 1 ↔ **4** 상변화 물질을 이용한 열 수송 과정 2

↓

5 상변화 물질을 이용한 열 수송 방식의 장점과 한계

|주제| 상변화 물질을 활용한 지역난방

한컷 정리하기

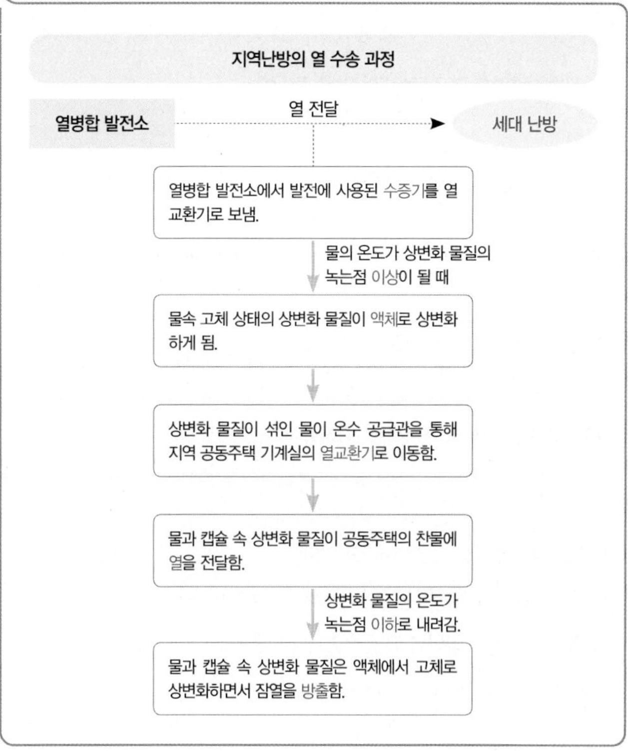

06 글의 전개 방식 파악 정답 ⑤

선택률	① 4%	② 14%	③ 6%	④ 3%	⑤ 73%

윗글의 내용과 일치하지 않는 것은?

정답 풀이

⑤ 상변화 물질을 활용한 열 수송 방식에서는 온수 공급관으로 보내는 물의 온도를 ~~기존 방식보다 높여야 한다~~.
↳ 기존 방식과 달리 낮출 수 있다

해설 5문단에서 상변화 물질을 활용한 열 수송 방식은 기존의 열 수송 방식과 달리 보내는 물의 온도를 현저히 낮출 수 있다고 하였다.

오답 풀이

① 상변화는 주변의 온도나 압력 변화에 의해 물질의 상태가 변하는 것을 의미한다.

해설 2문단에서 상변화란 '주변의 온도나 압력 변화에 의해 어떤 물질이 이전과 다른 상태로 변하는 것'이라고 하였다.

② 열병합 발전소에서는 전기 생산에 사용된 수증기의 열을 회수하여 인근 지역으로 공급한다.

해설 1문단에서 '열병합 발전소에서 전기 생산을 위해 사용된 열을 회수하여 인근 지역의 난방에 활용'한다고 하였다.

③ 상변화 물질이 들어 있는 캡슐의 양은 물의 이동을 고려해야 하므로 일정 수준 이상 늘릴 수 없다.

해설 5문단에서 '상변화 물질 캡슐의 양을 늘릴수록 열 수송에 활용할 수 있는 잠열의 양은 증가하겠지만 캡슐의 양이 일정 수준 이상 늘어나면 물이 원활하게 이동할 수 없으므로 캡슐의 양을 증가시키는 데에는 한계가 있다.'라고 하였다.

④ 상변화 물질을 활용하여 열을 수송하는 방식을 사용하는 것은 열 수송의 효율성을 높이기 위해서이다.

해설 5문단에서 상변화 물질을 활용한 열 수송 방식을 사용하면 열 수송의 효율성이 개선된다고 하였다.

07 핵심 정보의 파악

정답 ⑤

선택률	① 5%	② 15%	③ 3%	④ 3%	⑤ 74%

㉠에 대한 설명으로 적절하지 않은 것은?
= 잠열

정답 풀이

⑤ 상변화하고 있는 물질의 ~~현열을 증가시키는 역할을 한다.~~
↳ 온도에 영향을 미치지 않음.

해설 2문단에서 잠열은 물질의 온도 변화로 나타나지 않는 숨어 있는 열이라고 하였으므로 상변화하고 있는 물질의 온도 변화에 영향을 미치지 않는다.

오답 풀이

① 물질마다 크기가 각기 다르다.

해설 2문단에서 잠열은 물질마다 그 크기가 다르다고 하였다.

② 물질의 온도 변화로 나타나지 않는다.

해설 2문단에 따르면, 잠열은 물질의 온도 변화로 나타나지 않는 숨어 있는 열이다.

③ 숨어 있는 열이라는 뜻을 지니고 있다.

해설 2문단에서 잠열은 숨어 있는 열을 의미한다고 하였다.

④ 물질의 상변화가 일어날 때 흡수되거나 방출된다.

해설 2문단에서 물질이 고체에서 액체가 되거나 액체에서 기체가 될 때, 또는 고체에서 바로 기체가 될 때에는 잠열을 흡수하고 그 반대의 경우에는 잠열을 방출한다고 하였다.

08 자료 해석의 적절성 평가

정답 ③

선택률	① 8%	② 17%	③ 64%	④ 6%	⑤ 5%

〈보기〉는 상변화 물질을 활용한 열 수송 과정을 도식화한 것이다. 윗글을 바탕으로 〈보기〉에 대해 이해한 내용으로 적절하지 않은 것은? [3점]

보기

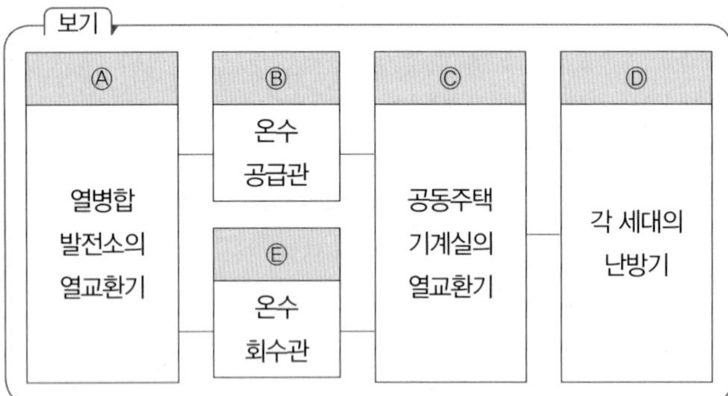

정답 풀이

③ Ⓑ와 Ⓔ를 통해 이동하는 물에 있는 상변화 물질의 상태는 ~~서로 같겠군.~~
↳ 서로 다르겠군

해설 3문단에서 '액체가 된 상변화 물질'이 '온수 공급관을 통해' 이동한다고 하였고 4문단에서 '캡슐 속 상변화 물질은 액체에서 고체로 상변화하면서 잠열을 방출'한 후 '온수 회수관을 통해 다시 발전소로 회수'된다고 하였으므로 Ⓑ와 Ⓔ 속의 상변화 물질은 각각 액체와 고체로 상태가 서로 다르다.

오답 풀이

① Ⓐ에서 캡슐 속 상변화 물질의 온도는 상변화 물질의 녹는점 이상으로 올라가겠군.

해설 3문단에서 발전에 사용된 뒤 열교환기로 이동한 수증기가 열 수송에 사용되는 물을 데우고, 이에 따라 물의 온도가 상변화 물질의 녹는점 이상이 된다고 하였다.

② Ⓑ에서는 물에 있는 캡슐 속 상변화 물질의 상변화가 일어나지 않겠군.

해설 3문단에서 온수 공급관을 통해 인근 지역 공동주택 기계실의 열교환기로 이동하는 과정에서는 액체 상태의 상변화 물질이 고체로 상변화하지 않도록 물의 온도는 상변화 물질의 녹는점 이상으로 유지한다고 하였다.

선택지 속 함정

고체 상태의 상변화 물질이 액체로 상변화하는 곳은 '열병합 발전소의 열교환기'야. '온수 공급관'에서 이미 상변화 물질은 액체 상태로 상변화하였으므로, 에서는 상변화가 일어나지 않는다고 보는 것이 정확해. 이렇게 액체 상태인 상변화 물질이 다시 고체로 상변화하는 것은 '공동주택 기계실의 열교환기'야. 3, 4문단에서 상변화 물질의 '상변화'에 대해 중점적으로 설명했으므로, 어느 지점에서 상변화가 일어나는지 정도는 지문을 읽으면서 확인해 두는 것이 좋았겠지.

④ Ⓒ에서 공동주택의 찬물은 현열과 잠열에 의해 데워져 Ⓓ에 공급되겠군.

해설 4문단에서 '이동해 온 물의 현열과 캡슐 속 상변화 물질의 현열, 그리고 상변화 물질의 잠열'이 모두 공동주택의 찬물을 데우는 데 사용되며 이렇게 데워진 공동주택의 물이 각 세대의 난방기로 공급된다고 하였다.

⑤ Ⓔ를 통해 회수된 물에 있는 상변화 물질은 Ⓐ에서 다시 상변화 과정을 거쳐 재사용되겠군.

해설 4문단에서 '상변화 물질 캡슐이 든 물은 온수 회수관을 통해 다시 발전소로 회수되어 재사용된다.'라고 하였다.

09 미루어 알기

정답 ①

선택률	① 63%	② 21%	③ 9%	④ 3%	⑤ 4%

윗글을 읽은 학생이 〈보기 1〉을 보고 〈보기 2〉와 같이 메모했을 때, ㉮~㉰에 들어갈 말로 적절한 것은?

보기 1

A 기업에서는 녹는점이 15℃인 상변화 물질을 벽에 넣어 밤과 낮의 온도 차가 크더라도 벽의 온도를 일정하게 만들 수 있는 기술을 연구하고 있다.

보기 2

벽의 온도가 15℃보다 높아지면 이 상변화 물질은 (㉮)로 상변화할 것이고, 이때 잠열을 (㉯)할 것이다. 이렇게 상변화가 일어나는 중에는 상변화 물질의 온도가 (㉰) 것이다.

정답 풀이

① ㉮: 액체, ㉯: 흡수, ㉰: 유지될

해설 〈보기 1〉에서 상변화 물질의 녹는점이 15℃라고 했는데 3문단에서 온도가 '상변화 물질의 녹는점 이상이 되면 상변화 물질은 액체로 상변화'한다고 하였으므로 〈보기 2〉에서 벽의 온도가 15℃보다 높아지면 이 물질은 고체에서 액체(㉮)로 상변화하게 될 것이다. 또한 2문단에서 물질이 고체에서 액체가 될 때에는 잠열을 흡수한다고 하였으므로, 〈보기 2〉에서 상변화 물질은 액체로 상변화할 때 잠열을 흡수(㉯)할 것이다. 그리고 3문단에 따르면, 이처럼 잠열이 수반되어 상변화가 일어나는 중에는 상변화 물질의 온도가 유지될(㉰) 것이다.

오답 풀이

② ㉮: 액체, ㉯: 흡수, ㉰: 상승할
↳ 유지될

③ ㉮: 액체, ㉯: 방출, ㉰: 유지될
↳ 흡수

④ ㉮: 고체, ㉯: 흡수, ㉰: 유지될
↳ 액체

⑤ ㉮: 고체, ㉯: 방출, ㉰: 상승할
↳ 액체 ↳ 흡수 ↳ 유지될

해설 정답 풀이 참조

10 어휘의 문맥적 의미 파악 정답 ①

선택률	① 89%	② 3%	③ 2%	④ 3%	⑤ 3%

ⓐ와 문맥적 의미가 가장 유사한 것은?
= 보냈다

정답 풀이

① 그는 선물을 동생 집으로 보냈다.

해설 ⓐ와 ①의 '보내다'는 둘 다 '사람이나 물건 따위를 다른 곳으로 가게 하다.'의 의미로 사용되었다.

오답 풀이

② 그는 그저 멍하니 세월만 보냈다.

해설 '시간이나 세월이 지나가게 하다.'의 의미로 사용되었다.

③ 그는 아들을 작년에 장가를 보냈다.

해설 '결혼을 시키다.'의 의미로 사용되었다.

④ 관객들은 연주자에게 박수를 보냈다.

해설 '상대편에게 자신의 마음가짐을 느끼어 알도록 표현하다.'의 의미로 사용되었다.

⑤ 그녀는 슬피 울며 정든 친구를 보냈다.

해설 '놓아주어 떠나게 하다.'의 의미로 사용되었다.

주제 통합 1

01~06 2023년 3월 고1 전국연합학력평가 본문 108~110쪽

01 ② 02 ⑤ 03 ④ 04 ⑤ 05 ② 06 ②

문단별 핵심어 ★ 중심 문장

(가) 프로이트의 정신분석이론

1 19세기에 분트는 인간의 정신세계가 의식으로 이루어져 있다고 보고, 실험을 통해 인간의 정신 현상과 행동을 설명하는 실험심리학을 주창하였다. (분트의 실험심리학) 이때 의식이란 깨어 있는 상태에서 자신이나 세계를 인식하는 모든 정신 작용을 의미한다. (의식의 개념) 그러나 프로이트는 정신 질환을 겪는 환자들을 치료하면서 인간에게 의식과는 다른 무의식 세계가 있다는 것을 발견하였다. (프로이트 연구의 업적) 이에 그는 인간을 무의식의 지배를 받는 비합리적 존재로 간주하고, 정신분석이론을 통해 인간의 정신세계를 ⓐ규명하려 하였다. (정신분석이론의 대전제)

2 프로이트에 의하면 인간의 정신세계 중 의식이 차지하는 영역은 빙산의 일각일 뿐, 무의식이 정신세계의 대부분을 차지한다. (정신세계에서 의식과 무의식의 비율) 그는 무의식의 심연에는 '원초아'가, 무의식에서 의식에 걸쳐 '자아'와 '초자아'가 존재한다고 보았다. (프로이트가 본 정신세계의 구조)

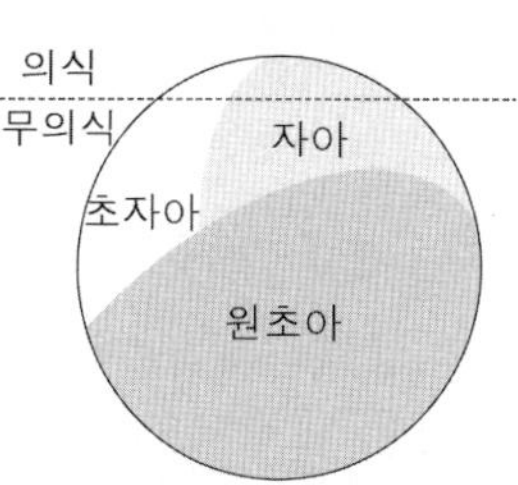

원초아는 성적 에너지를 바탕으로 본능적인 욕구를 충족하려는 선천적 정신 요소이다. (원초아의 개념) 반면 자아는 외적 상황으로 인해 충족되지 못하고 지연되거나 좌절된 원초아의 욕구를 사회적으로 용인될 수 있는 방법으로 충족하려는 정신 요소이다. (자아의 개념) 마지막으로 초자아는 도덕률에 따라 원초아의 욕구를 억제하고 양심에 따라 행동하도록 하는 정신 요소로, (초자아의 개념) 어린 시절 부모의 종교나 가치관 등을 내재화하는 과정에서 후천적으로 발달한다. (초자아의 발달 시기)

3 이러한 원초아, 자아, 초자아는 역동적으로 상호작용하면서 개인의 성격을 형성한다. (성격 형성에 영향을 미치는 요소 1) 가령, 원초아가 강할 때는 본능적인 욕구에 집착하는 충동적인 성격이, 초자아가 강할 때는 엄격하게 도덕을 지키려는 원칙주의적 성격이 나타난다. 자아는 원초아와 초자아의 요구 사이에서 이를 조정하는 역할을 하기 때문에, (자아의 역할) 정신적 균형을 이루기 위해서는 자아의 발달이 중요하다. (정신적 균형에 있어서 자아의 중요성) 만일 자아가 제 역할을 하지 못하면 정신 요소의 균형이 깨져 불안감이 생기는데, (자아가 제 역할을 못할 때의 현상) 자아는 이를 해소하기 위해 무의식적으로 방어기제를 사용하게 된다. 대표적인 방어기제로는 억압이나 승화 등이 있다. 억압은 자아가 수용하기 힘든 욕구를 무의식 속으로 억누르는 것을, (억압의 개념) 승화는 그러한 욕

구를 예술과 같이 가치 있는 활동으로 ⓑ전환하는 것을 의미한다.
승화의 개념
개인마다 습관적으로 사용하는 방어기제가 다르기 때문에 어떤 방어기제를 사용하느냐 또한 개인의 성격 형성에 영향을 미친다.
성격 형성에 영향을 미치는 요소 2

4 프로이트는 어린 시절에 해소되지 않은 원초아의 욕구나 정신 요소 간의 갈등은 성인이 된 후에도 지속적으로 영향을 주기 때문에, 이 시기에 부모와의 상호작용 경험이 성격 형성에 큰 영향을 준다고 설명하였다. 특히 그는 성인의 정신 질환을 어린 시절의 심리적 갈등이 재현된 것으로 보고, 이를 치유하기 위해서는 무의식에 내재되어 있는 과거의 상처를 의식의 세계로 끌어내는 과정이 필요하다고 주장하였다. 이러한 「프로이트의 이론은 기존의 이론에서 ⓒ간과한 무의식에 대한 탐구를 통해 인간 이해에 대한 지평을 넓혔다는 평을 받고 있다.」

성격 형성에 영향을 미치는 요소 3 / 성인의 정신 질환에 대한 프로이트의 진단 / 성인의 정신 질환에 대한 프로이트의 해결책 / 「 」: 프로이트 연구에 대한 평가

(나) 융의 분석심리학

1 융은 프로이트의 정신분석이론에 반기를 들고, 분석심리학을 주창하였다. 무의식을 단지 의식에서 수용할 수 없는 원초적 욕구나 해결되지 못한 갈등의 창고로만 본 프로이트와 달리, 융은 무의식을 인간이 잠재적 가능성을 실현할 때 필요한 창조적인 에너지의 샘으로 보았다는 점에서, 그의 분석심리학은 프로이트의 이론과 구별된다.
프로이트와는 대조되는 무의식에 대한 관점

2 「융은 정신세계의 가장 바깥쪽에는 의식이, 그 안쪽에는 개인 무의식이, 그리고 맨 안쪽에는 집단 무의식이 순서대로 자리잡고 있다고 보았다.」 의식은 생각이나 감정, 기억과 같이 인간이 직접 인식할 수 있는 영역으로, 여기에는 '자아'가 존재한다. 자아는 의식을 지배하는 동시에 무의식과 교류하며 이를 조정하는 역할을 한다. 개인 무의식은 의식에 의해 ⓓ배제된 생각이나 감정, 기억 등이 존재하는 영역이다. 이곳에 존재하는 '그림자'는 자아에 의해 억압된 '또 하나의 나'라고 할 수 있다. 마지막으로 집단 무의식은 태어날 때부터 누구나 가지고 있는 원초적이며 보편적인 무의식이다. 거기에는 진화를 통해 축적되어 온 인류의 경험이 '원형'의 형태로 존재한다. 가령 어두운 상황에서 누구나 공포심을 느끼는 것이 원형에 해당한다.

「 」: 융이 본 정신세계의 구조 / 의식 영역의 개념 / 자아의 역할 – 프로이트와 마찬가지로 조정의 역할을 한다고 봄. / 개인 무의식 영역의 개념 / 그림자의 개념 / 집단 무의식 영역의 개념 / 인간이 느끼는 보편적인 감정

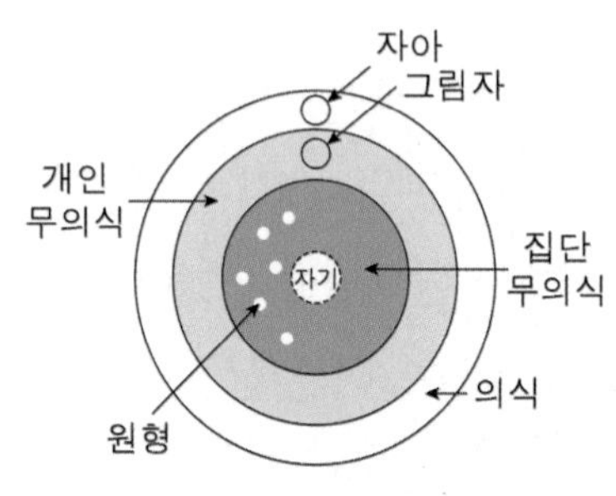

3 융에 따르면 집단 무의식의 가장 안쪽에는 '자기'가 존재한다. 이는 정신세계에 내재하는 개인의 근원적인 모습이라고 할 수 있다. 융은 자아가 성찰을 통해 무의식의 심연에 존재하는 자기를 발견하면, 인간은 비로소 타인과 구별되는 고유한 존재가 된다고 보고 이를 개별화라고 불렀다. 이는 의식에 존재하는 자아가 무의식과 끊임없이 상호작용하며 무의식의 영역을 의식으로 통합하는 과정, 즉 ㉠무의식을 의식화하는 과정을 통해 이루어진다. 이 과정에서 자아는 자신의 또 다른 모습인 그림자와 ⓔ대면하게 되고, 집단 무의식에 존재하는 여러 원형들을 발견하게 된다. 결국 자아가 무의식의 심연에 존재하는 자기를 찾아가는 과정은 정신세계를 구성하는 자아와 그림자, 그리고 여러 원형들이 대립에서 벗어나 하나의 정신으로 통합되면서 정신적 균형을 이루는 과정이라 할 수 있다. 이러한 과정에서 개인은 내면의 성숙을 이루며 자신의 정체성을 찾게 된다.

자기가 존재하는 위치 / 자기의 개념 / 개별화의 개념 / 개별화가 일어나는 과정 / =개별화 과정 / 개별화 과정의 정의 / 개별화 과정의 의의

지식을 쌓는 배경지식

분석심리학

분석심리학에 따르면, 외향성과 내향성을 구분할 때, 개인이 자신의 의식의 초점을 능동적인 외적 세계에 맞추느냐, 내적 주관에 두느냐가 구분의 기준이 된다. 융은 의식이 외부 세계를 인식하는 방식은 감각과 직관으로 구성된 비합리적 차원과 사고와 감정으로 구성된 이성적 차원으로 나눌 수 있다고 보았다. 그는 인간의 심리적 태도와 의식의 기능을 조합하여 여덟 가지 유형을 제시하였는데, 이는 성격 유형을 진단하고 유형별 특성을 파악하는 데 많이 쓰이는 MBTI의 기초가 되었다.

지문 분석하기

|지문 구조|

(가)

1 무의식의 세계를 중시한 프로이트의 정신분석이론

↓

2 정신세계를 이루는 3가지 요소들_ 원초아, 자아, 초자아 + **3** 개인의 성격 형성에 영향을 미치는 정신 요소와 방어기제

↓

4 무의식을 탐구한 프로이트 연구의 의의

|주제| 무의식을 탐구한 프로이트의 정신분석이론

(나)

1 프로이트의 이론과 구별되는 융의 분석심리학

↓

2 의식, 개인 무의식, 집단 무의식으로 구성된 인간의 정신세계

↓

3 내면의 성숙을 이루며 자신의 정체성을 찾아가는 개별화의 중요성

|주제| 개별화 과정을 중시한 융의 분석심리학

한컷 정리하기

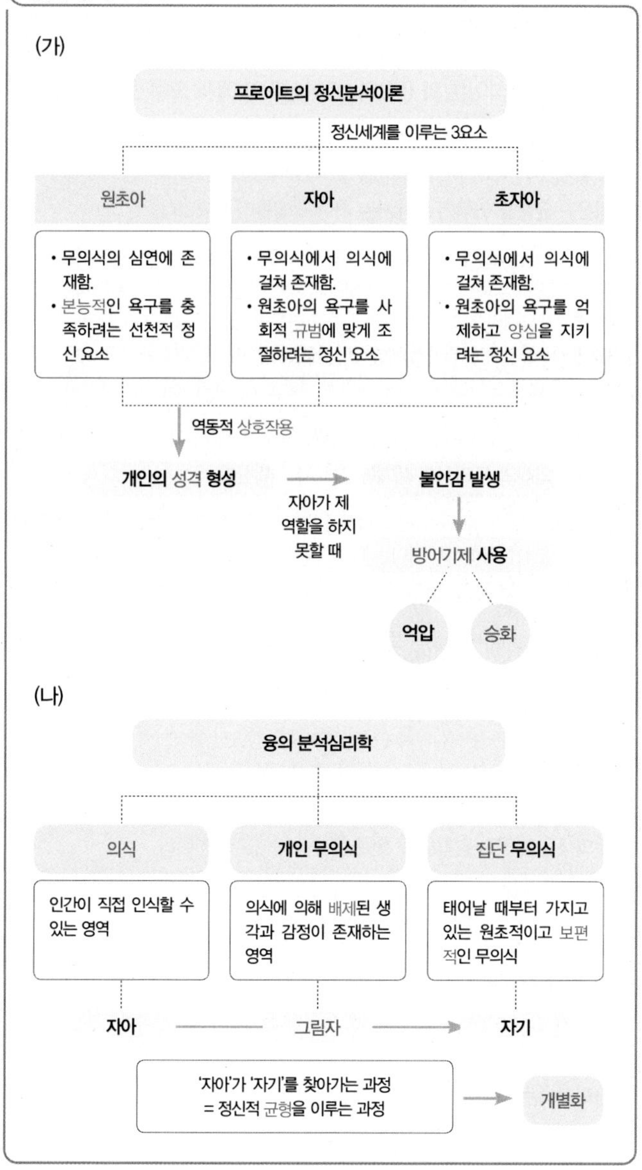

(가)

프로이트의 정신분석이론

정신세계를 이루는 3요소

원초아	자아	초자아
• 무의식의 심연에 존재함. • 본능적인 욕구를 충족하려는 선천적 정신 요소	• 무의식에서 의식에 걸쳐 존재함. • 원초아의 욕구를 사회적 규범에 맞게 조절하려는 정신 요소	• 무의식에서 의식에 걸쳐 존재함. • 원초아의 욕구를 억제하고 양심을 지키려는 정신 요소

역동적 상호작용

개인의 성격 형성 → (자아가 제 역할을 하지 못할 때) 불안감 발생 → 방어기제 사용: 억압, 승화

(나)

융의 분석심리학

의식	개인 무의식	집단 무의식
인간이 직접 인식할 수 있는 영역	의식에 의해 배제된 생각과 감정이 존재하는 영역	태어날 때부터 가지고 있는 원초적이고 보편적인 무의식

자아 —— 그림자 ——→ 자기

'자아'가 '자기'를 찾아가는 과정 = 정신적 균형을 이루는 과정 → 개별화

01 글의 전개 방식 파악

정답 ②

선택률	① 22%	② 65%	③ 2%	④ 6%	⑤ 2%

(가), (나)의 공통점으로 가장 적절한 것은?

정답 풀이

② 기존과 다른 관점에서 인간의 정신세계를 설명한 이론을 소개하고 있다.

해설 (가)에서 프로이트는 실험을 통해 인간의 정신 현상과 행동을 설명하는 실험심리학을 주창한 분트와는 달리 인간에게 의식과는 다른 무의식 세계가 있다는 정신분석이론을 주장했다고 하였다. (나)의 융은 프로이트의 정신분석이론에 반기를 들고 분석심리학을 주창했다고 하였다. 즉, (가)와 (나)는 모두 기존과는 다른 관점에서 인간의 정신세계를 설명한 이론에 대해 소개하고 있다.

오답 풀이

① 인간의 무의식을 주장한 이론에 대한 ~~상반된 평가를 제시하고 있다.~~

해설 (가)와 (나)는 모두 인간의 무의식에 관한 이론에 대해 설명하고 있지만 이에 대한 상반된 평가를 제시하고 있지는 않다.

③ 인간의 ~~무의식을 설명한 이론이 등장하게 된 역사적 사건을 소개하고~~ 있다.

해설 (가)와 (나)는 모두 인간의 무의식에 대한 이론이 등장하게 된 역사적인 사건을 다루고 있지는 않다.

④ 인간의 ~~정신 질환을 분류하고 각각의 특징을 설명한 이론을 제시하고~~ 있다.

해설 (가)와 (나)는 모두 인간의 의식과 무의식에 대한 각기 다른 학자의 이론을 설명하고 있을 뿐, 구체적인 정신 질환을 분류하거나 그 각각의 특징을 설명하고 있지는 않다.

⑤ 인간의 정신세계를 설명한 이론이 ~~다른 학문 영역에 미친 영향을 분석하고~~ 있다.

해설 (가)와 (나)는 모두 인간의 의식과 무의식에 관한 이론에 대해 설명하고 있을 뿐, 이 이론이 다른 학문에 미친 영향에 대해 언급하고 있지 않다.

02 세부 정보의 파악

정답 ⑤

선택률	① 8%	② 7%	③ 3%	④ 4%	⑤ 76%

(가)의 내용과 일치하지 않는 것은?

정답 풀이

⑤ 프로이트는 의식적으로 사용하는 방어기제와 무의식적으로 사용하는 방어기제를 구분하였다.
↳ 구분하지 않음.

해설 (가)의 3문단에서, 프로이트는 자아가 제 역할을 하지 못하면 정신 요소의 균형이 깨져 불안감이 생기는데, 자아는 이를 해소하기 위해 무의식적으로 방어기제를 사용하게 된다고 하였다. 즉, 방어기제가 무의식적으로 사용된다고 하였을 뿐, 의식적으로 사용하는 방어기제와 무의식적으로 사용하는 방어기제를 구분짓고 있지는 않다.

오답 풀이

① 분트는 인간의 정신세계가 의식으로만 구성되어 있다고 보았다.

해설 (가)의 1문단에서 분트는 인간의 정신세계가 의식으로 이루어져 있다고 보고, 실험을 통해 인간의 정신 현상과 행동을 설명하는 실험심리학을 주창했다고 하였다.

② 프로이트는 인간을 무의식의 지배를 받는 비합리적 존재로 여겼다.

해설 (가)의 1문단에서 프로이트는 인간을 무의식의 지배를 받는 비합리적 존재로 간주하고, 정신분석이론을 통해 인간의 정신세계를 규명하려 했다고 하였다.

③ 프로이트는 원초아가 강할 때 본능적인 욕구에 집착하는 성격이 나타난다고 생각했다.

해설 (가)의 3문단에 따르면, 프로이트는 원초아가 강할 때는 본능적인 욕구에 집착하는 충동적인 성격이, 초자아가 강할 때는 엄격하게 도덕을 지키려는 원칙주의적 성격이 나타난다고 보았다.

④ 프로이트는 세 가지 정신 요소들이 상호작용하면서 개인의 성격이 형성된다고 보았다.

해설 (가)의 3문단에 따르면, 프로이트는 원초아, 자아, 초자아가 역동적으로 상호작용하면서 개인의 성격이 형성된다고 보았다.

03 구체적 상황에 적용

정답 ④

선택률	① 5%	② 7%	③ 11%	④ 64%	⑤ 9%

(가)의 '프로이트'와 (나)의 '융'의 관점에서 〈보기〉를 이해한 내용으로 적절하지 않은 것은? [3점]

보기

[헤르만 헤세의 연보]

- 1877 : 기독교인다운 엄격한 생활을 중시하는 경건주의 집안에서 태어남. ……㉮
- 1881~1886 : 자유분방한 기질로 인해 엄한 아버지의 교육 방식에 반항하며 불안감을 느낌. ……㉯
- 1904~1913 : 잠재된 문학적 재능을 발휘하여 왕성하게 작품 창작을 하며 불안에서 벗어남. ……㉰
- 1916~1919 : 아버지의 죽음을 접하고 심한 우울증을 경험함. …㉱
- 1945~1962 : 성찰적 글쓰기 활동 속에서 심리적 안정감을 느끼며 여생을 보냄. ……㉲
- 1962 : 몬타뇰라에서 죽음.

정답 풀이

④ ㉱ : 프로이트는 헤세의 우울증을 유년기의 불안이 재현된 것으로, 융은 이를 ~~자아와 그림자가 통합된~~ 것으로 보겠군.

해설 (가)의 프로이트의 주장에 따르면, ㉱에서 헤세가 심한 우울증을 겪은 것은 자아가 제 역할을 하지 못해 유년기에 느꼈던 불안감이 재현된 것으로 볼 수 있다. (나)의 융의 주장에 따르면, 자아와 그림자의 통합은 자아가 무의식의 심연에 존재하는 자기를 찾아가는 과정에서 나타나는 것으로 볼 수 있다. 만약 자아와 그림자가 통합되었다면 헤세는 정신적 안정감을 느꼈을 것이다.

오답 풀이

① ㉮ : 프로이트는 엄격한 집안 분위기가 헤세의 초자아가 발달하는 데 영향을 주었다고 보겠군.

해설 (가)의 프로이트의 주장에 따르면, 초자아는 도덕률에 따라 원초아의 욕구를 억제하고 양심에 따라 행동하도록 하는 정신 요소로, 어린 시절 부모의 종교나 가치관 등을 내재화하는 과정에서 후천적으로 발달한다. 따라서 엄격한 집안 분위기가 헤세의 초자아가 발달하는 데 영향을 주었다는 진술은 적절하다.

② ㉯ : 프로이트는 헤세의 불안감을 원초아와 초자아의 요구를 자아가 제대로 조정하지 못한 결과라고 보겠군.

해설 (가)에 따르면, 프로이트는 자아가 제 역할을 하지 못하면 정신 요소의 균형이 깨져 불안감이 생긴다고 보았다. 이로 볼 때, ㉯에서 헤세는 자유분방한 기질에서 비롯한 원초아와 엄한 아버지의 교육 방식에 따른 초자아의 요구 사이에서 자아가 이를 조정하지 못하여 불안감을 느낀 것이라 할 수 있다.

③ ㉰ : 프로이트는 헤세의 왕성한 창작 활동을 승화로, 융은 이를 무의식의 창조적 에너지가 발현된 것으로 보겠군.

해설 (가)의 프로이트의 주장에 따르면, 헤세의 왕성한 창작 활동은 자아가 수용하기 힘든 욕구를 예술과 같이 가치 있는 활동으로 전환하는 승화의 방어기제가 작용한 것으로 볼 수 있다. (나)의 융의 주장에 따르면, 헤세가 문학적 재능을 발휘하여 왕성하게 작품 창작을 한 것은 창조적 에너지의 샘이라고 할 수 있는 무의식을 발현함으로써 잠재적 가능성을 실현한 것으로 이해할 수 있다.

⑤ ㉲ : 융은 헤세가 성찰하는 글쓰기 활동을 통해 자기를 발견하는 과정에서 심리적 안정감을 느낀 것으로 보겠군.

해설 (나)에 따르면, 융은 자아가 무의식의 심연에 존재하는 자기를 찾아가는 과정을 통해 정신적 균형을 이루면 개인은 내면의 성숙을 이루며 자신의 정체성을 찾게 된다고 보았다. 이로 볼 때 헤세가 성찰적 글쓰기를 통해 정신적 균형을 이루었다고 한다면 헤세는 심리적 안정감을 느꼈을 것이다.

04 핵심 정보의 파악

정답 ⑤

선택률	① 14%	② 2%	③ 6%	④ 6%	⑤ 69%

(가)의 정신분석이론과 (나)의 분석심리학에서 모두 동의하는 진술로 가장 적절한 것은?

정답 풀이

⑤ 정신적 균형을 이루기 위해서는 자아의 역할이 중요하다.

해설 (가)에 따르면, 정신분석이론에서는 자아가 원초아와 초자아의 요구 사이에서 이를 조정하는 역할을 하기 때문에, 정신적 균형을 이루기 위해서는 자아의 발달이 중요하다고 여긴다. 한편 (나)에 따르면, 분석심리학에서 자아는 의식을 지배하는 동시에 무의식과 교류하며 이를 조정하는 역할을 한다고 본다. 즉, 정신분석이론과 분석심리학 모두 자아의 역할을 중요하게 본다고 할 수 있다.

오답 풀이

① 자아는 ~~의식과 무의식의 세계에 걸쳐서 존재한다.~~

↳ 정신분석이론에만 해당됨.

해설 자아가 의식과 무의식의 세계에 걸쳐서 존재한다고 보는 것은 정신분석이론이다. 분석심리학에서 자아는 의식의 세계에 존재한다고 본다.

② 무의식은 ~~성적 에너지로만 이루어진 정신 요소이다.~~

해설 정신분석이론에서는 무의식에 원초아, 자아, 초자아가 존재하며, 그중 성적 에너지를 바탕으로 하고 있는 것은 원초아라고 설명한다. 따라서 무의식 전체를 성적 에너지로 이루어진 정신 요소라고 보는 것은 정신분석이론에 부합하지 않는다. 한편 분석심리학에서는 무의식을 창조적 에너지의 샘이라고 설명하고 있으므로, 무의식을 성적 에너지로만 이루어진 정신 요소로 보는 것은 분석심리학의 입장과는 거리가 있다.

③ 무의식은 ~~개인의 경험을 초월해 원형의 형태로 유전된다.~~

해설 분석심리학에서는 무의식을 개인 무의식과 집단 무의식으로 구분하고, 그중 집단 무의식에 진화를 통해 축적되어 온 인류의 경험이 '원형'의 형태로 존재한다고 설명한다. 이로 볼 때, 무의식 전체가 개인의 경험을 초월해 원형의 형태로 유전된다는 진술은 분석심리학의 입장으로 적절하지 않다. 한편 무의식이 개인의 경험을 초월해 원형의 형태로 유전된다는 것은 정신분석이론과는 관련 없는 진술이다.

④ 무의식에는 자아에 의해 억압된 ~~열등한 자아가 존재한다.~~

해설 정신분석이론이 무의식 속에 열등한 자아가 존재한다고 보았는지는 (가)를 통해 확인할 수 없다. 한편 분석심리학에서는 개인 무의식 속에 존재하는 그림자를 자아에 의해 억압된 '또 하나의 나'라고 설명하고 있을 뿐, 그곳에 열등한 자아가 존재한다고 설명하고 있지는 않다.

05 핵심 정보의 파악

정답 ②

선택률	① 2%	② 72%	③ 5%	④ 16%	⑤ 2%

㉠을 이해한 내용으로 가장 적절한 것은?

= 무의식을 의식화하는 과정

정답 풀이

② 자신의 근원적인 모습을 찾아 나가는 개별화의 과정이다.

해설 (나)의 3문단에 따르면, ㉠'무의식을 의식화하는 과정'은 자아가 성찰을 통해 자기만의 고유한 존재가 되어가는 개별화 과정을 나타낸다.

오답 풀이

① ~~의식의 확장을 통해 타인과의 경계를 허무는 과정이다.~~

해설 ㉠'무의식을 의식화하는 과정'은 자아가 성찰을 통해 타인과 구별되는 고유한 존재가 되어 가는 개별화 과정으로, 타인과의 경계를 허무는 과정과는 무관하다.

③ ~~의식에 의해 발견된 무의식의 욕구가 억눌리는 과정이다.~~

해설 ㉠'무의식을 의식화하는 과정'은 무의식의 영역을 의식으로 통합하면서, 정신세계를 이루는 정신 요소들이 하나로 통합되고 내적 성숙과 안정을 이루는 과정이다. 이것은 의식에 의해 발견된 무의식의 욕구가 억눌리는 과정과는 무관하다.

④ ~~무의식이 의식에서 분화되어~~ 정체성이 실현되는 과정이다.

해설 (나)의 분석 심리학에 따르면, ㉠'무의식을 의식화하는 과정'은 자아와 그림자, 그리고 여러 원형들이 하나의 정신으로 통합되는 과정이다. 이 과정에서 개인은 내면의 성숙을 이루며 자신의 정체성을 찾게 되는 것이다. 따라서 ㉠은 무의식이 의식에서 분화되는 것이 아니라 통합되고 발전하는 개념으로 보는 것이 적절하다.

선택지 속 함정

지문의 맥락을 고려할 때 ㉠'무의식을 의식화 하는 과정'은 긍정적인 작용이라는 느낌이 팍 들지? 선택지 ④에서는 ㉠을 '정체성이 실현되는 과정'이라고 진술하고 있으니까, 이것을 정답이라고 생각한 학생들이 있었을 거야. 선택지의 적절성을 판단할 때는 반드시 선택지의 내용 전체가 참인지 거짓인지를 따져 봐야 해. 선택지의 내용이 전반부와 후반부로 나누어진다면, 두 부분으로 나눠 그 진위 여부를 판단할 수 있어야 돼. 선택지 ④의 경우는 ㉠을 '무의식이 의식에서 분화'된 것인 양 진술하고 있는 부분이 잘못되었으므로 답이 될 수 없는 거야.

⑤ ~~과거의 경험들을 반복함으로써~~ 성격이 형성되는 과정이다.

해설 과거의 경험들을 반복하는 것은 ㉠'무의식을 의식화하는 과정'과는 연관성이 없다.

06 어휘의 사전적 의미 파악 정답 ②

선택률	① 1%	② 85%	③ 6%	④ 3%	⑤ 2%

ⓐ~ⓔ의 사전적 의미로 적절하지 않은 것은?

= ⓐ: 규명, ⓑ: 전환, ⓒ: 간과, ⓓ: 배제, ⓔ: 대면

정답 풀이

② ⓑ: 주기적으로 자꾸 되풀이하여 돎. (순환)

해설 ⓑ'전환'은 '다른 방향이나 상태로 바뀌거나 바꿈.'이라는 뜻을 가진 말이다. '주기적으로 자꾸 되풀이하여 돎.'이라는 뜻을 가진 말은 '순환'이다.

오답 풀이

① ⓐ: 어떤 사실을 자세히 따져서 바로 밝힘.

해설 ⓐ'규명'은 '어떤 사실을 자세히 따져서 바로 밝힘.'이라는 뜻을 가진 말로 '사건을 규명하다.'와 같이 쓰일 수 있다.

③ ⓒ: 큰 관심 없이 대강 보아 넘김.

해설 ⓒ'간과'는 '큰 관심 없이 대강 보아 넘김.'이라는 뜻을 가진 말로 '사실을 간과하다.'와 같이 쓰일 수 있다.

④ ⓓ: 받아들이지 아니하고 물리쳐 제외함.

해설 ⓓ'배제'는 '받아들이지 아니하고 물리쳐 제외함.'이라는 뜻을 가진 말로 '의견을 배제하다.'와 같이 쓰일 수 있다.

⑤ ⓔ: 서로 얼굴을 마주 보고 대함.

해설 ⓔ'대면'은 '서로 얼굴을 마주 보고 대함.'이라는 뜻을 가진 말로 '적과 대면하다.'와 같이 쓰일 수 있다.

07~12 2022년 11월 고1 전국연합학력평가

본문 111~113쪽

07 ② 08 ④ 09 ④ 10 ⑤ 11 ④ 12 ③

◯ 문단별 핵심어 ★ 중심 문장

(가) 관중의 통치 철학

1 관중은 춘추 시대 제(齊)나라의 재상으로 군주인 환공을 도와 약소국이던 제나라를 부강한 국가로 성장시켰다. 관중이 생각한 이상적인 국가의 모습과 국가를 통치하는 방법은 『관자』를 통해 살펴볼 수 있다. 그는 자신이 살던 현실의 문제에 실리적으로 ⓐ대처하고 (관중이 생각한 국가의 통치 방법) 정치적인 분열을 적극적으로 막아 나라의 부강과 백성의 평안을 이루고자 하였다. (관중이 생각한 이상적인 국가의 모습)

2 관중은 백성이 국가 경제의 근본이라는 경제적 관점을 바탕으로 법의 필요성을 강조하였다. (경제적 관점을 바탕에 둔 관중의 법치주의) 그에 따르면, 군주는 법을 만들 수 있는 자격을 천부적으로 지닌 사람이다. (군주의 정의) 하지만 군주가 마음대로 법을 만들면 백성의 삶이 ⓑ피폐해질 수 있으므로 군주는 이익을 추구하는 백성의 본성을 고려해 백성의 삶이 윤택해질 수 있는 법을 만들어야 한다고 보았다. (군주가 제정하는 법의 방향) 이때 관중이 강조한 백성의 윤택한 삶은 도덕적 교화와 같은 목적을 위한 것이 아닌, 부강한 나라의 실현을 위한 것이라는 실리적 관점에서 이해할 수 있다.

3 또한 관중은 군주가 자신에 대해서는 존귀하게 여기지 않는 것을 '패(覇)'라고 ⓒ규정하였는데, ('패'의 정의) 이를 바탕으로 군주도 법의 적용에서 예외가 되지 않아야 한다고 주장하였다. 그에 따르면 군주는 '권세'를 지녀야 국가를 다스릴 수 있는데, (권세를 남용하는 것을 경계하는 태도) 이때 군주가 패를 실천해야 백성이 권세를 인정하게 된다. ㉠결국 군주가 법을 존중하는 것은 백성이 군주를 존중하는 것으로 이어지게 되는 것이다. (군주가 백성에게 권세를 인정받는 방법)

4 관중은 권세를 가진 군주는 부강한 나라를 이루는 통치, 즉 '패업(覇業)'을 위한 통치를 펼쳐야 한다고 주장하고, ('패업을 위한 통치'의 개념) 법을 통한 통치의 중요성을 강조하였다. 이때 군주는 능력 있는 신하를 공정하게 등용하되 ('패업을 위한 통치'를 이루기 위한 요건 1) 신하들이 군주의 권세를 넘보거나 법질서를 혼란스럽게 하지 못하도록 자신의 권세를 신하에게 위임하지 말아야 하며 ('패업을 위한 통치'를 이루기 위한 요건 2) 백성의 경제적 안정을 위한 정책들을 시행해야 한다고 보았다. ('패업을 위한 통치'를 이루기 위한 요건 3) 이러한 관중의 사상은 백성들의 경제적 안정을 기반으로 부강한 나라를 이루기 위해 법을 통한 통치를 도모한 것으로 평가할 수 있다. (관중의 사상에 대한 평가)

(나) 율곡의 통치 철학

1 율곡은 유학적 사상을 기반으로, 자신이 생각하는 군주상을 제시하였다. 그는 『성학집요』에서 (율곡이 왕의 배움을 위해 선조에게 지어 바친 책) 개인의 수양을 통해 앎을 늘리고 인 (군주의 자격)

격을 완성하는 것을 군주의 자격으로 보았다. 율곡은 군주가 인격을 완성하고 아는 것을 실천하면 백성의 선한 본성을 회복하는 도덕적 교화가 가능해진다고 본 것이다. (군주의 모범으로 백성의 선한 본성이 회복됨.) 율곡은 자신이 이상적으로 생각하는 왕도정치가 실현되기 위해서는 군주가 신하를 통해 백성을 다스려야 한다고 (왕도정치의 전제 조건 1) 생각했는데, 만약 군주가 포악한 정치를 펼쳐 (군주의 절대적 권력을 부정함.) 신하들의 지지를 얻지 못하거나 민심을 잃으면 교체될 수 있다고 여겼다.

[A]

2 율곡은 군주의 통치에 따라 태평한 시대인 치세와 혼란스러운 시대인 난세가 구분된다고 보고, (군주의 통치에 따른 시대 구분) 이를 중심으로 군주의 유형과 통치 방법을 나누어 설명했다. 치세를 만드는 군주는 재능과 지식이 출중해 신하를 능력에 맞게 발탁하여 일을 분배할 줄 알거나, (치세를 만드는 군주의 특징 1) 재능과 지식은 ⓓ부족하지만 현명한 신하를 분별하여 그에게 나라의 일을 맡길 줄 안다. (치세를 만드는 군주의 특징 2) 이들의 통치 방법은 '왕도(王道)'와 '패도(覇道)'로 나뉜다. (치세를 만드는 군주의 통치 방법 2가지) 왕도는 군주의 인격 완성을 통해 백성의 도덕적 교화까지 이루어 내는 것이고, (군주의 인격 완성 ○, 백성의 도덕적 교화 ○) 패도는 군주의 인격이 완성되지 않아 백성의 도덕적 교화까지는 이루어지지 않았지만 백성의 경제적 안정은 이루어 내는 것이다. (군주의 인격 완성 ×, 백성의 도덕적 교화 ×, 백성의 경제적 안정 ○)

3 난세를 만드는 군주는 자신의 총명만을 믿고 신하를 불신하거나, (난세를 만드는 군주의 특징 1) 간신의 말을 믿고 의지하여 눈과 귀가 가려진 군주이다. (난세를 만드는 군주의 특징 2) 이들은 백성을 괴롭히고 충언을 받아들이지 않아 스스로 멸망에 이르는 폭군, (난세를 만드는 군주의 유형 1) 간사한 자를 분별하지 못하고 총명함이 없으며 무능력한 혼군, (난세를 만드는 군주의 유형 2) 나약하여 자신의 뜻을 세우지 못하고 우유부단한 용군으로 분류된다. (난세를 만드는 군주의 유형 3) 이들의 통치 방법은 포악한 정치를 의미하는 '무도(無道)'이므로 (난세를 만드는 군주의 통치 방법) 율곡의 관점에서 무도를 행하는 군주는 교체되어야 할 존재이다. (군주의 절대적 권력을 부정함.)

4 율곡은 백성의 도덕적 교화를 이루는 왕도정치를 위해서는 백성들의 삶이 경제적으로 편안한 것이 전제되어야 한다고 보았다. (왕도정치의 전제 조건 2) 이는 군주의 존재 근거가 백성이라고 보는 민본관에 의한 것으로, (민본관의 개념) 조세 부담을 줄이는 등 백성의 경제적 기반을 유지할 수 있는 정책을 펼쳐야 함을 ⓔ역설한 것이다. 이처럼 율곡의 사상은 왕도정치를 실현하는 과정에서 백성의 현실적 삶에 주목하려는 시도로 볼 수 있다. (율곡의 사상에 대한 평가)

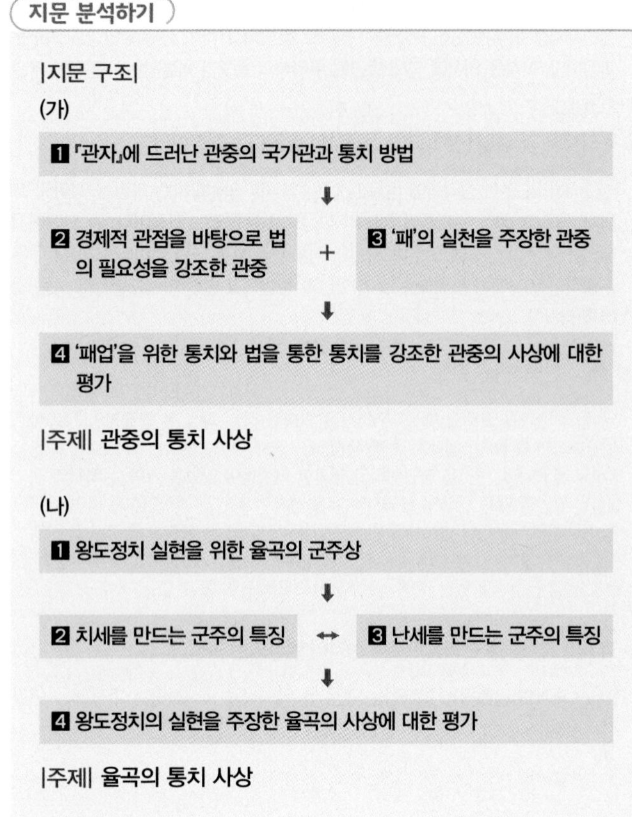

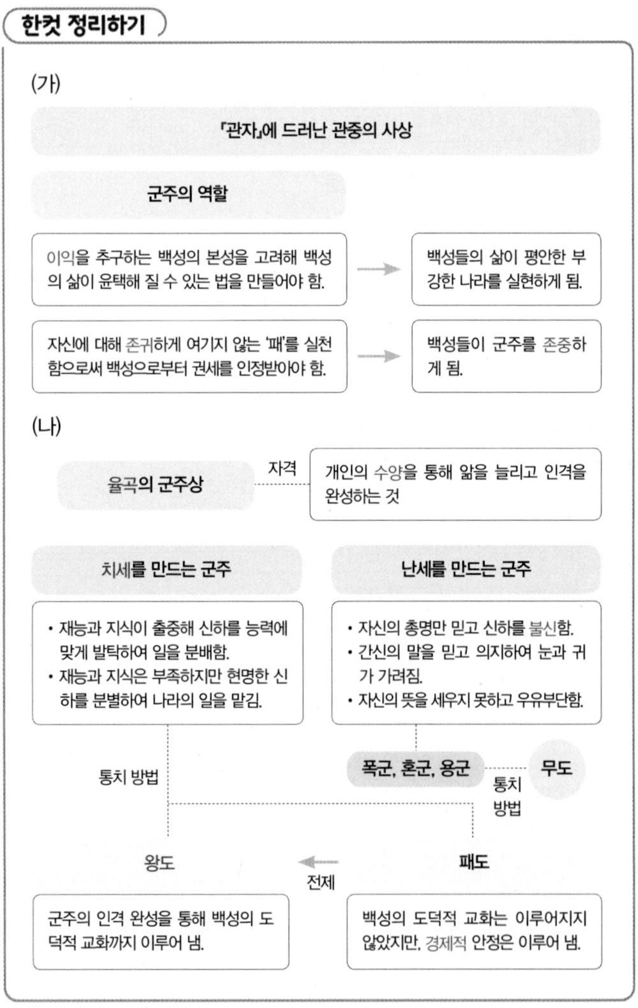

07 글의 전개 방식 파악 정답 ②

선택률	① 2%	② 88%	③ 4%	④ 3%	⑤ 1%

(가), (나)에 대한 설명으로 가장 적절한 것은?

정답 풀이

② (가)와 (나)는 모두 특정한 사상가가 주장하는 군주의 통치술에 담긴 내용을 중심으로 그 의의를 밝히고 있다. (가) = 관중, (나) = 율곡

해설 (가)에서는 부강한 나라를 실현하는 것이 곧 백성의 삶을 윤택하게 하는 것이라는 실리적 관점을 바탕으로 법과 군주의 절대 권력을 강조한 관중의 사상을 소개하고 있다. 이울러 이러한 그의 사상은 '백성들의 경제적 안정을 기반으로 부강한 나라를 이루기 위해 법을 통한 통치를 도모한 것'이라고 그 의의를 밝히고 있다. (나)에서는 올바른 군주의 유형과 통치 방법을 제시한 율곡의 사상을 소개한 후 '율곡의 사상이 왕도정치를 실현하는 과정에서 백성의 현실적 삶에 주목하려는 시도'였음을 드러내고 있다. 따라서 (가)와 (나)는 모두 특정한 사상가가 주장하는 군주의 통치술에 담긴 내용을 중심으로 그 의의를 밝히고 있다고 볼 수 있다.

오답 풀이

① (가)와 (나)는 모두 특정한 사상가가 주장하는 군주의 통치술의 변화 과정을 소개하고 있다. ↳ 특징과 의의를

해설 (가)와 (나) 모두 특정 사상가가 주장한 군주의 통치술에 대한 설명과 그 의의를 밝히고 있을 뿐, 그 사상의 변화 과정을 소개하고 있지는 않다. 변화 과정을 나타내려면 시간의 변화에 따라 어떠한 점이 달라지는지에 대한 서술이 나와야 한다.

③ ~~(가)와 달리 (나)는~~ 특정한 사상가가 주장하는 군주의 통치술이 갖는 ~~한계를 드러내고 새로운 통치술을 제안하고 있다.~~

해설 (가)에 따르면 관중은 절대적인 권력을 가진 군주가 법을 제정하고 신하에게 자신의 권리를 위임하지 않아야 한다고 주장하였으며, (나)에 따르면 율곡은 포악한 정치를 행하는 군주는 교체될 수 있다고 주장하였다. 이는 군주의 자질을 언급한 것일 뿐 군주의 통치술이 갖는 한계를 나타낸 것은 아니다.

④ ~~(나)와 달리 (가)는~~ 특정한 사상가가 주장하는 군주의 통치술을 군주의 유형에 따라 범주화하여 제시하고 있다. ↳ (가)와 달리 (나)는

해설 군주의 통치술을 유형에 따라 범주화하여 제시하고 있는 것은 (가)가 아니라 (나)이다.

⑤ ~~(나)와 달리 (가)는~~ 특정한 사상가가 주장하는 ~~군주의 통치술에 대한 상반된 입장을 제시하고 장단점을 비교하고 있다.~~

해설 (가)와 (나)는 모두 특정한 사상가가 주장하는 이상적인 군주의 모습과 통치술에 대해 설명하면서 그 의의를 나타내고 있을 뿐, 군주의 통치술에 대한 상반된 입장과 장단점을 비교하고 있지 않다.

08 미루어 알기 정답 ④

선택률	① 1%	② 2%	③ 7%	④ 86%	⑤ 1%

㉠의 이유로 가장 적절한 것은?
= 결국 군주가 법을 존중하는 것은 백성이 군주를 존중하는 것으로 이어지게 되는 것이다.

정답 풀이

④ 군주가 자신에게도 법 적용에 예외를 두지 않음으로써 권세를 인정받게 되기 때문이다. 패(覇)의 실천

해설 (가)의 3문단에 따르면, 관중은 군주가 자신에 대해 존귀하게 여기지 않는 것을 '패'라고 하였는데, 이는 군주가 백성과 구별되는 특별한 대우를 받지 않는 것을 말한다. 이로 볼 때, ㉠은 군주가 만든 법을 적용하는 데 있어 자신에게도 예외를 두지 않고 법질서를 존중한다면, 자연히 백성이 군주를 존중하게 된다는 의미로 이해할 수 있다.

오답 풀이

① ~~군주가 마음대로 법을 만들 수 있는 패를~~ 실천할 수 있기 때문이다.

해설 (가)의 3문단에 따르면, 관중은 군주가 자신에 대해서는 존귀하게 여기지 않는 것을 패라고 규정하였다. 따라서 '패'의 의미를 '군주가 마음대로 법을 만들 수 있는 것'이라고 정의하는 것은 적절하지 않다.

② ~~군주가 법을 존중하면 법을 제정할 수 있는 기회를 얻을 수 있기~~ 때문이다.

해설 (가)의 2문단에 따르면, 관중은 군주는 법을 만들 수 있는 자격을 천부적으로 지닌 사람이라고 보았다. 이에 의하면, 군주는 법을 존중해야 법을 제정할 수 있는 기회를 얻는 것이 아니라 군주라는 지위 자체만으로 법을 제정할 수 있는 자격을 갖는다.

③ ~~군주가 법의 필요성을 인식해야 백성을 국가의 근본으로 여기게 되기~~ 때문이다.

해설 (가)의 2문단에 따르면, 관중은 백성이 국가 경제의 근본이라는 경제적 관점을 바탕으로 법의 필요성을 강조하였다. 이로 볼 때, 군주가 법의 필요성을 인식해야 백성을 국가의 근본으로 여기게 된다는 것은 인과관계가 뒤바뀐 진술이므로 적절하지 않다.

⑤ ~~군주가 백성의 본성을 고려하지 않고 나라의 부강을 우선시하는 법을 만들~~어야 하기 때문이다. ↳ 군주는 이익을 추구하는 백성의 본성을 고려해 삶이 윤택해지는

해설 (가)의 2문단에 따르면, 관중은 군주가 백성의 본성을 고려해 부강한 나라를 실현할 수 있는 법을 만들어야 한다고 보았다. 따라서 군주가 백성의 본성을 고려하지 않고 나라의 부강을 우선시하는 법을 만들어야 한다는 진술은 관중의 사상에 부합하지 않는다.

09 핵심 정보의 파악 정답 ④

선택률	① 8%	② 2%	③ 10%	④ 74%	⑤ 3%

(나)에서 알 수 있는 '율곡'의 견해로 적절하지 않은 것은?

정답 풀이

④ ~~백성의 도덕적 교화가 이루어져야 백성의 삶이 경제적으로 편안해 질 수 있다.~~ ↳ 백성의 삶이 경제적으로 편안해져야 도덕적 교화가 이루어질 수 있다.

해설 (나)의 4문단에 따르면, 율곡은 백성의 도덕적 교화를 이루는 왕도정치를 위해서는 백성들의 삶이 경제적으로 편안한 것이 전제되어야 한다고 보았다. 따라서 율곡의 견해는 백성의 삶이 경제적으로 편안해진 다음에 도덕적 교화가 이루어질 수 있다는 입장이라고 보는 것이 적절하다.

오답 풀이

① 군주는 앎을 늘리는 것뿐 아니라 앎을 실천하는 것도 중요하다. (군주의 자격 / 백성의 선한 본성을 회복하는 도덕적 교화가 가능)

해설 (나)의 1문단을 통해 율곡은 개인의 수양을 통해 앎을 늘리고 인격을 완성하는 것을 군주의 자격으로 보았고, 군주가 인격을 완성하고 아는 것을 실천하면 백성의 선한 본성을 회복하는 도덕적 교화가 가능해진다고 여겼음을 알 수 있다. 따라서 율곡은 군주가 앎을 늘리고 실천하는 것을 중시했다고 할 수 있다.

② 군주는 포악한 정치를 펼쳐 신하들에게 지지를 얻지 못하면 교체될 수 있다.

해설 (나)의 1문단에 따르면, 율곡은 자신이 이상적으로 생각하는 왕도정치가 실현되기 위해서는 군주가 신하를 통해 백성을 다스려야 한다고 생각했는데, 만약 군주가 포악한 정치를 펼쳐 신하들의 지지를 얻지 못하거나 민심을 잃으면 교체될 수 있다고 여겼다.

③ 군주는 왕도정치를 실현하기 위해 자신의 존재 근거를 백성으로 보아야 한다. 민본관

해설 (나)의 4문단에 따르면, 율곡은 백성의 도덕적 교화를 이루는 왕도정치를 위해서는 백성들의 삶이 경제적으로 편안한 것이 전제되어야 한다고 보았다. 이는 군주의 존재 근거가 백성이라고 보는 민본관에 의한 것이라고 하였으므로, 율곡은 왕도정치를 실현하려는 군주의 존재 근거를 백성으로 보았다고 할 수 있다.

선택지 속 함정

출제자들이 선택지를 만들 때는 지문의 표현을 그대로 사용하지 않고, 다른 말로 바꾸어 사용하는 경우가 많아. 이 문제의 경우에도, 선택지에서 '민본관'이라는 용어를 바꾸어 표현했어. (나)의 4문단에서는 율곡이 주장한 왕도정치의 전제가 '민본관'이라고 설명하였는데, 이는 바꾸어 표현하면 왕도정치를 실현하기 위해서는 군주가 백성을 근본으로 여기는 마음을 지녀야 한다는 의미인 거지. 따라서 율곡이 군주는 왕도정치를 실현하기 위해 군주 자신의 존재 근거를 백성으로 보아야 한다고 주장했다는 진술은 타당하다고 볼 수 있어.

⑤ 백성의 조세 부담을 줄이는 것은 백성의 경제적 기반을 유지할 수 있는 방법 중 하나이다. (백성의 현실적 삶에 주목)

해설 (나)의 4문단에 따르면, 율곡은 군주가 조세 부담을 줄이는 정책 등을 통해 백성의 경제 기반을 유지할 수 있는 정책을 펼쳐야 한다고 주장하였다.

10 세부 정보의 추론

정답 ⑤

선택률	① 3%	② 5%	③ 7%	④ 9%	⑤ 73%

(가)의 관점에서 [A]를 판단한 것으로 가장 적절한 것은?

정답 풀이

⑤ [A]에서 군주가 신하를 능력에 맞게 발탁하여 일을 분배한 것은, 능력에 따라 신하를 공정하게 등용한 것이므로 패업을 위한 통치의 방법으로 볼 수 있다. (치세를 만드는 군주)

해설 (가)의 4문단에 따르면, 관중은 군주가 부강한 나라를 이루기 위한 통치, 즉 '패업(霸業)'을 위한 통치를 해야 하고, 이를 위해 능력 있는 신하를 공정하게 등용해야 한다고 보았다. [A]에서 군주가 '재능과 지식이 출중해 신하를 능력에 맞게 발탁하여 일을 분배'하는 것은 태평한 시대인 치세를 만드는 것이므로 이는 (가)의 부강한 나라를 이루는 패업을 위한 통치의 방법이라 할 수 있다.

오답 풀이

① [A]에서 눈과 귀가 가려진 군주는, ~~정치적 분열을 막아 백성을 평안하게 하므로 패업을 이룰 수 있는 존재로 볼 수 있다.~~ (난세를 만드는 군주)

해설 [A]에서 눈과 귀가 가려진 군주는 혼란스러운 시대인 난세를 만드는 군주라고 하였다. 그러한 군주는 백성에게 권세를 인정받지 못할 것이므로 (가)의 관중의 입장에서 볼 때 난세를 만드는 군주는 패업을 이룰 수 있는 존재라고 할 수 없다.

② [A]에서 군주가 충언을 받아들이지 않는 것은, ~~법을 만들 수 있는 자격을 천부적으로 지닌 것이므로 패업으로 볼 수 있다.~~ (폭군)

해설 (가)에 따르면, 관중은 군주가 법을 만들 수 있는 자격을 천부적으로 지녔다고 보았지만, 군주가 마음대로 법을 만들면 백성이 피폐해질 수 있다고 하였다. 그가 주장한 '패업'은 군주가 자신이 만든 법을 잘 지켜 부강한 나라를 이루는 것이므로, [A]에서 군주가 충언을 받아들이지 않는 '폭군'의 태도와는 거리가 있다.

③ [A]에서 군주가 자신의 총명을 믿고 신하를 불신하는 것은, ~~백성의 삶을 윤택하게 하려는 것이므로 패업으로 볼 수 있다.~~ (난세를 만드는 군주)

해설 (가)에 따르면, 관중은 군주가 부강한 나라를 이루는 통치인 '패업'을 위해서는 백성의 삶을 윤택하게 해야 한다고 하였다. [A]에서 군주가 자신의 총명을 믿고 신하를 불신하는 것은 난세를 만드는 군주의 모습으로, 관중이 말한 '패업'과는 거리가 있다.

④ [A]에서 군주가 자신의 뜻을 세우지 못하는 것은, ~~자신을 존귀하게 여기지 않은 것이므로 패업을 위한 통치의 방법으로 볼 수 있다.~~ (용군)

해설 (가)에 따르면, 관중은 군주가 자신을 존귀하게 여기지 않는 것을 '패'라고 규정하고, 법을 적용함에 있어 군주 자신조차 예외를 두지 않음으로써 부강한 나라를 이루는 '패업'을 위한 통치를 펼쳐야 한다고 주장하였다. [A]에서 군주가 자신의 뜻을 세우지 못하는 것은 '용군'에 해당하는 태도로, 관중이 말한 '패업'을 위한 통치와는 상충된다.

11 관점의 비교

정답 ④

선택률	① 1%	② 2%	③ 7%	④ 86%	⑤ 1%

<보기>는 동서양 사상가들의 견해이다. <보기>와 (가), (나)를 읽은 학생이 보인 반응으로 적절하지 않은 것은? [3점]

보기

㉮ 군주는 권력을 얻기 전까지는 수단과 방법을 가리지 않는 것이 오히려 백성을 위한 것입니다. 하지만 권력을 얻은 후에는 법을 통해 통치함으로써 자신의 권력을 유지할 수 있습니다. (가)의 관중이 법치를 강조한 것과 유사한 견해

㉯ 군주에 따라 치세와 난세가 되는 것을 지양하기 위해 법을 제정하고 기준을 세우는 것이 필요합니다. 그리고 법을 통해 통치할 수 있는 권한은 군주만이 갖고 있어야 권력을 유지할 수 있습니다. (가)의 관중이 군주의 권한이 절대적이어야 한다는 것과 유사한 견해

㉰ 군주는 타락한 현실에 의해 잃어버린 인간의 선한 본성인 도덕성을 회복시켜야 합니다. 이때 군주는 도덕성의 회복을 목적으로 백성의 기본적인 경제적 욕구를 충족시키고 인간다운 교육을 실시해야 합니다. (나)의 율곡과 유사한 견해

정답 풀이

④ 율곡은 ㉯와 달리 ~~군주의 인격 완성 여부~~에 따라 치세와 난세가 구분된다고 보았군. (→ 군주의 통치에)

해설 ㉯는 군주의 개인적인 역량에 따라 치세와 난세가 되는 것을 막기 위해 법을 통한 기준을 세우고 법을 통한 통치 권력은 오직 군주만이 갖고 있어야 한다고 보는 입장이다. 한편, 율곡은 군주의 통치 방식에 따라 치세와 난세가 구분된다고 보았는데, 이들의 통치 방법을 군주의 인격 완성 여부에 따라 왕도와 패도로 나누어 설명하였다. 이로 볼 때, 율곡이 군주의 인격 완성 여부에 따라 치세와 난세가 구분된다고 보았다는 진술은 적절하지 않다.

오답 풀이

① 관중과 ㉮는 모두 법을 통한 통치의 중요성을 인식했다고 볼 수 있겠군.

해설 관중은 권세를 가진 군주는 '패업'을 위한 통치를 펼쳐야 한다고 주장하고 법을 통한 통치의 중요성을 강조하였다. ㉮ 역시 군주가 권력을 얻은 후에 법을 통해 통치할 것을 강조하고 있으므로, 관중과 ㉮는 모두 법을 통한 통치의 중요성을 인식했다고 볼 수 있다.

② 관중과 ㉯는 모두 국가를 다스릴 수 있는 권한이 오로지 군주에게 있어야 함을 강조했다고 볼 수 있겠군.

해설 관중은 법을 통한 통치를 강조함과 동시에 군주는 능력 있는 신하를 공정하게 등용하되 신하들이 군주의 권력을 넘볼 수 없도록 해야 한다고 주장했다. ㉯ 역시 법치의 중요성과 군주의 절대 권력을 강조하고 있다.

③ 관중은 ㉰와 달리 백성의 경제적 안정의 목적이 도덕성 회복이 아니라고 보았군.

해설 관중은 군주가 백성의 삶이 윤택해질 수 있는 법을 만드는 것은 도덕적 교화와 같은 목적을 위한 것이 아니라, 부강한 나라의 실현을 위한 것이라고 보았다. 이에 반해 ㉰는 군주가 도덕성의 회복을 목적으로 백성의 경제적 안정을 추구해야 한다는 입장이라 할 수 있다.

⑤ 율곡과 ㉰는 모두 백성의 본성을 선한 것으로 인식했다고 볼 수 있군.

해설 율곡은 군주가 인격을 완성하고 아는 것을 실천하면 백성의 선한 본성을 회복하는 도덕적 교화가 가능해진다고 보았다. 이를 통해 율곡은 백성의 본성이 선하다고 인식했음을 확인할 수 있다. ㉰ 또한 군주가 타락한 현실에 의해 잃어

버린 인간의 선한 본성을 회복시켜야 한다고 말하고 있으므로 율곡과 ㉯는 모두 백성의 본성을 선한 것으로 인식했다고 볼 수 있다.

12 어휘의 문맥적 의미 파악 정답 ③

선택률	① 1%	② 1%	③ 74%	④ 1%	⑤ 21%

ⓐ~ⓔ의 사전적 의미로 적절하지 않은 것은?
= ⓐ: 대처, ⓑ: 피폐, ⓒ: 규정, ⓓ: 부족, ⓔ: 역설

정답 풀이

③ ⓒ: ~~바로잡아 고침.~~

해설 ⓒ'규정'은 문맥상 '내용이나 성격, 의미 따위를 밝혀 정함.'의 의미이다. '바로잡아 고침'은 '수정'의 의미로 적절하다.

오답 풀이

① ⓐ: 어떤 정세나 사건에 대하여 알맞은 조치를 취함.

해설 ⓐ'대처'는 '어떤 정세나 사건에 대하여 알맞은 조치를 취함.'이라는 뜻을 가진 말이다. '문제나 상황에 대처하다.'와 같이 쓸 수 있다.

② ⓑ: 지치고 쇠약해짐.

해설 ⓑ'피폐'는 '지치고 쇠약해짐.'이라는 뜻을 가진 말이다. '무리한 일정에 시달리니 삶이 피폐하다.'와 같이 쓸 수 있다.

④ ⓓ: 필요한 양이나 기준에 미치지 못해 충분하지 아니함.

해설 ⓓ'부족'은 '필요한 양이나 기준에 미치지 못해 충분하지 아니함.'이라는 뜻을 가진 말이다. '관심이 부족하다.'와 같이 쓸 수 있다.

⑤ ⓔ: 자신의 뜻을 힘주어 말함.

해설 ⓔ'역설'은 '자신의 뜻을 힘주어 말함.'이라는 뜻을 가진 말이다. '자신들의 처우가 부당함을 역설하다.'와 같이 쓸 수 있다.

주제 통합 2

01~05 2022년 3월 고1 전국연합학력평가

본문 114~115쪽

01 ② 02 ④ 03 ④ 04 ① 05 ②

⬭ 문단별 핵심어 ★ 중심 문장

(가) 플라톤의 예술 철학

1 플라톤은 초월 세계인 이데아계와 감각 세계인 현상계를 구분했다. 영원불변의 이데아계는 현상계에 나타난 모든 사물의 근본이 되는 보편자, 즉 형상(form)이 존재하는 곳으로 이성으로만 인식될 수 있는 관념의 세계이다. (이데아계의 개념) 반면 현상계는 이데아계의 형상을 바탕으로 만들어진 세계로 끊임없이 변화하는 사물이 감각에 의해 지각된다. (현상계의 개념) 플라톤에 따르면 ㉠현상계의 모든 사물은 형상을 본뜬 그림자에 불과하다.

2 이러한 관점에서 플라톤은 예술을 감각 가능한 현상의 모방이라고 보았다. 예를 들어 목수는 이성을 통해 침대의 형상을 인식하고 그것을 모방하여 침대를 만든다. 그리고 화가는 감각을 통해 이 침대를 보고 그림을 그린다. 결국 침대 그림은 보편자에서 두 단계 떨어져 있는 열등한 것이며, (플라톤의 예술에 대한 인식) 형상에 대한 참된 인식을 방해하는 허구의 허구에 불과하다. 이데아계의 형상을 모방하여 생겨난 것이 현상인데, 예술은 현상을 다시 모방한 것이기 때문이다.

3 플라톤은 시가 회화와 다르다고 보았다. 고대 그리스에서 음유시인은 허구의 허구인 서사시나 비극을 창작하고, 이를 작품 속 등장인물의 성격에 어울리는 말투, 몸짓 같은 감각 가능한 현상으로 연기함으로써 다시 허구를 만들어 냈다. (허구의 허구를 연기함로써 다시 허구를 재생산함.) 이 과정에서 음유시인의 연기는 인물의 성격을 드러내는데, 이는 감각 가능한 외적 특성을 모방해 감각으로 파악될 수 없는 내적 특성을 드러내는 것이다.

4 플라톤은 음유시인이 용기나 절제 같은 덕성을 갖춘 인간이 아닌 저급한 인간의 면모를 모방할 수밖에 없다고 주장했다. 가령 화를 잘 내는 인물은 목소리가 거칠어지고 안색이 붉어지는 등 다양한 감각 가능한 현상들을 모방함으로써 쉽게 표현할 수 있지만, 용기나 절제력이 있는 인물에 수반되는 감각 가능한 현상은 표현하기 어렵기 때문이다. 따라서 플라톤은 음유시인의 연기를 보는 관객들이 이성이 아닌 감정이나 욕구와 같은 비이성적인 것들에 지배되어 타락하게 된다고 보았다. (플라톤의 시에 대한 부정적 인식)

(나) 아리스토텔레스의 예술 철학

1 아리스토텔레스는 이데아계가 존재한다고 보지 않았다. (플라톤이 주장한 이데아계를 부정) 예컨대

사람은 나이가 들며 늙는데, 만약 이데아계의 변하지 않는 어린아이의 형상과 성인의 형상을 바탕으로 각각 현상계의 어린아이와 성인이 생겨났다면, 현상계에서 어린아이가 성인으로 성장하는 것을 설명할 수 없기 때문이다.

2 아리스토텔레스는 형상이 항상 사물의 생성과 변화의 바탕이 되는 질료에 내재한다고 보고, 이를 가능태와 현실태라는 개념을 통해 설명하였다. 가능태란 형상을 실현시킬 수 있는 가능적 힘이자 질료(가능태의 개념)를 의미하며, 현실태란 가능태에 형상이 실현된 어떤 상태(현실태의 개념)이다. 가령 도토리는 떡갈나무가 되기 위한 가능태라면, 도토리가(가능태의 예) 떡갈나무가 된 상태가 현실태(현실태의 예)이다. 이처럼 생성·변화하는 모든 것은 목적을 향해 움직이므로 가능태에 있는 것은 형상이 완전히 실현된 상태인 '완전 현실태'를 향해 나아가는데, 이 이행 과정이 운동이다. 즉 운동의 원인은 외부가 아닌 가능태 자체에 내재한다.

3 아리스토텔레스에게 있어 예술의 목적은 개개의 사물에 내재하고 있는 보편자, 즉 형상을 표현해 내는 것이다(예술의 목적). 이런 점에서 그는 시가 역사보다 우월하다고 주장했다. 역사는 개별적 사건들의 기록일 뿐이지만 시는 개별적 사건에 깃들어 있는 보편자를 표현한 것이기 때문이다.

4 아리스토텔레스는 인간이 예술을 통해 쾌감을 느낄 수 있다고(예술의 순기능) 보았다. 특히 비극시는 파멸하는 주인공을 통해 인간의 근본적 한계를 다루기 때문에, 시를 창작하면 인간 존재의 본질을 인식하는 앎의 쾌감을 느낄 수 있다고 하였다. 비극시 속 이야기는 음유시인이 경험 세계의 개별자들 속에서 보편자를 인식해 내어, 그것을 다시 허구의 개별자로 표현한 결과물인 것이다. 또한 관객은 음유시인의 연기를 통해 앎의 쾌감을 느낄 수 있을 뿐(예술의 순기능 1) 아니라 그와 다른 종류의 쾌감도 경험할 수 있다. 관객은 고통을 받는 인물의 이야기를 통해 그에 대한 연민과 함께, 자신도 유사한 고통을 겪을 수 있다는 공포를 느낀다. 이러한 과정에서 감정이 고조됐다가 해소되면서 얻게 되는 쾌감(카타르시스의 개념), 즉 카타르시스(예술의 순기능 2)를 경험한다.

지식을 쌓는 배경지식

카타르시스

고대 그리스 미학에서 사용한 개념으로, 예술이 인간에게 주는 효과를 의미한다. 아리스토텔레스에 의하면 무대 위의 비극을 보는 관객은 연민이나 공포의 감정을 느꼈다가 그것이 해소될 때 감정의 정화를 경험한다. 또한 음악을 들을 때에도 정서적인 정화를 경험하면서 마음이 후련해지기도 하고 즐거워지기도 한다. 생리-의학적 분야에서 카타르시스는 감정적으로 강한 긴장 상태가 해소되는 것을 가리키는데 현재는 정신분석의 용어로도 쓰이고 있다.

지문 분석하기

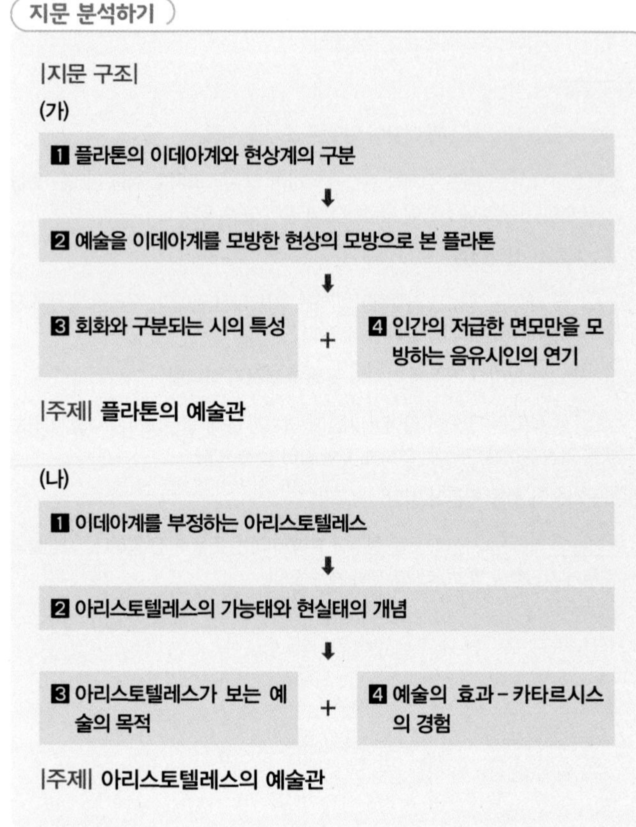

한컷 정리하기

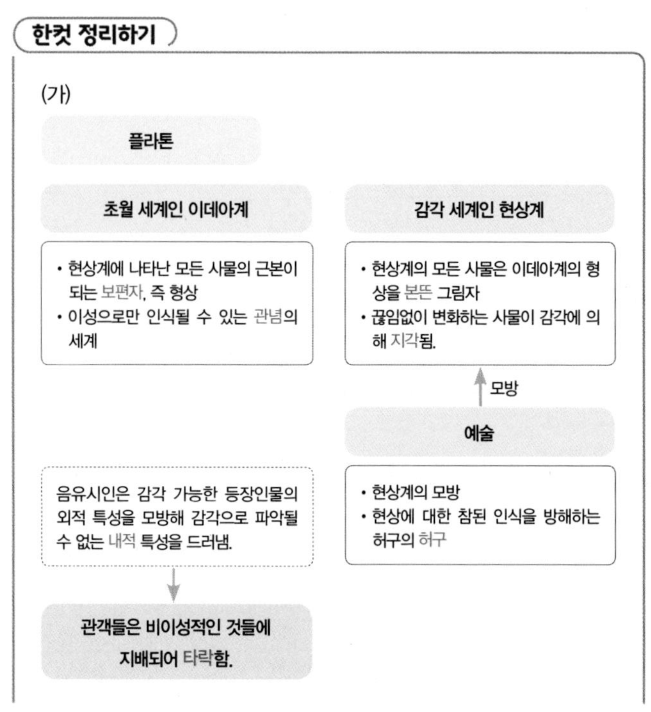

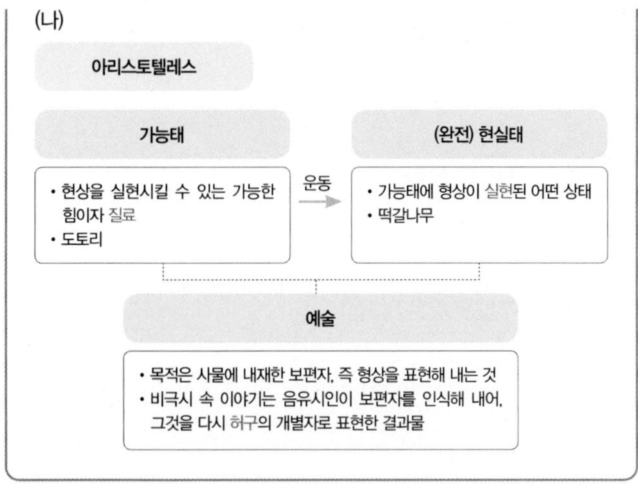

01 글의 전개 방식 파악 정답 ②

선택률	① 4%	② 73%	③ 6%	④ 4%	⑤ 3%

(가)와 (나)에 대한 설명으로 가장 적절한 것은?

정답 풀이

② (가)와 (나)는 모두 특정 사상가가 예술을 평가하는 데 바탕이 된 철학적 관점을 설명하고 있다.
(가) = 플라톤의 예술관 / (나) = 아리스토텔레스의 예술관

해설 (가)와 (나)는 각각 플라톤과 아리스토텔레스가 예술을 평가하는 데 바탕이 된 철학적 관점을 설명하고 있다. (가)에 따르면, 플라톤은 초월 세계인 이데아계에 형상이 존재한다고 보았고, 감각 세계인 현상계는 이를 본뜬 것에 불과하다고 주장하였다. 이를 토대로 예술은 현상계를 모방하여 만든 허구의 허구로 형상보다 두 단계 열등한 것이라고 평가했다. (나)에 따르면, 아리스토텔레스는 형상이 사물에 내재한다고 보고 예술은 형상을 표현하는 것이라고 보았다.

오답 풀이

① (가)와 (나)는 모두 특정 사상가의 예술을 바라보는 관점이 ~~변화하게 된 이유~~를 설명하고 있다.

해설 (가)와 (나)는 모두 특정 사상가가 예술을 바라보는 관점을 그의 사상을 근거로 하여 설명하고 있다. 관점의 변화나 그 변화의 이유에 대해서는 설명하고 있지 않다.

③ ~~(가)와 달리 (나)는~~ 특정 사상가가 생각하는 예술의 불완전성을 설명하고 있다.
↳ (나)와 달리 (가)는

해설 (가)에 따르면, 플라톤은 음유시인의 연기가 저급한 인간의 면모만을 모방할 수밖에 없는 것처럼, 예술을 표면적으로 감각 가능한 현상들만을 모방할 수밖에 없는 불완전한 것으로 치부하였다. 반면 (나)에 따르면, 아리스토텔레스는 예술의 목적이 개개의 사물에 내재하고 있는 보편자, 즉 형상을 표현해 내는 것이라고 보았다. 정리하면, (가)는 플라톤이 생각하는 예술의 불완전성을 설명한 반면, (나)는 아리스토텔레스가 생각하는 예술의 우월성을 설명한 것으로 볼 수 있다.

④ (나)와 달리 (가)는 특정 사상가의 예술관에 내재한 ~~장점과 단점~~을 제시하고 있다.

해설 (가)와 (나) 모두 특성 사상가의 예술관에 대해서만 설명하고 있을 뿐, 그 각각의 장점과 단점을 제시하고 있지는 않다.

⑤ (가)는 ~~특정 사상가의 예술관이 보이는 한계~~를, (나)는 ~~특정 사상가의 예술관이 주는 의의~~를 제시하고 있다.
↳ 특정 사상가의 예술관을 토대로 예술의 한계를
↳ 특정 사상가의 예술관을 토대로 예술의 의의를

해설 (가)는 플라톤이 생각하는 예술의 한계에 대해 설명하고 있는 데 반해, (나)는 아리스토텔레스가 생각하는 예술의 의의에 대해 밝히고 있다.

02 세부 정보의 파악 정답 ④

선택률	① 9%	② 19%	③ 11%	④ 55%	⑤ 6%

(가)의 '플라톤'의 사상을 이해한 내용으로 적절하지 않은 것은?

정답 풀이

④ 예술의 표현 대상은 ~~사물이 아니라 사물 안에 존재하는 형상이다~~.
↳ 감각에 의해 지각되는 현상이다

해설 (가)의 2문단에 따르면, 플라톤은 예술을 사물이 지각되는 현상계의 현상을 모방한 것으로 여겼다. 그는 형상이 사물 안이 아니라 이데아계에 존재한다고 보았으며, 예술은 형상을 모방한 현상계의 사물을 또 다시 모방한 것에 불과하다고 보았다. 따라서 플라톤이 예술의 표현 대상을 형상으로 보았다는 진술은 적절하지 않다. 참고로, 예술의 표현 대상을 사물 안에 존재하는 형상으로 본 인물은 (나)에서 설명한 아리스토텔레스이다.

오답 풀이

① 예술은 형상에 대한 참된 인식을 방해한다.

해설 (가)의 2문단을 보면, 플라톤은 예술이 보편자에서 두 단계 떨어져 있는 열등한 것이며, 형상에 대한 참된 인식을 방해하는 허구의 허구에 불과하다고 여겼다.

② 형상은 감각이 아닌 이성을 통해서만 인식할 수 있다.

해설 (가)의 1문단에 따르면, 플라톤은 영원불변의 이데아계는 현상계에 나타난 모든 사물의 근본이 되는 보편자, 즉 형상이 존재하는 곳으로 이성으로만 인식될 수 있는 관념의 세계라고 보았다. 즉 플라톤은 이성을 감각보다 우월한 것으로 보고, 이데아계는 이성으로만 인식되는 고차원적인 세계라고 여긴 것이다.

③ 현상계의 사물을 모방한 예술은 형상보다 열등한 것이다.

해설 (가)의 2문단에 따르면, 플라톤은 이데아계의 형상을 모방하여 생겨난 것을 현상으로, 현상을 다시 모방한 것을 예술로 보았다. 결과적으로 예술은 형상보다 두 단계 열등하다고 평가한 것이다.

⑤ 이데아계는 현상계에 나타난 모든 사물의 형상이 존재하는 곳이다.

해설 (가)의 1문단에 따르면, 플라톤은 영원불변의 이데아계를 현상계에 나타난 모든 사물의 근본이 되는 보편자, 즉 형상이 존재하는 곳으로 보았다.

03 핵심 정보의 파악 정답 ④

선택률	① 14%	② 9%	③ 20%	④ 43%	⑤ 15%

(나)의 '아리스토텔레스'의 관점에서 형상과 질료에 대해 이해한 내용으로 적절하지 않은 것은?

정답 풀이

④ 형상과 질료 사이의 관계는 현실태와 가능태 사이의 ~~관계와 같다~~.
현실태 = 가능태에 형상이 실현된 어떤 상태 / 가능태 = 형상을 실현시킬 수 있는 가능적 힘이자 질료

해설 (나)의 2문단에 따르면, 아리스토텔레스는 질료, 곧 가능태에 형상이 내재한다고 보았다. 그가 형상을 실현시킬 수 있는 힘을 가능태라고 하고, 그것에 형상이 실현된 어떤 상태를 현실태라고 정의한 것으로 볼 때, 현실태는 가능태에 내재한다고 볼 수 없다. 따라서 형상과 질료 사이의 관계가 현실태와 가능태 사이의 관계와 같다고 보는 것은 적절하지 않다.

오답 풀이

① 형상은 질료와 분리되어 존재할 수 없다.

해설 (나)의 2문단에 따르면, 아리스토텔레스는 형상이 항상 사물의 생성과 변화의 바탕이 되는 질료에 내재한다고 보았다. 이로 볼 때, 아리스토텔레스는 형상이 질료와 분리되어 존재할 수 없다고 보았을 것임을 알 수 있다.

② 질료는 형상을 실현시킬 수 있는 가능적 힘이다.

해설 (나)의 2문단에 따르면, 아리스토텔레스는 가능태란 형상을 실현시킬 수 있는 가능적 힘이자 질료를 의미한다고 하였으므로, 가능태는 곧, 질료라고 말할 수 있다. 따라서 질료는 형상을 실현시킬 수 있는 가능적 힘이라는 진술도 적

절하다.

③ **형상이 질료에 실현되는 원인은 가능태 자체에 내재한다.**

해설 (나)의 2문단에 따르면, 아리스토텔레스는 형상이 항상 사물의 생성과 변화의 바탕이 되는 질료에 내재한다고 보았다. 또한 질료, 즉 가능태에 있는 형상이 완전 현실태를 향한 나아가는 운동의 원인은 가능태 자체에 내재한다고 하였다.

선택지 속 함정

(나)의 2문단에서는 가능태는 곧 질료를 의미한다고 했어. 따라서 선택지 ③의 '질료'를 '가능태'로 바꿔 본다면, '형상이 가능태에 실현되는 원인은 가능태 자체에 내재한다.'라고 표현해 볼 수 있어. 가능태에 형상이 실현된 어떤 상태를 '현실태'라고 했으므로, 선택지 ③은 또 다시 '현실태로 나아가는 과정의 원인은 가능태 자체에 내재한다.'라고 바꿔 이해해도 무방해. (나)의 2문단에서는 '현실태로 향해 나아가는' 이행 과정을 '운동'이라고 했고, 그 운동의 원인은 가능태 자체에 내재한다고 했으므로, 선택지 ③의 진술은 적절하다고 판단해 볼 수 있는 거야.

⑤ **생성·변화하는 것은 형상이 질료에 완전히 실현된 상태인 완전 현실태를 향한다.**

해설 (나)의 2문단에 따르면, 아리스토텔레스는 생성·변화하는 모든 것이 목적을 향해 움직이므로 가능태에 있는 것은 형상이 완전히 실현된 상태인 '완전 현실태'를 향해 나아간다고 보았다.

04 비판적 반응의 적절성 평가 정답 ①

선택률	① 62%	② 7%	③ 13%	④ 8%	⑤ 10%

(가)와 (나)를 참고할 때, '아리스토텔레스'의 입장에서 ㉠을 비판한 것으로 가장 적절한 것은?

= 현상계의 모든 사물은 형상을 본뜬 그림자에 불과하다.

정답 풀이

① **현상계의 사물이 형상을 본뜬 것이라면 현상계의 사물이 생성·변화하는 이유를 설명할 수 없다.**

해설 아리스토텔레스는 모든 현상계의 사물이 생성·변화한다고 보았다. 만약 현상계의 모든 사물이 형상을 본 뜬 그림자에 불과하다면, 어린아이가 성인으로 성장하는 것과 같은 현상을 설명할 수 없다고 하였다.

오답 풀이

② **형상이 변하지 않는 것이라면 ~~현상계에 존재하는 사물들이 모두 제각기 다른 이유를 설명할 수 없다.~~**

↳ 플라톤의 관점에서 현상계의 사물들이 모두 제각기 다른 이유를 설명할 수 있음.

해설 플라톤은 현상계에 존재하는 사물들은 영원불변한 이데아계의 형상을 표현한 것이라고 보았다. 그의 관점에서 사물의 근본이 되는 이데아계의 형상이 모두 제각기 다르다고 전제하면 현상계에 존재하는 사물들이 모두 제각기 다른 이유를 설명할 수 있다.

③ **~~형상과 현상계의 사물이 서로 독립적이라면~~ 현상계에서 사물이 시시각각 변화하는 현상을 설명할 수 없다.**

↳ 플라톤은 형상과 현상계의 사물이 관계가 있다고 보았음.

해설 플라톤은 현상계의 사물은 형상을 본 떠 만든 그림자와 같은 것이라고 하였다. 따라서 플라톤이 형상과 현상계의 사물을 서로 독립적인 것으로 보았다는 전제는 적절하지 않다.

④ **형상이 현상계를 초월하여 존재하는 것이라면 ~~형상을 포함하지 않는 사물을 감각으로 느끼는 것은 불가능하다.~~**

↳ 플라톤은 사물이 형상을 반영하며 감각으로 지각된다고 보았음.

해설 플라톤은 현상계의 사물을 영원불변한 이데아계에 존재하는 형상을 본뜬 그림자로 보았다. 또한 이러한 사물이 나타나는 현상계는 감각에 의해 지각된다고 하였다. 이로 볼 때, 플라톤은 사물은 형상을 반영하고 있으며, 사물이 감각으로 지각된다고 보았음을 알 수 있다.

⑤ **현상계의 모든 사물이 형상의 그림자에 불과하다면 그림자만 ~~볼 수 있는 인간이 형상을 인식하는 것은 불가능하다.~~**

↳ 플라톤은 형상을 이성으로 인식할 수 있다고 봄.

해설 플라톤은 형상이 영원불변한 이데아계에 존재하며, 이것은 이성으로 인식될 수 있다고 보았다.

05 구체적 상황에 적용 정답 ②

선택률	① 9%	② 33%	③ 28%	④ 22%	⑤ 8%

(가)의 '플라톤'과 (나)의 '아리스토텔레스'가 〈보기〉에 대해 보일 반응으로 적절하지 않은 것은? [3점]

보기

고대 그리스의 비극시(허구) 『오이디푸스 왕』의 주인공 오이디푸스는 자신에게 주어진 숙명에 의해 파멸당하는 인물이다. 비극시를 공연하는 음유시인은 목소리, 몸짓으로 작품 속 오이디푸스를 관객 앞에서 연기한다. 음유시인의 연기에 몰입한 관객은 덕성을 갖춘 주인공이 특별한 잘못이 없는데도 불행해지는 모습을 보고 연민과 공포를 느낀다.

자신도 유사한 고통을 겪을 수 있다는 두려움

정답 풀이

② **플라톤: 음유시인은 ~~오이디푸스의 덕성을 연기하는 데 주력하겠지만~~, 관객은 이를 감각으로 파악할 수 없기 때문에 감정과 욕구에 지배되어 타락하게 된다.**

↳ 오이디푸스의 덕성을 연기하는 것에 주력하지 못함.

해설 (가)의 4문단에 따르면, 플라톤은 음유시인이 덕성을 갖춘 인간이 아닌 저급한 인간의 면모를 모방할 수밖에 없다고 비판하였다. 따라서 플라톤의 관점에서 볼 때, 음유시인이 오이디푸스의 덕성을 연기하는 것은 불가능하며 그의 저급한 면모 밖에는 표현하지 못할 것이다.

오답 풀이

① **플라톤: 오이디푸스는 덕성을 갖춘 현상 속 인물을 본떠 만든 허구의 허구이며, 그에 대한 음유시인의 연기는 이를 다시 본뜬 허구이다.**

해설 (가)의 3문단을 보면, 플라톤은 음유시인이 허구의 허구인 서사시나 비극을 창작하고, 이를 작품 속 등장인물의 성격에 어울리는 말투, 몸짓 같은 감각 가능한 현상으로 연기함으로써 다시 허구를 만들어 낸다고 보았다.

③ **플라톤: 음유시인의 목소리와 몸짓을 통해 오이디푸스의 성격이 드러난다면, 감각 가능한 외적 특성을 모방하는 과정에서 감각되지 않는 내적 특성이 표현된 것이다.**

해설 (가)의 3문단을 보면, 플라톤은 음유시인의 연기가 감각 가능한 외적 특성을 모방해 감각으로 파악될 수 없는 내적 특성, 즉 인물을 성격을 드러낸다고 보았다.

④ **아리스토텔레스: 음유시인이 현상 속 인간의 개별적 모습들에서 보편자를 인식해 내어, 이를 다시 오이디푸스라는 허구의 개별자로 표현한 것이다.**

해설 (나)의 4문단을 보면, 아리스토텔레스는 비극시 속 이야기는 음유시인이 경험 세계의 개별자들 속에서 보편자를 인식해 내어, 그것을 다시 허구의 개별자로 표현한 결과물이라고 보았다.

⑤ **아리스토텔레스: 오이디푸스가 숙명에 의해 파멸당하는 것을 본 관객들은 인간 존재의 본질을 이해하는 쾌감을 느낄 뿐 아니라 카타르시스를 경험할 수 있다.**

해설 (나)의 4문단을 보면, 아리스토텔레스는 관객이 음유시인의 연기를 통해 앎의 쾌감을 느낄 수 있을 뿐 아니라 감정이 고조되었다가 해소되는 과정에서 카타르시스의 쾌감을 경험한다고 보았다.

06~10	2021년 11월 고1 전국연합학력평가	본문 116~117쪽

06 ② 07 ④ 08 ⑤ 09 ③ 10 ②

◯ 문단별 핵심어 ★ 중심 문장

(가) 토마스 아퀴나스의 사랑관

1 사랑의 본질에 대한 토마스 아퀴나스의 설명은 인간의 사랑인 아모르에 대한 분석에 기초한다. 그는 인간이 선을 추구하려는 욕구를 지닌 존재인데, ㉠욕구를 추구하는 인간 행위의 원천이 바로 사랑이라 말한다. 이때 선이란 자신에게 좋은 것으로 자신의 본성에 적합하거나 자신에게 기쁨을 주는 것을 뜻한다. (선의 개념)

2 아퀴나스에 ⓐ따르면 인간의 욕구는 감각적 욕구와 지적 욕구로 구별되는데, 이는 선을 추구한다는 점에서는 동일하지만 크게 두 가지 차이점이 있다. (감각적 욕구와 지적 욕구의 공통된 점) 첫째, 감각적 욕구에 의한 추구 행위는 대상에 의해 촉발되어 이에 수동적으로 반응하는 것이다. (감각적 욕구에 의한 추구 행위의 특징 1) 반면 지적 욕구에 의한 추구 행위는 지성의 능동적인 활동과 주체의 선택에 의해 일어나는 보다 적극적인 것이다. (지적 욕구에 의한 추구 행위의 특징 1) 둘째, 감각적 욕구는 감각적 인식 능력에 의해 선으로 인식된 것을 추구하는 반면, (감각적 욕구에 의한 추구 행위의 특징 2) 지적 욕구는 지성에 의해 선으로 이해된 것을 추구한다. (지적 욕구에 의한 추구 행위의 특징 2) 왜냐하면 감각적 인식능력은 대상의 선악 판단에 개입할 수 없지만, 지성은 대상이 무엇이든 이해한 바에 따라 선악 판단을 다르게 할 수 있기 때문이다. 「예를 들어 단맛이 나에게 기쁨을 준다면 감각적 욕구는 사탕을 추구하겠지만, 지적 욕구는 사탕이 충치를 유발할 수도 있으므로 선이 아니라고 판단한다면 추구하지 않을 수도 있다.」 (「 」: 지적 욕구의 선악 판단 예)

3 아퀴나스는 감각적 욕구와 지적 욕구가 있는 곳에는 항상 사랑이 있다고 말하며, 사랑이 선을 향한 감각적 욕구와 지적 욕구에 의한 추구 행위를 일으키는 힘이라고 설명한다. 특히, 아퀴나스는 감각적 욕구에 의한 추구 행위를 '정념'이라고 칭하며, (정념의 개념) 사랑을 전제하지 않는 정념은 없으며 선을 향한 사랑에서부터 여러 정념이 비롯된다고 하였다. (정념이 사랑에서 비롯됨.) 만약 여러 대상에 대한 감각적 욕구들이 동시에 일어난다면 어떻게 될까? 인간은 가장 먼저 추구할 감각적 욕구를 지성에 의해 판단하고 선택한다. (지적 욕구에 의한 판단이 작용함.) 다른 것보다 더 선이라고 이해된 것을 우선 추구하기 때문이다. 결국 아퀴나스가 말하는 인간의 사랑은 선에 대한 자신의 이해에 입각하기 때문에 자신에게 선인 것에 대한 사랑을 근본으로 한다.

(나) 칸트의 사랑관

1 칸트는 감성적 차원의 사랑과 실천적 차원의 사랑이 다르다고 설명한다. 감성적 차원의 사랑은 남녀 간의 사랑같이 인간의 경향성에 근거한 사랑이며, (감성적 차원의 사랑에 대한 정의) 실천적 차원의 사랑은 의무로서의 사랑이라 할 수 있다. (실천적 차원의 사랑에 대한 정의) 칸트는 감성적 차원의 사랑보다는 실천적 차원의 사랑에 더 주목하고 가치를 부여한다.

2 칸트에 따르면 인간은 도덕법칙을 실천하려고 하는 선의지를 지닌 존재이다. 여기서 선의지란 선을 지향하는 의지로 그 자체만으로 조건 없이 선한 것이다. (선의지의 개념) 그는 인간이 도덕적 존재가 될 수 있는 것은 이성이 인간에게 도덕법칙을 의무로 부여하기 때문이라고 말한다. 칸트에게 의무란 도덕법칙에 대한 존경심 때문에 어떤 행위를 필연적으로 해야만 하는 것이다. (칸트가 말하는 의무의 정의) 이때 보편적으로 적용할 수 있는 도덕법칙은 '너는 무엇을 해야 한다'라는 명령의 형식으로 나타나며, 칸트는 선의지에 따라 의무로부터 비롯된 행위를 실천하는 것만이 도덕적 가치가 있다고 보았다.

3 칸트의 관점에서 감성적 차원의 사랑은 욕구나 자연적 경향성에 이끌리는 감정이기 때문에, 의무로 강제하거나 명령을 통해 일으킬 수 있는 것이 아니다. (감성적 차원의 사랑의 특성) 그는 어떤 경향성과도 무관하거나 심지어 경향성을 거스르지만, 도덕법칙을 ⓑ따르려는 의무로서의 사랑을 실천하는 것만이 참된 도덕적 가치를 지닌다고 보았다. 그리고 실천적 차원의 사랑만이 보편적인 도덕법칙으로 명령될 수 있으며, (감성적 차원의 사랑의 특성) 인간에 대한 실천적 차원의 사랑은 모든 인간이 갖는 서로에 대한 의무라고 말한다.

지문 분석하기

|지문 구조|

(가)

1 아모르에 대한 분석에 기초한 토마스 아퀴나스의 사상
↓
2 인간이 가진 두 가지 욕구의 차이점 + **3** 사랑을 근본으로 하는 감각적 욕구와 지적 욕구

|주제| 토마스 아퀴나스의 사랑의 본질

(나)

1 감성적 차원의 사랑과 실천적 차원의 사랑을 구분한 칸트
↓
2 칸트의 인간관과 도덕법칙 + **3** 도덕적 가치를 지니는 실천적 차원의 사랑

|주제| 칸트의 실천적 사랑의 가치

한컷 정리하기

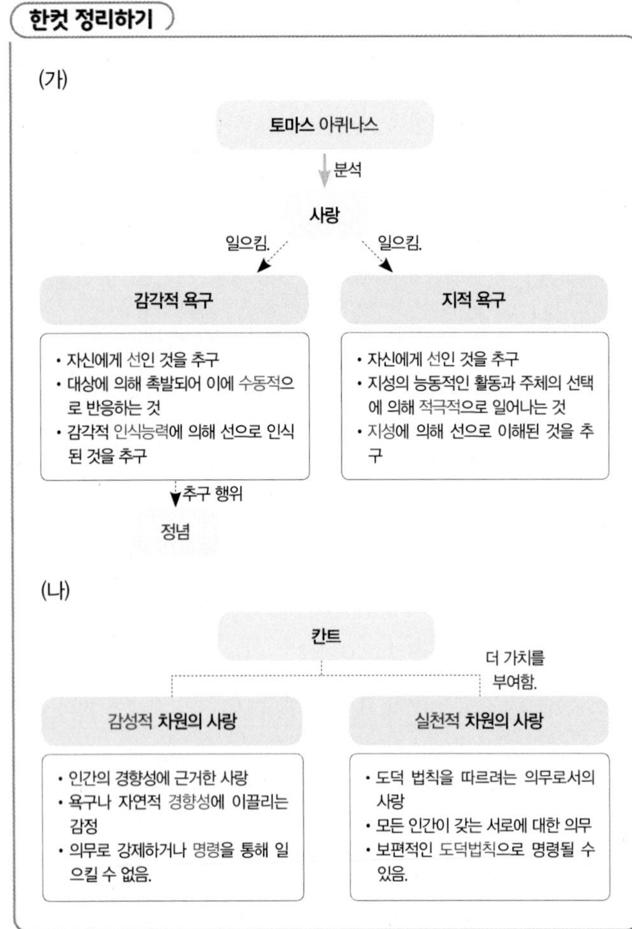

06 글의 전개 방식 파악

정답 ②

선택률	① 2%	② 74%	③ 5%	④ 17%	⑤ 2%

(가)와 (나)의 공통점으로 가장 적절한 것은?

정답 풀이

② (가)와 (나)는 모두 용어의 개념을 정의하며 내용을 전개하고 있다.
어떤 말이나 사물의 뜻을 명백히 밝혀 규정함.

해설 (가)는 '선'과 '정념'의 개념을 정의하며 내용을 전개하고 있고, (나) 역시 '감성적 차원의 사랑', '실천적 차원의 사랑', '선의지', '의무' 등의 개념을 정의하며 내용을 전개하고 있다.

오답 풀이

① (가)와 (나)는 모두 ~~문제점에 대한 해결 방안을~~ 모색하고 있다.

해설 (가)와 (나)는 모두 어떤 문제 상황이나 해결 방안을 제시하고 있지 않다.

③ (가)와 (나)는 모두 ~~두 가지 이론의 장단점을 비교하며~~ 설명하고 있다.
둘 이상의 사물을 견주어 서로 간의 유사점, 차이점, 일반 법칙 따위를 고찰하는 일

해설 (가)는 사랑의 본질에 관한 토마스 아퀴나스의 이론을, (나)는 사랑에 관한 칸트의 이론을 설명하고 있을 뿐, 어떤 이론의 장단점을 비교하고 있지는 않다.

④ (가)와 (나)는 모두 두 가지 관점을 절충하며 하나의 결론을 도출하고 있다.
서로 다른 사물이나 의견, 관점 따위를 알맞게 조절하여 서로 잘 어울리게 함.

해설 (가)는 인간의 욕구를 감각적 욕구와 지적 욕구로 나누어 설명하고 있고, (나)는 사랑을 감성적 차원의 사랑과 실천적 차원의 사랑으로 나누어 설명하고 있을 뿐이며, 두 가지 관점을 절충하며 하나의 결론을 도출하고 있지는 않다.

⑤ (가)와 (나)는 모두 특정 학자의 견해가 지닌 논리적 오류를 지적하고 있다.

해설 (가)와 (나) 모두 특정 학자의 견해를 객관적으로 설명하는 입장을 취하고 있을 뿐, 그것의 논리적 오류를 지적하고 있지는 않다.

07 핵심 정보의 파악

정답 ④

선택률	① 4%	② 2%	③ 3%	④ 89%	⑤ 2%

㉠에 대한 설명으로 적절하지 않은 것은?
= 욕구

정답 풀이

④ 감각적 욕구들은 동시에 일어날 수 없다.
↳ 있음.

해설 (가)의 3문단에 따르면, 아퀴나스는 만약 여러 감각적 욕구들이 동시에 일어난다면 인간은 가장 먼저 추구할 감각적 욕구를 지성에 의해 판단하고 선택하게 된다고 하였다. 따라서 감각적 욕구들은 여러 가지가 동시에 일어날 수 있다.

오답 풀이

① 선을 추구한다.

해설 (가)의 1문단에 따르면, 아퀴나스는 인간이 선을 추구하려는 욕구를 지닌 존재라고 하였다.

② 인간이 지니고 있는 것이다.

해설 (가)의 1문단에 따르면, 아퀴나스는 인간이 선을 추구하려는 욕구를 지녔다고 하였다.

③ 감각적 욕구와 지적 욕구로 구별된다.

해설 (가)의 2문단에 따르면, 아퀴나스는 인간의 욕구를 감각적 욕구와 지적 욕구로 구별하였다.

⑤ 감각적 욕구에 의한 추구 행위는 정념이라 부른다.

해설 (가)의 3문단에 따르면, 아퀴나스는 감각적 욕구에 의한 추구 행위를 '정념'이라고 칭하며, 사랑을 전제하지 않는 정념은 없으며 선을 향한 사랑에서부터 여러 정념이 비롯된다고 주장하였다.

08 구체적 상황에 적용

정답 ⑤

선택률	① 3%	② 10%	③ 12%	④ 12%	⑤ 63%

(가)와 (나)를 읽은 학생이 <보기>에 대해 보인 반응으로 적절하지 않은 것은? [3점]

보기

갑은 잠에서 깨어나 방안 가득한 카레 냄새를 맡고 카레가 먹고 싶어져 식탁으로 갔다. 그런데 오늘 예정된 봉사활동에 늦지 않기 위해 카레를 먹지 않기로 하고 봉사활동을 하러 갔다. 봉사
(지성이 카레를 먹는 것을 선이 아니라고 판단함.)
활동을 마치고 집에 가는 길에 카페에 들렀더니 진열장에 시원한 생수와 맛있는 케이크가 있었다. 그것들을 보니 목도 마르고 배
(감각적 욕구가 동시에 생김.)
도 고팠지만 생수를 먼저 주문해 마신 후, 케이크를 주문해 먹었
(가장 먼저 추구할 감각적 욕구를 지성에 의해 판단함.)
다. 그러다 갑은 카페에 들어오는 이성인 을의 미소를 보고 첫눈
(자연적 경향성에 이끌린 감성적 차원의 사랑)
에 반했다. 평소 갑은 부끄러움이 많았지만 용기를 내어 을에게 다가갔다.

정답 풀이

남녀 간의 사랑
⑤ 칸트에 따르면, 갑이 을에게 다가간 것은 감성적 차원의 사랑에서 ~~실천적 차원의 사랑으로 나아간 것이겠군.~~

해설 (나)의 1문단에서 감성적 차원의 사랑은 남녀 간의 사랑같이 인간의 경향성에 근거한 사랑이며, 실천적 차원의 사랑은 의무로서의 사랑이라고 하였다. 즉, 실천적 차원의 사랑은 도덕법칙을 따르려는 것이므로 단순히 이성에 대한 호감을 가지고 다가간 것을 실천적 차원의 사랑이라고 보기는 어렵다.

오답 풀이

① **아퀴나스에 따르면, 갑이 카레가 먹고 싶어진 것은 카레 냄새에 의해 촉발된 감각적 욕구에 의한 추구 행위이겠군.**

해설 (가)의 2문단에 따르면, 아퀴나스는 감각적 욕구에 의한 추구 행위를 대상에 의해 촉발되어 이에 수동적으로 반응하는 것이라고 설명하였다. 즉, 카레 냄새라는 대상에 의해 촉발되어 카레가 먹고 싶다는 욕망이 생겼으므로, 이는 감각적 욕구에 의한 추구 행위라고 볼 수 있다.

② **아퀴나스에 따르면, 갑이 카레를 먹지 않은 것은 지성이 카레를 먹는 것을 선이 아니라고 판단했기 때문이겠군.**

해설 (가)의 2문단의 아퀴나스의 견해에 따르면, 지적 욕구에 의한 추구 행위는 지성의 능동적인 활동과 주체의 선택에 의해 일어나는 것이라고 하였다. 여기서 지성은 이해한 바에 따라 선악 판단을 다르게 할 수 있다고 하였고, 선이 아니라고 판단한다면 추구하지 않을 수도 있다고 하였다. 이로 볼 때, 갑이 카레를 먹지 않은 것은 카레를 먹는 것이 선이 아니라 봉사활동을 하러 가는 것을 선이라고 판단했기 때문이다.

③ **아퀴나스에 따르면, 갑이 생수와 케이크 중 생수를 먼저 주문해 마신 것은 갈증을 해결하는 것이 더 선이라고 이해했기 때문이겠군.**

해설 (가)의 3문단의 아퀴나스의 견해에 따르면, 인간은 감각적 욕구가 동시에 생겼을 경우 가장 먼저 추구할 감각적 욕구를 지성에 의해 판단한다고 하였다. 이로 볼 때, 갑이 생수를 먹고 싶은 욕구와 케이크를 먹고 싶은 욕구 중 생수를 마시는 것을 선택한 것은 이를 더 선이라고 이해했기 때문이다.

④ **칸트에 따르면, 갑이 을의 미소에 첫눈에 반한 것은 자연적 경향성에 이끌린 것이겠군.**

해설 (나)의 1문단의 칸트의 견해에 따르면, 감성적 차원의 사랑은 남녀 간의 사랑같이 욕구나 자연적 경향성에 이끌리는 감정이라고 할 수 있다. 이로 볼 때, 갑이 을의 미소에 호감을 느낀 것은 자연적 경향성에 따른 것이라고 볼 수 있다.

09 세부 정보의 파악

정답 ③

선택률	① 17%	② 11%	③ 53%	④ 7%	⑤ 12%

(가)와 (나)에 대해 이해한 내용으로 적절하지 않은 것은?

정답 풀이

③ **(가)의 아퀴나스는 사랑을 통해 기쁨을 얻을 수 있다고 보았고, (나)의 칸트는 사랑이 인간에게 도덕법칙을 의무로 부여한다고 보았다.**
↳ 이성이

해설 (가)의 1문단에 따르면, 아퀴나스는 선을 추구하는 인간 행위의 원천을 사랑이라고 보았으며, 이때의 선은 자신에게 기쁨을 주는 것을 뜻한다고 하였다. 이로 볼 때, 아퀴나스는 사랑을 통해 기쁨을 얻을 수 있다고 보았음을 알 수 있다. 한편 (나)의 2문단에 따르면, 칸트는 인간이 도덕적 존재가 될 수 있는 것은 이성이 인간에게 도덕법칙을 의무로 부여하기 때문이라고 보았다. 이로 볼 때, 인간에게 도덕법칙을 의무로 부여하는 것은 사랑이 아니라 이성임을 알 수 있다.

오답 풀이

① **(가)의 아퀴나스는 인간이 선악을 판단할 수 있다고 보았고, (나)의 칸트는 인간에게 그 자체로 선한 선의지가 내재되어 있다고 보았다.**

해설 (가)의 2문단에 따르면, 아퀴나스는 인간이 지닌 지성은 대상이 무엇이든 이해한 바에 따라 선악 판단을 다르게 할 수 있다고 보았다. (나)의 2문단에 따르면, 칸트는 인간을 도덕법칙을 실천하려고 하는 선의지를 지닌 존재라고 보았다.

② **(가)의 아퀴나스는 모든 정념이 사랑을 전제한다고 보았고, (나)의 칸트는 감성적 차원의 사랑은 명령을 통해 일으킬 수 없다고 보았다.**

해설 (가)의 3문단에 따르면, 아퀴나스는 사랑을 전제하지 않는 정념은 없다고 보았다. (나)의 3문단을 보면, 칸트는 감성적 차원의 사랑은 욕구나 자연적 경향성에 이끌리는 감정이기 때문에 의무로 강제하거나 명령을 통해 일으킬 수 있는 것이 아니라고 보았다.

④ **(가)의 아퀴나스는 사랑을 욕구와의 관계에 따라 설명하였고, (나)의 칸트는 사랑을 감성적 차원과 실천적 차원으로 구분하여 설명하였다.**

해설 (가)에 따르면, 아퀴나스는 인간의 욕구를 감각적 욕구와 지적 욕구로 구별하여 각각의 차이점을 중심으로 사랑의 본질에 대해 설명하였다. (나)에 따르면, 칸트는 인간의 사랑을 감성적 차원의 사랑과 실천적 차원의 사랑으로 구분하면서 실천적 차원의 사랑이 더 가치가 있음을 주장하였다.

⑤ **(가)의 아퀴나스는 인간의 사랑이 자신에게 선인 것에 대한 사랑을 근본으로 한다고 보았고, (나)의 칸트는 보편적으로 적용할 수 있는 도덕법칙이 있다고 보았다.**

해설 (가)의 5문단에서 아퀴나스가 말하는 인간의 사랑은 선에 대한 자신의 이해에 입각하기 때문에 자신에게 선인 것에 대한 사랑을 근본으로 한다고 하였다. 한편 (나)의 2문단에 따르면, 칸트는 보편적으로 적용할 수 있는 도덕법칙이 명령의 형태로 나타난다고 주장하였다.

10 어휘의 문맥적 의미 파악

정답 ②

선택률	① 3%	② 85%	③ 6%	④ 4%	⑤ 2%

다음 중 ⓐ와 ⓑ의 의미로 쓰인 예가 바르게 짝지어진 것은?
= 따르면 = 따르려는

정답 풀이

② **ⓐ: 그는 법에 따라 일을 처리했다.**
ⓑ: 우리는 의회의 결정을 따르겠다.

해설 ⓐ'따르다'와 ②의 ⓐ'따르다'는 '어떤 경우, 사실이나 기준 따위에 의거하다.'의 의미로 쓰였다. ⓑ'따르다'와 ②의 ⓑ'따르다'는 '관례, 유행이나 명령, 의견 따위를 그대로 실행하다.'의 의미로 사용되었다.

오답 풀이

① **ⓐ: 경찰이 범인의 뒤를 따랐다.**
ⓑ: 춤으로는 그를 따를 자가 없다.

해설 ①의 ⓐ에서 '따르다'는 '다른 사람이나 동물의 뒤에서, 그가 가는 대로 같이 가다.'의 의미로 쓰였다. ①의 ⓑ에서 '따르다'는 '앞선 것을 좇아 같은 수준에 이르다.'의 의미로 쓰였다.

③ **ⓐ: 개발에 따른 공해 문제가 심각하다.**
ⓑ: 우리 집 개는 아버지를 유난히 따른다.

해설 ③의 ⓐ에서 '따르다'는 '어떤 일이 다른 일과 더불어 일어나다.'의 의미로 쓰였다. ③의 ⓑ에서 '따르다'는 '좋아하거나 존경하여 가까이 좇다.'의 의미로 쓰였다.

④ **ⓐ: 아무도 그의 솜씨를 따를 수 없었다.**
ⓑ: 그는 유행을 따라서 옷을 입었다.

해설 ④의 ⓐ에서 '따르다'는 '앞선 것을 좇아 같은 수준에 이르다.'의 의미로 쓰였다. ④의 ⓑ에서 '따르다'는 '관례, 유행이나 명령, 의견 따위를 그대로 실행하다.'의 의미로 쓰였다.

⑤ **ⓐ: 사용 목적에 따라서 물건을 분류했다.**
ⓑ: 나는 강을 따라 천천히 내려갔다.

해설 ⑤의 ⓐ에서 '따르다'는 '어떤 경우, 사실이나 기준 따위에 의거하다.'의 뜻으로 쓰였다. ⑤의 ⓑ에서 '따르다'는 '일정한 선 따위를 그대로 밟아 움직이다.'의 의미로 쓰였다.

주제 통합 3

01~06 2022년 9월 고1 전국연합학력평가 본문 118~120쪽

01 ④ 02 ⑤ 03 ⑤ 04 ③ 05 ⑤ 06 ①

문단별 핵심어 ★ 중심 문장

(가) 2차적저작물의 개념

1 저작권법 제2조 제1호에서 정의하고 있는 저작물이란 인간의 사상 또는 감정을 표현한 창작물을 말한다. 저작권법으로 보호받는 저작물이 되려면 창작성이 있어야 한다. 여기에서의 창작성이란 완전히 새로워야 한다거나 예술적 수준이 높아야 한다는 것이 아니라, 남의 것을 단순히 베끼지 않고 최소한의 개성을 담아야 함을 의미한다. 우연히 기존의 저작물과 유사하더라도 베끼지 않고 독자적으로 창작한 것이라면 저작권을 보호받을 수 있다.

(저작권법에 규정된 저작물의 정의 / 창작성의 요건)

2 저작권법상 원저작물을 번역·편곡·변형·각색 등의 방법으로 작성한 창작물을 2차적저작물이라 한다. 이러한 2차적저작물이 되려면 원저작물을 기초로 하여야 한다. 또한 원저작물과 실질적 유사성을 유지하여야 한다. 소설을 기초로 하는 영화가 2차적저작물이 되려면 영화의 사건 구성과 전개, 등장인물의 교차 등이 소설과 실질적 유사성을 유지하여야 한다. 그리고 원저작물에 사회 통념상 새로운 저작물이 될 수 있을 정도의 수정·증감을 가하여 새로운 창작성을 부가하여야 한다. 근대 소설을 현대 표기법에 맞도록 수정한 것은 원저작물의 복제물에 가까운 것으로 2차적저작물로 보기 어렵다. 반면 소설을 원저작물로 하여 이를 각색한 후 영화로 제작한다면 이 영화는 2차적저작물이 된다.

(2차적저작물의 개념 / 2차적저작물의 조건 1 / 2차적저작물의 조건 2 / 2차적저작물의 조건 3)

3 만약 원저작물을 떠올릴 수 없을 정도로 완전히 바뀌어 실질적 유사성이 인정되지 않는다면 이것은 2차적저작물이 아니라 원저작물과는 다른 독립저작물로 인정받을 수 있다. 2차적저작물과 독립저작물을 구별하는 기준으로 원저작물과 시장적 경쟁 관계에 있는지 여부가 있다. 시장적 경쟁 관계에 있다는 것은 어떤 저작물을 구매할 때 원저작물의 수요가 줄어드는 것이다. 이는 구매한 저작물이 원저작물을 대체한다는 것이다. 일반적으로 2차적저작물은 원저작물과 시장적 경쟁 관계에 있다고 보지만, 독립저작물은 원저작물과 시장적 경쟁 관계에 있다고 보지 않는다.

(실질적 유사성이 인정되지 않을 경우 / 2차적저작물과 독립저작물을 구별하는 기준)

(나) 2차적저작물의 법적 보호

1 저작권이란 저작자가 자신이 창작한 저작물에 대해 갖는 권리이다. 저작권은 여러 가지 권리의 총집합으로 저작인격권과 저작재산권으로 ⓐ나눌 수 있다. 저작인격권은 저작자가 자신의 저작물에 대하여 가지는 인격적 권리로, 저작자만이 가질 수 있으며 양도할 수 없고 저작자가 사망하면 소멸한다. 저작자가 사망한 뒤에라도 유족 등은 명예 회복을 위한 조치를 취할 수 있는데, 저작물을 이용하는 사람이 저작자가 살아 있었다면 저작인격권의 침해가 될 행위를 하여 저작자의 명예를 훼손한 경우가 이에 해당한다. 이와 달리 저작재산권은 저작물을 일정한 방식으로 이용함으로써 발생하는 재산적 이익을 보호하는 권리로, 양도가 가능하다. 이때 저작재산권 전체를 양도할 수도 있지만 저작재산권을 구성하는 각각의 권리를 나누어 일부를 양도할 수도 있다.

(저작권의 정의 / 저작권의 종류 / 저작인격권의 개념 / 저작인격권의 특징 / 저작재산권의 개념과 특징)

2 저작권 침해 사안은 저작재산권을 구성하는 권리 중 하나인 2차적저작물 작성권과 관련되어 있는 경우가 많다. 저작권법 제22조에 의하면 저작자는 자신의 저작물을 원저작물로 하는 2차적저작물을 작성하여 이용할 권리, 즉 2차적저작물 작성권을 갖는다. 만약 누군가 원저작물의 저작자, 즉 원저작자 허락 없이 원저작물에 의거하여 그 저작물과 실질적으로 유사한 저작물을 작성하여 이용한다면 그 사람은 원저작자의 2차적저작물 작성권을 침해한 것이 된다.

(2차적저작물과 관련된 경우가 많음. / 원저작물의 저작자에게 있음.)

3 ㉮ 저작권법 제5조 제1항에 의하면 2차적저작물은 독자적인 저작물로서 보호를 받는다. 그런데 원저작자의 허락 없이 작성된 2차적저작물도 저작권법의 보호를 받을 수 있을까? 받을 수 있다. 즉 원저작자에게 허락을 받지 않아도 일단 2차적저작물이 만들어지면 2차적저작물의 저작권은 원저작물의 저작권과는 별개의 권리로서 보호를 받으며, 원저작자의 허락이 있었는지 여부는 2차적저작물의 저작권 발생에 영향을 주지 않는다.

(2차적저작물도 별개의 권리를 획득)

4 다만 허락 없이 2차적저작물을 작성하여 이용하는 것은 원저작자의 권리를 침해하는 것이므로, 원저작자는 자기 허락 없이 만들어진 2차적저작물을 이용하지 못하도록 금지하거나 손해배상을 청구하는 등 권리를 침해한 사람에게 자신의 권리를 주장할 수 있다. 그러므로 2차적저작물을 작성하여 이용하려는 사람은 원저작자의 저작권을 침해하지 않기 위해 원저작자에게 원저작물 이용에 대한 허락을 받을 필요가 있다. 만약 원저작자가 2차적저작물 작성권을 다른 사람에게 양도하였다면 양도받은 사람에게 허락을 받아야 한다.

(원저작자의 권리 주장 / 2차적저작물의 양도 가능성)

5 ㉠ 원저작물을 기초로 만들어진 ㉡ 2차적저작물을 기반으로 하여 ㉢ 또 다른 2차적저작물을 제작하는 경우라면, 원저작물의 2차적저작물 작성권을 가진 사람의 허락까지 받을 필요가 있다. 소설을 각색한 2차적저작물인 영화를 기반으로 또 다른 2차적저작물인

연극을 제작한다고 할 때, 연극이 소설을 기반으로 창작된 것임을 부인할 수는 없을 것이다. 그러므로 연극을 제작하려는 사람은 소설과 영화의 2차적저작물 작성권을 가진 사람 모두에게 허락을 받을 필요가 있다.

지식을 쌓는 **배경지식**

저작권 침해의 세 가지 성립 요건

첫째, 저작권법에서는 인간의 사상이나 감정을 표현한 창작물을 보호의 대상으로 삼기 때문에 원저작자만의 창작성이 인정되는 표현을 복제한 것이 입증되어야 한다. 사회적으로 통용되는 관용적인 표현이나 상식적인 내용은 복제로 보지 않는다.

둘째, 기존의 저작물을 참고하여 작성했다는 의거성이 인정되고 작성된 복제물이 실질적으로 기존의 저작물과 유사하여야 한다. 만약 누군가가 남의 저작물을 의도적으로 복제하여 새로운 저작물을 작성하였더라도 원저작물과 새로운 저작물 사이에 실질적 유사성이 없다면 그것은 별개의 독립저작물로 인정받는다. 하지만 원저작물과의 실질적 유사성이 발견될 경우 이는 2차적저작물이 된다.

셋째, 원저작자의 허락을 받지 않고 불법적으로 복제한 경우여야 한다. 저작권법에서는 저작재산권의 제한과 법정 허락 등을 규정하고 있으므로 이러한 규정과 절차를 이행하여 불법 복제에 해당하지 않는 경우는 저작재산권의 침해로 보지 않는다.

지문 분석하기

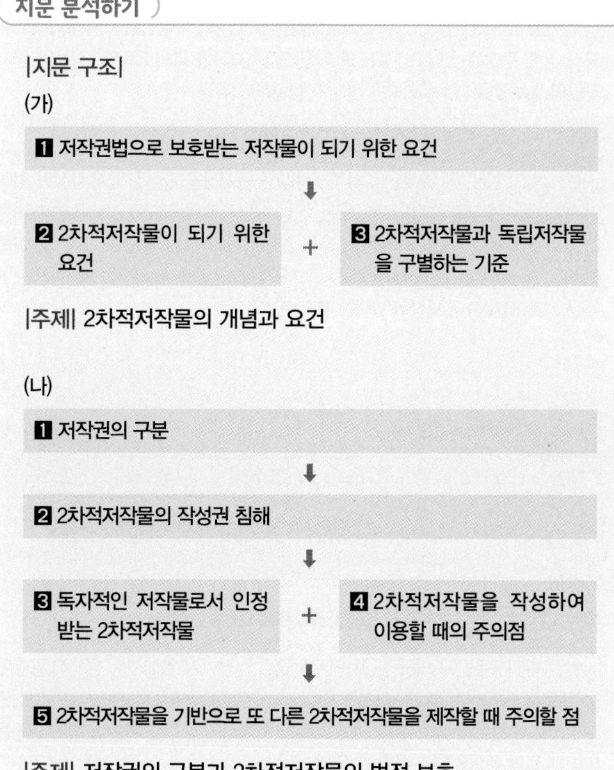

한컷 정리하기

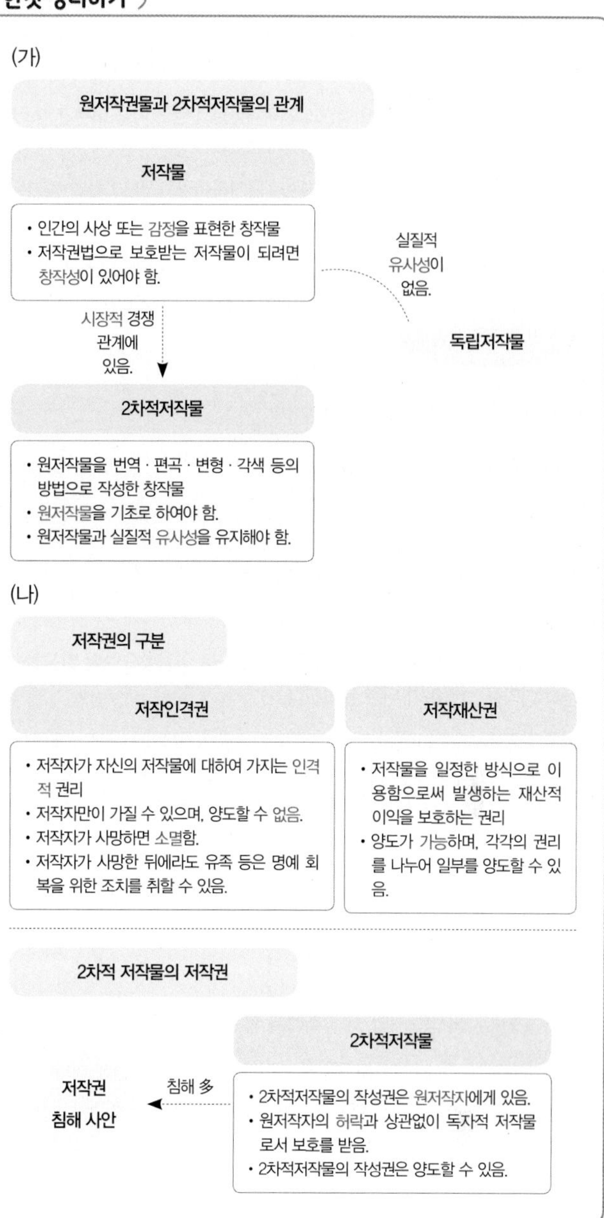

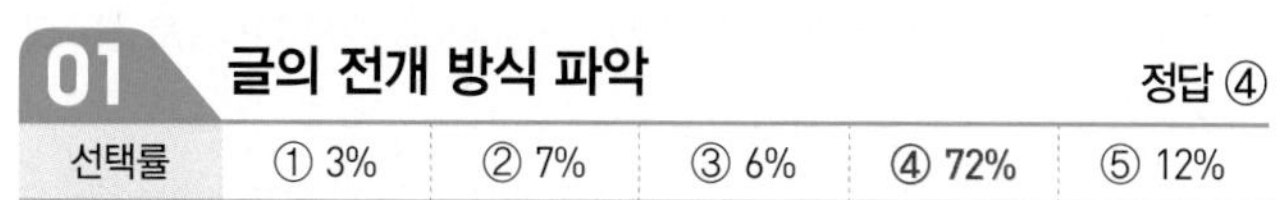

01 글의 전개 방식 파악 정답 ④

선택률	① 3%	② 7%	③ 6%	④ 72%	⑤ 12%

(가), (나)에 대한 설명으로 적절하지 않은 것은?

정답 풀이

④ (나)는 묻고 답하는 방식을 통하여 ~~저작권 침해가 발생하는 경우를 나열하고 있다.~~

해설 (나)의 3문단에서 원저작자의 허락 없이 작성된 2차적저작물이 저작권법의 보호를 받을 수 있는지를 묻고 이에 대해 답하는 형식을 취하고 있긴 하지만, 이를 통해 저작권 침해가 발생하는 경우를 나열하고 있지는 않다.

오답 풀이

① (가)는 일정한 기준에 따라 2차적저작물과 독립저작물을 구분하고 있다.
구분: 일정한 기준에 따라 전체를 몇 개로 나누어 설명하는 방식

해설 (가)의 3문단에서는 원저작물과 시장적 경쟁 관계에 있는지 여부를 기준으로 2차적저작물과 독립저작물을 구분하여 설명하고 있다.

② (가)는 예시를 활용하여 2차적저작물이 갖추어야 할 요건을 설명하고 있다.
예시: 구체적인 상황이나 대상을 들어 상세하게 설명하는 방식

해설 (가)는 2문단에서 2차적저작물이 갖추어야 할 요건을 설명하기 위하여 소설을 각색하여 영화로 제작한 예를 들고 있다.

③ (나)는 차이점을 밝히며 저작인격권과 저작재산권을 구별하고 있다.
성질이나 종류에 따라 갈라서 설명하는 방식

해설 (나)는 1문단에서 저작인격권과 저작재산권의 양도 가능 여부가 다르다는 차이점을 밝히며 이 둘을 구별하여 설명하고 있다.

⑤ (가)와 (나)는 모두 법에 제시된 내용에 근거하여 2차적저작물과 관련된 용어를 설명하고 있다.

해설 (가)의 1문단에서 저작권법 제2조 제1호에 근거하여 '저작물'의 개념을 설명하고 있으며, (나)의 2문단에서 저작권법 제22조에 근거하여 '2차적저작물 작성권'의 개념을 설명하고 있다.

02 세부 정보의 파악 정답 ⑤

선택률	① 3%	② 35%	③ 9%	④ 7%	⑤ 46%

(가), (나)의 내용과 일치하는 것은?

정답 풀이

⑤ 2차적저작물 작성권은 2차적저작물을 작성하여 이용함으로써 발생하는 재산적 이익을 보호하기 위한 권리이다.

해설 (나)의 1문단에 따르면, 저작권은 저작물을 일정한 방식으로 이용함으로써 발생하는 재산적 이익을 보호하는 권리인 저작재산권을 포함하고 있다. (나)의 2문단에서 저작자는 자신의 저작물을 원저작물로 하는 2차적저작물을 작성하여 이용할 권리인 2차적저작물 작성권을 갖는다고 하였는데, 이는 저작재산권을 구성하는 권리 중 하나라고 하였다. 따라서 2차적저작물 작성권은 2차적저작물을 작성하여 이용함으로써 발생하는 재산적 이익을 보호하기 위한 권리라고 말할 수 있다.

오답 풀이

① 저작인격권은 저작자 사망 시 유족에게 ~~양도되어 보호받는다.~~
↳ 양도되지 않고 소멸함.

해설 (나)의 1문단에서 저작인격권은 저작자가 자신의 저작물에 대하여 가지는 인격적 권리로, 저작자만이 가질 수 있으며 양도할 수 없고 저작자가 사망하면 소멸한다고 하였다.

② 2차적저작물의 저작권은 ~~2차적저작물 작성권을 가진 사람이 갖게 된다.~~
↳ 2차적저작물의 작성권과는 구별됨.

해설 (나)의 3문단에서 2차적저작물은 독자적인 저작물로서 보호를 받는다고 하였다. 따라서 2차적저작물의 작성권은 원저작자에게 있지만, 2차적저작물의 저작권은 2차적저작물을 만든 사람에게 있다.

③ 원저작물을 수정한 것이라면 복제물에 가깝더라도 2차적저작물로 간주할 수 있다.
↳ 없음.

해설 (가)의 2문단에서 근대 소설을 현대 표기법에 맞도록 수정한 것은 원저작물의 복제물에 가까운 것으로 2차적저작물로 보기 어렵다고 하였다. 2차적저작물로 간주되려면 원저작물과의 유사성과 새로운 창작성의 추가라는 요건이 갖추어져야 한다.

④ 다른 사람의 저작물을 베낀 것이 아니더라도 그 저작물과 유사하면 저작권 보호를 받을 수 없다.
↳ 있음.

해설 (가)의 1문단에서 우연히 기존의 저작물과 유사하더라도 베끼지 않고 독자적으로 창작한 것이라면 저작권 보호를 받을 수 있다고 하였다.

03 세부 정보의 추론 정답 ⑤

선택률	① 5%	② 2%	③ 11%	④ 6%	⑤ 76%

㉠~㉢을 이해한 내용으로 적절하지 않은 것은?
= ㉠: 원저작물, ㉡: 2차적저작물, ㉢: 또다른 2차적저작물

정답 풀이

⑤ ~~㉡을 작성할 때는 ㉢과 달리~~ ㉠의 2차적저작물 작성권을 가진 사람의 허락을 받을 필요가 있다.
↳ ㉡과 ㉢을 작성할 때는 모두

해설 (나)의 4문단에서 2차적저작물을 작성하여 이용하려는 사람은 원저작자의 허락을 받을 필요가 있다고 하였다. 또한 (나)의 5문단에서는 원저작물을 기초로 만들어진 2차적저작물을 기반으로 하여 또 다른 2차적저작물을 제작하는 경우라면, 원저작물의 2차적저작물 작성권을 가진 사람의 허락까지 받을 필요가 있다고 하였다. 따라서 ㉡과 ㉢을 작성할 때는 모두 ㉠의 2차적저작물 작성권을 가진 사람의 허락을 받을 필요가 있다.

오답 풀이

① ㉠의 저작자와 ㉡을 작성하여 이용할 수 있는 권리를 가진 사람은 다를 수 있다.

해설 (나)의 2문단에 따르면, ㉠의 저작자는 ㉡을 작성하여 이용할 권리인 2차적저작물 작성권을 갖는다. (나)의 4문단에 따르면, 2차적저작물 작성권은 다른 사람에게 양도할 수 있으므로 ㉠의 저작자와 ㉡을 작성하여 이용할 수 있는 권리를 가진 사람은 다를 수 있다.

② ㉡은 ㉠을 기반으로 창작된 것으로 본다.

해설 (가)의 2문단에서 2차적저작물이 갖추어야 하는 요건이 제시되어 있는데, 2차적저작물로 인정을 받기 위해서는 원저작물을 기반으로 하는 유사성이 있어야 하고, 원저작물에 새롭게 창작된 요소가 추가되어야 한다고 하였다. 이로 볼 때, ㉡은 ㉠을 기반으로 창작된 것이라 할 수 있다.

③ ㉡과 ㉢은 시장적 경쟁 관계에 있다고 보는 것이 일반적이다.

해설 (가)의 4문단에 의하면, 시장적 경쟁 관계에 있다는 것은 어떤 저작물을 구매할 때 원저작물의 수요가 줄어드는 것이다. 이는 구매한 저작물이 원저작물을 대체할 수 있음을 뜻하는 것으로 일반적으로 2차적저작물은 원저작물과 시장적 경쟁 관계에 있다고 본다. 또 다른 2차적저작물 역시 2차적저작물을 원저작물이라 보았을 때, 이와 같은 관계가 성립한다고 볼 수 있다.

④ ㉢은 ㉠과 실질적 유사성이 있다고 간주한다.

해설 (가)의 2문단에 따르면, 2차적저작물은 원저작물과 실질적 유사성이 있어야 한다. (나)의 5문단에 따르면, ㉢은 ㉠을 기반으로 창작되었으며 ㉢을 제작할 때는 ㉠의 2차적저작물 작성권을 가진 사람의 허락을 받을 필요가 있다. 이를 통해 ㉢과 ㉠의 관계는 원작물과 2차적저작물의 관계와 유사함을 알 수 있으며 ㉢은 ㉠과 실질적 유사성이 있다고 볼 수 있다.

04 미루어 알기 정답 ③

선택률	① 6%	② 8%	③ 79%	④ 1%	⑤ 6%

(가)를 참고하여 ㉮의 이유를 추론한 것으로 가장 적절한 것은?
= 저작권법 제5조 제1항에 의하면 2차적저작물은 독자적인 저작물로서 보호를 받는다.

정답 풀이

③ 원저작물에 없는 새로운 창작성이 부가되어 있으므로

해설 (가)의 2문단에 의하면, 2차적저작물로 인정받기 위해서는 원저작물에 없는 새로운 창작성이 부가되어야만 한다. 저작권법에서 2차적저작물을 독자적인 저작물로서 보호를 받도록 한 것은 이러한 저작자의 창작을 위한 노력과 권리를 인정해 주기 위함임을 추론할 수 있다.

오답 풀이

① 원저작물을 떠올릴 수 없을 정도로 바뀌었으므로

해설 원저작물을 떠올릴 수 없을 정도로 바뀌었다면 그것은 2차적저작물이 아닌 독립저작물이다.

② 원저작물의 저작자가 아닌 사람이 창작하였으므로

해설 2차적저작물의 작성권은 원래 원저작물의 저작자에게 있다. 하지만 이는 양도 가능한 권리이므로 2차적저작물의 저작자는 원저작물의 저작자가 될 수도

있고, 전혀 다른 제3의 인물이 될 수도 있다. 2차적저작물을 원저작물의 저작자가 작성하였더라도 얼마든지 독자적인 저작물로 인정받을 수 있다.

선택지 속 함정

2차적저작물은 일반적으로 원저작자가 아닌 다른 사람에 의해 만들어지는 경우가 많아. 그렇기 때문에 지문에서 2차적저작물을 작성할 권리는 원저작자에게 있으므로, 2차적저작물을 작성하고자 할 때는 원저작자의 허락을 받아야 한다고 설명하고 있어. 하지만 2차적저작물이 늘 원저작자와 다른 사람에 의해서만 만들어진다고 단정할 수는 없어. 2차적저작물은 얼마든지 원저작자에 의해서도 작성될 수 있어. 선택지를 읽을 때, 자신의 배경지식에 비추어 섣부른 판단을 하는 것은 지양해야 해.

④ 원저작물에 비해 예술적 수준이 높다고 볼 수 있으므로

해설 2차적저작물은 원저작물에 비해 예술적 수준이 높다고 단정할 수 없다. 예술적 수준이라는 기준은 지극한 주관적인 것이기 때문이다. 또한 예술적 수준이 높은 작품이라는 이유로 독자적인 저작물로 보호하는 것은 예술적 창작물을 저작한 사람의 인격과 재산권 등의 권리를 보호하고자 하는 저작권법의 취지에 맞지 않는다.

⑤ 원저작물의 저작자가 지닌 권리를 침해하지 않았으므로

해설 2차적저작물을 작성할 때에는 일반적으로 원저작물을 만든 저작자의 허락을 받아야 한다. 하지만 허락을 받지 않아 원저작물의 저작자가 지닌 권리를 침해했더라도 2차적저작물은 독자적인 저작물로서 보호를 받을 수 있다. 따라서 원저작물의 저작자가 지닌 권리를 침해하지 않았으므로 2차적저작물을 독자적 저작물로 보호한다는 추론은 적절하지 않다.

05 비판적 반응의 적절성 판단 정답 ⑤

선택률	① 17%	② 6%	③ 8%	④ 32%	⑤ 37%

(가), (나)를 읽은 학생이 〈보기〉에 대해 보인 반응으로 적절하지 않은 것은? [3점]

보기

ㅇA는 오디션 프로그램에 나가기 위해 기존 가요를 편곡하였고 편곡한 곡을 자신의 블로그에 올렸다. A의 친구는 기존 가요의 저작자인 B의 허락을 받지 않고 편곡한 것이 문제가 될 수 있음을 말해 주었다. A는 편곡은 B의 허락을 받을 필요가 없다고 생각하고 있다.

(2차적저작물의 작성 행위) (2차적저작물의 작성권을 침해함.)

ㅇC는 인터넷 검색을 하다가 평소 관심 있던 외국 영화의 한글 자막을 보게 되었고 이것을 자신이 운영하는 영화 관련 웹 사이트에 올렸다. 그런데 영어 자막을 번역하여 이 한글 자막을 작성한 D가 자신의 저작물을 무단으로 이용했다는 이유로 C에게 권리를 주장했다. 하지만 D가 영어 자막의 저작자에게 허락받지 않고 한글 자막으로 번역하였다는 것을 알게 된 C는 자신에게 잘못이 없다고 생각하고 있다.

(2차적저작물의 작성 행위) (2차적저작물의 작성권을 침해함.)

※ 단, 저작자가 아닌 다른 사람에게 양도된 저작권은 없다고 가정하고, 주어진 상황 이외에는 고려하지 않음.

정답 풀이

⑤ ~~B와 D는 모두~~ 2차적저작물 작성권을 침해받은 것이겠군. (↳ B는)

해설 〈보기〉에 따르면, A는 기존 가요의 저작자인 B의 허락을 받지 않고 기존 가요를 편곡해서 자신의 블로그에 올렸다. A가 기존 가요를 편곡한 행위는 2차적저작물의 작성 행위에 해당한다. (나)의 2문단에 따르면, 2차적저작물의 작성권은 원칙적으로 원저작자에게 있는데, A는 원저작자인 B의 허락 없이 기존 가요를 편곡하고 개인 블로그에 게시하였으므로 이는 B의 2차적저작물 작성권이 침해받은 경우라 볼 수 있다. C가 D의 한글 자막을 무단으로 웹 사이트에 올린 행위는 원저작물에 대한 수정이나 가공이 없이 있는 그대로를 올린 것이므로, 이는 2차적저작물의 작성 행위라 볼 수 없다.

오답 풀이

① B는 A가 편곡하여 블로그에 올린 곡에 대한 저작권을 가지고 있지 않겠군.

해설 2차적저작물의 저작권은 원저작자가 아닌 2차적저작물을 작성한 사람에게 있다. 따라서 A가 편곡하여 블로그에 올린 곡에 대한 저작권은 A에게 있다.

② 영어 자막의 저작자는 D에게 손해배상을 청구할 수 있겠군.

해설 D는 영어 자막을 한글 자막으로 바꿈으로써 2차적저작물을 작성한 것이라 볼 수 있다. (나)의 4문단에 따르면, 허락 없이 2차적저작물을 작성하여 이용하는 것은 원저작자의 권리를 침해하는 것이므로, 원저작자는 자기 허락 없이 만들어진 2차적저작물을 이용하지 못하도록 금지하거나 손해배상을 청구하는 등 권리를 침해한 사람에게 자신의 권리를 주장할 수 있다. 따라서 영어 자막의 저작자는 D에게 손해배상을 청구할 수 있다.

③ 기존 가요와 영어 자막은 원저작물로 볼 수 있겠군.

해설 〈보기〉에서는 기존 가요와 영어 자막은 원저작물에 해당하고, 편곡한 가요와 한글 자막은 2차적저작물에 해당한다.

④ A는 C와 달리 2차적저작물 작성권을 침해한 것이겠군.

해설 2차적저작물 작성권은 원저작자에게 있는데, A는 원저작물을 편곡하여 2차적저작물을 작성하고 이용하였으므로 그 권리를 침해하였다. 반면에 C는 한글 자막을 있는 그대로 웹사이트에 올린 것이므로 2차적저작물 작성권을 침해한 경우에 해당하지 않는다. 오히려 영어 자막을 허락 없이 한글 자막으로 번역한 D가 영어 자막의 원저작자의 2차적저작물 작성권을 침해한 경우에 해당한다.

06 어휘의 문맥적 의미 파악 정답 ①

선택률	① 92%	② 3%	③ 4%	④ 1%	⑤ 0%

문맥상 ⓐ와 바꾸어 쓰기에 가장 적절한 것은? (ⓐ = 나눌)

정답 풀이

① 분류(分類)할

해설 ⓐ'나누다'는 '하나를 둘 이상으로 가르다.'라는 의미로 쓰였다. '분류하다'는 '종류에 따라서 가르다.'라는 의미를 지닌 말로, '자료를 분류하다.', '우편물을 지역에 따라 분류하다.'등으로 쓰일 수 있다. 따라서 두 어휘의 의미와 쓰임이 유사하므로, '나누다'를 '분류하다'로 바꾸어 쓰는 것은 적절하다.

오답 풀이

② 변별(辨別)할

해설 '변별하다'는 '사물의 옳고 그름이나 좋고 나쁨을 가리다.'라는 뜻을 가진 말로, '정답과 오답을 변별하다.'와 같은 형태로 쓰일 수 있다. 이것은 의미상 ⓐ'나누다'와 바꾸어 쓸 수 없다.

③ 배분(配分)할

해설 '배분하다'는 '몫몫이 별러 나누다.'라는 뜻을 가진 말로, '이익금을 배분하다.'와 같은 형태로 쓰일 수 있다. 이것은 의미상 ⓐ'나누다'와 바꾸어 쓸 수 없다.

④ 판별(判別)할

해설 '판별하다'는 '옳고 그름이나 좋고 나쁨을 판단하여 구별하다.'라는 뜻을 가진 말로, '진짜와 가짜를 판별하다.'와 같은 형태로 쓰일 수 있다. 이것은 의미상 ⓐ'나누다'와 바꾸어 쓸 수 없다.

⑤ 해석(解釋)할

해설 '해석하다'는 '문장이나 사물 따위로 표현된 내용을 이해하고 설명하다.'라는 뜻을 가진 말로, '문장의 의미를 해석하다.'와 같은 형태로 쓰일 수 있다. 이것은 의미상 ⓐ'나누다'와 바꾸어 쓸 수 없다.

07~12 2022학년도 11월 고3 대학수학능력평가 본문 123~125쪽

07 ② 08 ③ 09 ② 10 ① 11 ③ 12 ⑤

문단별 핵심어 ★ 중심 문장

(가) 독점적 경쟁 시장에서의 광고

1 광고는 시장의 형태 중 독점적 경쟁 시장에서 그 효과가 크다. 독점적 경쟁 시장은, 유사하지만 차별적인 상품을 다수의 판매자가 경쟁하며 판매하는 시장이다. 독점적 경쟁 시장의 개념 각 판매자는 자신이 공급하는 상품을 구매자가 차별적으로 인지하고 선호할 수 있도록 하기 위해 광고를 이용한다. 판매자가 광고 이용 목적 1 판매자에게 그러한 차별적 인지와 선호가 중요한 이유는, 이를 통해 판매자가 자신의 상품을 원하는 구매자에 대해 누리는 독점적 지위를 강화할 수 있기 때문이다. 판매자가 광고 이용 목적 2

2 일반적으로 독점적 지위를 누린다는 것은 상품의 가격을 결정할 수 있는 힘이 있다는 의미이다. 독점적 지위를 누린다는 것의 의미 그럼에도 불구하고 판매자는 구매자의 수요를 고려해야 한다. 대체로 구매자는 상품의 물량이 많을 때보다 적을 때 높은 가격을 지불하고자 하기 때문에, 판매자는 공급량을 감소시킴으로써 더 높은 가격을 책정할 수 있다. 독점적 지위를 누리고 있으므로 가능함. 독점적 경쟁 시장의 판매자도 이러한 지위 덕분에 상품에 차별성이 없는 경우를 가정할 때보다 다소 비싼 가격에 상품을 판매하는 경향이 있다. 그러나 그 결과 독점적 경쟁 시장의 판매자가 단기적으로 이윤을 보더라도, 그 이윤이 지속되리라 기대할 수는 없다. 「이윤을 보는 판매자가 있으면 그러한 이윤에 이끌려 약간 다른 상품을 공급하는 신규 판매자의 수가 장기적으로 증가하고, 그 결과 기존 판매자가 공급하던 상품에 대한 수요는 감소하여 이윤이 줄어들 것이기 때문이다.」 「」: 사업성이 확인됨으로써 경쟁이 심화될 수 있음.

3 판매자가 광고를 통해 상품의 차별성을 알리는 대표적인 방법은 상품에 대한 정보를 전달하는 것이다. 상품의 차별성을 알리는 방법 1 하지만 많은 비용을 들인 것으로 보이는 광고만으로도 상품의 차별성을 부각할 수 있다. 상품의 차별성을 알리는 방법 2 판매자가 경쟁력에 자신 없는 상품에 많은 광고 비용을 지출하지 않을 것이라는 구매자의 추측을 유도하는 것이 이 광고 방법의 목적이다. 가격이 변화할 때 구매자의 상품 수요량이 변하는 정도를 수요의 가격 탄력성이라 하는데, 수요의 가격 탄력성의 개념 구매자가 자신이 선호하는 상품이 차별화되었다고 느낄수록 수요의 가격 탄력성은 감소한다. 구매자는 상품이 차별화되었다고 느낄수록 매력을 느끼므로 이처럼 구매자가 특정 상품에 갖는 충성도가 높아지면, 수요의 가격 탄력성이 감소할수록 판매자의 독점적 지위는 강화된다. 판매자는 이렇게 광고가 ㉠경쟁을 제한하는 효과를 노린다. 독점적 지위를 가진 판매자가 노리는 광고의 효과 독점적 경쟁 시장에 진입하는 신규 판매자도 상품의 차별성을 강조함으로써 독점적 지위를 확보하고자 광고를 빈번하게 이용한다. 신규 판매자가 노리는 광고의 효과

(나) 광고의 효과

1 광고는 광고주인 판매자의 이윤 추구 수단으로 기획되지만, 광고의 본래 목적 그러한 광고가 광고주의 의도와 상관없이 시장에 영향을 끼치기도 한다. 우선 광고가 독점적 경쟁 시장의 판매자 간 ㉡경쟁을 촉진할 수 있다. 광고가 시장에 미치는 영향 1 이러한 효과는 광고를 통해 상품 정보에 노출된 구매자가 상품의 품질이나 가격에 예민해질 때 발생한다. 광고가 판매자 간 경쟁의 촉진하는 상황 1 특히 구매자가 가격에 민감하게 수요량을 바꾼다면, 수요의 가격 탄력성이 높아질 때 판매자는 경쟁 상품의 가격을 더욱 고려하게 되어 가격 경쟁에 돌입하게 된다. 또한 경쟁은 신규 판매자가 광고를 통해 신상품을 쉽게 홍보하고 시장에 진입할 수 있게 됨으로써 촉진된다. 광고가 판매자 간 경쟁의 촉진하는 상황 2 더 많은 판매자가 시장에서 경쟁하게 되면 각 판매자의 독점적 지위는 약화되고, 구매자는 더 다양한 상품을 높지 않은 가격에 구매할 수 있게 된다.

2 광고가 특정한 상품에 대한 독점적 경쟁 시장을 넘어서 경제와 사회 전반에 영향을 주기도 한다. 광고가 시장에 미치는 영향 2 개별 광고가 구매자의 내면에 잠재된 필요나 욕구를 환기하여 대상 상품에 대한 소비를 촉진하는 효과가 합쳐지면 경제 전반에 선순환을 기대할 수 있다. 「경제에 광고가 없는 상황을 가정할 때와 비교하면 광고는 쓰던 상품을 새 상품으로 대체하고 싶은 소비자의 욕구를 강화하고, 신상품이 인기를 누리는 유행 주기를 단축하여 소비를 증가시킬 수 있다. 촉진된 소비는 생산 활동을 자극한다. 상품의 생산에는 근로자의 노동, 기계나 설비 같은 생산 요소가 ⓐ들어가므로, 생산 활동이 증가하면 결과적으로 고용이나 투자가 증가한다. 고용 및 투자의 증가는 근로자이거나 투자자인 구매자의 소득을 증가시킬 수 있다. 경제 전반의 소득이 증가할 때 소비가 증가하는 정도를 한계 소비 성향이라고 하는데, 한계 소비 성향의 개념 한계 소비 성향은 양(+)의 값이어서, 경제 전반의 소득 수준이 향상되면 소비가 증가하게 된다.」 「」: 광고가 경제 전반에 선순환을 일으키는 과정

3 하지만 광고의 소비 촉진 효과는 환경 오염을 우려하는 사람들에게 비판의 대상이 되기도 한다. 소비뿐만 아니라 소비로 촉진된 생산 활동에서도 환경 오염이 발생하기 때문이다. 환경 오염을 적절한 수준으로 줄이기에 충분한 비용을 판매자나 구매자가 지불할 가능성은 낮으므로, 대부분의 경우에 환경 오염은 심할 수밖에 없다.

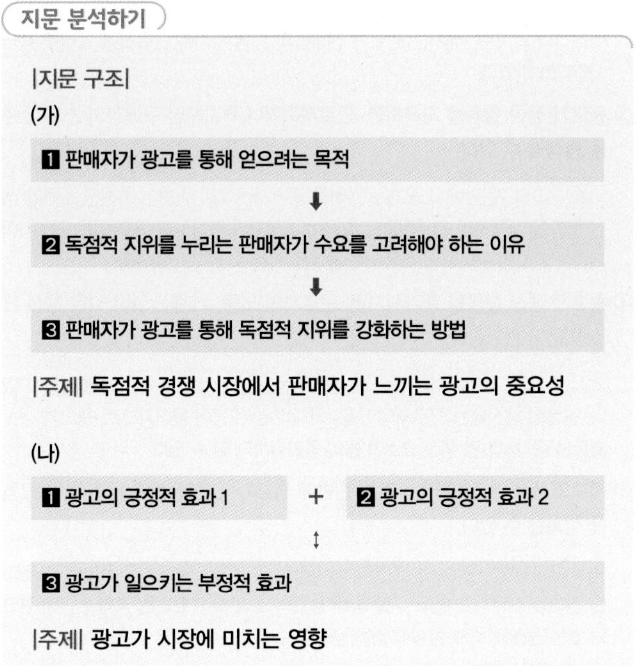

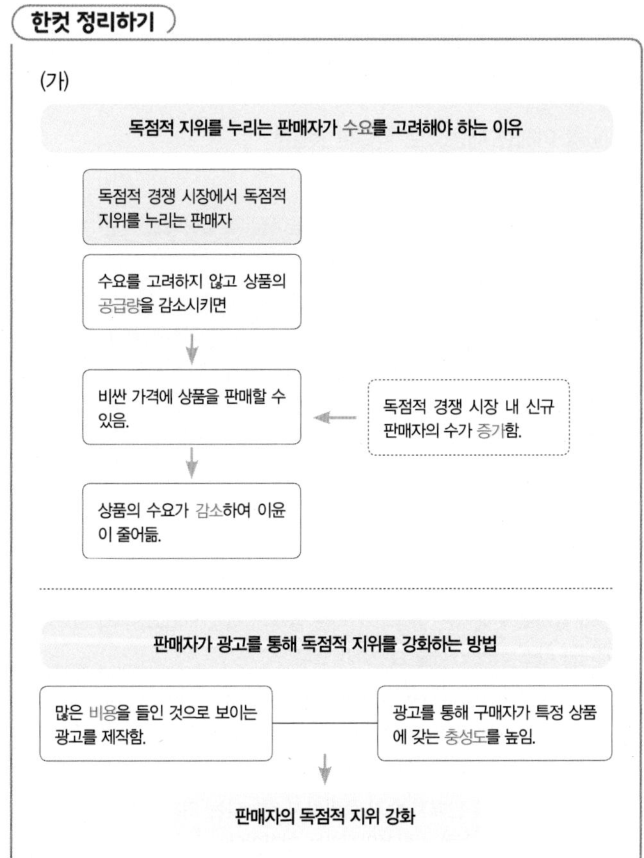

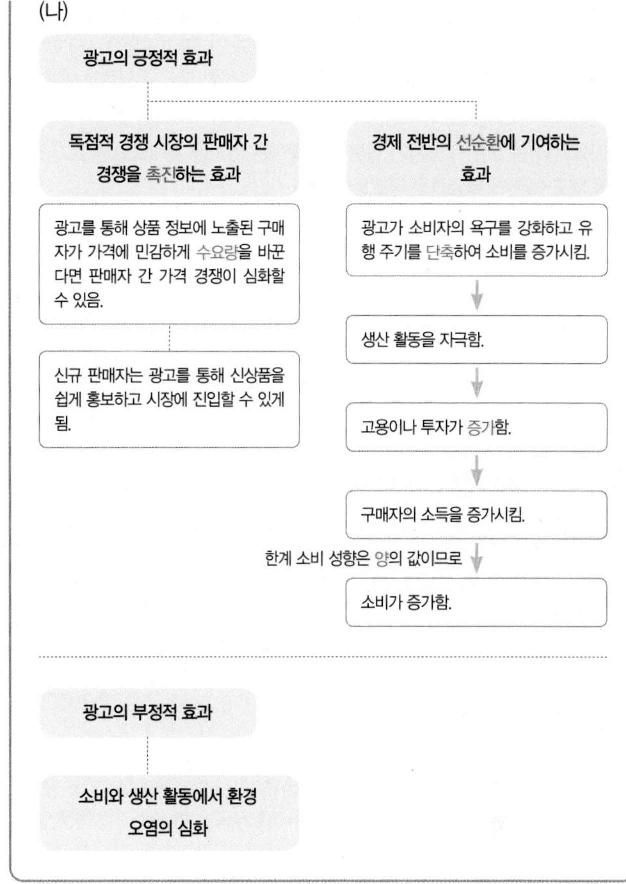

07 글의 전개 방식 파악

정답 ②

선택률	① 2%	② 92%	③ 3%	④ 2%	⑤ 1%

(가), (나)에 대한 설명으로 가장 적절한 것은?

정답 풀이

② (가)는 광고가 판매자에게 중요한 이유를 제시하고 판매자가 광고를 통해 얻으려는 효과를 설명하고 있다.

해설 (가)에서는 광고가 구매자로 하여금 상품을 차별적으로 인지하고 선호하게 함으로써 판매자의 독점적 지위를 강화해 준다는 점에서 판매자에게 중요한 수단이라고 언급하고 있다. 판매자는 광고를 통해 얻은 독점적 지위를 이용해 다소 비싼 가격에 상품을 판매할 수 있으며, 판매자의 독점적 지위가 강화될수록 시장 내의 경쟁을 제한하는 효과를 얻게 된다고 설명하고 있다.

오답 풀이

① (가)는 광고의 개념을 정의하고 광고가 시장에서 차지하는 위상을 소개하고 있다.

해설 (가)에서 광고는 독점적 경쟁 시장에서 그 효과가 크다고 하였다. 이는 광고가 시장에서 차지하는 위상을 언급한 것이라 할 수 있다. (가)에서는 독점적 경쟁 시장의 개념만 제시하고 있을 뿐, 광고의 개념은 정의하고 있지 않다.

③ (나)는 광고의 영향에 대한 다양한 견해를 소개하고 각각의 견해가 안고 있는 한계점을 지적하고 있다.

해설 (나)에서는 독점적 경쟁 시장에서 광고가 판매자 간 경쟁을 촉진한다는 점과 광고가 경제와 사회 전반에 영향을 준다는 점을 언급하고 있다. 또한 광고로 인한 소비 촉진이 환경 문제를 야기할 수 있다는 비판적 견해를 소개하고 있다. 하지만 각각의 견해가 안고 있는 한계점을 지적하고 있지는 않다.

④ (나)는 광고가 구매자에게 수용되는 과정을 제시하고 구매자가 광고를 수용할 때의 유의점을 나열하고 있다.

해설 (나)에서는 개별 광고가 구매자의 내면에 잠재된 필요나 욕구를 환기하여 대상 상품에 대한 소비를 촉진하는 효과가 있다고 언급하고 있을 뿐, 광고가 구매자에게 수용되는 과정이나 구매자가 광고를 수용할 때의 유의점에 대해서는 언급하고 있지 않다.

⑤ (가)와 (나)는 모두 구매자가 상품을 선택하는 기준을 제시하고 광고와 관련된 제도 마련의 필요성을 강조하고 있다.

해설 (가)에서는 상품에 대한 차별적 인지와 선호, 충성도 등이 구매자가 상품을 선택하는 기준이 된다고 전제하고 있다. (나)에서는 상품의 품질이나 가격, 쓰던 상품을 새 상품으로 대체하고 싶은 소비자의 욕구, 상품의 인기 등이 구매자가 상품을 선택하는 기준으로 작용할 수 있음을 언급하고 있다. 그러나 (가)와 (나) 모두 광고와 관련된 제도 마련의 필요성을 강조하고 있지는 않다.

08 핵심 정보의 파악 정답 ③

선택률	① 2%	② 1%	③ 94%	④ 1%	⑤ 2%

독점적 지위에 대한 설명으로 적절하지 않은 것은?

정답 풀이

③ 구매자가 지불하고자 하는 가격이 상품 공급량에 따라 어느 정도인지를 판매자가 감안하지 않아도 되게 한다.

해설 (가)의 2문단을 통해, 구매자는 상품의 물량이 많을 때보다 적을 때 높은 가격을 지불하고자 하기 때문에 독점적 지위를 가진 판매자라 할지라도 상품의 수요를 따져 공급량을 감소시켜야 높은 가격에 상품을 판매할 수 있음을 알 수 있다. 따라서 독점적 지위를 가진 판매자 역시 구매자가 지불하고자 하는 가격이 상품의 공급량에 따라 어느 정도인지를 감안해야 한다.

오답 풀이

① 독점적 경쟁 시장에 신규 판매자가 진입하는 것을 차단하지는 않는다.

해설 (가)의 2문단에서 이윤을 보는 독점적 지위를 가진 판매자가 있으면 그러한 이윤에 이끌려 약간 다른 상품을 공급하는 신규 판매자의 수가 장기적으로 증가한다고 하였다. 이로 볼 때 '독점적 지위'가 독점적 경쟁 시장에 신규 판매자가 진입하는 것을 차단한다고는 할 수 없다

② 판매자가 공급량을 조절하여 가격을 책정할 수 있는 힘을 가지고 있음을 의미한다.

해설 (가)의 2문단에서는 '독점적 지위'를 누린다는 것이 상품의 가격을 결정할 수 있는 힘이 있다는 것을 의미한다고 하였다. 또한 독점적 지위를 가진 판매자는 공급량을 감소시킴으로써 더 높은 가격을 책정할 수 있다고 하였다.

④ 독점적 경쟁 시장의 판매자가 다소 비싼 가격을 책정할 수 있게 하지만 이윤을 지속적으로 보장하지는 않는다.

해설 (가)의 2문단에서는 독점적 경쟁 시장에서 독점적 지위를 가진 판매자는 상품에 차별성이 없는 경우를 가정할 때보다 다소 비싼 가격에 상품을 판매하는 경향이 있다고 하였다. 하지만 독점적 지위를 가진 판매자가 단기적으로 이윤을 보더라도 그 이윤이 계속해서 지속되지는 않는다고 하였다

⑤ 독점적 경쟁 시장의 판매자가 구매자로 하여금 판매자 자신의 상품을 차별적으로 인지하고 선호하게 하면 강화된다.

해설 (가)의 1문단에서 판매자는 구매자가 상품을 차별적으로 인지하고 선호할 수 있도록 광고를 이용한다고 하였으며, 이를 통해 판매자의 상품을 구매자가 차별적으로 인지하고 선호하면 판매자의 독점적 지위가 강화된다고 하였다.

09 세부 정보의 파악 정답 ②

선택률	① 1%	② 94%	③ 2%	④ 1%	⑤ 2%

(나)에서 알 수 있는 내용으로 적절하지 않은 것은?

정답 풀이

② 광고가 경제 전반에 선순환을 일으키는 정도는 한계 소비 성향이 커질 때 작아진다. 양의 값을 가짐. ↳ 커진다

해설 (나)의 2문단에서 한계 소비 성향은 경제 전반의 소득이 증가할 때 소비가 증가하는 정도라고 하였으므로, 한계 소비 성향이 클수록 광고로 인해 발생하는 경제 전반의 선순환 정도는 커진다고 할 수 있다.

오답 풀이

① 광고에 의해 유행 주기가 단축되어 소비가 촉진될 수 있다.

해설 (나)의 2문단에서는 광고가 신상품의 유행 주기를 단축하여 소비를 증가시킨다고 하였다.

③ 광고가 생산 활동을 자극하면, 근로자이거나 투자자인 구매자의 소득 수준을 향상할 수 있다.

해설 (나)의 2문단에서 광고는 소비를 증가시킨다고 하였다. 촉진된 소비가 생산 활동을 자극하면 결과적으로 고용이나 투자가 증가하게 되고 이는 근로자이거나 투자자인 구매자의 소득 수준을 향상시킬 수 있다고 하였다.

④ 광고가 생산 활동을 증가시키면, 근로자의 노동, 기계나 설비 같은 생산 요소 이용이 증가한다.

해설 (나)의 2문단에서는 광고가 생산 활동을 증가시킬 수 있다고 설명하고 있다. 상품의 생산에는 근로자의 노동, 기계나 설비 등이 들어가므로, 광고가 생산 활동을 증가시키면 생산 요소 이용이 증가한다고 할 수 있다.

⑤ 광고의 소비 촉진 효과는 경제 전반에 광고가 없는 상황에 비해 환경 오염을 심화할 수 있다.

해설 (나)의 3문단에서는 광고의 소비 촉진 효과가 환경 오염을 유발할 수 있다는 견해를 소개하고 있다. 이를 통해 광고의 소비 촉진 효과는 경제 전반에 광고가 없는 상황에 비해 환경 오염을 심화할 수 있다는 점을 알 수 있다.

10 핵심 내용의 추론 정답 ①

선택률	① 88%	② 2%	③ 2%	④ 3%	⑤ 5%

= 경쟁을 촉진

㉠, ㉡을 이해한 내용으로 적절한 것은?

= 경쟁을 제한

정답 풀이

① ㉠은 상품에 대한 구매자의 충성도가 높아질 때 일어나고, ㉡은 수요의 가격 탄력성이 높아질 때 일어난다. 판매자의 독점적 지위가 강화될 때

상품의 가격 변화에 따라 수요량이 크게 변할 때

해설 (가)의 3문단에서 구매자는 자신이 선호하는 상품이 차별화되었다고 느낄 때 특정 상품에 대한 충성도가 높아지게 되고, 이로 인해 판매자의 독점적 지위가 강화됨으로써 경쟁을 제한하는 효과가 나타나게 된다고 하였다. 따라서 ㉠은 상품에 대한 구매자의 충성도가 높아질 때 일어난다는 점을 알 수 있다. 한편, (나)의 1문단에서는 구매자가 상품의 품질이나 가격에 예민해질 때 가격 경쟁이 발생한다고 하였다. 수요의 가격 탄력성은 가격이 변화할 때 구매자의 상품 수요량이 변화는 정도를 말하는 것이므로, ㉡은 수요의 가격 탄력성이 높아질 때 일어난다고 할 수 있다.

오답 풀이

② ㉠의 결과로 판매자는 상품의 가격을 올리기 어렵게 되고, ㉡의 결과로 구매자는 다소 비싼 가격을 감수하게 된다. ↳ 올릴 수 있게 됨.

↳ 싼 가격에 제품을 구입할 수 있음.

해설 ㉠은 판매자의 독점적 지위를 강화하기 때문에 판매자는 상품의 가격을 쉽게 올릴 수 있다. 한편, ㉡은 판매자 사이의 가격 경쟁을 유발하기 때문에 구매자는 보다 싼 가격에 상품을 구입할 수 있게 된다.

③ ㉠은 시장 전체의 판매자 수가 증가하지 않는다는 의미이고, ㉡은 신규 판매자가 시장에 진입하기 어려워진다는 의미이다. ↳ 장기적으로 증가함.

↳ 쉬워진다는

해설 ㉠은 판매자의 독점적 지위가 강화됨으로써 발생하는 효과이므로, ㉠으로 인해 신규 판매자가 시장에 진입하는 것이 어려워질 수 있다. 하지만 ㉠으로 인

해 독점적 지위의 판매자가 이윤을 얻게 된다면, 그러한 이윤에 이끌려 다른 상품을 공급하는 신규 판매자의 수가 장기적으로는 늘어나게 된다. 한편, ㉡은 판매자 간의 자유로운 경쟁이 가능한 상황을 가리키는 것으로, 이는 신규 판매자가 시장에 진입하기 쉽다는 것을 의미한다고 볼 수 있다.

④ ㉠은 기존 판매자의 광고가 차별성을 알리는 데 ~~성공하지 못한~~ (→ 성공한) 결과로 나타나고, ㉡은 신규 판매자의 광고가 의도대로 성공한 결과로 나타난다.

해설 ㉠은 특정 상품에 대한 기존 판매자의 광고가 차별성을 알리는 데 성공하여 기존 판매자의 독점적 지위가 강화될 때 나타난다. 한편, ㉡은 신규 판매자의 광고가 성공하여 각 판매자의 독점적 지위가 약화될 때 나타난다.

⑤ ㉠은 광고로 인해 가격에 대한 구매자의 민감도가 약화될 때 발생하고, ㉡은 광고로 인해 판매자가 경쟁 상품의 가격을 고려할 필요가 ~~감소될 때~~ 발생한다.

(수요의 가격 탄력성 감소 / → 증가될 때)

해설 광고로 인해 상품 가격에 대한 구매자의 민감도가 약화된다는 것은 가격의 수요 탄력성이 감소한다는 의미와 같다. 수요의 가격 탄력성이 감소하면 판매자는 독점적 지위를 얻게 되므로 경쟁이 제한된다. 따라서 ㉠은 광고로 인한 가격에 대한 구매자의 민감도가 약화될 때 발생하는 것으로 볼 수 있다. 한편, 광고를 통해 신규 판매자가 자신의 상품에 대한 차별성을 알리게 되면 독점적 지위를 갖고 있던 판매자는 경쟁 제품의 가격을 의식하게 된다. 따라서 ㉡은 광고로 인해 판매자가 경쟁 상품의 가격을 고려할 필요가 증가할 때 발생한다.

11 구체적 상황에 적용

정답 ③

선택률	① 1%	② 1%	③ 82%	④ 5%	⑤ 11%

다음은 어느 기업의 광고 기획 초안이다. 윗글을 참고하여 초안을 분석한 학생의 반응으로 적절하지 않은 것은? [3점]

> **'갑' 기업의 광고 기획 초안**
>
> ○ 대상 : 새로 출시하는 여드름 억제 비누
>
> ○ 기획 근거 : 다수의 비누 판매 기업이 다양한 여드름 억제 비누를 판매 중이며, 우리 기업은 여드름 억제 비누 시장에 처음으로 진입하려는 상황이다(신규 판매자로 시장에 진입). 우리 기업의 신제품은 새로운 성분이 함유되어 기존의 어떤 비누보다 여드름 억제 효과가 탁월하며(상품의 차별적 요소), 국내에서 전량 생산할 계획이다.
>
> 현재 여드름 억제 비누 시장을 선도하는 경쟁사인 '을' 기업(독점적 지위의 판매자)은 여드름 억제 비누로 이윤을 보고 있으며, 큰 비용을 들여 인기 드라마에 상품을 여러 차례 노출하는 전략으로 광고 중이다(많은 비용을 들여 광고를 제작). 반면 우리 기업은 이번 광고로 상품에 대한 정보 검색을 많이 하는 소비 집단을 공략하고자 제품 정보를 강조하되, 광고 비용은 최소화하려 한다.
>
> ○ 광고 개요 : 새로운 성분의 여드름 억제 효과를 강조하고, 일반인 광고 모델들이 우리 제품의 여드름 억제 효과를 체험한 것을 진술하는 모습을 담은 TV 광고

정답 풀이

③ 이 광고로 '갑' 기업이 단기적으로 이윤을 보게 된다면 여드름 억제 비누 시장 내의 판매자 간 경쟁은 장기적으로 ~~약화될~~ (→ 심화될) 수 있겠어.

해설 이 광고로 '갑' 기업이 단기적으로라도 이윤을 보게 되면 그러한 이윤에 이끌려 약간 다른 상품을 공급하는 신규 판매자의 수가 장기적으로 증가할 수 있다. 이는 여드름 억제 비누 시장 내의 판매자 간의 경쟁이 심화된다는 것을 의미한다.

오답 풀이

① 이 광고가 '갑' 기업의 의도대로 성공한다면 '을' 기업의 독점적 지위는 약화될 수 있겠어.

해설 이 광고가 성공한다면 '갑'이 출시한 비누가 시장에서 차별적 인지와 선호를 갖게 될 것이므로, '을' 기업의 독점적 지위는 약화될 것이다.

② 이 광고로 '갑' 기업의 여드름 억제 비누 생산이 확대된다면 이 비누를 생산하는 공장의 고용이나 투자가 증가할 수 있겠어.

해설 생산 활동의 증가는 고용이나 투자의 증가로 이어지게 되므로, '갑' 기업의 비누 생산의 확대는 비누를 생산하는 공장의 고용이나 투자가 증가하는 효과를 유발할 수 있다.

④ 이 광고로 '갑' 기업은 많은 비용을 들이는 방법보다는 정보를 전달하는 방법을 중심으로 차별성을 알리려는 것으로 볼 수 있겠어.

해설 '갑' 기업은 정보 검색을 많이 하는 소비 집단을 공략하기 위해 광고에서 제품 정보를 강조하면서도 광고 비용을 최소화하려 한다고 했다. 이는 많은 비용을 들이는 대신 정보를 전달하는 방법으로 비누가 지닌 차별성을 알리려는 것이다.

⑤ 이 광고가 '갑' 기업의 신제품을 포함하여 여드름 억제 비누 수요의 가격 탄력성을 높인다면 '갑' 기업은 자사 제품의 가격을 높게 책정할 수 없겠어.

해설 여드름 억제 비누 수요의 가격 탄력성이 높아지게 되면 구매자는 가격에 민감하게 수요량을 바꾸게 되므로 '을' 기업과 '갑' 기업과 같은 판매자들은 가격 경쟁에 돌입하게 된다. 따라서 '갑' 기업은 경쟁 관계에 있는 기업들 때문에 자사 제품의 가격을 높게 책정할 수 없게 된다.

12 어휘의 문맥적 의미 파악

정답 ⑤

선택률	① 4%	② 1%	③ 1%	④ 3%	⑤ 91%

문맥상 ⓐ와 바꿔 쓰기에 가장 적절한 것은? (ⓐ = 들어가므로)

정답 풀이

⑤ 투입(投入)되므로

해설 '투입하다'는 '사람이나 물자, 자본 따위를 필요한 곳에 넣다.'라는 의미이므로, '어떤 일에 돈, 노력, 물자 따위가 쓰이다.'라는 의미로 사용된 ⓐ와 바꿔 쓰기에 적절하다.

오답 풀이

① 반입(搬入)되므로

해설 '반입하다'는 '운반하여 들여오다.'라는 의미이므로 ⓐ와 바꿔 쓰기에 적절하지 않다.

② 삽입(揷入)되므로

해설 '삽입하다'는 '틈이나 구멍 사이에 다른 물체를 끼워 넣다.'라는 의미이므로 ⓐ와 바꿔 쓰기에 적절하지 않다

③ 영입(迎入)되므로

해설 '영입하다'는 '환영하여 받아들이다.'라는 의미이므로 ⓐ와 바꿔 쓰기에 적절하지 않다.

④ 주입(注入)되므로

해설 '주입하다'는 '흘러 들어가도록 부어 넣다.'라는 의미이므로 ⓐ와 바꿔 쓰기에 적절하지 않다.

MEMO

MEMO

MEMO

MEMO

MEMO

MEMO

MEMO

MEMO

MEMO

MEMO

MEMO

기출의

바이블

기출의 바이블

고1 독서

2권 | 정답과 해설편

문제편

- 반드시 학습해야 할 5개년 학력평가 기출문제 수록
- 출제될 가능성이 높은 테마 중심의 기출문제 2세트 연계 구성

정답과 해설편

- 지문과 문제의 이해를 돕는 꼼꼼한 첨삭 표기
- 핵심을 꿰뚫는 지문 분석과 문제를 이해하는 데 필요한 상세한 해설

분석 노트

- 지문의 핵심 내용을 간추려 만들어 보는 '나만의 분석 노트'
- 문제 해결에 실질적인 도움이 되는 지문 독해 방법 훈련

가르치기 쉽고 빠르게 배울 수 있는 **이투스북**

www.etoosbook.com

○ **도서 내용 문의**
홈페이지 > 이투스북 고객센터 > 1:1 문의

○ **도서 정답 및 해설**
홈페이지 > 도서자료실 > 정답/해설

○ **도서 정오표**
홈페이지 > 도서자료실 > 정오표

○ **선생님을 위한 강의 지원 서비스 T폴더**
홈페이지 > 교강사 T폴더

고1

독서

기출의 바이블

Bible of Korean

특별 부록

분석 노트

이투스북

기출의

바이블

고1

독서

기출의 바이블

Bible of Korean

특별 부록

분석 노트

독서 어떻게 학습해야 할까?

국어 독서 출제 방침

독서 능력은 다량의 정보를 신속하고 정확하게 처리해야 하는 정보화 시대의 국어생활 맥락과 비판적·창의적인 문헌 해석 및 활용 능력을 요구하는 학문 활동 환경을 고려할 때 매우 중요하게 요구되는 국어 능력 중 하나이다.

독서 영역에서는 인문학·사회학·자연과학·기술공학·예술·생활 분야의 다양한 글을 제재로 하여, 독서 원리와 방법에 대한 지식과 아울러 어휘력, 사실적·추론적·비판적·창의적 사고력 등을 측정한다. 이를 위해 설명문·논설문·서사문·보고서·생활문 등 다양한 유형의 글을 활용하여 출제하되, 지문에 포함된 내용을 이해하는 데 필요한 배경지식의 수준과 범위가 고교 교육과정을 벗어나지 않도록 한다.

<출처 : 한국교육과정평가원>

국어 독서

1 어휘력 쌓기

수능 국어 시험은 정보화 시대에 필요한 언어 능력과 올바른 사고력을 갖추고 있는지를 평가하는 데 목적이 있습니다. 따라서 수능 국어 시험, 특히 비문학 독서 지문에는 수준 높은 고등 어휘들이 다수 등장하게 됩니다. 이를 제대로 이해하기 위해서는 그에 맞는 수준의 어휘력을 기르는 것이 중요합니다. 평소 다양한 영역의 글들을 읽고, 모르는 어휘들은 직접 찾아보고 익혀 가며 어휘력을 쌓기 위해 노력해야 합니다. 적어도 기출문제에 자주 등장하는 어휘들의 의미와 쓰임 등은 이해하고 있어야 합니다.

2 배경지식 늘리기

수능 국어 시험의 비문학 독서 파트에서는 다양한 영역의 지문들이 등장하는데, 출제된 지문에 대한 배경지식을 갖고 있다면 지문의 내용을 한결 쉽게 이해할 수 있습니다. 인문·예술 분야에서는 저명한 학자들의 사상과 이론의 핵심 내용들을 충분히 학습해 두는 것이 좋습니다. 또한 사회, 과학, 기술 분야에서는 사회적으로 이슈가 된 화제들에 관해 관심을 가지고 보다 심도 있게 탐구하는 자세가 필요합니다.

3 독해 방법 익히기

수능 국어의 비문학 독서 파트에서는 지문의 내용을 얼마나 정확하고 빠르게 이해하는지가 매우 중요합니다. 따라서 지문을 분석하는 훈련을 게을리하지 말아야 합니다. 지문을 분석할 때는 각 문단의 핵심어를 찾아 표시하고, 문단 간의 관계를 중심으로 내용을 흐름을 파악해야 합니다. 이해한 내용을 도표의 형태로 일목요연하게 정리해 보는 것도 방법이 될 수 있습니다.

분석 노트를 활용하여

독해 방법 연습하기

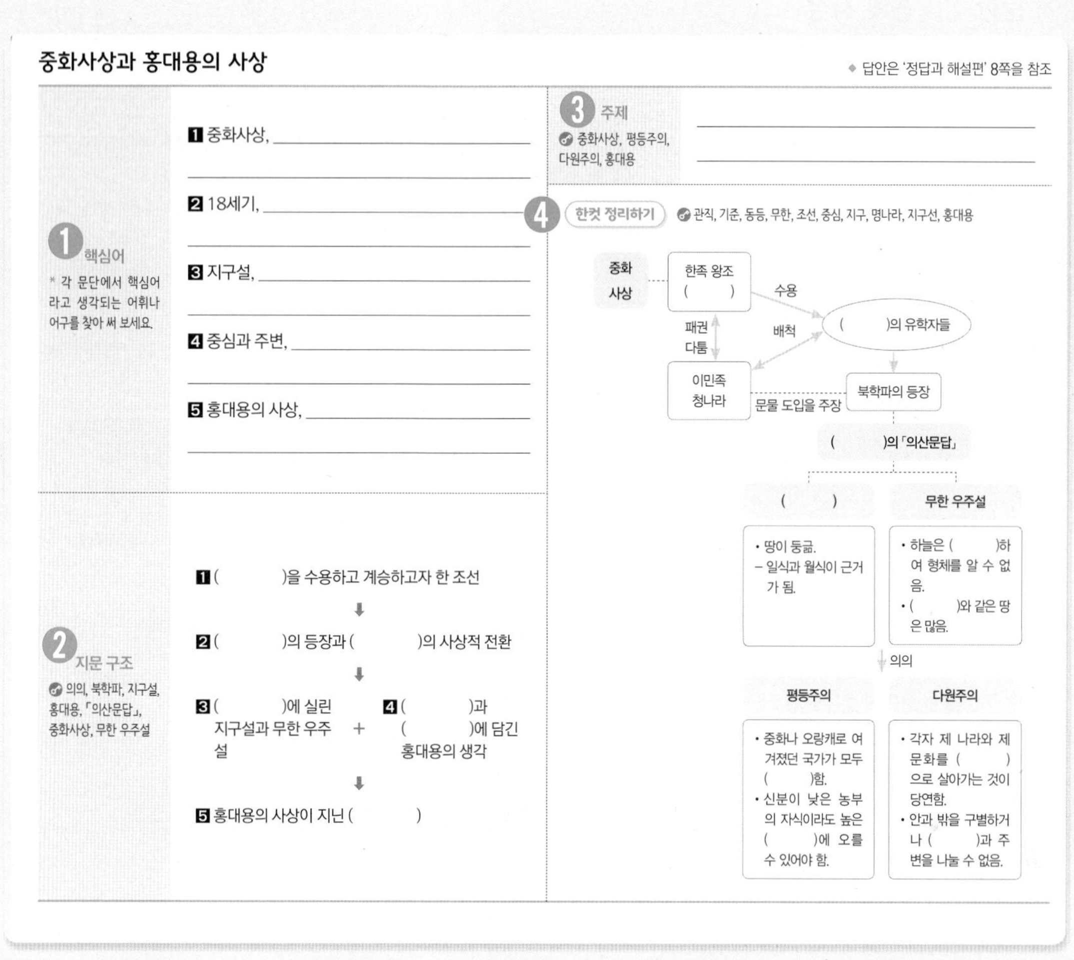

❶ 핵심어

각 문단에는 서술하고 있는 내용을 대표할 만한 핵심어가 있습니다. 각 문단에서 말하고 있는 화제가 무엇인지를 찾아 정리해 봅니다. 핵심어를 찾아 표시해 두면, 내용을 확인하는 문제가 나왔을 때, 해당 내용을 지문에서 찾아 정보의 진위 여부를 확인할 수 있습니다.

❷ 지문 구조

각 문단에서 말하고 있는 내용이 무엇인지 한 마디로 정리해 봅니다. 그러고 나서 문단 간의 관계를 파악하면서 글의 흐름을 이해해 봅니다. 글의 흐름을 이해해 두면, 내용을 파악하기가 한결 수월해집니다.

❸ 주제

글을 통해 글쓴이 설명하고자 하는 것이 무엇인지를 파악해야 합니다. 경우에 따라서 글의 주제나 화제를 파악하는 문제가 직접 출제될 수도 있습니다.

❹ 한컷 정리하기

글의 핵심 내용을 도표로 정리하며 되새겨 봅니다. 도표로 정리하는 과정에서 주요 내용 간의 관계를 파악하는 것은 물론, 중요한 정보와 그렇지 않은 정보를 분별하여 익힐 수 있게 됩니다.

DAY 01 인문·예술

동양의 사상

학습 일자 월 일

01~05 *본문 12쪽 지문의 내용을 생각하며 키워드를 활용하여 빈칸을 채워 보세요.

인간 본성에 관한 정약용의 사상

◆ 답안은 '정답과 해설편' 6쪽을 참조

핵심어

* 각 문단에서 핵심어라고 생각되는 어휘나 어구를 찾아 써 보세요.

1 정약용, ______________________

2 주희, ______________________

3 기호, ______________________

4 구체적인 실천 원리, ______________________

지문 구조

키워드: 주희, 정약용, 선한 행위, 실천 원리

1 인간 본성에 대한 탐구로 (   )를 설명하려 한 정약용

↓

2 인간 본성에 대한 (   )의 관점과 정약용의 비판 ↔ 3 인간 본성에 대한 (   )의 관점

↓

4 정약용이 강조한 구체적인 (   )인 '서' 중 '추서'

주제

키워드: 인간 본성, 주희, 정약용

____

한컷 정리하기

키워드: 관점, 기호, 선한, 악한, 육체, 추서, 하늘, 도덕적, 감각적, 기질지성

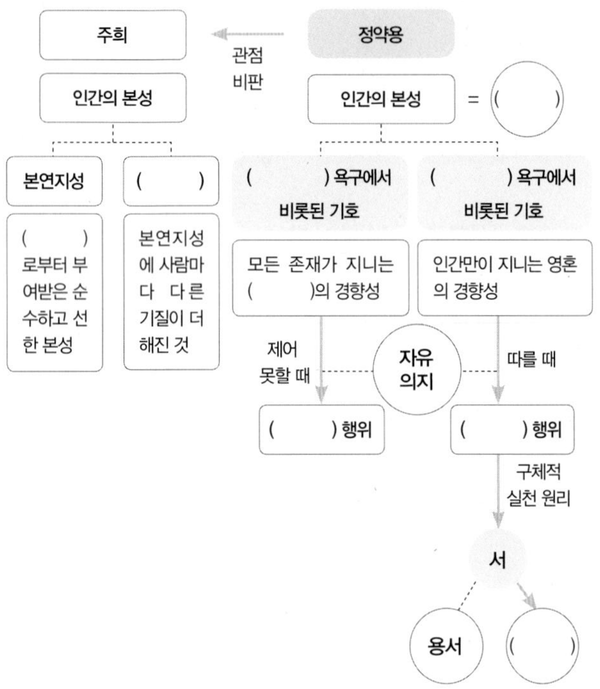

- 주희 ← (관점 비판) ← 정약용
- 주희: 인간의 본성
  - 본연지성: (   )로부터 부여받은 순수하고 선한 본성
  - (   ): 본연지성에 사람마다 다 다른 기질이 더해진 것
- 정약용: 인간의 본성 = (   )
  - (   ) 욕구에서 비롯된 기호: 모든 존재가 지니는 (   )의 경향성 → 제어 못할 때 → (   ) 행위
  - (   ) 욕구에서 비롯된 기호: 인간만이 지니는 영혼의 경향성 → 따를 때 → (   ) 행위
  - 자유 의지
  - (   ) 행위 → 구체적 실천 원리 → 서
    - 서: 용서, (   )

MEMO

06~10 *본문 14쪽 지문의 내용을 생각하며 키워드를 활용하여 빈칸을 채워 보세요.

중화사상과 홍대용의 사상

◆ 답안은 '정답과 해설편' 8쪽을 참조

핵심어
* 각 문단에서 핵심어라고 생각되는 어휘나 어구를 찾아 써 보세요.

1 중화사상, ______

2 18세기, ______

3 지구설, ______

4 중심과 주변, ______

5 홍대용의 사상, ______

주제
키워드: 중화사상, 평등주의, 다원주의, 홍대용

______

한컷 정리하기
키워드: 관직, 기준, 동등, 무한, 조선, 중심, 지구, 명나라, 지구설, 홍대용

중화 사상 --- 한족 왕조 (　　)

한족 왕조 (　　) → 수용 → (　　)의 유학자들

이민족 청나라 ← 배척 ← (　　)의 유학자들

한족 왕조 ↔ 패권 다툼 ↔ 이민족 청나라

(　　)의 유학자들 → 북학파의 등장

북학파의 등장 --- 문물 도입을 주장 --- 이민족 청나라

(　　)의 「의산문답」

(　　)	무한 우주설
• 땅이 둥긂. – 일식과 월식이 근거가 됨.	• 하늘은 (　　)하여 형체를 알 수 없음. • (　　)와 같은 땅은 많음.

↓ 의의

평등주의	다원주의
• 중화나 오랑캐로 여겨졌던 국가가 모두 (　　)함. • 신분이 낮은 농부의 자식이라도 높은 (　　)에 오를 수 있어야 함.	• 각자 제 나라와 제 문화를 (　　)으로 살아가는 것이 당연함. • 안과 밖을 구별하거나 (　　)과 주변을 나눌 수 없음.

지문 구조
키워드: 의의, 북학파, 지구설, 홍대용, 「의산문답」, 중화사상, 무한 우주설

1 (　　)을 수용하고 계승하고자 한 조선

⬇

2 (　　)의 등장과 (　　)의 사상적 전환

⬇

3 (　　)에 실린 지구설과 무한 우주설 + 4 (　　)과 (　　)에 담긴 홍대용의 생각

⬇

5 홍대용의 사상이 지닌 (　　)

MEMO

DAY 02 인문·예술

예술과 철학

학습 일자 월 일

01~05 *본문 16쪽 지문의 내용을 생각하며 키워드를 활용하여 빈칸을 채워 보세요.

니체의 예술 철학과 표현주의 회화

◆ 답안은 '정답과 해설편' 12쪽을 참조

핵심어

* 각 문단에서 핵심어라고 생각되는 어휘나 어구를 찾아 써 보세요.

1. 서양 철학, ______________________
2. 서양 철학의 주류적 입장, ______________________
3. 힘에의 의지, ______________________
4. 독일의 표현주의, ______________________
5. 표현주의 화가들, ______________________

지문 구조

물음, 예술, 주류적, 예술가, 표현주의

1. 존재에 대한 (   )에서 시작된 고대 서양 철학의 입장

⬇

2. 서양 철학의 (   ) 입장을 강하게 비판한 니체 + 3. (   )의 가치를 중시하는 니체

⬇

4. 니체의 철학을 수용한 20세기 초 독일의 (   ) 회화

⬇

5. (   )의 감정과 주관적인 표현을 중시하는 표현주의 화가들

주제

니체의 철학, 표현주의, 회화

____

한컷 정리하기

감각, 감정, 긍정, 목적, 변화, 색채, 예술, 원색, 이성, 왜곡, 허무, 원근법, 이데아, 플라톤, 힘에의의지

존재의 생성과 변화
- 부정 → 파르메니데스
- (   ) → 헤라클레이토스

↓ 영향

(   )의 이데아론

이데아	현실 세계의 존재
• 현실 세계에 존재하는 모든 것의 근원임. • 영원하고 불변하는 존재이며 완전한 진리임. • ( )에 의해서만 인식이 가능함.	• ( )를 모방한 것임. • 불완전함. • ( )을 통해 인식이 가능함.

↑ 비판

니체
- 변하지 않는 존재, 절대적이고 영원한 진리는 없음.
- 인간의 삶을 지탱하게 하는 것은 '(   )'이고, 그 창조적 생성 작용의 최고의 형태가 (   )임.
- 예술을 통해 생명력을 회복하고 (   )를 극복할 수 있음.

부정 → • 형이상학적 이원론 • 신 중심의 초월적 세계 • 합리적 (   ) 체계

↓ 영향

독일 표현주의
- 예술의 (   )은 인간의 감정과 충동을 표현한 것
- (   )을 존재의 본질을 드러내는 것으로 여김.
- 그림을 그리는 매순간 (   )하는 감정을 중시함.

특징
- 대상의 비례와 고유한 형태를 (   )
- (   )를 과장
- 대비되는 (   )을 과감하게 사용
- (   )에 얽매이지 않는 화면 구성

MEMO

06~09 *본문 18쪽 지문의 내용을 생각하며 키워드를 활용하여 빈칸을 채워 보세요.

칸트의 취미 판단 이론

◆ 답안은 '정답과 해설편' 16쪽을 참조

핵심어

* 각 문단에서 핵심어라고 생각되는 어휘나 어구를 찾아 써 보세요.

1 근대 초기의 합리론, ____________________

2 취미 판단, ____________________

3 미감적 공동체, ____________________

4 인간의 총체적인 자기 이해, ____________________

지문 구조

칸트, 감수성, 취미 판단

1 미적 (   )의 가치를 재조명한 칸트

↓

2 (   )의 개념과 특징 + 3 (   )의 성격

↓

4 (   )의 개념을 통해 본 취미 판단의 의의

주제

개념, 특성, 칸트, 취미 판단

____

한컷 정리하기

개별, 배제, 인간, 미·추, 객관적, 공통감, 규정적, 자의적, 쾌·불쾌, 취미 판단

미적 감수성

- 근대 초기 합리론
  - 어떤 원리도 없는 (   )인 것
- 칸트
  - 어떤 원리에 의거함.
  - 이성 못지않는 위상과 가치를 지님.
  - ↓ (   ) 이론

(   ) 판단(S는 P이다.)
- 이성이 개념을 통해 지식이나 도덕 준칙을 구성함.
- 술어 P가 객관적 성질로서 주어 S에 부여됨.
- 명제의 객관적이고 보편적인 타당성을 지향함.
- 개별 대상과 모든 대상을 묶은 하나의 단위에 대해서도 이루어짐.
- (   ) 보편성을 지님.

취미 판단(S는 P이다.)
- 대상의 (   )를 판정하는, 미감적 판단력의 행위임.
- 미·추(P)가 객관적 성질인 것처럼 S에 부여됨.
- P가 주체의 (   )라는 주관적 감정에 의거함.
- 하나의 (   ) 대상에 대해서만 이루어짐.
- 어떤 다른 목적도 (   )하는 미감적 태도를 전제로 함.
- 주관적 보편성을 지님.
- 주체가 속한 공동체의 (   )을 예시함.

지향하는 바

↓

(   )의 총체적인 자기 이해

MEMO

DAY 03 인문·예술

명제와 논리

학습 일자 월 일

01~05 *본문 20쪽 지문의 내용을 생각하며 키워드를 활용하여 빈칸을 채워 보세요.

고전 논리학의 네 가지 기본 명제

◆ 답안은 '정답과 해설편' 18쪽을 참조

핵심어

* 각 문단에서 핵심어라고 생각되는 어휘나 어구를 찾아 써 보세요.

1 아리스토텔레스, ______________________

2 전체 긍정을 뜻하는 명제의 표준 형식, ______________________

3 논리학의 관심 문제, ______________________

4 대부분, ______________________

5 흑인 영가의 참뜻을 느낄 수 있는 미국 흑인에 대한 것, ______________________

6 일상 언어의 문장, ______________________

지문 구조

키워드: 양, 명제, 표준, 해석, 일상 언어, 고전 논리학

1 (   )의 네 가지 기본 명제

↓

2 네 가지 기본 명제의 (   ) 형식

↓

3 일상 언어의 문장이 (   )에 따라 전혀 다른 명제가 되는 예 + 4 부분에 관한 명제에서 (   )의 차이를 나타내지 못하는 예 + 5 일상 언어의 문장을 여러 (   )로 나누어 표현해야 하는 예

↓

6 (   )의 문장을 표준 형식의 명제로 고치는 법

주제

키워드: 명제, 일상 언어, 고전 논리학, 논리적 의미, 표준 형식

____

한컷 정리하기

키워드: 두, 양, 표준, 해석, 부분 긍정, 부분 부정, 전체 부정

아리스토텔레스의 고전 논리학

명제	( ) 형식
전체 긍정 명제	모든 ~는 ~이다.
( ) 명제	모든 ~는 ~가 아니다. (×) 어느 ~도 ~가 아니다. (○)
( ) 명제	어떤 ~는 ~이다.
( ) 명제	어떤 ~는 ~가 아니다.

예문 1 표준 형식: 고래는 포유동물이다. → 모든 고래는 포유동물이다.

예문 2 문제점: 칼을 쓰는 자는 칼로 망한다.
↳ (   )에 따라 전혀 다른 명제가 될 수 있음.

예문 3 문제점: 대부분의 젊은이들은 현실 부정적이다.
↳ 부분에 관한 명제들 중에서 그 (   )의 정도가 다른 것을 나타낼 수 있는 방법이 없음.

예문 4 문제점: 미국 흑인들 외에는 아무도 흑인 영가의 참뜻을 느낄 수 없다.
↳ 여러 명제가 포함되어 있어서 (   ) 가지의 명제로 나누어야 함.

MEMO

06~10 *본문 22쪽 지문의 내용을 생각하며 키워드를 활용하여 빈칸을 채워 보세요.

비트겐슈타인의 진리함수이론

◆ 답안은 '정답과 해설편' 21쪽을 참조

핵심어

* 각 문단에서 핵심어라고 생각되는 어휘나 어구를 찾아 써 보세요.

1 비트겐슈타인, ____________________

2 명제와 사실의 관계, ____________________

3 진리함수이론, ____________________

4 복합명제의 진리값, ____________________

5 의미 있는 명제, ____________________

주제

의미 있는 명제, 비트겐슈타인, 진리함수이론

____

지문 구조

명제, 사실, 철학, 진리표, 진리함수이론

1 비트겐슈타인이 제안한 새로운 (   )

↓

2 비트겐슈타인이 주목한 명제와 (   )의 관계

↓

3 복합명제와 사실의 관계를 설명하는 (   ) + 4 복합명제의 진리값을 보여 주는 (   )

↓

5 비트겐슈타인이 제시한 (   )의 분류

한컷 정리하기

2^n, 사실, 연산, 조건, 무의미한, 진리함수, 의미를 결여한

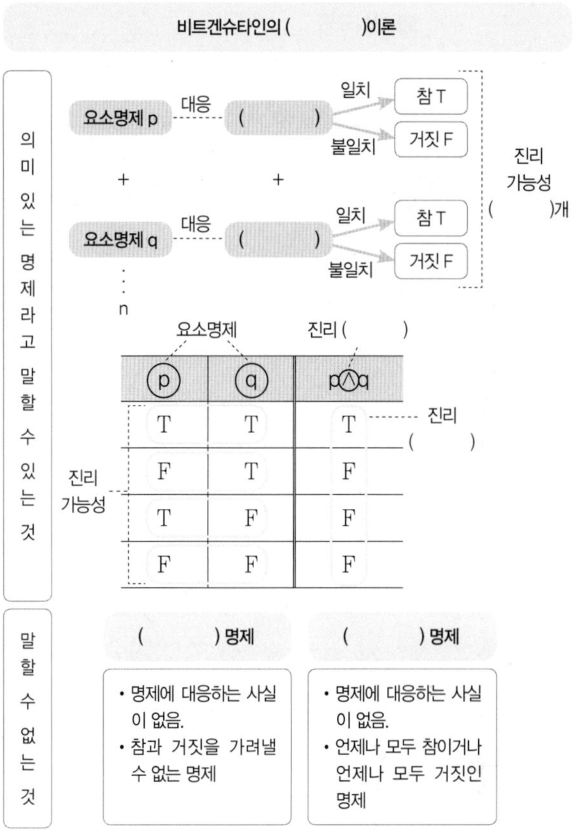

비트겐슈타인의 (   )이론

의미 있는 명제라고 말할 수 있는 것

요소명제 p --대응-- (   ) → 일치 → 참 T / 불일치 → 거짓 F

+ +

요소명제 q --대응-- (   ) → 일치 → 참 T / 불일치 → 거짓 F

⋮ n

진리 가능성 (   )개

요소명제 / 진리 (   )

p	q	p∧q
T	T	T
F	T	F
T	F	F
F	F	F

진리 가능성 / 진리 (   )

말할 수 없는 것

( ) 명제	( ) 명제
• 명제에 대응하는 사실이 없음. • 참과 거짓을 가려낼 수 없는 명제	• 명제에 대응하는 사실이 없음. • 언제나 모두 참이거나 언제나 모두 거짓인 명제

MEMO

심리 탐구

학습 일자 월 일

01~05 *본문 24쪽 지문의 내용을 생각하며 키워드를 활용하여 빈칸을 채워 보세요.

현실요법의 다섯 가지 기본 욕구

◆ 답안은 '정답과 해설편' 25쪽을 참조

핵심어

* 각 문단에서 핵심어라고 생각되는 어휘나 어구를 찾아 써 보세요.

1 현실요법, ______________________

2 다섯 가지 기본 욕구, ______________________

3 다섯 가지 욕구들의 강도, ______________________

4 효과적인 선택, ______________________

지문 구조

다섯, 단계, 쓰임, 현실요법

1 (   )에서 제시하는 다섯 가지 기본 욕구

↓

2 현실요법의 (   ) 가지 기본 욕구의 개념과 특성 + 3 현실요법의 적용 (   )와 적용 방식

↓

4 현실요법의 특징과 그 (   )

주제

상담, 이론, 기법, 현실요법

____

한컷 정리하기

힘, 사랑, 성공, 생존, 안전, 자유, 타인, 상대방, 즐거움, 호기심

현실요법

다섯 가지 기본 욕구

( )의 욕구	• 사회적 규칙이나 상식을 지키려는 욕구 • 생존에 필요한 것을 아끼고 모으려는 욕구 • 건강과 ( )을 중시함.
( )의 욕구	• 사랑하고 나누며 함께하고자 하는 욕구 • ( )을 잘 돕고, 사랑을 주는 만큼 받는 것도 중요하게 여김.
( )의 욕구	• 경쟁하여 성취하고 인정받고 싶어 하는 욕구 • ( )과 명예를 중시하고 높은 사회적 지위에 도달하기 위해 노력함.
( )의 욕구	• 무언가에 얽매이지 않고 벗어나고 싶어 하는 욕구 • ( )을 구속하는 것, 자신을 구속시키는 것을 싫어함.
( )의 욕구	• 새로운 것을 배우고 놀이를 통해 즐기고 싶어 하는 욕구 • 취미 생활을 즐기며, 잘 웃고 긍정적임. • ( )이 많아 배우는 것을 좋아함.

조절·선택

MEMO

06~09 *본문 26쪽 지문의 내용을 생각하며 키워드를 활용하여 빈칸을 채워 보세요.

에리히 프롬의 행복론

◆ 답안은 '정답과 해설편' 28쪽을 참조

핵심어

* 각 문단에서 핵심어라고 생각되는 어휘나 어구를 찾아 써 보세요.

1 행복에 대한 고찰, ____________________

2 인간관, ____________________

3 소유적 실존양식, ____________________

4 존재적 실존양식, ____________________

5 두 실존양식, ____________________

6 현대 사회에서의 행복 문제, ____________________

7 현대 사회의 병리적 현상, ____________________

지문 구조

키워드: 구조, 대상, 평가, 행복, 소유적, 인간관, 존재적

1 (　　　　)에 대해 고찰한 철학자 에리히 프롬

↓

2 에리히 프롬의 (　　　　)

↓

3 (　　　　) 실존 양식에서 인간의 삶 ↔ 4 (　　　　) 실존 양식에서 인간의 삶

↓

5 두 실존 양식에서 달라지는 (　　　　)의 의미

↓

6 실존 양식에 영향을 미치는 사회 (　　　　)와 규범

↓

7 현대 사회에서의 행복 문제를 진단한 에리히 프롬에 대한 (　　　　)

주제

키워드: 고찰, 행복, 현대 사회, 에리히 프롬

____

한컷 정리하기

키워드: 경쟁, 권력, 불안, 변혁, 사회, 세계, 폭력, 행복, 소유적, 존재적

에리히 프롬의 인간관

인간 —인지→ 불안·고독 —추구→ (　　　)와의 합일 —충족→ (　　　)

인간이 (　　　)와 관계를 맺는 방식

(　　　) 실존양식: 세계와의 합일이 자신이 소유한 것에 의해 결정된다고 봄.
- (　　　)의 욕구
- (　　　)의 욕구 → (　　　) 추구
- 불안감

↔

(　　　) 실존양식: 소유에서 벗어나 세계와 하나가 되는 삶의 방식
- (　　　)에 시달리지 않음. → 궁극적 (　　　)

사회 구조와 규범에 따라 실존 양식이 결정됨.

근본적 해결책 ↓

사회 (　　　)

MEMO

DAY 05 인문·예술

다양성

학습 일자 월 일

01~04 *본문 28쪽 지문의 내용을 생각하며 키워드를 활용하여 빈칸을 채워 보세요.

북아메리카 원주민들의 포틀래치 관습

◆ 답안은 '정답과 해설편' 32쪽을 참조

핵심어
* 각 문단에서 핵심어라고 생각되는 어휘나 어구를 찾아 써 보세요.

1 북아메리카 원주민들, ____________

2 초기 인류학자들, ____________

3 레비스트로스, ____________

4 교환 구조나 사회 규칙이라는 체계의 틀, ____________

5 인간을 이해, ____________

지문 구조
키워드: 모스, 평가, 원주민들, 구조주의적, 레비스트로스

1 북아메리카 (   )의 포틀래치 관습 내용

↓

2 포틀래치가 집단 간의 유대 관계를 형성하는 역할을 한다고 본 (   ) + 3 포틀래치에 나타나는 호혜적 교환을 사회 성립의 원리로 본 (   )

↓

4 포틀래치를 (   ) 관점에서 해석한 레비스트로스

↓

5 레비스트로스의 연구에 대한 (   )

주제
키워드: 연구, 포틀래치, 구조주의적 관점, 레비스트로스

____

한컷 정리하기
키워드: 규칙, 사회, 선물, 수장, 위신, 유대, 증여, 호혜적, 구조주의

포틀래치 관습

- 행사를 연 마을의 수장 → 재물을 나누어 줌. → 초대 받은 다른 마을의 (   )
- 초대 받은 다른 마을의 (   ) → 더 많은 (   )을 제공함. → 행사를 연 마을의 수장

해석

- 초기 인류학자들
  - 포틀래치는 일반적인 (   )임.
  - 포틀래치는 (   )을 얻기 위해 재산을 탕진하는 비합리적인 생활 양식임.
- 후기 인류학자들
  - 포틀래치는 (   ) 교환 행위임.

모스
- 포틀래치는 집단 간의 (   ) 관계를 형성하는 역할을 함.

레비스트로스
- 호혜적 교환을 (   )가 성립되는 원리로 제시함.
- 포틀래치를 교환의 구조나 사회 (   )이라는 체계의 틀 안에서 이해함.

↓

(   )적 관점으로 인간을 이해

MEMO

05~09 *본문 30쪽 지문의 내용을 생각하며 키워드를 활용하여 빈칸을 채워 보세요.

들뢰즈의 '차이'의 철학

◆ 답안은 '정답과 해설편' 35쪽을 참조

핵심어

* 각 문단에서 핵심어라고 생각되는 어휘나 어구를 찾아 써 보세요.

1 개념, ______

2 개념적 차이, ______

3 다른 대상에 의존, ______

4 차이 자체를 드러낼 수 있는 작용 원리, ______

5 개념의 기능, ______

지문 구조

의의, 차이, 차이 자체, 작용 원리, 개념적 차이

1 '( )'의 철학을 제시한 들뢰즈

⬇

2 차이를 '개념적 차이'와 '( )'로 구분한 들뢰즈

⬇

3 ( )로 개별 대상을 파악하려 할 때의 문제점

⬇

4 들뢰즈가 제시한 차이 자체를 드러낼 수 있는 ( )

⬇

5 들뢰즈의 '차이'의 철학이 갖는 ( )

주제

개념, 의의, 들뢰즈, 차이의 철학

______

한컷 정리하기 맛, 반복, 사상, 색깔, 시선, 입자, 차이, 특성, 폭력, 개념주의

근대 사상가의 ( )적 태도 ← 비판 — 들뢰즈

들뢰즈 — 구분 → 개념적 차이 / 차이 자체

개념적 차이	차이 자체
[의미] • 어떤 대상과 다른 대상의 상대적 다름	[의미] • 대상 자체의 절대적 다름
[예] • 소금과 설탕의 ( ) • 소금과 숯의 ( )	[예] • 소금 ( )가 가지는 염도, 빛깔의 고유한 정도 차이 자체
[문제점] • 개별 대상의 고유한 ( )이 무시됨. • 개념의 ( )이 발생할 수 있음.	[작용 원리] ( )에 의해 경험하게 되는 강도의 차이

↓

'( )'의 철학

↓ 의의

• 개념을 최고의 가치로 숭상하는 기존 철학가들의 ( )을 극복하고자 함.
• 철학의 ( )을 개념에서 대상 자체로 돌리게 함.

MEMO

DAY 06 사회

통화 정책

학습 일자 월 일

01~04 *본문 34쪽 지문의 내용을 생각하며 키워드를 활용하여 빈칸을 채워 보세요.

국가의 통화 정책

◆ 답안은 '정답과 해설편' 38쪽을 참조

핵심어
* 각 문단에서 핵심어라고 생각되는 어휘나 어구를 찾아 써 보세요.

1 경기 침체가 심화, ______________________________

2 유동성, ______________________________

3 금리, ______________________________

4 중앙은행, ______________________________

5 통화 정책을 시행, ______________________________

지문 구조
키워드: 금리, 한계, 유동성, 케인스, 경기 침체, 중앙은행

1 (   )기의 국가의 정책
↓
2 (   )의 개념 + 3 (   )의 개념 및 유동성과의 상관 관계
↓
4 (   )의 통화 정책
↓
5 통화 정책의 (   )와 (   )의 주장

주제
키워드: 국가, 한계, 통화 정책

____

한컷 정리하기
키워드: 감소, 상승, 인상, 인하, 침체, 하락, 중앙은행

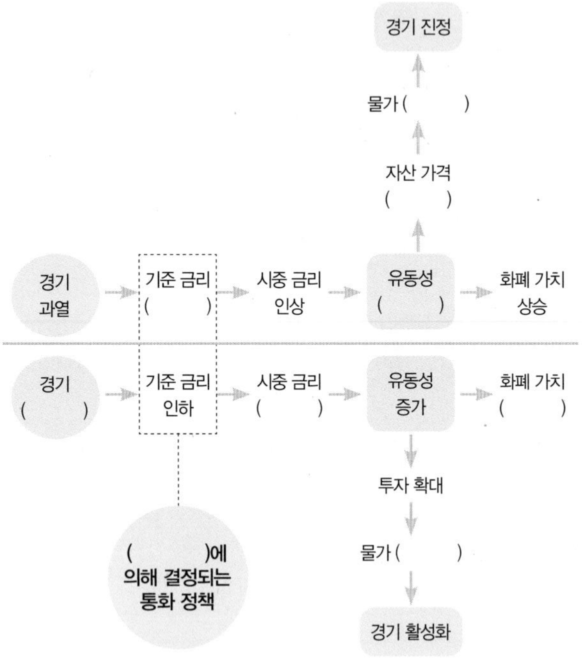

경기 과열 → 기준 금리 (   ) → 시중 금리 인상 → 유동성 (   ) → 화폐 가치 상승
유동성 (   ) → 자산 가격 (   ) → 물가 (   ) → 경기 진정

경기 (   ) → 기준 금리 인하 → 시중 금리 (   ) → 유동성 증가 → 화폐 가치 (   )
유동성 증가 → 투자 확대 → 물가 (   ) → 경기 활성화

기준 금리: (   )에 의해 결정되는 통화 정책

MEMO

05~08 *본문 36쪽 지문의 내용을 생각하며 키워드를 활용하여 빈칸을 채워 보세요.

준칙주의와 재량주의

◆ 답안은 '정답과 해설편' 41쪽을 참조

핵심어

* 각 문단에서 핵심어라고 생각되는 어휘나 어구를 찾아 써 보세요.

1 통화 정책, ____________________

2 중앙은행의 통화 정책이 의도한 효과를 얻기 위한 요건, ____________________

3 정책 신뢰성, ____________________

4 재량주의, ____________________

주제

의도, 요건, 효과, 통화 정책

____

한컷 정리하기

대응, 민간, 상승, 외부, 준칙, 하락, 선제성, 선제적, 공개 시장, 기준 금리, 준칙주의

통화 정책 — 중앙은행 — (　　) 결정 / (　　) 운영
- 채권 매수 → 이자율 (　　)
- 채권 매도 → 이자율 (　　)

중앙은행의 통화 정책이 의도한 효과를 얻기 위한 요건

정책 신뢰성 → 민간의 신뢰가 중요 → (　　)

중앙은행이 특정한 정책 목표나 운용 방식을 준칙으로 삼아 (　　)에 약속하면, 어떤 상황에서도 이를 지켜야 한다는 입장

(　　) → 통화 정책 시행 → 정책 (　　) 시차 발생 → (　　)인 통화 정책 필요

재량주의

경제 여건 변화에 따른 신축적인 정책 (　　)을 지지하는 입장 → 예상보다 큰 경제 변동이 있으면 사전에 정해 둔 (　　)이 장애물이 될 수 있음.

지문 구조

선제적, 공개 시장, 준칙주의, 재량주의

1 (　　) 운영의 개념과 영향

↓

2 통화 정책이 (　　)이어야 하는 이유

↓

3 통화 정책의 실행에 관한 입장_(　　) ↔ 4 통화 정책의 실행에 관한 입장_(　　)

MEMO

경영 전략

학습 일자 월 일

01~05 *본문 38쪽 지문의 내용을 생각하며 키워드를 활용하여 빈칸을 채워 보세요.

가설 검정의 방법

◆ 답안은 '정답과 해설편' 44쪽을 참조

핵심어
* 각 문단에서 핵심어라고 생각되는 어휘나 어구를 찾아 써 보세요.

1 가설 검정, ______

2 귀무가설의 기각 여부, ______

3 두 가지 오류, ______

4 더 심각한 문제, ______

5 유의 수준, ______

지문 구조
1종, 오류, 가설 검정, 대립 가설, 유의 수준

1 (　　)의 개념
↓
2 귀무가설의 기각 여부에 따른 (　　)의 채택
↓
3 가설 검정에서의 두 가지 (　　)
↓
4 심각한 문제를 초래할 수 있는 (　　) 오류
↓
5 1종 오류를 줄이기 위한 (　　)의 책정

주제
개념, 오류, 가설 검정

______

한컷 정리하기
2종, 가정, 기각, 낮게, 일부, 채택, 효과

가설 검정 과정
- '신약이 효과가 없음.'
- 귀무가설이 참이라고 (　　)
- ↓
- (　　) 환자에게 투약
- ↓
- 결과를 통해 귀무가설의 (　　) 여부를 결정

병이 호전된 경우가 많으면 → 귀무가설을 기각함. → 대립가설 (　　) ---- '신약이 (　　)가 있음.'

병이 낫지 않은 경우가 더 많으면 → 귀무가설을 기각하지 못함.

의사 결정 과정에서 발생할 수 있는 오류

1종 오류(더 심각)	(　　) 오류
귀무가설이 참인데도 불구하고 귀무가설을 (　　)하는 결정을 내린 것	귀무가설이 참이 아닌데 귀무가설을 기각하지 못한 결정을 내린 것

↓ 대책

유의 수준을 (　　) 정함.

MEMO

06~10 ＊본문 40쪽 지문의 내용을 생각하며 키워드를 활용하여 빈칸을 채워 보세요.

거래비용이론

◆ 답안은 '정답과 해설편' 47쪽을 참조

핵심어

* 각 문단에서 핵심어라고 생각되는 어휘나 어구를 찾아 써 보세요.

1 기업의 규모, ______________________

2 거래비용, ______________________

3 시장거래비용, ______________________

4 시장거래를 통해 모든 부품을 조달, ______________________

5 거래비용이 발생하는 요인, ______________________

지문 구조

규모, 예시, 인간적, 환경적, 최적 규모, 신제도학파

1 (   )의 거래비용이론

⬇

2 거래비용의 의미와 (   )

⬇

3 기업의 (   )를 결정하는 총거래비용 + 4 총거래비용으로 기업의 (   )를 산출하는 원리

⬇

5 거래비용이 발생하는 (   ) 요인 + 6 거래비용이 발생하는 (   ) 요인

주제

개념, 거래비용이론

____

한컷 정리하기 합리성, 불확실성, 총거래, 기회주의, 시장거래, 최적 규모, 조직내거래

(   )비용: 시장에서 재화를 거래 → 비용 발생

— 전환 →

(   )비용: 시장에서 재화를 거래하던 것을 내부화 → 비용 발생

두 비용의 합인 (   )비용을 고려하여 기업의 규모를 결정함.

↓ 총거래비용이 최소가 되는 지점

기업의 (   )

거래비용이 발생하는 요인

구분	요인	설명
인간적 요인	제한된 ( )	인간은 완벽한 선택을 할 수 없음.
	( )적 속성	거래 상대를 전적으로 신뢰할 수 없음.
환경적 요인	자산특수성	자산특수성이 높으면 경제 주체가 ( )적 행동을 할 가능성이 높아 안전장치가 필요함.
	정보의 ( )	거래 주체가 정보를 공유하지 않을 가능성이 높음.

MEMO

DAY **08** 사회

수요와 공급

학습 일자 월 일

01~05 *본문 42쪽 지문의 내용을 생각하며 키워드를 활용하여 빈칸을 채워 보세요.

수요의 가격탄력성

◆ 답안은 '정답과 해설편' 51쪽을 참조

핵심어
* 각 문단에서 핵심어라고 생각되는 어휘나 어구를 찾아 써 보세요.

1 수요의 법칙, ________________

2 수요의 가격탄력성에 영향을 주는 대표적 요인, ________________

3 수요의 가격 탄력성, ________________

4 수요의 가격탄력성, ________________

지문 구조
개념, 계산, 관계, 요인, 총수입

1 수요의 가격탄력성의 (   )

↓

2 수요의 가격탄력성에 영향을 주는 대표적인 (   )

↓

3 수요의 가격탄력성 (   ) 방법

↓

4 (   )과 수요의 가격탄력성 간의 (   )

주제
개념, 특징, 수요의 가격탄력성

____

한컷 정리하기 가격, 감소, 증가, 대체재, 수요량, 필요성, 탄력적, 비탄력적

수요의 가격탄력성에 영향을 주는 요인

( )의 존재 유무	일정한 대체재가 있으면 그 상품 수요의 가격탄력성은 ( )임.
( )의 정도	• 필수재 수요의 가격탄력성은 ( )임. • 사치재 수요의 가격탄력성은 ( )임.
소득에서 지출이 차지하는 비중	해당 상품을 구매하기 위한 지출이 소득에서 차지하는 비중이 높을수록 수요의 가격 탄력성은 커짐.

수요의 가격탄력성의 계산법

(   )의 변화율 / (   )의 변화율

1보다 클 때 → 탄력적: 가격이 상승하면 총수입이 (   )

1보다 작을 때 → 비탄력적: 가격이 상승하면 총수입이 (   )

MEMO

06~10 *본문 44쪽 지문의 내용을 생각하며 키워드를 활용하여 빈칸을 채워 보세요.

관세 정책이 미치는 영향

◆ 답안은 '정답과 해설편' 53쪽을 참조

핵심어

* 각 문단에서 핵심어라고 생각되는 어휘나 어구를 찾아 써 보세요.

1 관세, ____________________

2 수요와 공급의 원리, ____________________

3 소비자 잉여, ____________________

4 관세가 국내 경기에 미치는 영향, ____________________

5 관세를 부과할 경우, ____________________

6 관세 정책이 장기화, ____________________

7 국내 산업을 보호할 목적으로 부과된 관세, ____________________

지문 구조

가격, 관세, 부과, 원리, 영향, 문제점

1 (   )의 개념과 목적 및 영향

↓

2 시장에서의 수요와 공급의 (   )

↓

3 재화의 (   ) 변화에 따른 소비자와 생산자 잉여 변화

↓

4 (   ) 없이 재화를 수입했을 때의 결과 ↔ 5 관세를 (   )하여 재화를 수입했을 때의 결과

↓

6 관세 정책이 국내 경기에 미치는 (   )

↓

7 관세 정책의 (   )

주제

관세, 영향, 문제점, 관세 정책, 국내 경기

____

한컷 정리하기 감소, 상승, 증가, 침체, 생산자, 소비자

관세 없이 밀가루를 수입할 경우

밀가루 수입 → 국산 밀가루 가격 하락 → 밀가루에 대한 국내 수요량 (   ) → 국내 수요량 > 국내 공급량

국산 밀가루 가격 하락 … (   ) 잉여 감소분 < (   ) 잉여 증가분

∴ 밀가루를 수입하기 전에 비해 사회적 잉여 (   )

밀가루에 관세를 부과할 경우

관세 부과 전보다 국산 밀가루 가격 (   ) … (   ) 잉여 증가분 < (   ) 잉여 감소분

∴ 관세를 부과하기 전에 비해 사회적 잉여 (   )

관세 정책 장기화 → 밀가루로 만든 제품 가격 (   ) → 경기 (   )

MEMO

DAY 09 사회

미래 산업

학습 일자 월 일

01~04 *본문 46쪽 지문의 내용을 생각하며 키워드를 활용하여 빈칸을 채워 보세요.

양면시장의 플랫폼 사업

◆ 답안은 '정답과 해설편' 57쪽을 참조

핵심어

* 각 문단에서 핵심어라고 생각되는 어휘나 어구를 찾아 써 보세요.

1. 양면시장, ____________________
2. 네트워크 외부성, ____________________
3. 플랫폼 이용료, ____________________
4. 간접 네트워크 외부성이 가격구조에 미치는 영향, ____________________
5. 가격구조는 수요의 가격탄력성에도 영향, ____________________
6. 수익을 창출하기 위해 사용하는 대표적인 전략, ____________________

지문 구조

키워드: 특징, 창출, 가격구조, 양면시장, 수요의 가격탄력성, 간접 네트워크 외부성

1. (   )의 의미

↓

2. 양면시장의 (   ) - 간접 네트워크 외부성이 작용

↓

3. 플랫폼 사업자의 (   ) 결정

↓

4. (   )이 가격 구조에 미치는 영향 ↔ 5. (   )이 가격 구조에 미치는 영향

↓

6. 플랫폼 사업자의 수익 (   ) 전략 - 공짜 미끼 전략, 프리미엄 전략

주제

키워드: 의미, 특징, 양면시장

____

한컷 정리하기

키워드: 낮은, 높은, 이용료, 플랫폼, 카드 결제 시스템, 간접 네트워크 외부성

양면 시장의 구조

(   ) 사업자
(   ) 부과 → 이용자 1
제공 ↓ (   )
(   ) 부과 → 이용자 2
이용자 1 ↔ 이용자 2: 거래

가격구조에 네트워크 외부성이 영향을 미치는 경우

카드 회사
낮은 연회비 부과 → 카드 회원
제공 ↓ (   )
(   ) 수수료 부과 → 가맹점
카드 회원이 가맹점에 미치는 (   )이 큼.

가격구조에 수요의 가격탄력성이 영향을 미치는 경우

플랫폼 사업자
→ 수요의 가격 탄력성이 높은 집단 → (   ) 이용료 부과
→ 수요의 가격 탄력성이 (   ) 집단 → 높은 이용료 부과

MEMO

05~07 *본문 48쪽 지문의 내용을 생각하며 키워드를 활용하여 빈칸을 채워 보세요.

구독 경제

◆ 답안은 '정답과 해설편' 61쪽을 참조

핵심어

* 각 문단에서 핵심어라고 생각되는 어휘나 어구를 찾아 써 보세요.

1 셔츠 정기 배송 서비스, ______

2 구독경제, ______

3 이유, 구독경제의 확산 현상, ______

4 소비자의 입장, 장점, ______

5 소비자의 입장, 고정 지출, ______

지문 구조

개념, 단점, 모델, 이유, 장점, 확산

1 구독경제의 (   )

↓

2 구독경제의 세 가지 (   )

↓

3 구독경제가 빠르게 (   )되고 있는 (   ) - 합리적 선택 이론

↓

4 구독경제의 (   ) ↔ 5 구독경제의 (   )

주제

개념, 특징, 구독경제

______

한컷 정리하기

매출, 부담, 비용, 수익, 시간, 정보, 서비스, 합리적, 장기 렌털, 정기 배송, 정액 요금

한정된 (   )으로 최대한의 만족을 얻기 위해 노력한 결과 → (   ) 선택 이론 → 구독경제의 확산

모델

( )	무제한 이용	( )
월 사용료를 지불하면 생필품을 지정 주소로 정기 배송해 주는 것	( )을 내고 각종 서비스 등을 무제한 또는 정해진 횟수만큼 이용할 수 있는 모델	구매에 목돈이 들어 부담이 될 수 있는 상품을 월 사용료를 지불하고 이용하는 것

구독경제의 장단점

장점	단점
[소비자의 입장] • 소유하기 이전에는 사용해 보지 못한 상품을 사용해 볼 수 있음. • 구매에 큰 ( )이 들지 않음. • 구매 행위에 들이는 ( )과 구매 과정에 따르는 불편함을 해결할 수 있음.	[소비자의 입장] • 고정 지출이 늘어나 경제적으로 ( )이 될 수 있음.
[생산자의 입장] • 구매 고객들의 ( )를 수집할 수 있음. • 개별화된 ( )를 제공하여 고객과의 관계를 지속적으로 유지할 수 있음. • 매월 안정적인 ( )을 올릴 수 있음.	[생산자의 입장] • 상품이 소비자에게 만족감을 주지 못하거나 고객과의 관계를 지속적으로 유지하지 못할 경우에 낮은 ( )을 얻게 됨.

MEMO

DAY 10 사회

선택과 행동

학습 일자 월 일

01~05 *본문 50쪽 지문의 내용을 생각하며 키워드를 활용하여 빈칸을 채워 보세요.

공공 선택 이론

◆ 답안은 '정답과 해설편' 63쪽을 참조

핵심어
* 각 문단에서 핵심어라고 생각되는 어휘나 어구를 찾아 써 보세요.

1 공공 선택 이론, ______________________

2 단순 과반수제, ______________________

3 최적 다수결제, ______________________

4 점수 투표제, ______________________

5 보르다 투표제, ______________________

지문 구조
키워드: 의사 결정, 보르다 투표제, 점수 투표제, 단순 과반수제, 최적 다수결제

1 공공 선택 이론에서 다루는 (   ) 방법의 종류

⬇

2 (   )의 방법 과 장단점 + 3 (   )의 방법 과 장단점

⬇

4 (   )의 방법 과 장단점 + 5 (   )의 방법 과 장단점

주제
키워드: 종류, 장단점, 의사 결정 방법

____

한컷 정리하기
키워드: 소수, 순서, 역설, 점수, 차선, 이론적, 최소화, 효율적, 선호 강도, 전략적 행동

공공 선택 이론

방법	장단점
단순 과반수제 과반수가 지지하는 안건을 채택함.	[장점] ( )으로 의사결정이 이루어짐. [단점] ① 투표 결과에 ( )가 드러나지 않음. ② 다수의 횡포에 의해 소수의 이익이 침해 되는 상황이 발생할 수 있음. ③ 투표의 ( ) 현상이 나타날 수 있음.
최적 다수결제 총비용이 ( )되는 지점이 안건 통과의 기준이 됨.	[장점] 의사 결정 과정을 ( )으로 명쾌하게 설명함. [단점] 최적 다수결의 기준을 정하는 데 시간을 지나치게 소비하게 됨.
점수 투표제 투표자가 자신의 선호에 따라 주어진 ( )를 배분하여 투표함.	[장점] ① 투표자의 ( )가 잘 반영됨. ② ( )의 의견도 투표 결과에 잘 반영됨. ③ 투표의 역설이 나타나지 않음. [단점] ( )에 취약하여 투표 결과가 불규칙하게 바뀔 수 있음.
보르다 투표제 투표자가 가장 선호하는 대안부터 ( )대로 점수를 주어 투표함.	[장점] ①모두에게 ( )이 될 수 있는 중도의 대안이 채택될 가능성이 높음. ② 투표의 역설이 발생하지 않음.

MEMO

06~10 *본문 52쪽 지문의 내용을 생각하며 키워드를 활용하여 빈칸을 채워 보세요.

보드리야르의 소비사회

◆ 답안은 '정답과 해설편' 67쪽을 참조

핵심어
* 각 문단에서 핵심어라고 생각되는 어휘나 어구를 찾아 써 보세요.

1 마르크스, ____________________

2 보드리야르, ____________________

3 기호, ____________________

4 기호가치, ____________________

5 강제된 욕구, ____________________

6 자본주의 사회, ____________________

지문 구조
성찰, 소비, 기호 체계, 마르크스, 보드리야르

1 자본주의 사회에 대한 (   )의 관점 ↔ 2 자본주의 사회에 대한 (   )의 관점

↓

3 기호의 의미 내용을 결정하는 (   )

↓

4 보드리야르가 현대 사회의 (   )를 바라보는 관점 1

↓

5 보드리야르가 현대 사회의 (   )를 바라보는 관점 2

↓

6 소비가 인간에 미치는 영향에 대한 보드리야르의 비판적 (   )

주제
현대 사회, 소비의 기능, 비판적 성찰, 보드리야르

____

한컷 정리하기 교환, 기호, 사용, 소비, 욕구, 종속, 지위, 자율성

마르크스
- 자본주의 사회에서 경제적 가치는 (   )가치에 의해 결정됨.
- 소비에 대한 관점: 소비 — 생산에 (   )된 현상 → 소비의 (   )을 인정하지 않음.

보드리야르
- 자본주의 사회에서 경제적 가치는 (   )가치(=기호가치)에 의해 결정됨.
- 자본주의 사회는 (   ) 우위의 사회임.
- 소비의 원인: 사물이 상징하는 특정 사회적 (   )에 대한 욕구 = (   )가치
- 대중매체 —영향→ (   )가치 → (   )를 강제함.

MEMO

법률행위와 제도 1

학습 일자 월 일

01~04 *본문 54쪽 지문의 내용을 생각하며 키워드를 활용하여 빈칸을 채워 보세요.

법률행위의 무효와 법률행위의 취소

◆ 답안은 '정답과 해설편' 70쪽을 참조

핵심어

* 각 문단에서 핵심어라고 생각되는 어휘나 어구를 찾아 써 보세요.

1 법률행위, ______

2 법률행위의 무효, ______

3 법률행위의 취소, ______

4 무효행위, ______

5 무효행위를 추인한다는 것, ______

6 청구권, ______

지문 구조

무효, 민법, 조건, 취소, 법률효과, 부당이익

1 법률행위가 (　　　)를 발생시키기 위한 두 가지 요건

⬇

2 법률행위의 (　　　)가 발생하는 경우 + 3 법률 행위의 (　　　)가 발생하는 경우

⬇

4 무효행위를 전환하는 것의 의미와 그 (　　　) + 5 무효행위를 추인한다는 것의 의미와 (　　　)에서 추인을 인정하는 조건

⬇

6 무효행위로 인한 청구권의 부인과 (　　　)의 반환청구권

주제

방법, 무효행위, 새로운 법률행위

______

한컷 정리하기

경과, 무효, 보충, 사유, 소멸, 추인, 취소권, 성립요건, 효력요건

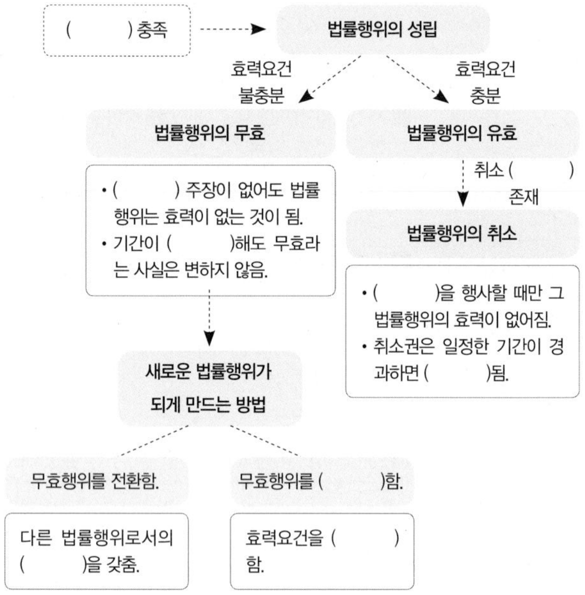

(　　　) 충족 → 법률행위의 성립

- 효력요건 불충분 → 법률행위의 무효
  - (　　　) 주장이 없어도 법률행위는 효력이 없는 것이 됨.
  - 기간이 (　　　)해도 무효라는 사실은 변하지 않음.
  - → 새로운 법률행위가 되게 만드는 방법
    - 무효행위를 전환함. — 다른 법률행위로서의 (　　　)을 갖춤.
    - 무효행위를 (　　　)함. — 효력요건을 (　　　)함.
- 효력요건 충분 → 법률행위의 유효
  - 취소 (　　　) 존재 → 법률행위의 취소
    - (　　　)을 행사할 때만 그 법률행위의 효력이 없어짐.
    - 취소권은 일정한 기간이 경과하면 (　　　)됨.

MEMO

05~09 *본문 56쪽 지문의 내용을 생각하며 키워드를 활용하여 빈칸을 채워 보세요.

손해보험

◆ 답안은 '정답과 해설편' 73쪽을 참조

핵심어
* 각 문단에서 핵심어라고 생각되는 어휘나 어구를 찾아 써 보세요.

1 손해보험, ______

2 피보험자, ______

3 피보험이익으로 인정, ______

4 실손보상원칙, ______

5 보험가액, ______

6 초과보험, ______

7 중복보험, ______

주제
키워드: 개념, 특징, 손해보험

______

지문 구조
키워드: 개념, 예시, 보험금, 중복보험, 지급 원칙, 인정 요건, 실손보상원칙

1 손해보험의 (　　　)
↓
2 손해보험의 (　　　)
↓
3 피보험이익의 (　　　)
↓
4 손해보험의 (　　　)
↓
5 보험가액, 보험금액 (　　　)의 정의
↓
6 초과보험의 개념과 (　　　) + 7 (　　　)의 개념과 예시

한컷 정리하기
키워드: 손해, 합계, 경제상, 재산상, 보험가액, 보험금액, 초과보험, 피보험이익

손해보험
- 개념: 계약에서 정한 보험 사고 발생 시 (　　　)의 손해를 보상하는 보험
- 전제: 피보험자는 보험의 목적에 (　　　)의 이익인 피보험이익을 가져야 함.
- 원칙: 실제 발생한 (　　　)만을 보상하는 실손보상원칙을 기본으로 함.

관련 용어
- (　　　): 보험 사고 발생으로 잃어버릴 염려가 있는 이익
- (　　　): 피보험이익의 객관적인 금전적 평가액
- (　　　): 보험 사고 시 보험사가 지급하기로 약정한 최고 한도액
- 보험금: 보험 사고가 발생했을 때 보험자가 실제 지급하는 금액

- (　　　): 보험금액이 보험가액을 초과하는 경우
- 중복보험: 한 명의 피보험자가 동일한 피보험이익과 동일한 보험 사고에 관하여 여러 보험자와 계약을 체결한 경우에 그 보험금액의 (　　　)가 보험가액을 초과하는 경우

MEMO

DAY 12 사회

법률행위와 제도 2

학습 일자 월 일

01~04 *본문 58쪽 지문의 내용을 생각하며 키워드를 활용하여 빈칸을 채워 보세요.

의사무능력자의 법률행위

◆ 답안은 '정답과 해설편' 77쪽을 참조

핵심어
* 각 문단에서 핵심어라고 생각되는 어휘나 어구를 찾아 써 보세요.

1 의사능력, ______

2 의사무능력자, ______

3 제한능력자라는 사실을 뒤늦게 알게 되는 경우, ______

4 상대방의 확답촉구권, ______

5 상대방의 철회권·거절권, ______

6 제한능력자의 속임수, ______

7 민법, ______

지문 구조
보호, 상대방, 속임수, 의사무능력자, 확답 촉구권, 제한능력자제도, 철회권·거절권

1 (　　)의 법률행위

⬇

2 민법에서의 (　　)

⬇

3 제한능력자와 계약한 (　　)을 위한 민법의 제도 운영

⬇

4 상대방의 (　　) + 5 상대방의 (　　) + 6 제한능력자의 (　　)

⬇

7 제한능력자와 그 상대방을 (　　)하기 위한 민법의 제도

주제
보호, 제도, 특징, 상대방, 필요성, 제한능력자

______

한컷 정리하기 거절, 보호, 철회, 확답, 불이익, 취소권, 미성년자

제한능력자제도 — (　　), 피성견후견인, 피한정후견인을 (　　)하기 위한 규정

⬇

단독으로 재산상의 법률행위를 한 경우, 자신의 의사무능력을 증명할 필요없이 10년 내에 (　　)을 행사할 수 있음.

↕ 대응 제도

제한능력자의 법률행위로 (　　)을 당할 수 있는 계약 상대방을 보호하는 제도

상대방의 확답촉구권	상대방의 철회권·거절권	제한능력자의 속임수
유효기간 내에 취소 여부에 대한 (　　)을 요구할 수 있는 권리	제한능력자와 계약한 사실을 알지 못했을 때 계약을 (　　)할 수 있는 권리	제한능력자가 속임수를 쓴 경우 그 (　　)을 박탈하는 것
	제한 능력자가 단독행위를 한 경우 (　　)할 수 있는 권리	

MEMO

05~09 *본문 60쪽 지문의 내용을 생각하며 키워드를 활용하여 빈칸을 채워 보세요.

손실 보상 청구권에 관한 법률 규정

◆ 답안은 '정답과 해설편' 80쪽을 참조

핵심어

* 각 문단에서 핵심어라고 생각되는 어휘나 어구를 찾아 써 보세요.

1 공익을 위한 적법한 행정 작용, ______

2 손실 보상 청구권, ______

3 재산권, ______

4 재산권의 사회적 제약과 특별한 희생의 구별, ______

5 분리 이론, ______

주제

키워드: 차이, 경계 이론, 분리 이론, 손실 보상 청구권

______

지문 구조

키워드: 규정, 제3항, 경계 이론, 분리 이론, 특별한 희생

1 재산권에 (　　　)이 발생한 경우 손실 보상 청구권의 보장

↓

2 손실 보상 청구권과 불가분 조항인 헌법 제23조 (　　　)

↓

3 헌법 제23조 제1, 2항의 (　　　)

↓

4 재산권의 사회적 제약과 특별한 희생의 구별에 대한 입장 _(　　　) ↔ 5 재산권의 사회적 제약과 특별한 희생의 구별에 대한 입장 _(　　　)

한컷 정리하기

키워드: 구별, 법률, 보상, 제거, 희생, 사회적, 입법자, 침해 정도, 공공복리, 공용 침해

헌법 제23조 제1, 2항
- 재산권의 내용과 한계는 법률로 정함.
- 재산권의 행사는 (　　　)에 적합해야 함.

↓

재산권의 (　　　) 제약에 대한 규정

헌법 제23조 제3항
- 공용 침해에 대해서는 (　　　)에 의해 보상을 해야 함.
- (　　　) 규정과 보상 규정은 하나의 법률에서 규정되어야 함.

↓

재산권의 특별한 (　　　)에 대한 규정

경계 이론	분리 이론
[쟁점 1] 사회적 제약과 특별한 희생은 어떻게 (　　　)할 것인가?	
사회적 제약과 특별한 희생은 (　　　)에 있어서 차이가 있음.	사회적 제약과 특별한 희생은 (　　　)의 의사에 따라 완전히 분리된 별개의 것임.
[쟁점 2] 공용 침해인데, 보상 규정이 없는 경우는 어떡할 것인가?	
보상 규정이 없어도 (　　　)해야 함.	보상 규정이 없는 공용 침해는 위법이므로, 그 행정 작용 자체를 (　　　)해야 함.

MEMO

DAY 13 과학

인체의 기능

학습 일자 월 일

01~05 *본문 64쪽 지문의 내용을 생각하며 키워드를 활용하여 빈칸을 채워 보세요.

소리의 전달과 골전도 이어폰

◆ 답안은 '정답과 해설편' 83쪽을 참조

핵심어

* 각 문단에서 핵심어라고 생각되는 어휘나 어구를 찾아 써 보세요.

1 전자 녹음 장치에 녹음된 자신의 목소리, ________

2 소리, ________

3 공기 전도, ________

4 골전도, ________

5 이어폰, ________

6 골전도 이어폰, ________

주제

키워드: 소리, 특징, 활용, 전달 원리, 이어폰

____

한컷 정리하기

키워드: 습, 뼈, 고막, 공기, 주변, 외이도, 청소골, 청각 신경, 인력과 척력

소리가 내이에 도달하는 방식

공기 전도 → 물체의 진동 → 주변 (   ) 진동 →

귓바퀴 → (   ) → 증폭 → 고막 → (   ) → 증폭 → 내이

(귓바퀴~( ): 소리의 공명 발생)

골전도 → 물체의 진동 → 귀 주변 (   ) → 내이

이어폰의 원리와 종류

보이스코일에 교류 전류를 가하면 내부 자기장에 의해 (   )의 작용으로 진동이 발생함.

일반적인 이어폰	골전도 이어폰
진동을 ( )를 통해 전달함.	귀 주변 ( )에 진동판을 밀착하여 진동을 내이로 직접 전달함.
단점: 일반적인 이어폰과 같이 장시간 사용 시 ( )이 손상될 수 있음.	장점: 귀 내부가 ( )해지는 것을 방지함. / ( )을 직접 자극하지 않음. / ( ) 소리를 들을 수 있어 위험 상황에 대처가 가능함.

지문 구조

키워드: 내이, 주의, 골전도, 목소리, 공기 전도, 작동 원리

1 자신의 (   )를 스피커로 들으면 어색한 이유 탐구

↓

2 소리의 개념과 소리가 (   )에 도달하는 방식

↓

3 (   )를 통해 소리가 전달되는 과정 ↔ 4 (   )를 통해 소리가 전달되는 과정

↓

5 일반적인 이어폰과 골전도 이어폰의 (   )

↓

6 골전도 이어폰의 장점과 (   )할 점

MEMO

06~10 *본문 66쪽 지문의 내용을 생각하며 키워드를 활용하여 빈칸을 채워 보세요.

식욕의 작용 원리

◆ 답안은 '정답과 해설편' 86쪽을 참조

핵심어

* 각 문단에서 핵심어라고 생각되는 어휘나 어구를 찾아 써 보세요.

1 식욕, ________________

2 영양분의 상태, ________________

3 취향이나 기분에 좌우되는 식욕, ________________

4 전두 연합 영역의 기능, ________________

주제

원리, 식욕 중추, 전두 연합 영역, 식욕 조절

____

지문 구조

기능, 조절, 디저트, 식욕 중추

1 식욕에 영향을 미치는 (　　　)

↓

2 영양분의 상태에 따른 식욕 중추의 식욕 (　　　) 과정

↓

3 식욕 중추에 영향을 미치는 전두 연합 영역의 (　　　) + 4 (　　　)를 먹는 현상을 통해 본 전두 연합 영역의 작용

한컷 정리하기

기분, 오렉신, 인슐린, 섭식 중추, 전두 연합, 중성지방, 포만 중추

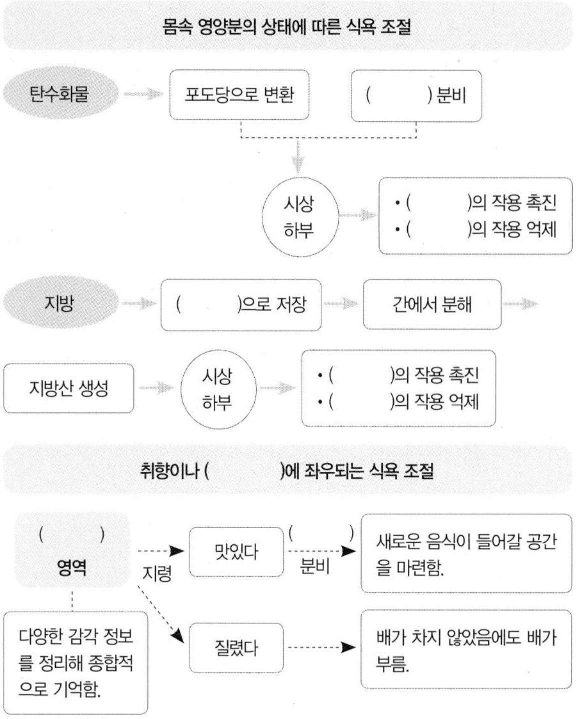

몸속 영양분의 상태에 따른 식욕 조절

탄수화물 → 포도당으로 변환 / (　　　) 분비 → 시상 하부 → • (　　　)의 작용 촉진 • (　　　)의 작용 억제

지방 → (　　　)으로 저장 → 간에서 분해 → 지방산 생성 → 시상 하부 → • (　　　)의 작용 촉진 • (　　　)의 작용 억제

취향이나 (　　　)에 좌우되는 식욕 조절

(　　　) 영역 (다양한 감각 정보를 정리해 종합적으로 기억함.) 지령 → 맛있다 → (　　　) 분비 → 새로운 음식이 들어갈 공간을 마련함.

지령 → 질렸다 → 배가 차지 않았음에도 배가 부름.

MEMO

DAY 14 과학

인체의 작용

학습 일자 월 일

01~04 *본문 68쪽 지문의 내용을 생각하며 키워드를 활용하여 빈칸을 채워 보세요.

인체의 자연 치유력 '오토파지'

◆ 답안은 '정답과 해설편' 90쪽을 참조

핵심어
* 각 문단에서 핵심어라고 생각되는 어휘나 어구를 찾아 써 보세요.

1 자연치유력, ________________

____

2 오토파지, ________________

____

3 과정, ________________

____

4 오토파지가 정상적으로 작동하지 않으면, ________________

____

지문 구조
키워드: 개념, 과정, 환경, 필요성, 자연치유력

1 오토파지의 (　　　)

↓

2 오토파지가 일어나는 (　　　)과 기능 + 3 오토파지가 일어나는 (　　　)

↓

4 오토파지의 (　　　)과 그 밖의 (　　　)

주제
키워드: 기능, 오토파지, 발생 과정, 자연치유력

____

____

한컷 정리하기
키워드: 분해, 사멸, 재료, 리소좀, 면역력, 이중막, 에너지원, 자연치유력, 가수분해효소

(　　　)에 영향을 미치는 요소들

오토파지	(　　　)	아포토시스
세포 안의 불필요한 단백질과 망가진 세포 소기관을 (　　　)해 세포의 에너지원으로 사용하는 현상	질병으로부터 우리 몸을 지키는 방어 시스템	비정상 세포, 손상된 세포, 노화된 세포가 스스로 (　　　)하는 과정

오토파지가 일어나는 과정

세포는 불필요한 단백질과 망가진 세포 소기관이 쌓이면 이를 (　　　)으로 둘러싸 작은 주머니를 만듦.

오토파고솜 + (　　　) → 오토파고리소좀

- (　　　): 가수분해효소를 가지고 있음.
- 오토파고리소좀: (　　　)가 오토파고솜 안의 쓰레기들을 잘게 부숨.

잘린 조각들 ↓

• (　　　)으로 활용
• 다른 세포 소기관의 (　　　)로 재활용

MEMO

05~08 *본문 70쪽 지문의 내용을 생각하며 키워드를 활용하여 빈칸을 채워 보세요.

단백질의 합성과 분해

◆ 답안은 '정답과 해설편' 92쪽을 참조

핵심어

* 각 문단에서 핵심어라고 생각되는 어휘나 어구를 찾아 써 보세요.

1 단백질 합성, ______

2 프로테아솜, ______

3 단백질 합성에 필요한 아미노산, ______

4 식품마다 포함된 필수아미노산의 양, ______

5 제한아미노산, ______

지문 구조

방법, 분해, 합성, 아미노산, 이용 효율, 제한아미노산

1 우리 몸의 단백질 (   )과 (   )의 개념

↓

2 단백질 분해를 통해 생성된 (   )의 기능과 분해 과정

↓

3 아미노산을 얻는 (   )과 필수 아미노산의 개념

↓

4 필수아미노산의 (   ) + 5 필수아미노산 중 단백질 합성량을 결정하는 (   )

주제

분해, 합성, 단백질, 필수아미노산

______

한컷 정리하기

배출, 세포, 제한, 필수, 지방산, 아미노산, 암모니아, 프로테아솜

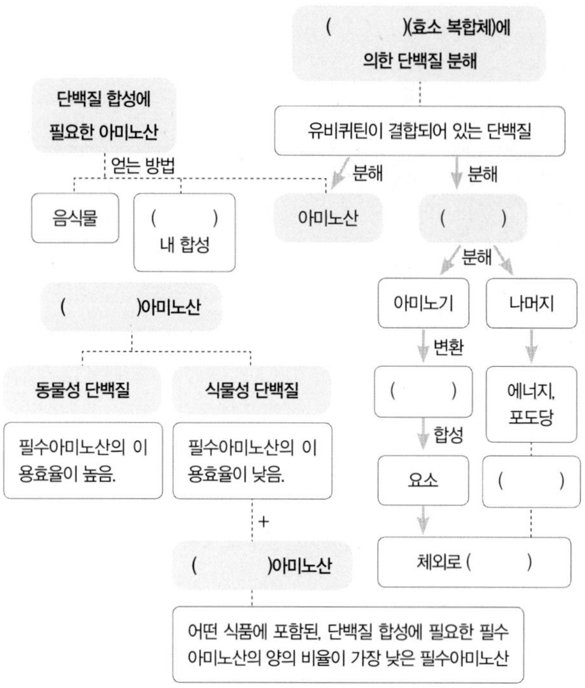

(   )(효소 복합체)에 의한 단백질 분해

유비퀴틴이 결합되어 있는 단백질

분해 → 아미노산

분해 → (   )

분해 → 아미노기 / 나머지

아미노기 → 변환 → (   ) → 합성 → 요소 → 체외로 (   )

나머지 → 에너지, 포도당 / (   ) → 체외로 (   )

단백질 합성에 필요한 아미노산

얻는 방법: 음식물 / (   ) 내 합성 / 아미노산

(   )아미노산

동물성 단백질: 필수아미노산의 이용효율이 높음.

식물성 단백질: 필수아미노산의 이용효율이 낮음.

\+ (   )아미노산

어떤 식품에 포함된, 단백질 합성에 필요한 필수아미노산의 양의 비율이 가장 낮은 필수아미노산

MEMO

과학

에너지의 운동과 전달

학습 일자 월 일

01~05 *본문 72쪽 지문의 내용을 생각하며 키워드를 활용하여 빈칸을 채워 보세요.

소용돌이의 종류와 특성

◆ 답안은 '정답과 해설편' 95쪽을 참조

핵심어

* 각 문단에서 핵심어라고 생각되는 어휘나 어구를 찾아 써 보세요.

1 배수구에서 멀리, ____________

2 원심력, ____________

3 랭킨의 조합 소용돌이, ____________

4 분체 분리기, ____________

주제

(키워드: 원리, 활용, 랭킨의 조합 소용돌이)

____

지문 구조

(키워드: 강제, 자유, 조합, 적용, 원주속도)

1 (   ) 소용돌이의 특징과 원주속도 ↔ 2 (   ) 소용돌이의 특징과 원주속도

↓

3 랭킨의 (   ) 소용돌이의 특징과 (   )

↓

4 랭킨의 조합 소용돌이를 (   )한 장치들

한컷 정리하기

(키워드: 0, 감소, 바깥, 조합, 원심, 중심, 최소, 최대, 사이클론)

소용돌이의 종류

- 자유 소용돌이
  - 중심과 가까운 부분 ···· (   ) 원주속도
  - 중심에서 멀어질수록 ···· 원주속도가 (   )
- \+
- 강제 소용돌이
  - 회전의 중심 ···· 원주속도는 (   )
  - 중심에서 멀어질수록 ···· 원주속도가 증가

↓

랭킨의 (   ) 소용돌이 = 태풍의 소용돌이

회전 시킨 힘 제거

(   )쪽에서는 원주속도가 서서히 떨어지고, (   )에서는 원주속도가 유지되는 소용돌이

- 소용돌이의 중심 ···· 원주속도가 (   )
- 강제 소용돌이에서 자유 소용돌이로 전환되는 점 ···· 원주속도가 (   )

원리 적용 ↓

분체 분리기 = (   ) 분리기 = (   ) 분리기

MEMO

06~10 *본문 74쪽 지문의 내용을 생각하며 키워드를 활용하여 빈칸을 채워 보세요.

음식의 조리 과정에서 나타나는 열전달

◆ 답안은 '정답과 해설편' 98쪽을 참조

핵심어

* 각 문단에서 핵심어라고 생각되는 어휘나 어구를 찾아 써 보세요.

1 음식 조리 과정, ______________________

2 열전달률, ______________________

3 튀김의 조리 과정, ______________________

4 수증기 기포들, ______________________

지문 구조

과정, 역할, 조리 과정, 열전달, 열전도 법칙

1 음식 조리에서 일어나는 (   ) 현상

↓

2 열전달률과 푸리에의 (   )

↓

3 푸리에의 열전도 법칙으로 설명할 수 있는 튀김의 (   ) + 4 튀김 조리에서 수증기(기포)의 (   )

주제

과정, 열전달, 음식 조리, 과학적 원리

____

한컷 정리하기

기포, 비례, 익음, 전도, 표면, 흡수, 바삭한, 반비례, 수증기, 열전도, 열전달률

음식의 조리에서 고려할 요소

(   )에 의한 열전달률
- 온도 차이에 비례
- 면적에 (   )
- 열전도도에 비례
- 거리에 (   )

→ 푸리에의 (   ) 법칙

맛있는 튀김을 만드는 방법 – (   )을 높여야 함.

재료 표면의 수분이 (   )로 변해 빠져 나감.

↓

재료 안쪽의 수분들이 빈자리를 채우기 위해 (   ) 쪽으로 이동함.

↓

지속적으로 재료의 수분이 (   )로 변하고, 재료의 수분량이 줄어듦. → (   ) 식감을 가짐.

↓

재료 표면의 기포들이 식용유가 재료로 (   ) 되는 것을 막음. → 덜 기름짐.

↓

재료 표면에 생성된 기포들을 거쳐 열전달이 일어남. → 표면이 타지 않고 골고루 잘 (   ).

MEMO

핵의 분열과 융합

학습 일자 월 일

01~05 *본문 76쪽 지문의 내용을 생각하며 키워드를 활용하여 빈칸을 채워 보세요.

핵분열과 핵융합의 원리

◆ 답안은 '정답과 해설편' 101쪽을 참조

핵심어

* 각 문단에서 핵심어라고 생각되는 어휘나 어구를 찾아 써 보세요.

1 원자핵, ______________________
2 핵자당 결합 에너지, ______________________
3 원자핵을 구성하는 핵자들, ______________________
4 우라늄-235(^{235}U), ______________________
5 핵분열 발전, ______________________
6 수소(^{1}H), ______________________
7 지구, ______________________
8 지구에서 핵융합, ______________________

지문 구조

키워드: 과정, 생성, 요소, 원리, 핵분열, 핵융합, 질량 결손, 결합 에너지

1 (   )과 (   )의 개념

↓

2 (   )과 핵자당 결합에너지의 개념 + 3 핵자당 (   ) 가 큰 상태가 되려는 성질을 가진 원자핵

↓

4 핵분열 발전의 (   ) + 5 핵분열 발전 과정에서의 조절 (   )

↓

6 태양이 핵융합을 이용하여 에너지를 (   )하는 과정 + 7 D-T 핵융합 (   )

↓

8 지구에서 일으키는 (   ) 발전 과정에서의 조절 요소

주제

키워드: 발전, 원리, 이용, 핵분열, 핵융합

____

한컷 정리하기

키워드: 큰, 결손, 융합, 작은, 태양, D-T, 안정된, 에너지, 우라늄, 핵분열, 핵융합, 플라스마, 결합 에너지

핵분열과 핵융합의 원리

( )	핵융합
질량수가 큰 원자핵 하나가 질량수가 ( ) 원자핵 두 개로 쪼개지는 것	질량수가 작은 원자핵 두 개가 질량수가 ( ) 하나의 원자핵이 되는 것

- 핵자당 (   )가 클수록 더 강력하게 결합되어 있고, 더 (   ) 상태임.
- 원자핵은 안정된 상태가 되려고 하므로 핵분열이나 핵융합을 하려고 함.

융합 시 / 분열 시 → 질량 (   ) 발생 → 줄어든 질량이 (   )로 전환됨.

핵분열과 핵융합 발전 과정

( ) 발전	( ) 발전
• ( ) 원자핵에 중성자를 흡수시킴. → 원자핵들로 분열되며 중성자가 방출됨. → 방출된 중성자가 다른 우라늄 원자핵에 흡수됨.	• ( )의 핵융합을 재현할 수 없으므로 ( ) 핵융합 과정으로 대체함. • 중수소 원자핵과 삼중 수소 원자핵이 ( )함. → 헬륨-4 원자핵이 됨.
조절 방법	조절 방법
물이나 흑연 등의 감속재, 제어봉을 사용함.	고온의 ( ) 상태를 유지함.

06~10 *본문 78쪽 지문의 내용을 생각하며 키워드를 활용하여 빈칸을 채워 보세요.

방사성 동위원소를 이용한 암석의 연대 추정

◆ 답안은 '정답과 해설편' 104쪽을 참조

핵심어
* 각 문단에서 핵심어라고 생각되는 어휘나 어구를 찾아 써 보세요.

1 19세기 초 지질학자들, ____________________

2 1905년 러더포드, ____________________

3 방사성 동위원소, ____________________

4 불안정한 원소들, ____________________

5 반감기, ____________________

지문 구조
키워드: 붕괴, 추정, 동위원소, 시간 척도, 연대측정법

1 지질학적 (   )를 확립한 19세기 초 지질학자들

⬇

2 동위원소 (   )의 시작

⬇

3 (   )의 개념 + 4 방사성 동위원소의 방사성 (   )의 개념

⬇

5 방사성 동위원소를 이용한 암석의 생성 연대 (   ) 방법

주제
키워드: 반감기, 동위원소, 연대측정법

____

한컷 정리하기
키워드: 6, 7, 1/2, 1/4, 7/8, 1:3, 비율, 반감기, 자원소

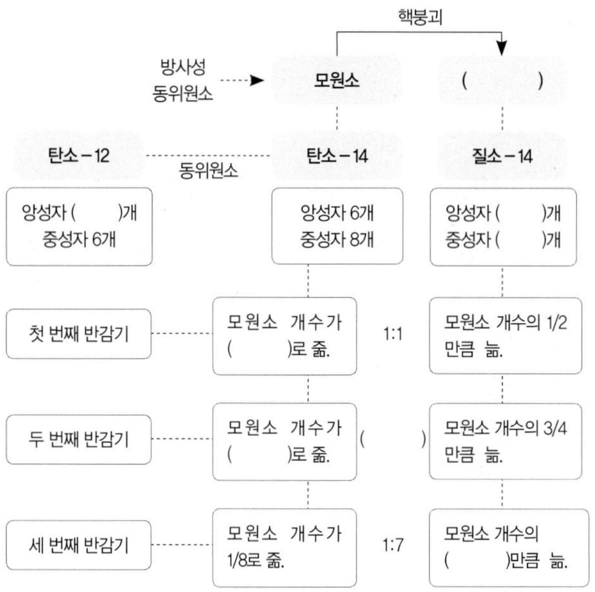

방사성 동위원소 → 모원소 —핵붕괴→ (   )

탄소-12		탄소-14 (모원소)		질소-14
양성자 ( )개 중성자 6개	동위원소	양성자 6개 중성자 8개		양성자 ( )개 중성자 ( )개
첫 번째 반감기		모원소 개수가 ( )로 줆.	1:1	모원소 개수의 1/2만큼 늚.
두 번째 반감기		모원소 개수가 ( )로 줆.	( )	모원소 개수의 3/4만큼 늚.
세 번째 반감기		모원소 개수가 1/8로 줆.	1:7	모원소 개수의 ( )만큼 늚.

• 암석이 만들어진 연대를 추정하는 방법
– 어떤 암석에 포함된 모원소와 자원소의 (   )을 알고, 그 결과와 방사성 동위원소의 (   )를 이용함.

MEMO

DAY 17 과학

생물의 활동

학습 일자 월 일

01~06 *본문 80쪽 지문의 내용을 생각하며 키워드를 활용하여 빈칸을 채워 보세요.

핵분열과 핵융합의 원리

◆ 답안은 '정답과 해설편' 107쪽을 참조

핵심어

* 각 문단에서 핵심어라고 생각되는 어휘나 어구를 찾아 써 보세요.

1 식물의 생장, ______________________

2 뿌리털 안, ______________________

3 모세관 현상, ______________________

4 나무가 만들어 주는 그늘, ______________________

5 기공의 크기, ______________________

지문 구조

물, 힘, 뿌리압, 증산 작용, 모세관 현상

1 식물이 (   )을 끌어올리는 데 작용하는 세 가지 힘

⬇

2 (   )의 원리 + 3 (   )에 의한 힘 + 4 (   )의 개념 + 5 증산 작용으로 생긴 (   )

주제

물, 힘, 식물, 원리, 작용

____

한컷 정리하기

5, 잎, 물, 벽, 기공, 물관, 증발, 통로, 세포막, 뿌리압

식물이 뿌리부터 (   )까지 물을 끌어 올릴 수 있는 이유

(   ) ······ 뿌리에서 물이 흡수될 때 밀고 들어오는 압력

뿌리털의 (   )

뿌리 내부 안쪽 / 뿌리 바깥쪽(흙 속)

농도가 높음. / 농도가 낮음.

(   )이 이동함.

모세관 현상 ······ 가는 관과 같은 (   )를 따라 액체가 올라가거나 내려가는 현상

물 분자와 모세관 (   )이 결합하려는 힘 > 물 분자끼리 결합하려는 힘

뿌리에서 줄기를 거쳐 잎까지 연결된 (   )의 지름이 매우 작아 모세관 현상이 발생함.

증산 작용 ······ 식물체 내의 수분이 잎의 (   )을 통해 수증기 상태로 증발하는 현상

수분 (   )

끌어 올림.

아래쪽 물 분자

잎의 기공

- 대부분 잎의 뒤쪽에 있음.
- 1 cm^2인 잎에 약 (   ) 만 개가 있음.

MEMO

07~09 ＊본문 82쪽 지문의 내용을 생각하며 키워드를 활용하여 빈칸을 채워 보세요.

동물의 길찾기 방식

◆ 답안은 '정답과 해설편' 111쪽을 참조

핵심어

＊각 문단에서 핵심어라고 생각되는 어휘나 어구를 찾아 써 보세요.

1 동물의 길찾기 방법, ____________________

2 재정위, ____________________

3 경로적분, ____________________

4 사막개미가 방향을 결정, ____________________

지문 구조

기준, 방법, 재정위, 경로적분, 장소기억

1 동물의 길찾기 (   )의 종류와 '(   )'의 개념

↓

2 (   )의 개념

↓

3 (   )의 개념 + 4 사막개미의 방향 결정 (   )

주제

동물, 길찾기, 방법들

____

한컷 정리하기

새, 산란, 위치, 표지, 기하학, 원숭이, 포유류, 장소기억

동물의 길찾기 방법

- 장소기억 ---- 장소의 몇몇 (   )만을 영상 정보로 기억해 두었다가 그 영상의 일치 여부를 확인하며 길을 찾는 방법
  - 활용 동물: 꿀벌 등의 곤충과 (   )
- 재정위 ---- 장소의 (   )적 특징을 활용하여 방향을 다시 찾는 방법
  - 활용 동물: 흰쥐
  - (   ) ---- 재정위 과정에서 장소기억 정보도 함께 활용
- 경로적분 ---- 태양의 (   )와 (   )된 햇빛으로 기준을 삼아 이동하면서 자신의 위치에서 집 방향을 계속하여 다시 계산하는 방법
  - 활용 동물: 사하라 사막의 개미 --- (   ) 능력도 있음.
  - 곤충과 (   )

MEMO

DAY 18 기술

산업 기술

학습 일자 월 일

01~05 *본문 86쪽 지문의 내용을 생각하며 키워드를 활용하여 빈칸을 채워 보세요.

OLED 스마트폰의 야외 시인성을 높이는 기술

◆ 답안은 '정답과 해설편' 113쪽을 참조

핵심어

* 각 문단에서 핵심어라고 생각되는 어휘나 어구를 찾아 써 보세요.

1 맑고 화창한 날, ______

2 스마트폰 화면의 명암비, ______

3 명암비, 구분, ______

4 OLED, ______

5 OLED 스마트폰에 적용된 편광판의 원리, ______

6 야외 시인성을 높이는 기술, ______

7 이와 같은 기술, ______

지문 구조

키워드: 기술, 방법, 한계, 검은색, 명암비, 편광판, 야외 시인성,

1 스마트폰의 ( )을 개선하는 기술에 대한 궁금증

↓

2 스마트폰 화면에서 ( )의 중요성

↓

3 명실 명암비를 높이는 두 가지 ( )

↓

4 ( )을 표현할 때의 휘도를 낮추는 기술이 적용되는 이유

↓

5 스마트폰에 적용된 ( )의 원리 + 6 편광판의 원리를 이용해 야외 시인성을 높이는 ( )

↓

7 편광판의 원리를 이용하여 야외 시인성을 높이는 기술의 ( )

주제

키워드: 원리, 기술, 야외 시인성, OLED 스마트폰

______

한컷 정리하기

키워드: 기판, 단축, 선형, 수직, 원형, 평형, 흰색, 검은색, 편광판, 위상지연필름

명실 명암비를 높이는 방법

- ( )을 표현할 때 휘도를 높이는 방법
  - 문제점: 출력되는 빛의 세기를 높여야 하므로, OLED의 수명이 ( )될 수 있음.
- ( )을 표현할 때 휘도를 낮추는 방법
  - 기술: ( )과 위상지연필름을 활용함.
  - 적용 과정:
    - 외부광이 편광판을 통과함. — 투과축과 ( )한 방향으로 진동하는 빛만 통과함.
    - ↓ 위상지연필름을 지남. — ( ) 편광으로 바뀜.
    - ↓ 내부 ( )에 반사됨.
    - ↓ ( )을 지남. — ( ) 편광으로 바뀜.
    - ↓ ( )에 가로막힘. — 투과축과 ( )으로 진동하는 빛이 통과하지 못함.

MEMO

06~09 *본문 88쪽 지문의 내용을 생각하며 키워드를 활용하여 빈칸을 채워 보세요.

친환경차

◆ 답안은 '정답과 해설편' 116쪽을 참조

핵심어

* 각 문단에서 핵심어라고 생각되는 어휘나 어구를 찾아 써 보세요.

1 온실가스의 배출 억제, ______

2 전기차와 수소 전기차, ______

3 하이브리드차, ______

4 수소전기차, ______

5 연료전지에서 전기에너지가 생성되는 과정, ______

6 수소전기차, ______

주제

원리, 종류, 특성, 동력원, 친환경차

______

지문 구조

문제, 종류, 주목, 동력원, 연료전지, 전기에너지

1 친환경차가 (   )받는 이유

⬇

2 친환경차의 (   )와 구동 장치 + 3 친환경차의 종류별 (   )

⬇

4 수소전기차의 (   )의 특징 및 기능 + 5 연료전지에서 (   )가 생성되는 과정

⬇

6 수소전기차의 장단점과 상용화를 위해 해결해야 할 (   )들

한컷 정리하기 물, 모터, 백금, 수소, 엔진, 전자, 음이온, 연료 탱크, 고분자전해질막

친환경차의 종류와 특징

전기차	수소전기차	하이브리드차
고전압 배터리에 충전을 해 전기에너지를 ( )로 공급하여 움직임.	( )에 저장된 수소를 연료전지를 통해 전기에너지로 변환하여 동력원으로 사용함.	출발할 때는 전기에너지를 이용하여 모터를 구동하고, 주행 시에는 주행 상황에 따라 ( )와 ( )을 적절히 사용함.

수소전기차의 연료전지에 의해 전기에너지가 생성되는 과정

연료전지의 －극에 공급된 (   )

분리 ← 작용 ← (   )을 넣은 촉매

(   ) → 외부회로를 거침. → 연료전지의 ＋극으로 이동 (전기에너지 발생)

수소 양이온 → (   )을 통과함. → 연료전지의 ＋극으로 이동

→ 산소와 결합함. → 산소 (   ) … 만남.

→ (   )이 되어 외부로 배출

MEMO

통신 기술

학습 일자 월 일

01~05 *본문 90쪽 지문의 내용을 생각하며 키워드를 활용하여 빈칸을 채워 보세요.

데이터의 오류 검출 방식

◆ 답안은 '정답과 해설편' 119쪽을 참조

핵심어
* 각 문단에서 핵심어라고 생각되는 어휘나 어구를 찾아 써 보세요.

1 데이터가 전송, ______________________

2 패리티 검사, ______________________

3 2차원 배열, ______________________

4 CRC 방식, ______________________

5 생성부호가 1011, ______________________

지문 구조
검출, 오류, 2차원, CRC, 안정성

1 컴퓨터 네트워크에서 수신된 데이터의 (   ) 발생

↓

2 패리티 검사의 오류 (   ) 원리와 한계

↓

3 (   ) 배열의 패리티 검사에 의한 오류 검출

↓

4 (   ) 방식의 개념과 방법 + 5 CRC 방식을 통한 오류 검출의 예와 (   )

주제
검출 방법, 오류, 전송, 특징, 네트워크 데이터

____

한컷 정리하기 비트, 오류, 위치, 하나, 2차원, 오류 검출, 생성 부호, 모듈로-2

네트워크에서 수신된 데이터 오류 검출 방법

패리티 검사		2차원 배열의 패리티 검사
• 전송할 데이터에 패리티 ( )를 추가하는 방식 • 송수신기 양쪽의 데이터에서 모두 짝수 개의 비트에 오류가 있으면 검출이 어려움. • 오류의 ( )를 알 수 없음.	보완 →	• 전송할 데이터를 ( ) 배열로 구성하고, 모든 행과 열에 패리티 비트를 생성 후 전송하는 방식 • 오류 발생 위치를 추적 가능함. • 동일한 행 또는 열에 짝수 개 오류 발생 시 정확한 ( ) 파악이 불가함.

↓ 보완

CRC 방식

• 전송할 데이터를 (   )로 나누어 오류 검출 부호를 생성하는 방식
• (   ) 연산을 활용함.
• 복잡하지만 오류 검출 확률이 높음.

방식

전송할 데이터 뒤에 생성 부호의 비트 수보다 (   ) 작은 비트 수만큼 0을 추가함. → 생성 부호로 나눔.

나머지 → (   ) 부호

송신기가 전송할 데이터의 뒤에 오류 검출 부호를 붙여 전송함.

↓

수신기는 수신한 데이터를 송신기와 동일한 (   )로 나눔.

나머지가 0이면 → 정상

나머지가 0이 아니면 → (   )

MEMO

06~10 *본문 92쪽 지문의 내용을 생각하며 키워드를 활용하여 빈칸을 채워 보세요.

GPS의 위치 파악

◆ 답안은 '정답과 해설편' 122쪽을 참조

핵심어
* 각 문단에서 핵심어라고 생각되는 어휘나 어구를 찾아 써 보세요.

1 자신이 현재 있는 위치, ______

2 GPS 위성, ______

3 상대성 이론, ______

4 수신기, ______

5 세 원이 교차하는 지점, ______

6 실제 공간, ______

지문 구조
키워드: 계산, 구성, 원리, 위치, 3차원, 삼변 측량법

1 GPS (　　　)에 대한 궁금증 제기
↓
2 GPS의 (　　　)과 각각의 역할
↓
3 상대성 이론을 고려한 GPS 위성과 수신기 사이의 거리 (　　　)
↓
4 (　　　)의 개념 + 5 삼변 측량법을 활용한 수신기의 (　　　) 계산 + 6 실제 공간이 (　　　) 입체임을 고려했을 때 삼변 측량법에서 고려할 점

주제
키워드: 원리, 위치, 파악, GPS

______

한컷 정리하기
키워드: 삼변, 위성, 위치, 일치, 중력, 반지름, 수신기, 빠르게, 38.6

GPS가 현재 위치를 파악하는 방법

GPS (　　　)의 시간

- 위성이 지구의 자전 속력보다 (　　　) 지구 주변을 돎. ---- 지표면의 시간보다 하루에 약 7.2μs씩 느려짐.
- \+
- 위성은 지표면보다 (　　　)이 약하게 작용함. ---- 지표면의 시간보다 하루에 약 45.8μs씩 빨라짐.
- =
- 하루에 약 (　　　)μs씩 빨라짐.

GPS 위성에 탑재된 원자시계의 시간을 지표면의 시간과 (　　　)하도록 조정함. ---- GPS 위성과 수신기 사이의 거리 측정
↓
(　　　) 측량법 이용 ---- GPS 수신기가 자신의 (　　　)를 파악

A, B, C 각각의 GPS 위성 위치에서 GPS 수신기까지의 거리를 (　　　)으로 하는 원을 그림.
↓
세 원이 교차하는 지점을 GPS (　　　)의 위치로 정함.

MEMO

장비 기술

학습 일자 월 일

01~05 *본문 94쪽 지문의 내용을 생각하며 키워드를 활용하여 빈칸을 채워 보세요.

양전자 단층 촬영

◆ 답안은 '정답과 해설편' 126쪽을 참조

핵심어
* 각 문단에서 핵심어라고 생각되는 어휘나 어구를 찾아 써 보세요.

1 양전자 단층 촬영(PET), ________

2 방사성추적자, ________

3 방출된 양전자, ________

4 몸 밖으로 나온 감마선, ________

5 PET 영상의 유효한 성분, ________

6 PET 영상에 유효한 성분이 되지 않는 경우, ________

지문 구조
검출, 방출, 설정, 정의, 유효한 성분, 방사성추적자

1 양전자 단층 촬영의 (　　　)
↓
2 (　　　)의 특성
↓
3 방사선추적자의 방사성 동위원소에서 감마선이 (　　　)되는 과정 + 4 PET 스캐너를 통한 감마선 (　　　)
↓
5 PET 영상에서 유효한 성분을 얻기 위한 동시계수시간폭 (　　　) + 6 동시계수 중 PET 영상에 (　　　)이 되지 않는 경우

주제
원리, 정의, 양전자 단층 촬영

____

한컷 정리하기 물질, 방향, 감마선, 양전자, 다른 지점, 유효한 성분, 비정상세포, 동시계수시간폭

양전자 단층 촬영의 원리

방사성추적자
↓ 몸속 주입
비정상 세포
흡수
↓ 붕괴
방출된 (　　　) + 몸속의 전자
↓ 에너지 방출
한 쌍의 (　　　)
동시검출응답선
검출기 / 검출기
↓ 결과
(　　　)의 분포 확인

감마선이 동시에 도달하기는 불가능하므로 (　　　)을 설정하고, 그 안에 들어온 경우를 유효한 성분으로 간주함.

동시계수시간폭 안에 들어왔지만 PET 영상에 (　　　)이 되지 않는 경우

산란계수의 경우	랜덤계수의 경우
감마선이 주변의 (　　　)과 상호 작용을 일으켜 진행 (　　　)이 바뀌면서 동시계수시간폭 내에 검출되는 경우	한 지점에서 방출된 두 개의 감마선 중 한 개의 감마선과 (　　　)에서 방출된 한 개의 감마선이 동시계수시간폭 내에 도달하는 경우

MEMO

06~08 ＊본문 96쪽 지문의 내용을 생각하며 키워드를 활용하여 빈칸을 채워 보세요.

전기레인지

◆ 답안은 '정답과 해설편' 129쪽을 참조

핵심어

＊각 문단에서 핵심어라고 생각되는 어휘나 어구를 찾아 써 보세요.

1 하이라이트 레인지, ______________________

2 하이라이트 레인지, ______________________

3 인덕션 레인지, ______________________

4 인덕션 레인지의 가열 원리, ______________________

5 인덕션 레인지, ______________________

지문 구조

구분, 원리, 인덕션, 장단점, 하이라이트

1 전기레인지의 용기 가열 방식에 따른 (　　　)

⬇

2 (　　　) 레인지의 가열 방식과 장단점

⬇

3 (　　　) 레인지의 가열 방식 + 4 인덕션 레인지의 가열 (　　　) + 5 인덕션 레인지의 (　　　)

주제

원리, 인덕션 레인지, 하이라이트 레인지

____

한컷 정리하기

교류, 면적, 세기, 자화, 줄열, 맴돌이, 역방향, 폐회로, 자기 이력, 자기 포화, 고주파 교류

인덕션 레인지의 가열 과정

나선형 코일에 2만Hz 이상의 (　　　) 전류가 흐름. → 1초에 2만 번 이상 바뀌는 (　　　) 자기장이 발생함. → 냄비 바닥에 수많은 (　　　)가 생김. → (　　　) 전류가 발생함. → 냄비 소재의 저항으로 (　　　) 효과가 나타남.

(　　　) 전류가 발생함. ― 나선형 코일에 흐르는 전류의 (　　　)에 비례함.

인덕션 레인지의 가열 원리

강자성체에 자기장을 가했다가 중단함.

↓

어느 정도 자화된 상태를 유지함. ― 강자성체의 (　　　) 현상

↓

외부 자기장의 (　　　)으로 일정 세기의 자기장을 가함.

↓

(　　　) 상태가 됨.

↓

자기장의 세기에 따른 (　　　)의 세기가 일정한 곡선을 그림. ― 자기이력곡선

↓

자기에너지가 열에너지로 전환되어 자성체의 온도를 높임. ― 열에너지는 자기이력곡선의 내부 (　　　)과 비례함.

MEMO

컴퓨터 기술

학습 일자 월 일

01~03 *본문 98쪽 지문의 내용을 생각하며 키워드를 활용하여 빈칸을 채워 보세요.

CPU 스케줄링

◆ 답안은 '정답과 해설편' 131쪽을 참조

핵심어

* 각 문단에서 핵심어라고 생각되는 어휘나 어구를 찾아 써 보세요.

1 CPU(중앙 처리 장치) 스케줄링, ______

2 A와 B 두 개의 프로그램, ______

3 CPU의 실행 시간, ______

4 A의 구간 실행, ______

5 총처리 시간, ______

6 프로그램 A, B, C가 실행되는 경우, ______

7 작업큐에 등록된 프로그램의 수, ______

주제

실행, 원리, 프로그램, CPU 스케줄링

______

지문 구조

세, 동시, 방법, 해결 방안, 교체 시간, 구간 시간, 총처리 시간

1 컴퓨터 운영 체제가 프로그램을 실행하는 (   )

↓

2 두 개의 프로그램이 (   )에 실행되는 것처럼 보이게 하는 방법

↓

3 구간 실행과 (   )의 개념 + 4 (   )의 개념 + 5 (   )의 개념

↓

6 (   ) 프로그램이 실행되는 경우의 예

↓

7 실행할 프로그램 수가 많아질 때의 문제점과 (   )

한컷 정리하기

C, 교체, 대기, 실행, 정지, 작업큐, 총실행

CPU 스케줄링

A 프로그램	B 프로그램	C 프로그램
A의 구간 실행 ↓ A의 실행 정지 (A의 구간 시간)	B의 ( ) 시간 = A의 실행 시간	
( ) 시간 (A의 상태를 저장하고, B의 이전 상태를 가져옴.)		C의 대기 시간 = 'A+B의 구간 시간' +교체 시간
작업큐에서 ( ) 뒤에 등록	B의 구간 ( ) ↓ B의 실행 ( )	
	교체 시간	
		C의 구간 ( )

하나의 프로그램이 (   )에 등록될 때부터 종료될 때까지 걸리는 시간

총처리 시간 = (   ) 시간 + 교체 시간 + (   ) 시간

순수하게 프로그램의 실행에만 소요된 시간

MEMO

04~08 ＊본문 100쪽 지문의 내용을 생각하며 키워드를 활용하여 빈칸을 채워 보세요.

캐싱의 과정

◆ 답안은 '정답과 해설편' 133쪽을 참조

핵심어

＊ 각 문단에서 핵심어라고 생각되는 어휘나 어구를 찾아 써 보세요.

1 CPU, ____________

2 캐싱, ____________

3 주기억 장치, ____________

4 데이터 용량, ____________

5 주기억 장치의 데이터 주소, ____________

6 직접 매핑, ____________

7 장점, ____________

주제

키워드: 특징, 과정, 캐싱, 캐시 기억 장치

____

한컷 정리하기

키워드: M/K, 2^n/K, 라인, 미스, 워드, 일치, 저장, 태그, 워드들, 주기억

주기억 장치와 캐시 기억 장치의 데이터 저장 방식

캐시 기억 장치(워드 M개)

주기억 장치(워드 2^n개)

라인 (블록 1개 = K개의 워드)

라인

전송

블록 (K개의 워드)

블록

블록

전송

블록

블록

블록

라인 개수 (   )개

블록 개수 (   )개

직접 매핑에서 캐싱이 이루어지는 과정

CPU가 '태그 필드, 라인 필드, 워드 필드'로 이루어진 데이터를 요청

(   ) 필드 이용

캐시 기억 장치에서 해당 (   )을 확인

캐시 히트

해당 라인의 태그와 요청 주소의 태그가 (   )하는 경우

(   ) 필드 이용

라인 내 (   ) 중에서 해당 데이터를 찾아 CPU로 데이터 전송

캐시 (   )

해당 라인의 태그와 요청 주소의 태그가 불일치하는 경우

요청 주소에 해당하는 블록을 (   ) 장치에서 복사

캐시 기억 장치의 지정된 라인에 (   )

(   ) 필드에 기록, CPU로 데이터 전송

지문 구조

키워드: 과정, 용량, 주소, 캐시, 장단점, 주기억, 지역성

1 (   ) 기억 장치의 활용과 캐싱의 정의

⬇

2 캐싱이 효율적으로 이루어지기 위해 고려되는 참조의 (   )

⬇

3 (   ) 장치와 캐시 기억 장치의 데이터 저장 + 4 주기억 장치와 캐시 기억 장치의 데이터 (   )과 라인 수

⬇

5 캐싱이 이루어질 때 사용되는 데이터 (   )를 구성하는 형식

⬇

6 직접 매핑 방식에서 캐싱이 이루어지는 (   )

⬇

7 직접 매핑의 (   )

MEMO

DAY 22 기술

에너지 활용 기술

학습 일자 월 일

01~05 *본문 102쪽 지문의 내용을 생각하며 키워드를 활용하여 빈칸을 채워 보세요.

석빙고의 원리

◆ 답안은 '정답과 해설편' 137쪽을 참조

핵심어

* 각 문단에서 핵심어라고 생각되는 어휘나 어구를 찾아 써 보세요.

1 석빙고, ______

2 얼음, ______

3 통풍구를 설치, ______

4 얼음과 얼음 사이, ______

5 석빙고 외부, ______

6 천연 냉장고, ______

지문 구조

키워드: 짚, 얼음, 우수성, 조상들, 통풍구

1 (　　　)이 얼음을 이용하기 위해 만든 석빙고의 기능

↓

2 석빙고의 원리 1_ (　　　)을 이용

3 석빙고의 원리 2_ (　　　) 설치

+

4 석빙고의 원리 3_ (　　　)을 사용

5 석빙고의 원리 4_ 기타

↓

6 조상들의 지혜가 집약된 석빙고의 (　　　)

주제

키워드: 원리, 석빙고, 우수성

______

한컷 정리하기

키워드: 물, 짚, 풀, 흙, 낮은, 빙실, 상승, 흡수, 경사면, 덮개돌, 통풍구, 공기구멍

조상들의 지혜가 집약된 천연 냉장고, 석빙고

얼음을 이용

주변 공기로부터 에너지를 (　　　)함. → 일부의 얼음이 (　　　)이 됨. →

주변의 공기가 차가워짐. ---- 석빙고 바닥을 (　　　)으로 만들어 물이 원활하게 배수되도록 함.

석빙고 천장의 상단에 (　　　) 설치

온도가 높은 공기가 (　　　)하여 통풍구로 빠져나감. → 온도가 (　　　) 공기가 아래로 하강함. →

내부의 차가움을 유지함. ---- 직사광선이나 빗물을 차단하기 위해 (　　　)을 설치함.

얼음과 얼음 사이 (　　　)을 채워 보관

- 짚은 얼음에 비해 에너지가 잘 전달되지 않아 얼음 보관에 효과적임.
- 짚은 미세한 (　　　)을 많이 포함하고 있어 단열 효과가 뛰어남.

그 밖의 방법

- 석빙고 외부를 (　　　)으로 덮고, (　　　)을 심음.
- 얼음을 저장하는 (　　　)을 주변 지반에 비해 낮게 만듦.

MEMO

06~10 *본문 104쪽 지문의 내용을 생각하며 키워드를 활용하여 빈칸을 채워 보세요.

지역난방의 열 수송 방식

◆ 답안은 '정답과 해설편' 140쪽을 참조

핵심어

* 각 문단에서 핵심어라고 생각되는 어휘나 어구를 찾아 써 보세요.

1 지역난방, ______

2 상변화 물질, ______

3 열수송, ______

4 공동주택 기계실의 열교환기, ______

5 상변화 물질을 활용한 열 수송 방식, ______

주제

활용, 지역난방, 상변화 물질

______

지문 구조

과정, 잠열, 장점, 지역난방

1 (　　　)의 개념과 방식

↓

2 상변화 물질과 (　　　), 현열의 개념과 특성

↓

3 상변화 물질을 이용한 열 수송 (　　　) 1 ↔ 4 상변화 물질을 이용한 열 수송 (　　　) 2

↓

5 상변화 물질을 이용한 열 수송 방식의 (　　　)과 한계

한컷 정리하기

열, 방출, 액체, 이하, 이상, 수증기, 열교환기, 세대 난방

지역난방의 열 수송 과정

열병합 발전소 --열 전달--> (　　　)

열병합 발전소에서 발전에 사용된 (　　　)를 열교환기로 보냄.

↓ 물의 온도가 상변화 물질의 녹는점 (　　　)이 될 때

물속 고체 상태의 상변화 물질이 (　　　)로 상변화하게 됨.

↓

상변화 물질이 섞인 물이 온수 공급관을 통해 지역 공동주택 기계실의 (　　　)로 이동함.

↓

물과 캡슐 속 상변화 물질이 공동주택의 찬물에 (　　　)을 전달함.

↓ 상변화 물질의 온도가 녹는점 (　　　)로 내려감.

물과 캡슐 속 상변화 물질은 액체에서 고체로 상변화하면서 잠열을 (　　　)함.

MEMO

DAY 23 주제 통합

주제 통합 1

학습 일자 월 일

01~06 *본문 108쪽 지문의 내용을 생각하며 키워드를 활용하여 빈칸을 채워 보세요.

(가) 프로이트의 정신분석이론

◆ 답안은 '정답과 해설편' 143쪽을 참조

핵심어 * 각 문단에서 핵심어라고 생각되는 어휘나 어구를 찾아 써 보세요.	
	1 분트, ______ ______
	2 인간의 정신세계, ______ ______
	3 원초아, 자아, 초자아, ______ ______
	4 부모와의 상호작용 경험, ______ ______

지문 구조 (키워드: 의의, 자아, 방어기제, 정신분석이론)

1 무의식의 세계를 중시한 프로이트의 (　　　)

⬇

2 정신세계를 이루는 3가지 요소들_ 원초아, (　　　), 초자아 + 3 개인의 성격 형성에 영향을 미치는 정신 요소와 (　　　)

⬇

4 무의식을 탐구한 프로이트 연구의 (　　　)

주제 (키워드: 탐구, 무의식, 프로이트, 정신분석이론)

______

______

한컷 정리하기 (키워드: 규범, 성격, 승화, 양심, 본능적, 원초아, 방어기제, 상호작용)

프로이트의 정신분석이론

정신세계를 이루는 3요소

(　　　)	자아	초자아
• 무의식의 심연에 존재함. • (　　　)인 욕구를 충족하려는 선천적 정신 요소	• 무의식에서 의식에 걸쳐 존재함. • 원초아의 욕구를 사회적 (　　　)에 맞게 조절하려는 정신 요소	• 무의식에서 의식에 걸쳐 존재함. • 원초아의 욕구를 억제하고 (　　　)을 지키려는 정신 요소

역동적 (　　　)

개인의 (　　　) 형성 → (자아가 제 역할을 하지 못할 때) 불안감 발생

↓

(　　　) 사용: 억압, (　　　)

MEMO

(나) 융의 분석심리학

◆ 답안은 '정답과 해설편' 144쪽을 참조

핵심어
* 각 문단에서 핵심어라고 생각되는 어휘나 어구를 찾아 써 보세요.

1 융, ____________________
____

2 의식, ____________________
____

3 자기, ____________________
____

지문 구조
개별화, 정신세계, 분석심리학, 개인 무의식

1 프로이트의 이론과 구별되는 융의 (   )

⬇

2 의식, (   ), 집단 무의식으로 구성된 인간의 (   )

⬇

3 내면의 성숙을 이루며 자신의 정체성을 찾아가는 (   )의 중요성

주제
융, 중시, 개별화 과정, 분석심리학

____
____

한컷 정리하기 균형, 배제, 의식, 집단, 개별화, 그림자, 보편적

융의 분석심리학

( )	개인 무의식	( ) 무의식
인간이 직접 인식할 수 있는 영역	의식에 의해 ( )된 생각과 감정이 존재하는 영역	태어날 때부터 가지고 있는 원초적이고 ( )인 무의식
자아	( )	자기

자아 —— (   ) ——▶ 자기

'자아'가 '자기'를 찾아가는 과정 = 정신적 (   )을 이루는 과정 ——▶ (   )

MEMO

07~12 *본문 111쪽 지문의 내용을 생각하며 키워드를 활용하여 빈칸을 채워 보세요.

(가) 관중의 통치 철학

◆ 답안은 '정답과 해설편' 147쪽을 참조

핵심어

* 각 문단에서 핵심어라고 생각되는 어휘나 어구를 찾아 써 보세요.

1 관중, ______

2 법의 필요성, ______

3 군주, ______

4 권세를 가진 군주, ______

주제

키워드: 관중, 사상, 통치

______

지문 구조

키워드: 패, 패업, 평가, 국가관, 경제적

1 『관자』에 드러난 관중의 (　　　)과 통치 방법

↓

2 (　　　) 관점을 바탕으로 법의 필요성을 강조한 관중 + 3 '(　　　)'의 실천을 주장한 관중

↓

4 '(　　　)'을 위한 통치와 법을 통한 통치를 강조한 관중의 사상에 대한 (　　　)

한컷 정리하기

키워드: 이익, 존귀, 존중

「관자」에 드러난 관중의 사상

군주의 역할

(　　　)을 추구하는 백성의 본성을 고려해 백성의 삶이 윤택해 질 수 있는 법을 만들어야 함. → 백성들의 삶이 평안한 부강한 나라를 실현하게 됨.

자신에 대해 (　　　)하게 여기지 않는 '패'를 실천함으로써 백성으로부터 권세를 인정받아야 함. → 백성들이 군주를 (　　　)하게 됨.

MEMO

(나) 율곡의 통치 철학

◆ 답안은 '정답과 해설편' 147쪽을 참조

핵심어

* 각 문단에서 핵심어라고 생각되는 어휘나 어구를 찾아 써 보세요.

1 율곡, ______________________

2 치세, ______________________

3 난세를 만드는 군주, ______________________

4 왕도정치, ______________________

주제

사상, 율곡, 통치

____

지문 구조

난세, 치세, 평가, 군주상, 왕도정치

1 왕도정치 실현을 위한 율곡의 (　　　)

↓

2 (　　　)를 만드는 군주의 특징 ↔ 3 (　　　)를 만드는 군주의 특징

↓

4 (　　　)의 실현을 주장한 율곡의 사상에 대한 (　　　)

한컷 정리하기

불신, 수양, 왕도, 율곡, 치세, 경제적

(　　　)의 군주상 — 자격 — 개인의 (　　　)을 통해 앎을 늘리고 인격을 완성하는 것

(　　　)를 만드는 군주	난세를 만드는 군주
• 재능과 지식이 출중해 신하를 능력에 맞게 발탁하여 일을 분배함. • 재능과 지식은 부족하지만 현명한 신하를 분별하여 나라의 일을 맡김.	• 자신의 총명만 믿고 신하를 (　　　) 함. • 간신의 말을 믿고 의지하여 눈과 귀가 가려짐. • 자신의 뜻을 세우지 못하고 우유부단함.

폭군, 혼군, 용군 — 무도

통치 방법

(　　　)	← 전제	패도
군주의 인격 완성을 통해 백성의 도덕적 교화까지 이루어 냄.		백성의 도덕적 교화는 이루어지지 않았지만, (　　　) 안정은 이루어 냄.

MEMO

주제 통합 2

학습 일자 월 일

01~05 *본문 114쪽 지문의 내용을 생각하며 키워드를 활용하여 빈칸을 채워 보세요.

(가) 플라톤의 예술 철학

◆ 답안은 '정답과 해설편' 151쪽을 참조

핵심어
* 각 문단에서 핵심어라고 생각되는 어휘나 어구를 찾아 써 보세요.

1 플라톤, ____________________

2 예술, ____________________

3 시, ____________________

4 음유시인, ____________________

주제
키워드: 예술관, 플라톤

____

지문 구조
키워드: 모방, 저급, 회화, 이데아계

1 플라톤의 (　　　)와 현상계의 구분

↓

2 예술을 이데아계를 (　　　)한 현상의 모방으로 본 플라톤

↓

3 (　　　)와 구분되는 시의 특성 + 4 인간의 (　　　) 한 면모만을 모방하는 음유시인의 연기

한컷 정리하기
키워드: 관념, 내적, 본뜬, 지각, 타락, 허구, 보편자

플라톤

초월 세계인 이데아계
- 현상계에 나타난 모든 사물의 근본이 되는 (　　　), 즉 형상
- 이성으로만 인식될 수 있는 (　　　)의 세계

감각 세계인 현상계
- 현상계의 모든 사물은 이데아계의 형상을 (　　　) 그림자
- 끊임없이 변화하는 사물이 감각에 의해 (　　　)됨.

↑ 모방

예술
- 현상계의 모방
- 현상에 대한 참된 인식을 방해하는 허구의 (　　　)

음유시인은 감각 가능한 등장인물의 외적 특성을 모방해 감각으로 파악될 수 없는 (　　　) 특성을 드러냄.

↓

관객들은 비이성적인 것들에 지배되어 (　　　)함.

MEMO

(나) 아리스토텔레스의 예술 철학

◆ 답안은 '정답과 해설편' 151쪽을 참조

핵심어

* 각 문단에서 핵심어라고 생각되는 어휘나 어구를 찾아 써 보세요.

1 아리스토텔레스, ______________________

2 형상, ______________________

3 예술의 목적, ______________________

4 예술, ______________________

주제

예술관, 아리스토텔레스

____

지문 구조

목적, 부정, 현실태, 카타르시스

1 이데아계를 (   )하는 아리스토텔레스

⬇

2 아리스토텔레스의 가능태와 (   )의 개념

⬇

3 아리스토텔레스가 보는 예술의 (   ) + 4 예술의 효과 - (   )의 경험

한컷 정리하기 실현, 질료, 허구

아리스토텔레스

가능태	운동 →	(완전) 현실태
• 현상을 실현시킬 수 있는 가능한 힘이자 ( ) • 도토리		• 가능태에 형상이 ( )된 어떤 상태 • 떡갈나무

예술

- 목적은 사물에 내재한 보편자, 즉 형상을 표현해 내는 것
- 비극시 속 이야기는 음유시인이 보편자를 인식해 내어, 그것을 다시 (   )의 개별자로 표현한 결과물

MEMO

06~10 *본문 116쪽 지문의 내용을 생각하며 키워드를 활용하여 빈칸을 채워 보세요.

(가) 토마스 아퀴나스의 사랑관

◆ 답안은 '정답과 해설편' 155쪽을 참조

핵심어 * 각 문단에서 핵심어라고 생각되는 어휘나 어구를 찾아 써 보세요.	1 사랑의 본질, ______ 2 감각적 욕구, ______ 3 사랑, ______
지문 구조 지적, 아모르, 차이점	1 ( )에 대한 분석에 기초한 토마스 아퀴나스의 사상 ⬇ 2 인간이 가진 두 가지 욕구의 ( ) + 3 사랑을 근본으로 하는 감각적 욕구와 ( ) 욕구

주제 본질, 사랑, 토마스 아퀴나스	______ ______

한컷 정리하기 — 선, 정념, 지성, 수동적, 적극적, 아퀴나스 인식능력

토마스 (   )

↓ 분석

사랑

일으킴. ↙ ↘ 일으킴.

감각적 욕구	지적 욕구
• 자신에게 ( )인 것을 추구 • 대상에 의해 촉발되어 이에 ( )으로 반응하는 것 • 감각적 ( )에 의해 선으로 인식된 것을 추구	• 자신에게 ( )인 것을 추구 • 지성의 능동적인 활동과 주체의 선택에 의해 ( )으로 일어나는 것 • ( )에 의해 선으로 이해된 것을 추구

↓ 추구 행위

(   )

MEMO

(나) 칸트의 사랑관

◆ 답안은 '정답과 해설편' 155쪽을 참조

핵심어 * 각 문단에서 핵심어라고 생각되는 어휘나 어구를 찾아 써 보세요.	1 칸트, ______ 2 선의지, ______ 3 감성적 차원의 사랑, ______
지문 구조 도덕적, 실천적, 도덕법칙	1 감성적 차원의 사랑과 (　　　)의 사랑을 구분한 칸트 ⬇ 2 칸트의 인간관과 (　　　) + 3 (　　　) 가치를 지니는 실천적 차원의 사랑

주제 가치, 칸트, 실천적 사랑	______

한컷 정리하기 명령, 감성적, 경향성, 실천적, 도덕법칙

칸트

더 가치를 부여함.

(　　　) 차원의 사랑	(　　　) 차원의 사랑
• 인간의 경향성에 근거한 사랑 • 욕구나 자연적 (　　　)에 이끌리는 감정 • 의무로 강제하거나 (　　　)을 통해 일으킬 수 없음.	• 도덕 법칙을 따르려는 의무로서의 사랑 • 모든 인간이 갖는 서로에 대한 의무 • 보편적인 (　　　)으로 명령될 수 있음.

MEMO

DAY 25 주제 통합

주제 통합 3

학습 일자 월 일

01~06 *본문 118쪽 지문의 내용을 생각하며 키워드를 활용하여 빈칸을 채워 보세요.

(가) 2차적저작물의 개념

◆ 답안은 '정답과 해설편' 158쪽을 참조

핵심어
* 각 문단에서 핵심어라고 생각되는 어휘나 어구를 찾아 써 보세요.

1 저작물, ______

2 2차적저작물, ______

3 독립저작물, ______

지문 구조
키워드: 구별, 요건, 2차적저작물

1 저작권법으로 보호받는 저작물이 되기 위한 (　　　)

⬇

2 (　　　)이 되기 위한 (　　　) + 3 2차적저작물과 독립저작물을 (　　　)하는 기준

주제
키워드: 개념 요건, 2차적저작물

______

한컷 정리하기
키워드: 감정, 사상적, 유사성, 창작성, 원저작물

원저작권물과 2차적저작물의 관계

저작물
- 인간의 사상 또는 (　　　)을 표현한 창작물
- 저작권법으로 보호받는 저작물이 되려면 (　　　)이 있어야 함.

실질적 (　　　)이 없음. → 독립저작물

(　　　) 경쟁 관계에 있음. ↓

2차적저작물
- 원저작물을 번역 · 편곡 · 변형 · 각색 등의 방법으로 작성한 창작물
- (　　　)을 기초로 하여야 함.
- 원저작물과 실질적 (　　　)을 유지해야 함.

MEMO

(나) 2차적저작물의 법적 보호

◆ 답안은 '정답과 해설편' 158쪽을 참조

핵심어

* 각 문단에서 핵심어라고 생각되는 어휘나 어구를 찾아 써 보세요.

1 저작권, ______

2 저작권 침해 사안, ______

3 2차적저작물, ______

4 허락 없이 2차적저작물을 작성하여 이용, ______

5 또 다른 2차적저작물, ______

지문 구조

구분, 주의, 침해, 독자적, 주의점

1 저작권의 (　　　)

↓

2 2차적저작물의 작성권 (　　　)

↓

3 (　　　)인 저작물로서 인정받는 2차적저작물 + 4 2차적저작물을 작성하여 이용할 때의 (　　　)

↓

5 2차적저작물을 기반으로 또 다른 2차적저작물을 제작할 때 (　　　)할 점

주제

구분, 저작권, 법적 보호, 2차적저작물

______

한컷 정리하기 가능, 소멸, 없음, 허락, 인격적, 원저작자

저작권의 구분

저작인격권	저작재산권
• 저작자가 자신의 저작물에 대하여 가지는 (　　　) 권리 • 저작자만이 가질 수 있으며, 양도할 수 (　　　). • 저작자가 사망하면 (　　　)함. • 저작자가 사망한 뒤에라도 유족 등은 명예 회복을 위한 조치를 취할 수 있음.	• 저작물을 일정한 방식으로 이용함으로써 발생하는 재산적 이익을 보호하는 권리 • 양도가 (　　　)하며, 각각의 권리를 나누어 일부를 양도할 수 있음.

2차적 저작물의 저작권

저작권 침해 사안 ◀ 침해 多 — 2차적저작물

• 2차적저작물의 작성권은 (　　　)에게 있음.
• 원저작자의 (　　　)과 상관없이 독자적 저작물로서 보호를 받음.
• 2차적저작물의 작성권은 양도할 수 있음.

MEMO

07~12 *본문 121쪽 지문의 내용을 생각하며 키워드를 활용하여 빈칸을 채워 보세요.

(가) 독점적 경쟁 시장에서의 광고

◆ 답안은 '정답과 해설편' 162쪽을 참조

핵심어

* 각 문단에서 핵심어라고 생각되는 어휘나 어구를 찾아 써 보세요.

1 광고, ______________________

2 독점적 지위를 누린다는 것, ______________________

3 판매자, ______________________

지문 구조

키워드: 강화, 목적, 수요

1 판매자가 광고를 통해 얻으려는 (   )

⬇

2 독점적 지위를 누리는 판매자가 (   )를 고려해야 하는 이유

⬇

3 판매자가 광고를 통해 독점적 지위를 (   ) 하는 방법

주제

키워드: 광고, 중요성, 판매자, 독점적 경쟁 시장

____

한컷 정리하기

키워드: 감소, 수요, 증가, 공급량, 충성도

독점적 지위를 누리는 판매자가 (   )를 고려해야 하는 이유

독점적 경쟁 시장에서 독점적 지위를 누리는 판매자

수요를 고려하지 않고 상품의 (   )을 감소시키면

↓

비싼 가격에 상품을 판매할 수 있음. ← 독점적 경쟁 시장 내 신규 판매자의 수가 (   )함.

↓

상품의 수요가 (   )하여 이윤이 줄어듦.

판매자가 광고를 통해 독점적 지위를 강화하는 방법

많은 (   )을 들인 것으로 보이는 광고를 제작함. — 광고를 통해 구매자가 특정 상품에 갖는 (   )를 높임.

↓

판매자의 독점적 지위 강화

MEMO

(나) 광고의 효과

◆ 답안은 '정답과 해설편' 162쪽을 참조

핵심어
* 각 문단에서 핵심어라고 생각되는 어휘나 어구를 찾아 써 보세요.

1 광고, ______________________

2 경제와 사회 전반에 영향, ______________________

3 광고의 소비 촉진 효과, ______________________

지문 구조
광고: 긍정적, 부정적

1 광고의 (   ) 효과 1 + 2 광고의 (   ) 효과 2

↕

3 광고가 일으키는 (   ) 효과

주제
광고: 광고, 시장, 영향

____

한컷 정리하기 광고: 양, 단축, 증가, 촉진, 선순환, 수요량

광고의 긍정적 효과

- 독점적 경쟁 시장의 판매자 간 경쟁을 (   )하는 효과
  - 광고를 통해 상품 정보에 노출된 구매자가 가격에 민감하게 (   )을 바꾼다면 판매자 간 가격 경쟁이 심화할 수 있음.
  - 신규 판매자는 광고를 통해 신상품을 쉽게 홍보하고 시장에 진입할 수 있게 됨.
- 경제 전반의 (   )에 기여하는 효과
  - 광고가 소비자의 욕구를 강화하고 유행 주기를 (   )하여 소비를 증가시킴.
  - ↓ 생산 활동을 자극함.
  - ↓ 고용이나 투자가 (   )함.
  - ↓ 구매자의 소득을 증가시킴.
  - 한계 소비 성향은 (   )의 값이므로 ↓ 소비가 증가함.

광고의 부정적 효과

- 소비와 생산 활동에서 환경 오염의 심화

MEMO

MEMO

MEMO

MEMO

MEMO

MEMO